NOVAS PERSPECTIVAS DE GERENCIAMENTO JUDICIÁRIO

Maria Rita Rebello Pinho Dias

NOVAS PERSPECTIVAS DE GERENCIAMENTO JUDICIÁRIO

SÃO PAULO
2023

Copyright © EDITORA CONTRACORRENTE
Alameda Itu, 852 | 1º andar |
CEP 01421 002
www.loja-editoracontracorrente.com.br
contato@editoracontracorrente.com.br

EDITORES

Camila Almeida Janela Valim
Gustavo Marinho de Carvalho
Rafael Valim
Walfrido Warde
Silvio Almeida

EQUIPE EDITORIAL

COORDENAÇÃO DE PROJETO: Juliana Daglio
PREPARAÇÃO DE TEXTO: Amanda Dorth
REVISÃO: Carla Carreiro
REVISÃO TÉCNICA: Ayla Cardoso e Douglas Magalhães
DIAGRAMAÇÃO: Pablo Madeira
CAPA: Mariela Valim

EQUIPE DE APOIO

Fabiana Celli
Carla Vasconcellos
Valéria Pucci
Regina Gomes
Nathalia Oliveira

Dados Internacionais de Catalogação na Publicação (CIP)
(Câmara Brasileira do Livro, SP, Brasil)

Dias, Maria Rita Rebello Pinho
   Novas perspectivas de gerenciamento judiciário /
Maria Rita Rebello Pinho Dias. -- São Paulo :
Editora Contracorrente, 2023.

   Bibliografia.
   ISBN 978-65-5396-070-1

   1. Poder Judiciário - Administração - Brasil
I. Título.

22-133006   CDU-35

Índices para catálogo sistemático:

1. Poder Judiciário : Administração pública: Direito administrativo   35
Eliete Marques da Silva - Bibliotecária - CRB-8/9380

@ @editoracontracorrente
f Editora Contracorrente
🐦 @ContraEditora

Conforme mais dados são disponibilizados e a economia continua mudando, a habilidade de fazer as perguntas certas se tornará ainda mais vital. Não importa a intensidade da luz, você não vai encontrar suas chaves procurando embaixo de um poste de luz se não foi ali que você as guardou.[1]

---

[1] MCAFEE, Andrew; BRYNJOLFSSON, Erik. *A segunda era das máquinas*: trabalho, progresso e prosperidade em uma época de tecnologias brilhantes. Rio de Janeiro: Alta Books, 2015, p. 139.

SUMÁRIO

AGRADECIMENTOS 11

PREFÁCIO 15

INTRODUÇÃO 17

PARTE I – DESAFIOS ATUAIS DO PODER
JUDICIÁRIO: DURAÇÃO RAZOÁVEL DO
PROCESSO E ACESSO À JUSTIÇA 25

CAPÍTULO I – EVOLUÇÃO HISTÓRICA: CRISE DO
PODER JUDICIÁRIO 29

CAPÍTULO II – CONCEITO DE GERENCIAMENTO
DE PROCESSOS 57

    2.1 Conceito doutrinário de gerenciamento de processos
      e de gestão judicial 57

    2.2 Conceito de gerenciamento: administração 84

PARTE II – ESTRUTURA ADMINISTRATIVA DO
PODER JUDICIÁRIO BRASILEIRO 93

CAPÍTULO III – ORGANIZAÇÃO
CONSTITUCIONAL DO PODER JUDICIÁRIO SOB
A PERSPECTIVA ADMINISTRATIVA 99

3.1 Princípios constitucionais organizadores: autonomia financeira e administrativa ... 102

3.1.1 Estrutura administrativa ... 105

3.2 Pacto federativo ... 108

CAPÍTULO IV – PAPEL DO CONSELHO NACIONAL DE JUSTIÇA (CNJ) ... 121

4.1 Composição constitucional ... 122

4.2 Competência constitucional: poder regulamentar originário e poder regulamentar derivado ... 127

4.2.1 O poder normativo do CNJ sob a ótica do STF ... 145

4.3 Intervenção do CNJ e gestão: limites e ineficiências ... 163

4.3.1 Sistema de tramitação processual unificado: Resoluções CNJ n. 185/2013 e n. 280/2019. Recente Resolução n. 335/2020 – Plataforma Digital do Poder Judiciário ... 166

PARTE III – GERENCIAMENTO JUDICIAL BRASILEIRO: DIFERENTES DIMENSÕES DE ANÁLISE ... 199

CAPÍTULO V – ÍNDICES DE AFERIÇÃO DE PRODUTIVIDADE E QUALIDADE: MONITORAMENTO, CONTROLE, MEDIÇÃO E IDENTIFICAÇÃO DE FATORES EXÓGENOS ... 203

5.1 Importância dos índices de medição ... 205

5.1.1 Análise empírica e uso de ferramentas tecnológicas para tratamento de dados. Definição de metas ... 209

5.1.2 Índices estipulados pelo CNJ ... 224

5.1.2.1 Taxa de Congestionamento (TC) ... 225

5.1.2.2 Índice de Atendimento à Demanda (IAD) ... 226

5.1.2.3 Índice de Produtividade Comparada da Justiça (IPC-Jus) ... 238

5.1.2.4 Outros indicadores ... 240

5.1.3 Importância dos índices para os tribunais locais: programas de estímulos ... 248

5.2 Perspectiva econômica do processo ... 251

5.2.1 A percepção econômica quanto à natureza da atividade de prestação jurisdicional ... 252

5.2.2 A percepção econômica quanto ao processo em si: alocação de custos e de incentivos ... 271

5.3 Identificação dos fatores exógenos que impactam o processo ... 278

CAPÍTULO VI – AS DIMENSÕES DO GERENCIAMENTO JUDICIAL ... 281

6.1 As dimensões de gerenciamento ... 284

6.2 Processo ... 295

6.2.1 Ferramentas previstas na dogmática processual e *case management* ... 297

6.2.2 Ferramentas exógenas ... 315

6.3 Unidades judiciais: fluxos de trabalhos e organização de estruturas de cartório ... 320

6.3.1 Ferramentas previstas na dogmática processual ... 324

6.3.2 Ferramentas exógenas. Gerenciamento estratégico de cartórios judiciais: papel das Corregedorias e do juiz corregedor ... 327

6.3.2.1 Organização dos serviços das unidades judiciais: a organização do cartório e do gabinete do magistrado e sua interação ... 327

6.3.2.2 Manual de boas práticas de gestão ... 354

6.3.2.3 Organização de estruturas de cartório: regionalização, aglutinação e especialização de unidades judiciais ... 355

6.3.2.3.1 Organização pelas diferentes configurações de organização das estruturas de trabalho ... 355

6.3.2.3.2 Organização pela divisão espacial da região de competência ... 360

6.3.2.3.3 Organização pela especialização das matérias ... 363

6.4 Institucional ... 377

6.4.1 Ferramentas previstas na dogmática processual. Gerenciamento de precedentes. Repercussão geral. Súmula impeditiva de recursos. IRDR ... 381

6.4.2 Ferramentas exógenas ... 402

6.4.2.1 Uso de tecnologia ... 402

6.4.2.2 Monitoramento de perfis de ações e adoção de medidas institucionais com relação a ações repetitivas, grandes litigantes e utilização atípica do Poder Judiciário ... 440

6.4.2.3 Aproximação institucional com grandes litigantes: potencialidades e limitações ... 451

6.4.2.4 Gestão de relacionamentos humanos e capacitação ... 456

6.4.2.5 Prevenção de litígios: ADRs e identificação das causas de litigância ... 458

CONSIDERAÇÕES FINAIS ... 463

REFERÊNCIAS BIBLIOGRÁFICAS ... 481

ANEXO I – TEMPO DE JULGAMENTO DA REPERCUSSÃO GERAL NO STF ... 507

ANEXO II – TEMPO DE JULGAMENTO DOS REPETITIVOS NO STJ ... 521

ANEXO III – QUANTITATIVO DE PROCESSOS SOBRESTADOS NO STF ... 545

AGRADECIMENTOS

Inicialmente, agradeço ao meu orientador, José Rogério Cruz e Tucci, pela especial oportunidade que me concedeu de poder realizar este projeto de pesquisa e pela extrema gentileza de me permitir escre-0ver acerca de um assunto que me parecia tão importante e sobre o qual, há muito, em razão de minha vivência prática, gostaria de tornar objeto de estudo acadêmico. Agradeço sua imprescindível orientação e confiança.

Ao professor Ricardo de Barros Leonel, por seus questionamentos e provocações importantes em banca de qualificação, fundamentais para aprimoramento do meu trabalho final.

Ao professor Flávio Luiz Yarshell, por seus valiosos comentários e recomendações.

À minha querida sogra, Sueli, que me ajudou com as inúmeras dúvidas de português e redação.

Não posso deixar de efetuar menção honrosa à minha querida amiga Gabriela de Almeida Vergueiro, que teve a gentileza e a tenacidade de me ajudar a revisar cada espaço duplo que porventura eu tenha deixado em meu texto. Amiga e, espero, em breve colega, para aplicarmos e desenvolvermos estratégias de aprimoramento diário de nosso trabalho no Poder Judiciário.

Este trabalho é o resultado da vivência de várias situações práticas que despertaram, em mim, a importância do tema do gerenciamento. Muitas dessas experiências não teriam acontecido sem a parceria, sem o debate, sem a reflexão, sem a frustração de diversos momentos vividos com meus amigos Renata Mota Maciel, Ana Rita de Figueiredo Nery, Regis de Castilho Barbosa Filho, Airton Pinheiro de Castro, Ricardo Dal Pizzol, Tatiana Magosso, Ana Claudia Dabus Guimarães e Souza, Rodrigo Marzzola Colombini, Renato Lousano Hasegawa, Marco Fábio Morsello, Daniela Maria Cilento Morsello, Camila de Jesus Melo Gonçalves, Fábio Junqueira, Robério Pinto Souza e Marinele Feitosa Guimarães Pavão. Importante ressaltar, também, as reflexões constantes e o amor que descobri ter em comum por dados e por análises racionais e práticas com minha querida amiga Patricia Maria Landi. Agradeço a orientação que tive nesse período e a confiança que recebi dos desembargadores Fernando Maia da Cunha, Arthur Marques da Silva Filho, Roberto Caruso Costabile e Solimene, José Helton Nogueira Diefenthaler Junior, Cesar Ciampolini Neto, Eduardo Azuma Nishi e Luiz Francisco Aguillar Cortez. Preciso fazer um especial destaque, por inúmeros desafios enfrentados, por tantos projetos desenvolvidos e ideias compartilhadas, pelas situações difíceis superadas e pelos momentos de felicidade vividos, pela confiança inabalada, aos meus amigos Paula Lopes Gomes e Leandro Galluzzi, cujo apoio e dedicação infinita jamais conseguirei esquecer; uma parceria que pretendo carregar para toda a vida.

Especialmente, ao desembargador Manoel de Queiroz Pereira Calças. Já era, para mim, por seu amplo conhecimento jurídico e grande empenho em suas decisões, uma referência de magistrado. Tornou-se, também, um exemplo de coragem, resiliência, tenacidade e ousadia, qualidades indispensáveis a um bom gestor, cujos ensinamentos procuro aplicar e honrar todos os dias em minha atuação como magistrada.

À minha família. O presente trabalho foi concluído durante a pandemia provocada pela Covid-19. Em um momento tão

AGRADECIMENTOS

difícil, com tantas incertezas, angústias e indefinições, sensações de exaurimento e ansiedade, não teria conseguido concluir este projeto sem o amor e o carinho de meus familiares, meus primos e primas, meus tios e tias, e, em especial, Alessandra Tridente, minhas irmãs queridas, Isabel e Lídia, meus cunhados Felipe e Tiago, Edu e Vania, meus sobrinhos maravilhosos, Vicente, Malu, Dudu, Olivinha, Alicinha, Dodô e Cadu, meus sogros, João e Sueli, a querida Dona Odette, e, sobretudo, meus pais, Eduardo e Márcia, os quais sempre foram minha inspiração. Vocês sempre colocaram sorrisos e momentos doces na minha vida.

Por fim, agradeço a cada risada, a cada abraço, a cada bom dia e boa noite e a cada beijinho da Cecília, do Chico e da Elisa, e todo o apoio, debates, trocas de ideias que há mais de vinte anos venho travando com o Leo, que, desde que nos conhecemos em Joinville, aceitou seguir nessa vida ao meu lado, tornando essa jornada divertida e cheia de luz. Vocês dão sentido e preenchem minha vida.

PREFÁCIO

Tenho como certo que o primordial estímulo à carreira docente decorre, sem dúvida, do sucesso conquistado, ao longo do tempo, pelos antigos alunos, nas diversas vertentes jurídicas propiciadas pelo curso de Direito.

A Doutora Maria Rita Rebello Pinho Dias foi minha aplicada aluna no bacharelado e, mais tarde, no programa de pós-graduação da Faculdade de Direito do Largo de São Francisco.

Incentivada por mim, já na vitoriosa carreira da magistratura paulista, que exerce reconhecidamente com muito afinco e dedicação, a Doutora Maria Rita se dispôs a enfrentar um dos temas mais complexos relacionados às várias dimensões que defluem da gestão do Poder Judiciário, a partir de uma visão empírica, para o fim de diagnosticar fatores que comprometem a duração razoável do processo e o efetivo acesso à justiça.

O interesse com que, de perto e, às vezes, de longe, vinha acompanhando a sistematização do material e a elaboração do trabalho era, para mim, motivo de enorme satisfação e, por que não, de natural curiosidade!

Exatamente pela relevância e atualidade que conotam o importante assunto, foi ele tratado na presente tese em quatro partes muito bem definidas, abrangentes de inúmeros aspectos, não restritos a questões técnicas, mais ainda analisados sob uma perspectiva econômica. O desenvolvimento do tema foi seccionado da seguinte forma: *I – Desafios atuais do Poder Judiciário; II – Estrutura organizacional do Poder Judiciário; III - Diferentes dimensões do gerenciamento judicial brasileiro; e IV – Conclusão.* Ressalto que no resumo conclusivo da tese, a ilustre autora reitera, além de outras constatações, a importância do uso da tecnologia, "seja para permitir a tramitação dos processos eletrônicos em si, seja para auxiliar o Poder Judiciário a administrar limites de contratação de pessoal, seja, por fim, para torná-lo mais acessível à população".

Lembro-me de que ao ensejo da arguição, como eu já intuíra em outros momentos, com o orgulho de orientador, pude verificar o talento da examinanda, firme nas respostas e consistente no diálogo acadêmico então travado com os membros da banca examinadora. Obteve ela aprovação unânime com reconhecida distinção.

Foi, portanto, com muita satisfação que, mais recentemente, aceitei o convite formulado pela Doutora Maria Rita para elaborar esse singelo prefácio da instigante monografia intitulada *Novas perspectivas de gerenciamento judiciário*, com a qual conquistou ela o título de Doutora em Direito Processual Civil nas velhas Arcadas de São Francisco.

Por não me invejar o exemplo daqueles que, a pretexto de apresentação, escrevem verdadeiros comentários ou paráfrases à guisa de prefácio, limito-me a reiterar o quanto afirmei na minha arguição: congratulo a autora pela excelente monografia que escreveu, aliás, inédita no âmbito das letras jurídicas nacionais.

JOSÉ ROGÉRIO CRUZ E TUCCI

Professor titular sênior regente da disciplina Direito Processual Civil no Curso de Pós-Graduação da Faculdade de Direito da Universidade de São Paulo.

INTRODUÇÃO

Observa-se, em diversos artigos, textos e livros, a alegação de que o Poder Judiciário está assoberbado por uma crescente litigiosidade e cada vez mais impotente para levar a bom termo a condução dos processos sob sua jurisdição, sendo incapaz de assegurar a tramitação de processos de forma célere e com qualidade. Constatam-se, também, diversos questionamentos quanto à correta aplicação das soluções concebidas pelo legislador para proporcionar tramitação mais racional aos feitos. Não é exagero afirmar que essa é hoje, inclusive, a imagem que a justiça acaba por projetar da grande parte da sociedade.

A situação alardeada no parágrafo anterior traz relevantes preocupações, sobretudo por se recear de que uma atuação disfuncional do Poder Judiciário possa não contribuir para maior segurança jurídica no Estado brasileiro, gerando incertezas e dificuldades de aplicação do Direito Material.

Da experiência pessoal da autora desta tese, como magistrada que atuou em varas cíveis da Capital e, agora, como titular de vara de Falências e Recuperações Judiciais, foi possível constatar que diversos aspectos estranhos ao processo acabavam influenciando seu bom andamento e que, portanto, não poderiam ser ignorados, bem como que seu gerenciamento poderia contribuir positivamente para o andamento do processo. Essa percepção se tornou ainda mais tangível após quatro anos de vivência da autora desta tese como juíza assessora da Corregedoria-Geral da Justiça do Tribunal do Estado de São Paulo e, depois, da Presidência da mesma Corte.

A partir de experiências pessoais empíricas, a autora da tese observou que a atuação estratégica do magistrado e, por vezes, da própria Corte, assim como a atenção às características particulares de cada litígio submetido à análise, poderiam contribuir para o melhor andamento do processo, potencializando ou complementando soluções legislativas processuais.

Desse modo, adotou-se, como hipóteses de estudo, que existem fatores exógenos que impactam a boa tramitação do processo e que, portanto, devem ser identificados para que possam ser mais bem tratados e, também, que eles, com questões processuais específicas, poderiam ser associados a determinadas situações, todas elas diretamente relacionadas com o processo de tomada de decisão de magistrados, passíveis de gerenciamento.

Questionou-se se essas situações, chamadas neste trabalho de *dimensões*, não seriam passíveis de melhor gerenciamento e, em caso positivo, a quem competiria essa atribuição. Perguntou-se, também, se cada uma dessas dimensões possuiria características e regras jurídicas próprias e um responsável específico pela implementação de processos de trabalho intrínsecos, que permitiriam, de fato, associar a ela aspectos processuais e fatores exógenos que impactariam, ao final, o processo de tomada de decisão por magistrados.

A reflexão sobre casos empíricos observados na vivência prática e os questionamentos supramencionados conduziram a levantar, como hipótese, a possibilidade de identificação de três distintas dimensões que permitem o gerenciamento específico de fatores diretamente relacionados com o melhor andamento do processo, a saber: a dimensão do "processo", a dimensão das "unidades judiciais" e, por fim, a dimensão "institucional".

INTRODUÇÃO

A tentativa de sistematização desses fatores, exógenos ou processuais, em dimensões próprias, os quais, em última análise, são importantes para melhor andamento dos processos judiciais, tem por propósito facilitar a visualização das soluções que podem ser adotadas. A proposta de verificar a possibilidade de organização desses fatores processuais e exógenos em dimensões específicas de gerenciamento justifica-se para, ao compreender as regras e conformações de cada uma delas, dando-lhes luz, poder identificar com maior clareza estratégias para seu enfrentamento. O reconhecimento de características particulares propicia melhor customização das soluções. É possível, ainda, a partir dessa classificação, a proposição de futuros trabalhos acadêmicos focados e aprofundados em cada uma dessas dimensões.

Assim, além da proposição em si, da divisão do estudo da gestão judiciária em três dimensões, este trabalho pretende sugerir uma análise dos aspectos que considero mais relevantes em cada uma das dimensões do gerenciamento do processo civil, focando, sobretudo, fatores exógenos ao processo, sendo estes compreendidos como aqueles que não são previstos pela dogmática processual civil, mas que estão intrinsecamente relacionados com a tramitação de processos. Evidenciar esses aspectos permitirá melhor compreensão de seu potencial de impactar positivamente o aprimoramento da prestação jurisdicional, contribuindo, consequentemente, para a duração razoável do processo.

Necessário esclarecer que a abordagem deste trabalho foi sobretudo empírica, procurando identificar e sistematizar situações práticas, indicando, quando possível, as soluções concretas adotadas para seu enfrentamento. Em outras palavras, partiu-se da realidade empírica para tentar efetuar sistematizações de soluções teóricas, referindo-se à dogmática processual civil como fator de conformação de cada uma dessas dimensões.

Adotou-se, portanto, como premissa que existem, essencialmente, duas estratégias para se obter a tramitação mais célere do processo e o aprimoramento da prestação jurisdicional. A primeira está associada aos institutos processuais, instituídos pelo legislador, ou seja, abordados pela dogmática processual – que, neste trabalho, será chamada de "ferramentas previstas na dogmática processual"; a segunda é aquela ligada diretamente às práticas de gerenciamento – que aqui será denominada "ferramentas exógenas", e que é o principal foco deste estudo.

Entendeu-se, neste trabalho, que o gerenciamento consiste em campo de discricionariedade conferido ao magistrado ou instituição para, dentro dos limites permitidos pelo legislador, poder customizar soluções que impactem a tramitação do processo, conforme as necessidades dos casos concretos, objetivando obter maior celeridade e qualidade da prestação jurisdicional.

O gerenciamento pode ser feito com base em institutos previstos na dogmática processual, como é o caso da calendarização dos prazos processuais, ou pelo manejo mais eficiente de fatores exógenos ao processo, que podem ser tão ou mais impactantes, em matéria de resultados, do que o recurso exclusivo à solução da dogmática processual.

Existem muitos trabalhos que abordam o *case management*, ou seja, o gerenciamento realizado pelo magistrado, utilizando um campo de discricionariedade que lhe foi permitido pelo legislador, para adotar ou manejar questões processuais da forma mais conveniente para a resolução mais rápida e satisfatória do conflito com base em ferramentas disponibilizadas pela dogmática processual.

Constatou-se, contudo, que são poucos os estudos que tratam acerca de diversos fatores exógenos, os quais, por sua vez, impactam o tempo de tramitação do processo e a qualidade da prestação jurisdicional. Por esse motivo, optou-se por focar, no presente trabalho, sobretudo os fatores exógenos e a sistematização das dimensões de gerenciamento, por reputar maior contribuição desta pesquisa. Esclarece-se, portanto, que a menção ao *case management*, neste trabalho, não pretendeu esgotar a questão

INTRODUÇÃO

nem abordá-la de forma exaustiva e aprofundada, mas, apenas, auxiliar a compreender a sistematização das diversas dimensões de gerenciamento.

Adotou-se, também, como hipótese de que, se esses fatores exógenos não forem adequadamente gerenciados, as ferramentas processuais dogmáticas concebidas pelo legislador poderão não ser eficazes.

Verificou-se que, em muitas análises a respeito dos mecanismos para enfrentamento de problemas crônicos geralmente imputados ao Poder Judiciário, o estudo circunscreve-se apenas às ferramentas processuais disponibilizadas pelo legislador e aos mecanismos para seu gerenciamento. Pouco se menciona sobre esses fatores exógenos que podem contribuir para melhor ou pior aplicação dessas ferramentas processuais.

Os exemplos empíricos coletados neste trabalho pretendem evidenciar que, em algumas situações, a simples atenção ao aprimoramento da organização desses fatores exógenos pode conduzir a relevantes resultados práticos.

Além disso, as soluções legislativas processuais encontram-se em normas gerais e abstratas, partindo-se, consequentemente, do pressuposto de que toda realidade a que se aplicam seria semelhante. Essa pressuposição não é realista, sobretudo quando se considera que o Brasil é um país continental, com significativas particularidades regionais. Sob essa perspectiva, chamar atenção aos fatores exógenos que impactam consideravelmente o andamento do processo, propiciando seu gerenciamento e equalização, mostra-se importante, inclusive, para possibilitar que as diversas realidades sejam conduzidas a situações minimamente semelhantes, a fim de viabilizar a aplicação dos institutos processuais de maneira mais uniforme.

O gerenciamento desses fatores exógenos parte da percepção de que a tramitação do processo demanda a existência de uma estrutura física e institucional, formada por diversos fatores intrincadamente relacionados e que também devem ser identificados e adequadamente manejados para assegurar a duração razoável do processo.

A sistematização desses fatores, portanto, pode contribuir para o aprimoramento do processo em si, a partir de seu adequado gerenciamento, como, também, para orientar alterações processuais legislativas.

Pretende-se identificar, neste trabalho, as dimensões em que o gerenciamento pode se verificar, considerando tanto as ferramentas da dogmática processual quanto dos fatores exógenos. Conforme mencionado, a organização dessas ferramentas, levando em conta as diversas características anteriormente referidas, permitiu sistematizar, como hipótese, três dimensões distintas de gerenciamento, a saber:

(i) a dimensão do processo;

(ii) a dimensão da unidade judicial; e

(iii) a dimensão da instituição.

Para analisar as hipóteses formuladas *supra*, o presente trabalho foi dividido em três partes.

Na primeira parte, pretende-se analisar os desafios atuais do Poder Judiciário e verificar, a partir de uma análise histórica da evolução da legislação processual, sua suficiência para lidar com problemas concretos encarados em momentos históricos específicos. Espera-se, assim, testar a hipótese de que o uso exclusivamente de ferramentas processuais é insuficiente para o adequado enfrentamento de desafios do Poder Judiciário, existindo campo para gerenciamento de outros fatores, por parte do magistrado.

Ainda na primeira parte, propõe-se analisar o conceito de gerenciamento judicial, procurando identificar a amplitude desse

INTRODUÇÃO

conceito, recorrendo, ainda, para tal finalidade, tanto à sua acepção jurídica quanto à administrativa em si. Espera-se testar a hipótese de que o gerenciamento judicial, focando equalizar de forma adequada as variáveis processuais ou exógenas e aprimorando as soluções concebidas pelo legislador, contribui para o melhor andamento de processos.

A identificação da importância do gerenciamento de fatores exógenos que impactam o processo exige a análise da extensão do espectro de discricionariedade administrativa permitida pelo ordenamento jurídico brasileiro aos tribunais. Isso porque o gerenciamento de fatores exógenos – como tecnologia, organização judiciária, por exemplo – somente poderá ser feito dentro dos limites administrativos permitidos pelo ordenamento jurídico brasileiro, sendo este, portanto, um fator limitador do gerenciamento extraprocessual.

Por esse motivo, a segunda parte deste trabalho foi destinada para compreender os limites administrativos atribuídos aos tribunais pela Constituição e pelo legislador, sobretudo diante da garantia constitucional da autonomia administrativa e do autogoverno do Poder Judiciário. Essa análise ganha complexidade pela atuação do Conselho Nacional de Justiça (CNJ), criado pela Emenda Constitucional n. 45/2004, que possui competência constitucional para controle administrativo e financeiro dos tribunais brasileiros. É necessário compreender o poder normativo originário conferido pelo constituinte ao CNJ para verificar se a discricionariedade administrativa dos tribunais foi mitigada e, consequentemente, se sua capacidade de gerenciamento desses fatores exógenos foi apropriada e centralizada no CNJ.

Por fim, a última parte deste trabalho vai analisar especificamente as três dimensões de gerenciamento exógeno. Inicialmente, abordará a importância de índices de medição de produtividade e de controle da atividade dos tribunais, sobretudo para identificação de fatores exógenos e, se preciso, o monitoramento das estratégias adotadas para seu equacionamento. Posteriormente, cada uma das dimensões será examinada, procurando identificar quais os fatores exógenos e os aspectos da dogmática processual que lhe são afetos e, também, quais os gestores com capacidade para sua manipulação.

PARTE I

DESAFIOS ATUAIS DO PODER JUDICIÁRIO: DURAÇÃO RAZOÁVEL DO PROCESSO E ACESSO À JUSTIÇA

A busca pela prestação de serviços jurisdicionais com qualidade e de forma célere é uma preocupação que parece acompanhar os operadores do Direito brasileiro, desde seus primórdios, conforme se verá a seguir.

Analisando-se a Exposição de Motivos dos Códigos de Processo Civil de 1939, de 1973 e de 2015, verifica-se que é crônico o sentimento de que o Poder Judiciário se encontra em crise e com dificuldade de prestar jurisdição de forma célere, sobretudo diante dos desafios de crescimento da litigiosidade e do maior acesso à justiça.

Constatam-se, ao longo desses anos, a criação de diversas alternativas processuais inovadoras, além da evolução do papel do juiz na condução do processo. Observa-se, em muitos aspectos, um movimento pendular com relação a alguns institutos, que oscila ao longo do tempo de um extremo a outro, voltando, posteriormente, a caminhar para o sentido oposto. Nesse aspecto, interessante verificar que, entre as soluções para a insatisfação com os resultados do processo civil, encontra-se o progressivo aumento do poder de intervenção do juiz no processo: inicialmente, na produção de prova e na condução do processo em si e, posteriormente, na configuração do próprio rito do processo. Esse maior poder, contudo, sofreu mitigação no Código de Processo Civil de 2015.

A partir da análise da evolução histórica dos Códigos de Processo Civil brasileiros, tomando-se por base suas respectivas exposições de motivos, parece ser possível argumentar que o legislador identificou, como uma das soluções para enfrentamento da alardeada crise, o ampliamento do grau de liberdade e intervenção do magistrado na condução do feito em detrimento da forma preconcebida em lei, o que apenas evidencia a importância do estudo do tema que esta tese pretende abordar.

Considerando-se essa constatação, indaga-se sobre em que medida um adequado gerenciamento do processo pelo magistrado pode contribuir para maior celeridade da tramitação de feitos e, por conseguinte, para uma duração razoável do processo, dando a esse princípio densidade e concretude. Trata-se de questão que se pretende abordar neste estudo.

O Capítulo I vai analisar, portanto, sob a perspectiva histórica e de forma breve, algumas das razões apresentadas pelo legislador para promover alterações na legislação processual civil, com o objetivo de verificar se elas foram motivadas pelo desejo de contribuir para o melhor enfrentamento do aumento da litigiosidade da sociedade brasileira e, também, para auxiliar a mitigar a crescente crise do Poder Judiciário. Pretende-se, do mesmo modo, a partir dessa análise, observar se foram feitas considerações sobre possível frustração das expectativas originais existentes diante de determinadas inovações legislativas.

Posteriormente, no Capítulo II, apresentar-se-á o conceito de gerenciamento judicial, com o intuito de aferir se essa perspectiva de abordagem tem o condão de contribuir, observando a duração razoável do processo, para melhor enfrentamento dos desafios enfrentados pelo Poder Judiciário na busca pela prestação de jurisdição com qualidade.

CAPÍTULO I

EVOLUÇÃO HISTÓRICA: CRISE DO PODER JUDICIÁRIO

É curioso observar, pela análise das Exposições de Motivos dos Códigos de Processo Civil de 1939, de 1973 e de 2015, que muitas alterações na legislação processual foram motivadas pela busca de maior efetividade da prestação jurisdicional e, também, pela necessidade de acompanhar o desenvolvimento histórico da organização e das competências atribuídas ao Estado, do reconhecimento de direitos fundamentais aos cidadãos e, por fim, a evolução em si do papel desempenhado pelo Direito Processual e na extensão e amplitude que se espera da função jurisdicional.

Antes da Constituição Federal de 1891, a legislação processual brasileira observava o disposto nas Ordenações Filipinas (1603), que vigeu no país até o Decreto n. 763/1890 e determinou a aplicação ao foro cível do Regulamento n. 737/1850. Tais normativos eram muito formalistas em decorrência da grande importância conferida à observância das formas para assegurar a regularidade e a validação de julgamentos.[2]

---

[2] "Nos julgamentos sociais mais primitivos, a regularidade de um ritual simbólico-religioso determinava a 'justiça'. A partir do século XII, a Igreja e as

Com a independência, o Brasil adotou o regime jurídico das Ordenações do Reino, mantendo em vigor as normas processuais das Ordenações Filipinas e leis portuguesas, desde que não contrariassem a soberania brasileira.[3] Em 1876, a "Consolidação Ribas" compilou diversas leis processuais existentes, mas sem resultar em grandes inovações. Nessa época, o Direito Processual Civil disciplinava um procedimento essencialmente escrito, o qual era dividido em fases rígidas e separadas, guiadas pelo princípio dispositivo. Havia rigorosa valorização da prova, não se admitindo margem de discricionariedade para o magistrado, o qual se distanciava de sua produção. Assim, por exemplo, as testemunhas eram interrogadas secretamente pelo inquiridor.

O Regulamento n. 737/1950 buscou a racionalização dos procedimentos, com a redução do formalismo.

O rigor procedimental dessa fase processual, assim como o campo restrito de atuação do Poder Judiciário, refletia influência dos princípios defendidos na Revolução Francesa de 1789 para a conformação do Estado Liberal, ou seja, a estrita separação dos

---

monarquias assumem os julgamentos e promovem a substituição da verdade revelada pela verdade racionalmente descoberta. A forma continua a pautar os julgamentos, mas o formalismo assume caráter racional. Em lugar da regularidade dos pronunciamentos solenes ou das provas mágicas, a forma passa a regular o procedimento investigatório racional. A burocracia judicial se estrutura em torno do rei e o processo se tecniciza para eliminar as jurisdições paralelas. O processo canônico, que muito influenciou a justiça romano-germânica, mas quase em nada a justiça anglo-saxônica, promove a sistematização dos procedimentos pela recuperação das formas romanas. Os glosadores, 'homens de seu tempo', interpretam e integram as fontes romanas com base na sua experiência jurídica, haurida no período anterior, de formalismo simbólico religioso (Chiovenda). O modelo processual romano-germânico, além de escrito e não concentrado, torna-se burocrático e formalista (...)" (SILVA, Paulo Eduardo da. *Gerenciamento de processos judiciais*. São Paulo: Saraiva, 2010, p. 150).

3   THEODORO JÚNIOR, Humberto. *Curso de Direito Processual Civil*: Teoria Geral do Direito Processual Civil e processo de conhecimento. 28ª ed. rev. e atual., vol. I. Rio de Janeiro: Forense, 2006, p. 15.

CAPÍTULO I – EVOLUÇÃO HISTÓRICA: CRISE DO PODER JUDICIÁRIO

Poderes Judiciário, Legislativo e Executivo e o princípio da legalidade. Como consequência de uma reação negativa ao ambiente sociopolítico que existia em um momento pré-revolução, ou seja, um Estado Absolutista e desprovido de controle, houve grande preocupação na contenção das forças políticas até então existentes, incluindo magistrados, que eram vistos com desconfiança na França por advirem da aristocracia no regime antigo.[4]

Era princípio fundamental do Estado Liberal o de que a lei era fonte primária do Direito, na medida em que era produto de processo legislativo, conduzido por representantes do povo democraticamente eleitos, ao qual se sujeitavam todos os poderes, em especial o Poder Judiciário. Esperava-se dos magistrados que se limitassem a aplicar a lei, e, como medida necessária para garantir a segurança jurídica e evitar arbitrariedades, era a eles vedada qualquer atividade criativa, devendo atuar tão somente como a "boca da lei" e limitar-se a declarar direito preexistente.

O Direito Processual, nesse período, não era concebido como um sistema normativo autônomo, sendo confundido com o mero procedimento. As características do Estado Liberal de defesa da esfera da liberdade do particular e da supremacia da lei, como instrumento para limitação do Poder do Estado e proteção de direitos, levavam a uma concepção de jurisdição relacionada à proteção de direitos subjetivos dos particulares mediante a aplicação da lei, compreendendo o processo com característica estritamente privatista. Havia uma concepção restrita quanto aos poderes do juiz, que deveria se ater ao previsto em lei e a observância ao formalismo era a garantia de contenção do arbítrio.[5]

---

4   MARINONI, Luiz Guilherme. *Precedentes obrigatórios*. 5ª ed. rev., atual. e ampl. São Paulo: RT, 2016, p. 25.

5   "Já no século XVIII, o Estado Liberal renova a relação da forma com a justiça, articulando os conceitos de lei, segurança e justiça entre si e em oposição ao arbítrio do Estado. A partir de então, o formalismo é equilibrado entre dois extremos: a contenção do arbítrio estatal e a rapidez dos julgamentos. Em

A evolução do sistema jurídico do *common law*, por outro lado, notadamente na Inglaterra, foi construída com base em premissas distintas, que impactaram, diretamente, a percepção dos limites de atuação do Poder Judiciário e, também, sua contribuição para a formação do Direito. Nesse caso, a preocupação com a contenção dos poderes do rei não se estendeu à atuação de magistrados, que estavam ao lado do Parlamento[6] na batalha para restringir esses poderes.

Na evolução histórica do Direito inglês, observou-se a importância das decisões judiciais para a consolidação do *common law*, a ponto de os precedentes serem considerados, naquele sistema jurídico, fontes primárias de Direito.[7] Construiu-se, com o passar do tempo, a percepção pelos juízes de que haveria necessidade de observar decisões anteriores como forma de assegurar certeza e estabilidade ao sistema,[8] mesmo antes de reconhecer aos precedentes caráter vinculante.

---

geral, os ordenamentos atêm-se às formas para evitar o arbítrio do Estado sobre o indivíduo, mas quando a demora nos julgamentos é grande, flexibilizam as formas de julgamento" (SILVA, Paulo Eduardo da. *Gerenciamento de processos judiciais*. São Paulo: Saraiva, 2010, p. 151).

6   MARINONI, Luiz Guilherme. *Precedentes obrigatórios*. 5ª ed. rev., atual. e ampl. São Paulo: RT, 2016, p. 39.

7   "O *common law* inglês, como se observa desse breve apanhado histórico, é um sistema jurídico que foi sendo paulatinamente construído na Inglaterra ao longo dos últimos mil anos, alicerçado, sobretudo – porém não exclusivamente – nas decisões judiciais, cuja autoridade do direito estipulado nos seus precedentes repousa em suas origens e em sua geral aceitabilidade por sucessivas gerações diferentemente do que ocorre na tradição do *civil law*, na qual a validade e a força do Direito – leia-se, da lei –, particularmente na época do Estado Moderno, justificava-se pela autoridade de quem a promulgou. Foi um modelo jurídico forjado historicamente sem revoluções ou rupturas com o passado, diversamente o que ocorreu na França, berço da codificação moderna, com a Revolução de 1789" (ASSIS, Guilherme Bacelar Patrício de. *Precedentes vinculantes em recursos extraordinário e especial repetitivo*. Rio de Janeiro: Lumen Juris, 2017, p. 32).

8   ASSIS, Araken de. *Processo civil brasileiro*. 2ª ed. vol. I. São Paulo: RT, 2016, pp. 35 e 39.

CAPÍTULO I – EVOLUÇÃO HISTÓRICA: CRISE DO PODER JUDICIÁRIO

As normas processuais vigentes no Brasil, desde sua independência, começaram a se mostrar insatisfatórias para enfrentar algumas questões que surgiram nas primeiras décadas do século XX, conforme se depreende da Exposição de Motivos do Código de Processo Civil de 1939, levando o legislador a entender que mudanças deveriam ser feitas na legislação processual então vigente.

Interessante verificar que a Exposição de Motivos do Código de Processo Civil de 1939 diagnosticou que as regras processuais até então vigentes resultaram em um processo formalista, caro, complicado e demorado, o qual acabava sendo um instrumento de classes privilegiadas que tinham lazer e recursos suficientes para acompanhar os jogos e as cerimônias da justiça e inacessível à população em geral.[9] Mais interessante ainda é constatar que essas críticas permanecem atuais, apesar de todas as alterações legislativas ocorridas desde então, refletindo, ainda hoje, a percepção do senso comum sobre o Poder Judiciário, conforme se verá neste trabalho.

A Exposição de Motivos do Código de Processo Civil de 1939 evidenciou, ainda, a insuficiência da legislação processual e identificou hipóteses para justificá-la, tanto em questões de ordem técnica quanto nas de ordem empírica. Constatou como causas dessa crise o excesso de formalismo e as ritualísticas da legislação

---

[9] "O processo em vigor, formalista e bizantino, era apenas um instrumento das classes privilegiadas, que tinham lazer e recursos suficientes para acompanhar os jogos e as cerimônias da justiça, complicados nas suas regras, artificiosos na sua composição e, sobretudo, demorados nos seus desenlaces. As transformações políticas que entre nós se cumpriram abrem entretanto o gozo dos instrumentos de governo a uma imensa massa humana, que antes não participava deles senão indireta e escassamente, e assim impõem um novo regime à administração da justiça. (...) A ordem judiciária tornara-se inacessível à compreensão popular, e com isto se obliterava uma das finalidades mais altas do Direito, que é introduzir e manter a segurança nas relações sociais" (BRASIL. *Exposição de Motivos do Código de Processo Civil de 1939*. Disponível em: https://www2.camara.leg.br/legin/fed/declei/1930-1939/decreto-lei-1608-18-setembro-1939-411638-norma-pe.html. Acessado em: 20.03.2019).

MARIA RITA REBELLO PINHO DIAS

então vigente, a qual acabava permitindo o uso abusivo do processo por parte mal-intencionada, impedindo-o de se tornar um instrumento eficaz de efetivação de direitos.[10] Destacou, também, que transformações sociais e políticas modificaram a justiça em bem geral, aumentando o desafio da administração da justiça.[11]

---

[10] "O processo era mais uma *congérie* de regras, de formalidades e de minúcias rituais e técnicas a que não se imprimira nenhum espírito de sistema e, pior, a que não mais animava o largo pensamento de tornar eficaz o instrumento de efetivação do direito. Incapaz de colimar o seu objetivo técnico, que é o de tornar precisa em cada caso a vontade da lei, e de assim tutelar os direitos que os particulares deduzem em juízo, o processo decaíra da sua dignidade de meio revelador do direito e tornara-se uma arma do litigante, um meio de protelação das situações ilegítimas, e os seus benefícios eram maiores para quem lesa o direito alheio do que para quem acorre em defesa do próprio. (...) Pode-se dizer, porém, que não foi de caráter meramente técnico a crise do nosso Direito Judiciário. As profundas transformações operadas em todos os campos da atividade humana, particularmente as transformações sociais e políticas, concorreram para manifestar a extensão dessa crise, pois levaram os benefícios da ordem jurídica a terrenos que a velha aparelhagem judiciária não estava capacitada para alcançar" (BRASIL. *Exposição de Motivos do Código de Processo Civil de 1939.* Disponível em: https://www2.camara.leg.br/legin/fed/declei/1930-1939/decreto-lei-1608-18-setembro-1939-411638-norma-pe.html. Acessado em: 20.03.2019).

[11] "As transformações políticas que entre nós se cumpriram abrem entretanto o gozo dos instrumentos de governo a uma imensa massa humana, que antes não participava deles senão indireta e escassamente, e assim impõem um novo regime à administração da justiça. (...) A transformação social elevou, porém, a Justiça à categoria de um bem geral, e isso não apenas no sentido de que ela se acha à disposição de todos, mas no de que a comunidade inteira está interessada na sua boa distribuição, a ponto de tomar sobre si mesma, através dos seus órgãos de governo, o encargo de torná-la segura, pronta e acessível a cada um. (...) À concepção duelística do processo haveria de substituir-se a concepção autoritária do processo. À concepção do processo como instrumento de luta entre particulares, haveria de substituir-se a concepção do processo como instrumento de investigação da verdade e de distribuição da justiça" (BRASIL. *Exposição de Motivos do Código de Processo Civil de 1939.* Disponível em: https://www2.camara.leg.br/legin/fed/declei/1930-1939/decreto-lei-1608-18-setembro-1939-411638-norma-pe.html. Acessado em: 20.03.2019).

CAPÍTULO I – EVOLUÇÃO HISTÓRICA: CRISE DO PODER JUDICIÁRIO

Para enfrentar o cenário insatisfatório apresentado na Exposição de Motivos do Código de Processo Civil de 1939, diagnosticou-se, entre outras, ser necessário conferir maior liberdade ao juiz para dirigir o processo, em detrimento da observância estrita ao formalismo, além de reconhecer seu caráter público – e não mais de simples meio para permitir o "duelo" entre as partes –, na medida em que contribuía para garantir a segurança das relações sociais reguladas por lei.[12]

O juiz, para o Código de Processo Civil de 1939, deveria dirigir o processo, zelando pela observância formal das regras processuais por parte dos litigantes e, também, intervindo para fazer com que ele atingisse o objetivo da investigação dos fatos e de busca da verdade pelos meios adequados. As testemunhas e peritos passaram a ser do juízo, esperando-se, assim, tornar mais eficiente a formação da prova.[13] Previram-se, também, a exigência

---

[12] "Nesse sentido, o novo processo é eminentemente popular. Pondo a verdade processual não mais apenas a cargo das partes, mas confiando numa certa medida ao juiz a liberdade de indagar dela, rompendo com o formalismo, as ficções e presunções que o chamado 'princípio dispositivo', de 'controvérsia' ou 'contradição', introduzira no processo, o novo Código procura restituir ao público a confiança na Justiça e restaurar um dos valores primordiais da ordem jurídica, que é a segurança nas relações sociais reguladas por lei. (...) Somente a intervenção ativa do Estado no processo pode remover as causas de injustiça, que tão frequentemente ocorrem nas lides judiciárias criando em torno da justiça uma atmosfera, muitas vezes imerecida quanto aos juízes, de desconfiança e de desprezo público" (BRASIL. *Exposição de Motivos do Código de Processo Civil de 1939*. Disponível em: https://www2.camara.leg.br/legin/fed/declei/1930-1939/decreto-lei-1608-18-setembro--1939-411638-norma-pe.html. Acessado em: 20.03.2019).

[13] "No processo dominado pelo conceito duelístico da lide judiciária, as testemunhas e os peritos são campeões convocados pelas partes para as ajudar na comprovação de suas afirmativas. No processo concebido como instrumento público de distribuição da justiça, as testemunhas e os peritos passam a ser testemunhas e peritos do juiz. O seu dever é o de dizer e de investigar a verdade, sem restrições que hoje incidem sobre elas" (BRASIL. *Exposição de Motivos do Código de Processo Civil de 1939*. Disponível em: https://www2.camara.leg.br/legin/fed/declei/1930-1939/decreto-lei-1608-18-setembro-1939-411638-norma-pe.html. Acessado em: 20.03.2019).

da identidade física do juiz, a busca pela oralidade e concentração de atos. Entendeu-se, naquele momento, que essas alterações nas regras processuais contribuiriam para mitigar os aspectos negativos observados na tramitação processual, supramencionados. Nesse sentido:

> Quer na direção do processo, quer na formação do material submetido a julgamento, a regra que prevalece, embora temperada e compensada como manda a prudência, é a de que o juiz ordenará quanto for necessário ao conhecimento da verdade. Prevaleceu-se o Código, nesse ponto, dos benefícios que trouxe ao moderno Direito Processual a chamada concepção publicística do processo. (...) O juiz é o Estado administrando a justiça; não é um registro passivo e mecânico de fatos, em relação aos quais não o anima nenhum interesse de natureza vital. Não lhe pode ser indiferente o interesse da justiça. Este é o interesse da comunidade, do povo, do Estado, e é no juiz que um tal interesse se representa e personifica.[14]

Interessante observar que, muito embora a Exposição de Motivos do Código de Processo Civil de 1939 não mencione o gerenciamento de processos, reconheceu que, além da função de julgar em si, a atuação do juiz na condução e na direção do processo desempenhava um papel relevante e indispensável para fazer com que este atendesse às suas finalidades, o qual era incompatível com uma postura passiva e mecânica e que se limitava a observar os preceitos formalistas da lei. Não deixa de ser uma evolução a visão de que a atuação do magistrado se limitava a dizer o Direito no caso concreto.

---

[14] BRASIL. *Exposição de Motivos do Código de Processo Civil de 1939.* Disponível em: https://www2.camara.leg.br/legin/fed/declei/1930-1939/decreto-lei-1608-18-setembro-1939-411638-norma-pe.html. Acessado em: 20.03.2019.

CAPÍTULO I – EVOLUÇÃO HISTÓRICA: CRISE DO PODER JUDICIÁRIO

Verifica-se, também, que a Exposição de Motivos do Código de Processo Civil de 1939 procurou trazer como aprimoramento para a legislação processual regras e princípios com o intuito de melhor tramitação de feitos, os quais, atualmente, são associados ao gerenciamento do processo, como é o caso da oralidade e concentração de atos, conforme se verá neste estudo.

A incorporação de direitos econômicos e sociais pela Constituição Federal, a partir de 1934, assim como o período pós-guerra, indicaram a insuficiência do modelo estrito do Estado Liberal, que foi progressivamente superado pelo conceito de Estado Social (*Welfare State*).[15]

Como consequência da incorporação de novos direitos fundamentais aos diplomas constitucionais, passou-se a exigir do Estado o respeito aos limites da esfera privada e, também, que ofertasse efetivamente à sociedade os direitos prometidos, implementando políticas públicas de bem-estar social. Essas mudanças impactaram também a conformação das atribuições do Estado. O Poder Executivo passou a ter maior destaque no Estado Social, em detrimento do Poder Legislativo, ao contrário do que se observara no Estado Liberal.[16]

---

[15] "Ocorre que a realidade do pós-guerra, impôs-se, exigindo do Estado, e bem assim do sistema jurídico, intervenções em relações sociais, políticas e econômicas antes infensas à sua atuação. Passou-se, então, no século XX, a uma adaptação do modelo constitucional para a consecução dos fins do Estado Social (*Welfare State*), no qual a figura da sociedade passou a ser referência, em lugar do indivíduo. Do Estado negativo, passou-se ao Estado positivo, que, embora mantida a separação entre público e privado, formatou-se para atender as exigências da sociedade nas áreas da saúde, educação, moradia, previdência, dentre outras, nas quais a lógica de mercado não se revela suficiente para garantir o bem-estar social (...)" (CALDAS, Adriano Ribeiro. "Processo civil e Estado Constitucional: o direito fundamental à tutela jurisdicional efetiva e as fases metodológicas do processo". *Revista da Faculdade de Direito da UFMG*, nº 66, jan./jun. 2013, p. 28).

[16] "(...) Adotou-se, pois, a noção de liberdade positiva (material) que substituiu a noção de liberdade negativa (formal) vigente no modelo de Estado Liberal.

MARIA RITA REBELLO PINHO DIAS

Verificou-se, também, nessa época, a incorporação de diversos conceitos indeterminados nos diplomas constitucionais e a utilização de cláusulas abertas pelo legislador infraconstitucional. A superação do paradigma da supremacia da lei pelo da Constituição e a adoção dessa técnica legislativa de uso de conceitos indeterminados, naturalmente, ampliaram a margem de atuação exigida do Poder Judiciário, sobretudo sua liberdade interpretativa para aplicar concretamente o Direito.[17]

As profundas mudanças provocadas pela evolução do modelo do Estado Liberal para o Estado Social também alteraram a natureza dos conflitos submetidos ao Poder Judiciário, que passou a receber também demandas que solicitavam a implementação dos diversos direitos sociais reconhecidos em Constituição ou para solucionar conflitos entre tais direitos e os direitos fundamentais de primeira geração.

A Exposição de Motivos do Código de Processo Civil de 1973 evidenciou intenção de elaborar uma obra unitária, tanto no plano dos princípios quanto na esfera das aplicações práticas. Demonstrou também uma preocupação com o rigor terminológico,

---

Valores como os da liberdade contratual e da propriedade individual, corolários da autonomia da vontade, passaram a ser conformados pela noção de função social, submetendo-os os particulares a um dirigismo estatal. Ao contrário do Estado Liberal, em que se sobrelevava o papel do Legislativo, no Estado Social avultou-se a atuação do Executivo, que passou a intervir no mercado como partícipe e não como mero garante da esfera privada" (CALDAS, Adriano Ribeiro. "Processo civil e Estado Constitucional: o direito fundamental à tutela jurisdicional efetiva e as fases metodológicas do processo". *Revista da Faculdade de Direito da UFMG*, nº 66, jan./jun. 2013, p. 28).

[17] "Porém, mais importante que convencer a respeito da 'criação judicial do direito' é evidenciar que o juiz do *civil law* passou a exercer papel que, em um só tempo, é inconcebível diante dos princípios da tradição do *civil law* e tão criativo quanto o do seu colega do *common law*. O juiz que controla a constitucionalidade da lei obviamente não é submetido à lei. O seu papel, como é evidente, nega a ideia de supremacia do legislativo" (MARINONI, Luiz Guilherme. *Precedentes obrigatórios*. 5ª ed. rev., atual. e ampl. São Paulo: RT, 2016, p. 58).

CAPÍTULO I – EVOLUÇÃO HISTÓRICA: CRISE DO PODER JUDICIÁRIO

trazendo definições legais de conceitos processuais e pretendendo, declaradamente, adotar um linguajar mais apurado e científico. Não resultou, contudo, em uma evolução ideológica ou em uma mudança substancial do modelo processual adotado no Código anterior, mantida, portanto, a percepção quanto à função do juiz de direção do processo.

No Brasil, somente a partir da década de 1970 é que se iniciaram os estudos acerca da tutela constitucional do processo, representado pelos princípios e garantias constitucionais, motivo pelo qual, na época da elaboração da Exposição de Motivos do Código de Processo Civil de 1973, datada de 1964, não houve abordagem sob essa perspectiva.[18]

Muito embora a Exposição de Motivos do Código de Processo Civil de 1973 não tenha se debruçado sobre as alterações provocadas pelo surgimento do Estado Social, esse documento consigna que algumas soluções valorizadas no Código anterior para aprimoramento da tramitação processual, como é o caso do princípio da oralidade e da identidade física do juiz, não alcançaram o resultado esperado, atribuindo-se esse insucesso a algumas

---

[18] "Explica-se essa *continuidade sistemática* pelos poucos conhecimentos (e menor engajamento) dos estudiosos brasileiros da época em relação às *ondas renovatórias* do processo civil (*supra*, n. 52), ao *viés constitucional* do sistema processual e aos movimentos modernizadores já em curso na doutrina europeia (a *escola instrumentalista*). Considerados os períodos em que se divide a história do pensamento processualístico, esses dois Códigos de Processo Civil (1939 e 1973) situam-se no *período autonomista, ou conceitual* (*supra* n. 136). As conquistas caracterizadoras da fase *instrumentalista ou teleológica*, principiaram-se a repercutir no Direito Positivo brasileiro com o advento de diplomas supervenientes ao diploma de 1973, inclusive o atual Código de Processo Civil, que é de 2015" (DINAMARCO, Cândido Rangel. *Instituições de Direito Processual civil*. 9ª ed. rev. e atual., vol. I. São Paulo: Malheiros, 2017, pp. 421/422).

questões empíricas, tais como o aumento da densidade demográfica, do parque industrial e do volume de processos.[19][20]

Além de disciplinar acerca do princípio da oralidade, ajustando-o a uma nova realidade que então se impunha, a Exposição de Motivos do Código de Processo Civil de 1973 ainda destaca a importância da uniformidade da jurisprudência.[21] Ambas, conforme

---

[19] "Os princípios informativos do Código, embora louváveis do ponto de vista dogmático, não lograram plena efetivação. A extensão territorial do País, as promoções dos magistrados de entrância para entrância, o surto do progresso que deu lugar à formação de um grande parque industrial e o aumento da densidade demográfica vieram criar considerável embaraço à aplicação dos princípios da oralidade e da identidade da pessoa física do juiz, consagrados em termos rígidos no sistema do Código. Os inconvenientes resultavam não do sistema, mas de sua adaptação às nossas condições geográficas, a cujo respeito falharam as previsões do legislador. Não se duvidava, pois, da excelência do princípio da oralidade, mas se apontavam os males de uma aplicação irrestrita e incondicional à realidade brasileira" (BRASIL. *Exposição de Motivos do Código de Processo Civil de 1973*. Disponível em: https://www2.senado.leg.br/bdsf/bitstream/handle/id/177828/CodProcCivil%20 1974.pdf?sequence=4&isAllowed=y. Acessado em: 20.03.2019).

[20] "O processo civil é um instrumento que o Estado põe à disposição dos litigantes, a fim de administrar justiça. Não se destina a simples definição de direitos na luta privada entre os contendores; atua, ao contrário, como já observara Betti, não no interesse de uma ou de outra parte, mas por meio do interesse de ambas. O interesse das partes não é senão um meio, que serve para conseguir a finalidade do processo na medida em que dá lugar àquele impulso destinado a satisfazer o interesse público da atuação da lei na composição dos conflitos. A aspiração de cada uma das partes é a de ter razão: a finalidade do processo é a de dar razão a quem efetivamente a tem. Ora, dar razão a quem a tem é, na realidade, não um interesse privado das partes, mas um interesse público de toda sociedade" (BRASIL. *Exposição de Motivos do Código de Processo Civil de 1939*. Disponível em: https://www2.camara.leg.br/legin/fed/declei/1930-1939/decreto-lei-1608-18-setembro-1939-411638-norma-pe.html. Acessado em: 20.03.2019).

[21] "O Anteprojeto toma em alta consideração o problema da uniformidade da jurisprudência, procurando dar-lhe uma solução diversa da que fora adotada tradicionalmente no Brasil. Reconhece que a divergência de julgados constitui um mal, gerando profunda instabilidade nas relações jurídicas, criando um clima de insegurança e despertando no ânimo dos litigantes certa decepção, ao verem que a justiça do caso concreto fica à sorte da distribuição dos

CAPÍTULO I – EVOLUÇÃO HISTÓRICA: CRISE DO PODER JUDICIÁRIO

se verá neste trabalho, são hoje apontadas como ferramentas de gerenciamento de processos judiciais, as quais naquela época já eram reconhecidas como importantes para trazer maior qualidade à tramitação processual.

Extrai-se da Exposição de Motivos do Código de Processo Civil de 1973 uma curiosa percepção, a de que soluções legislativas podem ser impactadas de forma relevante por situações fáticas, a ponto de frustrar a expectativa originária quanto ao sucesso de sua utilização no caso concreto. No caso, o legislador atribuiu o insucesso da adoção do princípio da oralidade, por exemplo, exclusivamente a circunstâncias fáticas do cenário brasileiro da época. Talvez – e esta é uma das possibilidades que se pretende explorar neste trabalho – tal insucesso pudesse ser imputado à inadequada gestão quanto à forma de adoção e implementação dessa técnica ("oralidade") no caso concreto.

Em que pesem os esforços do legislador, em 1973, com o passar do tempo, seu impacto foi considerado pela doutrina como insatisfatório, tendo em vista que não conseguiu imprimir maior celeridade na tramitação dos feitos, persistindo a percepção de que os processos eram morosos, não se realizando em tempo razoável.[22]

---

feitos. (...) Como o dissídio jurisprudencial não pode constituir fundamento autônomo de recurso, porque 'a decisão errônea e não a decisão divergente é que se deve fulminar': como a uniformização da jurisprudência não é tanto um *direito da parte* quanto um *dever do tribunal*, a quem toca a interpretação lógica, ordenada e coerente dos preceitos legais" (BRASIL. *Exposição de Motivos do Código de Processo Civil de 1939*. Disponível em: https://www2.camara.leg.br/legin/fed/declei/1930-1939/decreto-lei-1608-18-setembro-1939-411638-norma-pe.html. Acessado em: 20.03.2019).

[22] "O processo civil vigente a partir do ano de 1974 foi na prática ao mesmo processo civil do Código de 1939, com alguns aperfeiçoamentos técnicos, mas sem diferenças substanciais quanto ao modo como o processo civil atua sobre a vida dos direitos. A *morosidade* na oferta e efetivação da tutela jurisdicional, sem uma corajosa ênfase aos institutos relacionados com a *tutela jurisdicional diferenciada* e sem a oferta de instrumentos eficazes para a luta contra o tempo-inimigo, prosseguiu com dantes, e a prática

Após a promulgação do Código de Processo Civil de 1973, foram aprovadas diversas leis que o alteraram, objetivando instituir mecanismos de aceleração de demandas para combater a morosidade e a inefetividade do processo, ou concedendo maiores poderes aos magistrados para assegurarem seu resultado efetivo. Nesse sentido, destaca-se a legislação que, além de permitir a antecipação dos efeitos da tutela, criou os juizados especiais e estimulou a busca pela conciliação e mediação, criando não somente a fase de cumprimento de sentença, mas também outras medidas para simplificação da tutela executiva.

Houve, ainda, durante o período de vigência do Código de Processo Civil de 1973, a entrada em vigor da Constituição Federal de 1988, que, refletindo a luta pela redemocratização brasileira, incorporou novos direitos fundamentais.

As alterações legislativas processuais que se seguiram à entrada em vigor do Código de Processo Civil de 1973, assim como princípios estipulados na Constituição Federal de 1988, indicam uma atenção especial com a efetividade do processo, do ponto de vista do Direito Material. Essa preocupação foi também compartilhada pela doutrina, que começou a entender o processo como um instrumento à disposição do Direito Material, ou seja, passou a ser compreendido como uma técnica científica que deveria atingir seus escopos do plano jurídico-material, quais sejam: (i) social, atendendo à sua função social, perseguindo a paz social e a educação do povo a partir de valores sociais embutidos na sociedade; (ii) político, afirmando a autoridade do Estado na resolução de conflitos e efetivação de direitos; e (iii)

---

mostrou como o processo civil brasileiro ainda continuava refém de formas inúteis e de uma insustentável *proliferação de recursos*, que atenta contra a promessa constitucional de um processo realizado *em tempo razoável* (...)" (DINAMARCO, Cândido Rangel. *Instituições de Direito Processual civil.* 9ª ed. rev. e atual., vol. I. São Paulo: Malheiros, 2017, p. 35).

CAPÍTULO I – EVOLUÇÃO HISTÓRICA: CRISE DO PODER JUDICIÁRIO

jurídico, buscando efetivar a vontade concreta do Direito ao caso submetido à apreciação jurisdicional.[23]

Posteriormente, parte da doutrina passou a sustentar que a Constituição Federal deixou de ser simplesmente um documento formal destinado apenas a impor limites à atuação estatal, como norma programática, sem qualquer força normativa, com função meramente inspiradora, integrativa e interpretativa, para que seus princípios passem a ganhar força normativa suficiente para serem aplicados diretamente no caso concreto. Identifica a Constituição como centro de irradiação de força de todo o sistema jurídico brasileiro e, sob essa perspectiva, o processo passa a ser compreendido como instrumento de sua efetivação em concreto, de modo que a relação entre o Direito Processual e o Direito Material não seria apenas de instrumentalidade, mas sim de essencialidade[24] – ambos

---

[23] "A corrente instrumentalista preocupa-se com a efetividade do processo ao identificar os respectivos escopos (jurídico, social e político), ao combater o processualismo excessivo e buscar mecanismos destinados a torná-lo apto a produzir os resultados desejados e, por fim, ao respeitar as conquistas técnico-científicas da ciência processual, direcionando-as, todavia, para os objetivos externos do processo. Processo visa à realização da justiça no plano jurídico-material e, consequentemente, à pacificação social. Não pode ser considerado apenas do ponto de vista da técnica, pois é instrumento destinado a assegurar valores, especialmente, de natureza constitucional" (BEDAQUE, José Roberto dos Santos. "Instrumentalismo e garantismo: visões opostas do fenômeno processual?" *In*: CINTRA, Lia Carolina Batista; BEDAQUE, José Roberto dos Santos; EID, Elie Pierre (Coord.). *Garantismo processual*: garantias constitucionais aplicadas ao processo. Brasília: Gazeta Jurídica, 2016, pp. 18/19).

[24] "Destarte, para a corrente do formalismo-valorativo, as relações entre o direito material e Direito Processual não se dão em termos de instrumentalidade, mas de essencialidade. Esta essencialidade não se pode confundir com absoluta integração ontológica entre ambos (própria da fase imanentista/praxista), mas significa que ambos os planos estão jungidos e direcionados à consecução dos valores constitucionais. Não existe, pois, qualquer diferença qualitativa entre processos e direito material do ponto de vista axiológico, mas apenas a constatação de que o direito material somente se concretiza no âmbito do processo (...)" (CALDAS, Adriano Ribeiro. "Processo civil e Estado Constitucional: o direito fundamental à tutela jurisdicional efetiva

são orientados à observância de valores constitucionais, servindo o primeiro para a concretização do segundo.[25]

Para enfrentar os desafios provocados pela alteração do modelo de Estado e pelo advento da supremacia da Constituição, além da busca por efetividade, observou-se no Brasil, especialmente a partir década de 80 do século passado, a edição de diversas leis que traziam uma nova proposta processual para o enfrentamento de muitas das novas questões surgidas. São exemplos a Lei das Ações Civis Públicas e o Código de Defesa do Consumidor,[26] que

---

e as fases metodológicas do processo". *Revista da Faculdade de Direito da UFMG*, nº 66, jan./jun. 2013, p. 41).

[25] "É nesse ambiente que se chega ao formalismo no Brasil, como modelo processual próprio do momento que ora se vive. Superado aquele estágio anterior de exacerbação técnica, de vida legal breve entre nós, recobra-se a consciência de que o processo está aí para concretização de valores, não sendo estranho à função do juiz a consecução do justo, tanto que se passa a vislumbrar, no processo, o escopo de realizar a justiça no caso concreto, convocando-se uma racionalidade prática para a condução do debate judiciário. Mais: a tomada de consciência de que a força normativa da Constituição deve alcançar todo o Direito Processual civil, não sendo esse outra coisa que não o próprio Direito Constitucional aplicado, fez acentuar os poderes do juiz na relação jurídico-processual, armando-o de técnicas capazes de proporcionar ao jurisdicionado o efetivo acesso à ordem jurídica justa, sobrando evidente que, nesse panorama, o próprio conceito de jurisdição transforma-se sobremaneira, consoante já tivemos a oportunidade de registrar alhures. A Constituição de 1988 imprimiu o método instrumentalista, próprio do formalismo, bem aproveitando a doutrina o ambiente cultural propício para transformação do nosso processo civil" (MITIDIERO, Daniel Francisco. "Processo e cultura: praxismo, processualismo e formalismo em Direito Processual". *Cadernos de Pós-Graduação Direito/UFRGS*, 2014, pp. 125/126. Disponível em: https://seer.ufrgs.br/ppgdir/article/view/49871. Acessado em: 27.05.2019).

[26] "O processo civil clássico criado e aperfeiçoado pelos Estados liberais burgueses europeus ao longo dos séculos XVIII e XIX, impregnado de filosofia essencialmente individualista e marcadamente formalista, era compreendido como um assunto privativo dos sujeitos litigantes e destinava-se tão somente a dirimir, de forma pontual, as suas controvérsias. Entendia-se ser suficiente, para alcançar a pacificação social, a solução atomizada ou individualizada dos litígios. Naquela época, não havia espaço para proteção de direitos que

CAPÍTULO I – EVOLUÇÃO HISTÓRICA: CRISE DO PODER JUDICIÁRIO

conceberam nova forma de processar pedidos em relação ao tradicional modelo individual, qual seja, o da ação coletiva.

O tratamento coletivo das demandas, tal como concebido pelo legislador, permitiria, em tese, que direitos que pertencessem a toda a coletividade ou decorressem de uma situação comum (direitos difusos e direitos coletivos, respectivamente), resultantes da incorporação de direitos fundamentais de segunda e terceira gerações, pudessem ser tutelados em juízo por legitimados especiais em um único processo e, ao final, fossem contemplados em uma única sentença que teria efeitos para uma ampla gama de pessoas. Trata-se de solução que inovou a legislação processual, alterando de forma considerável preceitos tradicionais do processo civil, por exemplo, a extensão dos efeitos da sentença para pessoas que não participaram (diretamente) do processo e que, portanto, não exerceram pessoalmente o contraditório.

Apesar de sua intenção inovadora, não houve grande adesão ao novo sistema processual, e algumas causas foram apontadas, por exemplo, a tímida extensão dos efeitos da sentença e de seus impactos no exercício de ações individuais.[27] Ressalta-se, ainda,

---

não se enquadrassem na moldura processual liberal, tais como direitos difusos *lato sensu*, pertencentes a um grupo, ao público em geral ou a determinados segmentos do público. Mesmo ao longo do século XX, o Direito Processual civil brasileiro manteve-se fiel a esse paradigma liberal de solução de conflito. (...) Não tardou para que esse arcabouço tradicional do processo civil individual começasse a expor sinais de fragilidade e de inaptidão diante do gradual surgimento de novas demandas sociais, a exemplo da necessidade de propiciar tutela adequada e efetiva para a reparação de danos capazes de atingir um amplo espectro de pessoas de uma só vez" (ASSIS, Araken de. *Processo civil brasileiro*. 2ª ed. vol. I. São Paulo: RT, 2016, p. 207).

[27] "No modelo brasileiro, a absoluta ausência de repercussão negativa do resultado do processo coletivo sobre as pretensões e ações individuais, se por um lado preserva as garantias de acesso à justiça, contraditório e devido processo legal em favor de cada legitimado individual, por outro, pouco contribui para a economia processual e a estabilização de uma resposta jurisdicional uniforme para casos iguais. Essa segunda função, nomofilática, é crucial para a isonomia, a segurança jurídica e a certeza do direito. Além

a inexistência de ferramenta processual disponibilizada ao Poder Judiciário para, diante de inúmeras ações individuais repetitivas, tomar a iniciativa de provocar os legitimados legais, obrigando-os a promover ações coletivas, suspendendo o andamento das primeiras.

Esses diversos fenômenos, verificados sobretudo a partir da segunda metade do século XX, importaram alterações quanto à forma de atuação do Poder Judiciário, em especial no *civil law*. A necessidade de conformar diversos valores constitucionais vagos e amplos que porventura possam incidir em um caso concreto confere maior liberdade interpretativa ao magistrado do que aquela que ele tem, quando sua atuação está adstrita ao texto rígido da lei. A partir de uma perspectiva constitucional de garantia dos direitos fundamentais, o Poder Judiciário deixa de ser a "boca da lei" para criar a norma jurídica, sempre à luz da interpretação do caso concreto.

Vale ressaltar, também, que o reconhecimento de diversos direitos sociais e as alterações socioeconômicas observadas desde então, bem como o amplo acesso à justiça assegurado pela Constituição Federal em 1988, transformaram as características dos litígios submetidos à cognição do Poder Judiciário. Além do fenômeno das ações coletivas, já mencionado, verificou-se no Brasil uma explosão de litigiosidade, muito da qual provocada pelo ajuizamento de ações em que se discutem direitos individuais

---

disso, o processo coletivo acaba produzindo proteção jurisdicional pouco estável – de menor qualidade, portanto – para o réu vitorioso. A ausência de coisa julgada *ultra partes* faz com que, mesmo tendo sua razão reconhecida em um primeiro processo coletivo, ele não esteja livre de sucessivas e reiteradas novas demandas coletivas. A garantia da tutela jurisdicional não lhe é plenamente outorgada. Um modelo mais completo e adequado de processo coletivo passa, de algum modo, pela vinculação não apenas dos colegitimados coletivos, mas também dos legitimados individuais na hipótese de improcedência da demanda coletiva" (TALAMINI, Eduardo. "A dimensão coletiva dos direitos individuais homogêneos: ações coletivas e os mecanismos previstos no Código de Processo Civil de 2015". *In*: DIDIER JR., Fredie; CUNHA, Leonardo Carneiro da. *Julgamento de casos repetitivos*. (Coleção Grandes Temas do Novo CPC, vol. 10). Salvador: JusPodivm, 2017).

CAPÍTULO I – EVOLUÇÃO HISTÓRICA: CRISE DO PODER JUDICIÁRIO

homogêneos e pela criação de normas que facilitam e asseguram o acesso à justiça.

O processamento de direitos coletivos *lato sensu* e de direitos individuais homogêneos, estes em regra representados por milhares de ações repetitivas, constitui-se um desafio para o sistema processual brasileiro, marcado pelo tradicional processo civil individual. Essas novas demandas, mais complexas, em grande volume, observadas em todo o mundo contemporâneo, contribuíram para dar novos contornos à crise do Poder Judiciário, questionando a suficiência da tradicional forma de tramitação de processos judiciais e, ainda, a capacidade dos tribunais para o enfrentamento desse grande volume de feitos, com celeridade e efetividade no sentido de promover a pacificação de conflitos.[28]

A dificuldade no adequado enfrentamento desses novos fenômenos coloca em xeque a credibilidade do Poder Judiciário, que parece não conseguir dar vazão ao processamento do número vultoso de demandas que lhe são submetidas, sendo por vezes acusado de vulnerar a isonomia e a segurança jurídica por não conseguir atuar de forma padronizada, sistêmica e, consequentemente, isonômica.[29]

---

[28] "A padronização e a massificação da produção e do consumo, acontecimentos típicos do capitalismo contemporâneo, são uma das causas geradoras das causas repetitivas. A gradual ampliação do acesso à justiça, especialmente após o advento da Constituição de 1988, é outro fator que também contribui decisivamente para a multiplicação desenfreada de litígios" (ASSIS, Araken de. *Processo civil brasileiro*. 2ª ed. vol. I. São Paulo: RT, 2016, p. 188).

[29] "(...) Diversos fatores contribuem para o aumento da demanda do STJ. Entre eles, destacamos: (i) Proliferação de diplomas legais de alta relevância após a CF de 1988; (ii) Adoção crescente de técnicas legislativas que incorpora nos textos legais cláusulas abertas, conceitos jurídicos indeterminados, cujo trabalho interpretativo é justamente transferido ao Judiciário, em atividade de complementação do texto legal; (iii) Aumento da população brasileira; (iv) Crescimento expressivo da economia; (v) Maior complexidade das relações sociais e econômicas; (vi) Aumento da demanda por serviços judiciários. Democratização do acesso à justiça" (APRIGLIANO, Ricardo de Carvalho. "Presente e futuro do recurso especial". *In*: CINTRA, Lia Carolina Batista; BEDAQUE, José Roberto dos Santos; EID, Elie Pierre (Coord.). *Garantismo*

MARIA RITA REBELLO PINHO DIAS

[30] Além disso, passou-se a questionar se a maior margem de atuação do magistrado, com o intuito de atingir mais celeridade nos julgamentos, sem o adequado controle da forma, não redundaria em arbítrio e, consequentemente, em insegurança jurídica.[31]

Coincidentemente, torna-se mais frequente alardear uma crise de legitimidade do Poder Judiciário desde a década de 80

---

processual: garantias constitucionais aplicadas ao processo. Brasília: Gazeta Jurídica, 2016, pp. 266/267).

[30] "O *stare decisis* alberga, a um só tempo, as ideias de universabilizabilidade, igualdade e imparcialidade, valores diretamente conectados à noção de justiça, basilares em todo e qualquer Estado de Direito. (...) A fundamentação das decisões dos tribunais deve ser feita em termos universais porque as suas proposições centrais têm aptidão para formar precedentes, ou seja, para serem aplicadas não apenas ao caso sob julgamento, mas a todas as situações similares que venham a surgir no futuro. Do ponto de vista da teoria da argumentação jurídica, a pedra de toque da obrigação de seguir precedentes é exatamente o princípio da universalizabilidade ou da justiça formal, que exige que casos iguais sejam tratados de igual maneira. A racionalidade do sistema de precedentes, pondera MacCormik, depende dessa propriedade fundamental da justificação normativa – da sua universalizabilidade – e não de qualquer doutrina específica ou da prática de seguir precedentes. Conforme explica MacCormik, a racionalidade do sistema jurídico está indissoluvelmente vinculada à universabilizabilidade das razões justificadoras das decisões judiciais. De sorte que, para que uma razão seja a justificação legítima de uma decisão, é preciso que ela seja considerada uma razão pela qual se possa decidir qualquer outro caso semelhante no futuro" (ASSIS, Guilherme Bacelar Patrício de. *Precedentes vinculantes em recursos extraordinário e especial repetitivo*. Rio de Janeiro: Lumen Juris, 2017, p. 17).

[31] "Nesse jogo, a ideia de segurança jurídica sempre esteve atrelada à forma e em oposição à celeridade. Mas é de indagar se a contraposição forma/segurança *vs.* arbítrio ainda existe ou se a sociedade do século XXI identifica segurança com rapidez dos julgamentos. Nem mesmo a 'apaixonante e calorosa' teoria em defesa da legalidade de Lopes de Onate (Calamandrei, 1947) se exime de advertir que o processo moroso é tão inseguro quanto o processo sem forma. Hoje é plausível indagar a quem serve o formalismo, se ainda serve para proteger os cidadãos contra o arbítrio do Estado" (SILVA, Paulo Eduardo da. *Gerenciamento de processos judiciais*. São Paulo: Saraiva, 2010, p. 151).

CAPÍTULO I – EVOLUÇÃO HISTÓRICA: CRISE DO PODER JUDICIÁRIO

do século passado,[32] sintetizada pela baixa confiança do cidadão nessa instituição, que persiste até os dias atuais.

O *Índice de Confiança na Justiça do Brasil* (ICJBrasil) de 2017 foi de 4,5, em uma escala de 0 a 10, indicando uma má avaliação do Poder Judiciário brasileiro. Esse índice é apurado considerando a composição de dois subíndices, quais sejam o de "percepção", que mede a opinião da população sobre a justiça e a forma como ela presta o serviço público (considerando aspectos como confiança, celeridade, custos, facilidade de acesso, entre outros), para o qual foi dada uma nota de 2,8, e o de "comportamento", que mensura a predisposição da população em recorrer ao Judiciário para solucionar conflitos, recebendo uma avaliação de 8,4.

Curioso observar que, apesar de a população avaliar mal o Poder Judiciário, há alto grau de disposição para resolver conflitos na justiça.[33] Há, ainda, uma percepção de que o Poder Judiciário brasileiro possui como características distintivas – em contraponto aos demais sistemas judiciais do mundo – a ausência de celeridade e o excessivo custo.[34]

As alterações identificadas na última metade do século XX provocaram o legislador a se debruçar sobre mudanças na legislação

---

[32] SADEK, Maria Tereza; ARANTES, Rogerio B. "A crise do Judiciário e a visão dos juízes". *Revista USP*, nº 21, 1994, pp. 34-45; ZAFFARONI, Eugénio Raúl. *Poder Judiciário*: crises, acertos e desacertos. São Paulo: RT, 1995; VIANNA, Luiz Werneck; CARVALHO, Maria Alice R. de; PALÁCIOS, Manuel; BURGOS, Marcelo. *A judicialização da política e das relações sociais no Brasil*. Rio de Janeiro: Revan, 1999; SADEK, Maria Tereza. *Acesso à justiça*. São Paulo: Fundação Konrad Adenauer, 2001.

[33] FGV. *Relatório ICJBrasil, 1º semestre 2017*. Disponível em: http://bibliotecadigital.fgv.br/dspace/bitstream/handle/10438/19034/Relatorio-ICJBrasil_1_sem_2017.pdf?sequence=1&isAllowed=y. Acessado em: 25.06.2019.

[34] Vide FGV. *Relatório ICJBrasil, 1º semestre 2017*. Disponível em: http://bibliotecadigital.fgv.br/dspace/bitstream/handle/10438/19034/Relatorio-ICJBrasil_1_sem_2017.pdf?sequence=1&isAllowed=y. Acessado em: 25.06.2019.

processual. Extraem-se da Exposição de Motivos do Código de Processo Civil de 2015 evidente preocupação com a celeridade e uma duração razoável do processo civil, além de tentar assegurar sua efetividade de modo que cada um deles tivesse o maior rendimento possível. Não basta, portanto, atribuir razão a quem a tem, sendo imprescindível que isso ocorra no tempo certo, sob pena de ser mera ilusão.[35][36] Nesse sentido:

> Um sistema processual civil que não proporcione à sociedade o reconhecimento e a realização dos direitos, ameaçados ou violados, que têm cada um dos jurisdicionados, não se harmoniza com as garantias constitucionais de um Estado Democrático de Direito. Sendo ineficiente o sistema processual, todo o ordenamento jurídico passa a carecer de

---

[35] "Na elaboração deste Anteprojeto de Código de Processo Civil essa foi uma das linhas principais de trabalho: resolver *problemas*. Deixa de ver o processo como teoria descomprometida de sua natureza fundamental de *método* de resolução de conflitos, por meio do qual se realizam *valores constitucionais*. (...) O novo Código de Processo Civil tem o potencial de gerar um processo mais justo, porque mais rente às necessidades, de modo mais intenso, no mérito da causa. Com evidente redução da complexidade inerente ao processo de criação de um novo Código de Processo Civil, poder-se-ia dizer que os trabalhos da Comissão se orientam precipuamente por cinco objetivos: 1) estabelecer expressa e implicitamente verdadeira sintonia fina com a Constituição Federal; 2) criar condições para que o juiz possa proferir decisão de forma mais rente à realidade subjacente à causa; 3) simplificar, resolvendo problemas e reduzindo a complexidade de subsistemas, como, por exemplo, o recursal; 4) dar todo o rendimento possível a cada processo em si mesmo considerado; e 5) finalmente, sendo talvez este último objetivo parcialmente alcançado pela realização daqueles mencionados antes, imprimir maior grau de organicidade ao sistema, dando-lhe, assim, maior coesão" (BRASIL. *Exposição de Motivos do Código de Processo Civil de 2015*. Disponível em: https://www2.senado.leg.br/bdsf/bitstream/handle/id/512422/001041135.pdf. Acessado em: 20.03.2019).

[36] "Levou-se em conta o princípio da *razoável duração do* processo. Afinal a ausência de celeridade, sob certo ângulo, é ausência de justiça" (BRASIL. *Exposição de Motivos do Código de Processo Civil de 2015*. Disponível em: https://www2.senado.leg.br/bdsf/bitstream/handle/id/512422/001041135. pdf. Acessado em: 20.03.2019).

CAPÍTULO I – EVOLUÇÃO HISTÓRICA: CRISE DO PODER JUDICIÁRIO

real efetividade. De fato, as normas de direito material se transformam em pura ilusão sem a garantia de sua correlata realização, no mundo empírico, por meio do processo.[37]

A reforma de 2015 adotou como premissas privilegiar a simplicidade da linguagem e da ação processual, a celeridade do processo e a efetividade do resultado da ação,[38] as quais orientaram a incorporação de reformas anteriores e também estimularam a inovação e a modernização de procedimentos.

Interessante destacar o uso de conceitos como "efetividade", "celeridade" e "duração razoável". Eles evidenciam uma abordagem diferenciada para alterações na legislação processual, pois demonstram se referir a soluções que não necessariamente guardam relação com as consequências processuais imediatas do exercício do direito de ação advindo de uma situação de Direito Material. Tais conceitos parecem chamar a atenção para a preocupação em equacionar e dar adequado tratamento a todo e qualquer aspecto que possa impactar a adequada tramitação de um processo, e não somente àqueles relacionados ao exercício do direito de ação e direito de defesa, mas sobretudo àqueles que são fundamentais para que esses mesmos direitos possam ser exercidos na forma e no tempo certos.

---

[37] BRASIL. *Exposição de Motivos do Código de Processo Civil de 1939.* Disponível em: https://www2.camara.leg.br/legin/fed/declei/1930-1939/decreto-lei-1608-18-setembro-1939-411638-norma-pe.html. Acessado em: 20.03.2019.

[38] "Reconhece-se, nos dias que correm, que o processo e a ordem processual só têm valor pelos resultados pacificadores que sejam capazes de produzir e pela consequente capacidade, que tenham, de propiciar sensações felizes às pessoas mediante a efetividade de seu *acesso à justiça* – e esse é o postulado fundamental do método a que vem sendo dada a denominação de *processo civil de resultados*" (DINAMARCO, Cândido Rangel. *Instituições de Direito Processual civil.* 9ª ed. rev. e atual., vol. I. São Paulo: Malheiros, 2017, p. 90).

MARIA RITA REBELLO PINHO DIAS

Evidenciando essa nova abordagem, encontra-se justificativa apresentada para o Incidente de Resolução de Demandas Repetitivas (IRDR).

A Exposição de Motivos de 2015 justifica a adoção desse novo instituto com a disciplina do sistema brasileiro de precedentes, com o intuito de obter maior celeridade no julgamento em conjunto de demandas que gravitam em torno da mesma questão de Direito. Essa maior segurança jurídica e celeridade seriam decorrentes do julgamento de processos conjuntamente e, também, da redução do "tempo morto".[39] Constata-se, assim, preocupação de escolha de técnicas processuais que não apenas se prestem a permitir tramitação do Direito Material, mas, também, que otimizem os recursos do Poder Judiciário à disposição da tramitação desses processos:

> Por enquanto, é oportuno ressaltar que levam a um processo *mais célere* as medidas cujo objetivo seja o julgamento conjunto de demandas que gravitam em torno da mesma questão de direito, por dois ângulos: a) o relativo àqueles processos, em si mesmos considerados, que serão decididos conjuntamente; b) no que concerne à atenção do excesso de carga de trabalho do Poder Judiciário – já que o tempo usado para decidir aqueles processos poderá ser mais eficazmente aproveitado em todos os outros, em cujo trâmite serão evidentemente menores os ditos "tempos mortos" (períodos em que nada acontece no processo).[40]

---

[39] "Por isso mesmo, o sistema de precedentes, desnecessário quando o juiz apenas aplica a lei, é indispensável na jurisdição contemporânea, pois fundamental para outorgar a segurança à parte e permitir ao advogado ter consciência de como os juízes estão preenchendo o conceito indeterminado e definindo a técnica processual adequada a certa situação concreta" (MARINONI, Luiz Guilherme. *Precedentes obrigatórios*. 5ª ed. rev., atual. e ampl. São Paulo: RT, 2016, p. 69).

[40] BRASIL. *Exposição de Motivos do Código de Processo Civil de 1939.* Disponível em: https://www2.camara.leg.br/legin/fed/declei/1930-1939/decreto-lei-1608-18-setembro-1939-411638-norma-pe.html. Acessado em: 20.03.2019.

CAPÍTULO I – EVOLUÇÃO HISTÓRICA: CRISE DO PODER JUDICIÁRIO

Extrai-se, portanto, da Exposição de Motivos de 2015 a percepção de que existem relevantes fatores, externos ao processo em si considerado, que impactam seu tempo de duração, como é o caso do "tempo morto" do processo em cartório, e, também, que focar exclusivamente o primeiro pode não trazer os resultados pretendidos de maior celeridade e duração em tempo razoável. A preocupação de dar melhor tratamento a esses fatores externos parece decorrer da vontade de permitir tramitação mais racional do processo em si.

Consigna-se ceticismo de parte da doutrina quanto à capacidade dos mecanismos processuais para coletivização de demandas individuais para solucionar os macro litígios.[41] A doutrina critica essas soluções, associando-as a ferramentas de gerenciamento dos processos repetitivos, acusando-as de se preocuparem mais em auxiliar o Poder Judiciário, assoberbado por grande número de ações similares, do que em resolver o macro litígio em si.

É de indagar, contudo, se essas técnicas de gerenciamento têm como destinatários o Poder Judiciário ou, efetivamente, o processo. Em outras palavras, se a racionalização e otimização dos recursos disponibilizados ao Poder Judiciário para a estruturação do sistema processual estatal são medidas que favorecem mais a ele do que ao processo em si. Essa é uma questão que será tangenciada neste trabalho. Por ora, ressalta-se, apenas, que a Exposição de Motivos do Código de Processo Civil de 2015 evidencia o uso de técnicas processuais que viabilizem seu melhor aproveitamento.

A breve análise da evolução histórica da legislação processual brasileira evidencia que o legislador procurou, ao longo do tempo,

---

[41] SICA, Heitor Vitor Mendonça. "Congestionamento viário e congestionamento judiciário: reflexões sobre a garantia de acesso individual ao Poder Judiciário". *In*: CINTRA, Lia Carolina Batista; BEDAQUE, José Roberto dos Santos; EID, Elie Pierre (Coord.). *Garantismo processual*: garantias constitucionais aplicadas ao processo. Brasília: Gazeta Jurídica, 2016, pp. 148/149.

desenvolver soluções para o problema que parece crônico da morosidade da justiça e da percepção social de sua crise, recorrendo a soluções processuais, tais como redução de prazos, proibição de interposição de recursos em determinadas hipóteses de decisões, entre outras, nem sempre com o resultado esperado.[42]

Demonstrou, também, que houve paulatino crescimento da percepção, por parte do legislador, da necessidade de flexibilizar a formalidade dos ritos estipulados em lei, conferindo maiores poderes ao magistrado para os relativizar, quando preciso e somente se possível, para permitir o atingimento dos objetivos esperados, ajustando as formalidades à evolução das exigências dos casos concretos, sempre em constante mudança – propiciando, assim, conferir uma dinamicidade ao processo impossível de ser atingida pelo tempo do legislador.

Por fim, constatou-se recentemente a preocupação do legislador em equacionar aspectos que indiretamente impactam o melhor andamento do processo, proporcionando tramitação mais racional e otimizada.

A análise efetuada *supra* é indicativa de que o aprimoramento de processos pode ser obtido não apenas com soluções processuais, ou, pelo menos, que estas, para que possam ser adequadamente aplicadas, partam do pressuposto de expectativas mínimas de funcionamento do Poder Judiciário que somente poderão ser atendidas, se houver um trabalho prévio a ser exercido por juízes e tribunais.

---

[42] "No Brasil, as propostas contra a 'crise da justiça e do processo' tradicionalmente estão atreladas a reformas legislativas. É comum políticos, empresários, juízes, advogados, jornalistas, economistas defenderem 'uma radical modernização da lei processual' como solução dos problemas da justiça. De fato, há cerca de duas décadas o Código de Processo Civil recebe novos dispositivos e, embora não haja medição precisa, uma conclusão parece evidente: a lei processual brasileira é tecnicamente sofisticada, mas ainda há um considerável déficit de prestação jurisdicional" (SILVA, Paulo Eduardo da. *Gerenciamento de processos judiciais*. São Paulo: Saraiva, 2010, p. 19).

CAPÍTULO I – EVOLUÇÃO HISTÓRICA: CRISE DO PODER JUDICIÁRIO

A análise de outros sistemas judiciais traz reflexões sobre a questão relativa aos meios para enfrentamento dos desafios crônicos do Poder Judiciário. Observa-se um movimento relativamente recente em diversos países objetivando desenvolver estratégias para enfrentamento de problemas de morosidade e custo de processos judiciais, recorrendo-se a outra abordagem, a saber: seu gerenciamento.

A abordagem do gerenciamento judicial é aderente à ampliação dos poderes conferidos ao magistrado para condução do processo, sobretudo diante da incorporação em nosso ordenamento jurídico de princípios constitucionais que orientam o processo como o de sua duração razoável e da eficiência.

No próximo capítulo, analisar-se-á o conceito de gerenciamento de processos.

CAPÍTULO II

CONCEITO DE GERENCIAMENTO DE PROCESSOS

2.1 Conceito doutrinário de gerenciamento de processos e de gestão judicial

A Civil Justice Reform Act norte-americana (CRJA) – *case management*) –, de 1990, e o Civil Procedure Rules (CPR) inglês, de 1999, representam os esforços para enfrentarem a duração e o custo do processo, com resultados efetivos, todos eles calcados em estratégias de gerenciamento de processos, como reação à sua morosidade excessiva e a uma percepção negativa da sociedade local quanto à atuação do Poder Judiciário.[43] Constata-se que,

---

[43] "Todo e qualquer estudo sobre o surgimento e características essenciais do judicial *case management* deve passar, necessariamente, pelo estudo da experiência norte-americana. Isso porque, ainda na década de 70 do século XX, os tribunais daquele país, especificamente os tribunais federais, diante de uma realidade de sobrecarga em razão do volume crescente de processos, e desprovidos de alternativas para melhorar a prestação jurisdicional, se propuseram a desenvolver, em conjunto com especialistas de diversas áreas, um método de gerenciamento dos processos judiciais. Não que fosse o gerenciamento dos processos judiciais uma novidade. Desde 1950, procedimentos

em ambos os casos, procurou-se identificar boas práticas e uma diferente forma de abordagem dos processos pelos magistrados, que passaram a atuar de maneira mais assertiva, conduzindo e orientando a produção de provas e recorrendo a meios alternativos de solução de conflitos, por exemplo.

Este trabalho não pretende indicar o processo de desenvolvimento do conceito de gerenciamento de processos em outras jurisdições, tampouco no Brasil. Para fins do presente, suficiente constatar que se trata de conceito aceito em outros países, como evidencia Marcus Vinicius Kiyoshi Onodera, que sustenta que os modelos de gerenciamento do processo português, alemão, japonês, inglês e norte-americano foram criados com a mesma perspectiva, qual seja a de permitir atuação mais ativa do juiz na atividade processual, reconhecendo, nessa medida, ferramenta para se obter processo mais célere, econômico, eficiente e justo.[44]

---

especiais baseados nas técnicas que futuramente integrariam o conceito de judicial *case management* eram utilizados nos processos sobre antitruste e outros casos complexos. Os problemas enfrentados eram diversos. Durante as décadas de 80 e 90, estava disseminada entre a opinião pública norte-americana a percepção de que o Poder Judiciário não possuía a credibilidade equivalente às demais instituições governamentais. Ademais, a percepção era a de que o Judiciário poderia se tornar um entrave para o desenvolvimento e a competitividade internacional do país" (BRITO, Thiago Carlos de Souza. *Gerenciamento dos processos judiciais*: estudo comparado dos poderes e atuação do juiz na Inglaterra, nos Estados Unidos e no Brasil. Belo Horizonte: Universidade Federal de Minas Gerais, 2013, p. 67 (Dissertação de Mestrado em Direito).

[44] "Os modelos de gerenciamento do processo (*case management*) português, alemão, japonês, inglês e norte-americano são criados sob um ânimo em comum, qual seja, ao conferir ativa conduta do juiz, na atividade processual, buscam um processo mais célere, econômico, eficiente e justo. Sob os mais diferentes matizes, há traços semelhantes em todos os modelos, que procuram concentrar, em algum momento do processo (mormente sua fase inicial), grande parte dos atos processuais. A audiência é compreendida como momento processual adequado para que seja incentivado o acordo. Nesse contexto, as *pretrial conferences* são importantíssimo momento processual para gerenciamento do processo, estimulando, no esclarecimento das questões e das provas a serem eventualmente produzidas, o acordo e pronta resolução

CAPÍTULO II – CONCEITO DE GERENCIAMENTO DE PROCESSOS

Experiências como essas sintetizam o que se convencionou chamar de "gerenciamento de processo", o qual, conforme a doutrina, significa um conjunto de práticas de condução do processo pelo magistrado ou de organização judiciária para obter melhor emprego dos recursos disponibilizados, tanto materiais quanto pessoais, e, em especial, do tempo de trabalho.[45] O gerenciamento de processos consiste, em síntese, no

> (...) planejamento da condução de demandas judiciais em direção à resolução mais adequada do conflito, com o menor dispêndio de tempo e custos. Depende de uma postura ativa

---

do conflito" (ONODERA, Marcus Vinicius Kiyoshi. *Gerenciamento do processo e acesso à justiça*. Belo Horizonte: Del Rey, 2017, p. 168).

[45] "O 'gerenciamento de processos judiciais' pode ser compreendido como o conjunto de práticas de condução do processo e organização judiciária coordenadas pelo juiz para o processamento célere e efetivo dos conflitos submetidos ao Poder Judiciário. Dentro dos limites da matriz constitucional e da lei, o juiz é provocado a 'gerenciar' os processos judiciais sob sua competência pela abertura a meios alternativos de resolução de conflitos, otimização dos instrumentos disponibilizados em lei, corte dos excessos de forma, flexibilização e adaptação do procedimento legal às circunstâncias do caso e do juízo, aproveitamento da fase de saneamento, maximização da oralidade e concentração de atos processuais, acompanhamento do fluxo de processos no cartório e coordenação de suas atividades etc. A filtragem de litígios de massa e as demandas repetitivas pela vinculação jurisprudencial também pressupõem a racionalidade gerencial aqui debatida, na modalidade de 'gerenciamento do volume de processos judiciais', tema que, pela amplitude e especificidades, demanda um estudo específico" (SILVA, Paulo Eduardo da. *Gerenciamento de processos judiciais*. São Paulo: Saraiva, 2010, p. 21). Ainda: "No Brasil, o gerenciamento de processos não existe como técnica sistematizada ou regulamentada. A legislação processual disponibiliza mecanismos que possibilitam o exercício do gerenciamento de processos, como saneamento do processo, a audiência preliminar, os poderes de direção do juiz etc. (cap. III). A base legislativa é uma boa referência da orientação favorável do ordenamento, mas o que define a existência de gerenciamento são as práticas que os juízes adotam (ou não) de planejar a condução dos processos" (SILVA, Paulo Eduardo da. *Gerenciamento de processos judiciais*. São Paulo: Saraiva, 2010, p. 138).

do juiz no controle do andamento dos feitos e organização da unidade judiciária.[46][47]

A abordagem do gerenciamento de processos chama atenção à necessidade de os magistrados mapearem processos e recursos que estão sob sua jurisdição e adotarem meios de otimização desses recursos, mediante diversas estratégias, por exemplo, a concentração de atos, a reflexão crítica sobre as formalidades que estão sendo realizadas ou a identificação dos processos que possuem maior potencial conciliatório para serem remetidos para vias alternativas de conflito.

A experiência internacional permite concluir que, adicionalmente às estratégias de alteração de normas processuais, é possível se valer de outro meio para atingir o objetivo da maior celeridade, dispensando-se, nessas soluções, os inconvenientes das alterações legislativas.

Os estudos sobre gerenciamento de processos judiciais indicam que o magistrado pode imprimir maior celeridade ao processo simplesmente valendo-se de abordagem gerencial, ou seja, procurando identificar a melhor forma de conduzir uma demanda judicial, considerando as deficiências e as vantagens de seus recursos disponíveis: condições estruturais, volume de demandas sob sua jurisdição, natureza dos conflitos analisados, entre outros.[48]

---

[46] SILVA, Paulo Eduardo da. *Gerenciamento de processos judiciais*. São Paulo: Saraiva, 2010, p. 35.

[47] Outro conceito de gerenciamento processual: "A gestão processual, repete-se, pode ser definida como intervenção conscienciosa dos atores jurisdicionais no tratamento dos casos ou processos, através da utilização de variadas técnicas com o propósito de dispor as tarefas processuais de um modo mais célere, equitativo e menos dispendioso" (MATOS, José Igreja; LOPES, José Mouraz; MENDES, Luís Azevedo; COELHO, Nuno. *Manual de gestão judicial*. Coimbra: Almedina, 2015, p. 234).

[48] "*Case management*, em suma, é uma atividade processual que fortalece o controle judicial sobre (a) identificação das questões relevantes, (b) maior utilização pelas

CAPÍTULO II – CONCEITO DE GERENCIAMENTO DE PROCESSOS

Diante dessas realidades, difícil aceitar que a maior duração e o alto custo do processo judicial sejam preocupações exclusivamente brasileiras, ou, também, que as técnicas de gerenciamento de processos verificadas em outros países não possam ser adotadas e aprimoradas em território nacional.

Muito embora no Brasil não exista legislação disciplinando o gerenciamento de processos, a doutrina vislumbra um de seus fundamentos no art. 139 do CPC,[49][50] como medida necessária para dar atendimento aos princípios da eficiência e da duração razoável do processo.[51] Há, também, quem entreveja a base do gerenciamento

---

partes de meios alternativos de solução de controvérsias e (c) programação do tempo necessário para a conclusão adequada de todos os passos processuais" (WATANABE, Kazuo. "A mentalidade e os meios alternativos de solução de conflitos no Brasil". *In*: GRINOVER, Ada Pellegrini; WATANABE, Kazuo; LAGRASTA NETO, Caetano (Coord.). *Mediação e gerenciamento do processo*: revolução na prestação jurisdicional: guia prático para a instalação do setor de conciliação e mediação. 2ª reimp. São Paulo: Atlas, 2008, p. 8).

[49] RODRIGUES, Viviane Siqueira. *Gerenciamento de processos na justiça civil brasileira*: análise das técnicas de gerenciamento processual. São Paulo: Universidade de São Paulo, 2020. (Tese de Doutorado em Direito).

[50] "A gestão da tramitação processual – ou, simplesmente, gestão processual – incumbe ao juiz, como decorrência da condição de diretor do processo que lhe é reservada – embora, em muitas situações, a atribuição pode e deve ser delegada aos seus auxiliares. A atividade jurisdicional, sob um dos ângulos pelos quais é visualizada, consiste no complexo de atos praticados no curso do processo, em especial, pelo juiz. Por sua vez, o monopólio da atividade jurisdicional que o Estado reserva para si se reflete diretamente nos poderes conferidos ao juiz e, também por isto, o juiz assume posição predominante em comparação com os demais partícipes do desenvolvimento do processo. Além de natural decorrência desta posição, a atribuição da gestão processual ao juiz é estabelecida expressamente no ordenamento jurídico. Nesse sentido, o Código de Processo Civil – no que se aplica subsidiariamente ao Direito Processual do trabalho (Consolidação das Leis do Trabalho, art. 769) – estabelece que 'O juiz dirigirá o processo conforme as disposições deste Código' (art. 125)" (FIOREZE, Ricardo. "Gestão processual – Mecanismos de efetividade e celeridade da atividade jurisdicional". *Revista do TST*, Brasília, vol. 77, nº 4, out./dez. 2011, pp. 263/264).

[51] RODRIGUES, Viviane Siqueira. *Gerenciamento de processos na justiça civil brasileira*: análise das técnicas de gerenciamento processual. São Paulo: Universidade de São Paulo, 2020. (Tese de Doutorado em Direito).

de processos no art. 5º, XXXV, da CF, segundo o qual a lei não excluirá a apreciação do Poder Judiciário, e que, em decorrência disso, há necessidade de apropriado suporte procedimental e estrutural ao processo, dando concretude ao princípio do devido processo legal.[52]

---

[52] "Entende-se por gerenciamento de processos o conjunto de medidas e de práticas aplicáveis à condução do processo pelo juiz, voltado para a concretização de um processo célere e efetivo, observado o devido processo legal. A gestão do processo busca conferir racionalização à atividade jurisdicional. (...) O gerenciamento de processo judicial encontra guarida no art. 5º, XXXV, da Constituição Federal, que serve de orientação à criação das normas infraconstitucionais e também à atividade jurisdicional. Deriva do aludido comando constitucional que a previsão na ordem jurídica de um direito material abrange, imprescindivelmente, uma dimensão processual e procedimental adequada para garantir sua eficácia. O processo civil brasileiro abeberou-se da renovação conferida pelo constitucionalismo, e tem sido reformado e revisado com a finalidade precípua, embora não única, de conferir efetividade aos princípios constitucionais. É a constitucionalização do processo civil. (...) A Constituição Federal, ao estabelecer no art. 5º, inciso XXXV, que a lei não excluirá da apreciação do Poder Judiciário nenhuma afirmação de lesão ou de ameaça ao direito, está garantindo a todos o direito fundamental à tutela jurisdicional efetiva e adequada, e não uma garantia meramente formal. E, diante do conjunto de transformações ocorridas no seio da sociedade contemporânea, verificou-se o aforamento de uma multiplicidade de ações, dos mais variados assuntos e diferentes níveis de complexidade, demandas oriundas de uma sociedade inclusiva que geram pretensões de todos os matizes, tornando insuficientes ou obsoletos os procedimentos e os ritos rigidamente previstos no Código de Processo Civil. Tal diversidade torna impossível a tarefa de prever suficientes procedimentos aptos a atender a uma gama de pretensões da atualidade. E o devido processo legal reclama o apropriado suporte procedimental, que não se restringe à mera adaptação do rito procedimental. As partes têm direito de receber do Estado-juiz solução jurídica capaz de conformar a regra processual e o procedimento com as necessidades de direito material. A gestão processual busca contribuir para que o direito material receba a adequada e concreta proteção processual" (CAHALI, Cláudia Elisabete Schwerz. *O gerenciamento de processos judiciais*: em busca da efetividade da prestação jurisdicional (com remissões ao projeto do novo CPC). (Coleção Andrea Proto Pisani; Coord. Ada Pellegrini Grinover e Petronio Calmon, vol. 10). Brasília: Gazeta Jurídica, 2013, pp. 28-31.

"Assim, identificado o problema, vem a questão: é possível a adoção do gerenciamento do processo (*case management*) no processo civil brasileiro para que se caminhe em direção à ordem jurídica justa? A resposta é positiva. A adoção do gerenciamento do processo (*case management*), se antes, já não podia ser

CAPÍTULO II – CONCEITO DE GERENCIAMENTO DE PROCESSOS

O gerenciamento de processos judiciais exige, contudo, uma abordagem relativamente "estranha" aos operadores do Direito, tradicionalmente acostumados com teses e reflexões jurídicas. Isso porque não apenas demanda um olhar mais gerencial, de administração, procurando identificar fluxos de trabalhos, ineficiências, oportunidades de racionalização e otimização de recursos, como, também, exige preciso conhecimento da realidade empírica que envolve a prestação jurisdicional – seja da instituição em si, seja da unidade judicial. A análise empírica torna-se, portanto, importante aliada ao desenvolvimento de boas técnicas de gerenciamento, conforme se verá neste trabalho.

O CPR inglês, por exemplo, foi elaborado considerando muitas das conclusões apresentadas no Relatório Woolf, de 1995, o qual, por sua vez, foi elaborado com base em estudo empírico efetuado no Poder Judiciário inglês.

A experiência inglesa indica ser necessário conhecer dados relativos ao funcionamento concreto do Poder Judiciário para que se possam identificar com precisão suas dificuldades e virtudes, fazendo diagnóstico exato dos problemas existentes e, assim, desenvolver soluções processuais, ou não, efetivas para seu melhor enfrentamento.

---

identificada de forma clara na audiência preliminar do art. 331, CPC/1973, deriva de harmônica interpretação do art. 3º, I, em conjunto com o art. 5º, XXXV, Constituição da República, tem fundamento claro na redação do art. 357, CPC/2015" (ONODERA, Marcus Vinicius Kiyoshi. *Gerenciamento do processo e acesso à justiça*. Belo Horizonte: Del Rey, 2017, pp. 168/169).

"Por esse apanhado de estudos – todos muito recentes dada a atualidade do fenômeno na doutrina processual brasileira – percebe-se que o gerenciamento descende das garantias constitucionais da inafastabilidade do acesso à justiça e da duração razoável do processo, essas ditadas de forma mais intensa nos últimos tempos (com o reforço da Emenda Constitucional n. 45/2004) pelo princípio da eficiência na administração do serviço público judiciário" (RODRIGUES, Viviane Siqueira. *Gerenciamento de processos na justiça civil brasileira*: análise das técnicas de gerenciamento processual. São Paulo: Universidade de São Paulo, 2020 (Tese de Doutorado em Direito).

A análise de dados empíricos e a abordagem de gerenciamento de questões permitem também vislumbrar a aplicabilidade dessa metodologia a outros possíveis campos sujeitos à atuação gerencial de magistrados, não exclusivamente no âmbito estrito do processo judicial, mas que, potencialmente, podem conduzir a resultados extremamente positivos para o processo.

A adoção de estratégias de gerenciamento, ao contrário, que objetivem identificar melhores formas de organização de fluxos internos de trabalho do magistrado e seu cartório, e de otimização de recursos existentes (como o tecnológico) podem contribuir imediata e diretamente para a redução desse tempo.[53] São aspectos não processuais que repercutem, diretamente, e com grande eficiência, em processos judiciais.

Em regra, objetivando a solução de litígio em menor tempo e com reduzido custo,[54] associa-se o gerenciamento do processo a posturas adotadas por um juiz específico nos processos e na serventia em que atua.[55] Trata-se, contudo, de apenas uma das

---

[53] "O levantamento empírico nas comarcas do Estado de São Paulo revelou haver juízes que adotam práticas para gerir o grande volume de feitos e o formalismo da lei e outros que conduzem o processo seguindo apenas o plano dado pela lei. Na comparação estatística, as práticas gerenciais conseguiram reduzir o tempo de tramitação dos processos, especialmente nos procedimentos com maior espaço para o gerenciamento, como o rito ordinário. O juízo que conduzia os processos nos estritos ditames da lei processual (juízo 'B'), sem qualquer prática de gerenciamento de processos, apresentou os maiores tempos de tramitação em praticamente todos os ritos analisados – ordinário, sumário e despejo. Só não apresentou o maior tempo nos processos com pouca variação procedimental, como no mandado de segurança (cap. II)" (SILVA, Paulo Eduardo da. *Gerenciamento de processos judiciais*. São Paulo: Saraiva, 2010, p. 138).

[54] SILVA, Paulo Eduardo da. *Gerenciamento de processos judiciais*. São Paulo: Saraiva, 2010, p. 36.

[55] SILVA, Paulo Eduardo da. *Gerenciamento de processos judiciais*. São Paulo: Saraiva, 2010, p. 36.

CAPÍTULO II – CONCEITO DE GERENCIAMENTO DE PROCESSOS

possibilidades de gerenciamento de casos, em uma perspectiva mais restrita, como se pretende analisar neste trabalho.

É possível, ainda, que o gerenciamento de casos se refira a uma perspectiva mais ampla, segundo a qual o Poder Judiciário, em razão das peculiaridades dos litígios, sobretudo naqueles que possuem origem comum ou gênese coletiva, adote posturas de forma global, objetivando o melhor tratamento dos conflitos submetidos a seu conhecimento,[56] conforme se deseja examinar neste estudo.

A doutrina menciona, também, o conceito de "gestão judicial", o qual parece ser mais amplo do que o de gerenciamento de processos e que parte da percepção de que o processo de tomada de decisão pelo magistrado (ainda que seja homologatória de um acordo ou de um pedido de desistência) envolve diversos aspectos diretamente relacionados com a solução do conflito em juízo, os quais, em seu conjunto, integram um sistema complexo que precisa

---

[56] "Até o momento, tratamos, primordialmente, dos aspectos do gerenciamento de casos dentro do próprio processo (em atividade essencialmente *endoprocessual*). Porém, ao se admitir que o Judiciário possua papel relevante na definição de políticas públicas, há uma gama de conflitos individuais que guardam raiz comum e que, portanto, mereceriam tratamento comum e adequado (em atividade de gerenciamento *extraprocessual*, com possível reunião de vários feitos)" (ONODERA, Marcus Vinicius Kiyoshi. *Gerenciamento do processo e acesso à justiça*. Belo Horizonte: Del Rey, 2017, p. 157).

ser articulado e gerido de forma eficiente, de modo a se racionalizar e prestar uma jurisdição adequada, mais célere e eficiente.[57][58][59]

Esse conceito parte do pressuposto de que o resultado esperado – tomada de decisão por magistrado em conformidade com

---

[57] Existem diversos trabalhos doutrinários que abordam o conceito da função jurisdicional. Não se pretende, neste trabalho, adentrar nesse assunto, uma vez que se trata de matéria extremamente densa e complexa. Para fins deste estudo, mesmo reconhecendo essas diversas funções do Poder Judiciário, pretende-se analisar, exclusivamente, o sistema de tomada de decisões por parte de magistrados. Eventual questionamento quanto à efetividade do uso das técnicas de gerenciamento judicial para o melhor desempenho das funções imputadas ao Poder Judiciário certamente poderia ser alvo de um trabalho próprio.

[58] "Por gestão judicial pretende-se abarcar todas as realidades conceptuais até agora definidas, abarcando um domínio vasto, mas teleologicamente marcado por aquela que é a essência do trabalho dos tribunais e dos juízes, a decisão judicial. E esta atividade jurisdicional é realizada num sistema judicial marcadamente complexo e multidimensional que é preciso articular, compreender e gerir de forma adequada, qualificada e também eficiente. Assim, para além dos aspectos próprios da gestão da atividade dos juízes no seu âmago decisional, com a otimização do trabalho jurisdicional na condução do processo e no proferimento das decisões, pretende-se abarcar tudo o que tenha a ver com a governação, organização e gestão do sistema judicial nas suas diversas dimensões" (MATOS, José Igreja; LOPES, José Mouraz; MENDES, Luís Azevedo; COELHO, Nuno. *Manual de gestão judicial*. Coimbra: Almedina, 2015, p. 13).

[59] "A 'gestão judicial', enquanto expressão conceptual, convoca uma diversidade de sentidos. Todos esses sentidos se articulam com a atividade judicial e com aquilo que é necessário fazer para racionalizar e corresponder ao que dela se espera, mediante ponderação dos princípios e das regras de organização e gestão considerados mais aptos e organizados. Para que os tribunais possam prosseguir a sua atividade, resolvendo os casos judiciais que lhes cabem, e para que os juízes profiram as decisões judiciais indispensáveis à administração da justiça, é necessário organizar e gerir tudo o que for necessário para essas finalidades. Parte-se, obrigatoriamente, de um sentido muito abrangente de organização e gestão, porquanto, para além dos aspectos próprios da gestão da atividade dos juízes no seu âmago decisional, com a otimização do trabalho jurisdicional na condução do processo e no proferimento das suas decisões, pretende-se abarcar tudo o que tenha a ver com a governação, organização do sistema judicial" (MATOS, José Igreja; LOPES, José Mouraz; MENDES, Luís Azevedo; COELHO, Nuno. *Manual de gestão judicial*. Coimbra: Almedina, 2015, p. 70).

CAPÍTULO II – CONCEITO DE GERENCIAMENTO DE PROCESSOS

os valores democráticos e com qualidade e eficiência – depende das condições organizativas desse sistema, exigindo, portanto, a análise de vários planos, que envolvem organização institucional do sistema judicial (plano macro), administração e organização dos tribunais (plano médio) e o núcleo decisional, da tarefa jurisdicional (plano micro), não se restringindo, assim, apenas à perspectiva da gestão processual em si (*case management* e *caseflow management*).[60]

O interessante dessa abordagem é perceber que o processo de tomada de decisão pelo juiz depende de diversos fatores que impactam diretamente sua qualidade e seu tempo de proferimento, os quais podem ser alvo de gerenciamento, e que não necessariamente

---

[60] "A perspectiva sistêmica, organizativa e de gestão será sempre a mais consentânea para aferir o conceito de jurisdição e a sua consideração pragmática. A decisão judicial é aqui encarada na sua integração sistemática e organizativa e também no seu relacionamento com um decisor (o juiz) que, colocado nesse sistema e dependente das suas cognições organizativas, se depara com as exigências próprias dos referidos valores de qualidade, da eficiência e da democracia. Em síntese, damos conta do caráter pluridimensional em que nos encontramos quando falamos da justiça e dos tribunais. Desta forma, destacam-se vários planos de grandeza que vêm se tornando clássicos na análise do sistema judicial: (i) plano macro, respeitante ao sistema judicial na sua organização macro ou institucional; (ii) plano médio, que cuidará da organização e administração dos tribunais; e (iii) plano micro, relativo ao núcleo decisional, isto é, ao núcleo atomístico da tarefa jurisdicional. O horizonte temático insere-se, pois, na mencionada visão do sistema e percorre os descritos níveis de magnitude (do *macro* até o *micro*, passando pelo *médio*): – Os tribunais, a sociedade e o Estado. A organização político-constitucional e a administração judiciária, – as políticas públicas da justiça, a reforma da justiça e a economia da justiça, – o papel e a função dos tribunais e a sua administração, – as políticas públicas da justiça, a reforma da justiça e a economia da justiça, – O papel e a função dos tribunais e a sua administração, – Administração e gestão dos tribunais, – gestão processual e gestão decisional. Assim, o sistema judicial é pluridimensional, com múltiplos fatores organizativos que se inserem na preparação, programação e execução da tarefa de realização e que com ela se articulam" (MATOS, José Igreja; LOPES, José Mouraz; MENDES, Luís Azevedo; COELHO, Nuno. *Manual de gestão judicial*. Coimbra: Almedina, 2015, pp. 9/10).

MARIA RITA REBELLO PINHO DIAS

dependem do magistrado,[61] mas, ao contrário, estão sob a tutela de outros agentes. Razoável concluir, portanto, que o universo em que se inserem as possibilidades de gerenciamento do processo parece ser muito mais amplo do que o *case management* em si[62] e, portanto, não poderia ser ignorado. Ao contrário, esse amplo espectro de possibilidades de gerenciamento deveria também ser alvo de estudo, sobretudo diante de seu potencial de contribuição para redução do tempo do processo e aprimoramento do tratamento dos litígios, tratando-se de campo de estudo, contudo, que talvez ainda não tenha sido muito explorado pela doutrina.

Parte da doutrina identifica, ainda, um conceito mais amplo de gerenciamento processual, que denomina "gestão de processos judiciais".

---

[61] "Segue-se a este delineamento teórico, a indispensável abordagem conceptual para fazer o enquadramento necessário à dimensão da organização e gestão judiciárias, no cruzamento com a administração e gestão dos tribunais e com a gestão processual. A administração judiciária, a organização e a gestão dos tribunais passaram a fazer parte integrante e essencial das reflexões sobre o sistema judicial no seu todo e também sore o estatuto profissional das magistraturas" (MATOS, José Igreja; LOPES, José Mouraz; MENDES, Luís Azevedo; COELHO, Nuno. *Manual de gestão judicial.* Coimbra: Almedina, 2015, p. 10).

[62] "O gerenciamento do processo insere-se em um universo maior, que contempla temas ligados a políticas públicas, gestão dos cartórios judiciais, investimento na informatização de processos, estrutura física dos cartórios, treinamento constante dos funcionários públicos, atualização permanente do juiz, dentre outras. Não é o propósito do presente estudo, que se ocupa da análise da atuação judicial segundo as técnicas de gestão do processo juntamente com as partes, percorrer os temas mais abrangentes anotados no parágrafo anterior, que se inserem em diversas outras disciplinas. Referidos assuntos não podem ser ignorados, por óbvio, pois são condições que interferem no bom desempenho da prestação jurisdicional" (CAHALI, Cláudia Elisabete Schwerz. *O gerenciamento de processos judiciais*: em busca da efetividade da prestação jurisdicional (com remissões ao projeto do novo CPC). (Coleção Andrea Proto Pisani; Coordenação Ada Pellegrini Grinover e Petronio Calmon, vol. 10). Brasília: Gazeta Jurídica, 2013, p. 32).

CAPÍTULO II – CONCEITO DE GERENCIAMENTO DE PROCESSOS

Interessante observar a conclusão de Viviane Siqueira Rodrigues sobre a amplitude da categoria jurídico-processual do *case management*, regido pelos vetores da customização e do consensualismo, afirmando que os estudos produzidos não revelaram características que os separavam dos poderes de direção material do juiz sobre o processo,[63] porquanto caracterizado pela maior abertura do processo aos métodos autocompositivos de resolução de controvérsias, pela flexibilidade do procedimento, pelas particularidades do caso concreto e pela calendarização do procedimento, a qual representa a presença dos litigantes na tomada de decisão sobre o tempo e o modo do processo.[64]

Viviane Siqueira Rodrigues identifica o conceito de gestão de processos judiciais com estratégias efetivadas pelo Poder Judiciário para racionalização do trabalho, diante de demandas judiciais e recursos repetitivos, pautadas por racionalidade de gerencialismo, a qual, por sua vez, provoca reflexão acerca de sua compatibilidade com a do processo, sobretudo diante dos princípios fundamentais da jurisdição que poderiam ser afetados. Reconhece, também, como característica dessas estratégias a busca pela padronização de procedimentos e resultados, com a concentração decisória em tribunais de revisão ou de uniformização, concluindo que a jurisdição se realiza com seus traços tradicionais, complementados por elementos das funções legislativa e administrativa, denotando ativismo judicial.[65]

A mencionada autora, ao analisar o conceito de gestão de processos judiciais, alerta para o risco de trazer para a tutela da

---

[63] RODRIGUES, Viviane Siqueira. *Gerenciamento de processos na justiça civil brasileira*: análise das técnicas de gerenciamento processual. São Paulo: Universidade de São Paulo, 2020 (Tese de Doutorado em Direito).

[64] RODRIGUES, Viviane Siqueira. *Gerenciamento de processos na justiça civil brasileira*: análise das técnicas de gerenciamento processual. São Paulo: Universidade de São Paulo, 2020 (Tese de Doutorado em Direito).

[65] RODRIGUES, Viviane Siqueira. *Gerenciamento de processos na justiça civil brasileira*: análise das técnicas de gerenciamento processual. São Paulo: Universidade de São Paulo, 2020 (Tese de Doutorado em Direito).

jurisdição preocupações quanto a eventual tratamento dos litígios a partir de uma perspectiva racional e econômica, pautada pela eficiência, com introdução de instrumentos de mercado nos serviços públicos associada ao fenômeno do *gerencialismo*. Ao final, manifesta receio quanto à imposição de filtros de acesso para o enfrentamento de seu acervo[66] e indica risco de comprometimento da legitimidade dos mecanismos gerenciais para encarar a crise de confiança e de eficiência pela qual passa o Poder Judiciário.[67]

Os conceitos de gerenciamento de processos, sobretudo os de gestão judicial e os de gestão de processos judiciais, trazem, talvez, diversas perspectivas de abordagem que remetem a uma mesma constatação: para a melhor tramitação de processos judiciais não

---

66 "Mas o gerenciamento de processos pode apresentar-se também com outro conteúdo, diferente do que foi até aqui exposto, e que conduz a questionamentos de outras ordens a respeito dos seus objetivos, da sua aderência à função jurisdicional, dos princípios informadores e dos seus limites. E este é precisamente o objetivo deste trabalho que propõe, como método de investigação, distinguir o conhecido gerenciamento de processos pelo juiz (inspirado no *case management da common law*) do que doravante se denominará de gestão de processos judiciais pelo Judiciário. (...) Entender-se-á por gestão de processos uma ou o conjunto das estratégias efetivadas pelo Poder Judiciário para racionalização do trabalho com as demandas judiciais ou recursos repetitivos. Há também uma perspectiva mais ampla da gestão relacionada aos mecanismos utilizados pelo Judiciário para a racionalização de todo o seu acervo, independentemente da natureza repetitiva da controvérsia e da identificação de pontos comuns em determinada categoria de processo, que por essas semelhanças podem receber um tratamento racionalmente mais econômico e racional (como é o caso já mencionado das execuções fiscais no Brasil). Desse ponto de vista, há instrumentos de gestão que se apresentam até mesmo antes do ajuizamento do processo, como filtros à judicialização de conflitos. Essa perspectiva é defendida por Susana Henriques da Costa, para quem 'o desafio do Poder Judiciário é gerir o seu acervo'" (RODRIGUES, Viviane Siqueira. *Gerenciamento de processos na justiça civil brasileira*: análise das técnicas de gerenciamento processual. São Paulo: Universidade de São Paulo, 2020 (Tese de Doutorado em Direito).

67 RODRIGUES, Viviane Siqueira. *Gerenciamento de processos na justiça civil brasileira*: análise das técnicas de gerenciamento processual. São Paulo: Universidade de São Paulo, 2020 (Tese de Doutorado em Direito).

CAPÍTULO II – CONCEITO DE GERENCIAMENTO DE PROCESSOS

basta a disciplina do exercício do direito de ação, da ampla defesa e outros institutos da dogmática processual, sendo necessário se atentar a outros fatores que neles impactam e que demandam, para adequado enfrentamento, gerenciamento. Antes mesmo de uma análise quanto à legalidade e regularidade dessas técnicas de gestão e eventuais riscos a direitos fundamentais que possam advir de seu uso – abordagem típica do operador do Direito –, é preciso compreender o significado e a amplitude do conceito de gerenciamento, sem estigmatizações.

O tema do gerenciamento de processos judiciais é particularmente complexo porque envolve um fenômeno que produz resultados e consequências jurídicas – decorrentes da tramitação processual em si –, mas, ao mesmo tempo, também advém da atuação de um poder de Estado – Poder Judiciário – e que se desenvolve no bojo de uma estrutura administrativa, que obedece a regras próprias ditadas pelo ordenamento jurídico quanto à Administração Pública direta.

A percepção de que o Estado e o Poder Judiciário são pautados por uma preocupação gerencial, uma vez inseridos na Administração Pública, e que essa situação impacta o processo judicial é muito importante. Ocorre, no entanto, que a compreensão desse fenômeno não pode ser reduzida à verificação de sua validade ou invalidade, ou seja, considerado exclusivamente sob uma ótica do sistema jurídico. Por se tratar de fenômeno mais amplo, que interseciona diversos sistemas sociais – jurídico e administrativo, apenas para citar dois deles –, sua apreensão de forma mais abrangente contribui para melhor entendimento dos desafios e possíveis soluções a serem adotadas.

A redução da análise do gerenciamento apenas à perspectiva da validade jurídica empobrece o entendimento da questão. A validade jurídica de uma técnica de gerenciamento empregada não diz muito sobre outras técnicas que poderiam ser desenvolvidas para encarar os mesmos desafios. Conhecer os desafios do gerenciamento e as dificuldades enfrentadas, inclusive atinentes às limitações jurídicas existentes, pode contribuir para o aprimoramento da jurisdição e da celeridade processual.

O termo "gerenciamento" evoca dois significados distintos, mas interligados. De forma genérica, esse vocábulo é utilizado pela doutrina jurídica para designar práticas lícitas e em conformidade com o ordenamento jurídico para tornar a tramitação do processo mais célere e eficiente. Também pode se referir a essas técnicas em si, conforme se verá adiante, neste trabalho, remetendo à própria atuação do administrador.

Para fins de análise do conceito de gerenciamento, sob um enfoque jurídico, consideram-se os binômios validade ou invalidade, licitude ou ilicitude. Por essa perspectiva, é preciso reputar que somente será passível da atuação da função gerencial pelo magistrado ou alta administração dos tribunais para as questões expressamente permitidas, ou ao menos não proibidas, pelo ordenamento jurídico. O gestor jamais poderá cometer um ato ilícito, e, se o fizer, essa conduta será coibida pelo ordenamento jurídico, aplicando-lhe consequências civis, penais ou administrativas. Trata-se de situação prevista e disciplinada pelo ordenamento jurídico.

A análise de eventual ilicitude deve ser feita à luz do caso concreto, considerando suas particularidades, não sendo suficiente o exame de forma genérica e apenas teórica. Desse ponto de vista, seria interessante verificar, empiricamente, se o Poder Judiciário adota efetivamente em suas técnicas de gestão a aludida perspectiva racional e econômica, em detrimento de uma organização mais tradicional e burocrática. De nenhum modo, em qualquer um desses casos, mesmo se utilizada perspectiva racional e econômica, necessário consignar que as técnicas empregadas devem estar em conformidade com o ordenamento jurídico. Assim, a princípio, a busca por maior racionalidade na administração não obrigatoriamente, nem de maneira apriorística, é indicativa de redução das garantias constitucionais do processo, muito ao contrário, visto

CAPÍTULO II – CONCEITO DE GERENCIAMENTO DE PROCESSOS

que os atos praticados de administração e gestão somente poderão ser considerados válidos, em uma análise jurídica, se respeitarem esses valores.

A situação supradescrita, conforme se verá neste trabalho, é ainda mais evidente para o Poder Judiciário. A jurisdição é poder e função do Estado, mas, também, pode ser compreendida como serviço público, estando sujeita aos princípios que o regem, dispostos no art. 37, *caput*, da CF, entre os quais o da eficiência, legalidade, impessoalidade.[68][69]

Constata-se, portanto, que o espaço de discricionariedade admitido para a gestão judicial somente será aquele facultado à atuação do Poder Judiciário, por expressa permissão do ordenamento jurídico e da Constituição Federal.[70] Logo, as medidas de

---

[68] CAHALI, Cláudia Elisabete Schwerz. *O gerenciamento de processos judiciais*: em busca da efetividade da prestação jurisdicional (com remissões ao projeto do novo CPC). (Coleção Andrea Proto Pisani; Coordenação Ada Pellegrini Grinover e Petronio Calmon, vol. 10). Brasília: Gazeta Jurídica, 2013, p. 43.

[69] "(...) a jurisdição deve ser encarada como serviço público, sob o aspecto formal e material, e como tal sujeita aos princípios gerais do serviço público como continuidade, igualdade e eficiência (...) como integrante do organismo estatal como um todo, permeado pelo Direito Público, se impregna de novas possibilidades que gravitam na base nesse conjunto, como a necessidade de maior cobertura para a consensualidade e atuação pautada pela eficiência, permeada pela economicidade, a fim de que os recursos estatais possam ser melhor aproveitados e geridos em prol da sociedade (...). Daí a necessidade atual de a ciência jurídica, em geral, e do Direito Público, em especial, se abrirem para contribuições de outras ciências sociais, como administração, sociologia, história e economia para melhor aderir à realidade social e buscar a racionalização da coisa pública. Nessa linha, importantes inovações na esfera do Direito Público têm surgido sob a perspectiva da análise econômica na gestão pública" (ANDRADE, Érico. "As novas perspectivas do gerenciamento e da 'contratualização' do processo". *Revista de Processo*, vol. 36, nº 193, mar. 2011, pp. 173/174).

[70] "A gestão eficiente decorre do reconhecimento pleno da função do agente público enquanto legítimo representante do Estado, para atuar no interesse público. Ao gestor da coisa pública não é permitido criar situações, mas

aplicar de forma adequada e balizada a lei, para alcançar o objetivo único da administração pública: 'O bem-estar do cidadão'. Os atos da administração são públicos, a conduta da administração deve estar amparada em expressa disposição legal; o procedimento administrativo deve caracterizar-se pela probidade, objetivando o bem comum" (COSTA, Silva Maria. "Fundamentos constitucionais da gestão pública". *In*: KANAANE, Roberto; FIEL FILHO, Alécio; FERREIRA, Maria das Graças (Coord.). *Gestão pública*: planejamento, processos, sistemas de informação e pessoas. São Paulo: Atlas, 2010, p. 30).

"Na sua fundamentalidade, as garantias do processo equitativo (*due process of law*) são um limite incontrolável na direção e gestão do processo. No conceito de processo equitativo, devem considerar-se diversos princípios e direitos essenciais, como os da igualdade das partes, equilibrando-se a sua participação sem diferenciações injustificadas, da defesa e do contraditório, assegurando-se a efetiva oportunidade de contestação e de pronúncia sobre questões de direito ou de facto antes de ser proferida uma decisão judicial, do prazo razoável, dependente da complexidade da causa, da adequada fundamentação das decisões, permitindo o controle da atividade do juiz, da apresentação da prova, assegurando-se a possibilidade da parte intervir, dentro da razoabilidade, com os elementos relevantes para a apreciação dos factos, da orientação do processo para a justiça material, procurando-se uma decisão final não ancorada em injustificados formalismos, uma decisão materialmente justa" (MATOS, José Igreja; LOPES, José Mouraz; MENDES, Luís Azevedo; COELHO, Nuno. *Manual de gestão judicial*. Coimbra: Almedina, 2015, pp. 240/241).

"O Direito Processual é eminentemente formal, no sentido de que define e impõe formas a serem observadas nos atos de exercício de jurisdição pelo juízo e de defesa do interesse das partes. A exigência de formas no processo é um penhor de segurança delas, destinado a dar efetividade aos poderes e faculdades inerentes ao sistema processual (devido processo legal). É clássica a afirmação de que a exigência legal de certas formas no exercício do poder pelos agentes estatais constitui culto à liberdade das pessoas sujeitas a esse poder, às quais é lícito esperar que os atos de soberania se exerçam segundo o modelo da lei e não conforme a vontade daqueles agentes – entre os quais o juiz. O que se renega no Direito Processual é o formalismo, entendido como culto irracional da forma, que se forma esta um objetivo em si mesma. Forma é a expressão externa do ato jurídico e revela-se no modo de sua realização, no lugar em que deve ser realizado e nos limites de tempo para realizar-se. Opõe-se conceitualmente à substância do ato, que se representa por seu conteúdo, varia caso a caso e corresponde ao encaminhamento a ser dado ao processo e ao litígio em cada situação específica. (...) uma tendência no processo civil moderno é o repúdio ao formalismo mediante a flexibilização das formas e interpretação racional das normas que as exigem, segundo os objetivos a atingir. É de grande importância a regra da instrumentalidade das formas, concebida

CAPÍTULO II – CONCEITO DE GERENCIAMENTO DE PROCESSOS

gestão estarão adstritas ao âmbito de liberdade do juiz/alta administração, observados seus poderes imputados pela legislação processual, ou da instituição, conforme o caso, sujeitando-se, em qualquer hipótese, às regras processuais e também às garantias constitucionais do processo, por exemplo, o contraditório, a ampla defesa e a inafastabilidade da jurisdição, uma vez que impactam o processo e fazem, assim, parte da solução estatal para solução de conflitos.[71]

---

para conduzir a essa interpretação e consistente na afirmação de que, quando atingido por algum modo o objetivo de determinado ato processual e não ocorrendo prejuízo a qualquer dos litigantes ou ao correto exercício da jurisdição, nada há a anular ainda quando omitido o próprio ato ou realizado com transgressão a exigências formais. Não há nulidade sem prejuízo (CPC, arts. 277, 282 e 488). As exigências formais estão na lei para assegurar a produção de determinados resultados, como meios preordenados aos fins desejados; o que substancialmente importa é o resultado obtido, ou o fim atingido, e não tanto a regularidade no emprego dos meios. Eles visam também, por outro aspecto, a preservar direitos e expectativas de algum sujeito, não sendo racional dar-lhes tanta importância a ponto de reputar inválido o ato sem que o sujeito a ser protegido haja sido lesado pelo mero desvio formal (Bedaque)" (DINAMARCO, Cândido Rangel. *Instituições de Direito Processual civil*. 9ª ed. rev. e atual., vol. I. São Paulo: Malheiros, 2017, pp. 99-101).

[71] "Direito Processual é o conjunto de princípios e normas destinados a reger a solução de conflitos mediante o exercício de poder estatal ou arbitral. Esse poder, quando aplicado à função de eliminar conflitos e pacificar pessoas ou grupos, constitui o que se chama jurisdição, e esta é a função do juiz ou do árbitro no processo. Em todos os povos, mas notadamente no Estado de Direito, é natural que o exercício da jurisdição se submeta a um complexo universo de regras jurídicas destinadas ao mesmo tempo a assegurar a efetividade dos resultados (tutela jurisdicional), a permitir a participação dos interessados pelos meios mais racionais e a definir e delimitar a atuação dos juízes, impondo-lhes deveres e impedindo-lhes a prática de excessos e abusos. Essas regras, postas pelo Estado de modo imperativo, são regras de direito e vinculam todos os sujeitos do processo. Elas integram o Direito Processual, como ramo do ordenamento jurídico nacional. Observá-las é dar efetividade a um valor muito exaltado no Estado democrático moderno, que é o devido processo legal – constitucional e legal de disciplina e limitações ao exercício do poder" (DINAMARCO, Cândido Rangel. *Instituições de Direito Processual civil*. 9ª ed. rev. e atual., vol. I. São Paulo: Malheiros, 2017, p. 99).

MARIA RITA REBELLO PINHO DIAS

A racionalidade da eficiência não é, *per se*, contraditória às garantias constitucionais do processo. A bem da verdade, por envolver a realização de serviço público que utiliza recursos públicos escassos, seu melhor gerenciamento permite, a princípio, otimização e aprimoramento do serviço prestado. Eventual distorção – como seria o caso de eventual criação de filtros para acesso ao Poder Judiciário – deve ser identificada e combatida, uma vez que afronta a garantia constitucional da inafastabilidade da jurisdição. Não é correto, todavia, reduzir as técnicas de gerenciamento a uma delas que se mostre equivocada.

Conforme mencionado, compreender as diversas realidades em que o processo de tomada de decisão judicial se insere é importante para detectar os fatores que as impactam, podendo auxiliar para sua melhoria.

A organização interna das unidades judiciais, por exemplo, é tratada tradicionalmente como questão estritamente administrativa de cada tribunal, que seria definida conforme suas limitações orçamentárias e circunstâncias fáticas específicas (tais como tamanho do território, perfil das demandas em consonância com a necessidade e estágio de desenvolvimento econômico dos jurisdicionados locais, estágio de implementação do processo eletrônico, entre outras). No entanto, de fato o é, conforme estipulado no art. 99 da CF. Ocorre que o estudo para identificação de boas práticas e de gargalos de eficiência pode, por exemplo, contribuir com os tribunais para que estes organizem suas estruturas judiciais e seus recursos a fim de aprimorar a prestação de serviços jurisdicionais.

As irracionalidades e as ineficiências nos fluxos de trabalhos internos das serventias judiciais contribuem negativamente para o maior retardo na tramitação de feitos e, consequentemente, para a geração de atrasos desnecessários,[72] impactando, inclusive, a

---

72 "Também concorrem para maltratar tempo no processo: (a) as chamadas etapas mortas do processo, nas quais a movimentação do processo, posto

CAPÍTULO II – CONCEITO DE GERENCIAMENTO DE PROCESSOS

forma como institutos processuais são aplicados. São os "tempos mortos", mencionados na Exposição de Motivos do Código de Processo Civil de 2015.

Verifica-se, também, que o processo de tomada de decisão judicial, para ter seu regular andamento, necessita de estrutura real, física, tecnológica e humana, disponibilizada, em regra, pelo Poder Judiciário, além de regras processuais que definam a forma como tramitará e como serão exercidos direitos, obrigações e deveres das partes envolvidas. A administração dessa estrutura e a identificação e otimização de seus fluxos internos de trabalho também desempenham importante papel para assegurar a tramitação do processo em um tempo adequado, que não pode ser desconsiderada.

As observações realizadas *supra* parecem indicar a impossibilidade de o legislador, sozinho, empregar esforços para aperfeiçoamento das normas processuais, visando a enfrentar a morosidade, se não houver, concomitantemente, reflexão crítica quanto à forma de enfrentamento de fatores externos e não processuais que também impactam o andamento de feitos.[73] Para potencializar a efetividade

---

que necessária, não aproveita senão escassamente ao seu desfecho (*v.g.*, o tempo necessário para a petição inicial deixar o cartório da distribuição e chegar às mãos do escrivão, a fim de que possa autuá-la, na forma prescrita no art. 206 do NCPC), ou, simplesmente, não se movimenta (*v.g.*, a quantidade de feitos impede, humanamente, o escrivão de autuar todas as petições iniciais imediatamente, levando em média, três ou quatro dias para fazê-lo, e, nesse intercurso, inexiste movimentação), embora devesse tramitar; e (b) a movimentação irrelevante, porque desnecessária e inútil (*v.g.*, a remessa do processo de um ofício para outro para tirar cópias, propiciar consultas, e assim por diante)" (ASSIS, Araken de. *Processo civil brasileiro*. 2ª ed. vol. I. São Paulo: RT, 2016, p. 490).

73 "Os processualistas fazem o que podem sugerindo modificações na lei processual – nem todas de qualidade, diga-se de passagem – e o processo continua moroso. Não se querendo desprezar esse trabalho exaustivo daqueles que pensam inovações para a melhora da qualidade da prestação jurisdicional, em especial à celeridade, será mesmo procedimental nosso problema? Será mesmo que o Código de Processo Civil é o grande responsável pela demora excessiva dos processos? (...) Enquanto o Estado brasileiro, por meio do

de medidas de enfrentamento de problemas que afetam o Poder Judiciário, mostra-se recomendável efetuar uma análise conjunta e completa sobre esses fatores.[74]

Corroborando a conclusão apresentada no parágrafo anterior, parte da doutrina reconhece que o adequado funcionamento do sistema de justiça exige a correlação de três campos distintos, o legal, o estrutural e o cultural, verificando-se a adequação da solução legislativa proposta para o conflito enfrentado, a suficiência dos recursos humanos e materiais para desempenho desse mister

---

Poder Executivo e seu lacaio, o Poder Legislativo, continuarem a ver o Poder Judiciário como um estorvo, este Poder não terá condições materiais para enfrentar o cada vez maior número de processos. O que falta é dinheiro, estrutura e organização profissional, temas estranhos ao processo civil. Sem isso, continuará somente como promessa vazia o direito a um processo com duração razoável. Triste é constatar que o Estado brasileiro, em especial o Poder Executivo, não deseja um Poder Judiciário ágil e eficaz, porque, sendo uns clientes preferenciais do Poder Judiciário, em regra como demandado, para o Executivo quanto mais tempo demorar o processo melhor será, afinal, o governante de plantão provavelmente não mais estará no cargo ao final do processo; problema já não será mais dele. Enquanto nossos governantes tiverem essa tacanha e imediatista visão, dificilmente as coisas melhorarão em termos de celeridade processual, apesar do esforço elogiável dos responsáveis pelas constantes mudanças procedimentais do processo civil" (NEVES, Daniel Amorim Assumpção. *Manual de Direito Processual civil*. 9ª ed. Salvador: JusPodivm, 2017, pp. 203/204).

[74] "Costuma-se extrair do art. 4º vários deveres do Estado. Entre eles, estão dever do Estado-legislador de estabelecer técnicas processuais para concretizar o direito ao processo razoável. O novo CPC, de fato, preocupou-se com a duração razoável do processo, ao simplificar o procedimento comum e ao positivar *várias técnicas*, tais como o julgamento por ordem cronológica (art. 12), o indeferimento liminar de embargos à execução meramente protelatórios (art. 918, III) e o calendário processual (art. 191). *Não se sabe, porém, se* as medidas terão sucesso. Alguns estudos apontam que reformas processuais são infrutíferas sem a colheita de dados empíricos indispensáveis, para identificar os pontos do processo em que se gasta mais tempo, entre eles os chamados 'tempos mortos' do processo, ou seja, 'tempos de espera' entre um ato processual e outro" (FONSECA, Vitor. "Comentários ao art. 4º". *In*: BUENO, Cassio Scarpinella (Coord.). *Comentários ao Código de Processo Civil*. vol. 1. São Paulo: Saraiva Jur, 2017, p. 95).

CAPÍTULO II – CONCEITO DE GERENCIAMENTO DE PROCESSOS

e a qualidade das demandas propostas, bem como que todos esses aspectos deveriam ser analisados pelo Direito Processual, não apenas o primeiro.[75]

Interessante observar que, diante dessa percepção do fenômeno processual, alguns doutrinadores, inclusive, vislumbram que seria possível a coexistência de dois ramos diferentes, mas complementares, da ciência jurídica processual – o Direito Processual Civil propriamente dito e o Direito Judiciário Civil.[76]

---

[75] "Esse serviço de 'justiça' pode, a seu turno, apresentar defeitos em fundamentalmente três campos distintos: a) legislativo; b) estrutural; c) cultural. No plano *legislativo*, a adequação do serviço público aqui examinado implica o dever de que as leis sejam orientadas a oferecer respostas adequadas e modernas às demandas de justiça oriundas da sociedade civil. Note-se que, sob esse ponto de vista, não se trata mais de examinar a lei processual à luz de um determinado caso concreto, a fim de perquirir da adequação da tutela prestada ao *caso singular*. Busca-se, isso sim, refletir se a legislação existente é hábil a dar conta, de maneira adequada, do serviço 'justiça', a ser prestado pelo Estado. Dito de outro modo, a questão aqui se centra na avaliação da situação judiciária como um todo, examinando se o esforço judicial empregado para certo tipo de causa se justifica em face do volume, da complexidade e das necessidades de outros feitos. No que se refere ao plano *estrutural*, exige-se a verificação sobre a suficiência dos recursos, humanos e materiais, concretamente postos à disposição do serviço público a ser prestado, para que este possa ser desempenhado da melhor forma possível. (...) Finalmente, deve-se considerar o plano *cultural*. Essa questão se relaciona, sobretudo, com a qualidade da demanda proposta perante o Judiciário e, indiretamente, com a resposta que este é capaz de oferecer. (...) Comumente, a análise desses três elementos vem compartimentalizada segundo os vários ramos do estudo de Direito. O processualista se dedica, em regra, apenas à análise da legislação posta, sem atentar para eventuais questões estruturais ou culturais, já que esse seria outro ramo do Direito. Todavia, esses três elementos têm nítida vinculação uns com os outros, de modo que não se pode deixar, em nenhum discurso, de considerar cada uma das questões envolvidas" (ARENHART, Sérgio Cruz. *A tutela coletiva de interesses individuais*: para além dos interesses individuais homogêneos. São Paulo: RT, 2013, p. 37).

[76] "Não sem algum atrevimento, arriscaria vaticinar que, num futuro distante, poderíamos ter dois 'ramos' diferentes (embora obviamente complementares) da ciência jurídica processual: o Direito Processual civil propriamente dito, focado no funcionamento interno do instrumento processual, e o direito

O presente trabalho pretende, assim, justamente, identificar os principais fatores que compõem o sistema em que está inserido o processo de tomada de decisão por magistrados, impactando-os, e, também, apontar as respectivas técnicas de gerenciamento adotadas.

Importante assinalar que este trabalho não pretende adentrar na discussão sobre as funções do processo. Quando se refere à expressão "processo de tomada de decisão judicial", quer se referir a qualquer provocação que seja recebida pelo Poder Judiciário na forma de uma ação judicial ou execução, de qualquer natureza, e que precisa que lhe seja dada alguma solução, identificando o processo civil como uma técnica de solução de conflitos, cujo procedimento, como técnica, traz segurança aos litigantes, evitando abusos e arbitrariedades.[77]

---

judiciário civil, focado na operação de todo o sistema de distribuição de justiça civil. *Mutatis mutandis*, a diferença entre esses ramos da ciência processual seria similar àquela existente entre microeconomia e macroeconomia, respectivamente, para cuja ilustração se usa frequentemente a metáfora da árvore e da floresta, respectivamente. Assim colocado, o direito judiciário civil – ou, para usar outra expressão, o direito macroprocessual, em contraposição ao direito microprocessual – contemplaria de maneira mais intensa influxos de outros 'ramos' do Direito (em especial o Direito Constitucional e o Direito Administrativo) e de outros campos do conhecimento (como a política, a sociologia e a economia). O estudioso do processo civil, com as ferramentas que historicamente lhe vêm sendo dadas, ainda não está preparado a se desincumbir adequadamente da tarefa de percorrer esse segundo campo de análise. Diante de tal quadro, há duas alternativas (não necessariamente excludentes): ou se requalifica a formação do processualista ou haverá de se estabelecer maior diálogo com os cultores de outros campos do conhecimento humano" (SICA, Heitor Vitor Mendonça. "Congestionamento viário e congestionamento judiciário: reflexões sobre a garantia de acesso individual ao Poder Judiciário". *In*: CINTRA, Lia Carolina Batista; BEDAQUE, José Roberto dos Santos; EID, Elie Pierre (Coord.). *Garantismo processual*: garantias constitucionais aplicadas ao processo. Brasília: Gazeta Jurídica, 2016, pp. 152/153).

[77] "As técnicas do processo aparecem de maneira muito sensível e eloquente na discriminação das diversas medidas de tutelas jurisdicionais admissíveis conforme a situação trazida pelo demandante – e a serem dispensadas mediante as chamadas vias ordinárias representadas pelas normas de processos

CAPÍTULO II – CONCEITO DE GERENCIAMENTO DE PROCESSOS

Durante os estudos conduzidos neste trabalho, foi possível identificar que esses fatores que podem influenciar o processo de tomada de decisão por magistrados podiam ser destinatários de técnicas de gestão associadas a três dimensões distintas, que serão abordadas a seguir, a saber, a do processo, a da unidade judicial e a da instituição.

Cada uma dessas dimensões se refere a estruturas orgânicas com características e normas próprias, as quais, por sua vez, exigem um olhar gerencial específico. Todas essas estruturas orgânicas, contudo, funcionam de forma interligada no processo de tomada de decisões por magistrado, de modo que precisam ser compreendidas não apenas de forma isolada, mas, também, de maneira dinâmica, considerando o impacto de uma sobre a outra.

É possível, também, que um dos fatores mencionados no parágrafo anterior possa ser encontrado em mais de uma dimensão, possuindo, em cada uma delas, uma atuação distinta, considerando seu posicionamento naquela organicidade peculiar. Assim, por exemplo, os métodos alternativos de solução de conflitos, que podem ser utilizados pelo magistrado, em um processo, para obter uma solução autocompositiva poderão ser adotados na dimensão institucional como ferramenta para prevenção de litígios.

Este trabalho pretende compreender os fatores que influenciam a gestão judicial e, também, as técnicas de gestão que poderiam ser adotadas para alcançar, como resultado, a maior celeridade dos

---

de conhecimento ou de execução, ou tutelas diferenciadas que se concedem mediante a realização de processos especialíssimos, como o monitório, o de mandado de segurança, o dos juizados especiais etc. Cada um desses processos rege-se por uma técnica e apresenta configuração própria para as relações entre seus sujeitos – poderes, deveres, faculdades de cada um deles em relação aos demais, espécies de medidas a serem concedidas e efetivadas pelo juiz (provimentos) etc. – tudo inserido em técnicas preordenadas aos resultados propostos" (DINAMARCO, Cândido Rangel. *Instituições de Direito Processual Civil*. 9ª ed. rev. e atual., vol. I. São Paulo: Malheiros, 2017, pp. 231/232).

processos judiciais e a melhoria da qualidade das decisões judiciais. Ao se constatar que esses fatores estavam inseridos em estruturas orgânicas que se interligavam entre si e que compunham o processo que permitirá a tomada de decisão por magistrados, optou-se por abordar os fatores e respectivas técnicas de gerenciamento identificadas, considerando cada uma das dimensões reconhecidas, de forma individualizada, justamente por entender que cada uma delas possui dinâmicas e regras próprias, que, inequivocamente, vão impactar sua gestão em si.

Considerando a existência de diversos trabalhos de extrema qualidade que analisam o *case management*, esses aspectos não serão aprofundados neste estudo, apenas mencionados. Pretende-se, nesta pesquisa, ao contrário, examinar os demais aspectos que afetam o processo de tomada de decisões judiciais e que podem ser alvo de gerenciamento, com potencial de impactar positivamente tanto o tempo do processo em si quanto a qualidade das decisões judiciais proferidas ou a solução do conflito observada. Certamente, seria estudo que seria inserido no campo do "Direito Judiciário Civil", o qual tem por objeto de investigação o sistema de distribuição de justiça civil e que é diretamente influenciado por outros ramos do Direito, tais como o constitucional e administrativo, além de outros campos do conhecimento e das ciências sociais.

Outro esclarecimento necessita ser feito quanto às dimensões de gerenciamento que serão consideradas para estudo neste trabalho.

Analisando o conceito doutrinário de gestão judicial, percebe-se que ele proporciona duas perspectivas de análise. Uma mais ampla e reflexiva, que se refere ao relacionamento dos tribunais, da sociedade e do Estado, em sua organização macropolítico-constitucional, além das políticas públicas e reformas relacionadas ao Poder Judiciário, talvez com maior potencial transformador quanto à sua própria função, enquanto a outra é mais pragmática, focada na potencialidade de otimização e aprimoramento da

CAPÍTULO II – CONCEITO DE GERENCIAMENTO DE PROCESSOS

atual estrutura do Poder Judiciário, com os recursos e condições legislativas já existentes.

O foco deste trabalho, objetivando sua identificação e apresentação de estratégias de enfrentamento, que podem resultar em impactos positivos tanto para a celeridade do processo quanto para a melhora da prestação jurisdicional, é justamente nessa perspectiva pragmática de análise dos fatores exógenos e das dimensões de suas inter-relações.

Por se tratar de matéria ainda não frequentemente estudada, mostra-se relevante a identificação dessas formas de gerenciamento judicial que não estão restritas ao gerenciamento do processo em si e que podem contribuir para a melhoria do sistema de justiça, inclusive para que as alterações legislativas ocorridas possam ser adequadamente efetivadas.

O enfoque deste trabalho será, portanto, estritamente gerencial. Não serão feitas análises reflexivas sobre possíveis transformações que poderão ocorrer na atuação do Poder Judiciário, diante de seus desafios atuais. Até porque acreditamos que é necessário, antes de pensar em transformação, verificar se todos os fatores envolvidos estão sendo adequadamente tratados e utilizados de forma eficiente. Somente após identificação das dificuldades enfrentadas e, assim, consequentemente, dos problemas efetivamente sofridos, será possível conceber soluções transformadoras mais contundentes.

Não se pretende, neste estudo, esgotar a apresentação de técnicas de gerenciamento das dimensões da gestão judicial. Ao contrário, seu objetivo é chamar a atenção para a existência dessas dimensões e fatores exógenos e, consequentemente, para a possibilidade de se obterem resultados favoráveis com seu gerenciamento. O aprofundamento em cada uma dessas dimensões exigiria estudo próprio.

Antes de iniciar efetivamente a abordagem da temática deste trabalho e considerando o que foi apresentado anteriormente sobre o conceito de gerenciamento sob uma perspectiva jurídica, entendemos importante expor de forma bastante breve o conceito de gerenciamento pela óptica da administração, pois permite compreender as possibilidades e técnicas que podem ser utilizadas pelo gestor.

2.2 Conceito de gerenciamento: administração

Apresentou-se, anteriormente, o entendimento doutrinário acerca dos conceitos de gerenciamento processual e gestão judicial. A abordagem jurídica insere essa temática no ordenamento jurídico, focando, sobretudo, os fundamentos de sua validade que podem ser localizados na Constituição e na legislação, apontando, ainda, os princípios que orientam sua aplicação.[78][79][80]

---

[78] Marcus Vinícius Kiyoshi Onodera aponta, como princípios que devem orientar o juízo no gerenciamento do processo: a igualdade, a duração razoável do processo, oralidade, eficiência (ONODERA, Marcus Vinicius Kiyoshi. *Gerenciamento do processo e acesso à justiça*. Belo Horizonte: Del Rey, 2017, pp. 147/148).

[79] Cláudia Elisabete Schwerz Cahali afirma que os princípios que regem o gerenciamento de processos são os princípios do contraditório, ampla defesa, isonomia, cooperação ou colaboração, motivação das decisões judiciais, razoável duração do processo, efetividade, instrumentalidade das formas e do processo, proteção da legítima confiança e a boa-fé objetiva processual (CAHALI, Cláudia Elisabete Schwerz. *O gerenciamento de processos judiciais*: em busca da efetividade da prestação jurisdicional (com remissões ao projeto do novo CPC). (Coleção Andrea Proto Pisani; Coordenação Ada Pellegrini Grinover e Petronio Calmon, vol. 10). Brasília: Gazeta Jurídica, 2013, pp. 147-172).

[80] Viviane Siqueira Rodrigues aponta como princípios relacionados à gestão de processos a inafastabilidade da jurisdição e sua relação com a inércia ou princípio da demanda, a isonomia e a segurança jurídica, a imparcialidade e os interesses perseguidos pelas práticas de gestão de processo, independência, contraditório e publicidade, e dever de motivação das decisões (RODRIGUES, Viviane Siqueira. *Gerenciamento de processos na justiça civil brasileira*: análise das técnicas de gerenciamento processual. São Paulo: Universidade de São Paulo, 2020 (Tese de Doutorado em Direito).

CAPÍTULO II – CONCEITO DE GERENCIAMENTO DE PROCESSOS

No entanto, o conceito de gerenciamento, em uma perspectiva administrativa, traz *insights* interessantes para melhor compreensão desse instituto. Nesse sentido, gerenciamento "refere-se ao processo de fazer as coisas de forma eficaz e eficiente, por meio de outras pessoas e junto com elas".[81] Nessa acepção,

> segundo a norma NBRISO (ABNT, 2005), um processo é definido como conjunto de atividades inter-relacionadas ou interativas que transformam entradas em saídas (...) os processos têm como finalidade agregar valor para o cliente.[82]

Por sua vez, eficiência é "fazer a tarefa corretamente; refere-se à relação entre entradas e saídas. Se você obtiver mais saída para determinada entrada, você tem eficiência. Você também aumenta a eficiência quando obtém a mesma saída com menos recurso".[83] Gestão, gerenciamento, pela óptica da administração, indica atividades que objetivam fazer o mesmo ou mais com menos.

Essas atividades, quando a cargo de uma organização, serão orientadas por sua visão, missão, valores, que incorporam sua identidade: a visão refere-se ao seu ideal a ser atingido; a missão, à razão de ser da organização; e os valores, aos conjuntos dos princípios que informam as pessoas que a integram.[84]

---

[81] ROBBINS, Stephne; DECENZO, David A.; WOLTER, Robert M. *A nova administração*. São Paulo: Saraiva, 2014, p. 7.

[82] FIEL FILHO, Alécio. "Gestão dos processos e a eficiência na gestão pública". *In*: KANAANE, Roberto; FIEL FILHO, Alécio; FERREIRA, Maria das Graças (Coord.). *Gestão pública*: planejamento, processos, sistemas de informação e pessoas. São Paulo: Atlas, 2010, pp. 128/129.

[83] ROBBINS, Stephne; DECENZO, David A.; WOLTER, Robert M. *A nova administração*. São Paulo: Saraiva, 2014, p. 7.

[84] MATOS, José Igreja; LOPES, José Mouraz; MENDES, Luís Azevedo; COELHO, Nuno. *Manual de gestão judicial*. Coimbra: Almedina, 2015, pp. 79/80.

Assim, por exemplo, extrai-se do planejamento estratégico do Tribunal de Justiça de São Paulo (TJSP) que é sua visão: "ser reconhecido nacionalmente como um tribunal moderno, célere e tecnicamente diferenciado, tornando-se um instrumento efetivo de Justiça, Equidade e Paz Social"; sua missão é "resolver os conflitos da Sociedade, no âmbito de sua competência, para preservação dos direitos, por meio do julgamento de processos ou de métodos adequados"; e seus valores, "legalidade, impessoalidade, moralidade, publicidade e eficiência".[85]

A visão, a missão da organização e seus valores[86] vão orientar seu planejamento estratégico, o qual definirá seus objetivos e sua execução orçamentária, por expressa determinação legal.[87]

---

[85] TJSP. *Planejamento Estratégico 2021/2026*. Disponível em: http://www.tjsp. jus.br/QuemSomos/PlanejamentoEstrategico. Acessado em: 14.10.2020.

[86] "Entendemos por missão a razão de ser da organização, sua característica peculiar, sinalizando o porquê de sua existência. (...) a visão de futuro, refere-se a como a organização quer ser reconhecida no ambiente no qual se insere, em um determinado período de tempo (médio ou longo prazo – de cinco a dez anos, aproximadamente). (...) Quanto aos valores concebemos os vetores que influenciam e determinam o comportamento e conduta dos funcionários, sendo também influenciado por estes" (KANAANE, Roberto; KEPPKE, Rosane Segantin; ALDAVIRS, Renato; SILVA, Dorival Caldeira da. "Fundamentos constitucionais da gestão pública". *In*: KANAANE, Roberto; FIEL FILHO, Alécio; FERREIRA, Maria das Graças (Coord.). *Gestão pública*: planejamento, processos, sistemas de informação e pessoas. São Paulo: Atlas, 2010, p. 39).

[87] "Na burocracia weberiana, o planejamento público é movido pelo orçamento. Nos entes federativos brasileiros, competem aos Ministérios e às respectivas Secretarias de Planejamento a previsão, a dotação (divisão dos recursos entre os órgãos e suas finalidades) e o controle da execução orçamentária. Orçamentos decorrem de projetos e planos, e sua obrigatoriedade advém da própria Constituição Federal (Capítulo II do Título VI). Indo além, sob influência da reforma da gestão pública, então em curso, foi criada a Lei Complementar n. 101, de 4 de maio de 2000, que trata da responsabilidade fiscal, com a finalidade de punir as infrações contra o erário. Mas, para tanto, a lei corroborou para induzir os gestores públicos aos princípios do planejamento e da gestão estratégica. (...) Esta lei abrange o planejamento de curto, médio e longo prazo, ratificando os vínculos constitucionais que

CAPÍTULO II – CONCEITO DE GERENCIAMENTO DE PROCESSOS

A gestão, portanto, ainda que almeje a eficiência, será orientada para o atingimento desses valores e de sua missão, sempre tendo por diretriz a visão a ser alcançada.

A gestão pública possui particularidades com relação à gestão privada. Estando sujeita de forma estrita à lei, atua no âmbito político, e não no de mercado, de forma que acaba por ter como propósito atingir objetivos distintos, que podem até mesmo ser contraditórios, em razão da pressão de grupos externos, o que a torna mais complexa. Por seu turno, a gestão privada, em última análise, é em regra regida apenas pela busca do lucro.

Há autores que sustentam que é um objetivo estratégico a adoção de um novo modelo de gestão, superando, com isso, o paradigma burocrático da administração pública, que, pautado pelo controle de processos, mostrava-se avesso a mudanças, além de possuir muitas ineficiências e ser custoso.[88] Buscam esses autores

---

há entre o Plano Plurianual (Lei Complementar n. 101, artigo 3º), a Lei de Diretrizes Orçamentárias (artigo 4º), a Lei Orçamentária Anual (artigos 5º a 7º) e a Execução Orçamentária. A lei enfatiza a exigência do cumprimento de metas (artigos 8º a 10), que por seu turno dependem de planos e projetos detalhados; por fim, determina instrumentos de transparência, fiscalização e controle (Capítulo IX). Nota-se que seu objetivo é direcionar o Poder Executivo para a adoção dos '3Es' – economicidade, eficiência e efetividade –, pois a boa gestão fiscal envolve o planejamento e a gestão como um todo de forma sistêmica" (KANAANE, Roberto; KEPPKE, Rosane Segantin; ALDAVIRS, Renato; SILVA, Dorival Caldeira da. "Fundamentos constitucionais da gestão pública". *In*: KANAANE, Roberto; FIEL FILHO, Alécio; FERREIRA, Maria das Graças (Coord.). *Gestão pública*: planejamento, processos, sistemas de informação e pessoas. São Paulo: Atlas, 2010, pp. 52/53).

[88] "De acordo com Bresser-Pereira (2008), a crise internacional das últimas décadas do século XX foi predominantemente uma crise do Estado: crise do Estado de bem-estar no Primeiro Mundo; crise fiscal e crise do modelo de desenvolvimento nos países em desenvolvimento. A crescente ineficiência e os custos do aparelho do Estado foram apontados como fatores críticos dessa crise. Os formadores de opinião colocaram o Estado em xeque, induzindo o setor público a observar o modelo de gestão do setor privado e sua metodologia de superação de crises: a gestão e o planejamento estratégicos. (...) Um grupo de intelectuais, consultores e funcionários públicos ingleses deram

uma perspectiva mais moderna, voltada à sua racionalização com o máximo de eficiência, sem perda da qualidade ou da identidade da justiça, mas ressaltam, ao mesmo tempo, que essa abordagem mais moderna nem sempre alcançou os melhores resultados. [89]

No caso do Poder Judiciário, por ser órgão público que desempenha serviço essencial, qual seja, a jurisdição, exige estrutura de prédios, setor de tecnologia e de pessoal para viabilizar sua consecução, os quais precisam ser administrados. Por envolverem recursos públicos, não dispensam a adoção de técnicas de gestão.

Decorre da prática administrativa de gerenciamento a definição de objetivos estratégicos e operacionais, medidos por indicadores, permitindo o planejamento de seu atingimento por meio de

---

início ao movimento *New Public Management* – a Nova Gestão Pública. (...) A essência da reforma seria a mudança da estratégia no planejamento e na gestão. No modelo weberiano, prioriza-se o controle dos processos, partindo-se do valor primordial de prevenção da corrupção. No modelo gerencial, priorizam-se desempenho e resultados, que podem ser controlados *a posteriori,* sem abrir mão da legalidade durante os processos, partindo-se da primazia do valor da eficiência. Metas, indicadores de desempenho e resultado são previamente planejados e depois controlados ao longo dos processos, por meio de cronogramas físico-financeiros, como já praticava a burocracia weberiana. A diferença é a ênfase no controle dos resultados, e não no controle dos processos com fins em si mesmos (BRESSER-PEREIRA, 2008). (...) Porém, uma parte significativa dos intelectuais e as associações de funcionários públicos combateram duramente as reformas administrativas por associá-las ao Consenso de Washington e às pressões neoliberais. Contudo, não há um movimento consistente de contrarreforma, em que a burocracia weberiana persiga os mesmos ganhos de eficiência expressos pelo 'modelo gerencial' e reconquiste a legitimidade de seus direitos trabalhistas especiais perante a sociedade" (KANAANE, Roberto; KEPPKE, Rosane Segantin; ALDAVIRS, Renato; SILVA, Dorival Caldeira da. "Fundamentos constitucionais da gestão pública". *In*: KANAANE, Roberto; FIEL FILHO, Alécio; FERREIRA, Maria das Graças (Coord.). *Gestão pública*: planejamento, processos, sistemas de informação e pessoas. São Paulo: Atlas, 2010, pp. 50/51).

[89] MATOS, José Igreja; LOPES, José Mouraz; MENDES, Luís Azevedo; COELHO, Nuno. *Manual de gestão judicial*. Coimbra: Almedina, 2015, pp. 74 e 77-79.

CAPÍTULO II – CONCEITO DE GERENCIAMENTO DE PROCESSOS

definição de metas.[90] Para tanto, os valores que regem a instituição desempenham papel fundamental para orientar o delineamento de sua gestão,[91][92] visto que "a gestão dos tribunais constrói-se, em

---

[90] MATOS, José Igreja; LOPES, José Mouraz; MENDES, Luís Azevedo; COELHO, Nuno. *Manual de gestão judicial*. Coimbra: Almedina, 2015, p. 81. Sobre o assunto, os mesmos autores esclarecem: "Por exemplo, no Reino Unido, o denominado *Majesty's Courts Service* é responsável pela gestão dos 'Magistrates Courts', do 'Crown Court', 'Contry Courts', 'High Court' e 'Court of Appeals', em Inglaterra e País de Gales. Ora, esse departamento estatal define, há vários anos, objetivos de gestão para uma dada região jurisdicional, como por exemplo a região de Londres, indicando concretamente os 'timings' para atingir os desideratos propostos. Assim, no ano de 2009, foi fixada uma meta para as conciliações em determinados processos (no caso de Londres, 65% de conciliações até março de 2009 na área civil, nas ações de menor valor), definindo-se igualmente uma percentagem tida como ambiciosa de 70% de processos cíveis de valor mais baixo concluídos num prazo limite de 30 semanas, mantendo para processos mais complexos as percentagens de 2007 e 2008 que apontam uma maioria de ações findas em 50 semanas. Mas esses objetivos estrategicamente definidos podem também dizer respeito à própria utilização das ferramentas tecnológicas tidas como indutoras de eficácia: desse modo, define-se o objetivo de tramitar online, nesta mesma área judiciária de Londres, pelo menos 70% de um dado tipo de processos ligados à cobrança de dívidas ('Money claims') (...) apontando-se metas que permitem concluir pela eficiente prossecução desses objetivos a partir de concernentes indicadores".

[91] MATOS, José Igreja; LOPES, José Mouraz; MENDES, Luís Azevedo; COELHO, Nuno. *Manual de gestão judicial*. Coimbra: Almedina, 2015, p. 86.

[92] "Exemplo dessa abordagem pode ser identificado em modelos de gestão para obtenção de excelência para os tribunais, como é o caso do *International Framework for Court Excellence*, desenvolvido pelo *International Consortium for Court Excellence*, formado por *Australasian Institute of Judicial Administration, the Federal Judicial Center, the National Center for State Courts, and the State Courts of Singapore*, que trabalham com *European Commission for the Efficiency of Justice*, the *World Bank* and *SPRING Singapore*, objetivando melhorar a qualidade da justiça e a administração judicial, por meio do planejamento estratégico, fornecendo ferramentas para apurar desempenho e medi-lo" (MATOS, José Igreja; LOPES, José Mouraz; MENDES, Luís Azevedo; COELHO, Nuno. *Manual de gestão judicial*. Coimbra: Almedina, 2015, p. 84).

muito, a partir de seus limites".[93] A busca da eficiência, intrínseca à ideia de gestão, será pautada pelo atendimento e respeito dos valores aplicados a uma instituição.

Quando se projeta a acepção administrativa de gestão/gerenciamento para a esfera jurídica, observa-se que não são incompatíveis. O Direito conforma a gestão, com seus princípios, que a orientam, e, na medida em que traz os valores/princípios a serem observados e as normas que vedam ou condicionam a realização de algumas medidas, indica o espaço de atuação do gestor. O Direito, contudo, não é técnica de gestão.

Na medida em que a doutrina reconhece o efeito positivo do gerenciamento dos fatores que impactam o processo, ou, de forma mais abrangente, o processo decisório do juiz, não apenas os processuais, mas também os não processuais, é possível recorrer às técnicas estudadas na administração para se compreenderem as estratégias para se obterem os melhores resultados, assim como para se desenvolverem alternativas criativas, enriquecendo, desse modo, o entendimento da amplitude do conceito de gerenciamento judicial.

Por esse motivo, aliado aos aspectos valorativo e limitativo trazidos pelo Direito, é conveniente associar também à análise desse conceito a identificação de técnicas de gestão. Não é objetivo deste trabalho tratar de técnicas de gestão. Pretende-se, apenas, sinalizar sua existência, apontando para novos campos de pesquisas interdisciplinares.

Antes de adentrar especificamente na análise das dimensões do gerenciamento judicial identificadas neste trabalho, entendemos necessário tecer breves considerações sobre a estrutura administrativa do Poder Judiciário. Isso porque, conforme visto anteriormente, o gerenciamento de fatores que impactam direta ou

---

[93] MATOS, José Igreja; LOPES, José Mouraz; MENDES, Luís Azevedo; COELHO, Nuno. *Manual de gestão judicial*. Coimbra: Almedina, 2015, p. 94.

CAPÍTULO II – CONCEITO DE GERENCIAMENTO DE PROCESSOS

indiretamente o processo/decisão judicial tem como pressuposto a margem de discricionariedade para que eles possam ser tratados/organizados/modificados.

Essa discricionariedade pode decorrer do poder atribuído ao juiz para condução do processo, como se verá adiante neste trabalho, quando se tratar de técnicas de gerenciamento processual. Pode, contudo, derivar de faculdade advinda da administração dos recursos disponíveis para funcionamento das estruturas judiciárias. Portanto, é preciso compreender a estrutura administrativa do Poder Judiciário para entender os limites de atuação do juiz, dos tribunais e, agora, após a Emenda Constitucional n. 45/2004, do CNJ, e como eles coexistem.

Na Parte II deste trabalho, será analisada a estrutura administrativa do Poder Judiciário.

PARTE II

ESTRUTURA ADMINISTRATIVA DO PODER JUDICIÁRIO BRASILEIRO

Conforme mencionado, o presente trabalho pretende analisar a hipótese de que existem diversos fatores exógenos ao processo que impactam, talvez de forma até mais efetiva do que alterações processuais legislativas, a obtenção de resultados processuais desejados, como a efetiva concretização da duração razoável do processo e o aprimoramento da qualidade dos serviços jurisdicionais prestados. Por esse motivo, sustenta-se que esses fatores devem ser adequadamente compreendidos para que possam ser evidenciados e sistematizados, permitindo que sejam empregados mecanismos para seu melhor gerenciamento, por magistrados ou instituições.

A análise desses fatores exógenos exige não apenas sua identificação em si, mas também a compreensão do espectro de discricionariedade que existe para o magistrado e/ou para o tribunal, na qualidade de instituição administrativa, utilizá-la em favor do aprimoramento dos serviços jurisdicionais prestados.

Para fins deste trabalho, suficiente constatar que a discricionariedade administrativa corresponde ao campo de atuação que o legislador facultou ao gestor, ou seja, naquele campo de matérias em que não houve proibição normativa de atuação do administrador.[94]

---

[94] "A discricionariedade é um tipo de disciplina legislativa. A lei pode conter todos os elementos necessários à sua aplicação – a isso se denomina *disciplina normativa vinculada*. Por outro lado, pode demandar que alguns desses elementos sejam verificados em vista do caso concreto – a isso se denomina *disciplina normativa discricionária*. Portanto, a discricionariedade não significa que a Administração Pública seria titular de uma reserva de poder para escolher entre diversas alternativas. Não existe um *poder discricionário*

O manejo dos fatores exógenos, que impactam de forma positiva a tramitação e celeridade de processos judiciais, deve ser compreendido diante da perspectiva da margem de discricionariedade concedida pelo ordenamento jurídico ao administrador/gestor. Especificamente no caso dos tribunais brasileiros, essa discricionariedade deverá ser aferida diante da autonomia administrativa que lhe é assegurada pelo art. 99 da CF e que consiste, também, em garantia constitucional da independência do Poder Judiciário – condição indispensável para adequado funcionamento do sistema de freios e contrapesos da organização política brasileira.

---

inerente à função administrativa. A discricionariedade é atribuída pelo direito ao disciplinar o desempenho da função administrativa. Quando a disciplina jurídica restringe a autonomia de escolhas da autoridade administrativa, há vinculação; quando a norma cria intencionalmente margens de autonomia, há discricionariedade. Lembre-se, no entanto, que a intensidade da vinculação e da discricionariedade é variável. Há graus diversos de autonomia que variam caso a caso. (...) A autonomia decisória da autoridade estatal não se desenvolve fora ou acima das normas jurídicas. É criada pelo ordenamento jurídico, que determina as suas balizas. Em alguns casos, os limites à autonomia consistem nos princípios mais gerais, nos valores fundamentais. Em outros casos, a norma instituidora da discricionariedade estabelece limites mais precisos e determinados. Há casos em que tais limites se traduzem em requisitos para a escolha. Em outras situações, a norma veda a adoção de certas decisões. Há situações em que os limites se relacionam com a escolha da oportunidade para decidir, enquanto há outros casos em que tais restrições envolvem o conteúdo propriamente dito da decisão a ser adotada" (JUSTEN FILHO, Marçal. *Curso de Direito Administrativo*. 12ª ed. rev., atual. e ampl. São Paulo: RT, 2016, pp. 86/87).

"O grau de liberdade na atuação dos agentes públicos pode variar de intensidade a partir da opção adotada pelo legislador. Em determinados casos, o legislador autoriza, expressa ou implicitamente, a realização de opções pelo agente, a partir de critérios de conveniência e de oportunidade. Trata-se de atuação discricionária do agente público (ex.: autorização de uso de bem público). Por outro lado, o legislador pode descrever, na própria norma jurídica, todos os elementos do ato administrativo que deverão ser observados pelo agente, sem qualquer margem de liberdade. Nesse caso, a atuação é vinculada (ex.: edição de licença para dirigir veículo automotor)" (OLIVEIRA, Rafael Carvalho Rezende. *Curso de Direito Administrativo*. 6ª ed. rev., atual. e ampl. São Paulo: Método, 2018, p. 309).

PARTE II – ESTRUTURA ADMINISTRATIVA DO PODER...

Essa análise se mostra ainda mais importante tendo em vista a criação do CNJ, criado pela Emenda Constitucional n. 45/2004, o qual recebeu poderes de controle administrativo e financeiro.

Compreender exatamente a extensão da autonomia administrativa conferida pelo constituinte aos tribunais e os limites da atuação do CNJ é fundamental para verificar se o gerenciamento de fatores extraprocessuais será feito de forma descentralizada por cada um dos entes federativos, por seus respectivos tribunais, ou de forma centralizada pelo CNJ – em tese, órgão que recebeu competência constitucional exclusivamente para realização de controle administrativo. E, mesmo diante de eventual centralização dessa gestão pelo CNJ, identificar os limites para exercício de suas funções.

Justamente para compreender adequadamente a autonomia administrativa concedida aos tribunais brasileiros, cindiu-se a análise em dois capítulos. No Capítulo III, examinar-se-á a organização constitucional do Poder Judiciário. No Capítulo IV, estudar-se-ão os limites da competência constitucional outorgado ao CNJ.

CAPÍTULO III

ORGANIZAÇÃO CONSTITUCIONAL DO PODER JUDICIÁRIO SOB A PERSPECTIVA ADMINISTRATIVA

A Constituição brasileira elege como cláusulas pétreas a forma federativa de Estado e a separação dos Poderes Legislativo, Executivo e Judiciário, reconhecendo que são independentes e harmônicos entre si (arts. 2º e 60, § 4º, I e III, da CF). Esses dois aspectos são fundamentais para compreender como foi concebida a organização administrativa e política do Estado brasileiro.

A adoção da forma federativa, pelo Estado brasileiro revela opção do constituinte por criar várias esferas de governo (União, Distrito Federal, estados e municípios).[95] Interessante observar,

---

[95] "No âmbito territorial, alguns Estados adotam o regime federativo, estabelecendo uma divisão do poder que prevê uma organização estruturada nacionalmente, com atribuições próprias e atuação em todo o território nacional, e organizações regionais que podem também existir em nível local. Criam-se, como no Brasil, várias esferas de governo, cada qual dotada de personalidade jurídica própria, com sua Administração Pública voltada para cumprir as atribuições que lhe foram destinadas pela Constituição. No Brasil, por conseguinte, podemos identificar a Administração Pública Federal,

portanto, que o Estado brasileiro foi organizado de forma descentralizada, em várias esferas de governo, cada qual com atribuições próprias e orçamento específico, o qual, por sua vez, será formado por receitas decorrentes de tributos e taxas que o constituinte diretamente instituiu para permitir que conseguisse executar suas competências. Em cada esfera de governo, as funções estatais – executiva, jurisdicional e legislativa – serão executadas considerando as atribuições que lhe foram imputadas constitucionalmente, custeadas com o orçamento assegurado àquele ente, tendo cada ente federativo recebido personalidade jurídica própria, nos termos do art. 43 do CC, sendo responsáveis pelos atos de seus agentes.[96]

A constatação é importante, pois permite identificar que o Poder Judiciário de cada esfera de governo é órgão que compõe uma personalidade jurídica específica, correspondente a cada ente federativo, e que, apesar disso, possui reconhecida sua autonomia financeira e administrativa na Constituição Federal – condição

---

as Administrações Públicas Estaduais, a Administração Pública Distrital e as Administrações Públicas Municipais. (...) O orçamento público é único para cada uma das Administrações Públicas (federal, estaduais, distrital e municipais) e nele estão previstas as receitas e despesas de todos os órgãos que as compõem. Pela classificação institucional (...), as receitas e despesas são previstas em cada um dos poderes (Executivo, Legislativo e Judiciário, sendo este último válido apenas para as Administrações federais e estaduais, uma vez que não há Poder Judiciário na esfera municipal), órgãos e unidades que os integram. Assim, fica claro que, no aspecto financeiro, o Poder Judiciário integra a Administração Pública. A Lei de Responsabilidade Fiscal (Lei Complementar n. 101 de 2000) também evidencia essa situação ao estabelecer, no art. 1º, § 3º, I, que, quando se fazem referências às pessoas jurídicas da União, aos Estados, ao Distrito Federal e aos Municípios, elas compreendem o Poder Executivo, o Poder Legislativo (nestes abrangidos os Tribunais de Contas), o Poder Judiciário e o Ministério Público" (CONTI, José Maurício. *A autonomia financeira do Poder Judiciário*. 2ª ed. São Paulo: Blucher Open Acess, 2019, p. 34).

96 "Art. 43. As pessoas jurídicas de Direito Público interno são civilmente responsáveis por atos dos seus agentes que nessa qualidade causem danos a terceiros, ressalvado direito regressivo contra os causadores do dano, se houver, por parte destes, culpa ou dolo".

CAPÍTULO III – ORGANIZAÇÃO CONSTITUCIONAL DO PODER...

indispensável para assegurar a independência de cada um dos Poderes, no âmbito de cada ente federativo.[97] Será a pessoa jurídica de Direito Público relativa a cada ente federativo que responderá pelos atos do respectivo Poder Judiciário, com seu orçamento destinado àquele ente federativo.

Não se desconsidera que há doutrina que reconhece o caráter uno e federal do Poder Judiciário. Necessário, contudo, compreender essa característica, compatibilizando-a com a organização federativa do Estado brasileiro concebida pelo constituinte e, consequentemente, com a constatação de que cada um dos tribunais integra pessoa jurídica distinta – com direitos e deveres próprios. A verificação de que um tribunal é órgão que integra ente federativo específico traz importantes repercussões jurídicas e obrigacionais. Por esse motivo, este capítulo se destina a identificar os limites da autonomia administrativa e financeira assegurados ao Poder Judiciário, sobretudo diante da organização constitucional do Estado brasileiro.

---

[97] Essa situação permite concluir que: "Os agentes do Poder Judiciário agem em nome da pessoa jurídica que representam, podendo ser a União, os Estados ou o Distrito Federal. (...) As consequências jurídicas são da pessoa jurídica que integram, e não do Poder Judiciário, que não responde juridicamente por seus atos, uma vez que não tem personalidade jurídica. (...) A separação de poderes, princípio erigido à condição de cláusula pétrea, acompanhada da autonomia administrativa e financeira reconhecida pelos arts. 99 e 168 da CF, exige uma maior reflexão, pois permite vislumbrar a possibilidade de conflito interno entre órgãos da Administração Pública, uma vez que passam a existir interesses próprios de cada Poder. O fato de não ter personalidade jurídica não afasta a possibilidade de órgãos da Administração Pública serem dotados de personalidade jurídica, conferindo-lhes legitimidade processual para defenderem seus interesses em juízo" (CONTI, José Maurício. *A autonomia financeira do Poder Judiciário*. 2ª ed. São Paulo: Blucher Open Acess, 2019, pp. 37/38).

3.1 Princípios constitucionais organizadores: autonomia financeira e administrativa

A Constituição Federal organiza o Poder Judiciário em seus arts. 92 a 126, a quem imputou o exercício da função jurisdicional – uma das três funções da soberania nacional, alocada em três poderes distintos.[98]

No art. 92 estão relacionados todos os órgãos do Poder Judiciário, que exercem função jurisdicional. José Afonso da Silva critica a má técnica legislativa, a qual, reproduzindo critério da Constituição de 1969, de inserção do inciso "I-A", aloca nessa relação o CNJ, por entender que se trata de órgão que não possui a mesma natureza jurisdicional, uma vez que não detém competência jurisdicional.[99]

A estrutura do Poder Judiciário nacional, segmentado em Justiça Estadual e federal, primordialmente, reflete opção por descentralização político-administrativa e normativa realizada pelo constituinte quanto à organização, em si, do Estado brasileiro, também no tocante à função jurisdicional, ou seja, em atenção a cada um dos entes federativos autônomos que compõem a Federação (exceto municípios).

Ressalta-se que o constituinte não optou por organizar o Estado brasileiro sob uma perspectiva unitária, em que haveria

---

[98] SILVA, José Afonso da. *Curso de Direito Constitucional Positivo*. 26ª ed. rev. e atual. São Paulo: Malheiros, 2006, p. 554.

[99] "Mantivemos o texto conforme inclusão do inciso I-A pela EC 45/2004 com dois defeitos: o primeiro é o de incluir entre os órgãos jurisdicionais do Poder Judiciário um órgão que não tem a mesma natureza, imitando aí o critério da Constituição de 1969; o segundo consiste em ter criado um inciso I-A. Melhor seria redigir todos os incisos, incluindo (se tivesse que ser incluído aí) um inciso II, renumerando os demais. (...) Já que estão retalhando a Constituição, deveriam fazê-lo, pelo menos, com elegância técnica" (SILVA, José Afonso da. *Curso de Direito Constitucional Positivo*. 26ª ed. rev. e atual. São Paulo: Malheiros, 2006, p. 554).

CAPÍTULO III – ORGANIZAÇÃO CONSTITUCIONAL DO PODER...

centralização da administração, mas, ao contrário, decidiu expressamente pela descentralização desse poder.[100] Autonomia dos entes federativos é característica que distingue os entes federativos de descentralizações administrativas do Estado unitário, sendo, justamente por esse motivo, elemento essencial para assegurar a forma federativa do Estado.[101]

Razoável afirmar, portanto, que uma das consequências diretas da adoção pelo constituinte originário da forma federativa para organização do Estado é a necessidade de assegurar a autonomia político-administrativa para cada um dos entes federativos, incluindo-se o Poder Judiciário em si. Justamente por esse motivo, estipulou como cláusula pétrea, imutável por emenda – e, consequentemente, por interpretação das normas constitucionais –, a forma federativa (art. 60, § 4º, I, da CF).[102]

---

[100] "Aspecto a ser relevado, ainda, no plano das distinções, é que a descentralização que se verifica nos Estados do tipo unitário, embora possa atingir níveis significativos, não implica uma autonomia, no sentido do exercício de competências reservadas e exclusivas na esfera da unidade administrativa descentralizada, diferentemente do que veio a se afirmar com a introdução da Federação, cuja nota distintiva, dentre outros aspectos a serem ainda destacados, reside precisamente no tipo de descentralização, notadamente mediante a criação de unidades de poder dotadas de um particular tipo de autonomia e auto-organização, como é o caso dos assim chamados estados-membros da Federação (ou estados federados) e, no Brasil, dos Municípios e do Distrito Federal" (SARLET, Ingo Wolfgang; MARINONI, Luiz Guilherme; MITIDIERO, Daniel. *Curso de Direito Constitucional.* 7ª ed. rev., atual. e ampl. São Paulo: Saraiva Jur, 2018, p. 887).

[101] "Precisamente, é a autonomia, assegurada por uma Constituição rígida, no sentido de uma autonomia constitucionalmente fundada e conformada, é que consiste essencialmente nos poderes de auto-organização (incluída a autolegislação) e autogoverno (este abarcando a autoadministração) das unidades federadas, a principal nota distintiva e elemento essencial da forma federativa de Estado e sem a qual o Estado Federal deixa de existir" (SARLET, Ingo Wolfgang; MARINONI, Luiz Guilherme; MITIDIERO, Daniel. *Curso de Direito Constitucional.* 7ª ed. rev., atual. e ampl. São Paulo: Saraiva Jur, 2018, p. 891).

[102] "Art. 60. A Constituição poderá ser emendada mediante proposta: (...) § 4º Não será objeto de deliberação a proposta de emenda tendente a abolir: I – a forma federativa de Estado; (...) III – a separação dos Poderes; (...)".

A Constituição Federal determina diversas garantias ao Poder Judiciário, institucionais e pessoais, com o intuito de assegurar a necessária independência em face dos demais poderes, indispensável para o funcionamento do sistema de pesos e contrapesos e, consequentemente, para o equilíbrio entre os poderes[103] – a separação de poderes também é cláusula pétrea (art. 60, § 4º, III, da CF).

As garantias institucionais são seu autogoverno, autonomia financeira, capacidade normativa e inalterabilidade de sua organização (arts. 96, I, II, e 99 da CF) e, do magistrado individualmente considerado, vitaliciedade, inamovibilidade e irredutibilidade de vencimentos.[104]

A garantia de autogoverno refere-se à possibilidade de os tribunais elegerem seus próprios órgãos diretivos, organizar sua estrutura administrativa interna e deliberar sobre assuntos próprios de seu interesse.[105] Em outras palavras, de editar atos administrativos vinculados, sobretudo discricionários para situações previstas no ordenamento jurídico.

Logo, impossível, por emenda à Constituição, alterar a configuração federativa do Estado ou a separação de poderes. São consideradas cláusulas pétreas, ou seja, limite material ao poder de reforma constitucional não apenas na forma em si de organização

---

[103] "Todas estas garantias, portanto, são imprescindíveis ao exercício da democracia, à perpetuidade da Separação de Poderes e ao respeito aos direitos fundamentais, configurando suas ausências, supressões ou mesmo reduções, obstáculos inconstitucionais ao Poder Judiciário, no exercício de seu mister constitucional, permitindo que sofra pressões dos demais Poderes do Estado e dificultando o controle de legalidade dos atos políticos do próprio Estado que causem lesão a direitos individuais ou coletivos" (MORAES, Alexandre de. *Direito Constitucional*. 35ª ed. São Paulo: Atlas, 2019, p. 557).

[104] TAVARES, André Ramos. *Curso de Direito Constitucional*. 17ª ed. São Paulo: Saraiva Jur, 2019, pp. 987/988.

[105] TAVARES, André Ramos. *Curso de Direito Constitucional*. 17ª ed. São Paulo: Saraiva Jur, 2019, p. 987.

CAPÍTULO III – ORGANIZAÇÃO CONSTITUCIONAL DO PODER...

do Estado, mas, especialmente, como óbice a qualquer modificação que coloque em xeque a estrutura federativa.[106]

3.1.1 Estrutura administrativa

Decorre da estrutura administrativa de cada tribunal brasileiro a existência de servidores e magistrados próprios, os quais estão vinculados ao orçamento disponibilizado ao Poder Judiciário de um ente federativo específico (arts. 96 e 99 da CF).

Também cada tribunal está adstrito individualmente às obrigações e limites impostos pela Lei de Responsabilidade Fiscal – LRF (Lei Complementar n. 101/2004), de modo que suas receitas e seus limites de contratação de pessoal estão diretamente vinculados ao orçamento do ente federativo a que estão relacionados.

O limite de gastos pessoais previstos na LRF, em especial nos arts. 18 a 20[107] – que incluem ativos e inativos –, constitui

---

[106] "Mas a condição de 'cláusula pétrea', como já se teve ocasião de elucidar no capítulo próprio, no âmbito da teoria da Constituição, assegura mais do que uma proibição de abolição do instituto (ou instituição) previsto na CF, abarcando a proibição até mesmo de medidas restritivas que, embora não venham a suprimir o conteúdo protegido, o afetem em seus elementos essenciais. É por tal razão – e o STF assim já decidiu na matéria – que eventuais ajustes no esquema federativo, como, por exemplo, na repartição constitucional de competências, não necessariamente implicam ofensa ao princípio federativo e ao Estado Federal, desde que o preservem quanto ao seu conteúdo essencial. *Dito de outro modo, o que está em definitivo subtraído à disposição do legislador e do poder de reforma da Constituição, é a essência da autonomia constitucional das unidades federadas, nas modalidades de auto-organização e autogoverno, assim como a possibilidade de transformação do Estado Federal em um Estado Unitário* ou mesmo a retirada de uma das unidades da Federação" (SARLET, Ingo Wolfgang; MARINONI, Luiz Guilherme; MITIDIERO, Daniel. *Curso de Direito Constitucional.* 7ª ed. rev., atual. e ampl. São Paulo: Saraiva Jur, 2018, p. 899 – grifos nossos).

[107] "Art. 18. Para os efeitos desta Lei Complementar, entende-se como despesa total com pessoal: o somatório dos gastos do ente da Federação com os ativos, os inativos e os pensionistas, relativos a mandatos eletivos, cargos, funções ou empregos, civis, militares e de membros de Poder, com quaisquer espécies

importante limite para planejamento da distribuição da força de trabalho no Poder Judiciário. Isso, porque, permitirá saber qual a disponibilidade orçamentária para reposição de força de trabalho, e, após, exigindo que se faça equilíbrio entre as exigências de pessoal (magistrados e servidores) para desempenho da atividade-fim (jurisdicional) e da atividade-meio (manutenção de estrutura administrativa das secretarias).

---

remuneratórias, tais como vencimentos e vantagens, fixas e variáveis, subsídios, proventos da aposentadoria, reformas e pensões, inclusive adicionais, gratificações, horas extras e vantagens pessoais de qualquer natureza, bem como encargos sociais e contribuições recolhidas pelo ente às entidades de previdência. § 1º Os valores dos contratos de terceirização de mão de obra que se referem à substituição de servidores e empregados públicos serão contabilizados como 'Outras Despesas de Pessoal'. § 2º A despesa total com pessoal será apurada somando-se a realizada no mês em referência com as dos onze imediatamente anteriores, adotando-se o regime de competência.

Art. 19. Para os fins do disposto no *caput* do art. 169 da Constituição, a despesa total com pessoal, em cada período de apuração e em cada ente da Federação, não poderá exceder os percentuais da receita corrente líquida, a seguir discriminados: I – União: 50% (cinquenta por cento); II – Estados: 60% (sessenta por cento); III – Municípios: 60% (sessenta por cento) (...).

Art. 20. A repartição dos limites globais do art. 19 não poderá exceder os seguintes percentuais: I – na esfera federal: a) 2,5% (dois inteiros e cinco décimos por cento) para o Legislativo, incluído o Tribunal de Contas da União; b) 6% (seis por cento) para o Judiciário; c) 40,9% (quarenta inteiros e nove décimos por cento) para o Executivo, destacando-se 3% (três por cento) para as despesas com pessoal decorrentes do que dispõem os incisos XIII e XIV do art. 21 da Constituição e o art. 31 da Emenda Constitucional n. 19, repartidos de forma proporcional à média das despesas relativas a cada um destes dispositivos, em percentual da receita corrente líquida, verificadas nos três exercícios financeiros imediatamente anteriores ao da publicação desta Lei Complementar; d) 0,6% (seis décimos por cento) para o Ministério Público da União; II – na esfera estadual: a) 3% (três por cento) para o Legislativo, incluído o Tribunal de Contas do Estado; b) 6% (seis por cento) para o Judiciário; c) 49% (quarenta e nove por cento) para o Executivo; d) 2% (dois por cento) para o Ministério Público dos Estados; III – na esfera municipal: a) 6% (seis por cento) para o Legislativo, incluído o Tribunal de Contas do Município, quando houver; b) 54% (cinquenta e quatro por cento) para o Executivo".

CAPÍTULO III – ORGANIZAÇÃO CONSTITUCIONAL DO PODER...

Sem qualquer juízo de valor sobre a questão, o limite de gasto com pessoal impõe desafios ao Poder Judiciário, uma vez que é apurado como uma porcentagem fixa – despesa com folha de ativos e inativos – de um montante variável – receita corrente líquida do ano. A proximidade do limite máximo com gasto de pessoal gera alerta, indicando uma gradativa incapacidade de reposição de mão de obra, sobretudo considerando o também crescente gasto com inativos, que compõe o referido índice.

A dificuldade de reposição de pessoal e o possível cenário futuro de escassez de pessoas para ocupar cargos existentes, sobretudo para manutenção funcional e eficiente da atividade-fim (jurisdicional), são questões preocupantes quando se consideram aspectos de gerenciamento de processos judiciais, o que torna ainda mais importante uma reflexão aprofundada sobre os fatores exógenos. A correta compreensão desses fatores e sua adoção, em sua total funcionalidade, podem ser decisivas para uma prestação jurisdicional célere e com qualidade nos próximos anos.

A análise individual do orçamento disponibilizado para cada tribunal permite tecer cenários sobre sua capacidade futura de reposição de mão de obra e, por consequência, sobre sua capacidade de custeio de despesas imediatas ordinárias e corriqueiras (como manutenção de prédios, estrutura de informática e tecnologia, entre outros) e, após, se ainda houver recursos disponíveis, eventual capacidade de investimento.

Considerando as notórias restrições orçamentárias, além da dificuldade de manejo do gasto com pessoal, especialmente diante do crescente número de inativos, a ampliação da capacidade de investimento de cada tribunal passa necessariamente por uma reflexão acerca de seus gastos com custeio e da identificação de oportunidades de redução ou melhora. Trata-se de análise que só pode ser feita individualmente por cada tribunal, o qual, depois de verificar sua capacidade de investimento, poderá definir de quais e em qual intensidade poderá dispor de fatores exógenos para melhor gerenciamento dos processos judiciais – visto que nem todos exigem dispêndio de recursos.

Analisar-se-ão, a seguir, com mais profundidade, as competências distribuídas pelo constituinte aos diversos entes federativos, incluindo as administrativas, assim como sua importância para assegurar a existência do Estado federativo brasileiro.

3.2 Pacto federativo

Conforme mencionado, a organização do Estado brasileiro como uma Federação é um princípio fundamental, de caráter geral e estruturante, tendo sido inserido no art. 60, § 4º, I, da Carta Magna. A Constituição distribuiu entre os diversos entes federativos – União, estados e municípios – atribuições e competências específicas, tanto no aspecto administrativo quanto no legislativo, e, nos dois primeiros casos, jurisdicionais. Estabeleceu, portanto, um programa político-normativo[108] que orienta a organização da sociedade e do Estado brasileiro.

O conceito de Federação surgiu em 1787 nos Estados Unidos, na Convenção de Filadélfia, por meio da qual as treze ex-colônias norte-americanas dispuseram de parcela de sua soberania em favor de um poder central, conservando, contudo, sua autonomia. Trata-se de solução idealizada para permitir a coordenação de interesses comuns dos entes que compõem o Estado, possuindo, também, importante função de distribuição e controle do poder estatal, em que centralismos excessivos ou regionalização exacerbada são vistos como situações que indicam distribuição não adequada de competências.[109]

---

[108] SARLET, Ingo Wolfgang; MARINONI, Luiz Guilherme; MITIDIERO, Daniel. *Curso de Direito Constitucional*. 7ª ed. rev., atual. e ampl. São Paulo: Saraiva Jur, 2018, p. 917.

[109] *"a) Histórico*. A ideia moderna de Federação surge em 1787, na Convenção de Philadelphia, onde as treze ex-colônias inglesas resolveram dispor de parcelas

CAPÍTULO III – ORGANIZAÇÃO CONSTITUCIONAL DO PODER...

Sobre as competências administrativas, relacionadas no art. 21, I a XXV, para a União; art. 25, para os estados; art. 30, para os municípios; e art. 32, para o Distrito Federal, para as exclusivas; e no art. 23, com relação às comuns, todos da Constituição Federal, a doutrina esclarece que correspondem aos:

> (...) poderes jurídicos de caráter não legislativo ou jurisdicional atribuídos pela CF aos diversos entes da Federação. Tais competências, que *também costumam ser chamadas de competências materiais,* dizem respeito à tomada de *decisões de natureza político-administrativa, execução de políticas públicas e a gestão em geral da administração pública* em todos os níveis federativos.[110]

---

de suas soberanias, tornando-se autônomas, e constituir um novo Estado, este sim soberano. Assim, a Constituição de 1787, que deu surgimento aos Estados Unidos da América, criou também uma nova forma de Estado, o federativo. (...) *b) O Princípio Federativo.* A federação é a forma de Estado pela qual se objetiva distribuir o poder, preservando a autonomia dos entes políticos que a compõem. No entanto, nem sempre alcança-se uma racional distribuição do poder; nestes casos dá-se um engrandecimento da União ou um excesso de poder regionalmente concentrado, o que pode ser prejudicial se este poder estiver nas mãos da oligarquias locais. O acerto da Constituição, quando dispõe sobre a Federação, estará diretamente vinculado a uma racional divisão de competência entre, no caso brasileiro, União, Estados e Municípios; tal divisão para alcançar logro poderia ter como regra principal a seguinte: nada será exercido por um poder mais amplo quando puder ser exercido pelo poder local, afinal os cidadãos moram nos Municípios, não na União. Portanto deve o princípio federativo informar o legislador infraconstitucional que está obrigado a acatar tal princípio na elaboração de leis ordinárias, bem como os intérpretes da Constituição, a começar pelos membros do Poder Judiciário" (BASTOS, Celso Ribeiro. *Curso de Direito Constitucional*: de acordo com a Constituição de 1988. São Paulo: Saraiva, 1990, pp. 145/146).

[110] SARLET, Ingo Wolfgang; MARINONI, Luiz Guilherme; MITIDIERO, Daniel. *Curso de Direito Constitucional.* 7ª ed. rev., atual. e ampl. São Paulo: Saraiva Jur, 2018, p. 899.

Com relação às competências legislativas privativas da União (art. 22 da CF), dos estados (art. 25 da CF) e municípios (art. 30 da CF), e as concorrentes (art. 24 da CF), são imputadas, em regra, ao Poder Legislativo do respectivo ente federativo.

Interessante destacar o princípio da "predominância do interesse", ou seja, se geral, nacional, regional ou local, como diretriz para orientar a compreensão da distribuição constitucional de competências administrativas e legislativas concorrentes ou comuns, entre os diversos entes federativos.[111]

As competências legislativas descritas nos arts. 20 a 30 da Constituição foram distribuídas entre os vários entes federativos, deixando evidente a responsabilidade de cada um deles pelo seu exercício, sobretudo no caso de competências concorrentes. Essa distribuição de competências é indispensável para organizar de forma eficiente a interação entre os diversos entes federativos, sem risco de celeumas que pudessem comprometer a existência saudável do pacto federativo.

São competências desenvolvidas, como regra, pelo Poder Executivo de cada ente federativo, o qual, por expresso reconhecimento do constituinte, tornou-se o responsável pela tomada de decisões de natureza político-administrativa, pela execução de políticas públicas e pela gestão em geral da administração pública.

O constituinte, considerando as competências distribuídas entre os entes federativos, nos arts. 20 a 30 da Carta Magna, concebeu o sistema tributário regulamentado em seus arts. 145 a 162, definindo os tributos que poderiam ser instituídos por cada ente federativo e que seriam necessários para o custeio das competências constitucionais que lhe foram atribuídas.

---

[111] SARLET, Ingo Wolfgang; MARINONI, Luiz Guilherme; MITIDIERO, Daniel. *Curso de Direito Constitucional*. 7ª ed. rev., atual. e ampl. São Paulo: Saraiva Jur, 2018, p. 919.

CAPÍTULO III – ORGANIZAÇÃO CONSTITUCIONAL DO PODER...

O constituinte também decidiu, por fim, a forma de distribuição das receitas adquiridas por cada ente federativo. Especificou, em seu art. 165, que leis de iniciativa do Poder Executivo estabeleceriam o plano plurianual, as diretrizes orçamentárias e os orçamentos anuais, repartindo recursos entre os diversos poderes de cada ente federativo – Executivo, Legislativo e Judiciário, se o caso, e Defensoria Pública e Ministério Público, conforme previsto no art. 168 do mesmo diploma normativo.

Esses recursos, destinados para cada ente federativo, pessoa jurídica com personalidade jurídica própria, formarão orçamento que será repartido entre os Poderes Executivo, Legislativo e Judiciário, com o objetivo de permitir que consigam executar as competências constitucionais específicas que lhes foram outorgadas.

Não é possível que o orçamento de um ente federativo específico, um Estado, por exemplo, destine-se, ainda que parcialmente, a custear atividades de outro ente federativo, como a União. Essa constatação é importante para compreender a extensão do entendimento de que o Poder Judiciário teria caráter uno e federal.

O entendimento segundo o qual a magistratura possui caráter uno e federal não pode ser interpretado de forma extrema, que leve ao aniquilamento, na prática, da organização federativa do Estado brasileiro.

Inquestionável que a interpretação da extensão do entendimento de que a magistratura possua caráter federal deve ser compatibilizada com a organização político-administrativa do Estado brasileiro, que prevê a existência de um Poder Judiciário específico para a União e para os Estados. Cada tribunal deve empregar os recursos que lhe são destinados, por força de previsão constitucional, para a execução das competências que lhe são próprias – e não para os demais, independentemente da característica federal da função jurisdicional. No caso dos tribunais estaduais, a situação fica ainda mais evidente: não é possível, sobretudo diante da ausência de previsão constitucional sobre a questão, que seu orçamento seja utilizado para a consecução de políticas centralizadas conduzidas por órgão vinculado à União.

Por reconhecer que a magistratura possui uma natureza una, poder-se-ia tentar identificar no CNJ um órgão que, por ter atuação nacional, teria muito mais caráter federal do que o de órgão da União propriamente dito. Todavia, destaca-se que o constituinte derivado, ao criar o mencionado conselho, não alterou a forma de composição de seu orçamento: a Emenda Constitucional n. 45/2004 continuou tratando o CNJ como órgão vinculado à pessoa jurídica de Direito Público da União e, consequentemente, atrelada ao orçamento da União, formado exclusivamente por tributos da União, e não por tributos estaduais e municipais.

Interessante observar, neste ponto, conforme destacado na petição inicial do TJSP na ACO n. 3.315, posteriormente mencionada neste trabalho, que o orçamento do C. CNJ, aprovado pelo Congresso Nacional na Lei Federal n. 13.808/2019 – LOA, foi parcialmente vetado pela União, no tocante à proposta de criação de Fundo Especial voltado à tecnologia, sob a alegação de violação da cláusula pétrea da separação de poderes, com os seguintes argumentos:[112][113]

> *O Poder Executivo é impedido de viabilizar a execução de despesa de competência de outro Poder, em razão de suas despesas estarem limitadas ao valor já alocado nas programações de cada um de seus órgãos, nos termos do*

---

[112] MIGALHAS. "CNJ aprova proposta orçamentária de R$ 231 milhões para 2019". *Migalhas*. Disponível em: https://www.migalhas.com.br/quentes/285210/cnj-aprova-proposta-orcamentaria-de-r--231-milhoes-para-2019. Acessado em: 05.07.2019.

[113] CORRÊA, Marcello. "Bolsonaro sanciona Orçamento de 2019 com dois vetos parciais". *O Globo*. Disponível em: https://oglobo.globo.com/brasil/bolsonaro-sanciona-orcamento-de-2019-com-dois-vetos-parciais-23376235. Acessado em: 05.07.2019.

CAPÍTULO III – ORGANIZAÇÃO CONSTITUCIONAL DO PODER...

Novo Regime Fiscal. Além disso, tal possibilidade violaria o art. 2º c/c art. 99 da Constituição Federal[114] (grifos nossos).

A Emenda Constitucional n. 45/2004 não alterou a organização do Estado brasileiro, no sentido de que manteve o Sistema Tributário Nacional, conservando dotação e composição orçamentária dos entes federativos inalteradas, assim como sistema de fiscalização externa, a cargo de Tribunais de Conta (da União, Estados e, até mesmo, de municípios).

O constituinte derivado continuou entendendo que a organização do Estado brasileiro em uma federação continua sendo a mais adequada, seja porque o país possui proporções continentais e a descentralização administrativa permite o atendimento de necessidades regionais, seja porque resultava em redução do poder central em um único centro de governo – a despeito de demandar, necessariamente, replicação de estruturas administrativas.

As implicações da conclusão anterior são muito relevantes. A pessoa jurídica de Direito Público, por ser dotada de personalidade jurídica, é exclusivamente titular de direitos e deveres próprios. Somente o estado de São Paulo responde civilmente pelos atos jurídicos do TJSP – e não a União.

Justamente por esse motivo, os arts. 70 e seguintes da CF atribuem ao Congresso Nacional, representado pelo Tribunal de Conta da União, a fiscalização contábil, financeira, orçamentária e patrimonial da União e das entidades da administração direta e indireta, considerando os aspectos relacionados à legalidade, legitimidade e economicidade. No caso dos Estados, a CF atribui essas funções às respectivas assembleias legislativas, representadas pelos Tribunais de Contas de cada um dos Estados.

---

[114] BRASIL. Presidência da República. *Mensagem n. 25*, de 15 de janeiro de 2019. Disponível em: https://www.camara.leg.br/internet/comissao/index/mista/orca/orcamento/or2019/Lei/Veto13808.pdf. Acessado em: 29.07.2019.

Evidencia-se, portanto, uma complexa e delicada organização de competências e respectivo custeio efetuada pelo constituinte entre os diversos entes que compõem a Federação, já antevendo a necessidade de que cada um deles destine verba para os vários poderes que o compõem (Legislativo, Executivo e Judiciário, além da Defensoria Pública e do Ministério Público), a qual é imprescindível para o adequado funcionamento da Federação.

Como consequência do federalismo e da estrutura político-administrativa adotados pelo constituinte, cada ente federativo possui governo autônomo, sem ingerência nos demais ou qualquer interferência direta,[115] que deve ser exercido considerando as competências específicas que lhe foram atribuídas constitucionalmente e com relação às quais houve previsão de constituição de receitas tributárias próprias.

A segmentação de cada uma dessas atribuições e sua imputação a uma estrutura governamental distinta têm, também, importante função de assegurar sua separação, proporcionando melhor controle. Assim, por exemplo, não compete ao órgão governamental responsável por definir uma política pública (Executivo) julgar sua legalidade ou constitucionalidade – tarefa imputável ao Judiciário.

O princípio da separação de poderes está diretamente associado ao princípio federativo e à distribuição de competências e atribuições entre os entes federativos, sendo igualmente estruturante

---

[115] "(...) o federalismo implica a denominada autonomia da entidade federativa, que, por sua vez, é composta pelo governo autônomo (autogoverno), com autoridades próprias, sem submissão a autoridades da União, que não têm ingerência alguma sobre as autoridades estaduais. (...) Apenas no Estado *unitário* é que se pode considerar o eventual governo regional como uma concessão do poder central, podendo ser eliminado a qualquer momento, mediante a exclusiva (e legítima nesse caso) manifestação da vontade do governo central. (...) Isso não ocorre (ou não pode ocorrer) no federalismo, cujo governo da União está com seus limites previamente traçados pela Constituição Federal, assim como os demais governos estaduais" (TAVARES, André Ramos. *Curso de Direito Constitucional*. 17ª ed. São Paulo: Saraiva Jur, 2019, p. 982).

CAPÍTULO III – ORGANIZAÇÃO CONSTITUCIONAL DO PODER...

para nosso Estado de Direito, na medida em que a atuação de cada Poder, no âmbito de sua atribuição específica e adequada, contribui para a boa observância do sistema de freios e contrapesos,[116] assegurando a subsistência de nosso regime democrático. A separação em funções legislativa, executiva e jurisdicional tem por objetivo a distinção dessas três funções de governo, limitando e racionalizando o exercício do poder estatal.[117]

Interessante observar que a questão sobre a amplitude do federalismo brasileiro tem sido alvo de recentes decisões pelo STF, que o reconhece como cooperativo e que deve observar o princípio da predominância do interesse e respeitar a autonomia de entes federativos, tendo em vista a ausência de hierarquia entre eles.[118]

---

[116] ABBOUD, Georges. *Processo constitucional brasileiro*. 2ª ed. rev., atual. e ampl. São Paulo: RT, 2018, p. 1129.

[117] "Sem a devida distinção da função legislativa, judicial e executiva não se estabelece o ideal de boa governança, consequentemente, não se cria ambiente institucional para racionalização e controle do poder" (ABBOUD, Georges. *Processo constitucional brasileiro*. 2ª ed. rev., atual. e ampl. São Paulo: RT, 2018, p. 1138).

[118] Destacamos o julgamento da ADI n. 6.341 que tem por ementa: "Referendo na Medida Cautelar na Ação Direta de Inconstitucionalidade 6.341 – Distrito Federal. Relator: Min. Marco Aurélio; Redator do acórdão: Min. Edson Fachin; Reqte. (s): Partido Democrático Trabalhista; Adv.(a/s): Lucas de Castro Rivas; Intdo.(a/s): Presidente da República; Proc.(a/s)(es): Advogado-Geral da União; Am. *Curiae*: Federação Brasileira de Telecomunicações – Febratel; Adv.(a/s): Felipe Monnerat Solon de Pontes Rodrigues. Ementa: Referendo em medida cautelar em ação direta da inconstitucionalidade. Direito Constitucional. Direito à saúde. Emergência sanitária internacional. Lei n. 13.979 de 2020. Competência dos entes federados para legislar e adotar medidas sanitárias de combate à epidemia internacional. Hierarquia do sistema único de saúde. Competência comum. Medida cautelar parcialmente deferida. 1. A emergência internacional, reconhecida pela Organização Mundial da Saúde, não implica nem muito menos autoriza a outorga de discricionariedade sem controle ou sem contrapesos típicos do Estado Democrático de Direito. As regras constitucionais não servem apenas para proteger a liberdade individual, mas também o exercício da racionalidade coletiva, isto é, da capacidade de coordenar as ações de forma eficiente. O Estado Democrático de Direito implica o direito de examinar as razões

governamentais e o direito de criticá-las. Os agentes públicos agem melhor, mesmo durante emergências, quando são obrigados a justificar suas ações. 2. O exercício da competência constitucional para as ações na área da saúde deve seguir parâmetros materiais específicos, a serem observados, por primeiro, pelas autoridades políticas. Como esses agentes públicos devem sempre justificar suas ações, é à luz delas que o controle a ser exercido pelos demais poderes tem lugar. 3. O pior erro na formulação das políticas públicas é a omissão, sobretudo para as ações essenciais exigidas pelo art. 23 da Constituição Federal. É grave que, sob o manto da competência exclusiva ou privativa, premiem-se as inações do governo federal, impedindo que Estados e Municípios, no âmbito de suas respectivas competências, implementem as políticas públicas essenciais. O Estado garantidor dos direitos fundamentais não é apenas a União, mas também os Estados e os Municípios. 4. A diretriz constitucional da hierarquização, constante do *caput* do art. 198 não significou hierarquização entre os entes federados, mas comando único, dentro de cada um deles. 5. É preciso ler as normas que integram a Lei n. 13.979, de 2020, como decorrendo da competência própria da União para legislar sobre vigilância epidemiológica, nos termos da Lei Geral do SUS, Lei 8.080, de 1990. O exercício da competência da União em nenhum momento diminuiu a competência própria dos demais entes da federação na realização de serviços da saúde, nem poderia, afinal, a diretriz constitucional é a de municipalizar esses serviços. 6. O direito à saúde é garantido por meio da obrigação dos Estados-Partes de adotar medidas necessárias para prevenir e tratar as doenças epidêmicas e os entes públicos devem aderir às diretrizes da Organização Mundial da Saúde, não apenas por serem elas obrigatórias nos termos do artigo 22 da Constituição da Organização Mundial da Saúde (Decreto 26.042, de 17 de dezembro de 1948), mas sobretudo porque contam com a *expertise* necessária para dar plena eficácia ao direito à saúde. 7. Como a finalidade da atuação dos entes federativos é comum, a solução de conflitos sobre o exercício da competência deve pautar-se pela melhor realização do direito à saúde, amparada em evidências científicas e nas recomendações da Organização Mundial da Saúde. 8. Medida cautelar parcialmente concedida para dar interpretação conforme à Constituição ao § 9º do art. 3º da Lei 13.979, a fim de explicitar que, preservada a atribuição de cada esfera de governo, nos termos do inciso I do artigo 198 da Constituição, o Presidente da República poderá dispor, mediante decreto, sobre os serviços públicos e atividades essenciais. Acórdão. Vistos, relatados e discutidos estes autos, acordam os Ministros do Supremo Tribunal Federal, em Sessão Plenária, sob a Presidência do Ministro Dias Toffoli, na conformidade da ata de julgamento e das notas taquigráficas, por maioria de votos, em referendar a medida cautelar deferida pelo Ministro Marco Aurélio (Relator), acrescida de interpretação conforme à Constituição ao § 9º do art. 3º da Lei 13.979/2020, a fim de explicitar que, preservada a atribuição

CAPÍTULO III – ORGANIZAÇÃO CONSTITUCIONAL DO PODER...

de cada esfera de governo, nos termos do inciso I do art. 198 da Constituição, o Presidente da República poderá dispor, mediante decreto, sobre os serviços públicos e atividades essenciais, vencidos, neste ponto, o Ministro Relator e o Ministro Dias Toffoli (Presidente), e, em parte, quanto à interpretação conforme à letra *b* do inciso VI do art. 3º, os Ministros Alexandre de Moraes e Luiz Fux. Brasília, 15 de abril de 2020. Ministro Edson Fachin, Redator para o acórdão". Desse julgamento extrai-se do voto do Ministro Ricardo Lewandowski: "(...) o Federalismo foi tardiamente adotado no Brasil, porque, embora tivesse sido já construído nos Estados Unidos, em 1787, na sua Constituição, a qual está até hoje em vigor, nós só adotamos essa forma de Estado com a Proclamação da República, mais precisamente com a nossa primeira Constituição Republicana de 1891. E além de termos adotado tardiamente esse modelo, sempre houve, historicamente, uma concentração de competências e rendas ao nível da União. É certo que o Federalismo brasileiro sofreu um movimento pendular, e, em determinados momentos da nossa História, algumas competências, algumas rendas foram outorgadas aos Estados e aos Municípios, mas sempre de forma insuficiente, sobretudo no que diz respeito aos meios financeiros para que esses entes federados pudessem atender às suas necessidades, regionais e locais. Por isso, como já foi dito aqui, o constituinte de 1988 adotou o Federalismo cooperativo ou o Federalismo de integração. É um Federalismo de compartilhamento de competências e um compartilhamento de rendas, exatamente para que se tenha um desenvolvimento nacional harmônico e integrado. Senhor Presidente e eminentes pares, todos nós sabemos, digo isso apenas para que os que nos assistem possam, enfim, ter uma visão mais clara do que é realmente a essência do Federalismo, mas gostaria de pontuar que há dois vetores que inspiram, ou que devem inspirar, todos os sistemas federais existentes no mundo – e já são muitos, como sabemos. Em primeiro lugar, a afirmação absolutamente categórica e taxativa, segundo a qual não há hierarquia entre os entes federados, ou seja, a União não prevalece sobre os Estados, os Estados não prevalecem sobre os Municípios naquilo que diz respeito às próprias competências. Portanto, não há uma relação hierárquica entre a União e os entes federados. Em segundo lugar, todos os sistemas federais repousam sobre um princípio importante, justamente o princípio da subsidiariedade, que, em termos muitos simples e muito didáticos, pedagógicos, significa o seguinte: tudo aquilo que o ente menor pode fazer de forma mais rápida, econômica e eficaz não deve ser feito pelo ente maior (...)". Extrai-se do voto do Ministro Alexandre de Moraes: "(...) O Federalismo tem exatamente essa finalidade, limitar o poder de um único ente. E nasceu – e aprendi essas lições em 1986, nas Arcadas da Universidade de São Paulo, com professor Ricardo Lewandowski, especialista em Federalismo – exatamente para limitar o poder, para repartir o poder entre as comunidades locais e a comunidade central; entre o poder central

MARIA RITA REBELLO PINHO DIAS

– representado, no Brasil, pela União – e as comunidades locais; os Estados – e *sui generis* realmente é o Brasil nesse tópico, bem lembrado pelo Ministro Marco Aurélio – e também os Municípios, que são consagrados constitucionalmente como entes federativos no Brasil. A complexidade e a gravidade da crise não permitem o desrespeito à Constituição. Mais do que isso, na crise, é que as normas constitucionais devem ser respeitadas. Na crise, a Constituição deve servir de guia aos líderes políticos para que haja cooperação, integração, exatamente para chegarmos a bom-tom no final dessa difícil caminhada para todos: União, Estados, Municípios e todos os brasileiros. Esse absoluto respeito ao Estado de Direito deve observar a divisão dos centros de poder entre os entes federativos. É sobre isso que discutimos. Nas várias sustentações orais – e novamente as parabenizo –, foram colocados pontos específicos e eventuais, inclusive, abusos no exercício de competências, mas para se fazer da exceção à regra, a qual, no Brasil, é a autonomia dos entes locais. A regra, no Brasil, é a autonomia dos Estados-membros e a autonomia dos Municípios. (...) Esse Federalismo brasileiro tão sofrido recebeu pela Constituição de 88 um fortalecimento, seja porque o passado, no Brasil, demonstrou que a excessiva concentração de poder, principalmente nos períodos de ditadura – Ditadura Vargas, Ditadura Militar –, fora nociva ao desenvolvimento do País, seja porque o tamanho continental do Brasil não permite decisões de todas as matérias em todos os aspectos do ente central. Foi dito também, na sustentação oral, sobre a questão do Estado do Amazonas, que é diferente da de São Paulo, do Rio, de Tocantins, que ontem apresentou a primeira vítima de Covid. Ou seja, há peculiaridades locais que precisam ser analisadas. Por isso toda distribuição de competência na Constituição brasileira, seja distribuição de competências administrativas, seja a distribuição de competência legislativa, a distribuição de competência no Federalismo brasileiro foi baseada em um princípio: princípio da predominância do interesse. A partir desse princípio da predominância do interesse – interesse geral, União; interesse regional, Estados; interesse local, Municípios –, a partir disso, a própria Constituição já estabeleceu algumas matérias e deixou as demais matérias, como as competências comuns e competências concorrentes, administrativas comuns e legislativas concorrentes, para que fossem interpretadas de acordo com o princípio da predominância do interesse. Na previsão do art. 23, saúde pública é matéria de competência comum de todos os entes federativos; e não está só no art. 23. No art. 194, a Constituição também assim estabelece. Agora, obviamente que a competência comum administrativa não significa que todos podem fazer tudo. Isso gera bagunça, isso gera anarquia. O que significa a competência comum administrativa? Significa que, a partir do princípio da predominância do interesse, a União deve editar normas, políticas públicas para a saúde pública de interesse nacional; os Estados, interesse regional; e os Municípios, visando, como o próprio art. 30, I, estabelece, o seu interesse local. Não é possível

CAPÍTULO III − ORGANIZAÇÃO CONSTITUCIONAL DO PODER...

que, ao mesmo tempo, a União queira ter monopólio da condução administrativa da pandemia nos mais de 5 mil Municípios. Isso é absolutamente irrazoável. Como não é possível também que os Municípios queiram, a partir de uma competência comum estabelecida pela Constituição, tornarem-se repúblicas autônomas dentro do próprio Brasil, fechando os seus limites geográficos, impedindo a entrada de serviços essenciais. Não é isso que a Constituição estabelece. A Constituição estabelece exatamente a divisão de competências a partir da cooperação – o chamado Federalismo cooperativo – de interesses, da predominância do interesse. Com todo respeito ao atual momento, já salientei isso na concessão da liminar na ADPF 672, no momento de acentuada crise, o que nós precisávamos – e precisamos – é fortalecimento da união entre os entes federativos, ampliação da cooperação entre os entes federativos, dos três Poderes. São instrumentos essenciais e imprescindíveis a serem utilizados por todas as lideranças políticas municipais, estaduais e federais em defesa do interesse público. O que menos precisamos é embates judiciais entre entes federativos para que um queira anular o que o outro fez, ou para que o outro queira sobrepujar o posicionamento dos demais. Temos que afastar esse personalismo ou esses personalismos de diversos entes federativos prejudiciais à condução das políticas públicas de saúde essenciais, neste momento, ao combate da pandemia da Covid-19. E a própria norma impugnada – isso é importante salientar –, a alteração feita no *caput* do art. 3º preza pela cooperação, pretende, exigindo na sua disciplina, articulação prévia entre os órgãos de poder. Articulação não significa que um órgão ou um ente federativo possa avançar na autonomia do outro, mas significa que, dentro dos interesses regionais, locais e nacional, haja uma coordenação (...)".

ADPF n. 357, em julgamento de 24.06.2021, cujo v. acórdão ainda não foi publicado: "Decisão: O Tribunal, por maioria, conheceu da arguição de descumprimento de preceito fundamental, julgou procedente o pedido formulado para declarar a não recepção pela Constituição da República de 1988 das normas previstas no parágrafo único do art. 187 da Lei n. 5.172/1966 (Código Tributário Nacional) e do parágrafo único do art. 29 da Lei n. 6.830/1980 (Lei de Execuções Fiscais), e cancelou a Súmula n. 563 do Supremo Tribunal Federal, nos termos do voto da Relatora, vencidos o Ministro Dias Toffoli, que julgava improcedente a ação, e o Ministro Gilmar Mendes, que julgava parcialmente procedente a ação, para dar interpretação conforme a Constituição. Presidência do Ministro Luiz Fux. Plenário, 24.06.2021 (Sessão realizada por videoconferência – Resolução 672/2020/ STF)". Sobre o assunto: https://www.migalhas.com.br/quentes/347573/ nao-ha-preferencia-da-uniao-em-execucoes-fiscais-decide-stf. Acessado em: 25.06.2021; e https://www.conjur.com.br/2021-jun-24/uniao-nao- -preferencia-receber-credito-tributario. Acessado em: 25.06.2021, de cuja reportagem extraio o seguinte trecho "(...) 'O estabelecimento de hierarquia

Feitos esses esclarecimentos, necessário posicionar o CNJ na organização político-administrativa do Estado brasileiro, instituído pela Emenda Constitucional n. 45/2004.

---

na cobrança judicial dos créditos da dívida pública da União aos Estados e esses aos Municípios desafia o pacto federativo e as normas constitucionais que resguardam o federalismo brasileiro por subentender que a União teria prevalência e importância maior que os demais entes federados', salientou a ministra. A cultura jurídica brasileira, acolhida nos sistemas constitucionais antes vigentes no País, foi influenciada pela origem centrífuga do federalismo adotado como forma de Estado no Brasil, o que viabilizou, numa quadra histórica que teve curso largo período, o concurso de preferência e prevalência de uns sobre outros entes federados, relatou a ministra, em seu voto. No entanto, ponderou: 'Na atual ordem constitucional vigente, rompeu-se com esse entendimento pela adoção do federalismo de cooperação e de equilíbrio pela Constituição da República de 1988, pelo que não se pode ter como válida a distinção, por lei, de distinção e hierarquia entre os entes federados, fora de previsão constitucional e sem especificação de finalidade federativa válida' (...)".

CAPÍTULO IV

PAPEL DO CONSELHO NACIONAL DE JUSTIÇA (CNJ)

Conforme assinalado, brevemente, neste trabalho, a Emenda Constitucional n. 45/2004, produto da atuação do constituinte derivado, criou o CNJ, com importantes atribuições, outorgando-lhe, inclusive, conforme se verá adiante, poder normativo originário a ser exercido nos limites de suas competências.

Passados mais de 15 anos, com o crescimento e consolidação do CNJ, analisando sua produção normativa, observa-se que esse Conselho assumiu importante função, que, na prática, em muito se assemelha à de um órgão "regulador" do Poder Judiciário.

Sob essa perspectiva e considerando a proposta deste trabalho de sistematizar dimensões de gerenciamento, levando em conta as conformações específicas conferidas por nosso ordenamento jurídico, mostra-se necessário contextualizar as atribuições do CNJ, sobretudo de seu poder normativo originário, à luz das cláusulas pétreas constitucionais, que disciplinam a organização federativa do Estado brasileiro e o sistema de pesos e contrapesos entre os poderes constitucionais.

4.1 Composição constitucional

O CNJ foi inserido na Constituição Federal pela Emenda Constitucional n. 45/2004, tratando-se de órgão interno não judiciário para exercício de funções de controle administrativo, disciplinar e desvio de condutas de magistrados, sendo previsto em Constituições de outros países, como Itália, França, Portugal, Espanha, Turquia, Colômbia e Venezuela.[119] É um órgão que pertence ao Poder Judiciário, mas não tem competência jurisdicional.[120] [121] Tampouco recebeu de forma originária as competências administrativas e legislativas relacionadas nos arts. 22 a 25 e 30 da CF.

Os Conselhos Superiores de Administração e Gestão da Magistratura portugueses – com função semelhante às do CNJ – são órgãos de defesa da independência externa de magistrados, segundo Canotilho. Parte de seus membros é eleita democraticamente pela Assembleia da República, o que, ao ver do mencionado autor, é importante para assegurar órgãos independentes de administração, sem caráter corporativo, e parte eleita pelas magistraturas, para impedir a politização que poderia advir da ligação à representatividade democrática. A composição desse órgão, no entender de Canotilho, é necessária para um órgão que deve garantir a independência externa da magistratura, sem comprometer sua independência interna.[122]

As soluções estrangeiras podem, por óbvio, ser incorporadas ao nosso ordenamento jurídico, sendo imprescindível, contudo,

---

[119] SILVA, José Afonso da. *Curso de Direito Constitucional Positivo*. 26ª ed. rev. e atual. São Paulo: Malheiros, 2006, p. 567.

[120] ABBOUD, Georges. *Processo Constitucional brasileiro*. 2ª ed. rev., atual. e ampl. São Paulo: RT, 2018, p. 1093.

[121] ABBOUD, Georges. *Processo Constitucional brasileiro*. 2ª ed. rev., atual. e ampl. São Paulo: RT, 2018, p. 1093.

[122] CANOTILHO, J.J. Gomes. *Direito Constitucional e Teoria da Constituição*. 17ª ed. Coimbra: Almedina, 2000, p. 686.

CAPÍTULO IV – PAPEL DO CONSELHO NACIONAL DE JUSTIÇA (CNJ)

atentar-se às particularidades do Estado brasileiro: uma federação presidencialista, com entes federativos autônomos, com dimensões continentais e enormes variações regionais.[123] O Estado português, por exemplo, é unitário.

Parte da doutrina brasileira entende que a atuação desse órgão é benéfica à eficácia das funções judiciais, na medida em que colabora na formulação de políticas públicas e impede que os integrantes do Poder Judiciário se convertam em um corpo fechado, conferindo-lhe legitimidade democrática aos integrantes desse Poder, cuja investidura não nasce da fonte primária da democracia – o povo.[124]

É preciso observar, no entanto, que os membros do CNJ não são eleitos diretamente pelo povo. Ao contrário, são indicados por determinados órgãos ou instituições, que representam operadores do Direito, sem que o constituinte tenha indicado critérios objetivos para seleção – exceto a idade –, o que lhe confere feições políticas.

---

[123] Alexandre de Moraes comenta que muitos países que adotaram Conselhos Nacionais da Magistratura possuem realidade diversa da nacional, especialmente considerando o regime de governo adotado, visto que muitos são parlamentaristas ou semipresidencialistas, como no caso de França e Portugal, e que criaram esses órgãos com o objetivo de ampliar a autonomia dos magistrados e de diminuir a ingerência política do parlamento e do Primeiro Ministro sobre o Judiciário, ampliando as garantias institucionais da magistratura (CANOTILHO, J.J. Gomes. *Direito Constitucional e Teoria da Constituição*. 17ª ed. Coimbra: Almedina, 2000, pp. 572/573). Comenta, também, que: "No regime presidencialista, em virtude da igualdade de tratamento entre o Poder Judiciário e os demais poderes, não se aplica a mesma lógica para a criação de um órgão central de controle dos diversos tribunais, principalmente se houver grande ingerência dos poderes políticos na escolha dos membros do órgão de controle da magistratura, sob pena de diminuição da independência dos juízes" (CANOTILHO, J.J. Gomes. *Direito Constitucional e Teoria da Constituição*. 17ª ed. Coimbra: Almedina, 2000, p. 574).

[124] SILVA, José Afonso da. *Curso de Direito Constitucional Positivo*. 26ª ed. rev. e atual. São Paulo: Malheiros, 2006, pp. 567/568.

Ademais, é questionável defender que a legitimidade do Poder Judiciário dependa da aprovação popular, uma vez que isso poderia comprometer sua independência e imparcialidade – estes, sim, aspectos que, ao serem observados, conferem legitimidade à atuação de magistrados.[125]

O art. 103-B da CF disciplina a composição e a competência do CNJ:

> Art. 103-B. O Conselho Nacional de Justiça compõe-se de 15 (quinze) membros com mandato de 2 (dois) anos, admitida 1 (uma) recondução, sendo:
>
> I – o Presidente do Supremo Tribunal Federal;
>
> II – um Ministro do Superior Tribunal de Justiça, indicado pelo respectivo tribunal;
>
> III – um Ministro do Tribunal Superior do Trabalho, indicado pelo respectivo tribunal;

---

[125] "As instituições podem buscar suas justificativas em domínios diferentes daqueles referentes ao consentimento, mesmo em uma democracia. Um sistema político democrático é, em última análise, dependente do consentimento da população, porém, cada e toda instituição não precisa ser fundamentada no consentimento. O consentimento é dado para o sistema e não para a instituição em particular; não opera em cada parte, mas no todo. A legitimidade de instituições, tais como as cortes, não depende do consentimento – presumido ou não – da população, mas da sua idoneidade especial e contribuição com a qualidade da vida social. A legitimidade depende da capacidade da instituição de desempenhar uma função dentro do sistema político e da sua vontade de respeitar os limites dessa função. Portanto, ela não depende da aprovação popular do desempenho da instituição e, menos ainda, de tal aprovação no que tange aos processos pelos quais ela executa suas funções. Contudo, a legitimidade do sistema político como um todo depende da aprovação da população e essa é a fonte de seu caráter democrático. O povo tem o poder de expressar seu descontentamento acerca da forma como as cortes desempenham suas funções. Presume-se que a população pode aprovar leis para restringir inovações processuais ou adotar emendas constitucionais para inverter resultados específicos (...)" (FISS, Owen. *Direito como razão pública*: processo, jurisdição e sociedade. 2ª ed. rev. e atual. Curitiba: Juruá, 2017, pp. 61/62).

CAPÍTULO IV – PAPEL DO CONSELHO NACIONAL DE JUSTIÇA (CNJ)

IV – um desembargador de Tribunal de Justiça, indicado pelo Supremo Tribunal Federal;

V – um juiz estadual, indicado pelo Supremo Tribunal Federal;

VI – um juiz de Tribunal Regional Federal, indicado pelo Superior Tribunal de Justiça;

VII – um juiz federal, indicado pelo Superior Tribunal de Justiça;

VIII – um juiz de Tribunal Regional do Trabalho, indicado pelo Tribunal Superior do Trabalho;

IX – um juiz do trabalho, indicado pelo Tribunal Superior do Trabalho;

X – um membro do Ministério Público da União, indicado pelo Procurador-Geral da República;

XI – um membro do Ministério Público estadual, escolhido pelo Procurador-Geral da República dentre os nomes indicados pelo órgão competente de cada instituição estadual;

XII – dois advogados, indicados pelo Conselho Federal da Ordem dos Advogados do Brasil;

XIII – dois cidadãos, de notável saber jurídico e reputação ilibada, indicados um pela Câmara dos Deputados e outro pelo Senado Federal.

(...)

§ 2º Os demais membros do Conselho serão nomeados pelo Presidente da República, depois de aprovada a escolha pela maioria absoluta do Senado Federal.

Analisando a composição do CNJ, nota-se, de plano, que, muito embora a Justiça Estadual represente 69,81% dos processos em tramitação,[126] é sub-representada de forma desproporcional, com apenas dois membros, ou seja, apenas 13% de seus membros.

---

[126] Dos 28.942.817 casos novos no ano de 2018, 20.207.585 pertenciam à justiça estadual (CONSELHO NACIONAL DE JUSTIÇA. *Justiça em Números 2018*: Ano-base 2017. Relatório analítico. Brasília: CNJ, 2018. Disponível

A Justiça Federal, contudo, é representada por cinco membros. Essa disparidade pode produzir distorções relevantes, sobretudo quando se toca à formulação de políticas públicas judiciárias pelo mencionado conselho.

Parte da doutrina critica ainda a forma de escolha da composição dos membros do CNJ, pois há resquício centralizador, na medida em que STF, STJ e TST escolhem todos os integrantes do Judiciário que integrarão o conselho, de forma livre e sem qualquer indicação de lista, dos quais três são escolhidos pelo STF, excluindo-se do processo os outros dois tribunais superiores, STM e TSE, e os magistrados de primeira instância.[127] A doutrina aponta risco de incutir nesse conselho clientelismo político,[128] questionando, também, a indicação de dois membros sem aparente ligação com a jurisdição, exceto a exigência de notável saber jurídico.

Além do fator político e da desproporção de representação entre os órgãos jurisdicionais do Poder Judiciário, destaca-se, também, o curto prazo do mandato dos membros do CNJ – dois anos, sendo admitida uma única recondução –, tempo inferior a

---

em: https://www.cnj.jus.br/wp-content/uploads/2011/ 02/8d9faee7812d35a-58cee3d92d2df2f25.pdf. Acessado em: 15.01.2020).

[127] TAVARES, André Ramos. *Curso de Direito Constitucional*. 17ª ed. São Paulo: Saraiva Jur, 2019, p. 976.

[128] "Não se pode, portanto, deixar de vislumbrar nesses pretensos membros da sociedade a possibilidade de figurarem como instrumento de pressão, em nome do Poder Legislativo, com vistas a incutir quem sabe, no próprio Conselho Nacional de Justiça e no Poder Judiciário o mal-afamado e nefasto clientelismo político, advindo, infelizmente, das próprias fileiras de parte do Parlamento. A característica pluralista que poderia ser acarreada ao Conselho pela presença desses integrantes pode esvair-se em face das projeções realizadas. Outras salvaguardas mereceriam ter sido contempladas aqui. A inconstitucionalidade é inevitável em qualquer modelo que pretenda incutir o clientelismo político no seio da Justiça. É preciso, pois, que o próprio Legislativo evite a tentação e atue com neutralidade" (TAVARES, André Ramos. *Curso de Direito Constitucional*. 17ª ed. São Paulo: Saraiva Jur, 2019, p. 978).

CAPÍTULO IV – PAPEL DO CONSELHO NACIONAL DE JUSTIÇA (CNJ)

qualquer mandato legislativo previsto na Constituição Federal. Esse fator insere grande heterogeneidade e rotatividade em sua composição, o que pode tornar mais complexa, menos dinâmica e com maior chance de descontinuidade a tarefa de elaboração e execução de políticas judiciárias.

4.2 Competência constitucional: poder regulamentar originário e poder regulamentar derivado

O CNJ possui, essencialmente, três possíveis atribuições:

(i) **Órgão de controle do cumprimento dos deveres funcionais** dos magistrados, órgãos e serviços do Poder Judiciário, prevista no art. 103-B, § 4º,[129] da CF, com competência

---

[129] "§ 4º Compete ao Conselho o controle da atuação administrativa e financeira do Poder Judiciário e do cumprimento dos deveres funcionais dos juízes, cabendo-lhe, além de outras atribuições que lhe forem conferidas pelo Estatuto da Magistratura: I – zelar pela *autonomia do Poder Judiciário e pelo cumprimento do Estatuto da Magistratura, podendo expedir atos regulamentares, no âmbito de sua competência*, ou recomendar providências; II – zelar pela observância do art. 37 e apreciar, de ofício ou mediante provocação, a legalidade dos atos administrativos praticados por membros ou órgãos do Poder Judiciário, podendo desconstituí-los, revê-los ou fixar prazo para que se adotem as providências necessárias ao exato cumprimento da lei, sem prejuízo da competência do Tribunal de Contas da União; III – receber e conhecer das reclamações contra membros ou órgãos do Poder Judiciário, inclusive contra seus serviços auxiliares, serventias e órgãos prestadores de serviços notariais e de registro que atuem por delegação do Poder Público ou oficializados, sem prejuízo da competência disciplinar e correicional dos tribunais, podendo avocar processos disciplinares em curso e determinar a remoção, a disponibilidade ou a aposentadoria com subsídios ou proventos proporcionais ao tempo de serviço e aplicar outras sanções administrativas, assegurada ampla defesa; IV – representar ao Ministério Público, no caso de crime contra a administração pública ou de abuso de autoridade; V – rever, de ofício ou mediante provocação, os processos disciplinares de juízes e membros de tribunais julgados há menos de um ano; VI – elaborar semestralmente relatório estatístico sobre processos e sentenças prolatadas, por unidade da Federação, nos diferentes órgãos do Poder Judiciário; VII

disciplinar originária e concorrente, atuando como órgão hierarquicamente superior, podendo efetuar análise de legalidade e de mérito;[130]

(ii) **Órgão de controle administrativo e financeiro dos tribunais**, prevista no art. 103-B, § 4º, da CF, em que pode inclusive desconstituir ou revisar atos administrativos;

(iii) **Competência regulamentar** definida nos limites estritos permitidos pelo legislador, nas hipóteses em que o poder constituinte reservou na Constituição Federal ao âmbito de atuação do Poder Legislativo ("reserva legal").

A competência constitucional originária outorgada ao CNJ para expedir atos regulamentares circunscreve-se à hipótese estrita do art. 103-B, § 4º, I, CF, ou seja, exclusivamente para o (i) controle da atuação administrativa e financeira do Poder Judiciário e o (ii) controle do cumprimento de deveres funcionais de magistrados. Trata-se, portanto, em síntese, de um órgão interno de controle do Poder Judiciário, sem competência jurisdicional.

A interpretação sistêmica das atribuições relacionadas nos incisos do art. 103-B, § 4º, I, deve ser aquela que as compreende como especificações daquelas competências apresentadas em seu *caput*, ou seja, como especificações das funções amplas de controle administrativo e financeiro e do cumprimento de deveres funcionais.

É interessante observar que o constituinte outorgou, de forma originária, poder regulamentar ao CNJ para matérias específicas relativas estritamente às competências que lhe foram atribuídas

---

– elaborar relatório anual, propondo as providências que julgar necessárias, sobre a situação do Poder Judiciário no País e as atividades do Conselho, o qual deve integrar mensagem do Presidente do Supremo Tribunal Federal a ser remetida ao Congresso Nacional, por ocasião da abertura da sessão legislativa" (grifos nossos).

130 MORAES, Alexandre de. *Direito Constitucional*. 35ª ed. São Paulo: Atlas, 2019, p. 583.

CAPÍTULO IV – PAPEL DO CONSELHO NACIONAL DE JUSTIÇA (CNJ)

de forma originária. Esse aspecto é de suma importância para se compreenderem os limites normativos de sua atuação no sistema de justiça brasileiro, sobretudo quando se pretende estudar gerenciamento de processos.

O gerenciamento de processos, conforme mencionado, pode se referir tanto à gestão processual em si (*case management* e *caseflow management*) como, também, à gestão dos tribunais, uma vez que ambas as perspectivas impactam diretamente a melhor administração de recursos existentes (humanos, tecnológicos, infraestrutura) e, consequentemente, a maior celeridade e a duração razoável dos processos.

O gerenciamento é feito em um campo de discricionariedade que se concede aos magistrados ou à alta administração dos tribunais para identificarem as melhores formas de empregar os insumos que estão à sua disposição no atingimento de determinadas finalidades – no caso, a jurisdição. É necessário, portanto, que as fronteiras desse campo de discricionariedade estejam claras.

Tais fronteiras são delimitadas por estruturas que organizam determinados segmentos sociais – no caso, o sistema público de justiça –, cujos contornos estão definidos primeiramente em nossa Carta Magna, a qual aponta valores e princípios fundantes, e, posteriormente, em legislações, as quais aprofundam os regramentos a eles aplicáveis. É justamente nesse "espaço", deixado pelo constituinte e pelo legislador, que se pode gerenciar, objetivando aprimorar os resultados.

Existem diversas legislações e políticas públicas que podem interagir com a atividade jurisdicional ou com o desempenho das funções que lhe foram atribuídas, e a competência material para a tomada de decisão de natureza político-administrativa e para a execução das respectivas políticas públicas pertence aos entes federativos relacionados nos arts. 20 a 30 da CF. Especificamente no caso dos arts. 22 a 24 da Carta Magna, há indicação da competência legislativa para disciplinar matérias específicas, de forma isolada ou concorrente.

Assim, por exemplo, legislar sobre Direito Processual, Direito Civil, Penal, Comercial, Eleitoral é competência privativa da União (art. 22, I, CF), assim como normas de licitação e contratação (art. 22, XVII, CF), registros públicos (art. 22, XXV, CF), sistemas estatísticos (art. 22, XVIII, CF) e a organização judiciária, do Ministério Público do Distrito Federal e Territórios e Defensoria Pública dos Territórios, além da organização administrativa.[131]

Por outro lado, existem outras matérias cuja competência legislativa é concorrente, como no caso de Direito Penitenciário, Financeiro (art. 24, I, CF), Orçamentário (art. 24, II, CF), custas dos serviços forenses (art. 24, IV, CF) e criação de juizados especiais (art. 24, X, CF).

---

[131] "Art. 22. Compete privativamente à União legislar sobre: I – direito civil, comercial, penal, processual, eleitoral, agrário, marítimo, aeronáutico, espacial e do trabalho; (...) XVII – organização judiciária, do Ministério Público do Distrito Federal e dos Territórios e da Defensoria Pública dos Territórios, bem como organização administrativa destes; XVIII – sistema estatístico, sistema cartográfico e de geologia nacionais; (...) XXV – registros públicos; (...) XXVII – normas gerais de licitação e contratação, em todas as modalidades, para as administrações públicas diretas, autárquicas e fundacionais da União, Estados, Distrito Federal e Municípios, obedecido o disposto no art. 37, XXI, e para as empresas públicas e sociedades de economia mista, nos termos do art. 173, § 1º, III; (...).

Art. 24. Compete à União, aos Estados e ao Distrito Federal legislar concorrentemente sobre: I – direito tributário, financeiro, penitenciário, econômico e urbanístico; II – orçamento; III – juntas comerciais; IV – custas dos serviços forenses; (...) X – criação, funcionamento e processo do juizado de pequenas causas; (...) XIII – assistência jurídica e Defensoria Pública; (...) § 1º No âmbito da legislação concorrente, a competência da União limitar-se-á a estabelecer normas gerais. § 2º A competência da União para legislar sobre normas gerais não exclui a competência suplementar dos Estados. § 3º Inexistindo lei federal sobre normas gerais, os Estados exercerão a competência legislativa plena, para atender a suas peculiaridades. § 4º A superveniência de lei federal sobre normas gerais suspende a eficácia da lei estadual, no que lhe for contrário".

CAPÍTULO IV – PAPEL DO CONSELHO NACIONAL DE JUSTIÇA (CNJ)

Especificamente com relação à organização judiciária dos tribunais, a Constituição outorgou a eles essa competência (art. 96, I, CF), de forma privativa.

Portanto, é dentro dos parâmetros indicados pela Constituição, ao distribuir atribuições aos diversos entes federativos, e da disciplina infraconstitucional efetuada pelo legislador em conformidade com a divisão de competências estipuladas nos arts. 22 a 24 da Carta Magna, que lhe foram reservadas pela Constituição Federal, que os gestores dos tribunais poderão atuar, exercendo discricionariedade administrativa e, consequentemente, gerenciar os fatores que influenciam a adequada tramitação dos processos – exógenos ou não.

Nesse cenário, é preciso compreender o campo de atuação do CNJ e, especialmente, os limites de seu poder normativo.

Inicialmente, destaca-se entendimento doutrinário no sentido de que o controle administrativo e financeiro dos atos do Poder Judiciário efetuado pelo CNJ deve se limitar a analisar sua legalidade, sendo-lhe vedado o questionamento do mérito administrativo – ao contrário do que ocorre no exercício da competência de controle disciplinar. Isso porque, sustenta a doutrina, autorizar a revisão da análise do mérito permitiria, por via indireta, a supressão do autogoverno dos tribunais, competência privativa estipulada no art. 96 da Constituição e essencial para sua independência.[132] A amplitude da discricionariedade deve ser concedida exclusivamente pela lei:

---

[132] MORAES, Alexandre de. *Direito Constitucional*. 35ª ed. São Paulo: Atlas, 2019, p. 584. O referido autor destaca julgado do STF – Pleno – ADIn n. 3.367/DF – Rel. Min. César Peluso, decisão: 13.04.2005: "(...) levando em conta as atribuições conferidas ao Conselho – controle da atividade administrativa e financeira do Judiciário e controle ético-disciplinar de seus membros – assentou-se que a primeira não atinge o autogoverno do Judiciário, visto que, da totalidade das competências privativas dos tribunais (CF, art. 96), nenhuma lhes foi usurpada".

MARIA RITA REBELLO PINHO DIAS

> Em conclusão, nos atos administrativos discricionários expedidos pelo Poder Judiciário, a opção conveniente e oportuna deve ser feita legal e moralmente pelos membros dos órgãos dos Tribunais, ou seja, somente na legalidade e na moralidade que a oportunidade deve ser apreciada pelo Conselho Nacional de Justiça. Consequentemente, não poderá o Conselho Nacional de Justiça invadir a legítima escolha feita pelos órgãos administrativos dos Tribunais, entre as opções legalmente reservadas para a edição do ato discricionário, de maneira a, simplesmente, alterar a opção licitamente realizada, sob pena de atentar contra a independência dos Tribunais.[133]

No campo em que houve delegação de funções de competência legislativa ao Poder Legislativo, tal como disciplinado nos arts. 22 a 24 da Constituição, forçoso reconhecer que não houve alteração pelo constituinte de seu teor, por ocasião da publicação da Emenda Constitucional n. 45/2004. O referido artigo permaneceu intocável, não tendo transferido qualquer atribuição ao CNJ. Ademais, tampouco poderia fazê-lo, de forma originária, pois estar-se-ia vulnerando o princípio da separação de poderes, visto que representaria transferência a órgão do Poder Judiciário de competência legislativa.

A outorga de competência regulamentar originária ao CNJ pelo constituinte derivado consiste em norma excepcional e, justamente por esse motivo, não comporta interpretação extensiva.[134] É sob essa perspectiva que se deve analisar o poder

---

[133] MORAES, Alexandre de. *Direito Constitucional*. 35ª ed. São Paulo: Atlas, 2019, p. 585.

[134] "A definição dos limites constitucionais das importantes competências administrativas do CNJ é imprescindível para o bom funcionamento do órgão e para manutenção de sua legitimidade constitucional, salientando-se que suas competências originárias, assim como ocorre há mais de 210 anos em relação à Corte Suprema americana e há mais de 120 anos em relação às competências originárias do Supremo Tribunal Federal, são taxativamente

CAPÍTULO IV – PAPEL DO CONSELHO NACIONAL DE JUSTIÇA (CNJ)

normativo que lhe foi imputado pelo constituinte derivado, em sede de emenda constitucional.

A outorga de competência regulamentar originária é feita de forma taxativa e, no caso específico do CNJ, refere-se exclusivamente às hipóteses descritas no diploma constitucional, ou seja, de controle administrativo, financeiro e disciplinar, não envolvendo todo e qualquer aspecto que, direta ou indiretamente, se refira ao Poder Judiciário, sobretudo para questões que o constituinte atribuiu diretamente ao Poder Legislativo, sob pena de violação do princípio da separação de poderes, cláusula pétrea da Constituição Federal.

Desde que respeitadas as premissas supracitadas – que a Emenda Constitucional n. 45/2004 não transferiu ao CNJ competência originária para dispor sobre matérias reservadas pela própria Constituição ao legislador, por força do disposto em seus arts. 22 a 24 –, é possível afirmar que a criação desse conselho não afetou competências atribuídas aos demais órgãos e instituições, mantendo a separação entre os poderes e sua higidez, assim como

---

previstas pelo texto constitucional, pois as competências originárias dos órgãos de cúpula do Poder Judiciário exigem previsão expressa e taxativa, conforme princípio tradicional nascido com o próprio constitucionalismo norte-americano em 1787 e reconhecido no célebre caso Marbury *vs.* Madison (1 Cranch 137 – 1803) e entre nós, desde o início da República (TRJ 43/129, 44563, 50/72). Esse foi o princípio adotado pelo Congresso Nacional ao editar a EC 45/04, e estabelecer as competências originárias do Conselho Nacional de Justiça, somente no âmbito de atuação administrativa, e tornando-as excepcionais, inclusive em relação à autonomia dos tribunais, permitindo o controle jurisdicional a ser exercido pelo Supremo Tribunal Federal e não as confundindo com o exercício da função jurisdicional pelos juízes e tribunais, nem tampouco autorizando qualquer tipo de invasão nas competências fixadas aos demais órgãos e Instituições do Estado, mantendo-se, dessa maneira, a independência e harmonia entre os Poderes como princípio basilar da República protegido por diversos mecanismos de controles recíprocos que precisam, efetivamente, ser utilizados, evitando, dessa forma, a criação inconstitucional de mecanismos que induzam a possibilidade de guerrilha institucional" (MORAES, Alexandre de. *Direito Constitucional.* 35ª ed. São Paulo: Atlas, 2019, pp. 587/588).

a estabilidade e funcionamento adequado do sistema de freios e contrapesos. Qualquer entendimento contrário poderia colocar em risco toda a estrutura de organização política do poder e de seu controle definida pelo constituinte brasileiro.

A ressalva efetuada anteriormente é importante. Por ser competência originária constitucional, entende-se que o poder regulamentar conferido ao CNJ permite-lhe inovar no ordenamento jurídico, independentemente de prévia previsão legal. Por conseguinte, exclusivamente na esfera restrita de controle administrativo, financeiro e disciplinar será possível ao CNJ, no exercício de sua competência regulamentar originária, expedir regras gerais e, em caráter abstrato, inclusive inovar o ordenamento jurídico.[135]

A outorga de poder regulamentar pela Constituição a órgão com competência administrativa tem importante consequência, uma vez que gera modalidade específica de regulamentos: os autônomos.

Os regulamentos podem ser autônomos ou executivos (ou vinculados ou derivados); os primeiros, quando permitida

---

[135] "Sob o enfoque de que os atos podem ser originários ou derivados, o poder regulamentar é de natureza derivada (ou secundária): somente é exercido à luz de lei preexistente. Já as leis constituem atos de *natureza originária (ou primária)*, emanando diretamente da Constituição. Nesse aspecto, é importante observar que só se considera poder regulamentar típico a atuação administrativa de complementação de leis ou atos análogos produzirem atos que, tanto como as leis, emanam diretamente da Carta e têm natureza primária: inexiste qualquer ato de natureza legislativa que se situe em patamar entre a Constituição e o ato de regulamentação, como ocorre com o poder regulamentar. Serve como exemplo o art. 103-B da CF, inserido pela EC n. 45/2004, que, instituindo o Conselho Nacional de Justiça, confere a esse órgão atribuição para 'expedir atos regulamentares no âmbito de sua competência, ou recomendar providências'. A despeito da expressão ('atos regulamentares'), tais atos não se enquadram no âmbito do verdadeiro poder regulamentar; como terão por escopo regulamentar a própria Constituição, serão eles autônomos e de natureza primária, situando-se no mesmo patamar em que se alojam as leis dentro do sistema de hierarquia normatiza" (CARVALHO FILHO, José dos Santos. *Manual de Direito Administrativo*. 30ª ed. São Paulo: Atlas, 2016, p. 60).

CAPÍTULO IV – PAPEL DO CONSELHO NACIONAL DE JUSTIÇA (CNJ)

diretamente pela Constituição a regulamentação de certa questão, e os segundos, quando admitidos pelo legislador para complementar determinada lei.[136][137]

O CNJ é, portanto, órgão de controle e, exclusivamente sob essa perspectiva, possui poder regulamentar originário no tocante às competências imputadas pela Constituição, ou seja, quanto ao controle administrativo e financeiro do Poder Judiciário e de cumprimento de deveres funcionais por magistrados.

Razoável concluir, desse modo, que a competência regulamentar originária, que resulte em regulamento autônomo, não será

---

[136] DAL PIZZOL, Ricardo. "Limites do poder regulamentar do Conselho Nacional de Justiça. Estudo de um caso: Resolução CNJ n. 236/16". *In*: DE PRETTO, Renato Siqueira; KIM, Richard Pae; TERAOKA, Thiago Massao Cortizo (Coord.). *Federalismo e Poder Judiciário*. São Paulo: Escola Paulista da Magistratura, 2019, pp. 320/321.

[137] "Normalmente, fala-se em *poder regulamentar*; preferimos falar em poder normativo, já que aquele não esgota toda a competência normativa da Administração Pública; é apenas uma de suas formas de expressão, coexistindo com outras, conforme se verá. Os atos pelos quais a Administração exerce o poder normativo têm em comum com a lei o fato de emanarem normas, ou seja, atos com efeitos gerais e abstratos. Segundo a lição de Miguel Reale (1980:12-14), podem-se dividir os atos normativos em originários e derivados. 'Originários se dizem os emanados de um órgão estatal em virtude de competência própria, outorgada imediata e diretamente pela Constituição, para edição de regras instituidoras de direito novo'; compreende os atos emanados do Legislativo. Já os atos normativos derivados têm por objetivo a 'explicitação ou especificação de um conteúdo normativo preexistente, visando à sua execução no plano da *práxis*'; o ato normativo derivado, por excelência, é o regulamento. Acrescenta o mesmo autor que 'os atos legislativos não diferem dos regulamentos ou de certas sentenças por sua natureza normativa, mas sim pela originalidade com que instauram situações jurídicas novas, pondo o direito e, ao mesmo tempo, os limites de sua vigência e eficácia, ao passo que os demais atos normativos explicitam ou complementam as leis, sem ultrapassar os horizontes da legalidade'" (DI PIETRO, Maria Sylvia Zanella. *Direito Administrativo*. 29ª ed. rev., atual. e ampl. Rio de Janeiro: Forense, 2016, p. 122).

irregular, se exercida dentro de seus estritos limites,[138] podendo, apenas nessa hipótese, inovar no ordenamento jurídico. No entanto, quando se extrapola essa competência, pretendendo inovar no ordenamento jurídico em matérias que não se referem ao estrito controle administrativo e financeiro dos tribunais ou controle disciplinar, deparar-se-á, a princípio, com situação indicativa de exercício irregular de poder regulamentar originário.

O CNJ não é, tampouco, órgão jurisdicional. O STF já decidiu que deve ser vedado ao CNJ realizar controle de constitucionalidade, admitindo-se, apenas, o controle de legalidade, conforme se observa no MS n. 28872/DF, e em questões relacionadas às suas competências constitucionais.[139]

Mesmo as competências originárias outorgadas ao CNJ pela Constituição Federal devem ter sua extensão compreendida de forma a não violar a cláusula pétrea sobre a qual se construiu nosso Estado, que é o pacto federativo.

A atuação do Conselho, como órgão que centraliza o controle do Poder Judiciário, não pode colocar em xeque a organização política brasileira em estados organizados de forma autônoma,

---

[138] "(...) passo e devo concluir que o desenvolvimento pelo Executivo, da função regulamentar efetivamente não consubstancia exercício de função legislativa, razão pela qual não há que cogitar, na hipótese, de delegação desta última àquela. E assim é – repito – ainda quando a esse desenvolvimento seja consequente a imposição de obrigação de fazer ou deixar de fazer alguma coisa, desde que tenha ele decorrido de uma atribuição de poder normativo, explícita ou implicitamente contida em ato legislativo – a imposição de tal obrigação, então, terá surgido 'em virtude de lei' (...)" (GRAU, Eros Roberto. *O direito posto e o direito pressuposto*. 4ª ed. São Paulo: Malheiros, 2002, p. 250).

[139] "O Conselho Nacional de Justiça, nos termos dessa competência constitucional, acertadamente deixou de examinar o pleito do impetrante sob o fundamento de que não cabe àquele órgão manifestar-se sobre diplomas legais, devendo tais questionamentos ser levados a cabo perante o Poder Judiciário (STF, MS 28.872/DF, j. 8.6.2010, Rel. Min. Ricardo Lewandowski)" (ABBOUD, Georges. *Processo constitucional brasileiro*. 2ª ed. rev., atual. e ampl. São Paulo: RT, 2018, p. 1093).

CAPÍTULO IV – PAPEL DO CONSELHO NACIONAL DE JUSTIÇA (CNJ)

com autogoverno e competências exclusivas, nem mesmo quando se referir à função jurisdicional do ente federativo estadual, representada pelos tribunais estaduais, ainda que se reconheça que possui feições nacionais, em atenção à sua abrangência, a qual, contudo, não pode esvaziar a autonomia dos tribunais.[140] Sobre a questão, destaca-se doutrina que sustenta o seguinte:

> A EC n. 45/2004, portanto, não poderia forçar os contornos do federalismo, particularmente na autonomia dos "poderes" estaduais. Tanto (i) a composição (híbrida e desequilibrada) como, nos termos do art. 103-B, § 4º, II, (ii) a competência para rever, (iii) desconstituir ou (iv) determinar novas providências, atribuída ao CNJ, violam (por ignorarem) essa autonomia. Por fim, a título argumentativo, é necessário observar ou não se pode invocar a unidade de jurisdição para justificar um órgão nacional como o CNJ. Isso porque, como visto, esse argumento não resiste ao modelo federativo, sendo a referida unidade apreciável apenas do ponto de vista externo e, internamente, pela convergência recursal para

---

[140] Sobre a natureza de órgão nacional do CNJ e os limites objetivos do exercício de poder de reforma no tocante às cláusulas pétreas: "Portanto, para que seja inválida por vulneração do limite material do poder de reforma, uma emenda precisará afetar o núcleo essencial do princípio federativo, esvaziando o ente estatal de competências substantivas, privando-o de autonomia ou impedindo sua participação na formação da vontade federal. O STF não considerou haver violação da autonomia estadual no caso de emenda constitucional que alterou aspectos do regime previdenciário de servidores públicos estaduais, mas declarou a inconstitucionalidade, por esse fundamento, de dispositivo de emenda constitucional que submeteu Estados e Municípios à obrigação de pagamento de tributo federal. Por outro lado, entendeu que a criação do Conselho Nacional de Justiça, com jurisdição sobre os órgãos judiciários de todo o país, não viola a autonomia das Justiças estaduais por não se tratar ele de órgão da União, mas de órgão nacional" (BARROSO, Luís Roberto. *Curso de Direito Constitucional contemporâneo*: os conceitos fundamentais e a construção do novo modelo. 6ª ed. São Paulo: Saraiva Jur, 2017, pp. 210/211).

tribunais superiores e, em última instância, para o STF. Isso não autoriza a criação de um órgão como o CNJ.[141]

Tampouco parece razoável que a atuação do CNJ e o exercício de seu poder normativo não respeitem as garantias constitucionais asseguradas a magistrados e aos tribunais, uma vez que estas são indispensáveis para que o Poder Judiciário possa participar de forma adequada do sistema de freios e contrapesos concebido pelo constituinte.

Não se está defendendo que a existência do CNJ é inconstitucional,[142] mas apenas que há necessidade de compreender exata-

---

[141] TAVARES, André Ramos. *Curso de Direito Constitucional*. 17ª ed. São Paulo: Saraiva Jur, 2019, pp. 982/983.

[142] Até porque é importante destacar que o STF expressamente reconheceu não existir qualquer violação ao princípio da separação de poderes (STF, ADI n. 3.367/DF, Rel. Min. Cezar Peluso, j. 25.04.2005), entendendo que se tratava de órgão interno do Judiciário, de caráter nacional, em atenção ao regime orgânico unitário observado para magistrados, que detinha competência exclusivamente de controle administrativo, financeiro e disciplinar. Por se tratar de órgão de controle, é necessário concluir, por decorrência lógica, que não lhe compete o exercício da atividade administrativa. Afinal, questionar-se-ia a imparcialidade para controlar aquele que executou o próprio ato alvo do controle. A seguir, ementa da ADI n. 3.367/DF: "1. Ação. Condição. Interesse processual ou de agir. Caracterização. Ação direta de inconstitucionalidade. Propositura antes da publicação oficial da Emenda Constitucional n. 45/2004. Publicação superveniente, antes do julgamento da causa. Suficiência. Carência da ação não configurada. Preliminar repelida. Inteligência do art. 267, VI, do CPC. Devendo as condições da ação coexistir à data da sentença, considera-se presente o interesse processual., ou de agir, em ação de inconstitucionalidade de Emenda Constitucional que só foi publicada, oficialmente, no curso do processo, mas antes da sentença. 2. Inconstitucionalidade. Ação direta. Emenda Constitucional n. 45/2004. Poder Judiciário. Conselho Nacional de Justiça. Instituição e disciplina. Natureza puramente administrativa. Órgão Interno de controle administrativo, financeiro e disciplinar da magistratura. Constitucionalidade reconhecida. Separação e Independência dos Poderes. História, significado e alcance concreto do princípio. Ofensa a cláusula constitucional imutável (cláusula pétrea). Inexistência. Subsistência do núcleo político do princípio, mediante a preservação da função jurisdicional, típica do Judiciário, e das condições materiais do seu exercício imparcial e independente.

CAPÍTULO IV – PAPEL DO CONSELHO NACIONAL DE JUSTIÇA (CNJ)

mente as competências que lhe foram atribuídas pela Constituição Federal, assim como a impossibilidade de que a Emenda Constitucional n. 45/2004 alterasse de forma originária a distribuição de competências legislativas previstas nos arts. 22 a 24 e 96 da CF, uma vez que o equívoco quanto à exata limitação pode colocar em risco os princípios constitucionais da separação de poderes e o pacto federativo.

Também devemos destacar que não se trata de preocupação acadêmica. Seguem alguns normativos recentes que podem, potencialmente, comprometer o equilíbrio entre a separação de poderes e a existência do pacto federativo, seja porque, em primeira análise, aparentemente inovam em matéria de reserva legal ou porque têm o potencial de vulnerar garantias de magistrados e do Poder Judiciário, como é o caso da independência para o primeiro:

(i) *Recomendação 38/2019 da Corregedoria Nacional de Justiça*, que orienta os tribunais de todo o país a obedecerem a ordens da Corregedoria mesmo quando houver decisão judicial em sentido contrário, exceto quando a decisão vier do STF, com fundamento no art. 106 do RICNJ, que teve sua constitucionalidade impugnada pela ADI 4.412, ainda não apreciada, sob o fundamento de que era preciso preservar a autoridade das decisões do CNJ e da Corregedoria Nacional de Justiça;

(...) 3. Poder Judiciário. Caráter nacional. Regime orgânico unitário. Controle administrativo, financeiro e disciplinar. Órgão interno ou externo. Conselho de Justiça. Criação por Estado-membro. Inadmissibilidade. Falta de competência constitucional. Os Estados-membros carecem de competência constitucional para instituir, como órgão interno ou dentro do Judiciário, conselho destinado ao controle da atividade administrativa, financeira ou disciplinar da respectiva Justiça. 4. Poder Judiciário. Conselho Nacional de Justiça. Órgão de natureza exclusivamente administrativa. Atribuições de controle da atividade administrativa, financeira e disciplinar da magistratura. Competência relativa apenas aos órgãos e juízes situados hierarquicamente, abaixo do Supremo Tribunal Federal. (...) 5. Poder Judiciário. Conselho Nacional de Justiça. Competência. Magistrado vitalício. Cargo. Perda mediante decisão administrativa (...)".

MARIA RITA REBELLO PINHO DIAS

(ii) *Portaria 162/2018: Grupo de Trabalho para moderni-*
zação e efetividade nos processos de recuperação judicial
e falência, com o objetivo de apresentar *propostas de reco-*
mendações, provimentos, instruções, orientações e outros
atos normativos destinados ao aperfeiçoamento dos órgãos
do Poder Judiciário e, também, para "aperfeiçoar o marco
institucional no âmbito do Poder Judiciário, para conferir
maior celeridade, efetividade e segurança jurídica", fundan-
do-se na missão institucional de o CNJ planejar e coordenar a
atuação administrativa do Poder Judiciário e para preservar a
função social da empresa e estimular a atividade econômica;

(iii) *Portaria 71/2019: cria Grupo de Trabalho para Custas,*
Taxas e Despesas Judiciais, com o objetivo de avaliar e propor
ao CNJ política judiciária e proposta de melhoria ao regime
de custas, taxas e despesas judiciais, sob a perspectiva do
acesso à justiça, com o objetivo de editar resolução ou ato
normativo e de apresentar anteprojeto de lei, *muito embora*
a competência constitucional para disciplinar taxas judiciá-
rias, por seu caráter tributário, pertença ao ente federativo;

(iv) *Recomendação 37/2019 do Corregedor Nacional da*
Justiça, prevendo a instalação e implementação de Justiça
Itinerante em *seis meses* e a inclusão no orçamento anual de
rubricas próprias que garantam disponibilidade financeira
para os custos de manutenção dos recursos humanos, materiais e logísticos;

(v) *Unificação de Sistemas Eletrônicos com diversos siste-*
mas fragmentados, ou seja PJe (Res. CNJ 185/2013), *Sis-*
tema de Execução Eletrônica Unificada – SEEU (Res. CNJ
280/2019 – todos os processos de execução penal deverão
obrigatoriamente tramitar no SEEU *até 31.12.2019*, sem
exceções), *Sistema Nacional de Acolhimento e Adoção:*
Portaria Conjunta da Presidência e da Corregedoria Na-
cional do CNJ 1/2018 (Testes e migração: *até 25.07.2019*),

CAPÍTULO IV – PAPEL DO CONSELHO NACIONAL DE JUSTIÇA (CNJ)

Imposição do Processo Judicial Eletrônico da Corregedoria (PJeCor) (Imposição de um sistema único de tramitação de expedientes da Corregedoria e definição de Metas para Cartórios Extrajudiciais), *Plataforma de Justiça Digital prevista na Res. CNJ 335/2020.*

Os exemplos supracitados indicam situações que geram preocupações quanto a possíveis implicações do exercício do poder normativo originário pelo CNJ, uma vez que, em seu limite, poderiam provocar distorções e risco de vulnerar princípios elementares da Constituição Federal.

Analisando brevemente os atos normativos citados, por exemplo, constata-se o risco de que a uniformização de jurisprudência possa ser transferida ao CNJ, em razão da imposição administrativa disciplinar para que magistrados observem seus atos normativos, ainda que exista decisão judicial em sentido contrário. Ressalta-se que o CNJ não possui função jurisdicional, e grande parte de seus membros sequer é magistrado. Ademais, por expressa determinação política do legislador, nos termos do art. 22 da CF, compete às Cortes Superiores – STJ e STF – uniformizar a jurisprudência, no exercício de função jurisdicional.

Há, também, risco de usurpação da competência dos Poderes Legislativo e Executivo. Legislar, por exemplo, sobre Direito Penal é competência privativa da União e, Penitenciário, concorrente. Desse modo, normativos do CNJ que disciplinem as referidas matérias, inovando no ordenamento jurídico, não apenas adentram em matérias reservadas pela Constituição Federal ao Legislativo, mas também retiram do Poder Executivo a possibilidade de exercer poder de veto ao sancionar legislações, o que, no jogo político da democracia, pode ser necessário para ajustar legislações às possibilidades fáticas e concretas do respectivo Poder Executivo. Além disso, por serem regras criadas sem a contribuição dos Poderes Legislativo e Executivo, não necessariamente vão refletir preocupações que são próprias desses poderes, como é o caso de implicações orçamentárias. A situação agrava-se quando se constata que esses normativos são obrigatórios para tribunais e magistrados, eliminando, ao menos a princípio, a possibilidade de discutir a legalidade dessas normas em juízo – situação que não se observa com normativos produzidos pelo Poder Legislativo, que estão sujeitos a questionamentos no Poder Judiciário, em razão do sistema de freios e contrapesos.

Vislumbra-se, também, em alguns dos normativos supraindicados, risco ao pacto federativo, como se verifica naqueles que objetivam disciplinar custas.

A lei de custas tem natureza tributária e visa ressarcir o custo da prestação jurisdicional pelo ente federativo, tratando-se de questão que guarda interesse não apenas do Poder Judiciário local, mas, sobretudo, do Poder Executivo do respectivo ente federativo. Por expressa determinação constitucional, é matéria que foi atribuída à União e aos estados de forma concorrente. A criação de uma legislação nacional sobre o assunto, que viesse a ser elaborada pela União, certamente geraria intenso debate entre parlamentares representantes dos estados da federação, uma vez que se trata de receita que deveria custear, ou auxiliar o custeio, do Poder Judiciário local, além do grande interesse que fomentaria entre os Poderes Executivos dos diversos entes federativos. Quando a questão é transferida para a tentativa de normatização originária do CNJ, suprime-se todo esse debate político.

É verdade que algumas dessas iniciativas foram previstas em portarias. Ocorre, todavia, que foram previstas em portarias instituídas por atos de órgão de controle, que exerce função disciplinar. Não é irrazoável recear que muitas dessas previsões sejam tornadas obrigatórias apenas por serem provenientes do órgão controlador.

Razoável concluir, portanto, considerando tudo o quanto exposto e a necessidade de preservação das cláusulas pétreas da separação de poderes e da divisão federativa, que, exceto se se tratar de norma que se refira diretamente ao controle administrativo ou financeiro

CAPÍTULO IV – PAPEL DO CONSELHO NACIONAL DE JUSTIÇA (CNJ)

do Poder Judiciário, mesmo que em leis se mencione a outorga de poder regulamentar ao CNJ, deve-se entender que a atuação desse órgão somente poderia se dar, de forma válida, se estivesse atuando por norma expressa do legislador, que tivesse lhe outorgado poder regulamentar derivado. Nessa hipótese, contudo, sua atuação deverá ser adstrita aos limites impostos pelo legislador, uma vez que não encontra fundamento na Constituição, mas sim na lei.[143]

Por fim, necessário consignar que, mesmo no exercício de poder regulamentar, vale destacar entendimento de que o artigo 84, IV e VI, da Constituição Federal outorgou exclusivamente ao chefe do Poder Executivo, eleito democraticamente, competência regulamentar para expedir decretos, não tendo outorgado iguais poderes ao Poder Judiciário,[144] o que apenas reforçaria a impossibi-

---

[143] "Há que se lembrar que, em matéria de telecomunicações e de petróleo, as Emendas Constitucionais n. 8/9 e 9/9 alteraram, respectivamente, a redação dos artigos 21, XI, e 177, 2°, III, para prever a promulgação de lei que disponha sobre a exploração dessas atividades e a instituição de seu órgão regulador. (...) Isso significa que esses órgãos reguladores exercerão função normativa, porém dentro dos limites do princípio da legalidade. (...) Em todas essas hipóteses, o ato normativo não pode contrariar a lei, nem criar direitos, impor obrigações, proibições, penalidades que nela não estejam previstos, sob pena de ofensa ao princípio da legalidade (arts. 5°, II, e 37, *caput*, da Constituição)" (DI PIETRO, Maria Sylvia Zanella. *Direito Administrativo*. 29ª ed. rev., atual. e ampl. Rio de Janeiro: Forense, 2016, pp. 122/123).

[144] "Não se pode olvidar outro ponto de fundamental importância. A Constituição do Brasil estabelece no artigo 84, IV, in fine, o poder regulamentar do Chefe do Poder Executivo, podendo expedir decretos e regulamentos para o fiel cumprimento das leis, tudo sob o controle e a vigilância do Poder Legislativo em caso de excesso (art. 49, V) e da jurisdição constitucional nas demais hipóteses. Nesse sentido, fica claro que as exceções para a edição de atos normativos com força de lei (art. 62) e da possibilidade de delegação legislativa (art. 68) tão-somente confirmam a regra de que a criação de direitos e obrigações exige lei ou ato com força de lei, conforme se pode verificar na própria jurisprudência do STF (AgRg n. 1470-7). (...) De frisar, por outro lado, que esse poder regulamentar conferido ao Poder Executivo (e não, por exemplo, ao Poder Judiciário ou ao Ministério Público) advém da relevante circunstância representada pela legitimidade do Presidente da República, eleito diretamente em um regime presidencialista (em países sob

lidade de que regulamentos expedidos pelo CNJ possam inovar no ordenamento jurídico ou suprimir matérias de reserva de jurisdição ou de lei.[145] Vale observar que mesmo as agências regulatórias –

---

regime parlamentarista, essa legitimidade é do Governo, confundindo-se o poder executivo com o legislativo)" (STRECK, Lenio Luiz; SARLET, Ingo Wolfgang; CLÈVE, Clèmerson Merlin. "Os limites Constitucionais das resoluções do Conselho Nacional de Justiça (CNJ) e Conselho Nacional do Ministério Público (CNMP)". *Migalhas*. Disponível em: https://www.migalhas.com.br/depeso/20381/os-limites-constitucionais-das-resolucoes--do-conselho-nacional-de-justica--cnj--e-conselho-nacioa-do-ministerio-publico--cnmp. Acessado em: 24.11.2022).

[145] "Daí a necessária discussão acerca dos limites para a expedição de 'atos regulamentares' (esta é a expressão constante na Constituição para os dois Conselhos). Com efeito, parece um equívoco admitir que os Conselhos possam, mediante a expedição de atos regulamentares (na especificidade, resoluções), substituir-se à vontade geral (Poder Legislativo) e tampouco ao próprio Poder Judiciário, com a expedição, por exemplo, de 'medidas cautelares/liminares'. Dito de outro modo, a leitura do texto constitucional não dá azo a tese de que o constituinte derivado tenha 'delegado' aos referidos Conselhos o poder de romper com o princípio da reserva de lei e de reserva de jurisdição. (...) Como se sabe, o que distingue o conceito de lei do de outros atos é a sua estrutura e a sua função. Leis têm caráter geral, porque regulam situações em abstrato; atos regulamentares (resoluções, decretos etc.) destinam-se a concreções e individualizações. Uma resolução não pode estar na mesma hierarquia de uma lei, pela simples razão de que a lei emana do poder legislativo, essência da democracia representativa, enquanto os atos regulamentares ficam restritos a matérias com menor amplitude normativa. Ou seja, a menção ao poder de expedir 'atos regulamentares' tem o objetivo específico de controle externo, a partir de situações concretas que surjam no exercício das atividades de judicatura e de Ministério Público. Aliás, não se pode esquecer que é exatamente o controle externo que se constituiu na ratio essendi da criação de ambos os Conselhos. (...) O fato de a EC 45 estabelecer que os Conselhos podem editar atos regulamentares não pode significar que estes tenham carta branca para tais regulamentações. Os Conselhos enfrentam, pois, duas limitações: uma, *stricto sensu*, pela qual não podem expedir regulamentos com caráter geral e abstrato, em face da reserva de lei; outra, lato sensu, que diz respeito a impossibilidade de ingerência nos direitos e garantias fundamentais dos cidadãos. Presente, aqui, a cláusula de proibição de restrição a direitos e garantias fundamentais, que se sustenta na reserva de lei, também garantia constitucional. Em outras palavras, não se concebe – e é nesse sentido a lição do direito alemão – regulamentos de substituição de leis (gesetzvertretende Rechtsverordnungen) e nem regulamentos de alteração

CAPÍTULO IV – PAPEL DO CONSELHO NACIONAL DE JUSTIÇA (CNJ)

como ANS, ANP, Anatel, apenas atuam por delegação do poder de polícia e de intervenção na economia do Poder Executivo, sendo que sua criação encontra previsão específica na Constituição e em lei e que os regulamentos por elas expedidos são autônomos ou executivos (ou vinculados ou derivados).

4.2.1 O poder normativo do CNJ sob a ótica do STF

Existem importantes julgados do E. STF, em que a Corte Constitucional brasileira teve a oportunidade de se debruçar sobre o papel constitucional desempenhado pelo CNJ. A análise desses precedentes permite traçar contorno fixados pelo STF sobre os limites do poder normativo do CNJ.

Na Ação Direta de Inconstitucionalidade n. 3.367-1/DF (ADI n. 3.367-1/DF), de relatoria do Ministro Cezar Peluso, em julgamento de 13.04.2005, discutiu-se a inconstitucionalidade da instituição do CNJ, por suposta violação do princípio da separação de poderes e ofensa ao pacto federativo. Questionou-se, também, sua composição.

Nessa oportunidade, pacificou-se o entendimento do STF acerca da constitucionalidade da criação em si desse Conselho, com funções de controle da atividade administrativa, financeira e ético-disciplinar da magistratura. O STF entendeu que o CNJ representava o controle interno – e não externo – do Poder Judiciário,

---

das leis (gesetzändernde Rechtsverordnungen). É neste sentido que se fala, com razão, de uma evolução do princípio da reserva legal para o de reserva parlamentar. Tratando-se, desse modo, de atos de fiscalização administrativa, estes apenas podem dizer respeito a situações concretas" (STRECK, Lenio Luiz; SARLET, Ingo Wolfgang; CLÈVE, Clèmerson Merlin. "Os limites Constitucionais das resoluções do Conselho Nacional de Justiça (CNJ) e Conselho Nacional do Ministério Público (CNMP)". *Migalhas*. Disponível em: https://www.migalhas.com.br/depeso/20381/os-limites-constitucionais--das-resolucoes-do-conselho-nacional-de-justica--cnj--e-conselho-nacioa-do--ministerio-publico--cnmp).

sem qualquer ofensa aos princípios da separação de poderes e ao pacto federativo, na medida em que preservava a independência no exercício de sua função típica – jurisdicional –, a exemplo do que ocorre em outras situações em que há incidência do sistema de pesos e contrapesos recíprocos entre os poderes constitucionais.

Consignou-se, no mesmo julgado, o entendimento quanto ao caráter nacional do Poder Judiciário, em razão de a jurisdição ser representação da unidade do poder soberana do Estado, dando ao CNJ, assim, contorno de órgão federal – e não como órgão da União.

Especificamente sobre a composição do CNJ, o STF assim se pronunciou sobre a questão, naquela ação:

> Sob o prisma constitucional brasileiro do sistema da separação dos Poderes, não se vê *a priori* como possa ofendê-la a criação do Conselho Nacional de Justiça. À luz que lhe deu a Emenda Constitucional n. 45/2004, trata-se de órgão próprio do Poder Judiciário (art. 92, I-A), composto na maioria, por membros desse mesmo Poder (art. 103-B), nomeados sem interferência direta dos outros Poderes, dos quais o Legislativo apenas indica, fora de seus quadros e, pois, sem laivos de representação orgânica, dois dos quinze membros (STF, ADI 3.357, Rel. Min. Cezar Peluso, j. 13.04.2005, fl. 224).

> (...) a composição do Conselho – cujo modelo não pode deixar de ser "pluralístico e democrático" – estende uma ponte entre o Judiciário e a sociedade, de um lado permitindo a oxigenação da estrutura burocrática do Poder e, de outro, respondendo às críticas severas, posto que nem sempre de todo justas para com a instituição, que lhe vinham de fora e de dentro, como ecos da opinião pública (STF, ADI 3.357, Rel. Min. Cezar Peluso, j. 13.04.2005, fls. 236/237).

Na ADI n. 3.357/DF, apesar de o STF ter reconhecido a constitucionalidade da instituição de um Conselho para controle interno do Poder Judiciário, consignou entendimento quanto à preservação

CAPÍTULO IV – PAPEL DO CONSELHO NACIONAL DE JUSTIÇA (CNJ)

das garantias de autogoverno e autonomia administrativa previstas no art. 96 da CF, sem qualquer alteração, reconhecendo, inclusive, a exclusividade de seu exercício por cada tribunal.[146]

---

[146] "Como já referi, são duas, em suma, as ordens de atribuições conferidas ao Conselho pela Emenda Constitucional n. 45/2004: (a) o controle da atividade administrativa e financeira do Judiciário, e (b) o controle ético-disciplinar de seus membros. A primeira não atinge o autogoverno do Judiciário. Da totalidade das competências privativas dos tribunais, objeto do disposto no art. 96 da Constituição da República, nenhuma lhes foi castrada a esses órgãos, que continuarão a exercê-las todas com plenitude e exclusividade, elaborando os regimentos internos, elegendo os corpos diretivos, organizando as secretarias e serviços auxiliares, concedendo licenças, férias e outros afastamentos a seus membros, provendo os cargos de juiz de carreira, assim como os necessários à administração da justiça etc., sem terem perdido o poder de elaborar e encaminhar as respectivas propostas orçamentárias. (...) De modo que, sem profanar os limites constitucionais da independência do Judiciário, agiu dentro de sua competência reformadora o poder constituinte derivado, ao outorgar ao Conselho Nacional de Justiça o proeminente papel de fiscal das atividades administrativa e financeira daquele Poder. A bem da verdade, mais que encargo de controle, o Conselho recebeu aí uma alta função política de aprimoramento do autogoverno do Judiciário, cujas estruturas burocráticas dispersas inviabilizam o esboço de uma estratégia político-institucional de âmbito nacional. São antigos os anseios da sociedade pela instituição de um órgão superior, capaz de formular diagnósticos, tecer críticas construtivas e elaborar programas que, nos limites de suas responsa-bilidades constitucionais, deem respostas dinâmicas e eficazes aos múltiplos problemas comuns em que se desdobra a crise do Poder. (...) Ao Conselho atribuiu-se esse reclamado papel de órgão formulador de uma indeclinável política judiciária nacional (STF, ADI n. 3.357. j. 13.4.2005, Rel. Min. Cezar Peluso, pp. 229-231). Não é, como tentei demonstrar, imutável o conteúdo da forma federativa. As relações de subordinação vigentes na estrutura do Judiciário, dado seu caráter nacional, como o reconhece a autora (item 51 da inicial), podem ser ampliadas e desdobradas pelo constituinte reformador, desde que tal reconfiguração não rompa o núcleo essencial das atribuições do Poder em favor de outro. E foram redefinidas pela Emenda n. 45, sem usurpação de atribuições por outro Poder, nem sacrifício da independência. A redução das autonomias internas, atribuídas a cada tribunal, não con-tradiz, sob nenhum aspecto, o sistema de separação e independência dos Poderes. A Corte cansou-se de proclamar que não são absolutas nem plenas as autonomias estaduais, circunscritas pela Constituição (art. 25), porque, se o fossem, seriam soberanias. E o Conselho não tem competência para organizar nem reorganizar as *Justiças Estaduais*. E é só órgão que ocupa, na

A ADI n. 3.367/DF não se pronunciou diretamente sobre o poder normativo do CNJ, limitando-se a afirmar que o resultado do exercício da competência do CNJ, nesse aspecto, consistia em regulamento heterônomo, destinado a fixar diretrizes para execução de seus próprios atos, nos limites de seus poderes constitucionais:

> Por outro lado, *a competência do Conselho para expedir atos regulamentares destina-se, por definição da mesma de regulamento heterônomo, a fixar diretrizes para execução de seus próprios atos, praticados nos limites de seus poderes constitucionais, como consta, aliás, do art. 103-B, § 4º, I, onde se lê: "no âmbito de sua competência"* (STF, ADI 3.357, Rel. Min. Cezar Peluso, j. 13.04.2005, fl. 249 – grifos nossos).

Na Ação Declaratória de Constitucionalidade n. 12/Distrito Federal (ADC n. 12/DF), de relatoria do Ministro Carlos Britto, datada de 20.08.2008, o STF analisou com mais profundidade a extensão da competência regulamentar do CNJ. Nessa ação, discutia-se a constitucionalidade da Resolução CNJ n. 7/2005, cujo objeto era disciplinar o exercício de cargos, empregos e funções por parentes, cônjuges e companheiros de magistrados e servidores.

O STF reconheceu no referido julgamento que o normativo analisado era constitucional e tinha caráter normativo primário, ressaltando, contudo, duas importantes características do exercício dessa competência regulamentar, indispensáveis para lhe conferir validade e regularidade: (i) abordava matéria constitucionalmente imputada ao CNJ, a quem compete zelar pela observância do art.

---

estrutura do Poder Judiciário, posição hierárquica superior à do Conselho da Justiça Federal e do Conselho Superior da Justiça do Trabalho, no sentido de que tem competência para rever-lhes os atos deste e daquele. Ora, está nisso o princípio capaz de resolver, em concreto, os conflitos aparentes de competência" (STF, ADI n. 3.357, Rel. Min. Cezar Peluso, j. 13.04.2005, pp. 248/249).

CAPÍTULO IV – PAPEL DO CONSELHO NACIONAL DE JUSTIÇA (CNJ)

37, *caput*, da CF no âmbito da administração dos tribunais; e (ii) limitava-se a explicitar proibição que já encontrava respaldo na Constituição. Afirmou que o caráter normativo primário atribuído ao CNJ tinha por finalidade debulhar os conteúdos lógicos dos princípios constitucionais que regiam a atividade administrativa do Estado no tocante à esfera de atuação do Poder Judiciário.[147]

Interessante observar que o STF entendeu, nessa oportunidade, que a resolução editada pelo CNJ tinha caráter normativo primário, e essa situação era regular porque decorria do exercício de competência regulamentar imputada constitucionalmente e, também, porque densificava proibição que já decorria da própria

---

[147] "A Resolução n. 07/05 do CNJ reveste-se dos atributos da generalidade (os dispositivos dela constante veiculam normas proibitivas de ações administrativas de logo padronizadas), impessoalidade (ausência de indicação nominal ou patronímica de quem quer que seja) e abstratividade (trata-se de um modelo normativo com âmbito temporal de vigência em aberto, pois claramente vocacionada para renovar de forma contínua o liame que prende suas hipóteses de incidência aos respectivos mandamentos). A Resolução n. 07/05 se dota, ainda, de caráter normativo primário, dado que arranca diretamente do § 4º do art. 103-B da Carta cidadã e tem como finalidade debulhar os próprios conteúdos lógicos dos princípios constitucionais de centrada regência de toda a atividade administrativa do Estado, especialmente o da impessoalidade, o da eficiência, o da igualdade e o da moralidade. O ato normativo que se faz de objeto desta ação declaratória densifica apropriadamente os quatro citados princípios do art. 37 da Constituição Federal razão por qual não há antinomia de conteúdos na comparação dos comandos que se veiculam pelos dois modelos normativos: o constitucional e o infraconstitucional. Logo, o Conselho Nacional de Justiça fez adequado uso da competência que lhe conferiu a Carta de outubro, após a Emenda n. 45/04. (...) É dizer: o que já era constitucionalmente proibido permanece com essa tipificação, porém, agora, mais expletivamente positivada. O CNJ não é órgão estranho ao Poder Judiciário (art. 92, CF) e não está a submeter esse Poder à autoridade de nenhum dos outros dois. O Poder Judiciário tem uma singular compostura de âmbito nacional, perfeitamente compatibilizada com o caráter estadualizado de uma parte dele. Ademais, o art. 125 da Lei Magna defere aos Estados a competência de organizar a sua própria Justiça, mas não é menos certo que esse mesmo art. 125, *caput*, junge essa organização aos princípios 'estabelecidos' por ela, Carta Maior, neles incluídos os constantes do art. 37, cabeça" (STF, ADC n. 12/DF. Rel. Min. Carlos Britto, j. 20.08.2008).

Constituição, aplicável a toda a administração pública. Em outras palavras, a resolução limitava-se a explicitar proibição já prevista na Constituição – seu fundamento normativo último de validade. A força normativa da resolução encontrava-se pautada pelos princípios constitucionais que se destinavam a implementar, na prática, quais podiam ser aplicados diretamente, não dependendo de lei formal.

Esse entendimento fica ainda mais evidente ao se analisarem os votos dos demais ministros na ADC n. 12/DF,[148] entendendo que o art. 37 da CF detinha princípios com eficácia própria que permitia sua imediata aplicação e de forma direta, independentemente de lei formal.[149] O reconhecimento da validade do ato normativo do CNJ, no caso a Resolução n. 07/2005, que tratava

---

[148] "(...) dou como constitucionalmente correto que a) o CNJ detém competência constitucional para zelar pela observância do art. 37 da Constituição e apreciar a validade de atos administrativos praticados pelos órgãos do Poder Judiciário (CF, art. 103-B, § 4º, II), pelo que se há de concluir ter ele atuado em sede que lhe é própria; b) o nepotismo é próprio do espaço público no sistema constitucional brasileiro. Tal proibição advém do princípio constitucional da impessoalidade, sendo de se lhe acoplar a moralidade administrativa (art. l37 da Constituição brasileira); c) a juridicidade que obriga o Poder Público, em qualquer de suas manifestações pelos órgãos próprios, emana dos comandos constitucionais, não assim de norma infraconstitucional". (STF, ADC n. 12/DF. Rel. Min. Carlos Britto, j. 20.8.2008, p. 19).

[149] "A primeira diz com a competência do Conselho Nacional de Justiça de editar uma resolução sobre este tema. E, neste ponto, a meu sentir, está relativa ao poder do Conselho, se admitirmos que esta matéria é reservada a uma lei formalmente emanada, portanto, do Poder Legislativo. Mas eu tenho entendido, e creio que essa é a convergência do Supremo Tribunal Federal, que esses princípios que estão insculpidos no *caput* do artigo 37 da Constituição Federal têm uma eficácia própria, eles são dotados de uma força própria, que podem ser imediatamente aplicados. (...) esse princípio pode, sim, ser aplicado diretamente, independentemente da existência de uma lei formal. Se essa concepção é verdadeira, e, a meu sentir, é verdadeira, nós temos de admitir que dentro das atribuições do Conselho Nacional de Justiça está a de preservar os princípios que estão presentes no *caput* do artigo 37 da Constituição. E um desses princípios é aquele relativo à moralidade; e daí a pertinência temática da resolução do Conselho Nacional de Justiça. (...) é da competência do Conselho Nacional de Justiça fazer a disciplinação dos princípios insculpidos na Constituição no que tange ao poder administrativo

CAPÍTULO IV – PAPEL DO CONSELHO NACIONAL DE JUSTIÇA (CNJ)

do nepotismo, decorreu, conforme entendimento do E. STF, da necessidade de preservação da força normativa da Constituição Federal, considerando não apenas seus preceitos positivos, mas, também, os valores de caráter suprapositivo, os princípios éticos e o espírito que a informam.[150]

Razoável concluir, portanto, extraindo-se desse julgado, que a edição de regulamentos gerais e abstratos, decorrentes do regular exercício da competência atribuída ao CNJ pelo art. 103-B, § 4º, da CF, pode ter caráter normativo primário desde que esteja circunscrita às suas competências constitucionais e que se destine a implementar na prática permissões/proibições derivadas dos princípios estipulados em seu art. 37, os quais teriam aplicação direta, preservando, assim, nessa situação específica, a força normativa da Constituição Federal.

Em outros julgados, o STF reforçou entendimento de que a expedição de atos regulamentares pelo CNJ deve respeitar os limites das competências que lhe foram constitucionalmente atribuídas, não podendo tomar para si matérias reservadas pelo constituinte

---

que detém no âmbito do Poder Judiciário" (STF, ADC n. 12/DF. Rel. Min. Menezes Direito, j. 20.08.2008, pp. 14-16).

150 "Esta Suprema Corte, Senhor Presidente, ao manter a Resolução CNJ n. 07/2005, confirmando-lhe a plena legitimidade e integral eficácia, nada mais está fazendo senão preservar a força normativa da Constituição da República resultante da indiscutível supremacia, formal e material, de que se revestem as normas constitucionais, cuja integridade, eficácia e aplicabilidade, por isso mesmo, há de ser valorizada em face de sua precedência, de sua autoridade e de seu grau hierárquico. Vale referir, neste ponto, que a discussão das questões suscitadas nesta sede de fiscalização normativa abstrata permite, a esta Suprema Corte, elaborar – como é típico dos Tribunais Constitucionais – a construção de um significado mais amplo em torno do conceito de Constituição, considerando, para esse efeito, não apenas os preceitos de índole positiva, expressamente proclamados na Carta Política, mas reconhecendo, por igualmente relevantes, em face de sua transcendência mesma, os valores de caráter suprapositivo, os princípios éticos e o próprio espírito que informam e dão sentido e razão à Lei Fundamental do Estado" (STF, ADC n. 12/DF, Min. Celso de Mello, j. 20.08.2008, pp. 32/33).

à lei formal, sob pena de, violando princípio da separação de poderes,[151] [152] exercendo competência outorgada privativamente ao Poder Legislativo.

No MS n. 27.621/DF, em julgamento de 07.12.2011, de relatoria da Ministra Carmen Lúcia, analisando ato regulamentar que impôs a obrigatoriedade de cadastramento no sistema BacenJud a todos os magistrados, o STF decidiu que o CNJ pode impor obrigação de cunho geral e abstrato a toda a magistratura, desde que se trate de matéria puramente administrativa, por entender que decorria do regular exercício de competência para expedição

---

[151] "No que diz respeito ao exercício de poder normativo, o art. 103-B, § 4º, da CF, registre-se o entendimento segundo o qual o CNJ detém competência constitucional primária para o exercício desse mister no âmbito do Poder Judiciário. Nesse sentido: ADI 4638-MC-Ref, j. 8.2.2012, Rel. Min. Marco Aurélio, em que se discutiu a constitucionalidade da Resolução CNJ n. 135/2011, sobre a competência correicional do CNJ, em oposição à competência das Corregedorias dos Tribunais locais; e ADC 12, j. 20.8.2008, Rel. Min. Carlos Britto, Tribunal Pleno (nepotismo). No entanto, as matérias que a Constituição submeteu à reserva de lei não podem ser objeto do exercício do poder normativo fundado no art. 103-B, § 4º, da CF, pois, do contrário, estar-se-ia violando a competência constitucional do Poder Legislativo, em desrespeito ao princípio da separação dos Poderes (art. 2º, da CF). (...) Diante do exposto, com fundamento nos arts. 10, § 3º, da Lei n. 9.868/99 e 21, V, do RISTF, e em complemento à medida cautelar já concedida nestes autos, concedo medida cautelar, *ad referendum* do Plenário, para determinar a imediata suspensão da eficácia do Provimento 66, de 25 de janeiro de 2018, editado pelo Conselho Nacional de Justiça" (STF, ADI n. 5855/DF, Rel. Min. Alexandre de Moraes, j. 26.02.2018).

[152] "Ao Conselho Nacional de Justiça compete o controle da atuação administrativa e financeira do Poder Judiciário. Não tem ele poder normativo. Não tem ele a incumbência de regular texto constitucional, como fez relativamente à Emenda n. 62/09, lançando, até mesmo, como premissa do ato atacado, como premissa da Resolução n. 115/2010, a necessidade de regulamentar aspectos procedimentais referentes à Emenda Constitucional n. 62/09" (STF, ADI n. 4465/DF, Rel. Min. Marco Aurélio, j. 06.05.2013).

CAPÍTULO IV – PAPEL DO CONSELHO NACIONAL DE JUSTIÇA (CNJ)

de atos regulamentares, disciplinando questões do âmbito de sua esfera de atuação constitucional.[153]

---

[153] "Constitucional. Mandado de segurança. Conselho Nacional de Justiça. Atribuições. Art. 103-B da CF. Expedição de atos regulamentares. Determinação aos magistrados de prévio cadastramento no sistema 'BACENJUD'. Comando abstrato. Constitucionalidade. Preservação dos princípios da liberdade de convicção e da persuasão racional. Segurança denegada. I – O art. 103-B da Constituição da República, introduzido pela Emenda Constitucional n. 45/2004, dispõe que o Conselho Nacional de Justiça é órgão com atribuições exclusivamente administrativas e correcionais, ainda que, estruturalmente, integre o Poder Judiciário. II – No exercício de suas atribuições administrativas, encontra-se o poder de 'expedir atos regulamentares'. Esses, por sua vez, são atos de comando abstrato que dirigem aos seus destinatários comandos e obrigações, desde que inseridos na esfera de competência do órgão. III – O Conselho Nacional de Justiça pode, no lídimo exercício de suas funções, regulamentar condutas e impor a toda magistratura nacional o cumprimento de obrigações puramente administrativas. IV – A determinação aos magistrados de inscrição em cadastros ou sítios eletrônicos, com finalidades estatísticas, fiscalizatórias ou, então, de viabilizar a materialização de ato processual, insere-se perfeitamente nessa competência regulamentar. V – Inexistência de violação à convicção dos magistrados que remanescem absolutamente livres para determinar ou não a penhora de bens, decidir se essa penhora recairá sobre este ou aquele bem e, até mesmo, deliberar se a penhora de numerário se dará ou não por meio da ferramenta denominada 'BACENJUD'. VI – A necessidade de prévio cadastramento é medida puramente administrativa que tem, justamente, o intuito de permitir ao Poder Judiciário as necessárias agilidade e efetividade na prática do ato processual, evitando, com isso, possível frustração dos objetivos pretendidos, dado que o tempo, no processo executivo, corre em desfavor do credor. VII – A penhora *on-line* é instituto jurídico, enquanto 'BACENJUD' é mera ferramenta tendente a operacionalizá-la ou materializá-la, através da determinação de constrição incidente sobre dinheiro existente em conta corrente bancária ou aplicação financeira em nome do devedor, tendente à satisfação da obrigação. VIII – Ato administrativo que não exorbita, ao contrário, insere-se nas funções que constitucionalmente foram atribuídas ao CNJ. IX – Segurança denegada. Acórdão. Vistos, relatados e discutidos estes autos, concordam os Ministros do Supremo Tribunal Federal em Sessão Plenária, sob a Presidência do Senhor Ministro Cezar Peluso, na conformidade da ata de julgamento e das notas taquigráficas, por maioria, denegar a segurança, contra os votos da Senhora Ministra Cármen Lúcia (Relatoria) e dos Senhores Ministros Luiz Fux e Marco Aurélio. Votou o Presidente, Ministro Cezar Peluso. Ausentes, neste julgamento o Senhor Ministro Joaquim Barbosa".

O STF reconheceu também que, muito embora as resoluções do CNJ possam ser atos normativos primários, nos termos da ADC n. 12, não possuem patamar hierárquico superior ao das leis estaduais, de modo que lhe é incabível o controle de legalidade sobre lei estadual, até porque é órgão destituído de função de Corte Constitucional.[154]

O STF já reconheceu que o CNJ não dispõe de competência para deliberar situações que alcancem ou atinjam resoluções e manifestações volitivas de órgãos e autoridades vinculados a outros poderes de Estado.[155]

Na ADI n. 6.259/DF, de relatoria do Ministro Alexandre de Moraes, ajuizada pela Assembleia Legislativa do Estado de São Paulo, questionou-se a Resolução CNJ n. 280/2019, que impôs a todos os tribunais brasileiros a adoção do Sistema de Execução Criminal Eletrônica Unificado (SEEU). Nessa ação, discutia-se suposta usurpação desse conselho de competência do Poder Legislativo da União e dos estados para legislar sobre Direito Penitenciário e procedimentos em matéria processual (art. 24, I e XI, da CF), além de violação do pacto federativo (arts. 1º, 18 e 25 da CF) e dos princípios da separação dos poderes e do autogoverno dos tribunais (arts. 2º, 96, I, *b*, 99, *caput*, e 125, § 1º, da CF). Por envolver importante fator exógeno – uso de tecnologia – que

---

[154] MS n. 36.133/BA. Rel. Min. Rosa Weber, j. 20.09.2019; MS n. 28.141. Rel. Min. Ricardo Lewandowski, j. 30.06.2001.

[155] "O CNJ não dispõe, constitucionalmente, de competência para deliberar sobre situações que alcancem ou que atinjam resoluções e *manifestações volitivas emanadas de órgãos e autoridades vinculados a outros Poderes do Estado* e, por isso mesmo, absolutamente estranhos ao âmbito de atribuições institucionais daquele órgão de controle meramente administrativo do Poder Judiciário, ainda que se trate de provimento de cargo de desembargador pela regra do quinto constitucional (CF, art. 94), pois, em tal hipótese, cuidando-se de procedimento subjetivamente complexo (*RTJ* 178/220 – *RTJ* 187/233-234 – *RTJ* 188/663, *v.g.*), o ato final de investidura pertence, exclusivamente, a agente público que chefia o Poder Executivo (CF, art. 94, parágrafo único)" (STF, AgR MS n. 27.033. Rel. Min. Celso de Mello, j. 30.06.2015).

CAPÍTULO IV – PAPEL DO CONSELHO NACIONAL DE JUSTIÇA (CNJ)

impacta o gerenciamento de processos judiciais e que, portanto, guarda pertinência com o presente trabalho, esse precedente será alvo de análise mais detida.

Na ADI n. 6.259/DF, houve deferimento de pedido de liminar para suspender os efeitos dos arts. 2º, 3º, 9º e 12 da Resolução CNJ n. 280/2019. A decisão proferida traz interessante distinção entre o regime constitucional aplicado para o controle do cumprimento dos deveres funcionais de juízes e o regime constitucional aplicado para o controle de atuação administrativa e financeira do Poder Judiciário, ambos de competência do CNJ. Enquanto no primeiro regime o CNJ atua como órgão administrativo hierarquicamente superior, podendo analisar a legalidade e o mérito das eventuais faltas funcionais, no segundo, tratando-se o alvo de controle de ato administrativo discricionário, ele somente pode examinar a legalidade do ato, e não o mérito, enquanto para atos administrativos vinculados o controle será pleno.

Entendeu-se, em sede de liminar, que, com relação aos atos administrativos discricionários, a análise de conveniência e da oportunidade dos tribunais não pode ser feita pelo CNJ, em razão do direito ao autogoverno, assegurado no art. 96 da CF, impondo-se, em caso de aparente conflito de princípios, aplicar o princípio da harmonização, segundo o qual a observância de um princípio não pode resultar na supressão de outro – no caso, a independência do Poder Judiciário e seu autogoverno.

Em razão de sua importância para esta tese, transcreve-se em grande parte o teor da decisão cautelar proferida na ADI n. 6.259/DF, a qual traz relevante sugestão de solução para o aparente conflito entre a atuação de controle administrativo do CNJ e o direito à independência e ao autogoverno dos tribunais – a saber, o princípio da harmonização:

> A atuação constitucional do Conselho Nacional de Justiça direciona-se para duas importantes missões: o controle da

atuação administrativa e financeira do Poder Judiciário e o controle do cumprimento dos deveres funcionais dos juízes. (...) Observe-se, porém, que as duas hipóteses apresentam uma importante e significativa diferença de atuação do Conselho Nacional de Justiça. Na função correcional e disciplinar dos membros, órgãos e serviços do Poder Judiciário, o Conselho atua como órgão administrativo hierarquicamente superior, podendo analisar tanto a legalidade quanto o mérito de eventuais faltas funcionais. O Conselho Nacional de Justiça possui competência disciplinar originária e concorrente, podendo instaurar originariamente, avocar ou revisar procedimentos disciplinares, sem prejuízo da atuação das corregedorias locais (STF, Pleno, MS 28003/DF, Rel. Min. Luiz Fux, decisão: 08.02.2012, *DJe*-106, 30.05.2012; Pleno, MS 28102/DF, Rel. Min. Joaquim Barbosa, decisão: 14.06.2012; MS 28.891/DF, decisão Min. Celso de Melo, 04.10.2016). (...) Diversamente, porém, na função de controle da atuação administrativa e financeira do Poder Judiciário, inclusive com a possibilidade de desconstituição ou revisão dos atos administrativos praticados pelos membros ou órgãos judiciários, o Conselho Nacional de Justiça somente poderá analisar a legalidade do ato, e não o mérito – na hipótese de atos administrativos discricionários –, que deve ser entendido como juízo de conveniência e oportunidade do administrador, no caso, os membros ou órgãos judiciários, que poderão, entre as hipóteses legais e moralmente admissíveis, escolher aquela que entender como a melhor para o interesse público. Em relação aos atos administrativos vinculados, em face de a lei determinar todos os seus elementos, o controle exercido pelo CNJ será pleno, pois inexiste vontade subjetiva da administração dos membros ou órgãos dos Tribunais na sua edição. No tocante, porém, aos atos administrativos discricionários torna-se importante a definição dos contornos e amplitude da aplicabilidade do art. 103-B, § 4º, II, da Constituição Federal, uma vez que é a própria lei que, explícita ou implicitamente, concede maior liberdade à atuação dos membros ou órgãos dos

CAPÍTULO IV – PAPEL DO CONSELHO NACIONAL DE JUSTIÇA (CNJ)

Tribunais, permitindo-lhe a escolha da conveniência e oportunidade para a edição do ato, no exercício de suas competências administrativas. Em regra, será defeso ao Conselho Nacional de Justiça apreciar o mérito do ato administrativo dos demais órgãos do Poder Judiciário, cabendo-lhe unicamente examiná-lo sob o aspecto de sua legalidade e moralidade, isto é, se foi praticado conforme ou contrariamente ao ordenamento jurídico. Esta solução tem como fundamento básico, o art. 96, I, *a*, que prevê como alicerce da independência do Poder Judiciário a eleição, pelos membros dos próprios Tribunais, de seus órgãos diretivos, para o exercício de seu autogoverno, sem qualquer ingerência, de maneira que a verificação das razões de conveniência ou de oportunidade dos atos administrativos escapa ao controle administrativo de um órgão externo ao próprio tribunal, ainda que componente da estrutura do Poder Judiciário (Conselho Nacional de Justiça), ou mesmo ao controle jurisdicional de outros órgãos, inclusive do Supremo Tribunal Federal. As autonomias funcional, administrativa e financeira do Poder Judiciário consagradas nos artigos 96 e 99 da Constituição da República Federativa do Brasil, somente a partir de 5 de outubro de 1988, dizem respeito ao Poder Estatal como um todo, garantindo sua independência de atuação em relação aos demais Poderes da República. Os Tribunais têm autogoverno, competindo-lhes eleger seus órgãos diretivos e elaborar seus regimentos internos (CF, art. 96, I, "a") e devem elaborar e executar suas propostas administrativas e orçamentárias dentro dos limites estipulados pelo texto constitucional e pela legislação em vigor (CF, art. 99, §1º), sempre atentos à preservação de sua autonomia (Paulo Bonavides. Jurisdição constitucional e legitimidade – algumas observações sobre o Brasil. USP – *Estudos Avançados*, vol. 18, nº 51, maio/ago. 2004. p. 141; Carlos S. Fayt. *Supremacia constitucional e independencia de los jueces*. Buenos Aires: Depalma, 1994, pp. 3/4). Essas autonomia e independência amplas encontram resguardo em todos os Estados Democráticos de Direito,

MARIA RITA REBELLO PINHO DIAS

pois os Tribunais têm, sob o ponto de vista estrutural-
-constitucional, uma posição jurídica idêntica à de outros
órgãos constitucionais de soberania, pois, da mesma forma
desempenha funções cuja vinculatividade está jurídico
constitucionalmente assegurada. O texto constitucional
permite aos Tribunais, como alicerce da independência do
Poder Judiciário, a eleição de seus órgãos diretivos (CF,
art. 96, I, *a*) para o exercício de sua plena autonomia administrativa e financeira (CF, art. 99), pois se trata de
função governativa, na medida em que tais dirigentes
comandam um dos segmentos do Poder Estatal. Dessa
forma, a eleição dos órgãos de direção dos Tribunais,
assim como de seus dirigentes; bem como o exercício de
suas competências administrativas constitucionalmente
previstas, devem ser realizadas sem ingerências externas,
seja do Poder Executivo, seja do Poder Legislativo, ou
mesmo do próprio Judiciário, pois como lembra José Manuel Bandrés, citando Alexis de Tocqueville, a força dos
tribunais tem sido, em todos os tempos, a maior garantia
que se pode oferecer às liberdades individuais (*Poder Judicial y Constitución*. Barcelona: Casa Editorial, 1987,
pp. 75/76). Nesse sentido, o Supremo Tribunal Federal
reafirmou o autogoverno dos Tribunais, após a EC 45/04,
proclamando que: "levando em conta as atribuições conferidas ao Conselho – controle da atividade administrativa
e financeira do Judiciário e controle ético-disciplinar de
seus membros – assentou-se que a primeira não atinge o
autogoverno do Judiciário, visto que, da totalidade das
competências privativas dos tribunais (CF, art. 96), nenhuma lhes foi usurpada" (ADI 3.367/DF, Rel. Min.
César Peluso, decisão: 13.04.2005). A principal questão
em análise no presente pedido cautelar, portanto, situa-se
na necessidade de compatibilização entre a norma originária da Constituição de 1988, que consagrou o princípio
da autonomia dos Tribunais (CF, arts. 96, inciso I, e 99)
e as competências constitucionais originárias do Conselho
Nacional de Justiça (CF, art. 103-B), no âmbito administrativo, trazidas pela EC 45/04; ou seja, ponderar se a

CAPÍTULO IV – PAPEL DO CONSELHO NACIONAL DE JUSTIÇA (CNJ)

resolução editada pelo CNJ, ao impor novo parâmetro de execução penal a ser observado pelos Estados-membros, obrigando que todos os processos tramitem pelo SEEU – Sistema Eletrônico de Execução Unificado – poderia afastar a legítima opção administrativa dos Tribunais estaduais – no exercício de seu autogoverno – na escolha de outros sistemas que garantam a acessibilidade e convergência de dados, nos termos previstos na Lei Federal 12.714/2012. Trata-se de um aparente conflito de normas constitucionais aplicáveis a um mesmo Poder de Estado – Judiciário. Havendo contradição de princípios, por aparente conflito entre normas constitucionais estruturais do Poder Judiciário, se mostra necessária a utilização do Princípio da concordância prática, também conhecido como Princípio da Harmonização, de forma a coordenar e combinar os bens jurídicos em conflito – competência constitucional administrativa do CNJ e autonomia administrativa dos tribunais, no exercício de seu autogoverno –, evitando o sacrifício de uma norma em relação a outra, sendo possível uma redução proporcional do âmbito de alcance de cada qual, sempre em busca do verdadeiro significado da norma e da harmonia do texto constitucional com sua finalidade precípua, na presente hipótese, de garantir a independência do Poder Judiciário. Na hipótese em questão, essa harmonização é possível e razoável, pois, como se afirmou, trata-se somente de aparente conflito entre normas constitucionais estruturais do Poder Judiciário, pois a EC 45/04 manteve, em matéria administrativa, o pleno autogoverno dos tribunais, não permitindo sua substituição pelo Conselho Nacional de Justiça, que deverá exercer o controle da atuação administrativa e financeira do Poder Judiciário, inclusive zelando pela fiel observância do artigo 37 do texto constitucional. Dessa maneira, ao CNJ, certamente, caberá a definição de critérios e procedimentos a serem observados pelas Cortes locais visando ao aperfeiçoamento dos órgãos judiciários e das políticas públicas a eles relacionadas, como é o caso da questão carcerária, tema evidentemente afeto ao sistema de Justiça. Entretanto, não será razoável ao CNJ, em verdadeira substituição ao autogoverno consagrado constitucionalmente aos tribunais, impedi-los de realizar uma legítima opção prevista legislativamente pela União, nos termos do artigo 24, I e XI, da Constituição Federal, para o processamento da execução penal no âmbito de suas respectivas jurisdições. Observe-se que, sendo matéria sensível para o exercício de direitos fundamentais, está submetida a reserva legal e, no caso, lei da competência concorrente da União e dos Estados (art. 24, I e XI, da CF). E efetivamente existe legislação federal dispondo especificamente sobre o tema tratado pela Resolução CNJ 280/2019. A União, no exercício de sua competência concorrente (CF, art. 24, I e XI) editou a Lei Federal 12.714/2012, que, dispondo sobre sistemas de acompanhamento das execuções de penas, prisões cautelares e medidas de segurança, preconizou a sistematização, transparência e acessibilidade de informações sobre prisões em todo o território nacional, por critérios que foram em grande parte reproduzidos na Res. CNJ 280/2019. Há, no entanto, uma diferença essencial: a resolução impugnada obriga os tribunais locais a assimilarem procedimentos verticalmente estabelecidos pelo CNJ, o que extrapola o previsto na Lei 12.714/2012, que tratou de convergência de dados e não da uniformização de procedimentos. Nesse sentido, o art. 5º da mencionada Lei Federal 12.714/12, tratou de um "sistema nacional", cuja instituição, diga-se, é da competência do Poder Executivo, visando a interoperabilidade de dados e informações mantidos pelos Tribunais locais, o que pressupõe a possibilidade de existência de sistemas próprios mantidos e geridos por esses órgãos: (...) O parágrafo único do art. 5º da Lei 12.714/12, editado nos termos do artigo 24, I e XI, da Constituição Federal, é expresso quanto a possibilidade de existência de sistemas próprios dos Estados, inclusive atribuindo à União o dever de apoio material aos mesmos. Entretanto, o CNJ, a pretexto de regulamentar a interoperabilidade entre os sistemas próprios dos Estados e o sistema nacional, findou por

CAPÍTULO IV — PAPEL DO CONSELHO NACIONAL DE JUSTIÇA (CNJ)

mitigar a própria existência ou efetividade dos procedimentos definidos no âmbito de cada Tribunal, ao detalhar minuciosamente o processamento de informações pelos órgãos locais e atribuir ao próprio CNJ, por seu Comitê Gestor Técnico do SEEU, a competência para a regulamentação de novas providências a serem observadas pelos Estados. As informações prestadas aos autos (peça 19), inclusive, verbalizam a decisão de abandonar o critério legal da interoperabilidade em prol da unificação dos procedimentos informatizados, consoante transcrevo da Informação 1337/DMF/2019, do Departamento de Monitoramento e Fiscalização do Sistema Carcerário do CNJ (grifos originais): (...) Essa exigência normativa da Resolução do CNJ passou a vedar uma legítima opção legal garantida aos tribunais, que organizaram suas atividades em matéria de execução penal em harmonia aos critérios estabelecidos na legislação federal, contando com sistemas informatizados que, garantida a interoperabilidade, fornecem os dados relativos à situação carcerária no âmbito estadual. Consequentemente, nesses aspectos, a resolução do CNJ não observou a razoabilidade necessária para a interpretação harmônica dos artigos 99 e 103-B, § 4º, do texto constitucional, uma vez que foram desrespeitadas a proporcionalidade, justiça e adequação entre as normas constitucionais consagradoras do autogoverno dos tribunais e a competência de controle da atuação administrativa e financeira do Poder Judiciário a ser exercida pelo Conselho Nacional de Justiça. Assim, em sede de cognição sumária, está presente o requisito do *fumus boni juris* no tocante à alegação de que a obrigatoriedade de trâmite de todos os processos de execução penal do país pelo SEEU incorre em inconstitucionalidade formal, decorrente do desrespeito à reserva de lei para o tratamento da matéria, em afronta à competência da União e dos Estados para legislarem na matéria (art. 24, I e XI, da CF), e da violação à autonomia dos Tribunais para manterem seus sistemas próprios de processamento e acompanhamento de execuções penais (art. 99 da CF).

MARIA RITA REBELLO PINHO DIAS

Infelizmente, a ADI n. 6.259/DF acabou sendo extinta sem julgamento, em razão da perda de objeto, conforme se verá a seguir, neste trabalho.

Em outros julgados, o E. STF assegurou a autonomia do Poder Judiciário, entendendo que a atuação do C. CNJ não se fundamentou em evidente ilegalidade administrativa ou financeira, mas equipara-se ao cerceamento de legítimas escolhas discricionárias inerentes ao autogoverno do Poder Judiciário.[156][157][158]

---

[156] "(...) a atuação do CNJ encontra-se vinculada ao princípio da legalidade, não podendo deste abrir mão sob a justificativa da discricionariedade, porquanto não se admite, nas decisões que concernem ao controle administrativo, a adoção de critérios de caráter subjetivo ou que não guardem relação com a competência constitucionalmente outorgada ao ente público" (STF, MS n. 31402/DF. j. 7.5.2019 Rel. Min. EDSON FACHIN).

[157] "(...) em um Estado de Direito, a atuação de qualquer órgão – por mais relevante que seja – deve obedecer a certas balizas. Esses limites, extraídos da Constituição e da lei, cumprem a dupla função de legitimar e circunscrever o exercício do poder: ao mesmo tempo em que autorizam a intervenção do Poder Público, demarcam fronteiras que não podem ser ultrapassadas validamente. Esse raciocínio se aplica também ao CNJ, em particular diante da autonomia administrativa e financeira dos tribunais (CF/88, arts. 96 e 99). (...) embora tenha competência para exercer supervisão e controle, o CNJ deve resistir à tentação de substituir ordinariamente as escolhas dos órgãos controlados pelas suas. Em vez disso, devem ser respeitadas as opções e interpretações razoáveis feitas pelo órgão controlado. Não apenas por deferência às avaliações de conveniência e oportunidade efetuadas pelos órgãos que se encontram mais próximos das realidades pertinentes, mas também para concentrar sua atenção e seus esforços nas questões mais relevantes. 8. No caso dos autos, em que pese a bem articulada argumentação do voto vencedor no CNJ, não observo, de início, uma invalidade manifesta no ato do TJDFT. Volantes ou não, os juízes substitutos compõem a categoria inicial da carreira – circunstância que, em princípio, poderia autorizar a instituição de certas distinções em relação aos cargos mais elevados" (STF, MS n. 32.462-MC/DF. Rel. Min. Roberto Barroso, j. 25.10.2013).

[158] Diversos são os julgados do STF, que, sob diversos enfoques, consagram a autonomia de cada um dos ramos do Poder Judiciário estadual, sujeita somente às normas constitucionais e ao domínio normativo da lei complementar: STF, ADI n. 1.152/RJ, Medida cautelar, Rel. Min. Celso de Mello, j. 03.02.1995, p. 1.022; STF, ADI n. 2.012/SP, Medida cautelar, Rel. Min. Marco Aurélio, j. 04.08.1999, *Informativo STF*, n. 156; STF, ADI n. 1.503-6/RJ, Rel. Min.

CAPÍTULO IV – PAPEL DO CONSELHO NACIONAL DE JUSTIÇA (CNJ)

A análise dos julgados do STF permite concluir que os precedentes existentes da Corte Suprema, no tocante à atuação do controle administrativo realizado pelo CNJ, indicam a necessidade de compatibilizar seu exercício com o direito e garantia constitucional assegurados aos tribunais de autogoverno e autonomia administrativa e financeira, garantia indispensável para a existência de um Poder Judiciário independente e para que haja adequado funcionamento do sistema de freios e contrapesos.

Evidencia, também, que o exercício da competência regulamentar originária do CNJ está adstrita aos limites de suas competências constitucionais, apontando para necessidade de se preservarem matérias reservadas pelo constituinte à lei formal e, consequentemente, ao Poder Legislativo, sob pena de violação do princípio da separação de poderes.

4.3 Intervenção do CNJ e gestão: limites e ineficiências

Analisando a disciplina constitucional sobre a atuação do CNJ, é possível afirmar que esse conselho pode exercer duas espécies de poder regulamentar: originário, de matriz constitucional, e derivado, de matriz legal, sujeitos a regimes jurídicos distintos.

Quando atua exercendo poder regulamentar originário, ou seja, para exercício de suas atribuições de controle administrativo, financeiro e disciplinar, em razão de outorga de competência pela Constituição Federal, o CNJ tem aptidão para definir os contornos dentro dos quais os gestores e demais envolvidos por sua

---

Maurício Corrêa, j. 09.04.2001; STF, ADI n. 1.385/PE, Medida cautelar, Rel. Min. Néri da Silveira, j. 16.02.1996; STF, MS n. 20.911/PA, Rel. Min. Octávio Gallotti; STF, ADI n. 841-2/RJ, Rel. Min. Carlos Velloso; STF, ADI n. 1.422-6/RJ, Rel. Min. Ilmar Galvão, j. 06.12.1999; STF, ADI n. 2.422-6/RJ, Rel. Min. Ilmar Galvão, j. 12.11.1999, p. 89; STF, ADI n. 1.936-0/PE, Rel. Min. Gilmar Mendes, j. 06.12.2002, p. 51; STF, ADIN n. 1.105-7/DF, Rel. Min. Paulo Brossard, j. 27.04.2001, p. 57).

atuação poderão atuar. A margem de discricionariedade deixada ao gestor, nesse caso, depende exclusivamente do entendimento do CNJ, ressalvadas, por óbvio, as matérias constitucionalmente reservadas à lei.

Por seu turno, quando atua no exercício do poder regulamentar derivado de lei, a margem de discricionariedade do gestor já foi definida pelo legislador, não podendo, assim, o CNJ inovar com relação a esse limite, criando restrições ou imposições não estipuladas.

A falta de clareza das nuances dos distintos regimes jurídicos do CNJ, enquanto atua como órgão de controle disciplinar e órgão de controle administrativo e financeiro e exerce poder normativo originário ou poder normativo derivado, pode resultar em confusão sobre os limites de sua competência para disciplinar determinada questão, prejudicando, em razão da incerteza, o gerenciamento judicial.

Em muitos dos normativos referidos anteriormente neste trabalho, menciona-se que o CNJ possui competência para a definição e a execução de políticas judiciárias. Trata-se, contudo, diante dos achados apontados neste estudo, de compreensão que não parece encontrar fundamento nos limites de sua competência constitucional. A Constituição Federal não outorgou ao CNJ competência administrativa ou legislativa, de modo que não possui, a princípio, atribuição de ditar políticas públicas. Na verdade, é fundamental ressaltar, a Constituição Federal expressamente atribuiu ao CNJ a competência de ser órgão de controle.

Trata-se, ademais, aparentemente, de um imperativo lógico: quem controla o gestor não pode gerir, tampouco tomar as decisões políticas que serão executadas e sujeitas ao controle. Se o controlador é gestor, quem o controla?

A confusão de atribuições, mantendo-se no mesmo órgão as funções de gestão, administração e elaboração de políticas públicas e de controle, não apenas resulta na ineficiência do sistema de controle concebido, como, também, macula o sistema de freios e

CAPÍTULO IV – PAPEL DO CONSELHO NACIONAL DE JUSTIÇA (CNJ)

contrapesos constitucional, sustentado, sobretudo, na separação de funções em órgãos distintos.

A concentração de tantas funções governamentais em um único órgão, por vulnerar princípios essenciais e estruturantes do Estado Democrático de Direito brasileiro e, justamente por esse motivo, cláusulas pétreas, que não podem ser alteradas, nem mesmo por via indireta, certamente não foi situação desejada pelo constituinte.

Razoável concluir, portanto, que os atos normativos do CNJ – sejam originários ou derivados – não poderiam exercer a discricionariedade do gestor, uma vez que, se assim o fizesse, passaria a ser gestor, tornando-se suspeito para exercer o controle.

Interessante observar que o risco de captura de políticas públicas por órgãos de controle independentes tem sido observado em outras esferas de governo. Sobre essa questão, a doutrina alerta que o Tribunal de Contas da União tenta reinterpretar suas competências, com a finalidade de expandi-las, para questionar decisão dos gestores não com base em questões jurídicas, mas sim em divergência política, empregando, em tal estratagema, o uso de ferramentas que estão à sua disposição na qualidade de órgão de controle independente, como é o caso de instruções normativas, recomendações e determinações.[159]

---

[159] "(...) as normas que conferem competência ao TCU (responsáveis por prever suas possibilidades e limites de controle e, por consequência, as hipóteses em que está, ou não, legitimado a concretamente agir) exigem que sua atuação seja legal, neutra e ponderada. Observadores vêm notando que o TCU por vezes extrapola suas competências com opiniões, recomendações, exigências ou proibições que, mesmo sem dizê-lo, baseiam-se não em razões jurídicas, mas em razões políticas, isto é, em convicções de seus agentes quanto às decisões administrativas que seriam mais convenientes ou oportunas. Essa atuação tem dado ensejo a diagnósticos segundo os quais o órgão de controle estaria tentando capturar as políticas públicas dos gestores (SUNDFELD; CÂMARA, 2013, p. 178; MARQUES NETO, 2009, p. 221; JORDÃO, 2014, p. 228, ROSILHO, 2016, p. 341). (...) De fato, o TCU tem procurado, por diversos meios e instrumentos, 'reinterpretar suas competências com a finalidade de expandi-las para além dos limites estabelecidos pelo

O alerta supratranscrito, ainda que circunscrito ao Tribunal de Contas da União, poderia ser aplicado também ao CNJ. Assim como o CNJ, consiste em órgão público de controle pertencente ao Poder Judiciário, sem competência administrativa ou jurisdicional. Evidentemente que, no caso do CNJ, a situação é mais complexa, pois possui poder normativo originário e, eventualmente, poder normativo derivado. Justamente por esse motivo, deve ser compreendida a exata extensão de seu poder normativo originário, uma vez que é exclusivamente por este que está habilitado, pelo constituinte, a tomar decisões políticas.

Logo, a tentativa do CNJ de afirmar que possui competência para edição de políticas públicas, extrapolando o âmbito de sua competência originária ou independentemente de previsão legal ou extrapolando os limites delegados em lei – conforme se verá a seguir –, enquadra-se em tentativa de expansão injustificada de competências, o que potencialmente pode ser extremamente prejudicial.

4.3.1 Sistema de tramitação processual unificado: Resoluções CNJ n. 185/2013 e n. 280/2019. Recente Resolução n. 335/2020 – Plataforma Digital do Poder Judiciário

Um exemplo da disfuncionalidade provocada pela compreensão equivocada da extensão dos limites do poder normativo originário do CNJ encontra-se na obrigatoriedade do sistema único eletrônico para tramitação de processos judiciais aos tribunais brasileiros imposto pela Resolução CNJ n. 185/2013, o PJe, e o sistema eletrônico para execuções criminais unificados, o SEEU,

---

ordenamento jurídico. Um desses veículos tem sido a instrução normativa (...)" (SUNDFELD, Carlos Ari; CÂMARA, Jacintho Arruda; MONTEIRO, Vera; ROSILHO, André. "O valor das decisões do Tribunal de Contas da União sobre irregularidades em contratos". *Revista Direito GV*, São Paulo, vol. 13, nº 3, set./dez. 2017, p. 878).

CAPÍTULO IV – PAPEL DO CONSELHO NACIONAL DE JUSTIÇA (CNJ)

previsto na Resolução CNJ n. 280/2019. Curioso observar que são dois sistemas distintos, o que, por si só, já demonstra a fragilidade da pretensão de imposição de um sistema único nacional.

As Resoluções CNJ n. 185/2013 e n. 280/2019 abordam, respectivamente, a complementação de sistemas normativos trazidos pelo Código de Processo Civil e pela Lei n. 12.714/2012, mencionando ambas as legislações em seus considerandos.

A disciplina de Direito Processual – inclusive o eletrônico (Lei n. 11.419/2006 e posteriormente o Código de Processo Civil de 2015) –, do Direito Penal e do Direito Penitenciário é competência que o constituinte imputou ao legislador, de forma privativa para a União, nos dois primeiros casos, e concorrente para União e estados, no último. Trata-se de matérias reservadas à competência legislativa por previsão expressa na Constituição.

No caso da legislação processual, houve outorga de poder regulamentar derivado aos órgãos do Poder Judiciário e, depois, ao CNJ e, supletivamente, aos tribunais, nos termos dos arts. 18 da Lei n. 11.419/2006[160] e 196 do CPC/2015,[161] respectivamente. No caso da Lei n. 12.714/2012, seu art. 5º dispõe que a competência para desenvolver os sistemas pertence aos Poderes Executivos[162] e

---

[160] "Art. 18. Os órgãos do Poder Judiciário regulamentarão esta Lei, no que couber, no âmbito de suas respectivas competências".

[161] "Art. 196. Compete ao Conselho Nacional de Justiça e, supletivamente, aos tribunais, regulamentar a prática e a comunicação oficial de atos processuais por meio eletrônico e velar pela compatibilidade dos sistemas, disciplinando a incorporação progressiva de novos avanços tecnológicos e editando, para esse fim, os atos que forem necessários, respeitadas as normas fundamentais deste Código".

[162] "Art. 5º O Poder Executivo federal instituirá sistema nacional, visando à interoperabilidade das bases de dados e informações dos sistemas informatizados instituídos pelos Estados e pelo Distrito Federal. Parágrafo único. A União poderá apoiar os Estados e o Distrito Federal no desenvolvimento, implementação e adequação de sistemas próprios que permitam interoperabilidade com o sistema nacional de que trata o *caput*".

MARIA RITA REBELLO PINHO DIAS

que devem observar a "interoperabilidade". Também o Código de Processo Civil de 2015, em seu art. 194, estabelece que os sistemas devem ser interoperáveis.

A legislação mencionada no parágrafo anterior não disciplina, a princípio, questões relativas ao controle administrativo ou financeiro do Poder Judiciário, tampouco o cumprimento de deveres funcionais de magistrados. Não engloba, portanto, matérias que estariam adstritas ao âmbito da competência regulamentar originária do CNJ.

A disciplina de questões processuais, penais, penitenciárias ou de execução penal, por ter sido expressamente atribuída ao Poder Legislativo pelo constituinte, apenas pode ser regulamentada pelo CNJ, se houver expressa delegação pelo legislador ordinário, e, mesmo nessa hipótese, caso houvesse delegação de poder regulamentar, seria efetuada de forma derivada. Seu exercício pelo CNJ, consequentemente, estaria adstrito aos termos da referida legislação, sem poder inovar ou restringir direitos assegurados pelo legislador.

Especificamente com relação aos sistemas eletrônicos de tramitação de processos eletrônicos, o art. 8º da Lei n. 11.419/2009[163] e o art. 194 do CPC/2015 expressamente mencionam que os órgãos do Poder Judiciário poderiam adotar "sistemas", sem fazer qualquer referência a um sistema único, exigindo, apenas, a interoperabilidade. Os referidos diplomas normativos trazem, ainda, nos referidos dispositivos características que devem ser observadas, por imposição legal, a esses sistemas.

A exigência de interoperabilidade entre sistemas é, *a contrario sensu*, a negativa da imposição de um sistema único. Não haveria sentido o legislador exigir interoperabilidade, se sua opção política

---

163 "Art. 8º Os órgãos do Poder Judiciário poderão desenvolver sistemas eletrônicos de processamento de ações judiciais por meio de autos total ou parcialmente digitais, utilizando, preferencialmente, a rede mundial de computadores e acesso por meio de redes internas e externas".

CAPÍTULO IV – PAPEL DO CONSELHO NACIONAL DE JUSTIÇA (CNJ)

tivesse sido a de um sistema eletrônico de tramitação de processo único de abrangência nacional.

Destaca-se que o Código de Processo Civil de 2015 em momento algum menciona a obrigatoriedade de um sistema único – ao contrário, refere, expressamente, a existência de "sistemas". Seu art. 194 disciplina os requisitos legais indispensáveis para serem observados por sistema de automação processual,[164] ou seja, deve ser disponível, acessível, assegurar a interoperabilidade do sistema/ serviços/dados/informações e a independência da plataforma.

Isso significa que o sistema deve ser "disponível", que consiste em qualidade dos sistemas de estarem constantemente operantes, além de interoperáveis, ou seja, de se comunicarem entre si. A indisponibilidade deve ser exceção. Além disso, as plataformas computacionais utilizadas pelo processo eletrônico devem ser independentes[165] e acessíveis, permitindo acesso remoto e sua utilização por qualquer um, não se restringindo a determinado programa ou sistema operacional, evitando, assim, a dependência

---

[164] NEVES, Daniel Amorim Assumpção. *Manual de Direito Processual civil*. 9ª ed. Salvador: JusPodivm, 2017, p. 341.

[165] "Somente um sistema disponível pode ser acessível, mas não é só, porque também é preciso não vincular o processo eletrônico a apenas um determinado sistema operacional, com o qual se estará limitando o acesso. Com independência da plataforma funcional garante-se que o sistema não fique subordinado a um determinado programa (ou sistema operacional), o que naturalmente democratiza a prática dos atos por meio eletrônico. A interoperabilidade dos sistemas, serviços, dados e informações que o Poder Judiciário administre no exercício de suas funções é ainda uma promessa distante, porque há no Brasil dezenas de sistemas, a depender de cada tribunal, para a prática dos atos processuais. Ainda que o Conselho Nacional de Justiça tenha editado a Resolução 185/2013 com o objetivo de uniformizar os diversos sistemas de processo eletrônico, a realidade é que o regramento foi incapaz de cumprir tal tarefa" (NEVES, Daniel Amorim Assumpção. *Manual de Direito Processual civil*. 9ª ed. Salvador: JusPodivm, 2017, p. 343).

dos usuários externos quanto a padrões únicos impostos por um tribunal específico.[166]

O art. 195 do CPC/2015, por sua vez, esclarece que o registro de ato processual eletrônico deverá ser feito em padrões abertos[167] e atender aos requisitos de autenticidade, integridade, temporalidade, não repúdio, conservação e confidencialidade quando preciso. O objetivo do legislador, nesse caso, foi o de assegurar ao usuário que não ficasse dependente de fornecedores específicos que precisassem necessariamente adquirir para poder acessar a um sistema do tribunal. A autenticidade da assinatura eletrônica significa não ser possível repudiar sua origem, negando a autoria do conteúdo, devendo indicar data e hora de sua realização. Impõe, também, o

---

[166] "(...) evitar que esses sistemas informáticos corram o risco de obsolescência precoce, caso sejam baseados em tecnologias restritas e específicas, quando essas forem – e serão! – substituídas por outras tecnologias mais recentes ou por novas versões do mesmo produto. Por fim, a palavra acessibilidade deve ser aqui compreendida não como reiteração de acesso, que antecedem o texto, mas como a facilitação do uso desses sistemas por pessoas portadoras de necessidades especiais, especialmente as deficiências de visão" (MARCACINI, Augusto Tavares Rosa. WAMBIER, Teresa Arruda Alvim; DIDIER JR., Fredie; TALAMINI, Eduardo; DANTAS, Bruno. *Breves comentários ao novo Código de Processo Civil*. 2ª tir. São Paulo: RT, 2015, p. 608).

[167] "Ao prever que o registro do ato processual eletrônico deverá ser feito em padrões abertos, o art. 195 do Novo CPC exige que o programa utilizado pelo Poder Judiciário não tenha qualquer custo ou limitação de uso. Por outro lado, o padrão aberto não exige daqueles que pretendam consultar os autos eletrônicos a aquisição ou instalação de componentes específicos para navegação na internet. O art. 195 do Novo CPC prevê os requisitos dos atos processuais específicos: autenticidade (identificação do ator do ato processual), integridade (impossibilidade de modificação do conteúdo do ato após ele ter sido praticado), temporalidade (identificação do dia e horário da prática do ato), não repúdio (de origem, que protege o receptor da mensagem, indicando que a mensagem efetivamente originou-se do declarante, e de envio, que protege o declarante, comprovando que a mensagem foi efetivamente recebida pelo destinatário), conservação (preservação dos atos, mantendo-os íntegros pelo tempo que se fizer necessário), e, nos casos que tramitem em segredo de justiça a confidencialidade (art. 189 do Novo CPC)" (NEVES, Daniel Amorim Assumpção. *Manual de Direito Processual civil*. 9ª ed. Salvador: JusPodivm, 2017, p. 343).

CAPÍTULO IV – PAPEL DO CONSELHO NACIONAL DE JUSTIÇA (CNJ)

uso de infraestrutura de chaves públicas unificadas nacionalmente, nos termos da lei, a qual, contudo, inexiste atualmente. Parece referir-se à ICP-Brasil, criada pela Medida Provisória n. 2.200/2001.

Interessante observar que o fundamento empregado pelo CNJ para justificar a edição das Resoluções CNJ n. 185/2013 e n. 280/2019 foi, justamente, o disposto no art. 18 da Lei n. 11.419/2006:

> **Resolução CNJ 185/2013**
>
> *O PRESIDENTE DO CONSELHO NACIONAL DE JUSTIÇA (CNJ)*, no uso de suas atribuições legais e regimentais, e
>
> *CONSIDERANDO as diretrizes contidas na Lei n. 11.419, de 19 de dezembro de 2006*, que dispõe sobre a informatização do processo judicial, *especialmente o disposto no art. 18, que autoriza a regulamentação pelos órgãos do Poder Judiciário;*
>
> (...)
>
> *CONSIDERANDO a adesão de grande número de Tribunais de Justiça ao Sistema PJe, por meio do Acordo de Cooperação n. 043/2010;*
>
> *CONSIDERANDO as atribuições do Conselho Nacional de Justiça, previstas no art. 103-B, § 4º, da Constituição Federal, especialmente no que concerne ao controle da atuação administrativa e financeira e à coordenação do planejamento estratégico do Poder Judiciário*, inclusive na área de tecnologia da informação.
>
> (...)
>
> **Resolução CNJ 280/2019**
>
> *O PRESIDENTE DO CONSELHO NACIONAL DE JUSTIÇA (CNJ)*, no uso de suas atribuições legais e regimentais, e
>
> (...)
>
> *CONSIDERANDO* que compete ao CNJ a fiscalização e a normatização do Poder Judiciário e dos atos praticados

por seus órgãos (art. 103-B, § 4º, incisos I, II, III, da Constituição Federal);

CONSIDERANDO que os dados e informações da execução da pena, da prisão cautelar e da medida de segurança deverão ser mantidos e atualizados em sistema informatizado de acompanhamento de execução de pena (Lei n. 12.714, de 14 de setembro de 2012).

(...)

Considerando que a competência para legislar o processo – inclusive eletrônico – foi atribuída pela Constituição ao Poder Legislativo da União e, ainda, tendo em vista o texto expresso tanto dos arts. 8º e 18 da Lei n. 11.419/2006 quanto dos arts. 194 e 196 do CPC/2015, razoável concluir que inexiste fundamento legal para imposição de sistema único e nacional aos tribunais pelo CNJ. Na medida em que as Resoluções n. 185/2013 e n. 280/2019 foram editadas, com base no exercício de poder regulamentar derivado, constata-se que inovaram, nesse aspecto, o ordenamento jurídico, criando norma em desconformidade com os preceitos definidos pelo legislador infraconstitucional e, consequentemente, sem amparo legal.

A constatação *supra* é muito importante para se compreender a amplitude da discricionariedade administrativa conferida aos tribunais para selecionar sistemas eletrônicos para tramitação de processos, sobretudo considerando que esse fator – tecnológico – consiste em importante ferramenta de gestão, conforme se verá posteriormente. Não apenas permite a automatização de atividades repetitivas, reduzindo pressão por mais contratações de pessoal, evitando retrabalhos e permitindo o melhor aproveitamento da mão de obra qualificada dos servidores públicos, mas, também, melhor integração entre os órgãos que atuam no sistema de justiça e controle de atividades e prazos.

A análise constitucional e legislativa indica que o poder normativo conferido ao CNJ no âmbito do Direito Processual – inclusive o eletrônico – é exclusivamente regulamentar derivado.

CAPÍTULO IV – PAPEL DO CONSELHO NACIONAL DE JUSTIÇA (CNJ)

O art. 196 do CPC/2015, conforme mencionado, atribui competência regulamentar ao CNJ e supletivamente aos tribunais, para regulamentar a prática e a comunicação oficial de atos processuais por meio eletrônico e velar pela compatibilidade dos sistemas, disciplinando a incorporação progressiva de novos avanços tecnológicos e editando, para esse fim, os atos necessários, respeitadas as normas do Código. Assim, na falta de normativo do CNJ, sobre esses aspectos, cada tribunal possui competência regulamentar supletiva para disciplinar a questão.

A competência regulamentar delegada ao CNJ pelo legislador é compatível com seu perfil de órgão de controle: regulamentar a prática de atos e comunicações, assim como a compatibilidade dos sistemas, exige a definição de padrões a serem observados por todos os tribunais (para intimação, para comunicação, para permitir a interoperabilidade, entre outros), o que é convergente com o controle administrativo. O mesmo se diz quanto à disciplina das inovações para assegurar que a interoperabilidade e a compatibilidade dos sistemas não se percam com o passar dos anos. Essa padronização, sobretudo para o usuário externo do sistema, é fundamental para facilitar o acesso ao Poder Judiciário.[168]

A despeito das conclusões apresentadas anteriormente, o CNJ proibiu o TJSP de substituir seu atual sistema eletrônico de tramitação de processos por Nova Plataforma de Justiça Digital.

Em 20.02.2019, o TJSP noticiou a celebração de contrato com a empresa global de tecnologia, por cinco anos, para desenvolvimento de nova Plataforma de Justiça Digital, que atuaria em

---

[168] Apenas a título de exemplo, o Banco Central disciplina os critérios de interoperabilidade entre os diversos sistemas eletrônicos de pagamento pertencentes às instituições financeiras, permitindo a sua comunicação conforme previsto no art. 7º, I, da Lei n. 12.865/2013. (BRASIL. Banco Central do Brasil. *O que é instituição de pagamento?* Disponível em: https://www.bcb.gov.br/acessoinformacao/legado?url=https:%2F%2Fwww.bcb.gov.br%2Fpre%-2Fcomposicao%2Finstpagamento.asp. Acessado em: 05.07.2019).

todas as competências e destinada a substituir seu atual sistema de tramitação de processos e normativos vigentes, tendo estipulado que seria preciso observar a interoperabilidade com sistemas de outros tribunais e o Modelo Nacional de Interoperabilidade (MNI), estipulado pelo CNJ. A integral substituição do sistema atual pelo novo levaria três anos.[169] A referida contratação importaria, ao longo de dez anos, na redução do custo fixo anual do TJSP em cerca de 40%, com economia decorrente da aquisição de um sistema próprio e despesas que seriam evitadas com a renovação de custosa estrutura de *Data Center*.[170]

Os objetivos anunciados com a contratação foram o de obter completa transformação digital das atividades do TJSP, adotando tecnologia em nuvem, com o intuito de economizar drasticamente custos com parque computacional de *Datas Centers* (tecnologia em nuvem como IaaS),[171] incrementar a segurança contra ataques cibernéticos, assegurando mais qualidade da proteção de dados e documentos, estabilidade e disponibilidade, além de, ao consumir essa tecnologia como serviço (SaaS),[172] potencializar a capacidade de inovação do tribunal. Anunciaram-se a revisão e a construção de novos fluxos de trabalho, com o objetivo de máxima automatização de atividades e de abandonar o padrão atual, que reproduz fluxo papelizado de trabalho (ou seja, dos processos físicos feitos de papel), para trazer mais agilidade à justiça.[173]

---

[169] TJSP. "TJSP anuncia desenvolvimento da nova Plataforma de Justiça Digital". *Portal do Tribunal de Justiça do Estado de S. Paulo*. Disponível em: http://www. tjsp.jus.br/Noticias/Noticia?codigoNoticia=55845&pagina=59. Acessado em: 05.07.2019.

[170] Processo Administrativo do TJSP 2018/147144 (SÃO PAULO. Tribunal de Justiça do Estado de São Paulo. "CPA n. 2018/147144", consultado em 2019).

[171] IaaS – *Infraestructure as a Service*.

[172] SaaS – *Service as a Service*.

[173] Todas as referências ao processo podem ser encontradas em documentos presentes no CPA n. 2018/147144.

CAPÍTULO IV – PAPEL DO CONSELHO NACIONAL DE JUSTIÇA (CNJ)

A mudança pretendia beneficiar juízes, servidores e operadores do Direito, além do cidadão, com acesso à justiça mais ágil, eficiente, transparente e confiável. Noticiou-se que seriam desenvolvidas ferramentas para agendamento eletrônico de audiências e que permitissem sua realização de forma remota, ferramentas para permitir a identificação de precedentes e de demandas repetitivas e auxílio a magistrados no processo de elaboração de decisões, portais de serviço ao cidadão e advogados, que minimizariam a necessidade de consultas formais e presenciais em cartórios. Informou-se, também, que, no primeiro ano, seriam entregues (a) desenvolvimento e implantação de solução de gestão de casos de processos judiciais para atender ao Juizado Especial Cível (JECs), tanto para 1ª instância quanto para instâncias superiores; e (b) implantação de Portal de Registro de Adoção para auxiliar no encontro de pretendentes cadastrados e crianças e adolescentes em situação de adoção.[174]

O TJSP impôs, como condição da contratação, a copropriedade do Código Fonte, permitindo que pudesse desenvolver, evoluir e sustentar a nova plataforma por equipe própria ou terceirizada, nesse último caso com licitação, o que não ocorre com o sistema atual. Informou, também, que a contratação direta se deu em razão de contrato de encomenda tecnológica, por envolver o desenvolvimento de produto inovador com grande risco tecnológico, conforme previsto no art. 20, *caput* e § 4º, da Lei n. 10.973/2004 – Lei de Inovação – e no art. 24, XXXI, da Lei n. 8.666/1993.

Defendeu a necessidade dessa contratação considerando o volume e a complexidade da Justiça Estadual paulista, responsável por cerca de 25% de todos os processos em andamento no país. Também justificou a impossibilidade de adoção do PJe sob

---

[174] TJSP. "TJSP anuncia desenvolvimento da nova Plataforma de Justiça Digital". *Portal do Tribunal de Justiça do Estado de S. Paulo*. Disponível em: http://www. tjsp.jus.br/Noticias/Noticia?codigoNoticia=55845&pagina=59. Acessado em: 05.07.2019.

a alegação de que o referido sistema não possuía módulo para processos físicos, e que os módulos para processos criminais e de precatórios somente seriam liberados no início de 2019 e, mesmo assim, sem que o primeiro fosse integrado a outros órgãos públicos, ao contrário do que se verificava no sistema utilizado pelo Tribunal paulista. Esclareceu, por fim, que as limitações do sistema PJe exigiriam a manutenção do atual sistema utilizado, com duplicação injustificada de custos com equipes de suporte, desenvolvimento e outros custos relacionados.

No dia seguinte à celebração do contrato, foi determinada a concessão de liminar *ex officio* pelo relator Conselheiro do CNJ responsável pelo processo, por vislumbrar risco à segurança nacional pela manutenção de dados judiciais em nuvem de empresa estrangeira, em solo estrangeiro. Mencionou, ainda, que a contratação foi direta – sem adentrar no mérito da Lei de Inovação ou de sua regularidade – e que o art. 18 da Lei n. 11.419/2006 permite ao CNJ a regulamentação sobre informatização do processo judicial, o que foi feito pela Resolução n. 185/2013, que impõe a observância do sistema único PJe adotado pelo CNJ. Argumentou, também, que, a despeito da relativização que já havia sido concedida ao TJSP para não utilizar o PJe, por força do previsto nos arts. 44 e 45 da referida resolução, a questão deveria ser novamente analisada pelo CNJ, pois existia pretensão para criação de um novo sistema (Acompanhamento de Cumprimento de Decisão n. 0000681-09.2014.2.00.0000).[175]

Em razão dos argumentos expostos em liminar, o TJSP apresentou esclarecimentos jurídicos e técnicos e, ressaltando a segurança do ambiente em nuvem, destacou que inexistia proibição legal para manutenção de dados em nuvem, tanto na Lei Geral de Proteção de Dados, Marco Legal da Internet, quanto na

---

[175] CONSELHO NACIONAL DE JUSTIÇA. *Decisão Liminar proferida em 21.02.2019*, apresentada no Acompanhamento de Cumprimento de Decisão n. 0000681-09.2014.2.00.0000. Disponível em: https://www.migalhas.com.br/arquivos/2019/2/art20190221-09.pdf. Acessado em: 05.07.2019.

CAPÍTULO IV – PAPEL DO CONSELHO NACIONAL DE JUSTIÇA (CNJ)

Lei de Acesso à Informação, e que se trata também de ambiente utilizado pelas instituições financeiras, autorizado pelo Bacen, cujos dados são todos sigilosos. Ressaltou ainda a regularidade da contratação, sobretudo diante da Lei de Inovação, que alterou a Lei de Licitações e reiterou a necessidade de mudança da plataforma, em virtude do esgotamento tecnológico da solução atual, assim como a impossibilidade de adoção do PJe, por ser sistema incapaz sequer de substituir o sistema atual.[176]

Posteriormente, após a manifestação da área técnica do CNJ, foi proferida decisão em 09.04.2019, pelo Plenário do CNJ, a qual autorizou que se efetuassem estudos de soluções alternativas ao PJe, mas não permitiu que fosse contratada a nova empresa – a despeito de o contrato já estar assinado.[177] Nenhuma ressalva foi feita com relação à segurança em nuvem ou à contratação direta. Solicitou-se, posteriormente, que o TJSP prestasse novos esclarecimentos técnicos adicionais sobre o motivo pelo qual a versão 2.1 do PJe não satisfazia as necessidades do TJSP e, também, que demonstrasse o cumprimento da Resolução CNJ n. 211, ou seja, a aprovação da operação pelo Comitê de Governança em TI – muito embora o referido tribunal tenha corroborado a aprovação pela unanimidade dos membros do Órgão Especial e do Conselho Superior da Magistratura em sessão extraordinária realizada no dia 08.04.2019.[178]

---

[176] Vide manifestação apresentada pelo TJSP em 28.02.2019 no Acompanhamento de Cumprimento de Decisão n. 0000681-09.2014.2.00.0000.

[177] Decisão proferida no Acompanhamento de Cumprimento de Decisão 0000681-09.2014.2.00.0000, pelo Plenário do CNJ, na 288ª sessão ordinária, realizada no dia 09.04.2019. A íntegra da sessão pode ser acompanhada em: CONSELHO NACIONAL DE JUSTIÇA (CNJ). *288ª Sessão Ordinária – 9 de abril de 2019*. Disponível em: https://www.youtube.com/watch?v=G-mFVReAgr8Y. Acessado em: 05.07.2019.

[178] GZH. "Órgão Especial do TJ-SP aprova por unanimidade contrato da Microsoft". *GZH*, 09 abr. 2019. Disponível em: https://gauchazh.clicrbs. com.br/politica/noticia/2019/04/orgao-especial-do-tj-sp-aprova-por-unanimi-dade-contrato-da-microsoft-cjua1b0kr00oq01mo0o8iyqby.html. Acessado em: 05.07.2019.

Foi mencionado, em sessão de 09.2019, que houve opção política pela racionalização de recursos orçamentários de todos os tribunais no desenvolvimento de um sistema único.[179]

Interessante observar os conceitos de racionalização de recursos orçamentários de diversos entes federativos distintos por um único órgão de controle central, vinculado à União Federal, e de um sistema de governança colaborativo para desenvolvimento de um sistema de tramitação processual único, imposto obrigatoriamente a todos os representantes do Poder Judiciário de todos os entes federativos brasileiros. Esse sistema é custeado com recursos orçamentários de outros entes federativos, apesar de as decisões que determinam essas despesas serem tomadas por órgão centralizado. São conceitos que, aparentemente, não se encontram na Constituição ou mesmo em lei. Ao contrário, a Constituição, ao disciplinar o exercício de competências privativas e/ou concorrentes entre os diversos entes federativos, efetuou rígido sistema de tributos e regras orçamentárias previstas na Constituição Federal.

A Constituição adota como premissa a distribuição de competências e a imputação do respectivo custeio e, consequentemente, clara identificação do ente federativo responsável, tanto do ponto de vista de sua execução quanto orçamentário. Mesmo para o caso de competências concorrentes, prevê orçamentos próprios, assegurando, com isso, as garantias do autogoverno e da autonomia,

---

[179] "Fizemos a opção política da racionalização dos recursos orçamentários e da governança colaborativa. Atualmente, há 70 tribunais no PJe. Nossas resoluções não cabem ao TJSP? (...) Ninguém explica quais pontos não estão sendo cumpridos. Ideal seria se os estudos fossem para desenvolver a carência do nosso PJe e que o TJSP colaborasse com os demais tribunais da nação, como Pernambuco, que abriu seu sistema para todos. O nosso sistema é bem montado. Se todos desenvolverem um pouquinho não seria a melhor saída para a nossa realidade?" (COELHO, Gabriela. "TJ-SP pode estudar mudanças, mas não fechar acordo com Microsoft, decide CNJ". *Consultor Jurídico*. Disponível em: https://www.conjur.com.br/2019-abr-09/tj-sp-microsoft-podem-continuar-negociando-contrato-decide-cnj. Acessado em: 05.07.2019).

CAPÍTULO IV – PAPEL DO CONSELHO NACIONAL DE JUSTIÇA (CNJ)

sem qualquer previsão da racionalização das respectivas verbas públicas empregadas, como medida indispensável para assegurar a estrutura federativa do Estado brasileiro.

Poder-se-ia, é fato, questionar se a centralização das mais diversas políticas públicas deveria estar exclusivamente a cargo de um órgão centralizador, que se preocuparia com a racionalização de orçamentos. Ocorre, todavia, que seria preciso, previamente, discutir a organização do Estado na forma unitário – o que não foi a opção do constituinte. Na verdade, considerando que a forma federativa é cláusula pétrea, a discussão da adoção de um Estado unitário demandaria a promulgação de nova Constituição.

Houve apresentação de manifestação técnica do setor do CNJ responsável pelo desenvolvimento do PJe.[180] Diante dessa manifestação, o TJSP prestou, então, os esclarecimentos requeridos e informou que o PJe, mesmo na versão 2.1, não substituía nem sequer o sistema atual, pois não possuía módulo para processos físicos, e seu módulo criminal não era integrado com outros órgãos de governo, reiterando argumentos já apresentados. Destacou, também, que, ao contrário do PJe, que tenciona migrar para nuvem utilizando-a exclusivamente como infraestrutura, pretendia usar essa tecnologia como serviço, de modo que se beneficiaria automaticamente, sem custo adicional, de todos os aprimoramentos que a contratada efetuasse em sua plataforma. Apresentou como exemplo o fato de que a nova plataforma seria completamente aderente à Lei Geral de Proteção de Dados (LGPD) e totalmente acessível, de forma nativa, em razão das licenças adquiridas, o que não se verifica em nenhum dos sistemas atuais.[181]

---

[180] Manifestação técnica apresentada no Acompanhamento de Cumprimento de Decisão 0000681-09.2014.2.00.0000.

[181] Manifestação do TJSP apresentada após manifestação técnica no Acompanhamento de Cumprimento de Decisão n. 0000681-09.2014.2.00.0000.

MARIA RITA REBELLO PINHO DIAS

Prosseguindo a análise do processo administrativo em comento, observa-se que posteriormente o TJSP prestou os esclarecimentos adicionais requeridos e, reiterando a inviabilidade técnica de adoção do PJe, propôs a assinatura de termo de cooperação técnica em que cederia ao CNJ para que efetuasse investimentos: (i) aprimoramento do Modelo Nacional de Interoperabilidade (MNI) e da interoperabilidade em si; (ii) criação de portal único do cidadão e de advogados para peticionamento e consulta de processos; (iii) criação de um aplicativo móbil para consulta; (iv) cessão de todas as funcionalidades que fossem desenvolvidas com uso de inteligência artificial no padrão MNI ao PJe.[182]

Em decisão de 25.06.2019, o CNJ indeferiu, impedindo a execução do contrato com o fundamento na impossibilidade de admitir novo pedido do TJSP para relativizar a aplicação da Resolução CNJ n. 185/2013.[183] A questão relativa ao uso de nuvem pública, que fundamentou liminar concedida inicialmente, não foi apontada como aspecto que impedia a aprovação do projeto.

Após oitiva das áreas técnicas do CNJ e superado o receio de armazenamento de dados em nuvem, porquanto foi sinalizado no mesmo julgamento que o emprego dessa nova tecnologia era objetivo também pretendido pelo PJe, o indeferimento do pedido do TJSP se deu pela impossibilidade de permitir a abertura de precedentes para autorização de pedidos de relativização da Resolução n. 185/2013, para projetos que almejam o desenvolvimento de nova solução sem que antes o referido normativo seja revisto.[184]

---

[182] Manifestação do TJSP datada de 13.06.2019 no Acompanhamento de Cumprimento de Decisão n. 0000681-09.2014.2.00.0000.

[183] MIGALHAS. "CNJ nega pedido do TJ/SP para criar sistema processual com Microsoft". *Migalhas*. Disponível em: https://www.migalhas.com.br/Quentes/17,MI305243,21048-CNJ+nega+pedido+do+TJSP+para+criar+sistema+processual+com+Microsoft. Acessado em: 05.07.2019.

[184] "No mesmo sentido, foi o parecer do DTI/CNJ, que asseverou 'a disponibilidade do TJSP em desenvolver um sistema de processo eletrônico a partir do zero, cujo escopo envolve 100% das funcionalidades necessárias ao

CAPÍTULO IV – PAPEL DO CONSELHO NACIONAL DE JUSTIÇA (CNJ)

Além de impedir que o TJSP pudesse obter substancial economia, furtou-lhe a possibilidade de dispor de solução tecnológica que esse tribunal entendia ser a melhor para a tramitação de seus processos.

Interessante observar que, a despeito das manifestações da equipe técnica do CNJ, responsável pelo desenvolvimento do PJe, juntadas no Acompanhamento de Cumprimento de Decisão n. 0000681-09.2014.2.00.0000, no sentido de que esse sistema era satisfatório e capaz de ser instituído como o sistema único a ser adotado por todos os tribunais brasileiros, no dia 03.07.2019, foi publicado parecer do Tribunal de Contas da União, no TC n. 008.903/2018-2, em que se mencionou que a implementação do projeto do sistema eletrônico único resultou em um sistema informatizado de baixa qualidade, com menor segurança, que prejudicava o acesso à justiça e que não resultava em tramitação mais eficiente.[185]

---

funcionamento do Tribunal e plenamente adequadas ao imenso porte daquela Corte, sem qualquer aproveitamento, conversão ou migração de sistemas anteriormente existentes'. Considerações que demonstram o caráter de ruptura com a bandeira defendida pelo CNJ. (...) No caso vertente, portanto, não há como se apartar da ideia de que a pretensão do E. Tribunal Bandeirante, a aspirar repetir o abandono do PJe, caminha em sentido contrário ao entendimento do Conselho" (BARBIÉRI, Luiz Felipe. "CNJ proíbe TJ-SP de executar contrato de R$ 1,32 bilhão com a Microsoft". *G1*. Disponível em: https://g1.globo.com/sp/sao-paulo/noticia/2019/06/25/cnj-proibe-tj-s-p-de-executar-contrato-de-r-132-bilhao-com-a-microsoft.ghtml. Acessado em: 05.07.2019. O voto, na íntegra, pode ser extraído do *link* https://www.conjur.com.br/2019-jun-25/cnj-mantem-suspensao-contrato-tj-sp-microsoft.

[185] "A qualidade tem seu preço, mas a falta de qualidade também. O preço da falta de qualidade é custeado tanto pelos usuários finais, que terão que conviver com um *software* com erros, quanto pela organização que desenvolveu e terá que fazer a manutenção. (...) Além disso, um *software* que não apresenta alta qualidade é mais fácil de ser copiado e, como consequência, o *software* de baixa qualidade pode aumentar indiretamente o risco de segurança. (...) No capítulo anterior, já se tratou dos erros transacionais e não transacionais relacionados ao MNI, os quais são exemplos de baixa qualidade de *software* verificada em sistemas de tramitação processual. Além deles, os atores ouvidos durante a auditoria relataram outros problemas e demandas não satisfatoriamente ou integralmente resolvidos pelo PJe como: a. precariedade na visualização do processo; b. impossibilidade de uso do PJe em *smartphones* pela necessidade

Evidenciou-se, no mesmo relatório, que as diferentes versões do sistema PJe eram usadas por tribunais distintos e não necessariamente se comunicavam entre si, visto que não se assegurou a existência dos padrões necessários de interoperabilidade.[186] [187] [188]

---

de *token* com certificado digital, com prejuízos à acessibilidade para deficientes visuais, pois o PJe necessita de tradutor externo ao emprego dessa funcionalidade; c. exigência de prévio acerto de eventual inconsistência do CPF/CNPJ na Receita Federal para confirmar o cadastro, comprometendo a propositura de uma medida de urgência; d. ausência de funcionalidade de cadastramento e envio de precatórios e RPV ao Tribunal; e. ausência de funcionalidade de contagem e certificação automática de prazos e de trânsito em julgado; f. ausência de lista de checagem automática de validação e alerta ao usuário sobre eventuais pendências no processo como, por exemplo, o depósito judicial; g. ausência de fórum de conciliação eletrônica; h. impossibilidade de pagamento de fiança em meio eletrônico" (p. 21 do relatório do TCU mencionado).

[186] "Devido à ausência de implementação a estrutura de governança da forma prevista na Resolução CNJ 185 de 2013 e Portaria CNJ 26 de 2015, bem como às falhas de formulação da estratégia da política de informatização do processo judicial e às falhas no processo de avaliação, acompanhamento e monitoramento, o atendimento dos interesses das diversas partes interessadas ficou prejudicado, resultando em sistemas informatizados de baixa qualidade, o que prejudica o acesso à justiça ao cidadão e não produz impactos significativos na economia de recursos e no aumento da celeridade do Poder Judiciário (...)" (p. 1 do relatório do TCU mencionado, que pode ser acessado em sua íntegra em COELHO, Gabriela. "TCU manda CNJ parar de mandar dinheiro a tribunais que não usam PJe". *Consultor Jurídico*. Disponível em: https://www.conjur.com.br/2019-jul-03/tcu-manda-cnj-parar-mandar-dinheiro-tribunais-nao-usam-pje. Acessado em: 05.07.2019; e em BRASIL. Tribunal de Contas da União. *Relatório de Auditoria CJF*. Disponível em: https://www.conjur.com.br/dl/tcu-cnj-pje.pdf. Acessado em: 05.07.2019).

[187] "Mesmo os sistemas denominados PJe não são necessariamente iguais. Há diversas versões em funcionamento, cada qual com suas peculiaridades. (...) em maio de 2017, foi veiculada notícia no *site* do CNJ informando que a então Presidente do Conselho, Ministra Cármen Lúcia, anunciou que o órgão investiria na integração entre os sistemas usados pelos tribunais para a tramitação eletrônica dos processos e que flexibilizaria a exigência para que os tribunais adotassem o PJe (...)". (BRASIL. Tribunal de Contas da União. *Relatório de Auditoria CJF*. p. 7. Disponível em: https://www.conjur.com.br/dl/tcu-cnj-pje.pdf. Acessado em: 05.07.2019).

[188] "Assim, observa-se que os critérios adotados para verificar se houve ou não a adoção do MNI pelos Tribunais Regionais Federais são falhos, pois não

CAPÍTULO IV – PAPEL DO CONSELHO NACIONAL DE JUSTIÇA (CNJ)

Apontou, por fim, o baixo índice de satisfação com esse sistema.[189] Interessante observar que o Tribunal de Contas da União, nesse relatório, reconheceu que, em atenção à autonomia administrativa e financeira assegurada aos tribunais no art. 99 da CF, eles poderiam desenvolver sistema, mas que não foi a política adotada.[190]

O caso *supra* evidencia as disfuncionalidades que podem advir da equivocada compreensão dos limites do poder normativo originário outorgado ao CNJ por força da Constituição Federal e, sobretudo, o grave e negativo impacto que pode resultar para o exercício da discricionariedade administrativa por parte dos tribunais.

No caso em análise, evidencia-se que o CNJ exerceu poder regulamentar derivado – conforme inclusive apontado na própria Resolução n. 185/2013, em seus considerandos, indicando artigo de lei em que menciona outorga de competência – para criar política pública que não foi concebida pelo legislador. O legislador não faz alusão à existência de um sistema único, mas, ao contrário,

---

são suficientes para garantir a efetiva e completa interoperabilidade entre os sistemas. A não adoção do MNI, além de falha formal, produz efeitos práticos que serão posteriormente descritos" (BRASIL. Tribunal de Contas da União. *Relatório de Auditoria CJF.* p. 15. Disponível em: https://www. conjur.com.br/dl/tcu-cnj-pje.pdf. Acessado em: 05.07.2019).

189 "Resultado de pesquisa de satisfação: sistema PJe, índice de 37,9%, e-Proc, 78,3%" (BRASIL. Tribunal de Contas da União. *Relatório de Auditoria CJF.* p. 22. Disponível em: https://www.conjur.com.br/dl/tcu-cnj-pje.pdf. Acessado em: 05.07.2019).

190 "Ao Poder Judiciário é assegurada a autonomia administrativa e financeira nos termos do art. 99 da Constituição Federal de 1988. Assim, caso determinado órgão decidisse adotar sistema eletrônico de processamento de ações judiciais, poderia fazer o desenvolvimento por conta própria. Não houve por parte do legislador, em princípio, qualquer preocupação sistemática quanto à integração entre os sistemas que viessem a ser desenvolvidos. Entretanto, em seu artigo 14, a Lei de Processo Judicial Eletrônico ressalvou o seguinte. (...) A situação encontrada é que a política de informatização do processo judicial está fragmentada, sobreposta e com duplicidade" (BRASIL. Tribunal de Contas da União. *Relatório de Auditoria CJF.* p. 11. Disponível em: https:// www.conjur.com.br/dl/tcu-cnj-pje.pdf. Acessado em: 05.07.2019).

parece admitir a possibilidade de mais de um sistema, conforme se infere do art. 14 da Lei n. 11.419/2006 e art. 194 e seguintes do CPC/2015. Logo, nesse ponto, o CNJ parece ter inovado no ordenamento jurídico em matéria de Direito Processual Civil – matéria esta de competência reservada ao Legislativo –, o que parece extrapolar os limites do exercício do poder regulamentar derivado.

O caso narrado anteriormente demonstra a necessidade de maiores esclarecimentos pela Corte Constitucional quanto aos limites do poder normativo originário e do poder normativo derivado do CNJ, sobretudo diante de sua competência constitucional.

O TJSP, no procedimento administrativo em análise, afirmou, por mais de uma oportunidade, a impossibilidade de adoção do PJe, em razão de suas limitações técnicas, e, ao que parece, essa informação não colide com informações técnicas apresentadas em relatório elaborado pelo Tribunal de Contas da União. A proibição de que esse tribunal possa desenvolver sistema que entende ser o mais adequado para a tramitação de seus processos, sugerindo a adoção de alternativa que expressamente o mesmo tribunal não entendia satisfatória, indica situação em que pode, potencialmente, gerar ineficiência ao sistema de justiça, na medida em que impede o exercício de discricionariedade do gestor para identificar solução tecnológica mais adequada para sua realidade.

A situação parece revelar supressão de discricionariedade no exercício da administração dos tribunais, o que, conforme se verá posteriormente neste trabalho, pode representar a proibição de os tribunais terem, a seu dispor, ferramentas tecnológicas que contribuam para melhor gestão judicial. Seria interessante que a Corte Suprema do Brasil se pronunciasse sobre essa supressão de discricionariedade, à luz dos preceitos constitucionais.

As duas resoluções – a Resolução CNJ n. 185/2013 e a Resolução CNJ n. 280/2019 – acabaram sendo questionadas em juízo. A primeira, por via indireta, na Ação Ordinária n. 3.315, ajuizada pelo TJSP em face da União, enquanto a segunda, na

CAPÍTULO IV – PAPEL DO CONSELHO NACIONAL DE JUSTIÇA (CNJ)

ADI n. 6.259, interposta pela Assembleia Legislativa do Estado de São Paulo (Alesp).

O TJSP distribuiu na Justiça Federal, TRF 3ª Região, no dia 13.11.2019, a Ação Ordinária n. 5023638-24.2019.4.03.6100, postulando a declaração do Direito de continuar a utilizar o sistema SAJ, evitando a implantação obrigatória que deveria ocorrer até dia 31.12.2019, do Sistema Eletrônico de Execução Criminal Unificado (SEEU), imposto na Resolução CNJ n. 280/2019. Foi formulado pedido de liminar, indicando como precedente decisão proferida nos autos do Processo n. 5025629-06.2019.4.04.7200, de 04.11.2019, em trâmite perante o TRF 4ª Região, ajuizado pelo TJSC, questionando a mesma resolução. Em suas razões, o TJSP sustenta sua autonomia financeira e administrativa e a necessidade de observância do Pacto Federativo e do princípio constitucional da separação de poderes, em especial, para matérias constitucionalmente reservadas ao Poder Legislativo, como é o caso do Direito Processual, Procedimental e Penitenciário.

Logo depois, a Alesp distribuiu ADI n. 6.259, em face da Resolução n. 280/2019, de relatoria do Ministro Alexandre de Moraes, questionando a referida resolução, sob a alegação de que o CNJ desbordou de sua função constitucional, invadindo matéria de reserva legal e violando a autonomia dos tribunais prevista na Constituição.

Em 16.12.2019, houve deferimento parcial do pedido de liminar na ADI n. 6.259/DF, do Exmo. Min. Relator Alexandre de Moraes, suspendendo os arts. 2º, 3º, 9º, 12 e 13, conforme supramencionado. Nessa decisão, entendeu-se que o CNJ, no exercício da função de controle da atuação administrativa e financeira do Poder Judiciário, somente poderá realizar análise da legalidade do ato, e não do mérito, para a hipótese de atos administrativos discricionários, como é o caso em que devem ser respeitados os juízos de conveniência e oportunidade efetuados pelo administrador, observando os limites legais impostos.

Na liminar proferida na ADI n. 6.259/DF foi manifestado entendimento de que a verificação das razões de conveniência ou de oportunidade dos atos administrativos escapa ao controle administrativo de um órgão externo ao tribunal, ainda que componente da estrutura do Poder Judiciário, ou mesmo do controle jurisdicional, inclusive pelo STF. Por esse motivo, por entender que o constituinte reservou à lei a disciplina do Direito Processual, concluiu que o legislador outorgou aos tribunais a opção da interoperabilidade, de modo que não seria possível ao CNJ impor um sistema único.

Em 17.12.2019, no dia seguinte ao proferimento da mencionada liminar, foi aprovada a Resolução n. 304 pelo CNJ, que, aprovando nova redação para os arts. 3º, 9º, 12 e 13 da Resolução n. 280, não alterou substancialmente os vícios apontados pela Alesp na ADI n. 6.259 e ampliou tão somente o prazo para implantação do SEEU para 30.06.2020.

De qualquer modo, em 11.02.2020, houve manifestação da Procuradoria-Geral da República na ADI n. 6.259, opinando pela manutenção da liminar, em parecer que contou com a seguinte ementa:

> Constitucional e processual. Ação direta de inconstitucionalidade. Resolução 280/2019 do Conselho Nacional de Justiça. Fixação de diretrizes para o processamento da execução penal nos tribunais brasileiros. Determinação de implantação e utilização compulsória de Sistema Eletrônico de Execução Unificado (SEEU). Inobservância da prerrogativa conferida pela legislação nacional aos Tribunais de Justiça para desenvolverem suas próprias soluções de processamento de informações e de acompanhamento de execuções penais. Contrariedade a disposições das Leis 11.419/2006, 12.174/2012 e 13.105/2015. Usurpação de competência legislativa da União (Constituição Federal, art. 24, I e XI, e § 1º). 1. Atuação uniformizadora do CNJ na gestão e organização financeira, orçamentária, administrativa e patrimonial do Judiciário não implica, por si, violação da independência ou do autogoverno daquele poder,

CAPÍTULO IV – PAPEL DO CONSELHO NACIONAL DE JUSTIÇA (CNJ)

mas traduz delimitação da própria autonomia, segundo contornos traçados pelo constituinte reformador por meio da EC 45/2004. 2. Conquanto decorra do art. 103-B, § 4º, da Constituição Federal a atribuição normativa do CNJ para uniformizar questões pertinentes ao processo judicial eletrônico, não é dado àquele órgão normatizar em sentido absolutamente oposto ao de normas gerais editadas pelo Congresso Nacional em tal seara, revisando opções políticas legitimamente adotadas pelo legislador democrático, no exercício da competência conferida pelo art. 24, I e XI, e § 1º, da CF. 3. Ao determinar a implantação e a utilização compulsória do SEEU como sistema único para a tramitação de todos os atos processuais relativos a execuções penais nos entes que compõem a Federação, a Resolução 280/2019 restringiu indevidamente a prerrogativa que as Leis 11.419/2006, 12.174/2012 e 13.105/2015 conferiram aos tribunais para desenvolverem suas próprias soluções de processamento de informações e acompanhamento de execuções penais. 4. Diante do enorme acervo de processos de execução penal em curso no Estado de São Paulo, e tendo em conta os custos e o prazo para a migração de sistemas, justifica-se a suspensão cautelar da eficácia das disposições da Resolução 280/2019, sobretudo daquelas que estabelecem a obrigatoriedade de utilização do SEEU a partir de 31.12.2019. Parecer pela confirmação da medida cautelar deferida monocraticamente.

O TJSP ajuizou, em novembro de 2019, a Ação Ordinária n. 3.315, em face da União, postulando a anulação do ato do CNJ que proibiu *ex officio* a execução do Contrato 061/2019, firmado por aquela Corte com a empresa Microsoft, assim como das respectivas decisões proferidas nos dias 20.02.2019, 14.03.2019, 09.04.2019 e 25.06.2019, no expediente de Acompanhamento de Cumprimento de Decisão n. 0000681-09.2014.2.00.0000 e no Procedimento n. 0002582-36.2019.2.00.0000, alegando a existência de conflito federativo entre a União e Estado-membro, com potencial de desestabilização do próprio pacto federativo, destacando conflito entre competências e atribuições constitucionais do CNJ (mais especificamente sobre a amplitude do art. 103-B, § 4º, da CF) e as garantias constitucionais de autonomia administrativa conferidas ao TJSP por força dos arts. 96, I, *b*, e 99, *caput*, da CF.

O TJSP questionou, também, na Ação Ordinária n. 3.315 a utilização da Resolução CNJ n. 185/2013, que fundamentou as questionadas decisões do Conselho, alegando que a imposição de um sistema obrigatório único – PJe – está em desconformidade com a Lei n. 11.419/2006 e com o Código de Processo Civil de 2015 e, portanto, o exercício de poder regulamentar delegado pela lei processual desbordou da amplitude conferida por lei (alegou tratar-se de reserva de lei).

Ambas as ações, mencionadas anteriormente neste trabalho, não foram julgadas, após pedidos de desistência apresentados nos dois casos, indicando, talvez, que deixou de ser prioridade após 2019. Persiste, portanto, indefinição jurisprudencial sobre limites da competência regulamentar do C. CNJ, sobretudo diante da autonomia assegurada constitucionalmente aos tribunais brasileiros e os parâmetros devidos pelo legislador em matéria de reserva legal.

Em 24.09.2019, a Comissão Permanente de Tecnologia da Informação e Infraestrutura do CNJ promoveu a primeira reunião com o objetivo de aperfeiçoar a política nacional do processo eletrônico, em cumprimento à determinação do Plenário do CNJ.[191]

Em 23.09.2020, foi publicada a Resolução CNJ n. 335/2020, que dispõe sobre a política pública para governança e gestão de processo judicial eletrônico por meio da Plataforma Digital do Poder Judiciário Brasileiro (PDPJ-Br), que, por sua vez, foi apresentada com os seguintes fundamentos:

---

[191] CNJ. "CNJ debate com tribunais nova política nacional de processo eletrônico". *Agência CNJ de Notícias*. Disponível em: https://www.cnj.jus.br/cnj-debate-com-tribunais-nova-politica-nacional-de-processo-eletronico/. Acessado em: 23.09.2020.

CAPÍTULO IV – PAPEL DO CONSELHO NACIONAL DE JUSTIÇA (CNJ)

O núcleo vital do PJe já se encontra depositado em nuvem, à disposição dos Tribunais aderentes. Os recursos e funcionalidades estão sendo desenvolvidos em microsserviços, acopláveis à plataforma, de forma colaborativa pelos diversos tribunais, criando uma espécie de *marketplace*, ajustado a suprir as necessidades e ao porte de cada tribunal. Com a presente Resolução, será reconhecido que além do PJe há outros sistemas públicos e gratuitos, atualmente em produção em vários tribunais; e que os custos de migração para uma plataforma única não seriam compensatórios. Opta-se, portanto, por autorizar sua disponibilização na PDPJ, com o aval do CNJ, mas com o condicionante de que os futuros desenvolvimentos sejam realizados de forma colaborativa, impedindo a duplicação de iniciativas para atender às mesmas demandas, mediante tecnologia e metodologia fixadas pelo CNJ. Ao incentivar e fomentar o desenvolvimento colaborativo, os sistemas públicos hoje existentes, em suas versões originárias, serão tratados todos como "legados" e serão progressivamente "desidratados" ou "modularizados" para a criação de "microsserviços" de forma que em médio prazo naturalmente convirjam para uma mesma solução.

(...)

Para tanto, será mantido e aprimorado o PJe, alterando a atual concepção, de modo a admitir a coexistência de sistemas processuais públicos mediante desenvolvimento colaborativo. O que possibilitará agregar novos Tribunais colaboradores no desenvolvimento de microsserviços. A transformação digital da jurisdição brasileira somente será possível a partir do estabelecimento de padrões de desenvolvimento e operação de *software*, tais como a plataforma única para os modelos de I.A.,[192] computação em nuvem, microsserviços e experiência do usuário.

(...)

---

[192] Inteligência Artificial.

A presente proposta busca o alinhamento de todos os Tribunais do Brasil com a política de sistema de processos eletrônicos públicos e não onerosos. Fortalecendo a interoperabilidade entre sistemas diversos e criando o ambiente para que os tribunais migrem voluntariamente para um sistema único em médio e longo prazo. Destaca-se como pontos principais da proposta apresentada: 1) definição que não se deve permitir, em momento a ser futuramente definido, contratação de sistemas privados, mantendo-se a tradição da não dependência tecnológica, sedimentada de longa data neste Conselho; 2) reconhecer que os sistemas públicos, ou seja, desenvolvidos internamente pelos tribunais, são todos válidos e não estão em total desconformidade à política pública de consolidação da Plataforma Digital do Poder Judiciário, com a premissa de que os novos desenvolvimentos serão realizados no modelo da nova Plataforma; 3) a plataforma tecnológica de processo judicial foi definida como uma política pública; 4) a possibilidade de utilização de nuvem inclusive provida por pessoa jurídica de Direito Privado, mesmo na modalidade de integrador de nuvem (*broker*).

A nova proposta do CNJ reforça a ideia da importância da interoperabilidade entre os sistemas e admite a existência de vários sistemas, desde que públicos – muito embora tal exigência, como visto, não se encontre no Código de Processo Civil.

Além disso, admite e reconhece a utilização de nuvens públicas fornecidas por empresas privadas como uma solução adequada, sendo, inclusive, ferramenta que pretende ser adotada pelo sistema PJe por ele desenvolvido. Considera, também, a possibilidade de coexistência entre diversos sistemas eletrônicos de tramitação de processos, assegurada a interoperabilidade, exigindo, contudo, que seu desenvolvimento e evolução sejam definidos pela equipe técnica do CNJ.

Traz, contudo, uma aparente contradição, visto que, muito embora não admita sistemas privados, sob alegação de afastar riscos

CAPÍTULO IV – PAPEL DO CONSELHO NACIONAL DE JUSTIÇA (CNJ)

de dependência, reconhece o uso de nuvem fornecida por pessoas jurídicas de Direito Privado, o que, considerando o primeiro entendimento, poderia resultar na alegada dependência. A resolução não é clara quanto a essa exigência, no que tange à necessidade de esta ser aplicada, também, para soluções de Inteligência Artificial.

Observa-se, portanto, que, aparentemente, foram superadas algumas objeções apresentadas pelo CNJ ao processo de inovação tecnológica do TJSP, suspenso inicialmente com o argumento de risco à segurança nacional no uso de nuvem pública. A resolução supramencionada parece ter reconhecido, também, a dispensabilidade da imposição de um sistema de tramitação de processo eletrônico único, desde que assegurada a interoperabilidade.

Aparentemente, não apenas a viabilidade técnica da coexistência de diversos sistemas distintos, desde que assegurada a interoperabilidade, e a segurança das nuvens públicas acabaram sendo aceitas pelo Conselho, como também, ao contrário, foram inseridas em sua política pública. Há, ainda que de forma indireta, o reconhecimento de que o sistema processual definido pelo legislador não impõe um sistema único de tramitação processual, visto que a resolução admite a incorporação de sistemas públicos legados e o desenvolvimento de sistemas públicos pelos tribunais – desde que aprovados pelo CNJ e que sejam compartilhados com outros tribunais.

É interessante destacar que a referida resolução menciona, em seu "considerando", que a Lei n. 11.419/2006 autoriza em seu art. 18 a regulamentação pelos órgãos do Poder Judiciário, procurando, assim, regularizar e validar seu normativo em ato legislativo.

Muito embora busque a legitimação em ato legislativo, que lhe teria atribuído competência regulamentar, o CNJ manteve o entendimento, em sua política pública, de que a coordenação do sistema de processo eletrônico tenha que ser por ele centralizado. Não há, contudo, como visto, previsão na legislação processual de que a coordenação do desenvolvimento e evolução dos sistemas de tramitação de processos fiquem a cargo Conselho.

Superadas as objeções técnicas e jurídicas que levaram à suspensão do processo de evolução do sistema de tramitação dos processos eletrônicos do TJSP, remanesce, assim, uma questão relativa à pretensão de o CNJ centralizar a definição de todas as questões relacionadas a esse assunto.

O objetivo desta tese não é se aprofundar nesse questionamento, mas sim analisar aspectos que impactam o melhor gerenciamento dos processos judiciais, e, conforme mencionado, sob essa perspectiva, mostra-se necessária a clara compreensão dos limites de atuação de cada órgão administrativo para tornar mais efetiva a atuação de todos os tribunais e órgãos envolvidos.

Portanto, conforme se verá posteriormente neste estudo, a tecnologia é um importante fator exógeno que contribui para melhor gestão judicial. É sob esse enfoque que a questão está sendo trazida nesta tese, com o objetivo de apontar uma questão que pode tornar mais dificultosa a atuação de cada tribunal para gerenciamento dos processos judiciais que lhe são submetidos.

Logo, seria recomendável que houvesse pronunciamento da Corte Suprema brasileira a respeito dos limites da atuação do CNJ, sobretudo no tocante ao exercício do poder normativo originário e do poder normativo derivado, assim como da discricionariedade dos gestores de cada tribunal, minimizando dúvidas e permitindo célere identificação dos responsáveis por medidas adotadas e que vão repercutir nos processos judiciais.

Mesmo se, porventura, a conclusão da Corte Suprema for no sentido de que a Emenda Constitucional n. 45/2004 permitiu a centralização da decisão de gastos, despesas e investimentos de todos os tribunais no CNJ, há outras questões importantes relacionadas que deverão ser enfrentadas e que também dizem respeito à gestão judicial de processos judiciais. Caso se adote esse entendimento, para

CAPÍTULO IV – PAPEL DO CONSELHO NACIONAL DE JUSTIÇA (CNJ)

que haja adequada gestão, é preciso compatibilizar essa interpretação com outros aspectos constitucionais, como a responsabilidade dos entes federativos e a distribuição orçamentária, propiciando um funcionamento harmônico e sistêmico.

Um exemplo é justamente a Resolução CNJ n. 335/2020 anteriormente referida. Além de ter positivado o entendimento de que é competência do CNJ a definição de um sistema único de tramitação de processos eletrônicos, relativizado e evoluído para uma única Plataforma de Justiça Digital Brasileira, traz previsões de conceitos inovadores, à luz da Constituição Federal. É o caso, por exemplo, do conceito comunitário de colaboração no desenvolvimento e o rateio em contratação nacional, imposto por ato normativo, sem previsão expressa na Constituição, conforme se observa em seus arts. 2º, II, 8º, 9º e 15 a 19.[193]

---

[193] Segundo o art. 2º, II, da referida resolução: Esse conceito de desenvolvimento comunitário é trazido nos arts. 8º e 9º, além dos arts. 15 e 18 do mesmo normativo:

"Art. 8º Qualquer solução pública existente que atenda a todos os requisitos estabelecidos na política de governança e gestão, poderá ser aceita na PDPJ-Br, após aprovação da equipe técnica do CNJ. 'II – implantar o conceito de desenvolvimento comunitário, no qual todos os tribunais contribuem com as melhores soluções tecnológicas para aproveitamento comum; (...)' § 1º Em casos excepcionais será permitido o desenvolvimento de soluções tecnológicas que impliquem em sobreposição, desde que respeitadas as diretrizes da presente Resolução e nos termos previstos no parágrafo único do art. 18 desta Resolução. § 2º O descumprimento da regra prevista no presente artigo poderá ensejar as consequências previstas nos incisos I e II do art. 5º, § 3º.

Art. 9º O Ato da Presidência que disciplinar a política de governança e gestão PDPJ-Br deverá estabelecer também os seguintes requisitos para os sistemas: I – padrões de desenvolvimento, documentação e operação de software; II – padrões de comunicação e interoperabilidade entre sistemas e aplicações; III – arquitetura de desenvolvimento e de infraestrutura; IV – padrão de autenticação; V – permissão para o desenvolvimento compartilhado; VI – definição dos padrões mínimos de interface, com aplicação dos conceitos de usabilidade, acessibilidade e experiência do usuário (*user experience*); VII – disciplina da plataforma única para os modelos de I.A.; VIII – delimitação dos critérios e serviços para computação em nuvem; IX – instituição do desenvolvimento: a) em microsserviços; b) com ampla cobertura de testes; c) com baixo acoplamento e alta coesão; e d) modularizado. Parágrafo único. A política de governança e gestão da PDPJ-Br poderá adotar outros requisitos face a evolução tecnológica da plataforma, nos termos disciplinados por ato da Presidência do CNJ (...).

Art. 15. O projeto PJe, coordenado pelo CNJ, face a seu avançado estágio de desenvolvimento aderente a PDPJ-Br, será mantido e aprimorado capitaneando a nova Plataforma. § 1º A PDPJ-Br proverá aplicações, módulos e microsserviços, em especial o PJe, por meio do conceito de 'nuvem nacional', para todos os integrantes da rede do Poder Judiciário Nacional que já utilizem ou pretendem utilizar solução em nuvem, onde estarão centralizadas todas as bases de dados, documentos e aplicações. § 2º O CNJ coordenará as ações para contratação e implantação da nuvem nacional. § 3º Os custos de processamento de microsserviços específicos, de um integrante da rede do Poder Judiciário Nacional, disponibilizados na PDPJ-Br, bem como o armazenamento das bases de dados e documentos de cada Tribunal, que adotar a PDPJBr na nuvem nacional, deverão ser rateados proporcionalmente, considerando, no mínimo a volumetria, dentre outros quesitos. § 4º A atual nuvem administrada pelo CNJ será mantida, nas mesmas condições e com os mesmos Tribunais integrantes, enquanto a nuvem nacional não for implantada. § 5º As regras para adoção e implantação da nuvem nacional, bem como a utilização e divisão de custos por rateio pelos Tribunais serão regulamentadas em ato próprio da Presidência do CNJ.

Art. 16. Os demais projetos de sistema processual público coordenados por outros Tribunais também poderão ser mantidos e aprimorados para se adequar a PDPJBr, desde que: I – estejam aderentes a plataforma de interoperabilidade entres os sistemas, definida pela Presidência do CNJ; II – seja possível a coexistência mediante desenvolvimento colaborativo; III – seus novos módulos e evoluções sejam disponibilizados na Plataforma Nacional para permitir a utilização por toda a rede do Poder Judiciário.

Art. 17. Tribunais que não possuem projetos de sistema processual público poderão aderir à PDPJ, inclusive colaborando no desenvolvimento de microsserviços. Parágrafo único. As melhorias e evoluções dos sistemas de que trata o caput terão que ser adequadas à PDPJ-Br; e os novos desenvolvimentos deverão tornar-se públicos e compartilhados com todos os Tribunais.

Art. 18. O CNJ coordenará a definição de critérios para evolução de sistemas considerando o conceito de desenvolvimento comunitário, bem como monitorará o desenvolvimento e manutenção dos sistemas legados. Parágrafo único. O CNJ não interferirá no desenvolvimento de soluções tecnológicas pelos Tribunais ainda que sobrepostas a outras já existentes, desde que desenvolvidas na forma da presente Resolução e se mostrem justificadas pelas peculiaridades regionais ou pela metodologia de trabalho adotada no órgão.

CAPÍTULO IV – PAPEL DO CONSELHO NACIONAL DE JUSTIÇA (CNJ)

A mencionada resolução traz diversas reflexões para as quais, aparentemente, não existem respostas imediatas em nosso ordenamento jurídico. Assim, por exemplo, a contratação nacional prevista na referida resolução, capitaneada pelo CNJ de forma impositiva, não parece ser a regra do sistema federativo administrativo, o qual geralmente se circunscreve aos órgãos públicos e respectiva esfera federativa. Nem mesmo a União Federal efetua, em geral, contratações nacionais, mas, sim, restritas aos órgãos da União. Existem hipóteses de organização de forma colaborativa na Constituição Federal, como é o caso do ensino, em que o próprio texto constitucional estabelece regras de rateios e que são disciplinadas em lei, conforme se verifica em seu art. 211.

Surgem, também, nessa situação, como consequência de sua aplicação, outras dúvidas: os Tribunais de Contas do Estado poderiam fiscalizar essas contratações ou apenas o Tribunal de Contas da União? Como definir critérios de rateios sem que haja desrespeito à estrutura federativa ou sem a prévia orientação constitucional sobre a questão? Essa contratação nacional de nuvem é vinculativa aos tribunais ainda que consigam, em âmbito regional, condições mais favoráveis em face de aquisições realizadas por outros órgãos públicos do mesmo Estado? A imposição da contratação de determinado serviço não consistiria na determinação da realização de despesa, e, em caso positivo, como compatibilizar isso com previsão constitucional que fixa a competência para apresentação de propostas orçamentárias? A orientação das diretrizes sobre o desenvolvimento dos sistemas e, consequentemente, sobre suas especificações, que deverão constar em editais de licitação, responsabilizará servidores e/ou o CNJ pelas licitações realizadas? Servidores públicos da União – como é o caso daqueles que

---

Art. 19. Os Tribunais, juntamente com os coordenadores dos projetos vigentes de sistema de tramitação processual eletrônica, deverão promover ações que possibilitem a troca de informações com os demais sistemas e redução dos custos de TIC com ações isoladas".

trabalham no CNJ – podem especificar requisitos para contratações de órgãos estaduais? Se sim, nesse caso, há reponsabilidade da União por essas contratações efetuadas em âmbito estadual? Haveria violação à estrutura federativa quando servidores da União determinam a possibilidade ou não de realização de despesas tecnológicas feitas por outros entes federativos? Apesar de a União não despender recursos com a evolução do sistema, como parece ser o entendimento que decorre da referida resolução, ela seria responsável solidária pelos danos porventura causados por falhas ou erros de programação do sistema desenvolvido por outros entes federativos, uma vez que foi sua equipe de servidores que aprovou e definiu orientações quanto à evolução e desenvolvimento do sistema? Ou, ainda, o ente federativo do tribunal que desenvolveu o sistema, sob orientação dos servidores do CNJ, responderia por todos os prejuízos sofridos em âmbito nacional provocados por erros no referido desenvolvimento?

Questionamentos atinentes à contratação ou a dúvida sobre a competência de órgãos de controle para fiscalização dos órgãos do Poder Judiciário podem gerar incertezas e impor maior retardo na evolução e na incorporação de novas tecnologias aos processos judiciais – fator exógeno de gerenciamento de processos, conforme mencionado. A falta de uma clareza quanto ao regime jurídico aplicável, sobretudo para orientar contratações e definir responsabilidades, pode desestimular ou, ao menos, dificultar contratações e, consequentemente, tornar menos eficiente o manejo das variáveis exógenas pelo gestor. Justamente por esse motivo, seria recomendável que essa questão fosse analisada pelo STF.

Feitas essas observações, razoável concluir que houve expansão no campo de atuação do CNJ desde sua criação, a qual parece decorrer da interpretação abrangente que esse órgão tem de suas competências constitucionais. Essa interpretação abrangente tem levado à edição de normativos que inovam no ordenamento jurídico em matéria reservada pelo constituinte ao legislador, trazendo, portanto, maior complexidade para a organização e administração

CAPÍTULO IV – PAPEL DO CONSELHO NACIONAL DE JUSTIÇA (CNJ)

dos tribunais, assim como para a delimitação ao campo de discricionariedade do gestor, e, como consequência, incrementando a insegurança jurídica e a instabilidade.

A situação supradescrita certamente impacta a gestão judicial, pois guarda direta relação com a administração das Cortes e definição do campo de discricionariedade do gestor. Por esse motivo, concluiu-se, também, que seria recomendável que houvesse pronunciamento da Corte Suprema sobre essa questão e de aspectos correlatos, identificando com clareza os responsáveis pela gestão judicial e suas responsabilidades, além de outras consequências jurídicas.

Apresentados os conceitos de gerenciamento jurídico e de técnica de administração e apontadas as dificuldades de identificar o responsável pela gestão judicial, diante da complexidade administrativa observada como consequência da criação do CNJ, passa-se à última parte deste trabalho, cujo objetivo é identificar fatores passíveis de gerenciamento que impactam a boa tramitação de processos judiciais.

A reflexão acerca do andamento dos processos judiciais levou à constatação de que podem existir fatores exógenos ou endógenos que impactam seu melhor ou pior andamento e o processo de tomada de decisão por magistrados. Por exógenos entendem-se fatores que não têm natureza processual, enquanto, por endógenos, compreendem-se aqueles que a têm, mas que, em qualquer um dos casos, repercutem no tempo de duração do processo e na qualidade da prestação jurisdicional.

Essa reflexão foi provocada pela análise de diversas situações empíricas, que serão posteriormente indicadas.

Em um momento subsequente, verificou-se que era possível organizar esses fatores considerando o destinatário do impacto por eles provocados, que refletia estrutura específica que faz parte do processo de tomada de decisão do magistrado. Constatou-se, também, que a organização desses fatores, considerando esse critério, contribuía para identificar os responsáveis pelo seu tratamento e, consequentemente, permitia desenvolver estratégias e ferramentas que eles poderiam utilizar para obter o melhor aproveitamento desses fatores.

Efetuadas essas constatações, entendeu-se que este trabalho poderia contribuir para expor essa organização dos fatores que impactam o bom andamento do processo, que foram chamados de "dimensões", bem como as estratégias para seu melhor gerenciamento, as "técnicas de gestão". Os exemplos empíricos apresentados evidenciam que essas técnicas podem ser empregadas para auxiliar com a dogmática processual e para a expectativa do legislador no tocante à aplicação e efetividade da legislação processual.

PARTE III

GERENCIAMENTO JUDICIAL BRASILEIRO: DIFERENTES DIMENSÕES DE ANÁLISE

Após a identificação do campo de discricionariedade administrativa permitida aos tribunais, pautada pela premissa constitucional da autonomia administrativa e autogoverno e pelos limites impostos pelo legislador, o qual poderá ser eventualmente completado por regulamento derivado do CNJ, foi possível vislumbrar a extensão do campo de atuação dos tribunais no tocante ao gerenciamento dos fatores – sobretudo os exógenos, os quais são o principal foco de interesse do presente estudo.

Conforme já mencionado anteriormente, a hipótese que este trabalho pretende verificar é sobre a existência de fatores exógenos ao processo e se as dimensões em que se inserem podem ser gerenciadas por magistrados e/ou alta administração dos tribunais, com o objetivo de obter resultados positivos no processo, a saber, maior celeridade e qualidade da prestação jurisdicional.

Desse modo, esta última parte do estudo é dedicada a identificar e analisar esses fatores e as possibilidades de seu gerenciamento, considerando as diversas estruturas orgânicas em que estão inseridas, o que, neste estudo, foi denominado como "dimensões". A sistematização desses fatores nas mencionadas dimensões decorreu da percepção de que cada uma delas possui regras e lógica própria de funcionamento, de modo que sua individualização facilita questionamento quanto à melhor estratégia para seu gerenciamento, com aptidão de contribuir para tornar o processo mais célere e para que a técnica jurídico-processual possa ter melhores resultados. Essa tentativa de sistematização foi feita considerando situações do caso concreto.

Abordar-se-á, no Capítulo V, a importância da existência de índices de aferição de mediação para monitorar o desempenho de cada tribunal, tanto individualmente considerado ao longo do tempo, como em relação aos demais, e, também, como podem auxiliar a verificar e estimular o atingimento dos resultados pretendidos, como, por exemplo, a redução do tempo de tramitação e, eventualmente, se possível, da qualidade da prestação jurisdicional.

No Capítulo VI, efetuar-se-á a identificação e análise das dimensões de gerenciamento existentes e, em especial, o seu potencial para aprimoramento dos serviços prestados pelo Poder Judiciário, apontando-se como exemplos algumas técnicas de gerenciamento verificadas.

CAPÍTULO V

ÍNDICES DE AFERIÇÃO DE PRODUTIVIDADE E QUALIDADE: MONITORAMENTO, CONTROLE, MEDIÇÃO E IDENTIFICAÇÃO DE FATORES EXÓGENOS

Conforme identificado na primeira parte deste trabalho, o conceito de gestão judicial abrange não apenas uma perspectiva jurídica, mas também uma abordagem como técnica de administração. Como conceito jurídico, submete-se a uma análise de licitude e legalidade. Como técnica de administração, busca melhores formas de organização dos fatores que impactam processos de trabalho, tentando potencializar seu uso.

Sob essa perspectiva mais administrativa, gerencial, mostra--se muito importante ter ferramentas que permitam monitorar os processos de trabalho, na tentativa de se identificarem problemas e, também, avaliar a implementação de soluções concebidas para seu enfrentamento, controlando seu resultado, mediante definição de metas, e guiando sua condução, por meio de estipulação de objetivos estratégicos.

Diante de tal constatação, a existência de índices de mediação – seja de desempenho, de produtividade, de qualidade – apresenta-se como importante ferramenta para auxiliar aquele que for responsável pela organização e condução desses processos de trabalho. Os índices de medição podem ser criados mediante a seleção de aspectos específicos do processo que se pretende monitorar, que sejam reputados importantes – tempo de tramitação e quantidade de decisões proferidas, por exemplo – para serem transformados em números e, assim, simplificar a informação recebida, permitindo sua melhor "visualização" e, consequentemente, acompanhamento mais eficaz ao longo do tempo.

Outra importante ferramenta, que propicia melhor compreensão dos desafios existentes na tarefa de organizar os aspectos e fatores envolvidos no processo decisório do magistrado, consiste na compreensão dos aspectos econômicos relacionados. É interessante observar que a abordagem econômica presente no processo decisório do magistrado pode ser vista por alguns enfoques: não apenas do custo em si do referido processo, tanto para o Poder Judiciário e para a sociedade quanto para as partes, sob uma perspectiva estática; como, também, de forma mais dinâmica, tentando compreender os interesses econômicos que podem existir entre as partes em litígio e se a organização da estrutura jurídico-processual para seu enfrentamento pode contribuir para potencializá-los, fomentando maior litigância, ou não. O esclarecimento dessas informações contribui para melhor gerenciamento desses fatores.

Compreender essa perspectiva econômica poderá auxiliar a procura por um uso mais eficiente e com maior economicidade dos recursos e dos fatores envolvidos no processo decisório do magistrado, além de tentar conceber soluções que otimizem e tornem mais racional o uso do Poder Judiciário em si. Evidentemente, é necessário consignar que o exercício de buscas de soluções mais racionais, sob a ótica mais econômica, jamais poderia macular ou vulnerar princípios constitucionais fundamentais como o acesso à justiça.

CAPÍTULO V – ÍNDICES DE AFERIÇÃO DE PRODUTIVIDADE...

O presente trabalho não pretende aprofundar a análise dos índices de medição, muito menos dar uma abordagem econômica à questão do gerenciamento. Pretende apenas chamar a atenção para esses aspectos, que acabam atuando como importantes ferramentas, as quais poderão contribuir para melhor gerenciamento judicial e, por essa perspectiva meramente enunciativa, passar-se-á a abordar essas questões.

5.1 Importância dos índices de medição

A previsão de valores como efetividade e eficiência ao processo judicial – pela Emenda Constitucional n. 45/2004, que inseriu no art. 5º, LXXVIII, o princípio da duração razoável do processo – corrobora a necessidade de adoção de técnicas de gerenciamento de processos, as quais almejam os mesmos fins.

O que é duração razoável? Como saber se um processo está tramitando de forma célere ou vagarosa? É evidente que não basta cotejar os prazos estipulados no Código de Processo Civil com aqueles observados em um processo específico. Além de existirem muitos tempos não considerados no andamento do processo[194] – notadamente aqueles gastos com a produção de atos processuais pelos servidores e magistrados e com o cumprimento de determinações –, os prazos processuais contribuem muito pouco para

---

[194] "Pelos efeitos que demonstrou sobre a prestação jurisdicional, incluo a organização dos serviços cartoriais entre as práticas de gerenciamento de processos. Qualquer estrutura de poder e mais bem analisada em suas 'capilaridades' (Foucault, 2004). Os cartórios são, portanto, objeto privilegiado de análise do poder jurisdicional. Eles têm influência sobre o conteúdo, a forma e o tempo da tutela jurisdicional. Como se diz na prática forense, 'se o cartório não quiser que seu processo caminhe, ele não caminhará'. O processo judicial não deixa de refletir o trajeto de produção de um serviço público, a justiça, de modo que, para gerenciá-lo, é preciso cuidar da organização dos funcionários, dos recursos disponíveis, dos fluxos das rotinas necessárias a esta produção" (SILVA, Paulo Eduardo da. *Gerenciamento de processos judiciais*. São Paulo: Saraiva, 2010, p. 64).

identificar uma referência de tempo adequado para que uma ação seja distribuída e julgada, transitando em julgado.

O ideal seria que, para toda espécie de litígio, existisse uma referência destinada a cada fase do processo, que sinalizaria ao magistrado – responsável pela sua condução – e às partes sobre eventual atraso e/ou ocorrências de desvios que impactariam o tempo adequado de sua tramitação. Com esses "sinalizadores", seria possível ao magistrado identificar com mais facilidade pontos críticos no processo, permitindo-lhe fazer encaminhamento que afastasse risco de demora ou identificar com maior celeridade quando o processo estivesse se afastando desse parâmetro.

A fixação de modelos-padrão para referenciar o controle do tempo de tramitação do processo pelo magistrado contribuiria para a maior concretude do princípio da duração razoável do processo. A dificuldade, contudo, encontra-se na fixação desses modelos de referência. Como saber qual a referência adequada? Como extrair as informações de que se necessita para fixar um modelo adequado?

Mesmo sem tais modelos-padrão, conseguir monitorar as etapas do processo, para verificar aquelas que estão com maiores dificuldades, também é uma forma importante de gestão, pois permite a adoção de medidas rápidas para solucionar o problema.

Existem diversas técnicas para definição de modelos estatísticos adequados – mas não é este o objeto deste trabalho. Pretende-se, apenas, ressaltar a importância da extração de dados necessários para a construção de "processos referência" ou de indicadores que poderão contribuir para o monitoramento dos tempos do processo e de sua produtividade, fundados em modelos estatísticos válidos.

Não se tenciona reduzir o fenômeno processual, ou uma possível definição do conceito de sua eficiência, à análise estatística. Ao contrário, a procura por dados para a formação de informações, utilizando técnicas estatísticas, consiste, apenas, em mais uma ferramenta à disposição do operador do Direito para conseguir

CAPÍTULO V – ÍNDICES DE AFERIÇÃO DE PRODUTIVIDADE...

monitorar o fenômeno processual e, assim, poder adotar estratégias objetivando o aprimoramento da atividade jurisdicional.

A análise estatística possui limitações, uma vez que o Direito é formado também por valores, os quais são de difícil aferição, restringindo-se, portanto, a medir suas manifestações empíricas. Auxilia, contudo, ao menos, a compreender essa realidade e seus desafios, podendo, assim, enfrentá-los melhor.[195]

Os indicadores de desempenho podem se referir à satisfação do usuário, ao desempenho financeiro e operacional,[196] mas devem

---

[195] "É importante reforçar mais uma vez que o Direito não é inteiramente mensurável. Mensuráveis são apenas suas manifestações concretas. Ideias, abstrações e valores não podem ser medidos por serem desprovidos de extensão e de concretude. Além disso, toda a problemática em torno das propostas políticas de transformação e dos ideais de justiça social são contrafactuais e, portanto, não podem ser detectados pela pesquisa empírica, seja ela qualitativa ou quantitativa. E a persuasão da sociedade a respeito dos ideais a serem perseguidos é, sem dúvida, um problema de relevância absoluta, que ultrapassa o escopo da Jurimetria e entra nos limites da Filosofia do Direito. No entanto, outras questões importantes para o funcionamento do Direito podem ser objeto de pesquisas jurimétricas, notadamente aquelas referentes a manifestações externas da ordem jurídica. Tais pesquisas, apesar de não serem suficientes para solucionar todas as questões axiológicas, são, sem dúvida, necessárias para a compreensão da realidade e dos meios mais eficazes para alterá-la. Parece claro que o debate sofre reformas do Poder Judiciário e da lei processual, para citar dois exemplos notórios, passa pela compreensão dos fluxos e do atual estoque de processos jurisdicionais. Se nossa intenção é buscar uma ordem jurídica mais rápida e mais eficaz, antes temos de abandonar intuições, idiossincrasias e palpites eruditos para investigar os fatores reais que afetam o desempenho da ordem jurídica na sua atual conformação. O ponto é: *não se muda aquilo que se ignora*" (NUNES, Marcelo Guedes. *Jurimetria*: como a estatística pode reinventar o Direito. São Paulo: RT, 2016, pp. 169/170).

[196] "Mapear os processos é a primeira etapa de uma gestão de processos efetiva, é um dos trabalhos mais importantes nessa metodologia de gestão. É a construção da principal ferramenta de gerenciamento e melhoria na organização. 6.5. Desempenho dos processos. A gestão de processos tem o seu sistema de decisões baseados em dados quantitativos. Portanto, medir o resultado dos processos é fundamental. Aquilo que não pode ser medido não pode ser avaliado, então fica difícil medir de forma correta as ações a serem implementadas. É exatamente nesta visão que surgiram os indicadores de

ser sempre utilizados para aprimoramento da atividade jurisdicional, sem prejudicar os princípios que a orientam.[197]

Os índices de medição e indicadores de produtividade são importantes, pois permitem controlar, ao longo do tempo, a ocorrência de determinadas variáveis, que denotam funcionamento mais eficaz do sistema judicial. Com isso, podem-se adotar medidas necessárias para melhorarem ou, ao menos, evitar que piorem. Esses índices também desempenham papel fundamental por elencarem determinados aspectos da atuação jurisdicional como prioritários para finalidade de análise e posterior comparação, salientando sua existência à instituição, estimulando-se sua busca.

---

desempenho dos processos organizacionais. Os indicadores de desempenho possuem algumas características, entre elas: – resolução matemática que resulta em uma medida quantitativa, – identificam um estado de um processo ou o resultado deste, – associam-se a metas numéricas preestabelecidas (...)". (FIEL FILHO, Alécio. "Gestão dos processos e a eficiência na gestão pública". *In*: KANAANE, Roberto; FIEL FILHO, Alécio; FERREIRA, Maria das Graças (Coord.). *Gestão pública*: planejamento, processos, sistemas de informação e pessoas. São Paulo: Atlas, 2010, p. 142).

[197] "Veja-se, neste sentido, como a definição em grelha de valores processuais de referência – os quais definem a carga de trabalho tida como adequada para cada magistrado, permitindo uma contingência processual, e, a montante, uma delimitação dos quadros humanos de cada tribunal –, embora essencial como mecanismo de gestão dos fluxos processuais, deve, em cada momento, conviver, dir-se-á umbilicalmente, com uma monitorização dinâmica que descortine as limitações impostas pelas especificidades regionais, pelos índices concretos de saturação processual, pela dimensão de complexidade dos processos ou por fatores tão voláteis como a operacionalidade das unidades orgânicas, em particular das secretarias judiciais. Na área da justiça, a afirmação destes ideários de '*management*' só subsistirá se e enquanto estiver atenta à concomitante consagração de finalidades intrínsecas ao papel dos tribunais. Falamos, naturalmente, das questões, já desenvolvidas nos capítulos anteriores, da independência do poder judicial, mas também das exigências decorrentes do acesso ao direito e de uma tutela judicial efetiva, particularmente na afirmação dos valores e direitos centrais da cidadania" (MATOS, José Igreja; LOPES, José Mouraz; MENDES, Luís Azevedo; COELHO, Nuno. *Manual de gestão judicial*. Coimbra: Almedina, 2015, p. 95).

CAPÍTULO V – ÍNDICES DE AFERIÇÃO DE PRODUTIVIDADE...

Além disso, esses índices chamam a atenção para os fatores que pretendem medir, permitindo que sejam associados a metas. Por conseguinte, contribuem, também, direcionando para o atendimento de determinado resultado.

5.1.1 Análise empírica e uso de ferramentas tecnológicas para tratamento de dados. Definição de metas

A mensuração de eficiência de unidades judiciais é atividade bastante complexa, especialmente porque existem muitas variáveis que interferem em seu desempenho. Não necessariamente um juiz produtivo conseguirá trabalhar no máximo de sua performance, pois depende da produtividade do cartório. Se este não conseguir dar vazão aos pedidos de prestação jurisdicional, representados por petições iniciais e intermediárias, não haverá resultado suficiente do produto de seu trabalho para que possa ser utilizado por magistrados como matéria-prima de sua atividade.

A dificuldade reside, justamente, em identificar esses aspectos que denotam qualidade do serviço jurisdicional: há modelos que elencam a independência, integridade e celeridade dos processos, unicidade do Direito, perícia/conhecimento técnico ou tratamento conferido às partes; outros incluem, também, a qualificação do magistrado.[198]

---

[198] "Embora o pioneirismo provenha dos Estados Unidos da América, também na Europa tem sido intensificadas experiências relativas à avaliação da qualidade dos sistemas de justiça destacando-se as reformas empreendidas na Holanda e Finlândia. Assim, o sistema de qualidade judicial holandês, o *Rechtspraa*, procura avaliar o judiciário em função de cinco parâmetros nucleares (1) independência e integridade; (2) celeridade na condução dos processos; (3) unicidade do direito; (4) perícia ou conhecimentos científicos; (5) tratamento das partes. Para cada uma destas áreas foi desenvolvida uma lista de indicadores e de instrumentos de análise (estatísticas, auditorias, inquéritos de satisfação, enunciação de boas práticas). (...) o finlandês *Quality Benchmark Project* avalia o padrão das atividades do tribunal tendo por referência quatro princípios fundamentais para a qualidade da justiça – função social dos tribunais, acesso à justiça, justiça

A abordagem empírica é um desafio para os operadores do Direito, habituados com teses jurídicas, pautadas por análises doutrinárias, mas em menor grau com a análise de dados estatísticos. O acesso a esses dados, assim como seu tratamento – visto que nem sempre estão parametrizados ou estruturados – e seu cotejo com teses jurídicas existentes, são abordagens menos exploradas no âmbito do Direito, mas nem por isso menos instigantes.

No Brasil, a Resolução CNJ n. 76/2009 instituiu o Sistema de Estatísticas do Poder Judiciário (Siespj), conduzido pelo CNJ. O Siespj traz indicadores estatísticos que reputa fundamentais para compreensão do Poder Judiciário, abrangendo dados de todos os tribunais do país, dividindo-se em:

I. *Insumos, dotações e graus de utilização*:

a) receitas e despesas;
b) estrutura.

II. *Litigiosidade*:

a) carga de trabalho;
b) taxa de congestionamento;

---

processual e confiança nos tribunais – com base em seis parâmetros (*quality benchmarks for adjucation*) suscetíveis de influenciar positiva ou negativamente os tribunais – processo; decisão; tratamento das partes e do público, celeridade do processo, competência e qualificação profissional do juiz; organização e gestão – que se desdobram em 40 critérios de avaliação. (...) Por sua vez, em Espanha, o 'Observatório de la Actividade de la Justicia' organizou um conjunto de dez indicadores para a definição de políticas indutoras de qualidade na administração da justiça. Assim, temos: 1º volume processual (carga de trabalho) dos tribunais, 2º Juízes e magistrados necessários face à carga de trabalho, 3º sentenças proferidas, 4º confirmação de decisões em sede de apelação ou 'suplicación', 5º Confirmação de decisões em sede de cassação; 6º Duração razoável dos processos, 7º cumprimento dos 'módulos judiciales de dedicación', 8º Execução das decisões judiciais; 9º Cobertura das cargas de trabalho pelo sistema judicial, 10º comparação interanual da duração dos processos" (MATOS, José Igreja; LOPES, José Mouraz; MENDES, Luís Azevedo; COELHO, Nuno. *Manual de gestão judicial*. Coimbra: Almedina, 2015, pp. 104/105).

CAPÍTULO V – ÍNDICES DE AFERIÇÃO DE PRODUTIVIDADE...

c) produtividade;
d) recorribilidade.

III. *Acesso à justiça*;

IV. *Tempo do processo.*

Utilizando esses indicadores, é possível comparar cortes e verificar se são mais ou menos eficientes, pois, além de mensurarem o tempo do processo, permitem identificar o quantitativo de processos entrados e os encerrados em qualquer tribunal. Assim, por exemplo, um sistema de justiça será mais eficiente quanto menor sua taxa de congestionamento, e a aferição da carga de trabalho permitirá dimensionar a força de trabalho necessária para melhor enfrentamento de ações. Há, também, uma preocupação de medir os valores investidos no desenvolvimento desse serviço e a estrutura disponibilizada, visto que o monitoramento do resultado, ao longo do tempo, contribuirá para melhor reflexão quanto a seu uso.[199]

---

[199] "A avaliação de um sistema judicial realiza-se através da análise de determinados indicadores: (i) dimensão da oferta (recursos humanos, estruturais e financeiros); (ii) dimensão da procura (variabilidade e complexidade da litigância); (iii) variáveis discerníveis da quantidade, da qualidade da atividade jurisdicional e dos resultados por ela produzidos. Relativamente à dimensão quantitativa, numa abordagem inicial, temos que os indicadores mais utilizados são aqueles que fazem uso de medidas de procura do sistema judicial (processos entrados), da oferta judicial (processos findos) e da procura por satisfazer (processos pendentes). Por aqui se pode apurar a situação de congestionamento (*congestion rate*) ou descongestionamento (*clearance rate*) dos tribunais e, nessa medida, de acumulação (*backlog rate*) ou redução das pendências processuais. Para um bom desempenho do sistema judicial, este deve apresentar uma taxa de congestão baixa, um indicador *clearance rate* com valores próximos a um (ou pelo menos inferiores a um) e a taxa *backlog rate* com valores próximos a um. Para aferição dessa eficiência do sistema judicial falta, do mesmo modo, perceber qual o nível dos custos de funcionamento da justiça na sua articulação com a medida do investimento realizado e com a produtividade conseguida. Essa dimensão econômica de aferição do sistema, já sublinhada em capítulos anteriores, decorre da percepção da finitude dos recursos disponíveis e de sua otimização. Finalmente, no trabalho jurisdicional, resulta obrigatória a mensuração da carga processual (quantidade) com

Necessário assinalar, também, que, para fins desse controle estatístico, o CNJ divide os tribunais em grupos: os de grande, médio ou pequeno porte e aqueles com base em seu segmento de atuação, com a seguinte justificativa:

> O Brasil é um país de extensões continentais. Alguns tribunais de um mesmo ramo possuem realidades muito distintas, sendo recomendável o uso de estatísticas comparativas, levando-se em consideração tais diferenças. Dessa forma, a classificação dos tribunais por porte tem por objetivo criar grupos que respeitem características distintas dentro do mesmo ramo de justiça. Para a classificação por porte, foram consideradas as variáveis: despesas totais; casos novos; processos pendentes; número de magistrados; número de servidores (efetivos, requisitados, cedidos e comissionados sem vínculo efetivo); e número de trabalhadores auxiliares (terceirizados, estagiários, juízes leigos e conciliadores). A consolidação dessas informações foram um escore único, por tribunal, a partir do qual se procede ao agrupamento em três categorias, e segundo o respectivo porte: de grande, médio ou pequeno porte. (...) Outro aspecto relevante é a simetria entre os portes, as regiões geográficas e os dados demográficos. Nota-se que, na Justiça Estadual, as regiões Sul e Sudeste são compostas, basicamente, por tribunais de grande porte (com excepção do TJSC e do TJES). Os cinco maiores tribunais estaduais (TJRS, TJPR, TJSP, TJRJ e TJMG) concentram 64% do Produto Interno Bruto (PIB) nacional e 51% da população brasileira, ao passo que os cinco

---

a composição dessa carga (qualidade), com vista a estabelecer um padrão razoável dos casos ou processos – em que quantidade e em que tempo – que um juiz ou um tribunal pode apreciar e julgar devidamente" (MATOS, José Igreja; LOPES, José Mouraz; MENDES, Luís Azevedo; COELHO, Nuno. *Manual de gestão judicial*. Coimbra: Almedina, 2015, p. 110).

CAPÍTULO V – ÍNDICES DE AFERIÇÃO DE PRODUTIVIDADE...

menores tribunais estaduais (TJRR, TJAC, TJAP, TJTO, TJAL) abarcam apenas 2% do PIB e 3% da população.[200]

A divisão da análise estatística realizada pelo CNJ em "porte" e "segmento de atuação" (Justiça Federal, Estadual, Militar, Eleitoral, Trabalho e Tribunais Superiores) é interessante, pois permite mapear a diversidade das situações dos tribunais brasileiros e, por consequência, perquirir sobre os desafios distintos que deverão ser enfrentados por cada um deles.

Observando da Tabela 1 a seguir, é possível verificar que, em um ano, a Justiça Federal recebeu um total de distribuição de processos novos correspondente a cerca de um quinto do total da distribuição de processos novos recebidos pela Justiça Estadual:

---

[200] CONSELHO NACIONAL DE JUSTIÇA. *Justiça em Números 2019*: Ano-base 2018. Relatório analítico. Brasília: CNJ, 2018, p. 27. Disponível em: https://www.cnj.jus.br/wp-content/uploads/conteudo/arquivo/2019/08/justica_em_numeros20190919.pdf. Acessado em: 07.07.2019.

Tabela 1 – Total anual de distribuições de processos novos

	Casos Novos	Casos Pendentes	% Casos novos – subtotal 1° grau	% Casos pendentes – subtotal 1° grau	% Casos novos – TOTAL	% Casos pendentes – TOTAL
Justiça Estadual	19.579.314	62.988.042	71%	81%	71%	80%
Justiça do Trabalho	3.460.875	4.861.352	13,60%	6%		
Justiça Federal	4.203.804	10.085.536	15,40%	13%		
SUBTOTAL 1° grau	27.243.993	77.934.930				
Justiça Eleitoral	208.968	147.915				
Justiça Militar Estadual	4.831	3.403				
Auditorias Militares da União	1.578	2.090				
Tribunais Superiores	593.595	602.693				
SUBTOTAL demais	808.972	756.101				
TOTAL	28.052.965	78.691.031				

Fonte: CONSELHO NACIONAL DE JUSTIÇA. *Justiça em Números 2019*: Ano-base 2018. Relatório analítico. Brasília: CNJ, 2019.

CAPÍTULO V – ÍNDICES DE AFERIÇÃO DE PRODUTIVIDADE...

Os dados *supra* revelam, ainda, que o estoque da Justiça Estadual equivale a 3,2 vezes a demanda, enquanto na Justiça Federal a proporção do estoque para a demanda é de 2,4.[201]

Esses dados e respectivas constatações permitem orientar a elaboração de inúmeras questões, tais como: esse maior estoque da Justiça Estadual decorre de questões de infraestrutura ou de dificuldades inerentes à complexidade das questões levadas a juízo? Essas perguntas e reflexões, após realização de eventuais pesquisas empíricas de dados, poderão auxiliar a melhor condução da gestão judiciária, para maior eficiência do Poder Judiciário.

Ademais, a segmentação da análise dos tribunais por "porte" contribui para organizar as informações extraídas sobre a litigiosidade em cada Estado da federação, proporcionando melhor conhecimento dos desafios enfrentados e dos problemas a serem superados.

Assim, por exemplo, ao se analisar o perfil da litigiosidade nos tribunais que compõem a Justiça Estadual, responsável por cerca de 70% dos novos casos do Poder Judiciário, é possível verificar que o TJSP responde por cerca de 28% dos processos estaduais e de 20% de todos os processos brasileiros:

---

[201] CONSELHO NACIONAL DE JUSTIÇA. *Justiça em Números 2019*: Ano-base 2018. Relatório analítico. Brasília: CNJ, 2019, p. 80. Disponível em: https://www.cnj.jus.br/wp-content/uploads/conteudo/arquivo/2019/08/justica_em_numeros20190919.pdf. Acessado em: 07.07.2019.

Tabela 2 – Total anual de casos novos e casos pendentes

Justiça Estadual	CASOS NOVOS	CASOS PENDENTES	PORTE
TJSP	5.448.859	20.258.140	Grande
TJRJ	2.044.793	10.946.231	Grande
TJMG	1.717.862	3.942.814	Grande
TJPA	1.078.505	3.790.807	Grande
TJRS	1.460.369	2.981.528	Grande
TJBA	1.333.109	2.769.964	Médio
TJSC	789.166	3.234.602	Médio
TJPE	791.951	2.333.480	Médio
TJGO	541.049	1.568.864	Médio
TJDFT	416.972	654.928	Médio
TJMT	452.679	1.034.803	Médio
TJCE	403.224	1.223.033	Médio
TJES	303.719	932.333	Médio
TJMA	327.959	1.083.266	Médio
TJPA	247.314	1.006.926	Médio
TJMS	354.931	896.972	Pequeno
TJRN	245.590	550.065	Pequeno
TJPR	220.528	671.689	Pequeno
TJAM	220.213	741.489	Pequeno
TJPI	177.286	540.150	Pequeno
TJSE	241.092	350.195	Pequeno
TJRO	248.894	346.271	Pequeno
TJAL	146.885	528.953	Pequeno
TJTO	175.117	319.591	Pequeno
TJAP	76.201	99.146	Pequeno
TJAC	64.192	119.548	Pequeno
TJRR	50.855	62.254	Pequeno

Fonte: CONSELHO NACIONAL DE JUSTIÇA. *Justiça em Números 2019*: Ano-base 2018. Relatório analítico. Brasília: CNJ, 2019.

CAPÍTULO V – ÍNDICES DE AFERIÇÃO DE PRODUTIVIDADE...

A compreensão do perfil da litigiosidade de cada tribunal certamente contribui para melhor gestão dos litígios que lhe são submetidos, na medida em que permite a extração de dados que se transformarão em informação, a qual, por sua vez, orientará o desenvolvimento de soluções mais customizadas de enfrentamento do fenômeno da litigiosidade por cada segmento de atuação do Poder Judiciário. É intuitivo concluir que os desafios enfrentados por um tribunal estadual de pequeno porte, como o TJRR, não são os mesmos que aqueles do TJSP, de grande porte – na verdade, de porte extremo –, seja no tocante a questões de infraestrutura (pessoal, prédios, equipamentos, sistemas), seja relativamente à própria natureza em si dos conflitos.

A classificação do CNJ dos tribunais por "porte" e por "segmento" pode ser um indicativo de que desconsiderar essas particularidades e tratar o fenômeno processual como se tivesse uma forma una e indistinta é uma maneira equivocada de enfrentar essa questão.

O CNJ estipula, também anualmente, "metas" para os diversos tribunais brasileiros, com o intuito de estimular sua atuação em áreas consideradas mais críticas, tais como dar vazão aos processos entrados anualmente[202] e julgar processos mais antigos,[203] ações de improbidade,[204] violência doméstica[205] ou execução fiscal.

Os parâmetros adotados pelo CNJ revelam a complexidade da análise da eficiência do Poder Judiciário. O fato de tais elementos serem calculados com base em critérios parametrizados,

---

[202] Meta Nacional CNJ n. 1: Julgar mais processos que os distribuídos.

[203] Meta Nacional CNJ n. 2: Julgar processos mais antigos.

[204] Meta Nacional CNJ n. 4: Priorizar o julgamento dos processos relativos a crimes contra a administração pública, à improbidade administrativa e aos ilícitos eleitorais.

[205] Meta Nacional CNJ n. 8: Priorizar o julgamento dos processos relacionados ao feminicídio e à violência doméstica e familiar contra as mulheres (Justiça Estadual).

aplicados a todos os tribunais do país, permite sua comparação e, consequentemente, aponta desvios relevantes e padrões de comportamento, o que contribuirá para a identificação de eventuais fatores que impactam o tempo do processo.

As metas nacionais foram criadas pela Resolução CNJ n. 70/2009, que definiu o Planejamento Estratégico do Poder Judiciário. Essa resolução foi posteriormente revogada pelas Resoluções CNJ n. 108/2014 e n. 325/2020, tendo esta última instituído a Estratégia Nacional do Poder Judiciário para 2021-2026. Ainda em conformidade com essas resoluções, o CNJ definirá indicadores de resultados, metas, projetos e ações de âmbito nacional e comuns a todos os tribunais.

As metas inicialmente estipuladas priorizavam o aumento da produtividade judicial, a adoção de soluções alternativas de conflitos, a realização de iniciativas para melhoria do sistema criminal, a busca pela razoável duração dos litígios judiciais e a solução célere dos processos relativos a crimes contra a administração e o patrimônio público e as ações de improbidade administrativa. Evoluíram e, a cada ano, são aprovadas novas metas – reiterando-se anteriores e/ou elegendo-se novas.

As metas nacionais foram aprovadas para 2020, no XIII Encontro Nacional do Poder Judiciário, no total de 12, objetivando, entre outras, estimular o julgamento de ações mais antigas, obter maior produtividade, incentivar a conciliação e priorizar alguns tipos específicos de ações (execuções, ações coletivas, que envolvam a violência contra a mulher, por exemplo).[206]

---

[206] *Meta 1 – Julgar mais processos que os distribuídos (todos os segmentos)* • Superior Tribunal de Justiça, Tribunal Superior do Trabalho, Justiça Federal e Justiça Eleitoral: Julgar quantidade maior de processos de conhecimento do que os distribuídos no ano corrente. • Justiça Estadual: Julgar quantidade maior de processos de conhecimento do que os distribuídos no ano corrente, excluídos os suspensos e sobrestados no ano corrente. • Justiça Militar da União e Justiça Militar Estadual: Julgar quantidade maior de processos de

CAPÍTULO V – ÍNDICES DE AFERIÇÃO DE PRODUTIVIDADE...

conhecimento do que os distribuídos no ano corrente, excluídos os suspensos ou sobrestados. • Justiça do Trabalho: Julgar quantidade maior de processos de conhecimento do que os distribuídos no ano corrente, com cláusula de barreira para tribunais com taxa de congestionamento inferior a 25%.

Meta 2 – Julgar processos mais antigos (todos os segmentos) Identificar e julgar até 31.12.2020: • Superior Tribunal de Justiça: 99% dos processos distribuídos até 31.12.2015 e 95% dos distribuídos em 2016. • Tribunal Superior do Trabalho: 100% dos processos distribuídos até 31.12.2016, e 90% dos processos distribuídos até 31.12.2017. • Justiça Estadual: pelo menos 80% dos processos distribuídos até 31.12.2016 no 1º Grau, 80% dos processos distribuídos até 31.12.2017 no 2º grau, e 90% dos processos distribuídos até 31.12.2017 nos Juizados Especiais e Turmas Recursais. • Justiça Federal: Nos 1º e 2º Graus, 100% dos processos distribuídos até 31.12.2015 e 85% dos processos distribuídos em 2016; e nos Juizados Especiais Federais e nas Turmas Recursais, 100% dos processos distribuídos até 31.12.2017. • Justiça do Trabalho: 92% dos processos distribuídos até 31.12.2018, nos 1º e 2º graus • Justiça Eleitoral: 90% dos processos distribuídos até 31.12.2018. • Justiça Militar da União: 95% dos processos distribuídos até 31.12.2018 nas Auditorias e 99% dos processos distribuídos até 31.12.2018 no STM. • Justiça Militar Estadual: 95% dos processos distribuídos até 31.12.2018 nas Auditorias, e pelo menos 98% dos processos distribuídos até 31.12.2019 no 2º Grau.

Meta 3 – Estimular a conciliação (Justiça Estadual, Justiça Federal e Justiça do Trabalho) • Justiça Estadual: Aumentar o indicador índice de conciliação do Justiça em Números em 2 pontos percentuais em relação ao ano anterior. • Justiça Federal: Fomentar o alcance percentual mínimo de 6% na proporção dos processos conciliados em relação aos distribuídos. • Justiça do Trabalho: Manter o índice de conciliação na fase de conhecimento, em relação ao percentual do biênio 2017/2018.

Meta 4 – Priorizar o julgamento dos processos relativos aos crimes contra a Administração Pública, à improbidade administrativa e aos ilícitos eleitorais (STJ, Justiça Estadual, Justiça Federal, Justiça Eleitoral e Justiça Militar da União e dos Estados) Identificar e julgar até 31.12.2020: • Superior Tribunal de Justiça: 99% das ações de improbidade administrativa e das ações penais relacionadas a crime contra a Administração Pública distribuídas até 31.12.2017 e 85% das ações distribuídas em 2018. • Justiça Estadual: 70% das ações de improbidade administrativa e das ações penais relacionadas a crimes contra a Administração Pública, distribuídas até 31.12.2017, em especial a corrupção ativa e passiva, peculato em geral e concussão. • Justiça Federal: Faixa 1: 70% das ações de improbidade administrativa e das ações penais relacionadas a crimes contra a Administração Pública distribuídas até 31.12.2017. Faixa 2: 60% das ações de improbidade administrativa e

70% das ações penais relacionadas a crimes contra a Administração Pública distribuídas até 31.12.2017. • Justiça Eleitoral: Identificar e julgar, até 31.12.2020, 90% dos processos referentes às eleições de 2018, distribuídos até 31.12.2019, que possam importar na perda de mandato eletivo. • Justiça Militar da União: 99% das ações penais relacionadas a crimes contra a Administração Pública, abrangendo, inclusive, a Lei 13.491/17, distribuídas até 31.12.2018 no STM, e 95% das distribuídas até 31.12.2018 no 1º Grau. • Justiça Militar Estadual: 95% das ações penais relacionadas a crimes contra a Administração Pública, abrangendo, inclusive, a Lei 13.491/17, distribuídas até 31.12.2018 no 1º grau, e pelo menos 95% das distribuídas no 2º Grau até 31.12.2019.

Meta 5 – Impulsionar processos à execução (Justiça Federal e Justiça do Trabalho) • Justiça Federal: Baixar quantidade maior de processos de execução não fiscal que o total de casos novos de execução não fiscal no ano corrente. • Justiça do Trabalho: Baixar quantidade maior de processos de execução do que o total de casos novos de execução no ano corrente.

Meta 6 – Priorizar o julgamento das ações coletivas (STJ, TST, Justiça Estadual, Justiça Federal e Justiça do Trabalho) Identificar e julgar até 31.12.2020: • Superior Tribunal de Justiça: 95% dos recursos oriundos de ações coletivas distribuídos a partir de 01.01.2015. • Tribunal Superior do Trabalho: as ações coletivas distribuídas até 31.12.2017. • Justiça Estadual: 60% das ações coletivas distribuídas até 31.12.2017 no 1º grau, e 80% das ações coletivas distribuídas até 31.12.2018 no 2º grau. • Justiça Federal: Faixa 3: 70% dos processos de ações coletivas distribuídas até 31.12.2016, no 1º e 2º graus. Faixa 2: 80% dos processos de ações coletivas distribuídas até 31.12.2016, no 1º e 2º graus. Faixa 1: 85% dos processos de ações coletivas distribuídas até 31.12.2016, nos 1º e 2º Graus. • Justiça do Trabalho: 95% das ações coletivas distribuídas até 31.12.2017 no 1º grau e até 31.12.2018 no 2º Grau.

Meta 7 – Priorizar o julgamento dos processos dos maiores litigantes e dos recursos repetitivos (STJ e Justiça do Trabalho) • Superior Tribunal de Justiça: Garantir tempo médio de 365 dias da afetação à publicação do acórdão dos recursos repetitivos. • Tribunal Superior do Trabalho: Identificar e reduzir em 3,6% o acervo dos dez maiores litigantes em relação ao ano anterior. • Justiça do Trabalho: Identificar e reduzir em 2% o acervo dos dez maiores litigantes em relação ao ano anterior.

Meta 8 – Priorizar o julgamento dos processos relacionados ao feminicídio e à violência doméstica e familiar contra as mulheres (Justiça Estadual) Identificar e julgar, até 31.12.2020, 50% dos casos de feminicídio distribuídos até 31.12.2018 e 50% dos casos de violência doméstica e familiar contra a mulher distribuídos até 31.12.2019.

CAPÍTULO V – ÍNDICES DE AFERIÇÃO DE PRODUTIVIDADE...

A seguir, na figura 1, o mapa estratégico definido pelo CNJ para os tribunais brasileiros no quinquênio de 2021-2026:[207]

Meta 9 – Integrar a Agenda 2030 ao Poder Judiciário (STJ, Justiça Estadual, Justiça Federal, Justiça do Trabalho e Justiça Militar da União e dos Estados) Realizar ações de prevenção ou desjudicialização de litígios voltadas aos objetivos de desenvolvimento sustentável (ODS), da Agenda 2030.

Meta 10 – Promover a saúde de magistrados e servidores (Justiça do Trabalho e Justiça Militar da União e dos Estados) Realizar exames periódicos de saúde em 20% dos magistrados e 25% dos servidores e promover pelo menos uma ação com vistas a reduzir a incidência de casos de uma das cinco doenças mais frequentes constatadas nos exames periódicos de saúde ou de uma das cinco maiores causas de absenteísmos do ano anterior.

Meta 11 – Promover os direitos da criança e do adolescente (Justiça do Trabalho) Promover pelo menos uma ação visando o combate ao trabalho infantil.

Meta 12 – Impulsionar os processos relacionados com obras públicas paralisadas (Justiça Federal e Justiça Estadual) Identificar e impulsionar, até 31.12.2020, os processos que versem sobre obras públicas paralisadas, especialmente creches e escolas, distribuídos de 31.12.2014 a 31.12.2019.

CONSELHO NACIONAL DE JUSTIÇA. *Metas nacionais 2020.* Disponível em: https://www.cnj.jus.br/wp-content/uploads/2020/01/Metas-Nacionais-aprovadas-no-XIII-ENPJ.pdf. Acessado em: 15.10.2020.

[207] CONSELHO NACIONAL DE JUSTIÇA. *Metas nacionais 2020.* Disponível em: https://www.cnj.jus.br/wp-content/uploads/2020/01/Metas-Nacionais-aprovadas-no-XIII-ENPJ.pdf. Acessado em: 15.10.2020.

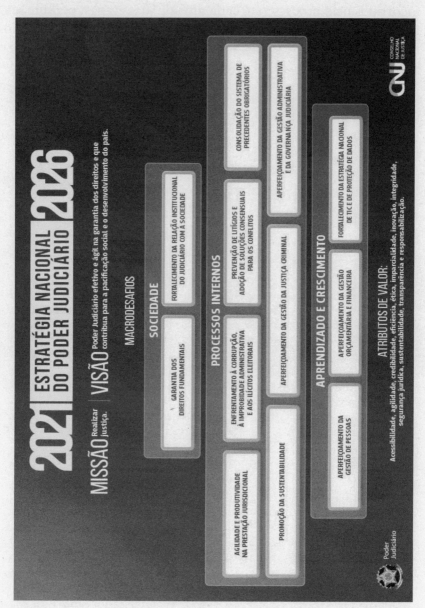

Figura 1 – Mapa estratégico do Poder Judiciário

Fonte: CNJ.

CAPÍTULO V – ÍNDICES DE AFERIÇÃO DE PRODUTIVIDADE...

Conforme mencionado, a análise empírica de fatores aventados como causadores de retardo indevido, assim como dos tempos incorridos pelo processo em cada uma de suas etapas, permite seu acompanhamento ao longo do tempo, viabilizando a identificação e a visualização de padrões médios de comportamento e, consequentemente, de situações atípicas.[208]

A compreensão do padrão médio de comportamento de juízes e tribunais auxiliará a identificar o tempo mínimo necessário para tramitação de processos judiciais, considerando as dificuldades inerentes à sua estrutura. Por outro lado, a verificação de situações que fogem ao padrão, apurada com base em critérios empíricos, contribui para a pesquisa de suas causas de forma mais objetiva, permitindo evidenciar com mais clareza os fatores de atraso, qualificando o controle realizado pelo CNJ e, para os tribunais, maior elucidação das medidas que deverão adotar para seu enfrentamento.

---

[208] "El presente estudio proporciona un conjunto de indicadores que son útiles para distintos cometidos, desde la rendición de cuentas hasta la gestión interna de cualquier unidad del sector justicia. Los indicadores están agrupados em atención a las distintas dimensiones de la justicia que consideramos relevantes, que incluyen, entre otras, la independencia, duración, eficiencia o calidad" (PASTOR, Santos. *Cifrar y descifrar*: Indicadores Judiciales para las Américas. vol. II. Madri: Centro de Estudios de Justicia de las Américas, 2004, p. 3).

"Los indicadores sirven para informar, y mediante esto permiten obtener un conocimiento más preciso de la envergadura de los problemas; ayudan a formular propuestas fundadas, adoptarlas, hacer un seguimiento de ellas y evaluar los resultados que generan. En otras palabras, permiten conocer la situación (diagnosticar), programar, realizar un seguimiento y evaluar cualquier cambio de una organización o sistema. Los usos de los indicadores son variados y dependen del tipo de usuario y los objeticos que persiga. En el caso de los responsables de un servicio em los distintos niveles, facilitan la detección de disfunciones, su tipo y gravedad; permiten fijar objetivos periódicos que orienten la actividad de los órganos y medir la eficacia en su consecución y los costes que conllevan" (PASTOR, Santos. *Cifrar y descifrar*: Indicadores Judiciales para las Américas. vol. II. Madri: Centro de Estudios de Justicia de las Américas, 2004, p. 13).

MARIA RITA REBELLO PINHO DIAS

Esse melhor entendimento do funcionamento do Poder Judiciário e de suas dificuldades, com base em parâmetros objetivos, contribui tanto para o controle administrativo e financeiro mais eficaz dos tribunais e atuação disciplinar de magistrados, bem como para o gerenciamento judicial.

É de ressaltar, no entanto, a dificuldade de obtenção de dados,[209] seja pela ausência de padronização da forma para extração de dados, por deficiências da especificação técnica padrão requerida, ou mesmo pelos critérios mínimos necessários. Importante disciplinar, para envio, para fins de pesquisa e estatística, os parâmetros técnicos mínimos necessários para obtenção dos dados e informações por cada tribunal.

Claro fica, portanto, que o estudo empírico é ferramenta útil para auxiliar o melhor gerenciamento judicial.

5.1.2 Índices estipulados pelo CNJ

Conforme mencionado, existem algumas tentativas de mensuração da produtividade das unidades judiciais, representadas por índices elaborados pelo CNJ. Extraem-se da Resolução CNJ n. 76/2009 alguns indicadores, tais como: a Taxa de Congestionamento

---

[209] "The study of the causes of undue delay in civil litigation is not an easy topic. Empirical data are often not available. Consequently, the Hungarian approach of obliging judges to fill out monthly reports with detailed causes of case postponements may be beneficial, although the administrative burden caused by this approach cannot be disregarded; it might hinder the judges from devoting a sufficient amount of time to adjudicating cases. Given the lack of data, more than once the student of civil procedure needs to rely on the rather impressionistic views that can be found in documents related to new legislation and rules of court. (...) These and similar observations should, in my opinion, be kept in mind when evaluating documents in which the legislature and rule-making authorities express their views on undue delay and the solutions to this problem" (RHEE, Van C.H. "The Law's delay: an introduction". *In*: RHEE, Van C.H (Coord.). *The Law's delay*: Essays on Undue Delay in Civil Litigation. Antuérpia/Oxford/Nova York: Intersentia, 2004, pp. 3/4).

CAPÍTULO V – ÍNDICES DE AFERIÇÃO DE PRODUTIVIDADE...

(TC) e o Índice de Atendimento à Demanda (IAD), produtividade por magistrado ou por servidor, tempo médio por sentença, entre outros. Esses indicadores são apurados em cada tribunal e instância, conforme seu porte, e consolidados em relatórios anuais denominados "Justiça em Números", elaborados pelo CNJ.

As informações constantes nesse relatório anual proporcionam autoconhecimento ao Poder Judiciário, permitindo que se apurem com maior precisão quais os obstáculos a serem superados para se alcançar a maior celeridade do processo. A seguir, serão apresentados alguns desses indicadores, que reputamos mais significativos para mensuração e comparação de tribunais e unidades judiciais, a saber, IAD, TC e IPC-Jus, assim como sua relevância prática para auxiliar a compreender os desafios enfrentados pelo Poder Judiciário para processamento do enorme volume de processos que recebe.

5.1.2.1 Taxa de Congestionamento (TC)

A Taxa de Congestionamento (TC) corresponde ao percentual de processos que não foram baixados em seu grau de jurisdição até o final do período. Aponta o acervo da unidade judicial. Pode ser resumido na seguinte fórmula:

$$TC = \frac{\text{casos pendentes de baixa}}{\text{casos que tramitaram (pendentes de baixa + casos novos)}}$$

Em 2015, o CNJ passou a apurar também a "taxa de congestionamento líquida", que desconsidera os processos suspensos, em arquivo provisório ou sobrestados.

5.1.2.2 Índice de Atendimento à Demanda (IAD)

O Índice de Atendimento à Demanda (IAD) mostra, em tese, a capacidade de o tribunal dar vazão de seus processos diante de novas demandas, impedindo, portanto, o crescimento do acervo de suas unidades. Pode ser resumido na seguinte fórmula:

$$IAD = \frac{total\ de\ baixados}{casos\ novos}$$

Os casos baixados são aqueles em que (i) houve remessa a outros órgãos judiciais competentes, vinculados a outros tribunais, ou (ii) foram remetidos à instância superior/inferior, ou (iii) foram arquivados definitivamente ou, por fim, (iv) em que houve decisão que transitou em julgado com início da liquidação/cumprimento de sentença. Casos pendentes de baixa são todos os outros processos que não se encontram nessa situação.

O CNJ alerta para a possibilidade de que autos que já haviam sido baixados, retornando a tramitar sem configurar um caso novo, engrossam o número de casos que integram o acervo. É o caso de sentenças anuladas nas instâncias superiores, de remessa e retorno de autos entre tribunais em razão do declínio de competência, ou devolução dos processos para instância inferior para aguardar julgamento dos recursos repetitivos ou em repercussão geral. É também o caso do início da fase de cumprimento de sentença.

O ideal é que o IAD permanecesse superior a 100%, indicando a capacidade de o tribunal dar vazão aos processos recebidos, sem gerar, em tese, acervo.

Esses índices são interessantes, pois sua análise pode orientar reflexões e questionamentos acerca da atuação do trabalho do juiz e das serventias e a percepção sobre a efetividade da justiça.

CAPÍTULO V – ÍNDICES DE AFERIÇÃO DE PRODUTIVIDADE...

Os dados colhidos de todos os indicadores, consolidados no relatório "Justiça em Números", revelam informações interessantes e que são extremamente úteis para identificar a atual situação do Poder Judiciário e seus principais gargalos – se são generalizados ou específicos de um tribunal –, permitindo, assim, refletir sobre as causas de eventuais atrasos na prestação de jurisdição e a propositura de estratégias para seu enfrentamento – nacionais e locais.

Assim, por exemplo, analisando-se o quadro a seguir, observa-se que, apesar de crescente a capacidade de o Poder Judiciário continuar a julgar em um ano mais processos do que o número dos que entram (o que é representado pelo IAD superior a 100%), há, ainda, considerável carga de processos pendentes de baixa (TC). Considerando essas constatações, quais seriam as explicações para esse comportamento? Essa situação contribuiria para uma percepção sobre a ineficiência do Poder Judiciário? Levando em conta que há atuação de magistrados para proferimento de sentenças, quais seriam outras formas de reduzir o número de processos pendentes de baixa e quais seriam esses processos? Quais suas características?

Figura 2 – Série histórica da taxa de congestionamento e do índice de atendimento à demanda

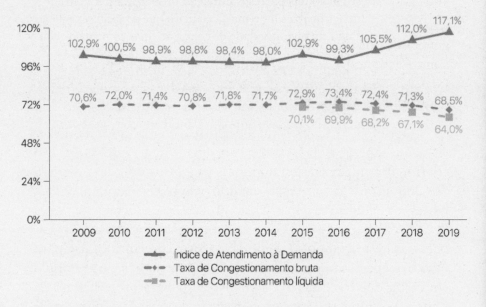

Fonte: CONSELHO NACIONAL DE JUSTIÇA. *Justiça em Números 2020*: Ano-base 2019. Relatório analítico. Brasília: CNJ, 2020, figura 67, p. 113.

Especificamente com relação ao questionamento apresentado acima, o próprio relatório "Justiça em Números" traz observações interessantes, apontando, a partir da análise de dados, comportamentos distintos desses índices quando são considerados na fase de conhecimento do processo e na fase da sua execução.[210]

---

[210] Sobre o conceito de "tempo médio de tramitação de processos", o Relatório *Justiça em Números 2015* esclarece que: "3.6 Tempo Médio de Tramitação dos Processos O tempo médio de tramitação dos processos será apresentado separadamente da seguinte forma: a) da distribuição do processo até a sentença; b) da distribuição do processo até a sua baixa e; c) para os processos pendentes, da distribuição até o final do período de apuração (31.12.2015)" (CONSELHO NACIONAL DE JUSTIÇA. *Justiça em Números 2015*: Ano-base 2014. Relatório analítico. Brasília: CNJ, 2015. Disponível em: https://www.cnj.jus.br/wp-content/uploads/conteudo/

CAPÍTULO V – ÍNDICES DE AFERIÇÃO DE PRODUTIVIDADE...

O que se pode destacar, desde já, é que, paradoxalmente, a fase de conhecimento, na qual o juiz tem que vencer a postulação das partes e a dilação probatória para chegar à sentença acaba sendo mais célere do que a fase de execução que não envolve atividade de cognição, mas somente de concretização do direito reconhecido na sentença ou no título extrajudicial. O Gráfico 3.82 bem ilustra esse paradoxo. Nota-se que a execução (4,3 anos) leva mais que o dobro de tempo do conhecimento (1,5 anos) para receber uma sentença. O dado, contudo, é coerente com o observado na taxa de congestionamento.[211] (...) A Justiça Estadual finalizou o ano de 2015 com aproximadamente 59 milhões de processos em tramitação. Mesmo tendo baixado[212] cerca

---

arquivo/2015/09/204bfbab488298e4042e3efb27cb7fbd.pdf. Acessado em: 15.10.2020). Também o conceito de "processo baixado": "No intuito de apurar o tempo efetivamente despendido no 1º grau de jurisdição, fez-se o cálculo do lapso decorrido entre o protocolo e o primeiro movimento de baixa do processo em cada fase. Também aqui, verifica-se desproporção entre os processos da fase de conhecimento e de execução, o que é esperado, já que a baixa do conhecimento é caracterizada, inclusive, pela entrada no processo na execução, ao passo que a baixa na execução somente ocorre quando de fato o jurisdicionado tem seu conflito solucionado perante a justiça" (CONSELHO NACIONAL DE JUSTIÇA. *Justiça em Números 2015*: Ano-base 2014. Relatório analítico, p. 70. Brasília: CNJ, 2015. Disponível em: https://www.cnj.jus.br/wp-content/uploads/conteudo/arquivo/2015/09/204b-fbab488298e4042e3efb27cb7fbd.pdf. Acessado em: 15.10.2020).

[211] CONSELHO NACIONAL DE JUSTIÇA. *Justiça em Números 2015*: Ano-base 2014. Relatório analítico. Brasília: CNJ, 2015, p. 70. Disponível em: https://www.cnj.jus.br/wp-content/uploads/conteudo/arquivo/2015/09/204b-fbab488298e4042e3efb27cb7fbd.pdf. Acessado em: 15.10.2020.

[212] Conforme o glossário da Resolução CNJ n. 76/2009, consideram-se "baixados" os processos: a) remetidos para outros órgãos judiciais competentes, desde que vinculados a tribunais diferentes; b) remetidos para as instâncias superiores ou inferiores; c) arquivados definitivamente; d) em que houve decisões que transitaram em julgado e iniciou-se a liquidação, cumprimento ou execução. Há situações em que autos já baixados retornam à tramitação sem figurar como caso novo, como ocorre em sentenças anuladas na instância superior, de remessas e retornos de autos entre tribunais em razão de declínio de competência e de devolução dos processos para a instância inferior para aguardar julgamento do STJ em recurso repetitivo ou do STF em repercussão geral. Já,

de um milhão de processos a mais do que o quantitativo ingressado (índice de atendimento à demanda de 105%), o estoque aumentou em 1,7 milhão de processos (3%) em relação ao ano anterior. (...) Tais fatores ajudam a entender por que, apesar de se verificar um número de baixados quase sempre equivalente ao de casos novos, o estoque de processos na Justiça Estadual (59 milhões) continua aumentando desde o ano de 2009, chegando ao triplo do total de casos novos e baixados, conforme o Gráfico 4.18.[213]

O relatório "Justiça em Números" de 2016 destaca o impacto negativo gerado pela fase de execução para o Poder Judiciário, seja em razão do volume, seja em virtude das altas taxas de congestionamento. Esclarece que do acervo na justiça brasileira, de quase 74 milhões de processos pendentes de baixa, no final do ano de 2015, 51,9% se referiam à fase de execução. Interessante que, no relatório "Justiça em Números" de 2020, consta que, do acervo de cerca de 77 milhões de processos pendentes de baixa, 55,8% diziam respeito à fase de execução, muito embora ingressem no Poder Judiciário duas vezes mais casos de conhecimento do que em execução.[214]

O relatório "Justiça em Números" de 2020 indica, na tabela 3 a seguir, a relação das taxas de congestionamento apuradas, conforme dados médios extraídos de todas as competências e instâncias da justiça brasileira:

---

para o mesmo glossário, entende-se por casos "pendentes" todos aqueles que nunca receberam movimento de baixa, em cada uma das fases analisadas.

[213] CONSELHO NACIONAL DE JUSTIÇA. *Justiça em Números 2015*: Ano-base 2014. Relatório analítico. Brasília: CNJ, 2015, p. 70. Disponível em: https://www.cnj.jus.br/wp-content/uploads/conteudo/arquivo/2015/09/204b-fbab488298e4042e3efb27cb7fbd.pdf. Acessado em: 15.10.2020.

[214] CONSELHO NACIONAL DE JUSTIÇA. *Justiça em Números 2015*: Ano-base 2014. Relatório analítico. Brasília: CNJ, 2015, p. 150. Disponível em: https://www.cnj.jus.br/wp-content/uploads/conteudo/arquivo/2015/09/204b-fbab488298e4042e3efb27cb7fbd.pdf. Acessado em: 15.10.2020.

CAPÍTULO V – ÍNDICES DE AFERIÇÃO DE PRODUTIVIDADE...

Tabela 3: Taxa de congestionamento – TC por tipo
de processo, ano 2019

Classificação	TC
Conhecimento Criminal	70%
Conhecimento Não Criminal	56,5%
Total Conhecimento	**58,5%**
Execução Fiscal	86,9%
Execução Extrajudicial não fiscal	82,4%
Execução Judicial Não Criminal	70,6%
Execução Penal Não Privativa de Liberdade	76,4%
Execução Penal Privativa de Liberdade	87,4%
Total Execução	82,4%
Total Geral	**68,5%**

Fonte: CONSELHO NACIONAL DE JUSTIÇA. *Justiça em Números 2020*: Ano-base 2019. Relatório analítico. Brasília: CNJ, 2020, p. 155.

Os dados revelados na tabela 3 são muito ricos para uma reflexão séria sobre o Poder Judiciário. As altas taxas de congestionamento de processos executivos não necessariamente demonstram uma incapacidade de o Poder Judiciário entregar efetiva tutela jurisdicional. Há, sempre, o limite do possível, que se encontra nos bens que compõem o patrimônio do executado.

Esse achado sugere uma reflexão crítica acerca da eficiência das ferramentas disponibilizadas pelo legislador para o processamento de pretensão executória, sobretudo se se considerar o quanto consomem de recursos do Poder Judiciário. Importante realçar que essa taxa de congestionamento não indica os processos que não foram julgados (o que é medido pelo IAD).

O relatório "Justiça em Números" de 2016 aponta que o IAD médio da Justiça Estadual brasileira é de 105%, do que se depreende que julgou número de processos superior àqueles que recebeu em um ano, ou seja, demonstrou capacidade de enfrentar não só seus novos processos, como também seu acervo. Essa informação seria um indicativo de que, apesar das atuais taxas de congestionamento, haveria perspectiva de enfrentar o acervo ao longo dos anos por meio do julgamento.

Ocorre, todavia, que o relatório evidencia que, apesar das taxas de IAD da Justiça Estadual brasileira, houve elevação da TC nos últimos anos, aumentando seu estoque, em 2016, em 3% em relação ao ano anterior.[215]

A análise empírica proporciona, portanto, interessante questionamento: Como explicar o crescimento do acervo, se o IAD aponta que ele está sendo enfrentado? A resposta a essa indagação parece ser a de que o aumento da TC decorre da realização de pedidos de cumprimento de sentença, que fazem com que processos baixados voltem a ser considerados na base de cálculo da TC, como "processos pendentes de baixa". Um processo, ainda que julgado na fase do conhecimento, ao iniciar a fase de execução, será considerado "pendente", para fins de cálculo da TC, uma vez que, efetivamente, está capturando parte dos esforços das unidades judiciais de servidores e magistrados.[216]

---

[215] CONSELHO NACIONAL DE JUSTIÇA. *Justiça em Números 2016*: Ano-base 2015. Relatório analítico. Brasília: CNJ, 2016. Disponível em: https://www.cnj.jus.br/wp-content/uploads/2011/02/b8f46be3db-bff344931a933579915488.pdf. Acessado em: 19.09.2020.

[216] "4.6 Gargalos da execução A cada ano, a publicação do Relatório Justiça em Números destaca o impacto negativo gerado pela fase de execução nos dados de litigiosidade do Poder Judiciário brasileiro, que acumula alto volume processual e alta taxa de congestionamento. As dificuldades para se efetivar a tutela jurisdicional apontam, contudo, para um problema grave, pois, na prática, de pouco adianta envidar esforços para solucionar rapidamente o mérito do conflito, se o Poder Judiciário não consegue entregar, de maneira efetiva, a prestação jurisdicional a quem faz jus" (CONSELHO NACIONAL DE JUSTIÇA. *Justiça em Números 2015*: Ano-base 2014. Relatório analítico. Brasília: CNJ, 2015, p. 118. Disponível em: https://

CAPÍTULO V – ÍNDICES DE AFERIÇÃO DE PRODUTIVIDADE...

Ainda do relatório "Justiça em Números" 2016, já analisado, pode-se constatar que o tempo de duração de processos de execução é quase três vezes superior ao tempo de duração de um processo em fase de conhecimento. Essa informação, aliada ao dado de que os magistrados conseguem enfrentar o volume de distribuição do ano e o seu acervo, permite formular hipótese no sentido de que talvez fosse interessante a elaboração de técnicas legislativas voltadas a analisar e/ou agilizar a tramitação de feitos

---

www.cnj.jus.br/wp-content/uploads/conteudo/arquivo/2015/09/204bfbab488298e4042e3efb27cb7fbd.pdf. Acessado em: 15.10.2020). E também: "O novo Código de Processo Civil deu um passo na direção da execução mais equilibrada, ao criar a necessidade de dotar o credor de mecanismos ágeis e efetivos de satisfação de seus direitos com a menor onerosidade possível para o devedor. Para bem ilustrar o desafio a ser enfrentado, constava na Justiça Estadual um acervo de 59 milhões de processos que estavam pendentes de baixa no final do ano de 2015, dentre os quais, mais da metade (54%) se referiam à fase de execução. Por essa razão, desenvolveu-se uma seção que trata especificamente sobre os processos que tramitaram nesta fase processual. Dentre as execuções, consideram-se, conforme o Gráfico 4.56 as execuções judiciais criminais (de pena privativa de liberdade e pena não-privativa de liberdade), as execuções judiciais não criminais e as execuções de títulos executivos extrajudiciais, segregadas entre fiscais e não fiscais. Os processos de execução fiscal são os grandes responsáveis pela alta litigiosidade da Justiça Estadual, tendo em vista que representam aproximadamente 42% do total de casos pendentes e apresentaram taxa de congestionamento de 91,7%, que é a maior dentre os tipos de processos analisados. (...) Na verdade, como sabido, o executivo fiscal chega a juízo depois que as tentativas de recuperação do crédito tributário se frustraram na via administrativa, levando à sua inscrição da dívida ativa. Na verdade, o processo judicial acaba por repetir etapas e providências de localização do devedor ou patrimônio capaz de satisfazer o crédito tributário já adotadas pela administração fazendária ou pelo conselho de fiscalização profissional sem sucesso, de modo que chegam ao Judiciário justamente aqueles títulos cujas dívidas já são antigas, e por consequência, mais difíceis de serem recuperadas. Basta ver que os processos de execução fiscal representam, aproximadamente, 42% do total de casos pendentes e 79% das execuções pendentes na Justiça Estadual" (CONSELHO NACIONAL DE JUSTIÇA. *Justiça em Números 2015*: Ano-base 2014. Relatório analítico. Brasília: CNJ, 2015, pp. 118/119. Disponível em: https://www.cnj.jus.br/wp-content/uploads/conteudo/arquivo/2015/09/204bfbab488298e4042e3efb27cb7fbd.pdf. Acessado em: 15.10.2020).

executivos, sem prejuízo de medidas de gerenciamento especificamente voltadas para a execução.

O relatório evidencia, também, a dificuldade de enfrentar as execuções fiscais e o prejuízo por elas imposto à entrega da prestação pelo Poder Judiciário de forma global. Salienta-se que as dívidas a serem cobradas, por essas ações, são de difícil recuperação, pois, antes de chegar a juízo, já houve prévia tentativa frustrada, em âmbito administrativo, de recuperação do crédito fiscal, com inúmeras medidas realizadas, nessa esfera, sem sucesso.

O impacto das execuções fiscais na celeridade do andamento dos demais processos não se restringe, apenas, à composição da média do IAD e à TC dos tribunais. Na Justiça Estadual, por exemplo, representa 42% dos casos pendentes, ou seja, uma enorme volumetria acaba capturando a força de trabalho e a estrutura disponíveis no Poder Judiciário (física, prédios, mobiliário, tecnológica e humana), reduzindo sua capacidade de absorver processos pendentes em todas as áreas.[217][218]

---

[217] "Na verdade, como sabido, o executivo fiscal chega a juízo depois que as tentativas de recuperação do crédito tributário se frustraram na via administrativa, levando à sua inscrição da dívida ativa. Na verdade, o processo judicial acaba por repetir etapas e providências de localização do devedor ou patrimônio capaz de satisfazer o crédito tributário já adotadas pela administração fazendária ou pelo conselho de fiscalização profissional sem sucesso, de modo que chegam ao Judiciário justamente aqueles títulos cujas dívidas já são antigas, e por consequência, mais difíceis de serem recuperadas. Basta ver que os processos de execução fiscal representam, aproximadamente, 42% do total de casos pendentes e 79% das execuções pendentes na Justiça Estadual" (CONSELHO NACIONAL DE JUSTIÇA. *Justiça em Números 2015*: Ano-base 2014. Relatório analítico. Brasília: CNJ, 2015, p. 119. Disponível em: https://www.cnj.jus.br/wp-content/uploads/conteudo/arquivo/2015/09/204b-fbab488298e4042e3efb27cb7fbd.pdf. Acessado em: 15.10.2020).

[218] O impacto na produtividade não pode ser atribuído à falta de operosidade dos juízes, até mesmo porque os atos decisórios praticados ao longo da fase de conhecimento são muito mais complexos do que os que são exigidos na fase de execução. A queda sensível na capacidade de concluir a prestação

CAPÍTULO V – ÍNDICES DE AFERIÇÃO DE PRODUTIVIDADE...

Desse modo, razoável construir a hipótese, com base nesses dados, de que parte considerável do "congestionamento" do Poder Judiciário decorre de execuções.

Em interessante estudo conduzido pelo Ipea e pelo CNJ, apurou-se que o custo médio de uma execução fiscal na Justiça Federal de 1º grau é de R$ 4.368,00.[219]

O valor apurado pelo Ipea para o custo da execução fiscal federal e o volume de processos de execução fiscal em andamento nos tribunais brasileiros, além do montante do crédito a

---

jurisdicional se deve, portanto, a questões relativas às dificuldades para a comunicação processual com os devedores, na localização e liquidação de ativos patrimoniais diversos pelo Poder Judiciário, entre outros fatores de natureza mais administrativa do que jurisdicional propriamente dita. Dentro do quadro geral das execuções, pode-se afirmar que o maior problema são as execuções fiscais. Os processos dessa classe apresentam alta taxa de congestionamento, 91,7%. As dificuldades impostas pelo processo de execução refletem-se, ainda, no Índice de Atendimento à Demanda (IAD). O IAD mede a relação dos processos baixados com os casos novos, que é de 105,3% na Justiça Estadual, sendo 93,8% na execução e 109% no conhecimento. O comportamento histórico de um IAD na execução abaixo do patamar de 100% gera, ano após ano, aumento dos casos pendentes. Se a execução fiscal fosse excluída dos cálculos dos indicadores de produtividade, a taxa de congestionamento da Justiça Estadual seria reduzida de 74,8% para 65,8% (-9 pontos percentuais).

[219] "(...) o custo médio da execução fiscal na Justiça Federal de primeiro grau, composto basicamente pelo fator mão de obra, pode ser expresso por dois valores distintos: R$ 4.368,00 e R$ 1.854,23. Em linhas gerais, o primeiro valor reflete o custo ponderado da remuneração dos servidores envolvidos no processamento da execução fiscal ao longo do tempo em que a ação tramita; o segundo valor reflete o custo de remuneração destes servidores em face do tempo operacional das atividades efetivamente realizadas no processo, acrescido do custo fixo (despesas de capital e custeio) estimado em R$ 541,11. A diferença entre os dois valores explica-se pelo fato de que os custos agregados pelo tempo em que o processo permanece parado e pela mão de obra indireta, embutidos no primeiro valor, são excluídos do segundo" (BRASIL. Instituto de Pesquisa Econômica Aplicada. *Custo unitário do processo de execução fiscal na Justiça Federal*: relatório de pesquisa. Brasília: Ipea, 2011, p. 35. Disponível em: https://bibliotecadigital.cnj.jus.br/jspui/handle/123456789/80?mode=full. Acessado em: 10.03.2023).

ser recuperado e seu valor, fazem questionar a forma como essa questão está sendo atualmente enfrentada.

Essas evidências, identificadas com o auxílio de dados empíricos e aplicação de indicadores estatísticos, apontam para a necessidade de uma reflexão crítica sobre as execuções em geral e, em especial, as fiscais, sendo sugestiva de alterações legislativas. Permitem, também, que magistrados e, sobretudo, a própria instituição tenham seu foco de atenção direcionados para essa espécie de processo, tentando descobrir medidas/estratégias para seu melhor enfrentamento, ou seja, gerenciando-o melhor.

Aliás, nesse aspecto, a conclusão do Ipea foi justamente a de que as evidências empíricas indicaram que o que mais impacta o tempo de tramitação do processo é um adequado gerenciamento do processo, inclusive sob uma perspectiva institucional, em vez da pura observância dos prazos legais ou do sistema recursal:

> (...) um dos achados mais importantes deste estudo é que a diferença entre o tempo médio provável de mão de obra diretamente empregada nos executivos fiscais e o tempo total de tramitação do processo está intrinsecamente relacionada ao padrão de gerenciamento processual praticado nas varas da Justiça Federal. A morosidade não resulta significativamente do cumprimento de prazos legais, do sistema recursal ou das garantias de defesa do executado. Tampouco do grau de complexidade das atividades administrativas requeridas. Fundamentalmente, é a cultura organizacional burocrática e formalista, associada a um modelo de gerenciamento processual ultrapassado (ALVES DA SILVA, 2010), que torna o executivo fiscal um procedimento moroso e propenso à prescrição.[220]

---

[220] BRASIL. Instituto de Pesquisa Econômica Aplicada. *Custo unitário do processo de execução fiscal na Justiça Federal*: relatório de pesquisa. Brasília: Ipea, 2011. Disponível em: https://bibliotecadigital.cnj.jus.br/jspui/handle/123456789/80?mode=full. Acessado em: 10.03.2023.

CAPÍTULO V – ÍNDICES DE AFERIÇÃO DE PRODUTIVIDADE...

Como medidas gerenciais, procurando desonerar as demais unidades judiciais, que poderiam surgir diante dessa constatação, tem-se, por exemplo, a criação de estrutura de organização judiciária específica para o processamento dessas pretensões executórias, ou, alternativamente, a adoção de soluções tecnológicas que permitissem a automatização de funções repetitivas. Ambas as hipóteses são válidas e necessitariam de monitoramento empírico para verificar que, se adotadas, contribuiriam para conferir maior celeridade e qualidade à tramitação desses processos.

A constatação empírica aponta no sentido de que a atuação do Poder Judiciário na recuperação de ativos fiscais é morosa e nem sempre efetiva. Vale destacar que, muitas vezes, o valor do crédito a ser recuperado na execução fiscal e que beneficiaria o Estado é inferior ao custo do processo, arcado pelo Estado.

Por outro lado, os dados empíricos também auxiliam para entender os desafios do Poder Executivo quando se refere à recuperação de créditos fiscais.

É de questionar, consequentemente, se, diante da ausência de resultados mais efetivos, a captura da força de trabalho, a estrutura e o tempo do Poder Judiciário se justificam, uma vez que congestionam as unidades judiciais, para o processamento desses feitos, tal como ocorre atualmente. Especificamente com relação às execuções fiscais, as constatações descritas sugerem a revisão da legislação para criar patamares mínimos de valores para autorizar o ajuizamento de execuções, desjudicializando-se as cobranças de valor inferior ao custo do processo para o Estado.

Ademais, diante da necessidade específica de Executivos Municipais, compreender que é efetivamente preciso investir em mecanismos institucionais de gerenciamento das respectivas execuções, para seu aprimoramento, automatizando-as, o que poderia contribuir para a redução do custo de tramitação desses processos de baixo valor.

5.1.2.3 Índice de Produtividade Comparada da Justiça (IPC–Jus)

O IPC-Jud considera o total de processos baixados em relação ao total de processos que tramitaram, o quantitativo de magistrados e servidores (efetivos, requisitados e comissionados sem vínculo) e todas as despesas do tribunal (excetuadas as despesas com pessoal inativo e obras), podendo ser calculado para 1º e 2º graus, de modo que, quanto maior o valor do índice, melhor o desempenho da unidade, que consegue produzir mais com menos. Considera também *inputs* (recursos financeiros, humanos e processos) e os *outputs* (processos baixados), informando que, ao se atentar a este último aspecto, opta por adotar a perspectiva do jurisdicionado, que espera o resultado da atuação do Poder Judiciário.[221]

---

[221] "O método DEA foi desenvolvido por Charnes *et al.* (1978) e aplicado inicialmente com maior frequência na área de engenharia de produção. Recentemente, passou a ser aplicado no Brasil na área forense, com o intuito de medir o resultado de tribunais, como nos artigos de Fochezatto (2010) e Yeung e Azevedo (2009). Trata-se de modelo simples (com poucas variáveis de *inputs* e *outputs*) e, ao mesmo tempo, com alto poder explicativo. Além de selecionar as variáveis de insumos e produtos que comporão a análise, é preciso escolher o tipo de modelo a ser aplicado. Mello *et al.* (2005) detalham de forma bastante didática os tipos de modelos disponíveis. (...) A técnica DEA foi aplicada aos dados do Relatório *Justiça em Números* com o objetivo de verificar a capacidade produtiva de cada tribunal, considerando-se os insumos disponíveis. A seleção das variáveis para a definição dos *inputs* foi feita com o intuito de contemplar a natureza dos três principais recursos utilizados pelos tribunais: os recursos humanos, os financeiros e os próprios processos. A princípio, foram testados métodos de seleção de variáveis, tais como o Método I – O *Stepwise* Exaustivo Completo, o Método Multicritério para Seleção de Variáveis e o Método Multicritério Combinatório Inicial para Seleção de Variáveis (SENRA, 2007). Entretanto, esses modelos favoreceram os *inputs* que tiveram maior correlação linear com o *output* (total de processos baixados), beneficiando, em alguns casos, variáveis semelhantes, como, por exemplo, número de servidores e, logo em seguida, a despesa com pessoal ativo. Sendo assim, o processo de seleção partiu da categorização das variáveis nos critérios definidos a seguir, permitindo-se a utilização em parte do Método Multicritério em conjunto com critérios subjetivos. Os *inputs* foram divididos em: a) *Exógeno (não*

CAPÍTULO V – ÍNDICES DE AFERIÇÃO DE PRODUTIVIDADE...

---

controlável): relativos à própria demanda judicial. Os testes empreendidos levaram em consideração tanto o quantitativo de casos pendentes, quanto o de processos baixados, revelando-se a soma desses, ou seja, o total de processos que tramitaram como variável explicativa para os resultados de eficiência. b) Endógeno (controlável): *Recursos financeiros*: utilizou-se a despesa total de cada tribunal desconsiderando a despesa com pessoal inativo e as despesas com projetos de construção e obras, tendo em vista que tais recursos não contribuem diretamente para a produção ou a produtividade dos tribunais. *Recursos humanos*: como dados de força de trabalho foram utilizados os números de magistrados e de servidores efetivos, requisitados e comissionados sem vínculo, excluídos os cedidos a outros órgãos. Com relação ao *output*, a variável total de processos baixados é aquela que melhor representa o fluxo de saída dos processos do Judiciário sob a perspectiva do jurisdicionado que aguarda a resolução do conflito. Sendo assim, o modelo do IPC-Jus considera o total de processos baixados com relação ao total de processos que tramitaram; o quantitativo de magistrados e servidores (efetivos, requisitados e comissionados sem vínculo); e a despesa total do tribunal (excluídas as despesas com pessoal inativo e com obras). (...) Como resultado da aplicação do modelo DEA, tem-se um percentual que varia de 0 (zero) a 100%, revelando que, quanto maior o valor, melhor o desempenho da unidade, significando que ela foi capaz de produzir mais (em baixa de processos) com menos recursos disponíveis (de pessoal, de processos e de despesas). Essa é a medida de eficiência do tribunal, aqui denominada por IPC-Jus. Adicionalmente, ao dividir o total de processos baixados de cada tribunal por seu respectivo percentual de eficiência alcançado, tem-se a medida do baixado ideal (ou *target*), que representa quanto o tribunal deveria ter baixado para alcançar a eficiência máxima (100%) no ano-base. É importante esclarecer que o baixado ideal é uma métrica que analisa o passado e não o futuro, ou seja, significa que, caso o tribunal tivesse conseguido baixar a quantidade de processos necessários conforme o modelo comparativo, teria, em 2015, alcançado a curva de eficiência. Não quer dizer, entretanto, que o tribunal baixar essa mesma quantidade, ou até mais, no ano subsequente, o alcance da eficiência ocorreria. Dessa forma, o IPC-Jus considera o resultado alcançado no passado com base nos recursos disponíveis naquele ano e coloca na fronteira aqueles que conseguiram produzir mais, com menos insumos. Portanto, as mudanças dos insumos e dos produtos dos demais tribunais no próximo ano irão realocar a curva da fronteira e, consequentemente, a posição do tribunal em face dos demais" (CONSELHO NACIONAL DE JUSTIÇA. *Justiça em Números 2019*: Ano-base 2018. Relatório analítico. Brasília: CNJ, 2019, pp. 20/21. Disponível em: https://www.cnj.jus.br/wp--content/uploads/conteudo/arquivo/2019/08/justica_em_numeros20190919.pdf. Acessado em: 07.07.2019).

5.1.2.4 Outros indicadores

A breve análise, realizada em três indicadores utilizados pelo CNJ, evidencia sua relevância para compreender o fenômeno da litigiosidade brasileira, e pode contribuir para apurar causas e apontar soluções. Existem, ainda, outros indicadores de desempenho adotados pelo CNJ para analisar a litigiosidade por segmento de justiça e fase do processo, a seguir descritos, conforme se extrai do Relatório "Justiça em Números" de 2020:

(i) *Casos Novos por Magistrado*: indicador que relaciona o total de processos ingressados de conhecimento e de execução extrajudicial com o número de magistrados em atuação, não computadas as execuções judiciais.

(ii) *Casos Novos por Servidor*: indicador que relaciona o total de processos ingressados de conhecimento e de execução extrajudicial com o número de servidores da área judiciária, não computadas as execuções judiciais.

(iii) *Carga de Trabalho por Magistrado*: este indicador calcula a média de trabalho de cada magistrado durante o ano de 2019. É dado pela soma dos processos baixados, dos casos pendentes, dos recursos internos julgados, dos recursos internos pendentes, dos incidentes em execução julgados e dos incidentes em execução pendentes. Em seguida, divide-se pelo número de magistrados em atuação. Cabe esclarecer que, na carga de trabalho, todos os processos são considerados, inclusive as execuções judiciais.

(iv) *Carga de Trabalho por Servidor*: mesmo procedimento do indicador anterior, porém com a divisão pelo número de servidores da área judiciária;

(v) *IPM* (índice de produtividade dos magistrados): indicador que computa a média de processos baixados por magistrado em atuação.

CAPÍTULO V – ÍNDICES DE AFERIÇÃO DE PRODUTIVIDADE...

(vi) *Índice de processos eletrônicos*: indicador que computa o percentual de processos ingressados eletronicamente (divisão do total de casos novos eletrônicos pelo total de casos novos, exceto as execuções judiciais).

(vii) *Recorribilidade interna*: indicador que computa o número de recursos internos interpostos em relação ao número de decisões terminativas e de sentenças proferidas. Refere-se ao número de recursos endereçado ao mesmo órgão jurisdicional prolator da decisão recorrida e o número de decisões por ele proferidas. Consideram embargos declaratórios e infringentes, os agravos internos e regimentais.

(viii) *Recorribilidade externa*: indicador que computa o número de recursos encaminhados aos tribunais em relação ao número de acórdãos e decisões publicadas. Considera a proporção entre o número de recursos dirigidos a órgãos jurisdicionais de instância superior ou com competência revisora em relação ao órgão prolator da decisão e o número de decisões passíveis de recursos dessa natureza. São computados, por exemplo, recursos como apelação, agravo de instrumento, os recursos especiais e extraordinário.[222]

Esses índices foram selecionados pelo CNJ, que objetivava medir aspectos que reputa importantes para o Poder Judiciário, tais como acesso à justiça, produtividade de magistrados e servidores. Nada impede, contudo, que outros índices sejam criados.

Esses índices também podem ser utilizados para proporcionar interessantes *insights*, que ajudam a compreender melhor o perfil da litigiosidade brasileira e, assim, auxiliar a desenvolver soluções.

---

[222] CONSELHO NACIONAL DE JUSTIÇA. *Justiça em Números 2019*: Ano-base 2018. Relatório analítico. Brasília: CNJ, 2018, pp. 92 e 120. Disponível em: https://www.cnj.jus.br/wp-content/uploads/conteudo/arquivo/2019/08/justica_em_numeros20190919.pdf. Acessado em: 07.07.2019.

Um exemplo interessante se observa quando se analisa a taxa de recorribilidade externa, que leva à conclusão de que, em média, chegam aos tribunais de 2º grau 8% das decisões de 1º grau e, aos tribunais superiores, 25% das decisões de 2º grau.[223]

Diante da constatação apresentada no parágrafo anterior, muito embora se reconheça a importância do sistema de precedentes, inovação trazida pelo Código de Processo Civil de 2015, constatam-se os limites de seu alcance para auxiliar o Poder Judiciário a enfrentar a crescente litigiosidade. O índice médio de recorribilidade externo era 12,6% em 2016, passou a ser de 10,8% em 2019 – número que pode parecer contraintuitivo, considerando vivência prática.[224] Seria interessante verificar o perfil

---

[223] "Os índices de recorribilidade externa tendem a ser maiores entre o 2º grau e os tribunais superiores, do que entre o 1º e 2º grau. Chegam aos Tribunais de 2º grau 8% das decisões de 1º grau, e chegam aos tribunais superiores 25% das decisões de 2º grau. Mas os números variam significativamente entre os segmentos de justiça. A justiça trabalhista é a única que apresenta comportamento inverso, pois a recorribilidade do 1º para o 2º grau (57%) supera a do 2º grau para o TST (41%). Em ambas as instâncias, trata-se do segmento com maior recorribilidade externa no Poder Judiciário. A recorribilidade dos juizados especiais para as turmas recursais é maior do que da justiça comum para o 2º grau, tanto na Justiça Estadual quanto na Justiça Federal. Das decisões proferidas nos JEFs, 25% chegam às turmas recursais e das decisões proferidas nas varas federais, 13% chegam aos TRFs. Na Justiça Estadual, a recorribilidade externa é de 11% nos Juizados Especiais e de 5% nas varas estaduais" (CONSELHO NACIONAL DE JUSTIÇA. *Justiça em Números 2019*: Ano-base 2018. Relatório analítico. Brasília: CNJ, 2019. Disponível em: https://www.cnj.jus.br/wp-content/uploads/conteudo/arquivo/2019/08/justica_em_numeros20190919.pdf. Acessado em: 07.07.2019).

[224] "(...) Entendemos que o método de cálculo (decisões recorríveis *vs.* recursos efetivamente interpostos) é correto. Todavia, dado o método considerar números como 34,5% de recorribilidade interna nos tribunais superiores (excluído o STF), ou mesmo os apenas 9,5% de recorribilidade externa na Justiça estadual, como *percentuais baixos* e distintos do senso comum sobre o sistema recursal brasileiro é, para nós, um erro grosseiro. (...) Em resumo, o relatório classifica como baixos os índices de recorribilidade simplesmente porque parte da premissa de que o recurso é a regra. Nossa posição, diametralmente oposta, considera que a interposição de recursos deveria ser a exceção. Para alterar essa dura realidade, muitas mudanças são necessárias,

CAPÍTULO V – ÍNDICES DE AFERIÇÃO DE PRODUTIVIDADE...

dessa recorribilidade, sua volumetria, para compreender melhor a abrangência do sistema de precedentes.

Válido constatar que a análise conjunta dos índices das taxas de recorribilidade e TC de cada uma das fases processuais, considerando as observações realizadas sobre ambas neste trabalho, apenas reforça a necessidade de reflexão sobre o processamento de execuções.

De qualquer modo, o exemplo supra-apresentado evidencia como é interessante e produtivo o acompanhamento de índices de medição de desempenho, contribuindo para aprimoramento da reflexão crítica sobre problemas processuais cotidianos e possíveis alternativas para seu enfrentamento.

A tabela 4 a seguir, elaborada pelo CNJ, indica o papel relevante da coleta de dados para a compreensão dos desafios relativos à tramitação de feitos na justiça brasileira. Aponta os números relacionados à atuação do Poder Judiciário, considerando as "entradas" (casos novos) e as "saídas" (processos baixados), além dos casos pendentes, assim como sua variação de um ano para outro.

Traz, também, indicadores de produtividade (IAD, TC) das unidades judiciais, incluindo sua variação de um ano para outro, e indicadores de gestão (índice de conciliação, recorribilidade externa e interna e processo eletrônico). Ao final, aponta a carga de trabalho de servidores e magistrados.

A análise conjunta dessas informações permite, com base nos indicativos, compor um quadro diagnóstico e, assim, aventar hipóteses de solução. Propicia verificar a carga total de trabalho, a

---

mas pensamos que o desenho correto do princípio da cooperação pode colaborar bastante, principalmente pela criação de um ambiente cooperativo que desestimule o uso dos recursos" (WOLKART, Erik Navarro. *Análise econômica do processo civil*: como a economia, o Direito e a psicologia podem vencer a tragédia da justiça. São Paulo: RT, 2019, pp. 72/73).

carga individual média de trabalho, sua produtividade e capacidade de enfrentar acervos, além da utilização de medidas de gestão, para, de posse dessas constatações, ter uma boa compreensão da realidade do Poder Judiciário e elaborar planejamento estratégico para seu enfrentamento. Trata-se, portanto, de importante ferramenta de apoio à gestão judicial.

As constatações obtidas com o uso de dados empíricos podem, inclusive, contribuir para a aplicação das soluções processuais para enfrentamento do fenômeno da litigiosidade. A análise efetuada *supra*, dos diferentes IADs e TCs das diferentes fases processuais, aliada aos levantamentos do custo unitário de um processo, é, por exemplo, sugestiva de adoção de medidas legais para melhor tratamento das execuções, em especial, as execuções fiscais.

Inegável, portanto, a importância de dados empíricos e seu tratamento por índices de desempenho/gestão para a compreensão. A seguir, a tabela 4 extraída do Relatório "Justiça em Números" 2020:

CAPÍTULO V – ÍNDICES DE AFERIÇÃO DE PRODUTIVIDADE...

Tabela 4 – Litigiosidade

	Justiça Estadual	Justiça do Trabalho	Justiça Federal	Justiça Eleitoral
Movimentação processual				
Casos novos	20.669.278 ↑ 4,3%	3.530.197 ↑ 2,0%	5.201.412 ↑ 23,7%	93.429 ↓ -54,6%
Criminal	2.566.017 ↓ -0,2%	-	111.911 ↓ -7,0%	2.592 ↓ -3,9%
Não criminal	18.103.261 ↑ 4,9%	3.530.197 ↑ 2,0%	5.089.501 ↑ 24,6%	90.837 ↓ -55,2%
Julgados	22.881.729 ↑ 14,2%	4.026.010 ↓ -7,8%	3.963.302 ↓ -2,9%	129.325 ↓ -18,8%
Criminal	2.624.858 ↓ -6,7%	-	79.912 ↑ 2,6%	3.297 ↑ 6,1%
Não criminal	20.256.871 ↑ 17,6%	4.026.010 ↓ -7,8%	3.883.390 ↓ -3,0%	126.028 ↓ -19,3%
Baixados	24.997.305 ↑ 13,2%	4.185.708 ↓ -3,9%	5.359.157 ↑ 21,6%	171.862 ↓ -15,8%
Criminal	2.958.184 ↑ 8,8%	-	153.832 ↑ 26,5%	3.782 ↑ 14,7%
Não criminal	22.039.121 ↑ 13,8%	4.185.708 ↓ -3,9%	5.205.325 ↑ 21,5%	168.080 ↓ -16,3%
Casos pendentes	61.209.295 ↓ -2,7%	4.533.771 ↓ -6,7%	10.636.165 ↑ 5,5%	60.794 ↓ -59,1%
Criminal	6.813.666 ↓ -0,5%	-	207.361 ↓ -3,2%	6.563 ↓ -25,9%
Não criminal	54.395.629 ↓ -3,0%	4.533.771 ↓ -6,7%	10.428.804 ↑ 5,6%	54.231 ↓ -61,2%
Indicadores de produtividade				
IAD (baixados/cn)	121% ↑ 9,53 p.p.	119% ↓ -7,24 p.p.	103% ↓ -1,77 p.p.	184% ↑ 84,66 p.p.
Taxa de congestionamento	71% ↓ -3,01 p.p.	52% ↓ -0,75 p.p.	66% ↓ -3,1 p.p.	26% ↓ -15,98 p.p.
Taxa de congest. líquida	68% ↓ -3,4 p.p.	43% ↓ -2,28 p.p.	54% ↓ -1,77 p.p.	24% ↓ -16,41 p.p.
Indicadores de gestão				
Índice de conciliação	11% ↓ -0,58 p.p.	24% ↓ -0,31 p.p.	11% ↑ 3,28 p.p.	0,2% ↓ -0,31 p.p.
Recorribilidade externa	7% ↓ -0,65 p.p.	51% ↑ 0,83 p.p.	20% ↑ 0,76 p.p.	2,9% ↓ -4,07 p.p.
Recorribilidade interna	8% ↓ -0,49 p.p.	20% ↑ 2,81 p.p.	10% ↑ 0,04 p.p.	2,2% ↓ -1,97 p.p.
Processos eletrônicos	88% ↑ 4,54 p.p.	99% ↑ 1,16 p.p.	94% ↑ 12,49 p.p.	8,2% ↓ -24 p.p.
Indicadores por magistrado				
Casos novos	1.571 ↑ 5,8%	821 ↑ 1,5%	2.146 ↑ 2,7%	33 ↓ -54,6%
Carga de trabalho	7.715 ↑ 3,4%	2.927 ↓ -4,8%	9.107 ↑ 8,8%	84 ↓ -34,1%
Carga de trabalho líquida	6.981 ↑ 3,1%	2.497 ↓ -6,7%	6.745 ↑ 14,8%	82 ↓ -34,2%
Processos Julgados	1.987 ↑ 16,5%	1.216 ↓ -8,0%	2.178 ↓ -4,1%	46 ↓ -18,8%
IPM (baixados)	2.171 ↑ 15,5%	1.264 ↓ -4,0%	2.945 ↑ 20,1%	61 ↓ -15,8%
Indicadores por servidor da área judiciária				
Casos novos	132 ↑ 3,4%	95 ↑ 6,0%	187 ↑ 7,8%	8 ↓ -44,9%
Carga de trabalho	646 ↑ 1,1%	339 ↓ -0,6%	792 ↑ 14,2%	21 ↓ -20,2%
Carga de trabalho líquida	585 ↑ 0,8%	289 ↓ -2,6%	586 ↑ 20,6%	20 ↓ -20,3%
IPS-Jud (baixados)	182 ↑ 13,0%	146 ↑ 0,2%	256 ↑ 26,1%	15 ↑ 2,0%

Fonte: CONSELHO NACIONAL DE JUSTIÇA. *Justiça em Números 2020*: Ano-base 2019. Relatório analítico. Brasília: CNJ, 2020, p. 48.

A coleta e o tratamento de dados também permitem a sua análise em infográficos, os quais facilitam a visualização de informações. Nesse sentido, gráfico na figura 3 extraído do Relatório "Justiça em Números" 2020, sobre os tempos médios dos processos no Poder Judiciário:

Figura 3 – Tempos médios dos processos no Poder Judiciário

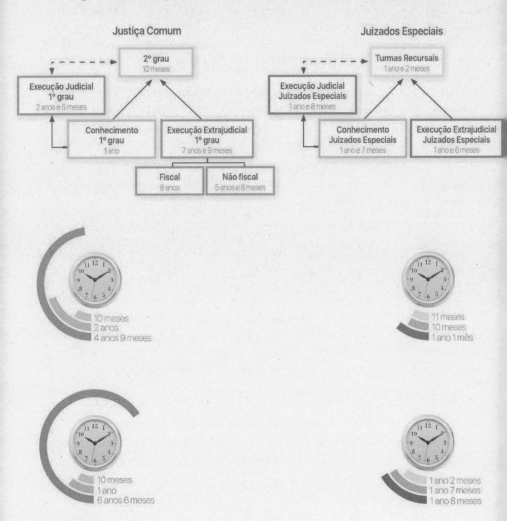

CAPÍTULO V – ÍNDICES DE AFERIÇÃO DE PRODUTIVIDADE...

Fonte: CONSELHO NACIONAL DE JUSTIÇA. *Justiça em Números 2020*: Ano-base 2019. Relatório analítico. Brasília: CNJ, 2020, p. 47.

Os dados e índices constantes da tabela 4 e do infográfico na figura 3 acima, trazem muitas informações que permitem comparar aspectos, fórmulas e hipóteses, os quais poderão apoiar o magistrado, a alta administração e, inclusive, estudiosos do Direito, a formular propostas para melhoria da prestação jurisdicional.

É possível, também, que outros índices possam ser criados para monitorar o andamento dos processos judiciais em cada uma de suas etapas, contribuindo para sua melhor gestão. Assim, por exemplo, caso se pretenda controlar o tempo do processo: (i) tempo para juntada de petição; (ii) tempo para encaminhamento à conclusão; (iii) tempo para decisão; (iv) tempo para encaminhamento à publicação; (v) tempo para cumprimento.

A despeito de reconhecer a importância desses índices, necessário consignar que eles jamais podem ser utilizados, se seu uso importar em risco à independência dos magistrados – garantia constitucional do Poder Judiciário, indispensável para assegurar sua autonomia diante dos demais Poderes, evitando, com isso, que possam ser capturados por interesses escusos ou personalistas.[225]

Outra ressalva que deve ser feita, quando se considera estudo empírico, está na qualidade dos dados utilizados para análise. Para que os índices possam ser utilizados de forma adequada e proporcionar informações úteis e uma análise qualificada, é preciso que se tenham muita cautela e rigor metodológico na extração dos dados.

5.1.3 Importância dos índices para os tribunais locais: programas de estímulos

Os índices de aferição de desempenho e produtividade devem ser usados com cautela, sobretudo no que toca ao exercício de função jurisdicional, uma vez que se trata de critérios numéricos, quantitativos, mas que não necessariamente medem qualidade. Essa questão fica ainda mais crítica quando se constata que o exercício

---

[225] "Qualquer intervenção na área da justiça que preencha uma cultura de excelência deve, primacialmente, atender a um direito fundamental dos cidadãos: o da independência do poder judicial. Assim, quer tenhamos uma visão de 'justiça como equidade', na senda de Rawls, quer optemos por uma opção que privilegie o indivíduo como valor central, numa lógica mais atenta à propriedade, como Nozick, ou defendamos um enfoque centrado numa justiça ao serviço da comunidade, na esteira de Sandel ou Waltzer, um pressuposto prévio deve ser assumido em qualquer desses modelos: o sistema judicial é o espaço institucional onde se afirma, no silêncio de todo o resto, a dignidade humana, naquilo que constitui o núcleo essencial dos seus direitos fundamentais. Ora, um tribunal apenas pode assumir-se como tal assim seja dotado das características de independência e imparcialidade. Como decorre do art. 10º da Declaração Universal dos Direitos do Homem, dispositivo nuclear para qualquer gestão qualificada dos tribunais, todas as pessoas têm direito, em plena igualdade, a que a sua causa seja equitativa e publicamente julgada, num prazo razoável, por um tribunal independente e imparcial. Donde apenas um poder judicial que evolua, e não regrida, no que respeita à consolidação da sua independência poderá afirmar-se com um registro de excelência ainda que a conjuntura ou ambiente econômico seja desfavorável" (MATOS, José Igreja; LOPES, José Mouraz; MENDES, Luís Azevedo; COELHO, Nuno. *Manual de gestão judicial*. Coimbra: Almedina, 2015, pp. 116/117).

CAPÍTULO V – ÍNDICES DE AFERIÇÃO DE PRODUTIVIDADE...

da atividade jurisdicional é indispensável à concretização do direito fundamental de acesso à justiça.

É preciso, portanto, ter muito cuidado com a forma como se utilizam esses índices, devendo estar atento, sobretudo, aos estímulos que se pretende conseguir. Muito embora obter eficiência e celeridade, não se pode abrir mão do que se espera alcançar ao final, que é uma atividade jurisdicional de qualidade. Afinal, nem sempre a justiça rápida é uma justiça justa.

Explica-se. Imagine-se que se pretenda enfrentar o acervo de determinado tribunal, optando, como ferramenta para alcançar tal fim, premiar juízes que mais julgaram. Se se considerar exclusivamente o número de sentenças proferidas, pode-se estar estimulando, por via indireta, que os juízes passem a enfrentar o problema de seu acervo adotando postura mais formalista, indeferindo mais iniciais, por exemplo. Certamente essa não será a melhor solução para o litígio sob sua tutela.

O uso adequado desses índices e/ou de metas, contudo, pode trazer resultados positivos para os tribunais. Assim, por exemplo, o TJSP criou um programa denominado "Judiciário Eficiente", o qual já recebeu duas edições – a primeira, no biênio de 2016/2017 e a segunda no biênio 2018/2019. Enquanto a primeira edição utilizou como índice de medição a TC, a segunda edição adotou o indicador Índice de Produtividade dos Servidores (IPS), índice criado pelo CNJ que calcula a média de processos baixados por servidor de uma unidade judicial específica.

A Portaria TJSP n. 9.660/2018 estipulou o período de aferição e indicou a premiação a ser atribuída a cada unidade judicial, caso houvesse determinado incremento com relação ao IPS de referência. Agrupou as unidades judiciais por porte (central, grande, médio 1 e 2, pequenos 1, 2 e 3) e por competência (cível, criminal, cumulativa e juizado especial, exceto júri, com execução criminal e execução fiscal que não foram divididos por porte) e fixou os prêmios de selos "Ouro", "Prata" ou "Bronze" que seriam outorgados às unidades judiciais que obtivessem dado nível de incremento de IPS, considerando a referência estabelecida.[226]

Constata-se, nesse programa conduzido pelo TJSP, a utilização de um índice nacional, criado pelo CNJ, que foi ajustado à realidade do estado de São Paulo, servindo às unidades judiciais para visualizar os objetivos que deviam alcançar individualmente e, assim, permitir ao tribunal, pelo somatório dos resultados, atingir determinadas metas esperadas.

Segundo informações constantes do *site* do TJSP, de novembro de 2019, durante o período da 2ª edição do programa foram baixados 560 mil processos a mais em relação ao período de referência, representando um crescimento de 15%, enquanto o IPS do TJSP teve um aumento de 30% no mesmo período (de 192 para 250).

Essa iniciativa é interessante pois não apenas demonstra a importância da utilização de índices de referências para auxiliar a gerenciar esses fatores exógenos ao processo, mas também indica o grande impacto desses fatores no andamento do processo em si.

Além disso, esse programa aponta para a conveniência de se fixarem parâmetros referenciais para controle de produtividade de unidades judiciais e de metas a serem perseguidas com a finalidade de orientar os trabalhos da unidade judicial em si, bem como para conduzir o tribunal como um todo, de forma consistente e robusta, para resultados comuns.

Evidencia-se que a obtenção de incremento substancial de produtividade – 30%, em média, em um ano – foi promovida não por via correcional/disciplinar, mas sim pela via do estímulo positivo, mediante a divulgação da classificação geral de todas as

---

[226] TJSP. "TJSP divulga lista de selos concedidos pelo programa 'Judiciário Eficiente'". *Portal do Tribunal de Justiça do Estado de S. Paulo.* Disponível em: https://www.tjsp.jus.br/Noticias/Noticia?codigoNoticia=59478. Acessado em: 21.01.2021.

CAPÍTULO V – ÍNDICES DE AFERIÇÃO DE PRODUTIVIDADE...

unidades e classificação e consequente premiação das unidades conforme melhor ou pior desempenho.

De certo modo, percebeu-se a motivação de todos os envolvido nesse programa em decorrência do estabelecimento de metas comuns para a instituição e a atribuição de reconhecimento para aquelas unidades que as atingissem.

Esse exemplo empírico demonstra outra interessante utilidade dos índices de mediação: não apenas permitem melhor controle dos processos de trabalho, mas também podem ser utilizados para estipular metas e promover engajamento institucional em sua persecução, de forma mais rápida e positiva, sem adotar uma postura correcional, buscando-se "culpados" por resultados não satisfatórios.

5.2 Perspectiva econômica do processo

Este trabalho, focando, sobretudo, fatores exógenos ao processo, propôs-se a estudar as dimensões do gerenciamento do processo civil. Assim, a análise do processo, sob um enfoque econômico, pode trazer percepções importantes para o aprimoramento da aplicação das regras do processo civil, assim como para a compreensão das ineficiências que são talvez todas agregadas na expressão genérica da "morosidade do Poder Judiciário".

Não é objetivo deste estudo empreender uma análise econômica do Direito Processual, e sim evidenciar como essa abordagem de estudo pode contribuir positivamente para a melhor compreensão do fenômeno processual e das estratégias concebidas para enfrentamento de problemas apontados pela doutrina. Não se adentrará, portanto, em teorias econômicas, limitando-se a apontar *insights* interessantes que podem advir de uma abordagem interdisciplinar do Direito Processual.

Entendemos que existem duas importantes constatações que podem ser extraídas da teoria econômica, que muito contribuem para o aprimoramento das normas processuais civis. A primeira decorre da percepção econômica quanto à natureza da atividade de prestação jurisdicional em si e a segunda, da apreensão de que as normas processuais podem importar em alocação de custos e incentivos entre as partes para a solução ou continuidade do litígio, que impactam o comportamento por elas adotados no processo e na própria decisão em si de litigar.[227][228]

5.2.1 A percepção econômica quanto à natureza da atividade de prestação jurisdicional

Uma primeira compreensão interessante que se extrai a partir do recurso a uma perspectiva econômica é o enquadramento da "justiça" como um *bem comum,* ou seja, bens não excludentes e

---

[227] "1.2. Incentivos privados a demandar. El demandante interpondrá una demanda cuando el coste que le suponga demandar sea inferior a los benefícios que espera obtener dela demanda. Los beneficios esperados de la demanda por el demandante implican posibles pagos en virtud de acuerdos o ganancias derivadas del juicio. A efectos de ésta y de la próxima sección relativa a la demanda, será suficiente suponer simplemente que hay un beneficio esperado de la demanda, sin indagar em su determinación. De la simple definición de demanda, cabe señalar que la demanda es más probable cuanto más bajo sea el coste de demandar, cuanto mayor sea la probabilidad de ganar el juicio, y cuanto mayor sea lo que se concede al demandante si gana el juicio. La demanda también es más probable cuanto menos averso al riesgo sea el demandante y cuanto más averso al riesgo sea el demandado" (SHAVELL, Steven. *Fundamentos del análisis económico del derecho.* Madri: Ramón Areces, 2004, p. 434).

[228] "(...) parece-nos reafirmada a necessidade de um estudo amplo sobre a análise econômica do processo no Brasil, não só para desnudar os aspectos estratégicos que realmente impulsionam o comportamento cooperativo das partes e do juiz, mas também para propor a revisão interpretativa ou legislativa adequada para que esse comportamento prevaleça, colaborando assim no alívio das causas que levam a Justiça brasileira para um cenário de esgotamento completo (*tragédia da justiça*)" (WOLKART, Erik Navarro. *Análise econômica do processo civil*: como a economia, o Direito e a psicologia podem vencer a tragédia da justiça. São Paulo: RT, 2019, p. 130).

CAPÍTULO V – ÍNDICES DE AFERIÇÃO DE PRODUTIVIDADE...

concorrentes,[229] e, como consequência da inafastabilidade do acesso a ela, há natural tendência de sua exploração em níveis acima do desejável do ponto de vista social, com risco de esgotamento, em virtude da impossibilidade de ampliação infinita de sua estrutura. Desse modo, paradoxalmente, quanto maior o acesso ao Poder Judiciário, maior tendência para que a prestação jurisdicional se torne ineficiente.[230][231]

---

[229] "A ausência de direitos claros de propriedade resulta no problema dos comuns. Na Inglaterra, comuns eram as áreas sem proprietários onde qualquer fazendeiro podia levar os animais para pastarem. Nenhum fazendeiro achava que, economizando o pasto, se beneficiaria futuramente, pois outros viriam depois trazendo seus animais para pastarem. Como resultado, os fazendeiros devastaram e destruíram os comuns. Por outro lado, um proprietário teria um incentivo para manter a terra e evitar a destruição. Assim como antigamente se abusava dos comuns, atualmente há pesca predatória nos oceanos e devastação das florestas públicas, pois sem direitos de propriedade ninguém tem incentivo para cuidar do futuro valor desses recursos sem dono" (WESSELS, Walter. *Economia*. São Paulo: Saraiva, 1999, pp. 421/422).

[230] WOLKART, Erik Navarro. *Análise econômica do processo civil*: como a economia, o Direito e a psicologia podem vencer a tragédia da justiça. São Paulo: RT, 2019, p. 85.

[231] "Bens privados caracterizam-se por serem *excludentes* e *concorrentes no consumo* (ou rivais). O primeiro atributo significa que o produtor, ao fixar um preço para o produto, pode facilmente impedir que aqueles que não pagam esse preço usufruam do bem. Já a concorrência no consumo implica que, ao desfrutar do produto, sua quantidade diminui. (...) vale citar ainda os *bens públicos*. Esses bens caracterizam-se por serem não excludentes e não concorrentes. É dizer: não se pode impedir determinada pessoa de usufruí-lo (o que dificulta sua exploração privada e com fins de lucro), mas, por outro lado, sua utilização não implica diminuição de quantidade. (...) Pensando analogicamente na Justiça como mercado e na prestação da atividade jurisdicional como bem em torno do qual gravitam as interações mercadológicas, acreditamos estarem nitidamente presentes as características que a qualificam como *bem comum*. A *impossibilidade de exclusão* decalca-se diretamente da Constituição Federal, seja em razão do *princípio da inafastabilidade da jurisdição* (art. 5º, XXXV), *do direito de petição* (art. 5º, XXXIV, 'a'), do *direito ao contraditório* e à *ampla defesa* (art. 5º, LV) ou do *direito à assistência jurídica integral e gratuita aos que comprovarem insuficiência de recursos* (art. 5º, LXXIV). A *concorrência no consumo* decorre da limitação financeira inerente ao Estado, que tem de prover parte dos recursos humanos e administrativos do Poder Judiciário. Quanto mais a Justiça é acessada, mais

O *insight* advindo da teoria econômica é bastante interessante pois aponta que, por suas características intrínsecas, se não houver a previsão de regras que organizem e disciplinem adequadamente o acesso à justiça, a tendência é o uso excessivo e, por conseguinte, seu esgotamento – e, assim, à própria ineficiência do bem (justiça) em si, ou seja, leva a uma *externalidade* negativa do acesso indiscriminado à justiça.

A questão aludida no parágrafo anterior é ainda mais sensível, tendo em vista que o acesso à justiça é direito fundamental assegurado constitucionalmente, colocando-se o seguinte dilema: como estimular um nível socialmente adequado de uso desse bem comum sem violar direito fundamental constitucional?

A análise dos casos novos, resolvidos e pendentes de outros países indica que, apesar de a justiça ser um "bem comum", a litigiosidade no Brasil é substancialmente superior àquela observada em outros locais. Nesse sentido:

---

esses recursos são consumidos. Na impossibilidade de ampliação infinita da estrutura jurisdicional, a cada novo processo instaurado, diminui-se a capacidade da Justiça de processar um novo feito ou de lidar agilmente com os já existentes" (WOLKART, Erik Navarro. *Análise econômica do processo civil*: como a economia, o Direito e a psicologia podem vencer a tragédia da justiça. São Paulo: RT, 2019, pp. 82-84).

CAPÍTULO V – ÍNDICES DE AFERIÇÃO DE PRODUTIVIDADE...

Quadro 1 – Número de casos novos, resolvidos e pendentes de processos

País (dados 2014)	Casos novos	Casos resolvidos	Casos pendentes	Duração de dias no 1° grau	Processos por habitante
Alemanha	241.000	1.400.000	744.500	192	1/109
Espanha	2.150.000	2.180.000	1.140.000	242	1/41
França	2.280.000	2.260.000	1.800.000	304	1/37
Itália	4.000.000	4.370.000	4.500.000	376	1/13,5
Brasil	28.900.000	28.500.000	72.000.000	---	1/2,8

Fonte: WOLKART, Erik Navarro. *Análise econômica do processo civil*: como a economia, o Direito e a psicologia podem vencer a tragédia da justiça, p. 90.

Interessante observar que o autor do livro do qual se extraiu o quadro 1 *supra* apontou que as taxas e emolumentos cobrados dos processos judiciais pelos tribunais brasileiros são responsáveis, apenas, pelo custeio de 11,61% da despesa total do Poder Judiciário, o que indica que o saldo restante é subsidiado por toda a coletividade.[232] Para solucionar esse problema, o autor sugere a criação de regras que promovam a internalização das consequências negativas do uso da atividade jurisdicional, diminuindo a ânsia do ajuizamento de novas demandas e estimulando comportamentos que levem processos a tramitar de forma mais célere.[233]

É evidente que, para tentar compreender as razões pelas quais a litigiosidade brasileira é tantas vezes superior à da Alemanha, é preciso analisar diversas variáveis que poderiam impactar o fenômeno. Trata-se de estudo muito amplo e que extrapola o âmbito de estudo deste trabalho. No entanto, apenas para fins de demonstrar fatores exógenos que impactam o gerenciamento de processos judiciais – um dos principais objetivos deste trabalho –, é suficiente observar que a compreensão do perfil das ações distribuídas e também o custo suportado individualmente pelos litigantes podem auxiliar a identificar os motivos da excessiva litigiosidade brasileira e, consequentemente, indicar caminhos para seu enfrentamento e melhor gerenciamento tanto dessas ações quanto da estrutura do Poder Judiciário em si.

Ressalta-se que, enquanto o perfil das ações brasileiras não for adequadamente compreendido, assim como o custo suportado pelos litigantes, a sociedade brasileira persistirá sofrendo com as inevitáveis e correspectivas *externalidades negativas* da situação

---

[232] WOLKART, Erik Navarro. *Análise econômica do processo civil*: como a economia, o Direito e a psicologia podem vencer a tragédia da justiça. São Paulo: RT, 2019, p. 85.

[233] WOLKART, Erik Navarro. *Análise econômica do processo civil*: como a economia, o Direito e a psicologia podem vencer a tragédia da justiça. São Paulo: RT, 2019, p. 92.

CAPÍTULO V – ÍNDICES DE AFERIÇÃO DE PRODUTIVIDADE...

supra-apontada: não apenas não terá um Poder Judiciário que desempenhará suas funções de forma eficiente, visto que assolado por um *tsunami* de ações, como, também, em última análise, essa mesma sociedade acabará custeando essa ineficiência, subsidiando os litigantes em juízo[234] – o que parece um contrassenso.

Mesmo considerando que a Constituição Federal brasileira assegura a assistência jurídica integral e gratuita aos que comprovarem a insuficiência de recursos (art. 5º, LXXIV), chama a atenção que menos de 12% dos custos do Poder Judiciário sejam arcados pelas partes litigantes.

Interessante observar que a doutrina indica que a garantia constitucional da justiça gratuita e o regime processual de custeio da taxa judiciária e despesas processuais desempenham importantes funções. Revela, primordialmente, a opção por parte do constituinte de que o Estado não assuma, como regra, o exercício da jurisdição e defesa das partes.

Além disso, o legislador instituiu como regra a responsabilidade provisória pelo adiantamento de despesas processuais no

---

[234] "(...) corre o risco de ser sobreutilizada, gerando o cenário de tragédia já estudado. Quando isso ocorre, o custo social de utilização da justiça sobe demasiadamente, significando, basicamente que: (i) o sistema constitucionalmente garantido torna-se lento e ineficiente, como uma avenida congestionada por veículos que não saem do lugar; (ii) como esse sistema é subsidiado por tributos, é a sociedade quem suporta esses custos. Esse fenômeno decorre da coletivização das *externalidades negativas* da utilização exagerada da máquina jurisdicional, porque, ainda que os processos durem anos, as custas processuais não se alteram, elevando o subsídio financeiro e social, além do próprio congestionamento e ineficiência das vias jurisdicionais. (...) Note-se e isso é muito importante, que esses custos não se limitam ao subsídio social e financeiro de custeio da máquina da justiça. *É que, a partir do momento em que há a percepção social de que a justiça não funciona, as leis começam a ser descumpridas pelas pessoas, gerando danos de toda sorte*" (WOLKART, Erik Navarro. *Análise econômica do processo civil*: como a economia, o Direito e a psicologia podem vencer a tragédia da justiça. São Paulo: RT, 2019, p. 311 – grifos nossos).

art. 82 do CPC. A doutrina reconhece que suportar esse ônus, sob pena de preclusão, contribui para mitigar a litigiosidade irresponsável e aventureira, exercendo, consequentemente, função de conscientização quanto ao custo do processo e da impossibilidade de que verse sobre questões que não sejam sérias e efetivamente conflituosas. Desempenha, ainda, segundo a doutrina, uma função ética e econômica, quando se constata a responsabilidade definitiva do sucumbente, pelo princípio da causalidade, correspondente à impossibilidade de que o Poder Judiciário possa causar mais dano a quem tem razão.[235]

Muito embora o custeio do processo possa ser regra e desempenhe, inclusive, funções processuais, é curioso observar o percentual de processos arquivados em que ocorreu a concessão do benefício da justiça gratuita, sobretudo quando se comparam as unidades da Federação entre si ou entre elas e a média nacional. A unidade com maior número de casos novos distribuídos anualmente é o TJSP, que, curiosamente, além de ser o Estado mais abastado da federação, possui um percentual de processos com justiça gratuita

---

[235] "A primeira delas, é premissa das demais, consiste na opção do Estado por *não custear o exercício da jurisdição e da defesa das partes*. Em virtude dessa opção, ele cobra custas ou taxas judiciárias aos consumidores desse serviço público (taxas) e deixa que cada um contrate o próprio defensor, ajustando o pagamento de honorário – salvo no caso de assistência judiciária. (...) A segunda linha fundamental consiste na exigência de adiantamento de despesas, como ônus a serem cumpridos pelo interessado na realização de atos ou em sua eficácia. Essa exigência completa a intenção de evitar a litigiosidade irresponsável, pondo os possíveis demandantes a pensar sobre a viabilidade de suas pretensões, sem se arriscar em aventuras a sua própria custa. (...) A terceira ordem de raciocínio apoia-se em uma premissa ética e econômica de grande valia e legitimidade, que é a de que a *necessidade de servir-se do processo para obter razão não deve reverter em dano a quem tem razão* (Chiovenda). A parte que tem razão e precisou adiantar as despesas da causa e contratar defensor habilitado (até porque a defesa técnica constitui explícita exigência legal: CP 36), suportaria esse desfalque patrimonial se não recebesse o reembolso do que houvesse despendido" (DINAMARCO, Cândido Rangel. *Instituições de Direito Processual civil*. 2ª ed. rev. e atual., vol. II. São Paulo: Malheiros, 2002, pp. 638/639).

CAPÍTULO V - ÍNDICES DE AFERIÇÃO DE PRODUTIVIDADE...

arquivados – 40% – muito maior do que a média nacional, para o mesmo segmento de justiça – 27%.

Figura 4 – Percentual de processos de justiça gratuita arquivados definitivamente por tribunal

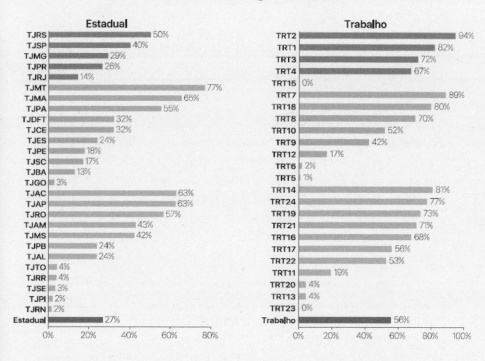

Fonte: CONSELHO NACIONAL DE JUSTIÇA. *Justiça em Números 2020*: Ano-base 2019. Relatório analítico. Brasília: CNJ, 2020, p. 104.

Também é curioso observar que o estado de São Paulo é uma das unidades da Federação com menor custo da taxa judiciária. Nesse sentido, destaca-se estudo elaborado pelo CNJ em 2010,[236]

---

[236] CONSELHO NACIONAL DE JUSTIÇA. *Perfil da fixação de custas judiciais no Brasil e análise comparativa da experiência internacional*. Brasília: CNJ, 2010. Disponível em: https://bibliotecadigital.cnj.jus.br/jspui/handle/123456789/428. Acessado em: 09.09.2020.

o qual, muito embora antigo, indique a disparidade do valor das custas judiciais cobradas nos tribunais brasileiros:

Figura 5 – Valor médio de custas nas Unidades da Federação

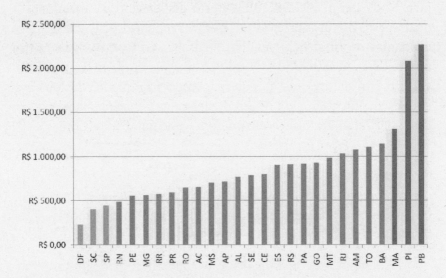

Fonte: CONSELHO NACIONAL DE JUSTIÇA. *Perfil da fixação de custas judiciais no Brasil e análise comparativa da experiência internacional.* Brasília: CNJ, 2010. Disponível em: https://bibliotecadigital.cnj.jus.br/jspui/handle/123456789/428. Acessado em: 09.09.2020.

Assim, conquanto não seja o objeto deste trabalho aprofundar na análise dos custos dos processos judiciais, os números e gráficos *supra* indicados, bem como as funções apontadas para seu custeio, fortalecem a reflexão acerca dos impactos da falta de internalização adequada dos custos do processo e sua contribuição para a litigiosidade. Talvez uma ampla conscientização a respeito desse aspecto, com controle mais preciso do regime de custeio do processo concebido pelo constituinte e pelo legislador processual, poderia auxiliar para maior racionalização dos litígios.

Logo, uma hipótese interessante que exsurge seria a de apurar se a natural tendência de uso excessivo de um bem comum

CAPÍTULO V – ÍNDICES DE AFERIÇÃO DE PRODUTIVIDADE...

não poderia ser agravada pelo fato de as partes não suportarem todos os custos incorridos no processamento das ações – por partes, entenda-se inclusive o próprio Estado, o qual pode gozar de isenção do pagamento dessa como ocorre no estado de São Paulo (art. 6º da Lei n. 11.608/2003) e está dispensado da antecipação de despesas dos atos processuais por eles requeridos, as quais serão custeadas ao final pelo vencido (arts. 91, CPC, e 39, parágrafo único, Lei n. 6.380/1980). Outra questão que também se apresenta é aferir em que medida a postergação do pagamento das custas, e, consequentemente, da internalização das consequências do uso do Poder Judiciário não contribui para estimular maior litigância.

A compreensão dos estímulos que a isenção do pagamento de custas judiciais ou sua postergação para momento final do processo representam no comportamento das partes e da forma como impactam a sua decisão de litigar pode orientar o aprimoramento da elaboração de lei de custeio do Poder Judiciário.

Ademais, as constatações referidas anteriormente também sugerem que o adequado controle do custeio do Poder Judiciário pelos litigantes pode ser visto como medida de racionalização de seu uso e, consequentemente, permitir melhor gestão das demandas que lhe são submetidas.

Necessário frisar que não se está combatendo o benefício da justiça gratuita, pois trata-se de garantia constitucional de cidadania de indiscutível importância. Está-se defendendo um controle adequado do preenchimento dos requisitos necessários para sua concessão, a fim de evitar que pessoas que não estejam aptas a seu deferimento possam se valer desse benefício, desequilibrando premissas consideradas pelo legislador para definir regras e valores de custeio do Poder Judiciário entre as partes. Conforme mencionado, o pagamento de custas e taxa judiciária desempenha funções importantes de conscientização quanto à litigância e de imputar ao responsável, pela provocação do Poder Judiciário, o custo de sua resistência.

A análise de exemplos empíricos revela outra situação curiosa no sentido de que a concessão do benefício da justiça gratuita pode contribuir para a definição das características de alguns litígios submetidos ao Poder Judiciário. Determinados tribunais denunciam a existência de demandas "predatórias", as quais não refletiriam um litígio efetivamente existente ou, pelo menos, desejado pelo seu autor, e que seriam ajuizadas em grande volume por uma parcela ínfima de profissionais, motivados por objetivos pessoais. Observa-se que esses tribunais mencionam características semelhantes nessa espécie de litigância, por exemplo: (i) desdobramento do questionamento de um único contrato ou situação em diversas ações distintas, ajuizadas em comarcas diferentes e sem relação com o local dos fatos; (ii) utilização de dados dos autores sem seu conhecimento ou sem completa compreensão da existência de questionamento judicial da questão; e, por fim, (iii) solicitação do benefício da justiça gratuita.[237]

---

[237] TJMG. "Núcleo combate fraudes em ações judiciais". *Portal do Tribunal de Justiça do Estado de Minas Gerais*. Disponível em: https://www.tjmg.jus.br/portal-tjmg/noticias/nucleo-combate-fraudes-em-acoes-judiciais.htm#.Xx-n855KjIU. Acessado em: 26.07.2020.

TJSP. *Comunicado CG n. 1667/2017*. Disponível em: http://www.tjsp.jus.br/Corregedoria/Comunicados/Comunicado?codigoComunicado=11522&pagina=8. Acessado em: 26.07.2020.

TJRJ. "Grupo de trabalho descobre ação coordenada de fraudes processuais". *Portal do Tribunal de Justiça do Estado do Rio de Janeiro*. Disponível em: http://www.tjrj.jus.br/noticias/noticia/-/visualizar-conteudo/5111210/5186627. Acessado em: 26.07.2020.

CONJUR. "Corregedora de justiça alerta Juizados Especiais Cíveis sobre golpes". *Consultor Jurídico*. Disponível em: https://www.conjur.com.br/2016-jul-16/corregedora-justica-alerta-juizados-especiais-civeis-golpes. Acessado em: 26.07.2020.

UOL. "TJ-SP apura suposto esquema de fraude em cirurgia de hérnia". *UOL Notícias*. Disponível em: https://noticias.uol.com.br/saude/ultimas-noticias/estado/2016/10/28/tj-sp-apura-suposto-esquema-de-fraude-em-cirurgia-de--hernia.htm. Acessado em: 29.07.2020.

TJSP. "Núcleo de monitoramento de Perfis de Demandas divulga relatório de atividades". *Portal do Tribunal de Justiça do Estado de S. Paulo*. Disponível

CAPÍTULO V – ÍNDICES DE AFERIÇÃO DE PRODUTIVIDADE...

Tal fragmentação de ações foi verificada, por exemplo, no caso de questionamentos de apontamentos negativos em instituições como Serasa, em que havia desdobramento em ação para exibição de documentos e depois ação para declaração de inexistência de débito com pedido de danos morais. Na grande maioria dessas ações, havia solicitação da concessão do benefício da justiça gratuita e aplicação do Código de Defesa do Consumidor, com inversão do ônus da prova e com distribuição de número considerável de ações envolvendo o mesmo autor por um único advogado.

Alguns tribunais identificaram que ações com esse perfil eram distribuídas por número ínfimo de advogados, mas que chegavam a representar percentual relevante de distribuição em varas cíveis de determinadas comarcas,[238] sugerindo como medida de enfrentamento algumas boas práticas: reunião de ações que envolvam o mesmo autor e vários apontamentos negativos, ainda que os réus fossem diversos, pelo risco de violação da Súmula n. 385 do STJ, e designação de audiência de conciliação ou instrução e julgamento para apurar o conhecimento da ação pelo autor.[239] Essas medidas

---

em: http://www.tjsp.jus.br/Noticias/noticia?codigoNoticia=38386. Acessado em: 26.07.2020.

[238] O relatório bimestral Numopede de outubro/novembro de 2016 aponta que apenas cinco advogados eram responsáveis por distribuição de ações com esse perfil que representaram 10% da distribuição de processos novos em um determinado período na Comarca de Guarulhos/SP (TJSP. *Relatório Bimestral de Atividades do Numopede/TJSP outubro/novembro de 2016.* Disponível em: http://www.tjsp.jus.br/PublicacaoADM/Handlers/FileFetch. ashx?id_arquivo=77180. Acessado em: 26.07.2020).

Essas más práticas, que foram coibidas pelo TJRJ, resultaram na redução do número de processos de sete Juizados Especiais Cíveis da capital em montante equivalente a 33.600 ações. Vide CRUZ, Adriana. "Advogados dão golpes com promessa de 'limpar' o nome". *Brandão & Mesquita.* Disponível em: http://bmadv.com/advogados-dao-golpes-com-promessa-de-limpar-o-nome/. Acessado em: 01.12.2020.

[239] Aviso n. 93/2011 do TJRJ: "O Presidente do Tribunal de Justiça do Estado do Rio de Janeiro, Desembargador Manoel Alberto Rebelo dos Santos, comunica aos senhores Magistrados, Membros do Ministério Público, da Defensoria

permitiriam melhor visualização do dano e evitariam a replicação de trabalhos semelhantes por muitas unidades judiciais.

Vale ressaltar que, em casos com esse perfil, constatou-se, em algumas situações, que as partes eram vítimas, visto que eram muito humildes e nem sequer entendiam a abrangência das procurações que estavam outorgando.[240]

Pública e de Procuradorias estatais, Advogados e demais interessados que, em face das irregularidades constatadas pelo Grupo de Trabalho instituído pelo Ato Executivo n. 4.885/2011, os Desembargadores integrantes de Câmaras Cíveis, reunidos no dia 21 de novembro de 2011, na sala de sessões do Tribunal Pleno, deliberaram as seguintes medidas a serem implementadas no primeiro e no segundo grau de jurisdição: 1) Nas ações que versem sobre inscrição em cadastro restritivo de crédito, é cabível, em qualquer tempo, a expedição de ofício ao órgão mantenedor do banco de dados, com vistas a confrontá-lo com os documentos juntados pelo autor. 2) Cabível, em qualquer tempo, nas ações que versem sobre inscrição em cadastros restritivos de crédito, a determinação do comparecimento do autor, na forma do art. 342, do CPC, a fim de interrogá-lo sobre os fatos da causa. 3) Em processos que tratem de inscrição em cadastro restritivo de crédito, comprovada a inexistência de relação de mandato entre o autor e seu advogado, em virtude da falsificação da procuração, é possível a decretação de extinção do feito sem resolução do mérito, por falta de pressuposto de existência do processo, ainda que a sentença ou o acórdão hajam sido prolatados. 4) Reúnem se, na forma dos artigos 106 ou 219, do CPC as ações em que o autor tenha mais de uma inscrição em cadastro restritivo de crédito, ainda que os réus sejam diversos, em face do risco de decisões conflitantes ensejado pelo enunciado n. 385, da Súmula do STJ. 5) Na forma do art. 24, *caput*, do Regimento Interno do Tribunal de Justiça c/c o art. 33, § 2º, inciso III, do CODJERJ, torna-se preventa a Câmara Cível, a quem for distribuído o primeiro recurso interposto em demandas do mesmo autor, que versem sobre inscrição em cadastro restritivo de crédito, ainda que contra réus diversos. 6) É exigível, na forma do art. 282, inciso II, do CPC, a comprovação do endereço da residência do autor, nas ações que versem sobre inscrição em cadastro restritivo de crédito" (TJRJ. *Aviso TJ n. 93/2011*. Disponível em: http://webfarm.tjrj.jus. br/biblioteca/asp/textos_main.asp?codigo=151130&desc=ti&servidor=1&i-Banner=&iIdioma=0. Acessado em: 28.07.2020).

[240] "Os profissionais procuram quem está negativado e prometem limpar seu nome, sem nenhum custo. O Fantástico procurou uma empresa que oferece o serviço para entender como funciona. O atendente explica: um advogado vai entrar na Justiça mentindo que a dívida não existe e mais: que houve

CAPÍTULO V – ÍNDICES DE AFERIÇÃO DE PRODUTIVIDADE...

Dessarte, as boas práticas indicadas propiciavam, ao sugerir a reunião de processos e a realização de audiências de conciliação, mitigar os efeitos pretendidos com a distribuição dessas ações, na medida em que possibilitavam ao juiz ter dimensão mais ampla das questões fáticas e jurídicas que lhe eram apresentadas para julgamento e, assim, obter melhor equacionamento do ônus de sucumbência. Ademais, o juiz tinha a oportunidade de dialogar com o autor em audiência, podendo verificar seu efetivo desejo em litigar com o réu. Ambas as atuações ajustaram de forma mais adequada incentivo que existia e que parecia fomentar excessiva litigância.

A situação supradescrita traz reflexões interessantes sobre a excessiva litigiosidade brasileira, que podem ser assim resumidas: será que essa litigiosidade não é, em alguns casos, provocada exclusivamente para potencializar o benefício econômico pretendido por alguma das partes atuantes no processo – partes ou advogados? E, diante do dilema imposto pelo limite da capacidade do Poder Judiciário em lidar de forma eficiente com todos os litígios que lhe são submetidos, será que a melhor forma de ajustar o uso desse bem é deixar exclusivamente à conveniência dos atores privados envolvidos, que nortearão suas escolhas pela sua perspectiva individual, uma vez que desconhecem a amplitude da dimensão coletiva?

No caso referido anteriormente, por exemplo, será que a fragmentação das ações observadas não se destinou apenas para potencializar honorários advocatícios, sobretudo considerando a inexistência de risco de sucumbência, pela solicitação do benefício

---

cobrança abusiva de juros e o cliente está passando por constrangimento ao ficar com o nome sujo. O advogado, então, pediria uma indenização por danos morais e ficará com 50% do valor caso ganhe a causa. As vítimas, de origem humilde e até mesmo analfabetas, aceitam entrar com a ação e assinam uma procuração dando plenos poderes aos (...)" (GLOBO. "Advogados aplicam golpe em pessoas com dívidas e que querem limpar o nome". *G1*. Disponível em: https://g1.globo.com/fantastico/noticia/2018/12/30/advogados-aplicam-golpe-em-pessoas-com-dividas-e-que-querem-limpar-o-nome.ghtml. Acessado em: 07.08.2020).

da justiça gratuita? Em que medida essa fragmentação favoreceria o acesso à justiça ou o próprio interesse da parte beneficiária da justiça gratuita? Será que, nessa situação, essa fragmentação não seria mais uma consequência da exploração máxima de um bem comum, como uma externalidade negativa, do que uma medida necessária para assegurar o acesso à justiça? E, ainda, não sendo medida necessária para assegurar o acesso à justiça, poderia ser coibida por outros meios?

O exemplo apresentado indica como pode ser benéfico compreender o perfil da litigância e tentar identificar os vieses econômicos que acabam impactando a maior propensão de recorrer a uma estratégia processual ou a outra, para orientar práticas de melhor gerenciamento dos processos pelos magistrados.

Outro exemplo de que o estudo dos perfis de ações distribuídas na justiça brasileira pode contribuir para a reflexão sobre formas de gerenciamento de processos e, eventualmente, acerca de alterações que podem ser realizadas na legislação processual encontra-se nas ações distribuídas na área da saúde suplementar.

Enquanto diversas notícias apontam a explosão de ações individuais e indicam que essas ações triplicaram nos últimos oito anos na Justiça Estadual de São Paulo, com questionamentos sobre as obrigações contratuais envolvendo planos de saúde, a mesma litigiosidade não se observa quando se se trata de ações coletivas. Uma breve verificação no *site* do E. TJSP sobre ações coletivas envolvendo plano de saúde aponta, apenas, 64 ações no período de 2013/2017.[241]

---

[241] Processos 1038080-56.2013.8.26.0100; 1014164-52.2014.8.26.0554; 1006691-40.2015.8.26.0405; 0025690-71.2013.8.26.0100; 1024083-06.2016.8.26.0100; 1047156-07.2013.8.26.0100; 1062097-59.2013.8.26.0100; 4016490-85.2017.8.26.0224; 1007189-03.2013.8.26.0278; 1006124-85.2014.8.26.0100; 1104328-67.2014.8.26.0100; 1105870-57.2013.8.26.0100; 1062856-86.2014.8.26.0100; 1043650-86.2014.8.26.0100; 1004704-03.2014.8.26.0405; 1003795-72.2014.8.26.0562; 1065506-72.2015.8.26.0100;

CAPÍTULO V – ÍNDICES DE AFERIÇÃO DE PRODUTIVIDADE...

Os dados supra-apontados parecem revelar uma tendência dos operadores do Direito para o uso de ações individuais para a tutela de direitos individuais homogêneos em detrimento das ações coletivas, ao menos na área da saúde suplementar. Algumas hipóteses podem ser aventadas, tais como o receio pela abrangência mais ampla do julgamento das ações coletivas e a própria forma como os tribunais compreendem essas ações. O interessante é que

---

1057525-89.2015.8.26.0100; 1115604-61.2015.8.26.0100; 1092947-28.2015.8.26.0100; 1090444-34.2015.8.26.0100; 1037504-58.2016.8.26.0100; 0029985-49.2016.8.26.0100; 1030381-09.2016.8.26.0100; 1034975-72.2016.8.26.0001; 1018862-37.2015.8.26.0564; 3000497-50.2013.8.26.0246; 4000553-32.2013.8.26.0322; 1012736-28.2013.8.26.0309; 1011110-71.2013.8.26.0309; 4003975-16.2013.8.26.0451; 0011516-04.2016.8.26.0019; 1025712-36.2014.8.26.0114; 1015147-35.2013.8.26.0451; 1003047-93.2013.8.26.0533; 1022942-58.2016.8.26.0451; 1003022-73.2014.8.26.0482; 1004931-11.2016.8.26.0344; 1003389-92.2017.8.26.0482; 4002384-97.2013.8.26.0037; 3000478-07.2013.8.26.0129; 1002688-14.2016.8.26.0597; 0001466-46.2014.8.26.0549; 0001104-09.2015.8.26.0614; 1000868-26.2016.8.26.0575; 1003045-70.2014.8.26.0562; 1000558-11.2015.8.26.0266; 1024258-98.2013.8.26.0562; 1000775-52.2016.8.26.0223; 2000026-14.2013.8.26.0382; 0000464-49.2013.8.26.0396; 0001172-59.2015.8.26.0128; 1034999-40.2016.8.26.0506; 1005387-88.2016.8.26.0625; 0012228-66.2013.8.26.0126; 0000372-84.2015.8.26.0563; 1005387-88.2016.8.26.0625; 0010365-33.2013.8.26.0625; 1002937-41.2017.8.26.0625; 1005387-88.2016.8.26.0625; 0012228-66.2013.8.26.0126; 0000372-84.2015.8.26.0563; 1005387-88.2016.8.26.0625; 0010365-33.2013.8.26.0625; 1002937-41.2017.8.26.0625; 1014345-06.2014.8.26.0602; 1000934-80.2015.8.26.0691; 1008562-91.2015.8.26.0248; 1001162-57.2015.8.26.0270; 1029271-21.2016.8.26.0602.

SOBRINHO, Wanderley Preite. "Planos de saúde perdem clientes, mas ações na Justiça triplicam em SP". *UOL Notícias*. Disponível em: https://noticias.uol.com.br/ saude/ultimas-noticias/redacao/2019/06/27/planos-de-saude--perdem-clientes-mas-acoes-na-justica-triplicam-em-sp.htm. Acessado em: 08.08.2020.

FORMENT, Lígia. "Ações contra planos de saúde disparam em São Paulo; em 2017, são 117 por dia". *Estadão*. Disponível em: https://saude.estadao.com.br/noticias/geral,acoes-contra-planos-de-saude-disparam-em-sao-paulo--em-2017-sao-117-por-dia,70001757754#:~:text=BRAS%C3%8DLIA%20%2D%20O%20n%C3%BAmero%20de%20a%C3%A7%C3%B5es,ou%20aumento%20abusivo%20das%20mensalidades.consultada. Acessado em: 14.03.2018.

a atual disciplina processual das ações coletivas tende a priorizar a escolha individual, o que acaba não estimulando adotar a solução coletiva em si.[242] Essa opção parece ter sido reforçada com o veto

---

[242] "Deixam a critério do demandante, portanto, vincular-se ou não à ação coletiva em trâmite. Observamos um cenário em que ações coletivas, em vez de produzirem soluções para problemas atinentes a coletividades, ou soluções em larga escala para tutela de direitos individuais homogêneos, promovem uma proliferação de demandas individuais – quer as mascaradas sob o título de um processo coletivo, como ocorre com ações que requerem tratamento de saúde para indivíduos determinados, quer as ações individuais que se fundamentam em uma demanda coletiva mas a ela não se atrelam para evitar as regras de execução definidas por decisão em processo coletivo. Esse efeito adverso observado pela pesquisa é recepcionado e estimulado por entendimentos jurisprudenciais dos tribunais analisados. Tais entendimentos estão enraizados na lógica processual tradicional, que coloca o indivíduo como centro da tutela jurisdicional e sujeita o sucesso de demandas individuais, ainda que contrárias a ações/decisões coletivas, a conceitos como 'interesse de agir' e 'inafastabilidade da jurisdição'. Não se trata de negar a importância de tais conceitos para o Direito Processual, mas de saber como compatibilizá-los com a tutela coletiva, algo que não tem sido problematizado de maneira adequada pelos Tribunais. Essa reflexão é indispensável para que a lógica do processo individual não prejudique a unidade e a força da coisa julgada produzida pelo sistema de tutela coletiva. Na nossa percepção, a solução para esse problema passa pela ampliação da publicidade da tutela coletiva, recomendação importante também para enfrentar outras dificuldades registradas nesta pesquisa. A divulgação e o acesso facilitado aos casos de tutela coletiva permitiram que os magistrados tomassem conhecimento de processos coletivos e TACs existentes, aplicando os seus termos aos casos individuais pertinentes. No entanto, é fundamental uma mudança na concepção dos próprios magistrados e, por conseguinte, na jurisprudência dos Tribunais. É sintomático a esse respeito, por exemplo, a resposta dos juízes entrevistados no *survey* sobre a diferença quanto ao sucesso de ações individuais e ações coletivas que tratam de bens/políticas públicas. Conforme ilustra o gráfico 5.2.5, 62,4% dos magistrados ouvidos responderam que as ações individuais têm mais sucesso do que as ações coletivas. Na visão da maioria dos juízes entrevistados, portanto, há uma certa primazia da tutela individual sobre a coletiva. Somente a valorização judicial da tutela coletiva, que imponha os efeitos da coisa julgada quando cabíveis e exija o seu uso para a proteção de direitos realmente abarcados por esse tipo de tutela, poderá mitigar o cenário de desvirtuamento do processo coletivo identificado por esta pesquisa. Ações com impacto estrutural estão sobretudo concentradas nos temas 'ambiental' e 'improbidade administrativa', uma vez que a tutela

CAPÍTULO V – ÍNDICES DE AFERIÇÃO DE PRODUTIVIDADE...

ao art. 333 do atual CPC, que previa a possibilidade de conversão da ação individual em coletiva pelo magistrado.[243] A preferência

---

de interesses nestes casos é geral ou difusa. Também há um predomínio das ações civis públicas nestes temas, e, por consequência, do Ministério Público como propositor. Nestes casos, ao contrário das demandas em saúde, por exemplo, os tribunais dão grande peso à prova técnica e a comprovação de fatos, o que enseja variação no padrão de decisão, muitas vezes contrárias ao MP. Nesse sentido, parece-nos uma recomendação importante a adoção de mecanismos de divulgação das decisões em ações coletivas por todo o judiciário. Uma recomendação presente no *survey* (gráfico 5.2.28) foi a criação de varas especializadas para o julgamento de ações coletivas" (SOCIEDADE BRASILEIRA DE DIREITO PÚBLICO. *Ações coletivas no Brasil*: temas, atores e desafios da tutela coletiva. 2ª ed. Brasília: CNJ, 2017, pp. 184-186).

243 Redação vetada: "Art. 333. Atendidos os pressupostos da relevância social e da dificuldade de formação do litisconsórcio, o juiz, a requerimento do Ministério Público ou da Defensoria Pública, ouvido o autor, poderá converter em coletiva a ação individual que veicule pedido que: I – tenha alcance coletivo, em razão da tutela de bem jurídico difuso ou coletivo, assim entendidos aqueles definidos pelo art. 81, parágrafo único, incisos I e II, da Lei n. 8.078, de 11 de setembro de 1990 (Código de Defesa do Consumidor), e cuja ofensa afete, a um só tempo, as esferas jurídicas do indivíduo e da coletividade; II – tenha por objetivo a solução de conflito de interesse relativo a uma mesma relação jurídica plurilateral, cuja solução, por sua natureza ou por disposição de lei, deva ser necessariamente uniforme, assegurando-se tratamento isonômico para todos os membros do grupo. § 1º Além do Ministério Público e da Defensoria Pública, podem requerer a conversão os legitimados referidos no art. 5º da Lei n. 7.347, de 24 de julho de 1985, e no art. 82 da Lei n. 8.078, de 11 de setembro de 1990 (Código de Defesa do Consumidor). § 2º A conversão não pode implicar a formação de processo coletivo para a tutela de direitos individuais homogêneos. § 3º Não se admite a conversão, ainda, se: I – já iniciada, no processo individual, a audiência de instrução e julgamento; ou II – houver processo coletivo pendente com o mesmo objeto; ou III – o juízo não tiver competência para o processo coletivo que seria formado. § 4º Determinada a conversão, o juiz intimará o autor do requerimento para que, no prazo fixado, adite ou emende a petição inicial, para adaptá-la à tutela coletiva. § 5º Havendo aditamento ou emenda da petição inicial, o juiz determinará a intimação do réu para, querendo, manifestar-se no prazo de 15 (quinze) dias. § 6º O autor originário da ação individual atuará na condição de litisconsorte unitário do legitimado para condução do processo coletivo. § 7º O autor originário não é responsável por nenhuma despesa processual decorrente da conversão do processo individual em coletivo. § 8º Após a conversão, observar-se-ão as regras do processo coletivo. § 9º A conversão poderá ocorrer mesmo que o

legislativa é curiosa, uma vez que parece fortalecer o desafio de proporcionar utilização adequada do bem comum que é a justiça, retirando do responsável pela condução do processo – o juiz, que seria o maior interessado no emprego racional desse bem – importante ferramenta para equalizar tal aplicação.

Os exemplos empíricos *supra* indicados demonstram como é importante a compreensão dos estímulos econômicos existentes e que influenciam as partes quando decidem por levar um conflito ao Poder Judiciário, os quais impactam, inclusive, o perfil das ações distribuídas.

O *insight* advindo da teoria econômica, que permite o enquadramento da justiça como um bem comum, contribui para a identificação de fatores exógenos que influenciam o bom andamento dos processos, individuais ou coletivos e, consequentemente, pode auxiliar no desenvolvimento de soluções legislativas ou de estratégias de gerenciamento dos processos para melhor enfrentamento da litigiosidade brasileira.

---

autor tenha cumulado pedido de natureza estritamente individual, hipótese em que o processamento desse pedido dar-se-á em autos apartados. § 10. O Ministério Público deverá ser ouvido sobre o requerimento previsto no caput, salvo quando ele próprio o houver formulado". As razões do veto seriam: "Da forma como foi redigido, o dispositivo poderia levar à conversão da ação individual em ação coletiva de maneira pouco criteriosa, inclusive em detrimento do interesse das partes. O tema exige disciplina própria para garantir a eficácia do instituto. Além disso, o novo Código já contempla mecanismos para tratar demandas repetitivas. No sentido do veto manifestou-se também a Ordem dos Advogados do Brasil – OAB" (CONJUR. "Leia as razões dos sete vetos de Dilma Rousseff ao Novo CPC". *Consultor Jurídico*. Disponível em: https://www.conjur.com.br/2015-mar-17/leia-razoes-sete-vetos-dilma-rousseff-cpc. Acessado em: 16.08.2020).

CAPÍTULO V – ÍNDICES DE AFERIÇÃO DE PRODUTIVIDADE...

5.2.2 A percepção econômica quanto ao processo em si: alocação de custos e de incentivos

Para tentar compreender qual seria a melhor forma para estimular determinados comportamentos processuais e de litigância adotados pelas partes, outra reflexão interessante, a partir dos *insights* proporcionados pela teoria econômica, encontra-se naquela que mede o custo econômico da realização dos atos processuais e, em especial, naquelas que procuram entender as motivações das partes diante dos custos e riscos por elas suportados, o que poderá auxiliar a orientar a condução dos processos pelos magistrados e do legislador, ao disciplinar ritos processuais, e a definir a margem de discricionariedade de atuação dos juízes em seu gerenciamento.

Neste Capítulo V, quando apresentamos os índices criados pelo CNJ, ocorreram reflexões importantes sobre a constatação do custo de tramitação dos processos judiciais e a opção legislativa pela execução fiscal, sem fixação de patamares mínimos de valor de débito para permitir ajuizamento. Observou-se que essa escolha resulta no congestionamento do Poder Judiciário, cujo desempenho não é muito satisfatório no que toca à recuperação do crédito por parte das Fazendas Públicas.

Não se está defendendo que a apuração do custo de processamento de ações deva ser feita para justificar sua não apreciação pelo Poder Judiciário, com o argumento de que seria superior ao benefício esperado. Esse entendimento seria absolutamente inconstitucional diante da garantia de irrestrito acesso ao Poder Judiciário. Além disso, a atuação do Poder Judiciário não deve ser medida exclusivamente em matéria de utilidade econômica, pois possui importante função de organização do Estado e estabilização dos conflitos, cujo valor é incomensurável.

Há, inclusive, autores que apontam para o conceito de ações socialmente desejáveis e as individualmente desejáveis, ambas tramitando perante o Poder Judiciário e nem sempre coincidentes.[244] No entanto, é certo que, em última análise, todas as ações encaminhadas ao Poder Judiciário são socialmente importantes, pois permitem que ele cumpra sua função constitucional de estabilização social, pela asseguração e implementação de direitos.

Dessarte, sustenta-se que a compreensão quanto ao custo de tramitação de uma ação no Poder Judiciário pode ser utilizada pelo Estado para orientar estratégias mais eficazes para tratamento de litígios, antes de estes serem encaminhados ao Poder Judiciário. No caso das execuções fiscais, por exemplo, impor patamar mínimo para seu ajuizamento, autorizando o uso de meios alternativos para cobrança – como o protesto –, pode permitir melhor concentração dos recursos do próprio Estado para recuperação de seu crédito, reservando a opção ao Poder Judiciário para valores maiores. Trata-se, portanto, de informação que auxilia o aprimoramento de política judiciária para tratamento de conflitos.

A escolha pelo ajuizamento de uma ação é, em muitos casos, econômica, sobretudo após o esgotamento de tentativas de soluções extrajudiciais de conflitos: o litígio judicial acaba se mostrando a última alternativa negocial. O uso dessa via passa pela reflexão acerca dos custos incorridos – custas e despesas processuais, honorários advocatícios e o tempo.[245]

---

[244] "O problema fundamental aqui é que os benefícios individuais daquele que ajuíza uma ação nada têm a ver com os benefícios sociais que dela decorrem, e só por coincidência ocorre de um processo ser social e individualmente desejável. Isso leva a situações em que milhares de ações socialmente indesejáveis são propostas por serem individualmente benéficas para os autores. Mas há também casos em que ações que seriam socialmente desejáveis deixam de ser propostas porque os legitimados ativos não encontram incentivos individuais para fazê-los" (WOLKART, Erik Navarro. *Análise econômica do processo civil*: como a economia, o Direito e a psicologia podem vencer a tragédia da justiça. São Paulo: RT, 2019, p. 315).

[245] "3. Qual é a minha melhor alternativa para um acordo negociado (BATNA)? Esta sigla entrou no mundo da análise de negociação em 1981 com a publicação do livro *Getting to Yes*. Dito de outra forma, qual é a sua melhor

CAPÍTULO V – ÍNDICES DE AFERIÇÃO DE PRODUTIVIDADE...

Entender que um processo judicial envolve, também, questões econômicas ajuda a orientar melhor os vetores que conduzem os mecanismos de gerenciamento dos processos judiciais.

---

alternativa caso não haja um acordo? Identificar a melhor alternativa é especialmente importante porque isso é que lhe dá poder em uma negociação. Com uma alternativa forte, você é mais poderoso na negociação. (...)" (SIEDEL, George. *Negociação rumo ao sucesso*: estratégias e habilidades essenciais. Michigan: Van Rye Publishing, 2016, pp. 23/24). "Como observado anteriormente, BATNA é um conceito fundamental porque lhe dá o poder em uma negociação. Na maioria das transações de negócios, a aplicação do conceito é bastante simples, pois envolve considerar ofertas alternativas. O conceito se torna mais complicado nas negociações de resoluções de disputas, onde, em última instância, a BATNA pode ser um processo judicial. O cenário de resolução de disputas requer uma compreensão básica de, primeiro, o resultado judicial e, segundo, as técnicas para avaliar os resultados do litígio. (...) Em uma economia global, é especialmente importante entender essas diferenças para que você possa tomar decisões sobre estratégia de litígio e possibilidades de acordos. Aqui estão cinco importantes diferenças: 1. *Honorário de contingência*. Nos Estados Unidos, os advogados são contratados com base em honorários de contingência, o que significa que seus honorários estão condicionados ao resultado do caso. (...) 2. *Indenização por danos punitivos*. Em países de todo o mundo, a finalidade dos 'danos' é compensar, indenizar e ressarcir uma parte lesada por outra pessoa. Além disso, em determinadas circunstâncias, nos Estados Unidos, só tribunais podem impor sanções punitivas, estabelecidas para punir alguém por ações intencionais, maliciosas ou negligentes. 3. *Evidência*. Nesta etapa do processo, os advogados apontam provas e evidências. Os tribunais norte-americanos sempre tiveram uma abordagem liberal, no sentido de permitir que os advogados investiguem e reúnam provas, e até mesmo extraiam documentos comprovativos detidos pela parte contrária do processo. 4. *Júri*. Diferentemente da maioria dos países, nos EUA, os júris estão autorizados a tomar decisões em processos cíveis. 5. '*Regra americana*'. Nos EUA, a regra tradicional é que cada lado deve pagar os honorários de seus respectivos advogados, mesmo após ganhar o caso. Outros países seguem a regra, 'perdedor paga' (também conhecida como 'a regra de qualquer lugar, exceto os EUA'), onde a parte vencida deve pagar os honorários advocatícios do vencedor. Esses recursos do sistema dos EUA, combinados entre si, podem tornar um litígio em uma atraente BATNA para os autores" (WOLKART, Erik Navarro. *Análise econômica do processo civil*: como a economia, o Direito e a psicologia podem vencer a tragédia da justiça. São Paulo: RT, 2019, pp. 28/29).

Para a compreensão desses vetores comportamentais, a economia pode contribuir com interessantes percepções, sobretudo no ramo conhecido como economia comportamental. Esse ramo da economia adota como pressuposto que os seres humanos não são seres absolutamente racionais, mas, ao contrário, têm suas ações influenciadas por suas paixões e inseguranças,[246] por sentimentos muito particulares sobre sua visão de perdas e ganhos,[247] que

---

[246] "O treinamento em economia que os estudantes recebem provê grande conhecimento sobre o comportamento de Econs, mas à custa de perder a intuição do senso comum acerca da natureza humana e das interações sociais. (...) À medida que os economistas ficavam mais sofisticados matematicamente e seus modelos incorporavam esses novos níveis de sofisticação, as pessoas que eles descreviam também foram evoluindo. Primeiro os Econs ficaram mais inteligentes. Segundo, curaram todos os seus problemas de autocontrole" (THALER, Richard H. *Misbehaving*: a construção da economia comportamental. Rio de Janeiro: Intrínseca, 2019, pp. 108/109). "Para compreender o comportamento de consumo dos lares, necessitamos claramente voltar a estudar Humanos em vez de Econs. Humanos não têm o cérebro de Einstein (ou Barros) nem possuem o autocontrole de um ascético monge budista. Em vez disso, possuem paixões, telescópios defeituosos, tratam de maneira bem diferente os vários potes de riqueza e podem ser influenciados por retornos de curto prazo no mercado de ações. Necessitamos de um modelo desses tipos de Humanos" (WOLKART, Erik Navarro. *Análise econômica do processo civil*: como a economia, o Direito e a psicologia podem vencer a tragédia da justiça. São Paulo: RT, 2019, pp. 112/113).

[247] A economia comportamental evidenciou interessante *insight* sobre a aversão dos seres humanos à perda e como essa percepção é decisiva para diversas situações e escolhas que fazemos ao longo de nossas vidas: "Esse modelo de utilidade da riqueza capta corretamente o básico sobre a psicologia da riqueza. Porém, para criar um modelo descritivo, Kahneman e Tversky perceberam que era necessário mudar nosso foco dos *estados* de riqueza para *mudanças* na riqueza. (...) As pessoas pensam na vida em termos de mudança, não de estados de riqueza. Podem ser mudanças no status quo ou mudanças em relação ao que era esperado; seja qual for a forma que assumam, são mudanças que nos tornam felizes ou tristes. Essa era uma grande ideia" (THALER, Richard H. *Misbehaving*: a construção da economia comportamental. Rio de Janeiro: Intrínseca, 2019, pp. 44/45). "Note que a função de perda é mais inclinada do que a função de ganho: ela decresce mais depressa do que sobe a função de ganho. Grosseiramente falando, as perdas doem cerca de duas vezes mais do que os ganhos fazem você se sentir bem. Essa característica da função valor me deixou perplexo. Ali, naquela figura, estava o efeito posse. (...) O fato de

CAPÍTULO V – ÍNDICES DE AFERIÇÃO DE PRODUTIVIDADE...

impactam ao final sua noção de justiça.[248] Questões interessantes surgem a partir dessas impressões, que poderiam ser utilizadas

---

uma perda doer mais do que o prazer de um ganho equivalente é chamado de aversão à perda. Esta se tornou a ferramenta individual mais poderosa no arsenal da economia comportamental. Então, experienciamos a vida em termos de mudanças, temos uma redução de sensibilidade tanto a ganhos quanto a perdas, e perdas machucam mais do que o prazer dado por ganhos de tamanhos equivalentes" (THALER, Richard H. *Misbehaving*: a construção da economia comportamental. Rio de Janeiro: Intrínseca, 2019, pp. 47/48).

[248] Sobre o impacto do efeito posse, decorrente da aversão de perdas, e a percepção individual de justiça, esclarece a teoria econômica comportamental: "Um aspecto que veio à tona a partir da nossa pesquisa é a relação entre percepção de justiça e o efeito posse. Tanto compradores quanto vendedores se sentem no direito aos termos de negócio a que se acostumaram e tratam qualquer deterioração desses termos como uma perda. Tal sentimento sobre as condições usuais do negócio é particularmente verdadeiro quando o vendedor começa a cobrar por algo que ele tradicionalmente tem dado de graça ou incluído no preço. Dessa maneira, o status quo se torna um ponto de referência" (THALER, Richard H. Misbehaving: a construção da economia comportamental. Rio de Janeiro: Intrínseca, 2019, p. 14). Aponta, também, que a percepção da justiça também decorre da forma como a questão é formulada: "Em muitas situações, a justiça percebida de uma ação depende não só de quem ela ajuda ou prejudica, mas também de como é formulada. Para testar esse tipo de efeito, fazíamos duas versões de uma pergunta para diferentes grupos de respondentes. Por exemplo, considere esse par de perguntas como as diferenças ressaltadas em itálico: Ocorreu uma escassez em certo modelo de automóvel, e os fregueses agora precisam esperar dois meses pela entrega. Uma concessionária tem vendido esses carros a preço de tabela. Agora os preços do modelo nessa concessionária estão US$ 200,00 acima do preço de tabela. Aceitável 29%, Injusto 71%. Ocorreu uma escassez em certo modelo de automóvel, e os fregueses agora precisam esperar dois meses pela entrega. Uma concessionária tem vendido esses carros com um desconto de US$ 200,00 sobre o preço de tabela. Agora está vendendo o modelo só a preço de tabela. Aceitável 58%, Injusto 42%. Este par de perguntas ilustra um ponto útil que surgiu na nossa discussão do Capítulo II a respeito de comerciantes impondo sobretaxas para uso de cartão de crédito. Qualquer empresa deveria estabelecer o preço mais alto que pretende cobrar como preço 'regular', nomeando como 'promoções' ou 'descontos' quaisquer desvios de preços. Remover um desconto não é nem de perto tão censurável quanto adicionar uma sobretaxa" (THALER, Richard H. *Misbehaving*: a construção da economia comportamental. Rio de Janeiro: Intrínseca, 2019, pp. 144/145).

para contribuir para o atingimento dos propósitos do legislador, especialmente no que toca à tramitação dos processos.

Compreender os vetores que fomentam determinadas ações comportamentais das partes pode auxiliar inclusive o gerenciamento, por parte do magistrado, sobre a melhor forma de conduzir um processo para alcançar a pacificação do litígio. Assim, por exemplo, questiona-se se, sob a perspectiva da economia comportamental, a fixação da audiência de conciliação do rito comum antes da apresentação da contestação é a solução que mais contribui para a obtenção do acordo em si. Será que conceder ao juiz maior liberdade para escolher o momento do uso de mecanismos alternativos de conflitos não poderia aumentar as chances de ocorrência de um acordo entre as partes?[249]

Parte da doutrina afirma que a realização da composição no momento inicial da lide, como é a opção do legislador brasileiro, não favorece um ambiente de composição, em razão da assimetria das informações existentes nesse momento processual, o que, com a natural tramitação do feito, vai se reduzindo, gerando nas partes expectativa mais embasada no julgamento do processo.[250] Além disso,

---

[249] Interessante observar que a economia comportamental reconhece que o sentimento das partes em relação a um determinado momento processual impacta sua maior ou menor propensão a celebrar acordos: "Após um processo judicial, é típico que as partes estejam aborrecidas uma com a outra, pincipalmente a pessoa que perdeu o processo. Para que o teorema de Coase funcione, a parte perdedora precisa se dispor a fazer uma oferta para o outro lado caso ele valorize mais o direito sobre a propriedade que acabou de perder. Porém, as pessoas estão zangadas e a última coisa que querem é conversar com o outro lado. O professor de Direito Ward Farnsworth documentou essa relutância entrevistando advogados de mais de 20 casos civis nos quais se buscava uma medida cautelar e ela foi concedida ou negada após questionada em juízo. Em nem um único caso as partes sequer tentaram negociar após o Tribunal ter emitido o veredicto" (THALER, Richard H. *Misbehaving*: a construção da economia comportamental. Rio de Janeiro: Intrínseca, 2019, p. 279).

[250] "Até aqui, sabemos que a busca do acordo no início do processo tem uma vantagem e uma desvantagem. A vantagem é o estímulo gerado às partes pela economia do processo tem uma vantagem e uma desvantagem. A vantagem é

CAPÍTULO V – ÍNDICES DE AFERIÇÃO DE PRODUTIVIDADE...

aponta que desfavorece a composição a exigência do pagamento de todas as custas nesse instante inicial, de forma adiantada, gerando no autor naturalmente um comportamento de resistência a efetuar concessões à parte contrária, por já ter antecipado todos os custos provocados pela necessidade de recorrer ao Poder Judiciário para solução de sua questão.

Trata-se, portanto, de apenas um exemplo de como a compreensão dos aspectos econômicos e comportamentais das partes pode auxiliar o magistrado a gerenciar melhor o andamento do processo, oferecendo melhores condições de, por exemplo, definir o momento mais propício para eventual tentativa de conciliação ou mediação.[251]

---

o estímulo gerado às partes pela economia dos custos que seriam despendidos ao longo do processo. A desvantagem é o fato de que, nesse momento, a assimetria de informação ainda é grande. Como decorrer do processo, a conduta das partes *transmite* informação e diminui a assimetria, fazendo convergir as expectativas quanto ao resultado final, o que aumenta o *intervalo de acordo* e, consequentemente, sua possibilidade. Vamos ainda que, infelizmente, o sistema brasileiro reduz a vantagem da economia e aprofunda a desvantagem da assimetria da informação. A concentração das custas no momento inicial e a ausência de contestação anterior à audiência são as respectivas causas dessa desvantagem. Com efeito, de acordo com a abordagem clássica, se a parte pagou a maior porção dos custos do processo no seu início, há pouco a economizar com um acordo daí a diante. (...) O problema é que, ao atualizarmos o modelo clássico com os *insights* da economia comportamental, verificamos um *mal* adicional causado pela alocação das custas do processo no momento inicial: ela desestimula ainda mais o comportamento cooperativo do autor em aceitar um acordo razoável" (WOLKART, Erik Navarro. *Análise econômica do processo civil*: como a economia, o Direito e a psicologia podem vencer a tragédia da justiça. São Paulo: RT, 2019, pp. 431/432).

[251] "No Brasil, boa parte das normas e da doutrina de Direito Processual não utiliza técnicas de entendimento do comportamento humano, nem está voltada para um motivo palpável (aumento do bem-estar social), resultando em mecanismos que acabam agravando o cenário da *tragédia da justiça*. Assim, pensamos que a introdução de modelos econômicos simples, atualizados p ela psicologia e pela neurociência, podem proporcionar grande avanço" (WOLKART, Erik Navarro. *Análise econômica do processo civil*: como a economia, o Direito e a psicologia podem vencer a tragédia da justiça. São Paulo: RT, 2019, p. 132).

Os *insights* advindos da economia comportamental parecem reforçar a importância de permitir ao magistrado campo de discricionariedade para gerenciamento do andamento do processo. Afinal, considerando a multiplicidade de comportamentos que podem ser adotados pelas partes em uma determinada lide, que dependem das particularidades do caso concreto, parece intuitivo propiciar que a definição da melhor estratégia para ser utilizada no caso concreto, a fim de conduzir as partes aos resultados esperados pelo legislador e fixados na legislação processual, fomentando comportamentos adequados, fique a cargo do magistrado responsável pelo processo. Evidenciam, também, que a inserção de estratégias de gerenciamento como parte do procedimento fixado em norma geral e abstrata – como é o caso da inserção da audiência de conciliação em momento inicial da lide – pode ser contraprodutiva.

Concluímos, em resumo, que a análise econômica proporciona interessantes reflexões sobre estímulos ao comportamento das partes em litigar e em litígio, as quais, não apenas podem orientar alterações legislativas, mas, sobretudo, reforçam a efetividade da utilização de técnicas de gerenciamento de processos por magistrados, a qual, ao contrário das primeiras, tem o potencial de obter resultados imediatos e que não dependem, para sua implementação, de complexo processo legislativo.

5.3 Identificação dos fatores exógenos que impactam o processo

No Capítulo VI, a seguir, serão apresentados fatores denominados neste trabalho como processuais ou "exógenos". Estes últimos, conforme mencionado, referem-se a aspectos exógenos ao processo judicial, mas que impactam sua boa condução e que, portanto, estão relacionados ao processo decisório do magistrado.

Este trabalho pretendeu identificar, a partir de casos práticos e evidências empíricas, a existência de alguns desses fatores

CAPÍTULO V – ÍNDICES DE AFERIÇÃO DE PRODUTIVIDADE...

exógenos ao processo e seu potencial de impacto. Necessário consignar que não se pretendeu esgotar quais seriam esses fatores exógenos, mas apenas chamar a atenção para sua existência, a partir dessas evidências.

Espera-se, ao se revelar a existência desses fatores exógenos, permitir sua melhor sistematização e estudo de alternativas para seu dimensionamento.

CAPÍTULO VI

AS DIMENSÕES DO GERENCIAMENTO JUDICIAL

A primeira parte deste trabalho foi dedicada a evidenciar os esforços contínuos do legislador em contribuir com o Poder Judiciário para o enfrentamento do fenômeno da crescente litigiosidade detectada na sociedade brasileira, nem sempre com resultados satisfatórios. Identificou-se, no gerenciamento judicial, atuando de forma complementar ao legislador, uma importante ferramenta para auxiliar nessa tarefa. Analisou-se, inicialmente, o conceito de gerenciamento de processos e, após, o de gestão judicial, observando-se ainda que o controle, monitoramento e ajuste de determinados fatores podem propiciar uma tramitação mais efetiva de processos judiciais, sem, necessariamente, qualquer alteração legislativa.

A abordagem da gestão judicial, pelos impactos positivos que pode causar não apenas no aumento da celeridade processual, mas também no incremento da qualidade das decisões jurisdicionais, não pode ser ignorada. Afinal, esses efeitos são atingidos sem desgaste e eventual insegurança jurídica inicial provocada por alterações legislativas.

Ainda na primeira parte desta pesquisa, verificou-se que, apesar de existirem muitos estudos sobre o gerenciamento de processos, *case management*, focado na atuação direta do juiz no processo, o mesmo não se observa com relação a outros fatores que a doutrina reconhece que também podem contribuir para o aprimoramento da tramitação de processos. Esclareceu-se, na oportunidade, que este trabalho pretende concentrar seus esforços justamente nesses outros aspectos, por consistirem em importantes elementos para o melhor gerenciamento do fenômeno processual.

Uma vez identificada essa realidade e em face da tese sustentada nesse processo de que existem fatores, sobretudo os exógenos, em diversas dimensões de gerenciamento judicial, que interferem no andamento e efetividade do processo judicial, entendeu-se necessário aferir o grau de discricionaridade dos principais agentes envolvidos na condução dos processos – no caso os magistrados e tribunais –, efetuando-se, nesse sentido, na segunda parte deste trabalho, breve análise da estrutura organizacional e administrativa do Poder Judiciário. Essa análise foi fundamental, visto que o ato de gerenciamento somente pode ser exercido na margem de discricionariedade permitida pelo ordenamento jurídico.

Como importante achado da segunda parte deste estudo, constatou-se a necessidade de melhor compreender o papel desempenhado pelo CNJ, no tocante a essas funções gerenciais, em razão da ausência de clara definição dos limites do exercício de suas competências originárias e competências regulamentares recebidas por delegação legislativa, com relevante impacto na organização das ferramentas de gerenciamento. Conclui-se que seria bastante salutar o pronunciamento do E. STF, Corte Constitucional brasileira, sobre os limites dessa competência e as consequências jurídicas, a depender do entendimento adotado.

A falta de clareza dos limites do exercício pelo CNJ de sua competência regulamentar recebida por delegação legislativa e a distinção do tratamento jurídico que lhe deve ser conferido em

CAPÍTULO VI – AS DIMENSÕES DO GERENCIAMENTO JUDICIAL

comparação com aquele destinado ao seu poder normativo originário consistem em elementos de ineficiência na utilização dos fatores exógenos de gestão, a seguir apresentados, na medida em que importam em maior insegurança jurídica quanto às soluções que podem ser implementadas e à indefinição acerca dos atores responsáveis pela adoção das ferramentas exógenas de gerenciamento. Essa constatação da pesquisa reforça a importância da manifestação do E. STF a respeito da questão.

Se porventura se confirmar, perante o E. STF, a tendência centralizadora e planificadora por parte do CNJ, com abrangência nacional, será possível acrescer outra dimensão àquelas identificadas neste trabalho, para refletir a concentração de tais poderes no CNJ, como ordenador nacional da gestão judicial no território brasileiro, deixando para a área institucional, que será a seguir explicada, apenas a implementação de suas determinações no âmbito de cada tribunal. Seria uma inovação na estrutura federativa brasileira, que se organiza em três esferas – União, Estados (e Distrito Federal) e municípios.

A terceira parte deste estudo destina-se a analisar as ferramentas de gerenciamento de processos, propriamente ditas.

No Capítulo V, examinaram-se aspectos que contribuem para melhor compreensão desses fatores exógenos de gerenciamento e que auxiliam a direcionar a utilização dessas soluções no caso concreto. Destacou-se, portanto, a importância dos índices de medição e dos *insights* proporcionados pela perspectiva econômica do processo, que contribuem para melhor detecção das possíveis causas de problemas e, consequentemente, na definição das soluções mais ajustadas, no tocante ao gerenciamento em si. Esses aspectos serão considerados na análise das dimensões de gerenciamento judicial que será feita neste Capítulo VI.

O estudo conduzido neste trabalhou detectou que fatores processuais e exógenos impactam a tramitação do processo judicial e, portanto, podem ser gerenciados para aprimorar seu andamento e respectivo tempo de duração. Exemplos empíricos já mencionados evidenciaram a relevância desses fatores, como tecnologia, perfil de litigância/distribuições de ações, organização dos fluxos de trabalho, entre outros. Justamente em atenção ao impacto que provocam no andamento do processo judicial, conclui-se que esses elementos não podem ser negligenciados, pelo contrário, devem ser compreendidos e estudados.

É natural que o legislador, ao conceber soluções processuais para o enfrentamento da crescente litigiosidade, parta do pressuposto de que todas as questões gerenciais estejam equacionadas e que todas as unidades judiciais atuem de forma semelhante e padronizada. Seria difícil elaborar normas gerais e abstratas, com aplicação em todo o território nacional, se se tivesse que considerar cada particularidade ou especificidade local.

A abordagem do gerenciamento pretende identificar, com o intuito de aprimorar o serviço jurisdicional, ferramentas e estratégias para fazer com que essa premissa adotada pelo legislador possa estar o mais próximo possível da realidade e otimizar ao máximo todos os fatores observados na tramitação do processo judicial.

Necessário ressaltar, mais uma vez, que o foco deste trabalho não foram os fatores processuais de cada dimensão de gerenciamento, visto que são amplamente estudados pela doutrina. Sua menção, nesta pesquisa, tem por objetivo apenas permitir compreensão global do conceito de gerenciamento proposto.

Antes de apresentar a análise de fatores exógenos e processuais identificados, para cada dimensão de gerenciamento, necessário antes esclarecer o conceito adotado neste trabalho.

6.1 As dimensões de gerenciamento

Conforme mencionado, o processo de tomada de decisão judicial está inserido em um sistema complexo e multidimensional,

CAPÍTULO VI – AS DIMENSÕES DO GERENCIAMENTO JUDICIAL

no qual vários aspectos estão imbricados e diretamente relacionados para que o referido processo de tomada de decisão obtenha melhores resultados. A fim de que as diferentes realidades possam interagir adequadamente, precisam ser articuladas de forma eficiente. Essa constatação aponta para a possibilidade de adoção de técnicas de gestão tanto dos aspectos em si quanto de sua interface com os demais. Ao se estudarem essas realidades diversificadas, todas elas indispensáveis para o efetivo andamento desse processo de tomada de decisão judicial, foi possível verificar que possuíam características próprias e distintas, as quais, por tais especificidades, exigiam tratamento diverso no tocante à sua gestão, ainda que, em seu conjunto, deveriam todas ser coordenadas.

Para tentar compreender cada uma dessas realidades que interfere no processo de tomada de decisão judicial, optou-se, em um momento inicial, por considerá-lo exclusivamente como processos de trabalho, abstraindo-se de todos os conceitos e classificações jurídicas, os quais estão inseridos em uma organização. Desse modo, para contribuir para o aprimoramento do "produto final" – a prestação jurisdicional em si –, é preciso verificar se cada um desses processos de trabalho pode ser alvo de gerenciamento específico.

Essa abordagem apoiou-se na perspectiva da gestão dos processos, que tem por objetivo, para obter resultados mais eficazes, "conhecer, fazer funcionar, avaliar, controlar e melhorar continuamente os resultados dos processos da organização".[252] Sobre o conceito de "processo", para fim de gestão:

> Segue abaixo a visão de processo segundo vários autores:
>
> - Harrington (1993) – define-se como um grupo de tarefas interligadas logicamente, que utilizam recursos da

---

252 FIEL FILHO, Alécio. "Gestão dos processos e a eficiência na gestão pública". *In*: KANAANE, Roberto; FIEL FILHO, Alécio; FERREIRA, Maria das Graças (Coord.). *Gestão pública*: planejamento, processos, sistemas de informação e pessoas. São Paulo: Atlas, 2010, p. 128.

organização para gerar os resultados definidos, de forma a apoiar seus objetivos;

- Devenport (1994) – define-se como a ordenação específica das atividades de trabalho no tempo e no espaço, com um começo, um fim, entradas e saídas claramente identificadas, enfim, uma estrutura para a ação;

- Rummler e Brache (1994) – afirmam ser o processo uma série de etapas criadas para produzir um produto ou serviço, incluindo várias funções e, abrangendo o espaço em branco entre os quadros, o organograma – ele deve ser visto como uma cadeia de agregação de valores;

- Johansson e Michug (1995) – definem que processo é o conjunto de atividades vinculadas que tomam um insumo (entrada) e o transformam para criar um resultado (saída). Teoricamente, a transformação que nele ocorre deve adicionar valor e criar um resultado que seja útil e eficaz ao recebedor acima ou abaixo da cadeia produtiva.

Segundo a norma NBRISO 9000 (ABNT, 2005) – um processo é definido como conjunto de atividades inter-relacionadas ou interativas que transformam entradas em saídas. Ainda complementa que qualquer atividade, ou conjunto de atividades que usa recursos para transformar entradas em saídas pode ser considerada como um processo. Portanto, os processos têm como finalidade agregar valor para o cliente. Como esses valores passam por transformações ao longo do tempo, os processos têm necessidade de evoluírem ao longo de sua vida com o propósito de manter o cliente satisfeito.[253]

Observando o conceito de "processo" supratranscrito, para fins de gestão, percebe-se claramente que é possível fazer a relação entre ele e o processo de tomada de decisão judicial. A decisão

---

[253] FIEL FILHO, Alécio. "Gestão dos processos e a eficiência na gestão pública". *In*: KANAANE, Roberto; FIEL FILHO, Alécio; FERREIRA, Maria das Graças (Coord.). *Gestão pública*: planejamento, processos, sistemas de informação e pessoas. São Paulo: Atlas, 2010, pp. 128/129.

CAPÍTULO VI – AS DIMENSÕES DO GERENCIAMENTO JUDICIAL

judicial, em última análise, é o resultado final esperado, de modo que todas as atividades vinculadas, diretamente relacionadas à sua realização, devem ser consideradas e mapeadas para aprimoramento contínuo.

Interessante verificar que a abordagem por processos está prevista nas normas de gestão de qualidade, recomendando-se seu mapeamento para eliminar desperdício, simplificar operações, evitar operações inúteis e aprimorar a qualidade do serviço prestado:

> (...) mapeamento de processos da organização é o conhecimento e a análise dos processos e seu relacionamento numa visão de cima para baixo, isto é, desde o nível gerencial até um nível operacional que possibilita a obtenção satisfatória dos produtos e serviços resultantes do processo. Um processo é constituído de maneira geral de entradas (*inputs*), saídas (*outputs*), tempo, recursos, informações e valores direcionados para seu objetivo, ou seja, fornecer produtos/serviços aos clientes de forma ótima. Analisando um processo, através de seu mapeamento é possível proporcionar melhorias, entre outras, como:
>
> - eliminar todas as operações desnecessárias,
>
> - juntar várias atividades em uma única,
>
> - criar alguma atividade nova para proporcionar mais confiabilidade no processo,
>
> - simplificar as operações que são fundamentais no processo.
>
> Portanto, mapear um processo permite racionalizá-lo, com a eliminação do desperdício, fornecendo uma linguagem padronizada para tratamento dos processos dentro da organização, com isso possibilitando a tomada de decisão com base confiável.[254]

---

[254] FIEL FILHO, Alécio. "Gestão dos processos e a eficiência na gestão pública". *In*: KANAANE, Roberto; FIEL FILHO, Alécio; FERREIRA, Maria das Graças (Coord.). *Gestão pública*: planejamento, processos, sistemas de informação e pessoas. São Paulo: Atlas, 2010, p. 135.

Adotando essas diretrizes para orientar a análise do processo de trabalho de tomada de decisão judicial e tentando efetuar seu mapeamento e entender todas as tarefas e os níveis organizacionais envolvidos, a ele relacionados, foi possível identificar três realidades distintas, que impactam, diretamente, esse processo de trabalho.

A identificação de cada uma dessas realidades com uma dimensão específica de gerenciamento foi feita considerando suas particularidades, as quais, por sua vez, as distinguiam das demais, sobretudo nos aspectos a seguir relacionados:

(i) a existência de normas específicas que conformam e limitam o âmbito de discricionariedade do gestor;

(ii) a identidade do gestor;

(iii) os processos de trabalho identificados;

(iv) os atores envolvidos;

(v) o destinatário das medidas de gestão.

A complexidade do fenômeno do processo de tomada de decisão judicial é ainda mais agravada, pois, se não bastasse se tratar de processo de trabalho intrincado, inserido no bojo de uma grande organização, é, também, um instituto jurídico, disciplinado por regras próprias e que, mais do que isso, está diretamente relacionado ao exercício da garantia fundamental do cidadão de acesso à justiça.

Justamente pela existência de conjunto normativo específico, o qual limita e conforma o âmbito de atuação do gestor, que se precisa considerar cada plano da realidade (ou cada processo de trabalho) que compõe o processo de tomada de decisão judicial de forma individualizada, para se compreenderem os desafios e limites das ferramentas de gerenciamento que poderão ser adotadas. Por esse motivo, denominou-se como "dimensão de gerenciamento" cada um desses planos da realidade que se determinam e

CAPÍTULO VI – AS DIMENSÕES DO GERENCIAMENTO JUDICIAL

se inter-relacionam com os demais para permitir a conclusão do processo de tomada de decisão judicial.

Analisando os fatores processuais ou exógenos, as normas específicas incidentes e o gestor responsável pela condução do processo, foi possível identificar três dimensões específicas, as quais foram denominadas neste trabalho como: do processo; das unidades judiciais; e da instituição.

Compreender essa diversidade de dimensões, que impactam a qualidade da oferta da prestação jurisdicional, auxiliará a utilização de técnicas mais adequadas de seu gerenciamento e permitirá não apenas o aprimoramento dos fatores que compõem essa realidade, mas, também, a melhora de sua conexão com os outros planos da realidade.

Trata-se de tarefa especialmente mais complexa em razão da ausência de sistematização de técnicas de gerenciamento de processo em lei.[255]

Em cada uma das dimensões supra-apontadas, foi possível identificar soluções estritamente processuais e soluções que guardam relação com fatores exógenos. O primeiro plano da realidade – e talvez o mais óbvio – é o do próprio processo em si, o qual, por sua vez, acaba sendo mais afetado por normas processuais, de natureza legal ou constitucional. Os demais planos, referindo-se às unidades judiciais e à instituição em si, estão ligados sobretudo à estrutura em que esses processos tramitam. Todos esses planos estão diretamente

---

[255] "No Brasil, o gerenciamento de processos não existe como técnica sistematizada ou regulamentada. A legislação processual disponibiliza mecanismos que possibilitam o exercício do gerenciamento de processos, como o saneamento de processos, a audiência preliminar ou poderes de direção do juiz etc. (cap. III). A base legislativa é uma boa referência da orientação favorável do ordenamento, mas o que define a existência de gerenciamento são as práticas que os juízes adotam (ou não) de planejar a condução do processo" (SILVA, Paulo Eduardo da. *Gerenciamento de processos judiciais*. São Paulo: Saraiva, 2010, p. 137).

relacionados e são indispensáveis para permitir que, ao final, o processo e a tomada de decisão judicial ocorram de forma mais eficiente.

No tocante à primeira dimensão, a do processo individualmente considerado, constata-se que as normas previstas pela dogmática processual civil para organizar o andamento do processo e a participação das partes propiciam um campo de discricionariedade em que o magistrado pode administrar melhor sua tramitação, o que pode ser feito utilizando ferramentas endoprocessuais (*case management*), ou, também, outras estratégias não previstas em lei, mas que são aptas a influenciar direta e positivamente o processo em si. Assim, por exemplo, a elaboração de decisões que já concentrem e antevejam muitas possibilidades de tramitação do processo evita sua movimentação desnecessária e organiza seu fluxo de tramitação, conforme se verá a seguir.

Deve-se considerar, também, que, para o processo tramitar, é preciso que exista estrutura que permita seu andamento, com equipe de pessoas que façam os encaminhamentos necessários, entre outros aspectos. Ao conjunto das equipes de trabalho que estão nos ofícios e nos gabinetes de magistrados designa-se como "unidade judicial", indicando, claramente, a direta relação que existe entre os trabalhos dessas duas equipes, cada uma em seu âmbito de atuação, pela tramitação de cada um dos processos distribuídos a determinado juiz.

Os ofícios judiciais atuam na parte operacional da tramitação do processo, sendo responsáveis por sua correta movimentação entre as diversas etapas que podem ser observadas durante esse andamento, desde a distribuição da petição inicial até a certificação do trânsito em julgado ou a remessa dos autos à instância superior. Atua como se fosse a "esteira" que movimenta o processo ao longo de todas as suas fases. Os gabinetes dos magistrados, por outro lado, são responsáveis pela elaboração das decisões que determinarão os rumos desse processo, dando-lhe adequado seguimento e, ao final, julgamento definitivo da questão.

CAPÍTULO VI – AS DIMENSÕES DO GERENCIAMENTO JUDICIAL

Para que um processo tramite adequadamente, é necessário, portanto, que todos os fluxos de trabalhos existentes nessa unidade judicial estejam funcionando de forma contínua. As atividades do ofício judicial e do gabinete são concatenadas e mutuamente dependentes – como se fossem engrenagens de um relógio. O atraso em uma das atividades retarda as demais e, se crônico, gera pontos de gargalo, atrapalhando a capacidade da unidade, como um todo, de produzir.[256] Essa disfuncionalidade vai impactar o processo judicial, que não encontrará estrutura eficiente para que possa tramitar apropriadamente.

Também no caso das unidades judiciais, há normas processuais e fatores que lhes são externos e que interferem diretamente em seu gerenciamento. Os processos de trabalho identificados na unidade judicial estão intrinsecamente relacionados com o processo decisório do magistrado, de modo que foi considerada em seu conjunto outra dimensão a ser gerenciada, tanto pelo magistrado quanto pela instituição.

Além disso, para que a unidade judicial funcione corretamente, é preciso que, no mínimo, esteja devidamente instalada, com equipamentos tecnológicos suficientes, recursos humanos específicos e estrutura de trabalho salutar. Especificamente considerando a estrutura para tramitação do processo, existem medidas que podem ser mais bem equacionadas, se capitaneadas pela alta administração dos tribunais, por exemplo, apropriado sistema de gerenciamento de precedentes ou uso adequado de tecnologia.

Evidencia-se, desse modo, mais uma dimensão do gerenciamento judicial: o macrogerenciamento, que, efetuado pela alta administração dos tribunais, também aborda tanto aspectos da

---

[256] TJSP. *Manual de Boas Práticas Cartorárias*. Disponível em: http://www.tjsp.jus.br/Download/Corregedoria/Manuais/CartilhaBoasPraticas.pdf?d=1 563689741823. Acessado em: 07.07.2020.

dogmática processual quanto fatores que lhe são externos, ambos, contudo, com impacto indireto na adequada tramitação do processo.

Além da melhor sistematização, as técnicas e a identificação das dimensões do gerenciamento judicial têm outra importante consequência: maior clareza quanto ao agente responsável por sua implementação.

Conforme se verá, o sistema em que se insere o processo de tomada de decisões não depende, para seu adequado funcionamento, apenas da atuação do magistrado. As Corregedorias, a alta administração dos tribunais e o CNJ desempenham papel fundamental para tramitação mais célere e eficiente do processo judicial.

As dimensões do gerenciamento do processo identificadas neste estudo podem ser ilustradas do seguinte modo:

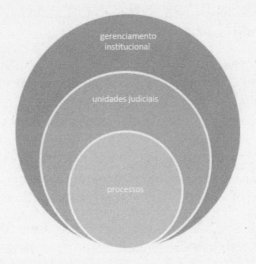

Antes de adentrar, especificamente, em cada uma dessas dimensões, necessário ressaltar que, em qualquer uma delas, a atuação dos responsáveis será pautada por algumas condicionantes.

Dessarte, as estratégias de gerenciamento do processo, em qualquer uma de suas dimensões, deverão observar os princípios

CAPÍTULO VI – AS DIMENSÕES DO GERENCIAMENTO JUDICIAL

constitucionais do processo, tais como acesso à justiça, devido processo legal, duração razoável do processo,[257] contraditório e ampla defesa. Esclarecemos, neste ponto, que não é objetivo deste estudo adentrar em questões atinentes a tais princípios constitucionais, as quais, por sua complexidade, demandariam trabalho próprio.

Necessário consignar, contudo, que as práticas de gerenciamento do processo, adotadas pelo juiz, não podem macular ou desconsiderar as garantias constitucionais do processo e devem ser orientadas pela maior efetividade da tutela processual.[258] [259]

---

[257] Art. 5º, LXXVIII, da CF.

[258] "São dois os requisitos essenciais específicos de validade do gerenciamento do processo: o primeiro é que seu exercício produza ou objetive a efetividade processual, e, o segundo, é a garantia do contraditório e da ampla defesa. O primeiro requisito expressa o aspecto teleológico do instituto, o gerenciamento do processo deve objetivar a efetividade da tutela jurisdicional (que compreende o cumprimento de objetivos gerais da gestão processual, como adiante abordaremos). As medidas a serem adotadas pelo juiz no curso processual sob o fundamento de se tratar de gerenciamento do processo não poderão gerar tumulto processual ou incluir expedientes que produzam a indevida procrastinação do feito. O segundo requisito é o respeito ao contraditório e à ampla defesa. Desse requisito de validade decorre, por exemplo, a proibição de o exercício da gestão do processo causar surpresa às partes" (CAHALI, Cláudia Elisabete Schwerz. *O gerenciamento de processos judiciais*: em busca da efetividade da prestação jurisdicional (com remissões ao projeto do novo CPC). (Coleção Andrea Proto Pisani; Coordenação Ada Pellegrini Grinover e Petronio Calmon, vol. 10). Brasília: Gazeta Jurídica, 2013, pp. 38/39).

[259] Cláudia Elisabete Schwerz Cahali elenca rol não exaustivo dos objetivos do gerenciamento do processo, com base no CPR britânico: "1. Assegurar a igualdade entre as partes e a paridade de armas. A gestão processual não deve interferir na situação estabelecida no processo entre as partes, nem gerar o desequilíbrio de forças; 2. Conferir tratamento adequado à demanda, considerando a natureza do direito material em discussão e a complexidade da causa e se necessário flexibilizar o procedimento; 3. Tratar a demanda de modo a observar a proporcionalidade do valor do objeto do processo, dos custos processuais e das condições financeiras de cada parte; 5. Estimular as partes a cooperar no processo; 6. Tramitar o processo com o menor custo possível; 7. Tratar da demanda, considerando a existência de outros processos e distribuindo adequadamente os recursos do aparelho judiciário ao caso; 8. Levar em consideração as consequências práticas da decisão relativa à gestão

A doutrina não reconhece, no gerenciamento do processo, práticas ilegítimas de discricionariedade do juiz, mas, ao contrário, ajustes aos procedimentos necessários para que o processo possa chegar a um fim útil e adequado.[260]

Nas dimensões mais amplas do gerenciamento, considerando a unidade judicial e a institucional, além do dever de observância das premissas condicionantes supramencionadas, é preciso verificar outros dispositivos constitucionais relacionados à Administração Pública e à organização constitucional do Poder Judiciário, não só o ordenamento jurídico em si. Conforme referido nesta pesquisa, nessas dimensões, atua-se também dentro do espaço da discricionariedade do gestor público, a qual está pautada, portanto, pelos limites permitidos no ordenamento jurídico brasileiro.

O interessante ao identificar as dimensões de gerenciamento é conseguir visualizar sua importância para a melhoria do processo de tomada de decisão judicial e, assim, a partir dessa conscientização, poder refletir acerca de estratégias mais eficazes para o gerenciamento dos fatores que o compõem.

A seguir, serão abordadas as dimensões de gerenciamento identificadas neste trabalho.

---

do processo; 9. Proibir que as partes sejam surpreendidas com a organização e adaptação procedimental (embora este requisito decorra do respeito ao contraditório e ampla defesa, sua previsão como requisito geral detalha o seu significado e desperta a atenção do julgador, que preside o processo)" (CAHALI, Cláudia Elisabete Schwerz. *O gerenciamento de processos judiciais*: em busca da efetividade da prestação jurisdicional (com remissões ao projeto do novo CPC). (Coleção Andrea Proto Pisani; Coordenação Ada Pellegrini Grinover e Petronio Calmon, vol. 10). Brasília: Gazeta Jurídica, 2013, pp. 41/42).

260 "É preciso que o juiz enquadre o caso ao procedimento, planeje os atos processuais, controle o andamento do feito e flexibilize, quando necessário o procedimento. A lei processual fornece os parâmetros e objetivos dentro do que o juiz conduzirá o processo. Essa tarefa não é considerada ilegítima discricionariedade judicial porque é pautada pelos objetivos gerais e opções predefinidos pela lei" (SILVA, Paulo Eduardo da. *Gerenciamento de processos judiciais*. São Paulo: Saraiva, 2010, pp. 36/37).

CAPÍTULO VI – AS DIMENSÕES DO GERENCIAMENTO JUDICIAL

6.2 Processo

Conforme mencionado, uma das dimensões da gestão judicial que merece ser analisada de forma isolada é a do processo. É justamente nessa dimensão que atua o *case management*, como se verá a seguir.

Identificou-se, neste trabalho, o processo em si como uma dimensão própria de gerenciamento, visto que possui regras bastante específicas que disciplinam sua organização e desenvolvimento, assim como os poderes e limites de atuação de seu gestor, no caso, o magistrado, bem como a atuação dos outros atores envolvidos (partes, advogados, operadores do Direito, peritos, entre outros) na legislação processual. Além disso, é meio indispensável para concretização de direito constitucional fundamental de acesso à justiça.

As medidas de gerenciamento adotadas nessa dimensão não podem, portanto, afrontar as normas positivadas na legislação processual, muito menos inviabilizar o direito de acesso à justiça ou outras garantias constitucionais. As medidas de gerenciamento são, portanto, conformadas e limitadas pela dinâmica processual e constitucional. Essas normas vão orientar o gerenciamento do processo em si, uma vez que não poderão ser desconsideradas, sob pena de consequências graves, previstas na própria legislação processual, que, em última análise, conduzirão à nulidade de atos processuais ou até do processo como um todo.

Não é objeto aqui aprofundar a temática dos poderes do juiz, nulidades processuais ou constituição e desenvolvimento do processo. Para fins deste trabalho, basta mencionar que o art. 139 do CPC indica, claramente, não apenas o que o juiz pode fazer, ao conduzir um processo, mas, sobretudo, quais os limites e diretrizes de sua atuação, quais sejam: (i) assegurar às partes igualdade de tratamento; (ii) velar pela duração razoável do processo; (iii) prevenir ou reprimir qualquer ato contrário à dignidade da justiça e indeferir postulações meramente protelatórias. Evidentemente, essa relação de limites é meramente exemplificativa, visto que o juiz, ao conduzir o processo, não pode infringir norma do ordenamento jurídico.

O art. 139 do CPC traz, ainda, normas que proporcionam ao magistrado mais discricionariedade e flexibilidade para conduzir o processo, a saber:

(a) promover, a qualquer tempo, a autocomposição;

(b) dilatar prazos processuais e alterar a ordem de produção dos meios de prova, adequando-os à necessidade do conflito, para conferir maior efetividade à tutela do Direito;

(c) determinar, a qualquer tempo, o comparecimento pessoal das partes para inquiri-las sobre os fatos da causa;

(d) quando se deparar com diversas demandas repetitivas, oficiar ao Ministério Público, à Defensoria Pública e, sempre que possível, a outros legitimados previstos no art. 5º da Lei n. 7.347/1985 e art. 82 da Lei n. 8.078/1990 para que, se for o caso, considerem a propositura de ação coletiva.

Os poderes supradescritos poderão ser utilizados como ferramentas de gerenciamento, conforme se verá.

Evidencia-se, portanto, que o responsável pelo gerenciamento, na dimensão do processo, é o juiz, enquanto os destinatários de suas medidas são, diretamente, as partes processuais e seus patronos e, indiretamente, toda a sociedade, beneficiada por um Poder Judiciário mais eficiente e célere.

A seguir, serão indicadas algumas ferramentas processuais e exógenas identificadas nessa dimensão de gerenciamento.

CAPÍTULO VI – AS DIMENSÕES DO GERENCIAMENTO JUDICIAL

6.2.1 Ferramentas previstas na dogmática processual e case management

Não é objetivo deste trabalho centrar nos mecanismos processuais disponíveis para gerenciamento de processos judiciais. No entanto, para uma compreensão das dimensões de gerenciamento aqui propostas, tecer-se-ão algumas considerações sobre esses dispositivos.

A gestão do processo é auxiliada pela observância dos seguintes *princípios organizadores*: princípio dispositivo, pautado pela autonomia da vontade para processos de natureza privada; princípio da preclusão, que atribui autorresponsabilidade e distribuição de ônus para o caso de inobservância de regras e prazos, de cooperação e boa-fé; além dos princípios da imediação, da oralidade, da concentração e da livre apreciação das provas.[261]

---

[261] José Igreja Matos, José Mouraz Lopes, Luís Azevedo Mendes e Nuno Coelho definem esses princípios como organizadores (MATOS, José Igreja; LOPES, José Mouraz; MENDES, Luís Azevedo; COELHO, Nuno. *Manual de gestão judicial*. Coimbra: Almedina, 2015, p. 241): "Para além do respeito das regras fundamentais do processo equitativo, no processo civil existem outros princípios orientadores essenciais para a organização do processo e que com aquelas devem ter uma relação instrumental. O princípio do dispositivo é um deles e decorre do princípio da autonomia privada, sendo os casos regulados pelo processo civil de natureza essencialmente privada. (...) Esse princípio organizador é um princípio raiz, mas que no desenvolvimento do processo pode sofrer desvios no confronto com outros princípios que imponham uma iniciativa inquisitória e oficiosa da parte do juiz. Outro importante princípio organizador, fundamental para a economia da atividade processual, é o princípio da preclusão, do qual resultam para as partes um conjunto de consequências no incumprimento de determinados ônus de exercício processual, designadamente do ônus de contestar e de responder e do ônus de cumprir prazos. Este princípio vinca a autorresponsabilidade das partes na sua participação processual e deve ligar-se às regras do processo equitativo, que sempre imporá que essas consequências sejam proporcionadas. Nessa ponderação de proporcionalidade devem situar-se outros princípios ou deveres processuais, a utilizar pelo juiz na direção do processo, como sejam os da cooperação e boa-fé processual. A sua inobservância pelas partes pode trazer-lhes penalizações, compreensíveis quando o processo é orientado para a verdade material e para uma decisão

A doutrina traz um conceito interessante que distingue as ferramentas de gerenciamento que se referem ao processo e aquelas que dizem respeito ao volume dos processos.[262] De qualquer modo, ainda que o objeto imediato da medida possa ser diverso, fato é que, de maneira mediata, ambas se destinam ao mesmo propósito: permitir que os processos sob a condução de um único magistrado tramitem de forma mais célere e com maior qualidade.

Evidentemente que seria possível utilizar uma classificação considerando o objeto direto da medida – se o processo em si, ou se o volume de processos a que um determinado agente deve enfrentar. A proposta apresentada neste trabalho opta por uma classificação que foca o processo de trabalho que deverá ser gerenciado, ao qual podem ser aplicadas medidas que podem beneficiar um único processo individualmente considerado ou uma gama maior de feitos, por entender que a reflexão sobre tais medidas para melhor ajuste dos fatores que impactam esse processo de trabalho específico proporcionará um resultado global mais eficiente.

Os mecanismos processuais dispensados aos magistrados, que permitem que adotem práticas de controle e direcionamento do processo, encontram-se no fato de o processo se desenvolver por impulso oficial (CPC, art. 2º) e na condução do processo pelo juiz (CPC, art. 139), pelos poderes que lhe foram atribuídos pela legislação,[263] devendo, sempre, ser pautados pelo respeito às ga-

---

em prazo razoável. Outros princípios ordenadores relevantes e irrecusáveis na atividade de gestão processual são os princípios da imediação, da oralidade, da concentração e da livre apreciação da prova".

[262] SILVA, Paulo Eduardo da. *Gerenciamento de processos judiciais*. São Paulo: Saraiva, 2010, p. 89.

[263] "Especificamente em relação ao gerenciamento de processos, o Código vigente autoriza o juiz, em maior ou menor medida, a dirigir formalmente o processo, inclusive de ofício. O art. 262 prescreve o princípio do impulso oficial, já aqui comentado, pelo qual o andamento do processo é determinado pelo juiz, não pelas partes. E o art. 125 do CPC fornece diretrizes que

CAPÍTULO VI – AS DIMENSÕES DO GERENCIAMENTO JUDICIAL

rantias constitucionais do processo previstas na Carta Magna.[264] Esses dispositivos legais proporcionam ao magistrado espaço mais amplo de discricionariedade para que possa conduzir um processo judicial, o qual, a despeito de ter que seguir parâmetros fixados pela lei, processual ou não, terá tramitação customizada conforme o juiz por ele responsável, visto que competirá a este decidir quando e em que intensidade fará uso desses poderes/faculdades previstos na legislação processual.

A doutrina alerta, contudo, que apenas a concessão desses poderes não é suficiente para obter resultados satisfatórios do gerenciamento do processo e que há necessidade de ter consciência desse gerenciamento, da estrutura adequada e do volume de demanda compatível. Essas questões, que parecem extrapolar o âmbito estrito do processo judicial em si e das normas processuais aplicáveis, podem ser enquadradas nos fatores exógenos a que este trabalho se refere, que impactam o melhor andamento dos processos judiciais.[265]

A doutrina se debruça sobre mecanismos processuais de gerenciamento de processos judiciais. Paulo Eduardo Alves da Silva, analisando a questão do gerenciamento de processo sob a égide do Código de Processo Civil de 1973, identificou na legislação três dispositivos que poderiam ser utilizados como técnicas de gerenciamento, a saber: o *sistema processual de "triagem" e saneamento do processo*;[266] o *encaminhamento do processo para*

---

pautam a condução judicial do processo (...)" (SILVA, Paulo Eduardo da. *Gerenciamento de processos judiciais*. São Paulo: Saraiva, 2010, p. 116).

[264] SILVA, Paulo Eduardo da. *Gerenciamento de processos judiciais*. São Paulo: Saraiva, 2010, p. 90.

[265] SILVA, Paulo Eduardo da. *Gerenciamento de processos judiciais*. São Paulo: Saraiva, 2010, p. 118.

[266] "A despeito da mitigação da oralidade e adoção de um modelo de saneamento escrito, o Código de 1973 estabeleceu um sistema de triagem no rito ordinário que viabiliza o exercício do gerenciamento de processos. Sob a premissa da racionalização, o legislador estabeleceu uma fase própria para o juiz dar o

MARIA RITA REBELLO PINHO DIAS

conciliação/mediação; e a *audiência do antigo art. 331*. Entretanto, aponta, com relação a esta última, que o resultado pretendido pelo legislador acabou não se verificando na prática.[267] Concluiu que

---

encaminhamento cabível ao feito: julgá-lo imediatamente, regularizá-lo e/ou planejar suas próximas fases. As providências preliminares (CPC, arts. 323-328), o julgamento conforme o estado do processo (CPC, arts. 329-330) e o saneamento do processo ('despacho saneador' na redação original; CPC, art. 331) compõem um sistema de 'triagem' de processos judiciais com vista ao melhor andamento do feito – uma das principais técnicas do *case management* (cap. II)" (SILVA, Paulo Eduardo da. *Gerenciamento de processos judiciais*. São Paulo: Saraiva, 2010, p. 104).

[267] "A ideia parecia ser reinserir no procedimento, entre a postulação e a instrução, momentos para a oralidade, tentativa de resolução amigável, fixação de pontos controvertidos. Realizada a audiência e não sendo possível o julgamento, o feito seria encaminhado à fase probatória. Com isso, a ordem dos atos processuais no modelo ordinário modificou-se. A instrução estaria concentrada entre duas audiências (de conciliação antes e de instrução depois) e uma audiência antecederia a fase das provas. Na redação original do Código de 1973, a sequência era *saneamento, perícia, audiência*. Com a redação do art. 331, se tornou *saneamento, audiência, provas* e *audiência*. A nova sequência pretendia estimular a oralidade, a conciliação e o planejamento da instrução. Na época, a doutrina processual evidenciou o intuito organizacional da nova audiência do art. 331: ela atendia ao trinômio 'conciliação-saneamento-organização', visava especialmente a organizar a fase instrutória, era o 'palco da conciliação e da organização do processo' (Dinamarco, 2001: 119). A fixação dos pontos controvertidos, decisão de questões incidentes, determinação de provas e designação de audiência de instrução recuperavam a lógica de triagem e planejamento que pareciam perdidas com as reformas de 1973. E, ao criar um momento exclusivo para a oralidade no início do procedimento, resgatou as tentativas de conciliação e enfatizou um outro meio de resolução de conflitos: o acordo. (...) Mas a prática não andou bem e selou o resultado da modificação legislativa. As audiências de conciliação tornaram-se um rito formal com pouco aproveitamento da oralidade, da resolução amigável e gerenciamento do processo (Watanabe, 2005). A obrigatoriedade da audiência de conciliação não foi bem recebida, pois até que fosse realizada, o processo ficaria suspenso, com considerável acréscimo no seu tempo total. As discussões da doutrina se limitaram a então à obrigatoriedade ou não da audiência e não alcançaram o planejamento do processo que o dispositivo possibilitava (Watanabe, 2005). As críticas à obrigatoriedade da audiência de conciliação levaram o legislador reformista de 2002, como fizera o reformado austríaco de 1983, a torná-la facultativa, mantidos os parágrafos relativos à fixação dos pontos controvertidos. (...) Não é possível afirmar se a audiência preliminar conseguiu recuperar algo da oralidade, concentração,

CAPÍTULO VI – AS DIMENSÕES DO GERENCIAMENTO JUDICIAL

o modelo procedimental brasileiro, que se afastou da oralidade e da concentração de atos, dificulta a disseminação de uma cultura de gerenciamento processual que procurava alcançar esse efeito recorrendo aos meios alternativos de resolução de conflitos.[268]

O mesmo autor, em estudo empírico, constatou uma prática que atingia bons resultados no tocante à redução dos tempos de tramitação do processo, consistente na convocação de testemunhas para a audiência preliminar, visto que, se não fosse obtido o acordo, o juiz já poderia proceder à sua oitiva, o que, em muitos casos, estimulava as partes a celebrar o acordo posteriormente.[269]

Segundo Paulo Eduardo da Silva, as técnicas mencionadas são mecanismos de gerenciamento do processo, e ele indica outros meios para gerenciamento do volume do processo, que são relativamente recentes e que indicam, a seu ver, para a triagem de litígio de massas, a saber: repercussão geral; julgamento de demandas repetitivas; súmulas impeditivas de recurso e, do então anteprojeto do Código, incidente de coletivização de demandas (Anteprojeto do CPC, arts. 895 e ss.).[270] Esses mecanismos são classificados, neste trabalho, na dimensão institucional de gerenciamento.

Poder-se-ia acrescentar que o exercício do poder imputável ao magistrado é uma ferramenta de gestão na dimensão do processo, uma vez que, para enfrentamento do volume de feitos e ao se deparar com demandas repetitivas, por exemplo, permite-lhe oficiar ao

---

identidade física, resolução consensual e gerenciamento de processos que haviam sido descartados pela 'racionalidade' imposta pelo modelo original de 1973" (SILVA, Paulo Eduardo da. *Gerenciamento de processos judiciais*. São Paulo: Saraiva, 2010, pp. 109/110).

[268] SILVA, Paulo Eduardo da. *Gerenciamento de processos judiciais*. São Paulo: Saraiva, 2010, pp. 114/115.

[269] SILVA, Paulo Eduardo da. *Gerenciamento de processos judiciais*. São Paulo: Saraiva, 2010, p. 58.

[270] SILVA, Paulo Eduardo da. *Gerenciamento de processos judiciais*. São Paulo: Saraiva, 2010, p. 89.

Ministério Público e à Defensoria Pública, ou a outros legitimados pela lei de ação civil pública ou do Código de Defesa do Consumidor, para analisarem a conveniência de propor ação coletiva.

Marcus Vinicius Kiyoshi Onodera ressalta momentos em que há o gerenciamento do processo pelo juiz de forma mais explícita, a saber, a audiência de conciliação, o saneamento do processo e a audiência de instrução e julgamento, ressaltando, contudo, que essa atuação deve ser contínua.[271]

Por seu turno, Cláudia Elisabete Schwerz Cahali indica três principais ferramentas de gestão processual:[272]

(i) a *racionalização do serviço mediante a adoção de técnicas* que promovam a efetividade e a eficiência da marcha processual;

(ii) a *flexibilização de procedimentos*; e

(iii) a *utilização de meios alternativos de conflito.*

---

[271] "O gerenciamento do processo deve observar o princípio da concentração dos atos processuais sempre que possível. Há, em regra, dois ou três momentos processuais próprios, previstos em lei (atualmente), para que o juiz possa agir de forma mais intensa em explícito gerenciamento do processo: audiência de conciliação, saneamento do processo e audiência de instrução e julgamento. Isso, porém, não exclui ou diminui a importância de que a atividade de gerenciamento do processo seja contínua. Em verdade, cada ato praticado pelo juiz (e pelas partes também) deve, *sempre que possível*, se dirigir à conclusão efetiva e eficaz não apenas do *processo*, mas do *caso* ou *conflito*. Ressaltamos assim o *caráter proativo do juiz na condução do processo*, desde o início até seu encerramento. Por outro lado, há dever imanente, paralelo e simétrico de boa-fé das partes e advogados para também auxiliarem na condução do processo, de forma cooperativa. Nesse sentir, todos, não só o juiz, como também as partes, colaboram na obtenção da Justiça" (ONODERA, Marcus Vinicius Kiyoshi. *Gerenciamento do processo e acesso à justiça*. Belo Horizonte: Del Rey, 2017, p. 169).

[272] CAHALI, Cláudia Elisabete Schwerz. *O gerenciamento de processos judiciais*: em busca da efetividade da prestação jurisdicional (com remissões ao projeto do novo CPC). (Coleção Andrea Proto Pisani; Coordenação Ada Pellegrini Grinover e Petronio Calmon, vol. 10). Brasília: Gazeta Jurídica, 2013, p. 45.

CAPÍTULO VI – AS DIMENSÕES DO GERENCIAMENTO JUDICIAL

Especificamente com relação à *racionalização da marcha processual*, Cláudia Elisabete Schwerz Cahali destaca tanto a importância da definição de atos e prazos processuais (*calendarização*), para fomentar comportamento colaborativo das partes,[273] quanto a *importância da audiência preliminar*, como uma boa oportunidade para gestão do procedimento pelo juiz, uma vez que possibilita a concentração de todas as intimações atinentes.[274]

---

[273] "A calendarização é a elaboração de um cronograma no qual o juiz planeja e agenda os prazos processuais, preferencialmente com a colaboração das partes, para a realização dos próximos atos processuais. O calendário vincula os sujeitos do processo, e somente admite alteração motivada. (...) A vantagem de o juiz contar com a participação das partes na elaboração do calendário processual decorre, visivelmente, por duas razões. A primeira é a possibilidade de que a escolha das datas a serem fixadas receba a influência das partes e de seus advogados, buscando conciliar a disponibilidade e a conveniência de todos os sujeitos do processo com a do órgão jurisdicional (o juiz sopesará as informações e definirá conforme o interesse público diante de eventual divergência). A segunda deriva do natural estímulo ao cumprimento dos atos contidos no cronograma que a parte ajudou a construir. Ou seja, além do ônus processual, a participação das partes no processo pode resultar numa conduta mais colaborativa dos sujeitos do processo" (CAHALI, Cláudia Elisabete Schwerz. *O gerenciamento de processos judiciais*: em busca da efetividade da prestação jurisdicional (com remissões ao projeto do novo CPC). (Coleção Andrea Proto Pisani; Coordenação Ada Pellegrini Grinover e Petronio Calmon, vol. 10). Brasília: Gazeta Jurídica, 2013, p. 51).

[274] "Nos Estados Unidos, a audiência preliminar é a chave do gerenciamento do processo, no qual o juiz agenda e planeja (*schedule*), em conjunto com as partes, os prazos para a realização dos próximos passos processuais, conforme esclarece Paulo Eduardo Alves da Silva" (CAHALI, Cláudia Elisabete Schwerz. *O gerenciamento de processos judiciais*: em busca da efetividade da prestação jurisdicional (com remissões ao projeto do novo CPC). (Coleção Andrea Proto Pisani; Coordenação Ada Pellegrini Grinover e Petronio Calmon, vol. 10). Brasília: Gazeta Jurídica, 2013, pp. 47/48). Ainda da mesma autora: "Com isso reduz-se o tempo das intimações isoladas para cada decisão e ato praticado no processo, planejando-se de modo racional o andamento processual" (CAHALI, Cláudia Elisabete Schwerz. *O gerenciamento de processos judiciais*: em busca da efetividade da prestação jurisdicional (com remissões ao projeto do novo CPC). (Coleção Andrea Proto Pisani; Coordenação Ada Pellegrini Grinover e Petronio Calmon, vol. 10). Brasília: Gazeta Jurídica, 2013, p. 52).

MARIA RITA REBELLO PINHO DIAS

No tocante à flexibilização do procedimento, Cláudia Elisabete Schwerz Cahali defende que são ferramentas de gerenciamento de processos pelo juiz: (i) *alargamento de prazos dilatórios*, respeitada a isonomia entre as partes, adequando-o à necessidade do conflito, em que se ressalta a impossibilidade de alteração dos prazos peremptórios;[275] (ii) *alteração da ordem de produção dos meios de prova*, que, por lei, deve ocorrer primeiro a prova pericial e depois, a oral, mas que admite a possibilidade de se alterar essa ordem, adequando-a à necessidade do conflito, a fim de conferir maior efetividade à tutela jurídica;[276] (iii) *prova pericial*, podendo o juiz utilizar o modelo tradicional, a pericial informal ou extrajudicial;[277] (iv) *demandas com pedidos cumulados e a possibilidade de decisões independentes visando à efetividade processual*, inclusive com decisão parcial da lide para pedidos incontroversos ou que independam de prova formulada;[278] (v) *parcelamento das custas e dos honorários periciais, inclusive iniciais*, sobretudo para casos que não se encaixam no benefício da justiça gratuita, mas cujos valores são elevados e podem

---

[275] CAHALI, Cláudia Elisabete Schwerz. *O gerenciamento de processos judiciais*: em busca da efetividade da prestação jurisdicional (com remissões ao projeto do novo CPC). (Coleção Andrea Proto Pisani; Coordenação Ada Pellegrini Grinover e Petronio Calmon, vol. 10). Brasília: Gazeta Jurídica, 2013, pp. 59 e 61.

[276] CAHALI, Cláudia Elisabete Schwerz. *O gerenciamento de processos judiciais*: em busca da efetividade da prestação jurisdicional (com remissões ao projeto do novo CPC). (Coleção Andrea Proto Pisani; Coordenação Ada Pellegrini Grinover e Petronio Calmon, vol. 10). Brasília: Gazeta Jurídica, 2013, p. 62.

[277] CAHALI, Cláudia Elisabete Schwerz. *O gerenciamento de processos judiciais*: em busca da efetividade da prestação jurisdicional (com remissões ao projeto do novo CPC). (Coleção Andrea Proto Pisani; Coordenação Ada Pellegrini Grinover e Petronio Calmon, vol. 10). Brasília: Gazeta Jurídica, 2013, pp. 63-67.

[278] CAHALI, Cláudia Elisabete Schwerz. *O gerenciamento de processos judiciais*: em busca da efetividade da prestação jurisdicional (com remissões ao projeto do novo CPC). (Coleção Andrea Proto Pisani; Coordenação Ada Pellegrini Grinover e Petronio Calmon, vol. 10). Brasília: Gazeta Jurídica, 2013, p. 71.

CAPÍTULO VI – AS DIMENSÕES DO GERENCIAMENTO JUDICIAL

gerar restrição ao direito fundamental do acesso à justiça;[279] (vi) *definição prévia de atos a serem realizados na audiência*, sobretudo quando a legislação permitir a prática de mais de um ato em audiência, evitando-se o comparecimento inútil de partes e testemunhas e desgaste da parte em tentar realizar prova oral;[280] (vii) *importância da audiência em direito de família*, como oportunidade para obter a efetiva conciliação, estimulando posturas colaborativas e o diálogo;[281] (viii) *a forma, requisitos legais e princípios da instrumentalidade do processo*, ressaltando previsão da legislação processual que assegura que os atos processuais não dependem de forma determinada, exceto se a lei expressamente prescrever, sendo válidos desde que atinjam sua finalidade.[282]

Por fim, Cláudia Elisabete Schwerz Cahali sustenta o estímulo à utilização dos meios alternativos de resolução de conflitos como técnicas de gestão do processo.[283]

---

279 CAHALI, Cláudia Elisabete Schwerz. *O gerenciamento de processos judiciais*: em busca da efetividade da prestação jurisdicional (com remissões ao projeto do novo CPC). (Coleção Andrea Proto Pisani; Coordenação Ada Pellegrini Grinover e Petronio Calmon, vol. 10). Brasília: Gazeta Jurídica, 2013, p. 72.

280 CAHALI, Cláudia Elisabete Schwerz. *O gerenciamento de processos judiciais*: em busca da efetividade da prestação jurisdicional (com remissões ao projeto do novo CPC). (Coleção Andrea Proto Pisani; Coordenação Ada Pellegrini Grinover e Petronio Calmon, vol. 10). Brasília: Gazeta Jurídica, 2013, p. 75.

281 CAHALI, Cláudia Elisabete Schwerz. *O gerenciamento de processos judiciais*: em busca da efetividade da prestação jurisdicional (com remissões ao projeto do novo CPC). (Coleção Andrea Proto Pisani; Coordenação Ada Pellegrini Grinover e Petronio Calmon, vol. 10). Brasília: Gazeta Jurídica, 2013, pp. 75/76.

282 CAHALI, Cláudia Elisabete Schwerz. *O gerenciamento de processos judiciais*: em busca da efetividade da prestação jurisdicional (com remissões ao projeto do novo CPC). (Coleção Andrea Proto Pisani; Coordenação Ada Pellegrini Grinover e Petronio Calmon, vol. 10). Brasília: Gazeta Jurídica, 2013, p. 77.

283 "Incumbe ao juiz, no exercício do gerenciamento do processo, recomendar a utilização dos mecanismos de resolução alternativos de conflitos após o exame da causa, identificada a natureza e as peculiaridades do conflito. Para tanto, o juiz poderá adotar, inclusive, ações afirmativas aptas a estabelecer e incentivar as partes do uso destes mecanismos, podendo 1) aconselhar às

Muito embora a autora indique as ferramentas de gestão de processos supracitadas, não há menção a estudo empírico que permita chegar à conclusão de que sejam técnicas eficientes destinadas à redução do tempo processual ou voltadas ao aprimoramento da qualidade da tutela pretendida. Muitas delas parecem sinalizar para ferramentas que propiciam o atendimento pelo magistrado do princípio da instrumentalidade do processo, evitando, com isso, que o rigorismo excessivo das normas processuais possa levar a resultados injustos ou inócuos. Outras parecem apontar para boas práticas voltadas a melhorar a experiência das partes e dos demais usuários da justiça.

Necessário observar, ainda, que permeando as ferramentas de gestão de processos encontra-se, também, novo princípio inserido pelo CPC/2015 que é o princípio da cooperação,[284] que irá modular a contribuição das partes no gerenciamento dos processos judiciais por magistrados, observado, por certo, as normas de ordem pública e a independência do magistrado. Ao evidenciar em artigo próprio do CPC/15 a importância da cooperação, o legislador sinaliza

---

partes a sua utilização; 2) suspender o processo com a finalidade de realizar mediação, conciliação ou arbitragem de parte dos pedidos da demanda; 3) requerer às partes as razões da recusa de participar de mediação, conciliação ou arbitragem, e caso a elas se submetam, dos motivos pelos quais não houve acordo ou solução do caso" (CAHALI, Cláudia Elisabete Schwerz. *O gerenciamento de processos judiciais*: em busca da efetividade da prestação jurisdicional (com remissões ao projeto do novo CPC). (Coleção Andrea Proto Pisani; Coordenação Ada Pellegrini Grinover e Petronio Calmon, vol. 10). Brasília: Gazeta Jurídica, 2013, p. 84).

[284] "Nos processos jurisdicionais, a cooperação é verificada com a participação das partes e terceiros que devem construir, juntamente com o juiz, a decisão. (...) Ademais, a cooperação, como dever imposto aos sujeitos do processo, pressupõe uma harmoniosa sintonia nesta prática de atos processuais, os quais devem ser realizados sempre sob o signo da boa-fé (...)" (CARNEIRO, Paulo Cezar Pinheiro. "Das normas fundamentais do processo civil". *In*: WAMBIER, Teresa Arruda Alvim; DIDIER JR., Fredie; TALAMINI, Eduardo; DANTAS, Bruno. *Breves comentários ao novo Código de Processo Civil*. 2ª tir. São Paulo: RT, 2015, pp. 70/71).

CAPÍTULO VI – AS DIMENSÕES DO GERENCIAMENTO JUDICIAL

que as partes podem contribuir para a customização de melhor procedimento a ser adotado em seu caso específico. Exemplos da observância do princípio da cooperação para melhor identificação de um procedimento customizado e adequado às necessidades do caso concreto podem ser identificadas na calendarização do processo (art. 191, CPC), delimitação consensual das questões de fato e de Direito do Processo (art. 357, §2º, CPC), saneamento em cooperação (art. 357, §3º, CPC).

José Igreja Matos, José Mouraz Lopes, Luís Azevedo Mendes e Nuno Coelho indicam quatro "ferramentas operativas" (a quinta ferramenta operativa por eles mencionada se refere à gestão de fluxos de cartório, que, neste trabalho, concerne a dimensão própria), sendo elas:[285]

(i) *Imediação inicial*, ou seja, refere-se à postura de o juiz dirigir ativamente o processo o mais cedo possível. A melhor organização do processo pelo juiz pode se dar em diversos momentos. O primeiro deles para tanto ocorre com a análise da petição inicial, indeferindo-a ou determinando sua emenda, se necessário, verificando se se trata de caso repetitivo, com base em experiência já adquirida, ou, ainda, se for mais complexo, já começar a refletir e a estudar a questão, visto que tais cuidados contribuem para melhor organização do processo e otimizam o tempo.[286] Destacam também a utilidade da designação de audiências iniciais, com a presença de advogados das partes, na tentativa de deixarem evidentes os pontos controvertidos e de tentarem acordos,[287] ou, se estes não forem possíveis,

---

[285] MATOS, José Igreja; LOPES, José Mouraz; MENDES, Luís Azevedo; COELHO, Nuno. *Manual de gestão judicial*. Coimbra: Almedina, 2015, p. 245.

[286] MATOS, José Igreja; LOPES, José Mouraz; MENDES, Luís Azevedo; COELHO, Nuno. *Manual de gestão judicial*. Coimbra: Almedina, 2015, pp. 246/247.

[287] "Com esse objetivo, há que refletir na experiência positiva do processo laboral português. Aqui existe logo uma audiência inicial com as partes e os advogados após a entrada da petição inicial. E esta audiência marca logo de

que recorram a audiências intermediárias, cuja pauta deve ser claramente identificada, para permitir a organização do processo, a calendarização dos atos processuais e a seleção e admissão dos meios de prova e, com o apoio das partes, a fixação de pontos controvertidos.[288]

(ii) *Conciliação*, considerada ferramenta essencial na gestão e que demanda proatividade do juiz, o qual pode recorrer a ela em qualquer momento do processo. Contudo, o ideal seria que fosse obtida o mais rápido possível, poupando-se tempo, recursos e dinheiro, além de aumentar a percepção de eficácia da justiça.[289] Os autores mencionam dados empíricos da justiça portuguesa que evidenciam que grande parte dos acordos é alcançada mais facilmente ao longo do processo (apenas 20% na audiência preliminar), reconhecendo que, nesse momento posterior, a atividade do juiz pode ser mais útil, pois, debatendo com os advogados suas teses, deixa-os antever as forças e fraquezas de seus argumentos, contribuindo, assim, para evidenciar as vantagens da transação.[290]

---

início a disciplina dos atos até o termo do processo. Não se obtendo logo uma resolução amigável, o juiz procede, de imediato, à marcação de uma data para audiência final. A experiência adquirida mostra que as partes, após o contacto imediato dos advogados com o juiz da causa e com a perspectiva da data já marcada para a audiência final, são mais organizadas na apresentação dos articulados posteriores à petição e na apresentação das provas e bem mais contidas na provocação de incidentes processuais – os incidentes de feição puramente dilatória praticamente tendem a desaparecer" (MATOS, José Igreja; LOPES, José Mouraz; MENDES, Luís Azevedo; COELHO, Nuno. *Manual de gestão judicial*. Coimbra: Almedina, 2015, p. 248).

[288] MATOS, José Igreja; LOPES, José Mouraz; MENDES, Luís Azevedo; COELHO, Nuno. *Manual de gestão judicial*. Coimbra: Almedina, 2015, p. 248.

[289] MATOS, José Igreja; LOPES, José Mouraz; MENDES, Luís Azevedo; COELHO, Nuno. *Manual de gestão judicial*. Coimbra: Almedina, 2015, p. 253.

[290] "Numa fase inicial do processo, não é fácil conseguir a conciliação, sobretudo quando o réu não apresentou sua contestação – os seus argumentos e as provas que pretendem produzir. Nos tribunais do trabalho português, onde cerca de 70% a 80% dos casos terminam por conciliação, na audiência inicial

CAPÍTULO VI – AS DIMENSÕES DO GERENCIAMENTO JUDICIAL

Assinalam a importância de não postergar a audiência final por muito tempo, por entenderem que isso desestimula a negociação. Mencionam, inclusive, a experiência brasileira,[291] que, para ações repetitivas, de massa, seria interessante um espaço do tribunal voltado a conciliações em massa, o que aumentaria o sucesso da medida, aproximando o juiz gestor do processo com o juiz gestor do tribunal;

(iii) *Calendarização*, com agendamento de datas tanto para as audiências quanto para os próximos atos do processo, evitando tempos "mortos";[292]

(realizada logo após a entrada da petição) apenas se conseguem conciliações num máximo de 20% dos casos. Mas, na fase intermediária do processo, o juiz pode fazer muito mais, discutindo com os advogados as questões que realmente interessam e as possibilidades de sucesso dos seus argumentos e confrontando-os muitas vezes com os documentos probatórios que já apresentaram e que deixam antever as forças e fraquezas das suas posições. Isto facilita muito a discussão e a abertura à negociação. A definição rigorosa das questões essenciais pode revelar aos advogados questões jurídicas que tenham passado desapercebidas ou que algum deles tenha tentado fazer despercebidas, levando-os a encarar as vantagens de uma transação a que antes não estariam dispostos" (MATOS, José Igreja; LOPES, José Mouraz; MENDES, Luís Azevedo; COELHO, Nuno. *Manual de gestão judicial*. Coimbra: Almedina, 2015, pp. 254/255).

[291] "Em casos de litigação de massa, frequentes nos casos de dívidas de consumo a empresa com muitos clientes, no caso dos bancos, seguradoras, empresas de telecomunicações ou de energia, seria útil conseguir dentro do tribunal ou de um agregado de tribunais um espaço dedicado a conciliação de massa, envolvendo vários juízes ou técnicos especialistas em mediação. A proximidade do tribunal, a proximidade das ações maciças de conciliação e o envolvimento do juiz gestor do tribunal facilitaria o sucesso dessas operações. Esta é uma situação que se relaciona interligadamente com a dimensão do juiz gestor do seu processo e com a dimensão do juiz gestor do tribunal. Só de forma coordenada com o juiz gestor do tribunal se pode conseguir esse espaço. Em Portugal nunca se tentou nada de semelhante, mas noutros países – como no Brasil – as experiências revelaram sucesso" (MATOS, José Igreja; LOPES, José Mouraz; MENDES, Luís Azevedo; COELHO, Nuno. *Manual de gestão judicial*. Coimbra: Almedina, 2015, pp. 255/256).

[292] MATOS, José Igreja; LOPES, José Mouraz; MENDES, Luís Azevedo; COELHO, Nuno. *Manual de gestão judicial*. Coimbra: Almedina, 2015, pp. 251 e 253.

MARIA RITA REBELLO PINHO DIAS

(iv) *Expeditividade*, que se refere ao controle permanente do processo pelo juiz, monitorando situações de demora, adequando regras dos procedimentos para se tornarem mais céleres, com decisões claras e orientadoras, deixando aos advogados espaço para participação na produção das provas.[293]

É interessante observar que essas técnicas de gerenciamento do processo podem contribuir não apenas com a maior celeridade da tramitação do processo, mas, também, com a qualidade do procedimento e do resultado ao final obtido.

O atual Código de Processo Civil reforça a importância da busca da autocomposição e do uso de meios alternativos de solução de conflitos, mesmo em processos judiciais.[294] Assim, por exemplo,

---

[293] MATOS, José Igreja; LOPES, José Mouraz; MENDES, Luís Azevedo; COELHO, Nuno. *Manual de gestão judicial*. Coimbra: Almedina, 2015, pp. 257/258.

[294] A doutrina menciona existência de corrente que chega a afirmar que os meios alternativos de solução de conflito seriam, efetivamente, os meios adequados, o que, contudo, entendem não ser a denominação mais adequada: "Essa postura do Código constitui clara positivação de um dos cinco propósitos do anteprojeto, anunciados na justificativa elaborada pelo Min. Luiz Fux na qualidade de Presidente da Comissão de Redação e depois convertida em Exposição de Motivos do novo Código. Trata-se do propósito de fidelidade ao contexto social mediante a maior aderência possível às realidades subjacentes ao processo – porque por esses caminhos é mais provável a obtenção de soluções plenamente pacificadoras entre os sujeitos conflitados, trazendo-lhes sensações felizes de satisfação e alívio, em tempo muito mais breve que o tempo de produção de tutelas jurisdicionais pelos juízes estatais. Palavras da Exposição de Motivos: 'entendeu-se que a satisfação efetiva das partes pode dar-se de modo mais intenso se a solução é por elas criadas e não imposta pelo juiz'. Na realidade, não só a satisfação é um resultado muito positivo desses meios alternativos de solução de conflitos, como também, e acima disso, a pacificação dos sujeitos conflitados. Aquele que participou da construção de uma solução para o litígio em que estava envolvido sente-se muito mais confortável e aliviado do que aquele ao qual o juiz impôs uma solução por ele próprio elaborada para o exercício da jurisdição – e esse direcionamento de conflitos aos árbitros, conciliadores ou mediadores não implica denegação de justiça pelo Poder Judiciário nem desatenção à garantia constitucional de acesso à justiça e inafastabilidade do controle jurisdicional. (...) O incentivo legal a esses meios de solução de

CAPÍTULO VI – AS DIMENSÕES DO GERENCIAMENTO JUDICIAL

o art. 3º, § 2º, do CPC afirma que o Estado promoverá, sempre que possível, a solução consensual de conflitos, ao passo que o § 3º do mesmo dispositivo estabelece que juízes devem estimular a conciliação, a mediação e outros métodos de solução de conflitos. O art. 139, V, do CPC reforça o compromisso do juiz com esse mecanismo, assegurando que ele deverá conduzir o processo, promovendo, a qualquer tempo, a autocomposição. Por sua vez, o art. 334 insere, no rito comum, audiência inicial de conciliação ou mediação.

Interessante destacar o receio, por parte da doutrina, quanto à efetividade da imposição do uso de mecanismos de autocomposição como parte indispensável do procedimento processual, apontando o risco de que tal medida possa resultar em retardo na tramitação do processo.[295] Essa ponderação apresentada pela

---

conflitos não lhes tolhe todavia a conotação de alternatividade porque, em ausência de uma opção dos litigantes com referência a dado caso específico, impõe-se sempre a via da jurisdição estatal. Dizer que são alternativas não desmerece tais vias de acesso à justiça nem as põe em situação de inferioridade perante a jurisdição estatal, significando apenas que a lei as oferece como caminho a ser objeto de opção pelos interessados segundo sua vontade em casos concretos e pontuais, impondo-se a jurisdição estatal sempre que não haja essa escolha, a qual é feita limitadamente a casos específicos. (...) Há porém na doutrina brasileira uma posição que repudia o trato desses meios consensuais como alternativos – porque, como foi dito, no estado atual da doutrina e das instituições do país eles ombreiam com a jurisdição exercida pelo Estado (a qual deixaria de ser preferencial no sistema), merecendo por isso ser considerados meios adequados e não alternativos" (DINAMARCO, Cândido Rangel. *Instituições de Direito Processual civil*. 2ª ed. rev. e atual., vol. II. São Paulo: Malheiros, 2002, p. 457).

295 "A inclusão desta como providência inicial indispensável no procedimento constitui positivação daquele intuito do legislador de fidelidade do sistema processual ao contexto social mediante a maior aderência possível às realidades subjacentes – o que é buscado ardorosamente nesse culto à solução consensual de conflitos. Constitui também cumprimento do que recomenda o Conselho Nacional de Justiça em sua Res. n. 125, de 25 de novembro de 2010, associando-se ainda aos dispositivos da Lei de Mediação, promulgada no ano de 2015 (Lei n. 13.140, de 26.06.15). Mas é justo o temor de que a necessidade dessa audiência prévia venha a retardar a fluência do processo mediante a postergação do início do prazo para oferecer contestação – o que

doutrina é compatível com análise advinda da teoria comportamental sobre a ausência de efetividade da imposição da audiência de conciliação em momento inicial do processo, já mencionada no Capítulo V deste trabalho.

Essa observação é interessante pois, pensando no uso de mecanismos alternativos de solução de conflitos como ferramentas de gestão processual, talvez sua utilização de forma mais livre, ao longo do procedimento pelo magistrado, considerando as particularidades do caso concreto, poderia permitir resultados mais eficientes e contundentes, sem efeitos negativos, como eventual retardo ao processo.

Muito embora a doutrina associe a importância do uso desses métodos à pacificação do conflito de forma mais célere, com menos custos e com maiores chances de cumprimento dos termos acordados pelas partes, encerrando o litígio, é necessário destacar que esses meios também podem ser utilizados para permitir tramitação mais eficaz de processos em si.

Assim, por exemplo, em processos complexos e multifacetados, como o caso de falências e de recuperações judiciais, a doutrina reconhece a contribuição do emprego de métodos alternativos de solução de conflitos para reduzir a litigiosidade entre as diversas partes, diminuir tempo de tramitação do processo e dos custos incorridos por todos os envolvidos, permitindo, assim, que o objetivo pretendido pelo legislador com aquele procedimento judicial seja atingido. Nessas circunstâncias, o uso de mediação não importará no encerramento do procedimento como um todo, mas, ao restringir a litigância entre as diversas partes e as assimetrias

---

sucedeu com o procedimento sumário, no qual a audiência era designada a uma distância de meses, com todos esperando por ela para só então chegar o momento de contestar" (DINAMARCO, Cândido Rangel. *Instituições de Direito Processual civil*. 2ª ed. rev. e atual., vol. II. São Paulo: Malheiros, 2002, p. 64).

CAPÍTULO VI – AS DIMENSÕES DO GERENCIAMENTO JUDICIAL

de informação, propiciará que os acordos por elas formulados, o tempo e os recursos economizados viabilizem o próprio fim desejado pelo legislador, o qual, de outro modo, tamanha a complexidade do caso concreto, jamais poderia ocorrer.[296]

---

[296] A doutrina identifica os benefícios do uso da mediação, por exemplo, em processos falimentares e de recuperação judicial: "No ano de 1996, um grande caso de *chapter* 11 foi distribuído no distrito de Nova York, de *chapter* 11 dessa empresa, sendo que o pedido foi distribuído antes de todos os pagamentos do pedido anterior serem realizados. Dessa forma, foi determinada a liquidação da empresa pela Corte de falências. Após a venda de todos os seus bens e a delimitação de créditos sujeitos, todos os credores sem garantia receberam a distribuição de valores em uma margem de 0.96 centavos para cada dólar devido. Muitos fatores contribuíram para essa alta distribuição entre os credores, mas o maior de todos e que garantiu o sucesso da liquidação, foi quando a Corte aprovou o pedido do devedor para trazer todos os créditos discutidos e controversos a participar de um procedimento de mediação. Assim, mais de 85% dos casos de mediação desse processo encontraram um consenso e possibilitaram uma distribuição de valores alta entre os credores. Impossível mencionar o procedimento de mediação e não tratar do caso emblemático de *chapter* 11 do Lehman Brothers Holdings Inc – a maior falência da história – com um total de US$ 613 bilhões de passivo. Apesar de não abranger o escopo principal do artigo – que diz respeito à utilização do procedimento de mediação nos casos de recuperação judicial – não se pode tratar de referido tema sem que seja aberta uma aba de discussão para utilização do mecanismo da mediação nesse caso. O colapso dessa instituição financeira resultou em 75 procedimentos simultâneos em mais de 40 países devido as 18 maiores subsidiárias do Lehman. Esse conflito multipartidário e internacional gerou diversos problemas de jurisdição e conflitos entre os estados. Dessa forma, para garantir que a companhia pudesse adequar todos os seus prejuízos, foi requerido que o Lehman pudesse realizar a mediação. Em 2014, a Companhia conseguiu instaurar 245 procedimentos de mediação e, desses, apenas 13 terminaram sem chegar a um acordo. Esse procedimento possibilitou a resolução de conflitos com tempo muito menor e hábil a concluir o procedimento com um número menor de conflitos. No ano de 2016, a estatística era ainda mais positiva, de 495 casos resolvidos por meios alternativos de resolução de conflitos, resultando no retorno de mais de US$ 3 bilhões para a massa e 424 acordos firmados envolvendo 514 partes adversas. Cumpre ressaltar que, nesse caso, a corte de falências privilegiou a utilização de *non-judicial resolution of claims*, mecanismo que levou à resolução em massa de impugnações e habilitações para que a corte pudesse cuidar de questões mais relevantes. Sobre esse ponto, necessário realizar um paralelo entre o procedimento de habilitações administrativas

na recuperação judicial do Direito brasileiro (LRF, art. 7, par. 1º). Há de se notar que o meio de análise administrativa das habilitações e divergências se mostra como forma adequada de realização de verificação, uma vez que a figura do administrador judicial age ativamente na verificação de tais valores. Assim, o procedimento de mediação como forma de resolução de impugnações em massa mostra-se com caráter subsidiário em relação à sua utilização como ferramenta de negociação do Plano de insolvência com alcance internacional. Isso porque a empresa possuía subsidiárias na Inglaterra. Devido a um conflito entre a companhia e suas subsidiárias, em 2012 o juiz encorajou a mediação entre as próprias empresas. Essa mediação foi altamente frutífera e possibilitou um acordo global entre as empresas e seus credores. Outro grande caso que se utilizou da mediação para a resolução de disputas foi a Enron Corp. No contexto da sua falência, foi nomeado um *examiner* para apuração de problemas causados pela subsidiária integral da Enron (a Enron North America) no sistema de pagamentos da companhia. O papel desempenhado por esse sujeito foi positivo e seu escopo de atuação aumentou, de forma que passou a ser visto como um interlocutor e facilitador para a elaboração de um plano de reorganização do caso. Dessa forma, importante se faz ressaltar a importância da figura neutra no procedimento de mediação, uma vez que, quando possuem *efetivamente* poderes de negociação derivados da sua função, a condução do processo se torna mais eficaz e benéfica. Em paralelo, também foi utilizada a mediação para o acordo referente às *trading claims*. A mediação teve um papel essencial na solução dessas *claims*, uma vez que levou à resolução de diversas impugnações que poderiam ter durado anos. Enron constituiu modelo de sucesso que passou a ser reproduzido em diversos outros casos. Dois outros casos mais recentes que exaltaram os benefícios primordiais da mediação foram Residential Capital LLC81 e Cengage Learning, inc82. Em ambos os casos restou evidente o auxílio da mediação, tendo em vista que o procedimento de negociação do plano foi acelerado devido à assistência de um mediador que, além de evitar o litígio, ajudou a chegar a soluções únicas que não seriam encontradas por meios contenciosos. No caso da Residential Capital, um acordo com o principal credor foi alcançado por meio da mediação. A potencial contingência com esse credor era o principal obstáculo do processo, o acordo foi obtido e o plano foi homologado pela corte. A mediação nesse caso, além de alcançar um acordo, beneficiou todos os integrantes do processo, e serviu como grande economia de valores e de tempo. No caso da Cengage Learning, a companhia chegou a um acordo com seus principais acionistas em um aditivo do plano de recuperação judicial. Os principais grupos de credores e o devedor estiveram envolvidos em procedimento de mediação. O procedimento foi tão positivo que, mesmo quando as sessões de mediação oficiais terminaram, a companhia e seus acionistas continuaram a negociação. Os advogados da companhia na audiência de aprovação do plano

CAPÍTULO VI – AS DIMENSÕES DO GERENCIAMENTO JUDICIAL

Vale observar que, na situação descrita anteriormente, os métodos alternativos de solução de disputas, substituindo a atuação jurisdicional, não estão sendo utilizados para encerrar um litígio entre duas partes, mas, ao contrário, como ferramenta de *case management* para aprimorar a qualidade da atuação jurisdicional em um conflito multifacetário.

6.2.2 Ferramentas exógenas

Nessa dimensão do gerenciamento de processos judiciais, o impacto de fatores exógenos que contribuem para melhor tramitação

---

apontaram que foi um procedimento custoso, no entanto, acabaram com o plano aprovado pela grande maioria dos credores. Nesse caso, a mediação serviu como agente específico de equalização do poder de negociação entre as partes, uma vez que trouxe todos os sujeitos do processo à mesa de negociação a fim de elaborar um plano que beneficiasse a todos e não apenas a um grupo pequeno de credores que possuem grandes créditos. Outros casos nos quais a mediação foi utilizada como veículo de comunicação também podem ser encontrados, como, por exemplo, Calpine, em que – no *chapter* 11 – os credores e os acionistas tinham uma visão diferente da capacidade da empresa e dos seus bens. Nesse caso, o advogado indicado para avaliar o valor da companhia utilizou de técnicas de mediação para trazer as partes a um consenso sobre o que a empresa realmente significava. O resultado disso foi que uma lacuna de US$ 10 milhões foi ultrapassada e foi possível chegar à confirmação do plano, sem nenhuma objeção. A empresa hoje saiu do *chapter* 11 e encontra-se em funcionamento. A mediação nos Estados Unidos tem sido utilizada nos últimos anos como ferramenta efetiva de resolução de conflitos em grandes casos de falência e tem resultados positivos para auxiliar na resolução de conflitos desde então. (...) O paralelo entre o instituto da recuperação judicial e formas consensuais de solução de conflitos é cada vez mais necessário no cenário brasileiro. A crescente expansão da mediação, da conciliação e de outros métodos auxiliam enormemente o atingimento dos objetivos da recuperação – por excelência, a aprovação de um plano de recuperação benéfico a todas as partes do multifacetado conflito" (VASCONCELOS, Ronaldo; CARNAÚBA, César Augusto Martins; HANESAKA, Thais D'Angelo da Silva. "Mediação na recuperação judicial: paralelos com a evolução estrangeira". *Revista de Arbitragem e Mediação*, vol. 62, jul./set. 2019, pp. 45-81).

dos processos é menor. No entanto, ainda assim, existem mecanismos que podem auxiliar para uma melhor tramitação.

A complexidade da movimentação do processo dentro do cartório, como se verá a seguir, não pode ser desconsiderada, a ponto de neste trabalho ocupar uma dimensão própria para análise de oportunidades que contribuem para um gerenciamento mais eficaz dos processos judiciais.[297] Contudo, no momento, é suficiente destacar que a atuação de magistrados e a dos servidores que trabalham em determinada unidade judicial estão diretamente relacionadas, uma impactando a outra. Logo, a compreensão e a conscientização do magistrado dessa imbricada relação permitirão que, ao elaborar suas decisões, ele o faça de forma completa e clara, facilitando o trabalho daqueles que, posteriormente, vão cumpri-las.

Existem, portanto, duas ferramentas a que o magistrado pode recorrer para tornar a movimentação de um processo específico mais eficiente e célere: a primeira, focada na tramitação do processo em si; a segunda preocupada especificamente com o cumprimento das decisões.

Para organizar a tramitação de um processo específico em cartório, o magistrado, ciente das dificuldades de movimentação do processo em cartório – mesmo se digital, pela necessidade de operação do sistema e do volume de feitos –, deve procurar concentrar em uma única decisão suas determinações, já considerando os possíveis e futuros encaminhamentos dos processos. Esse "desenho" de suas decisões é muito útil, sobretudo em casos repetitivos, facilitando a movimentação interna do processo em cartório, porquanto aquele não precisará retornar ao magistrado

---

[297] "A influência das rotinas de cartório sobre o ritmo do procedimento, a interdependência destas rotinas entre si e a precariedade dos mecanismos de controle normalmente utilizados são uma evidência do potencial da gestão dos fluxos dos cartórios no combate à morosidade da justiça brasileira" (SILVA, Paulo Eduardo da. *Gerenciamento de processos judiciais*. São Paulo: Saraiva, 2010, p. 68).

CAPÍTULO VI – AS DIMENSÕES DO GERENCIAMENTO JUDICIAL

para definir seu encaminhamento, necessitando, apenas, aguardar a ocorrência de uma ou de outra situação.

Paulo Eduardo Alves da Silva, em pesquisa empírica, apurou prática de gerenciamento de processos que consistia em "andamento ininterrupto do processo" e que era regida por algumas regras: evitar proferir decisões agraváveis, concentrando sua publicação em um único momento, e designar audiências de conciliação apenas quando necessário.[298] Ele alerta, contudo, para a necessidade de que tal prática não seja desvirtuada para postergar a apreciação do contraditório e ampla defesa,[299] apontando para a ausência de resultados conclusivos quanto a tal técnica de gerenciamento ser positiva.[300]

José Igreja Matos, José Mouraz Lopes, Luís Azevedo Mendes e Nuno Coelho ainda indicam como ferramentas de gestão, que incluímos na dimensão do processo, as que seguem:

---

[298] SILVA, Paulo Eduardo da. *Gerenciamento de processos judiciais*. São Paulo: Saraiva, 2010, pp. 62/63. Ainda sobre essa prática: "A conciliação, para o juiz entrevistado, seria uma pausa indesejada no procedimento. As práticas adotadas são, por exemplo, o exame criterioso das condições da ação e pressupostos processuais para impedir questionamentos posteriores; a adoção de formas antecipadas de extinção do feito, com ou sem resolução do mérito; resolução de questões incidentais junto com o saneador ou junto com a sentença, como propósito declarado de concentrar as decisões agraváveis, entre outras. Exemplo comum, trazido pelo próprio entrevistado, é a decisão sobre ilegitimidade de uma das partes em casos de litisconsórcio. Logo no primeiro momento de apreciação, o juiz já pode detectar a ilegitimidade da parte. Se proferisse a apreciação naquele momento, excluiria uma das partes e, ele afirma, abriria a oportunidade para um debate incidental que deslocaria o processo de seu trilho normal".

[299] "Entrevistados confidenciaram que, quando o requerimento da parte implica questão que pode tumultuar o andamento do feito, costumam despachar um 'J Cls' com a função de um imaginário 'J.Ignore-se'. Encontrar o equilíbrio entre a condução e as exigências do contraditório exige acuidade do magistrado, sob pena de substancial violação dos princípios do contraditório e ampla defesa" (SILVA, Paulo Eduardo da. *Gerenciamento de processos judiciais*. São Paulo: Saraiva, 2010, p. 63).

[300] SILVA, Paulo Eduardo da. *Gerenciamento de processos judiciais*. São Paulo: Saraiva, 2010, p. 83.

a) Necessidade de diferenciação de processos por espécie e assunto e, assim, o tipo de trabalho mais ou menos complexo que terá que fazer, o que nem sempre será sinalizado pelo tipo de procedimento estipulado em lei, conseguindo, assim, organizar melhor sua atuação;[301]

b) Simplificação processual, tanto de procedimento, o que pode depender de reformas legislativas, quanto da linguagem processual;[302]

c) Gestão de audiências, que será realizada observando-se preceitos de concisão, eficácia, em um ambiente de informalidade, mais favorável para que ela atinja seus objetivos, sem prejuízo da solenidade, sob a liderança do magistrado, tanto em sua marcação quanto em sua condução,[303] sempre pautado

---

[301] "Assim são identificáveis a diferenciação pelo valor e pela natureza do processo. Não é, no entanto, essa diferenciação processual, que já existe, quer no domínio do processo civil, quer no âmbito do processo penal, que é, nesta perspectiva, relevante. Trata-se de apreender a diferenciação na organização e gestão do exercício da função. Nesta perspectiva, para além dos critérios do valor e natureza do processo, serão relevantes o critério do tempo previsível de resolução do processo ou da tarefa ou o tipo de atividade a desenvolver. Será necessário, para isso, identificar e substancializar critérios para concretizar os objetivos referidos. Desde logo o critério do 'tempo previsível' da função que o juiz assume, em cada fase processual, no processo. Sendo um critério claramente subjetivo é, no entanto, essencial à 'boa prática' de gestão que cada juiz deve imprimir ao seu próprio trabalho. Se uma determinada atividade processual (v.g., despacho de expediente) é aparentemente mais rápida então será relevante que essa atividade seja efetuada de imediato e em todos os processos onde deve ser também efetuada" (MATOS, José Igreja; LOPES, José Mouraz; MENDES, Luís Azevedo; COELHO, Nuno. *Manual de gestão judicial*. Coimbra: Almedina, 2015, p. 266).

[302] MATOS, José Igreja; LOPES, José Mouraz; MENDES, Luís Azevedo; COELHO, Nuno. *Manual de gestão judicial*. Coimbra: Almedina, 2015, p. 268.

[303] MATOS, José Igreja; LOPES, José Mouraz; MENDES, Luís Azevedo; COELHO, Nuno. *Manual de gestão judicial*. Coimbra: Almedina, 2015, p. 269.

CAPÍTULO VI – AS DIMENSÕES DO GERENCIAMENTO JUDICIAL

pela necessidade de observância da legalidade, continuidade, imediação, contraditório e publicidade.[304]

Outra ferramenta que pode ser utilizada pelo magistrado para reduzir tempos internos de tramitação de um processo em uma unidade judicial específica consiste na inserção, em decisões, de disposições que permitem seu imediato cumprimento, dispensando a elaboração de documentos por cartório. Com isso, evita-se movimentação do processo em cartório, reduzindo volume de trabalho dos servidores que devem elaborar documentos, cumprindo determinações judiciais. Assim, por exemplo, decisões que consignam que ela, por si só, serve de ofício ou alvará.[305]

Ainda pensando em fatores exógenos que atuam na dimensão do processo, mostra-se conveniente a divulgação de boas práticas entre magistrados, para que possam ser replicadas, se assim o desejarem, respeitada sua independência jurisdicional. Nesse sentido, destacam-se as iniciativas das escolas de magistratura e dos tribunais para elaboração de manuais, os quais indicam sugestões de minutas para decisões judiciais.[306]

---

[304] MATOS, José Igreja; LOPES, José Mouraz; MENDES, Luís Azevedo; COELHO, Nuno. *Manual de gestão judicial*. Coimbra: Almedina, 2015, p. 271.

[305] TJSP. *Manual de Boas Práticas Cartorárias*. Disponível em: http://www. tjsp.jus.br/Download/Corregedoria/Manuais/CartilhaBoasPraticas.pdf?d=1 563689741823. Acessado em: 07.07.2020.

[306] Trata-se de *Manual de Práticas Cartorárias – Sugestões de Minutas de acordo com O NCPC*, elaborado em conjunto pela Escola Paulista da Magistratura e pela Corregedoria-Geral do Tribunal de Justiça do Estado de São Paulo em 2016, que objetivou divulgar, tão logo entrou em vigor o Novo Código Civil, boas práticas cartorárias com relação às novas disposições, assim como sugestões de minutas. (TJSP. *Manual de Práticas Cartorárias*: sugestão de minuta de acordo com o NCPC. Disponível em: http://www.tjsp.jus.br/ Download/Corregedoria/Manuais/ManualMinutasNovoCPC.pdf. Acessado em: 07.07.2020).

6.3 Unidades judiciais: fluxos de trabalhos e organização de estruturas de cartório

Outra dimensão de gerenciamento identificada neste trabalho é a das "unidades judiciais". Classificou-se a unidade judicial como uma dimensão própria de gerenciamento, porque se entendeu que sua atuação é indispensável para o regular andamento do processo. Trata-se, ademais, de dimensão distinta de gerenciamento, uma vez que envolve outros atores, distintos daqueles observados na dimensão de gerenciamento do processo em si, bem como fatores diversos, que podem ser gerenciados e que impactam o processo. Nessa dimensão de gerenciamento, atuam os escreventes, que são responsáveis pelos trabalhos desenvolvidos nas unidades judiciais, e os magistrados.

Muito embora as regras de organização de trabalho dos cartórios judiciais sejam ditadas, de forma indireta, pela necessidade de observância das normas e garantias contidas na legislação processual, fato é que elas não disciplinam a divisão e organização do trabalho nas serventias em si. No máximo, as normas processuais trazem diretrizes genéricas que precisarão ser respeitadas.

Entendeu-se que a unidade judicial consiste em dimensão específica de gerenciamento, pois envolve dois processos de trabalho, indispensáveis para que haja, ao final, a tomada de decisão judicial, a saber: a atuação do cartório e a atuação do gabinete do juiz. O funcionamento de cada uma dessas esferas de trabalho e sua interface podem impactar o melhor andamento dos processos judiciais, de modo que não podem ser ignorados.

Isso acontece porque, para que um processo chegue à análise de um juiz, é preciso que passe por diversos servidores, que, cumprindo as determinações dos magistrados, observarão vários procedimentos, os quais assegurarão a validade e a regularidade do andamento desse processo. Portanto, não é incorreto dizer que, paralelamente ao fluxo de tramitação de um processo desenhado

CAPÍTULO VI – AS DIMENSÕES DO GERENCIAMENTO JUDICIAL

pela legislação processual, há um fluxo de movimentação de um processo dentro de uma unidade judicial.

Magistrados e servidores formam células de trabalho que estão diretamente imbricadas, de modo que o mau funcionamento de uma afeta a qualidade do trabalho da outra.

A estruturação dessas duas esferas de trabalho está a cargo, diretamente, do magistrado, mas é normatizada, também, pelas Corregedorias dos tribunais. O art. 96, I, *a* e *b*, da CF esclarece ser competência privativa dos tribunais elaborar regimentos internos, nos quais, com observância das normas e garantias processuais, deverão, além de dispor sobre o funcionamento dos respectivos órgãos jurisdicionais e administrativos, organizar seus juízos vinculados e velar pelo exercício da respectiva atividade correcional. O referido dispositivo não foi alterado pela Emenda Constitucional n. 45/2004.

Essa dimensão de gerenciamento é conformada pelas normas constantes em regimento interno dos tribunais, respeitando-se preceitos processuais e garantias processuais. É possível que a normatização das atividades e a estruturação dos cartórios e unidades judiciais estejam disciplinadas por normas de organização e correcionais de Corregedorias-Gerais da Justiça de cada tribunal. O magistrado é o responsável imediato pelo gerenciamento da unidade judicial e, indiretamente, fica a cargo das Corregedorias-Gerais da Justiça.

Os destinatários imediatos dessa dimensão de gerenciamento são os escreventes judiciais e outros funcionários que trabalham na unidade judicial e, indiretamente, as partes processuais afetadas pela atuação do cartório.

A importância da tramitação administrativa do processo dentro das serventias judiciais e impacto na celeridade de seu andamento nem sempre são muito claros ou evidentes, e, até por isso, costuma-se referir, a esse tempo, como "tempo morto do processo".[307]

O gerenciamento na dimensão do processo não exclui a possibilidade de gerenciamento concomitante da dimensão da unidade judicial. Ao contrário, o ideal, para uma adequada tramitação do processo, é que nenhuma dessas dimensões seja negligenciada.

O estudo, conduzido pela PNUD/Cebepej/Direito GV, no Brasil, em 2007, constatou que o processo passa, no cartório, entre 80% e 95% do tempo de tramitação, sendo esse fator determinante para o atraso em seu andamento.[308] Conclui, por exemplo, que os procedimentos que retardam consideravelmente o seguimento do processo são os de publicação e juntada, computando entre 51,4% e 69,3% e entre 7% e 38,8% do tempo total do processo, respectivamente. Apontou, ainda, como fator de demora o tempo que o processo permanece em cartório, depois de proferida a sentença, cerca de 35% do tempo total.

A pesquisa supracitada é antiga – data de 2007 – e não aferiu o impacto do processo eletrônico, implantado no estado de São Paulo a partir de 2012. De qualquer modo, as informações extraídas dos dados anteriores permitiriam a um bom gestor de uma unidade judicial, na época, identificar que teria que concentrar esforços nessas duas etapas específicas da movimentação do processo dentro da unidade.

A referida pesquisa indica, mesmo assim, um importante campo de análise e trabalho para estratégias de gerenciamento

---

[307] José Igreja Matos, José Mouraz Lopes, Luís Azevedo Mendes e Nuno Coelho se referem a "momentos 'mortos' do processo" (MATOS, José Igreja; LOPES, José Mouraz; MENDES, Luís Azevedo; COELHO, Nuno. *Manual de gestão judicial*. Coimbra: Almedina, 2015, p. 253).

[308] "(...) Isso significa que a mera alteração nos procedimentos e prazos processuais sem a correspondente e necessária modernização dos sistemas de gestão dos cartórios judiciais trará pouco ou nenhum impacto no tempo de duração do processo" (FERRAZ, Leslie. "Novo CPC não simplifica procedimentos judiciais, nem diminui sua duração". *Consultor Jurídico*, 20 dez. 2014. Disponível em: https://www.conjur.com.br/2014-dez-20/leslie-ferraz-cpc-nao-simplifica-procedimentos-judiciais. Acessado em: 03.05.2018).

CAPÍTULO VI – AS DIMENSÕES DO GERENCIAMENTO JUDICIAL

do processo, na medida em que evidencia a influência de uma variável no tempo do processo historicamente desconsiderado por operadores do Direito e que não é enfrentada de forma eficiente por nenhuma norma processual.

Estudo empírico conduzido por Paulo Eduardo Alves da Silva constatou, também, que o cuidado com o gerenciamento dos fluxos do cartório conduz a melhores resultados do que aquelas unidades que se limitam a observar a condução legal do procedimento.[309] Logo, o estudo dessa dimensão de gerenciamento, não pode ser negligenciada.

É evidente, também, que as competências de Direito Material atribuídas a uma unidade judicial específica vão impactar a forma de sua organização e gerenciamento. Existem competências mais ou menos complexas que, por suas particularidades, exigem soluções específicas de organização dos trabalhos internos da unidade.

Não se deve ignorar que a compreensão das necessidades específicas de cada uma dessas competências permite ao magistrado

---

[309] "Alguns apontamentos gerais cabem a partir desta comparação: – O gerenciamento de processos, em geral, produz melhores resultados em termos de tempo que o não gerenciamento. A *performance* do juízo 'B', que não adota práticas de gerenciamento, é a última em quatro dos cinco procedimentos e sua classificação final está bem aquém dos demais. – Entre as práticas de gerenciamento mais bem pontuadas, estão os juízes 'C', 'D' e 'E' que aplicam o gerenciamento do fluxo dos processos, tentativas de conciliação, a chamada 'audiência uma' e a conjugação de várias técnicas. – A prática mais mal pontuada é do juízo 'A' que adota condução ininterrupta e a sessão prévia de conciliação, mas não tem preocupação com o movimento do cartório. Mesmo assim, é bem superior à 'condução legal'. – A conjugação de práticas que produziu melhores resultados é a da resolução consensual com organização do fluxo de processos. E a que produziu piores resultados é a da condução ininterrupta sem presença em cartório. – A 'condução legal'" do processo (a não condução) deixou a última posição para a posição intermediária apenas no procedimento de mandado de segurança, que é relativamente curto, não há espaço para a resolução consensual e é praticamente todo definido em lei. – A prática de condução ininterrupta do processo sem o acompanhamento das atividades de cartório, mesmo que aplique a técnica da resolução amigável pelas sessões prévias de conciliação, não é suficiente" (SILVA, Paulo Eduardo da. *Gerenciamento de processos judiciais*. São Paulo: Saraiva, 2010, pp. 80/81).

MARIA RITA REBELLO PINHO DIAS

corregedor da unidade possuir melhor conhecimento dos desafios a serem enfrentados, para que possa, assim, adotar estratégias mais eficientes de seu gerenciamento. Discutir-se-á, portanto, como ferramenta de gerenciamento, a especialização de competências.

Para o enfrentamento desse fluxo interno de cartório, existem soluções da dogmática processual e ferramentas exógenas, conforme se verá a seguir.

6.3.1 Ferramentas previstas na dogmática processual

Os arts. 12[310] e 153[311] do CPC/2015 são dispositivos que indicam a preocupação do legislador em assegurar a todos os processos

---

[310] "Art. 12. Os juízes e os tribunais atenderão, preferencialmente, à ordem cronológica de conclusão para proferir sentença ou acórdão. § 1º A lista de processos aptos a julgamento deverá estar permanentemente à disposição para consulta pública em cartório e na rede mundial de computadores. § 2º Estão excluídos da regra do *caput*: I – as sentenças proferidas em audiência, homologatórias de acordo ou de improcedência liminar do pedido; II – o julgamento de processos em bloco para aplicação de tese jurídica firmada em julgamento de casos repetitivos; III – o julgamento de recursos repetitivos ou de incidente de resolução de demandas repetitivas; IV – as decisões proferidas com base nos arts. 485 e 932; V – o julgamento de embargos de declaração; VI – o julgamento de agravo interno; VII – as preferências legais e as metas estabelecidas pelo Conselho Nacional de Justiça; VIII – os processos criminais, nos órgãos jurisdicionais que tenham competência penal; IX – a causa que exija urgência no julgamento, assim reconhecida por decisão fundamentada. § 3º Após elaboração de lista própria, respeitar-se-á a ordem cronológica das conclusões entre as preferências legais. § 4º Após a inclusão do processo na lista de que trata o § 1º, o requerimento formulado pela parte não altera a ordem cronológica para a decisão, exceto quando implicar a reabertura da instrução ou a conversão do julgamento em diligência. § 5º Decidido o requerimento previsto no § 4º, o processo retornará à mesma posição em que anteriormente se encontrava na lista. § 6º Ocupará o primeiro lugar na lista prevista no § 1º ou, conforme o caso, no § 3º, o processo que: I – tiver sua sentença ou acórdão anulado, salvo quando houver necessidade de realização de diligência ou de complementação da instrução; II – se enquadrar na hipótese do art. 1.040, inciso II".

[311] "Art. 153. O escrivão ou o chefe de secretaria atenderá, preferencialmente, à ordem cronológica de recebimento para publicação e efetivação dos pronunciamentos judiciais. § 1º A lista de processos recebidos deverá ser disponibilizada,

CAPÍTULO VI – AS DIMENSÕES DO GERENCIAMENTO JUDICIAL

de uma unidade judicial o mesmo "tempo médio de tramitação", trazendo transparência na condução de processos na medida em que procuram evitar que eles tramitem de forma mais célere do que outros, por motivos desconhecidos ou pessoais. A norma da ordem cronológica de conclusão/recebimento é, em última análise, uma regra de isonomia. Ao determinar que os feitos sejam publicados, encaminhados à conclusão e julgados/apreciados preferencialmente seguindo sua ordem cronológica, o legislador reconhece, ainda que indiretamente, que o processo permanece muito tempo em cartório sem movimentação.

A preocupação do legislador em assegurar transparência e evitar pessoalidade no julgamento é corroborada pela previsão de mecanismo de controle da unidade judicial, na medida em que disponibiliza às partes e interessados a faculdade de consultar lista dos processos aguardando providências.

Necessário destacar, contudo, que, apesar de o legislador ter positivado a ordem cronológica de julgamento, também assegurou ao magistrado a possibilidade de excetuá-la, imputando-lhe, expressamente, o ônus de fundamentar a necessidade de desconsiderar essa diretriz no caso concreto específico, conforme se observa no art. 12, § 2º, do CPC/2015. Essa ressalva é importante para permitir que o magistrado possa gerenciar melhor o enfrentamento do acervo que está sob sua responsabilidade, otimizando o uso de seu tempo conforme a maior ou menor complexidade do processo ou repetitividade de ações, em atenção às particularidades do caso concreto.

---

de forma permanente, para consulta pública. § 2º Estão excluídos da regra do *caput*: I – os atos urgentes, assim reconhecidos pelo juiz no pronunciamento judicial a ser efetivado; II – as preferências legais. § 3º Após elaboração de lista própria, respeitar-se-ão a ordem cronológica de recebimento entre os atos urgentes e as preferências legais. § 4º A parte que se considerar preterida na ordem cronológica poderá reclamar, nos próprios autos, ao juiz do processo, que requisitará informações ao servidor, a serem prestadas no prazo de 2 (dois) dias. § 5º Constatada a preterição, o juiz determinará o imediato cumprimento do ato e a instauração de processo administrativo disciplinar contra o servidor".

Se aplicada à risca, sem qualquer possibilidade de exceção, desconsiderando as particularidades e necessidades dos casos concretos, a diretriz do respeito à ordem cronológica poderia ser prejudicial ao julgamento mais célere dos feitos em geral, comprometendo o adequado gerenciamento do tempo de tramitação dos processos da unidade.

O interessante da diretriz da ordem cronológica de julgamentos é que se trata de regra que procura assegurar a isonomia de tramitação para cada processo, individualmente considerado, mas, ao mesmo tempo, é também direcionada a magistrados e escrivães das unidades judiciais, devendo ser levada em conta na organização dos fluxos de trabalhos internos dos cartórios judiciais e no gerenciamento dos processos do acervo do magistrado. Indica clara relação entre o produto do trabalho do magistrado – julgamento de um processo – e sua dependência do trabalho do cartório, na medida em que se preocupou em garantir, em ambos, a observância da ordem cronológica, reconhecendo, assim, o impacto positivo dessa atuação conjunta na duração razoável do processo.

Apesar de evidenciar a estrita relação entre o trabalho de magistrados e dos cartórios judiciais e de seu impacto na celeridade de tramitação de processos, a imposição da ordem cronológica, por si só, não é suficiente para assegurar sua duração razoável. Trata-se, conforme já mencionado, de diretriz que auxiliará a organizar os fluxos de trabalhos das unidades judiciais, mas que necessita de apoio de mecanismos de gerenciamento para atingir esse intuito e, assim, o resultado, no caso concreto, de garantir sua tramitação em tempo razoável.

A imposição da observância da ordem cronológica auxilia a organizar a ordem dos processos dentro de um cartório, em cada estação de trabalho, mas nada diz sobre sua tramitação dentro das unidades judiciais, nem sobre o fluxo ou o ritmo que deverá ser adotado.

É necessário compreender a dinâmica de funcionamento da unidade judicial. Para tanto, é importante mapear o fluxo de trabalho

CAPÍTULO VI – AS DIMENSÕES DO GERENCIAMENTO JUDICIAL

interno dos cartórios judiciais, compreendendo-os, as atribuições que serão realizadas para identificar pontos de represamento, ou "gargalos", e possíveis retrabalhos, e, com tais informações, atuar, pontualmente, para seu aprimoramento. Também é essencial compreender o ritmo que deve ser impresso para os fluxos internos a fim de evitar formações de acervos, os quais serão definidos com base na demanda de trabalho das unidades judiciais, ou seja, nas petições protocolizadas e ações distribuídas diariamente.

Nesse sentido, as ferramentas exógenas para melhor gerenciamento da dimensão da unidade judicial mostram-se muito importantes, conforme se verá a seguir.

6.3.2 Ferramentas exógenas. Gerenciamento estratégico de cartórios judiciais: papel das Corregedorias e do juiz corregedor

A gestão das unidades judiciais pode impactar o melhor ou pior andamento do processo judicial, sendo, assim, ferramenta exógena que não pode ser negligenciada, conforme se verá a seguir.

6.3.2.1 Organização dos serviços das unidades judiciais: a organização do cartório e do gabinete do magistrado e sua interação

Quando se analisa a unidade judicial, sob a perspectiva de uma dimensão específica de gerenciamento, constata-se que existem dois ambientes de trabalho, com processos de trabalho distintos, que estão umbilicalmente relacionados, visto que um depende da atuação do outro para ter demanda por novo trabalho, conforme já mencionado.

Dessarte, exige-se que diversos processos de trabalho sejam realizados em cartório – tanto no processo físico quanto no processo digital – a fim de que seja possível seu encaminhamento ao magistrado para elaboração de decisão (que pode se referir à questão de Direito controvertido em si ou à tramitação do processo até que esteja apto a chegar a seu termo). Sem que tarefas como publicação, certificação de prazo, encaminhamento para outros órgãos, cumprimento de determinações sejam feitas, não só não se viabiliza o proferimento de decisões, mas também não lhes assegura efetividade.

Necessário compreender, portanto, a organização e os processos de trabalho do cartório e do gabinete do juiz para que, com isso, seja possível que medidas de gestão sejam adotadas para se evitarem retrabalhos e realizar uma distribuição mais eficiente dos trabalhos, permitindo-se, desse modo, melhor alocação dos recursos disponíveis, com o objetivo de se obterem resultados efetivos, com decisões proferidas de forma célere e com qualidade.

Paulo Eduardo Alves da Silva, considerando as unidades judiciais, identifica três abordagens da gestão:

(i) *gestão das rotinas de cartórios*, indicando que seria conveniente um planejamento macroscópico da fluência do processo pelas atividades do cartório, objetivando reduzir gargalos;[312]

(ii) *gestão de recursos humanos dos cartórios*;

(iii) *triagem e preparação das decisões*, para situações que possam ser classificadas como atos ordinatórios e que são conduzidas pelo cartório com base em portarias, ou ordens de serviço.[313] Indica, também, a prática de elaboração de atos mais

---

[312] SILVA, Paulo Eduardo da. *Gerenciamento de processos judiciais*. São Paulo: Saraiva, 2010, p. 66. Aponta, também, na página 68 da mesma obra, que: "A influência das rotinas de cartório sobre o ritmo do procedimento, a interdependência destas rotinas entre si e a precariedade dos mecanismos de controle normalmente utilizados são uma evidência do potencial da gestão do fluxo dos cartórios no combate à morosidade da justiça brasileira".

[313] "Em nível normativo, a triagem se sustenta na premissa contida no art. 162, § 4º, do CPC, que autoriza o cartório a realizar os atos ordinatórios, 'como a

CAPÍTULO VI – AS DIMENSÕES DO GERENCIAMENTO JUDICIAL

complexos, saneadores e decisões e sentenças mais simples, que são separados pelo cartório, geralmente para processos repetitivos, cujas minutas são feitas com base no entendimento do magistrado, situação que não estaria em conformidade com orientações da Corregedoria dos tribunais, que aponta para que os diretores e chefes de cartório se limitem a funções administrativas, mas que reflete, talvez, sobre a necessidade de enfrentar o volume de processos, devendo-se estar alerta para que não ocorra delegação irregular de jurisdição.[314]

Todas essas estratégias citadas referem-se, em síntese, ao gerenciamento dos processos de trabalhos observados no processo de tomada de decisão por cada magistrado. Ele utilizará, para tal propósito, a estrutura do cartório que o apoia, fazendo com que o processo judicial tenha andamento e tramite até que esteja em termos para que uma decisão seja proferida, bem como a estrutura de seu gabinete, se porventura existente.

Nessa dimensão de gerenciamento da unidade judicial, o magistrado deverá atentar para todos os processos de trabalho que podem ser identificados e que estão inter-relacionados até permitir que uma decisão seja proferida; observará os fluxos de trabalho do cartório, considerando atividades-chave, como publicação, cumprimento, movimentação do processo, controle de prazos; e o gerenciamento do próprio processo de elaboração de decisões.

---

juntada e a vista obrigatória', sem prévio despacho judicial. Também é disposta em normas técnicas dos Tribunais (como os itens 15-A e 21 das Normas de Serviço da Corregedoria-Geral de Justiça do Estado de São Paulo) e portarias específicas dos juízes de Comarca com uma lista de atos que o cartório pode determinar sem intermediação judicial (...)" (SILVA, Paulo Eduardo da. *Gerenciamento de processos judiciais*. São Paulo: Saraiva, 2010, p. 74).

[314] "A justificativa da estruturação de uma equipe de triagem é de cunho prático: não há como um julgador atender sozinho ao volume. (...) Mas na prática traz o risco de se desviar em delegação ilegítima do poder jurisdicional" (SILVA, Paulo Eduardo da. *Gerenciamento de processos judiciais*. São Paulo: Saraiva, 2010, pp. 75/76).

A complexidade de gestão desses fluxos de trabalho está no fato de que estão todos relacionados e objetivam, em última análise, proporcionar tutela jurisdicional de qualidade e em tempo razoável.

Nessa dimensão de gerenciamento, objetiva-se efetuar melhor organização dos recursos disponíveis (físicos, imobiliários, tecnológicos e humanos), para eliminar pontos de ineficiências – "gargalos" –, os quais acabam atrasando a tramitação dos processos judiciais. Objetiva-se, também, preparar cada um dos processos necessários para a tomada de decisão judicial de forma estratégica e concatenada, otimizando-se os recursos disponíveis e evitando-se tarefas duplicadas.

Enquanto, na dimensão do processo, o gerenciamento é realizado, objetivando assegurar a condução do processo de forma otimizada e preservar garantias e direitos processuais, na dimensão da unidade judicial, o gerenciamento é focado na organização e otimização dos fluxos de trabalho existentes e que são responsáveis, ao final, pela tramitação do processo judicial em si.

Também José Igreja Matos, José Mouraz Lopes, Luís Azevedo Mendes e Nuno Coelho, indicando a necessidade de atentar para a gestão dos fluxos processuais (*caseflow management*),[315] apontam como boas práticas nesse assunto:[316]

(i) *definição do tempo médio dos processos;*

(ii) *controle contínuo do andamento dos processos;*

(iii) *programação, calendarização e agendamento das diligências;*

---

[315] "A gestão dos fluxos processuais (*caseflow management*) consiste na coordenação dos procedimentos e recursos dos tribunais para que os processos tenham andamento em tempo razoável à sua resolução" (MATOS, José Igreja; LOPES, José Mouraz; MENDES, Luís Azevedo; COELHO, Nuno. *Manual de gestão judicial*. Coimbra: Almedina, 2015, p. 259).

[316] MATOS, José Igreja; LOPES, José Mouraz; MENDES, Luís Azevedo; COELHO, Nuno. *Manual de gestão judicial*. Coimbra: Almedina, 2015, p. 260.

CAPÍTULO VI – AS DIMENSÕES DO GERENCIAMENTO JUDICIAL

(iv) *uso dos sistemas informatizados para monitorar a duração, o estado e a complexidade;*

(v) *guia de boas práticas;*

(vi) *distribuição justa e igualizadora*, considerando a quantidade e a complexidade.

Todas as boas práticas relacionadas *supra* referem-se, em síntese, à melhor utilização dos recursos disponibilizados ao magistrado, mediante sua organização, controle e uso estratégico. Não envolvem medidas que exigem qualquer investimento adicional, pelo contrário, apenas ampla consciência e maior exploração e potencialização no uso dos mecanismos e recursos disponibilizados.

Em interessante estudo conduzido pelo Ministério da Justiça em 2011, analisou-se a atuação das varas de alguns tribunais brasileiros, submetendo-as ao modelo de administração por objetivos, que considera a gestão em seis etapas, as quais, segundo os pesquisadores, se concentram nas principais áreas da eficácia organizacional, a seguir relacionadas:

> Suas etapas são as seguintes: 1) *Fixação de metas internas na vara (cartório e gabinete)* para se estabelecerem e detalharem os objetivos e prazos que precisam ser cumpridos; 2) *Realização de treinamento das pessoas que trabalham na vara* (cartório e gabinete) para se viabilizar o alcance das metas pela equipe e pelas pessoas individualmente consideradas; 3) *Realização de controle de cumprimento de prazos pela vara* (cartório e gabinete) e *por terceiros* (partes, MP, peritos etc.) para se verificar e viabilizar o alcance das metas pela equipe; 4) *Realização de controle de produtividade da vara (cartório e gabinete)* para se verificar e viabilizar o alcance das metas pela equipe; 5) *Realização de avaliação de desempenho individual para se oferecer um* feedback *do trabalho por elas desenvolvido*, bem como para se verificar e viabilizar, em relação a cada pessoa individualmente, a eficácia do treinamento e o alcance das metas; e 6) *Utilização*

de mecanismos internos de motivação/incentivo das pessoas que trabalham na vara (cartório e gabinete), para se proporcionar crescimento pessoal e melhoria contínua dos resultados individualmente obtidos.[317]

O estudo considerou os prazos legais dos arts. 189 e 190 do CPC/1973 (atuais arts. 226 e 227 do CPC/2015) e verificou seu cumprimento pelas unidades jurisdicionais estudadas.

O estudo em comento trouxe uma interessante constatação: evidenciou que, tanto na esfera federal quanto na esfera cível, os processos costumavam demorar mais tempo no cartório do que nos gabinetes dos magistrados (79% e 81% do tempo de tramitação em varas cíveis federais e varas cíveis estaduais, respectivamente), aventando, como hipótese, que o maior "gargalo" da demora do processo seria o cartório.[318]

Apenas a título de exemplo, com o intuito de evidenciar a importância da adequada gestão da unidade judicial, o referido estudo apontou alguns tempos apurados em 2011 para que atos simples fossem executados pelos cartórios judiciais, tais como juntada de petições e encaminhamento para publicação.

O estudo revelou que apenas 40% das varas federais cíveis e 25% das varas estaduais cíveis observavam o prazo de juntada de até 48 horas (em um espectro que teve como máximo, 60 dias, na federal, e 365 dias, na estadual).

---

[317] BRASIL. Ministério da Justiça. *O impacto da gestão e funcionamento dos cartórios judiciais sobre a morosidade da justiça brasileira*: diagnósticos e possíveis soluções. Brasília, 2011, pp. 17/18. Disponível em: https://edisciplinas.usp.br/pluginfile.php/4434410/mod_resource/content/1/funcionamento-dos-cartorios-judiciais-2011.pdf. Acessado em: 07.07.2020.

[318] BRASIL. Ministério da Justiça. *O impacto da gestão e funcionamento dos cartórios judiciais sobre a morosidade da justiça brasileira*: diagnósticos e possíveis soluções. Brasília, 2011, p. 62. Disponível em: https://edisciplinas. usp.br/pluginfile.php/4434410/mod_resource/content/1/funcionamento-dos- -cartorios-judiciais-2011.pdf. Acessado em: 07.07.2020.

CAPÍTULO VI – AS DIMENSÕES DO GERENCIAMENTO JUDICIAL

A seguir, na figura 6, gráfico sobre o tempo para a juntada de petições, estimado pelos chefes dos cartórios:

Figura 6 – Gráfico da estimativa, pelos chefes de cartório, do tempo (em dias) despendido para a juntada de petições, desde quando chegam ao cartório

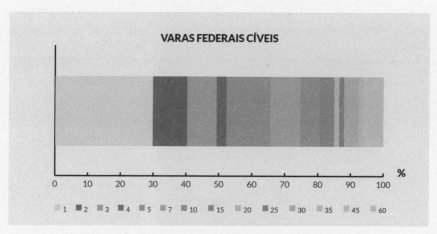

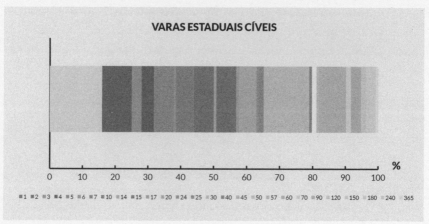

Fonte: BRASIL. Ministério da Justiça. *O impacto da gestão e funcionamento dos cartórios judiciais sobre a morosidade da justiça brasileira*: diagnósticos e possíveis soluções. Brasília, 2011, p. 61.

Vale também salientar que esse estudo indicou que apenas em 40% das varas federais cíveis e 55% das varas estaduais cíveis são observados os prazos de remessa e publicação de decisões (em um espectro que teve como máximo 90 dias, na federal, e 120 dias, na estadual).

Nesse sentido, observe-se o gráfico da figura 7 a seguir:

Figura 7 – Estimativa, pelos chefes de cartório, do tempo (em dias) despendido para a publicação de intimações na imprensa, desde o momento em que o ato precisa ser publicado

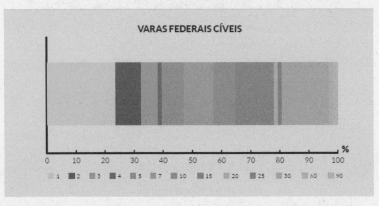

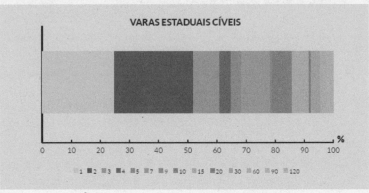

Fonte: BRASIL. Ministério da Justiça. *O impacto da gestão e funcionamento dos cartórios judiciais sobre a morosidade da justiça brasileira*: diagnósticos e possíveis soluções, p. 63.

CAPÍTULO VI – AS DIMENSÕES DO GERENCIAMENTO JUDICIAL

Muito embora esse estudo seja antigo e não tenha abordado o funcionamento dos cartórios judiciais com maior amplitude quanto ao uso de processos digitais, não se podem desconsiderar esses achados, tampouco ignorar a conclusão de que existe um tempo relevante de tramitação interno dos processos judiciais nas serventias. Essa tramitação interna deve ser conhecida e compreendida, para que se possam adotar medidas para enfrentamento desse tempo "invisível" de tramitação do processo.

Ao final, o referido estudo concluiu que uma adequada gestão dos cartórios judiciais contribui decisivamente para a maior celeridade dos processos:

> Apesar de a gestão aparecer em todos os resultados como ponto crucial para separação entre melhores e piores varas, a estrutura (recursos materiais e humanos) não pode ser esquecida, pois a pesquisa detectou várias deficiências estruturais nas varas entrevistadas que, se fossem eliminadas, potencializariam ainda mais o desempenho das varas – pois as técnicas de gestão produziriam mais efeito sobre varas com uma boa estrutura que sobre varas com uma estrutura ruim. Contudo, apesar de a questão da estrutura (recursos materiais e humanos) também merecer atenção, a gestão é ponto indispensável para celeridade processual, por dois motivos: (1) com uma boa gestão, mesmo varas com estrutura ruim (recursos humanos e materiais) podem obter boa movimentação e celeridade processual; e (2) até para identificar a prioridade de cada deficiência estrutural que merece ser eliminada, é preciso, antes, implementar uma gestão eficaz. Portanto, ficou *comprovado o impacto da forma de gestão dos cartórios judiciais sobre a demora da prática dos atos processuais e, consequentemente, do processo* (grifos nossos).[319]

---

[319] BRASIL. Ministério da Justiça. *O impacto da gestão e funcionamento dos cartórios judiciais sobre a morosidade da justiça brasileira*: diagnósticos e possíveis soluções. Brasília, 2011, p. 155. Disponível em: https://edisciplinas.

Portanto, diante dessas constatações empíricas supraevidenciadas, razoável afirmar que a adequada gestão da unidade judicial está diretamente relacionada a uma satisfatória e célere tramitação do processo.

A compreensão de que existe um "tempo invisível" que impacta o tempo de duração do processo é uma percepção extremamente relevante, inclusive quando se cogita, por exemplo, alterar legislações processuais ou conceber soluções legislativas de *case management,* para, supostamente, disponibilizar às partes e ao magistrado ferramentas para o melhor gerenciamento do processo.

Afinal, de que adianta o legislador efetuar planejamento de tempos de tramitação de processos, criando ritos supostamente mais céleres, prevendo prazos exíguos, se é possível que algumas unidades judiciais demorem até 365 dias para juntar uma petição e, depois, mais 120 dias apenas para publicar qualquer deliberação judicial sobre a petição juntada?

Conscientizar-se de que os cartórios judiciais precisam ser alvo de gerenciamento também pode auxiliar a identificar a profundidade e a extensão de eventuais alterações legislativas. Afinal, é possível que muitas modificações concebidas pelo legislador possam decorrer da insatisfação com o adequado gerenciamento da unidade judicial e com a necessidade de se conceberem soluções para seu enfrentamento, e que poderiam ser sanadas se medidas de organização e otimização de seus fluxos de trabalho fossem implementadas.

Ademais, tomar ciência de que as unidades judiciais podem ser gerenciadas também permite o desenvolvimento de índices para seu monitoramento que auxiliarão o magistrado e/ou a alta administração de cada tribunal a identificar a causa de eventual insatisfação com a prestação jurisdicional ofertada, ou seja, se

---

usp.br/pluginfile.php/4434410/mod_resource/content/1/funcionamento-dos-
-cartorios-judiciais-2011.pdf. Acessado em: 07.07.2020.

CAPÍTULO VI – AS DIMENSÕES DO GERENCIAMENTO JUDICIAL

decorrente da falta de insumos (físicos, humanos, tecnológicos) ou da inadequação de seu gerenciamento.

A compreensão do "tempo invisível" de cartório baseia-se em estudos que foram conduzidos considerando exclusivamente os prazos legais. Nessa perspectiva, questiona-se se haveria maior dificuldade pelas unidades judiciais para controle de prazos não padronizados, estipulados pelas partes.

Nesse sentido, diante dessa situação observada, de que adianta as partes efetuarem entre elas e o juiz um planejamento do tempo de tramitação do processo específico para aqueles autos (art. 191 do CPC, "calendarização processual"), se a unidade não conseguir dar adequado tratamento aos prazos legais?

Vale lembrar que a calendarização do processo exige uma capacidade maior da unidade, por demandar controle de prazos customizados para determinado processo. Em outras palavras, o benefício que se espera obter com a padronização de prazos, qual seja, o de tornar mais fácil, via sistema de tramitação eletrônica, seu controle, além de facilitar a capacitação dos servidores, que será feita de forma coletiva e com prazos predeterminados, não será observado no processo-alvo da calendarização, que, paradoxalmente, exigirá um controle mais artesanal para uma unidade que, em regra, já está assoberbada pelo volume de trabalho decorrente da notória litigiosidade da sociedade brasileira. Essa reflexão nos faz perquirir acerca da efetividade, na prática, da solução legislativa concebida como *case management*, diante dos desafios gerenciais apontados.

É possível, com relação a esse aspecto, que se aponte como solução a cobrança estrita e rigorosa do cumprimento dos prazos processuais legais. Trata-se, contudo, de perspectiva já prevista no Código de Processo Civil, em seu art. 233 (antigo art. 193 do CPC/1973).

Ocorre que o referido dispositivo prevê que o reconhecimento da responsabilidade do servidor ocorrerá apenas se o atraso não decorrer de um justo motivo. O enorme volume de feitos, que deixa as unidades judiciais assoberbadas de trabalho, é, *per se*, um motivo justo para o atraso. É de questionar se seria apropriado responsabilizar um servidor por uma questão sobre a qual diversos operadores do Direito e estudiosos se debruçam, sem respostas fáceis ou imediatas.

É natural que operadores do Direito vejam qualquer questão sob a perspectiva jurídica. Havendo atrasos, procuram-se responsáveis.

No entanto, os desafios impostos pela litigiosidade brasileira não são fáceis. Muitos profissionais extremamente capacitados estão refletindo sobre o problema e ainda não chegaram a soluções definitivas, de modo que o enfrentamento da questão não é nada evidente. Considerando que a percepção da morosidade do Poder Judiciário é um fenômeno que se observa de forma generalizada nos tribunais brasileiros e, talvez, em outros tribunais do mundo, não é razoável responsabilizar o servidor público que atua em determinada unidade judicial pelo atraso ordinário.

É evidente que, em casos extremos e atípicos, essa responsabilização deverá ocorrer, desde que presentes os pressupostos legais.

Entendemos que há uma necessidade de adotar uma nova abordagem do problema, menos jurídica e mais gerencial. Considerar as unidades judiciais como células de trabalho, procurando entender seu fluxo de trabalho, seus gargalos, assim como as causas de atraso, para que, então, seja possível efetivo enfrentamento.

Diante das constatações sobre o impacto da adoção de estratégias de gestão de unidades judiciais, é de indagar se não valeria a pena a condução de estudos mais aprofundados a respeito desse assunto, objetivando a formação de dados e a identificação de boas práticas para contribuir com a capacitação de magistrados em atividades administrativas e gerenciais.

Para a melhor gestão da unidade judicial, é preciso compreender seu funcionamento e, para tanto, é preciso verificar (i) a estrutura

CAPÍTULO VI – AS DIMENSÕES DO GERENCIAMENTO JUDICIAL

de trabalho disponível e (ii) o volume de trabalho demandado. Assinala-se, também, a necessidade de que o juiz exerça papel de liderança perante seus funcionários, orientando-os quanto às suas tarefas, inclusive com ordens de serviço escritas.[320]

A estrutura de trabalho disponível será formada pelo número de servidores alocados àquela unidade e pela estrutura local de trabalho existente, consistente em estações de trabalho (computadores, licenças de sistemas eletrônicos e acesso à internet, estrutura mobiliária, entre outros).

O volume diário de trabalho demandado é definido pelo número de petições iniciais e intermediárias protocolizadas, no primeiro grau, ou de recursos distribuídos, no segundo grau, além dos prazos decorridos, em um dia.

O mapeamento do funcionamento da unidade judicial, considerando as duas variáveis supramencionadas (estrutura de trabalho disponível e volume de trabalho demandado), permitirá ao juiz corregedor da unidade distribuir os trabalhos entre sua equipe objetivando otimizar a movimentação interna dos processos judiciais na serventia.

---

[320] "O juiz na atividade de gestão processual ativa não pode render-se a esta situação. Ele deve controlar a atividade da secretaria, estabelecendo procedimentos para que possa avaliar o estado dos processos e de cada processo e agilizar o trabalho de todos, gerando sempre mais eficiência. Se puder utilizar recursos eletrônicos, com um sistema de alertas adequados, tanto melhor. Se não dispuser deste instrumento, deve estabelecer regras escritas, ordens de serviço, que lhe permitam assegurar o controle. Deve, por outro lado, exercer uma adequada atividade de liderança, reunindo-se com seus funcionários, procurando melhores práticas funcionais e de divisão de trabalho, simplificando, motivando, delegando tarefas que possam ser delegáveis e criando adequados ambientes de responsabilidade geral e individual. Também aqui se for necessário deve estabelecer determinações escritas" (MATOS, José Igreja; LOPES, José Mouraz; MENDES, Luís Azevedo; COELHO, Nuno. *Manual de gestão judicial*. Coimbra: Almedina, 2015, p. 257).

O conhecimento do funcionamento dos fluxos de trabalho de cada unidade pelo juiz, aliado à ciência do volume de demanda por prestação jurisdicional, permitirá ao magistrado, na qualidade de gestor de sua equipe, fixar metas diárias/semanais de produção de cada setor do cartório, permitindo-lhe identificar com mais presteza aqueles que estiverem com maiores dificuldades, evitando o acúmulo de serviço. A definição dessas metas mínimas de produção diária para cada setor da unidade e para o gabinete, contribuindo para evitar a formação de acervos, estrutura melhor os trabalhos internos da unidade. Esse trabalho deve ser realizado com a coordenadora da unidade, que organiza e monitora os trabalhos do ofício judicial.

Explica-se. Conforme mencionado, a unidade judicial deve ser vista como uma célula de trabalho, em que a atuação de um setor está diretamente imbricada com a do outro, como se fosse uma "linha de produção";[321] abrange tanto a atuação do ofício judicial quanto do gabinete do magistrado. Pensando em atividades realizadas pela unidade judicial, como processos de trabalho, é possível identificar as seguintes tarefas:

(i) juntada de petições iniciais e intermediária, com conferência de cadastros, documentos de identificação;

(ii) elaboração de decisões, desde as mais simples e repetitivas, até as mais complexas;

(iii) cumprimento de decisões, com expedição de ofícios, cartas precatórias/rogatórias, editais, alvarás, entre outros;

(iv) publicação de decisões e controles de prazos;

---

[321] BRASIL. Ministério da Justiça. *O impacto da gestão e funcionamento dos cartórios judiciais sobre a morosidade da justiça brasileira*: diagnósticos e possíveis soluções. Brasília, 2011, p. 44. Disponível em: https://edisciplinas. usp.br/pluginfile.php/4434410/mod_resource/content/1/funcionamento-dos-cartorios-judiciais-2011.pdf. Acessado em: 07.07.2020.

CAPÍTULO VI – AS DIMENSÕES DO GERENCIAMENTO JUDICIAL

(v) movimentação dos processos (remessas para segundo grau ou outros tribunais, encaminhamento para órgãos como Ministério Público, entre outros).

Está claro que o trabalho de cada setor influencia o dos demais. A análise estratégica do seu funcionamento, pelo juiz corregedor, deverá considerar o volume diário de "entradas", ou seja, petições iniciais e intermediárias distribuídas/protocolizadas, além dos prazos diariamente decorridos, que demandam análise do magistrado. Logo, para que a unidade funcione de forma adequada, o magistrado deve estar atento ao funcionamento dos setores de triagem e cadastramento de petições, assim como ao decurso do prazo.

Com esses parâmetros, o magistrado corregedor poderá fixar metas para cada setor, assim como, diante do número e perfil dos servidores que trabalham em sua unidade, distribuir o trabalho entre eles. Para tal finalidade, ou seja, distribuição de tarefa entre os servidores, o magistrado, com o coordenador da unidade, deverá selecionar o critério que reputar mais adequado, se por final, se por tarefa, por conhecimento pessoal/aptidão/tempo de serviço,[322] ou, ainda, se por combinação desses critérios. Deverá, ainda, valendo-se das possibilidades de automatização proporcionada por sistemas eletrônicos de tramitação de processos, evitar desperdício da força de trabalho humana com tarefas que podem ser executadas pelo sistema, destinando a primeira para atividades mais complexas.

Conhecendo as dificuldades de sua equipe, poderá auxiliá-los na busca por capacitação, com a alta administração de seu tribunal, ou solicitar criação de cursos específicos e pontuais, conforme o caso.

---

[322] BRASIL. Ministério da Justiça. *O impacto da gestão e funcionamento dos cartórios judiciais sobre a morosidade da justiça brasileira*: diagnósticos e possíveis soluções. Brasília, 2011, p. 45. Disponível em: https://edisciplinas. usp.br/pluginfile.php/4434410/mod_resource/content/1/funcionamento-dos--cartorios-judiciais-2011.pdf. Acessado em: 07.07.2020.

Permitirá, também, que o magistrado identifique dificuldades para enfrentamento do volume diário de prestação jurisdicional, podendo solicitar apoio da alta administração de seu tribunal (solicitando mais servidores ou apoio de magistrados auxiliares, quando o caso, ou, por vezes, a criação de outra unidade judicial).

A fixação de metas, o controle de produtividade/metas, a adoção de postura proativa de capacitação de servidores e a atenção à sua equipe são habilidades de administração que, conforme mencionado, contribuem de forma inequívoca para melhor tramitação dos processos. Nesse ponto, necessário destacar que as faculdades de Direito não oferecem formação específica para tal finalidade. Logo, mostram-se essenciais os trabalhos das Corregedorias dos tribunais, que, identificando boas práticas de administração de cartórios, divulgue-as para os demais magistrados, preparando-os.[323] [324]

Assim, no tocante à gestão estratégica das unidades judiciais, evidencia-se claramente o papel do magistrado como administrador daquela célula específica de trabalho.

No entanto, o processo judicial não depende, exclusivamente, da unidade judicial de 1º Grau para seu funcionamento. Existem diversas outras estruturas que também são imprescindíveis para um adequado andamento dos processos judiciais, por exemplo, setores de distribuição, protocolo, centrais de mandados judiciais, além da necessária interligação do 1º com o 2º Grau para remessa de

---

[323] Nesse sentido: TJSP. *Manual de Boas Práticas Cartorárias*. Disponível em: http://www.tjsp.jus.br/Download/Corregedoria/Manuais/CartilhaBoasPraticas.pdf?d=1563689741823. Acessado em: 07.07.2020; e seu anexo: TJSP. *Anexo I*: sugestão de fichamento padronizado. Disponível em: http://www.tjsp.jus.br/Download/Corregedoria/Manuais/CartilhaBoasPraticasAnexo.pdf?d=1594735993572. Acessado em: 12.01.2021.

[324] TJPA. "Projeto de Reorganização e Gestão de Varas". *Portal do TJPA*. Disponível em: http://www.tjpa.jus.br/PortalExterno/institucional/Corregedoria-da-Regiao-Metropolitana/930-Projeto-de-Organizacao-de-Varas.xhtml. Acessado em: 12.01.2021.

CAPÍTULO VI – AS DIMENSÕES DO GERENCIAMENTO JUDICIAL

processos. A visão gerencial macro dessas estruturas é conduzida pela alta administração dos tribunais, em que a parte da infraestrutura técnica e de pessoal é providenciada pela presidência do tribunal e a área da organização dos serviços é disciplinada pelas Corregedorias-Gerais de Justiça, com enfoque nos trabalhos de 1º Grau, e, conforme organização administrativa de cada tribunal, com o setor de 2º Grau, responsável por tarefa semelhante.

As Corregedorias-Gerais de Justiça dos tribunais desempenham função de extrema importância, pois atuam com foco mais extenso, objetivando identificar desafios gerais e soluções com maior abrangência, além de organizar as estruturas de um tribunal que são utilizadas por todas as unidades judiciais.

As Corregedorias dos tribunais, ao efetuarem análise mais ampla e sistêmica, exercem papel essencial para o aprimoramento da gestão dos cartórios judiciais de 1º Grau, na medida em que permitem a padronização dos procedimentos internos de cartórios e de estruturas de apoio, podendo, ainda, adotar medidas com maior impacto no tocante à divulgação de boas práticas.

As Corregedorias, por meio de suas normas de serviço, no exercício de sua função correcional, que é delegada aos juízes corregedores, normatizam procedimentos que devem ser observados por todas as unidades judiciais de 1º Grau para garantir a validade do processo (por exemplo, armazenamento de provas, documentos e mídias digitais, formas de publicação e de certificação de prazos, realização de cadastros das partes etc.), além de disciplinarem e uniformizarem procedimentos para cadastramento de terceiros, auxiliares da justiça, assegurando transparência e padronização.[325] Ao uniformizar esses procedimentos, disciplinando protocolos de

---

[325] Por exemplo as Normas de Serviço da Corregedoria-Geral da Justiça que disciplinam a forma de organização dos ofícios e gabinetes, objetivando maior padronização, nas diversas competências, tanto para processos físicos quanto digitais.

forma centralizada, mitigam riscos de nulidades ou invalidades processuais e geram, também, maior previsibilidade e organização.

Caso não houvesse essa padronização realizada pelas Corregedorias para cada tribunal, a unidade judicial poderia conduzir a realização de atos processuais de forma distinta (por exemplo, juntando petições ou certificando publicações da forma que cada juiz entendesse como correto). Certamente, esse cenário não é desejado, pois gera muita insegurança e imprevisibilidade, sobretudo para operadores do Direito (advogados, promotores e defensores públicos).

Em outras palavras, não obstante o procedimento proposto em lei processual para condução de ações, com eventual pluralidade de formas de organização internas de cartório, isso poderia levar a tramitações distintas de uma mesma espécie de ação em um único tribunal, o que seria caótico. Fundamental, portanto, essa padronização da organização interna dos trabalhos das unidades judiciais.

A atuação das Corregedorias permite, também, em razão de suas correções, identificar problemas sofridos de forma generalizada pelas unidades judiciais, encaminhando-os à alta administração do tribunal para seu enfrentamento, sugerindo, inclusive, se necessário, o aprimoramento do sistema de processo eletrônico.

A despeito do alto grau de padronização da organização interna dos trabalhos das unidades judiciais, ainda assim há margem para gestão pontual pelo juiz corregedor, conforme mencionado anteriormente. Isso porque a padronização da organização interna efetuada pelas Corregedorias se refere, em especial, à normatização de procedimentos de trabalhos, ao uso do sistema de processo eletrônico e à forma de realização de atos pelas serventias judiciais. A gestão da unidade judicial em si, pelo magistrado, permitirá adequar essas normas à realidade do ofício próprio, considerando o número de servidores específicos e o perfil profissional de cada um.

O CNJ, dentro de sua competência de controle administrativo dos tribunais brasileiros, também contribui para a melhor

CAPÍTULO VI – AS DIMENSÕES DO GERENCIAMENTO JUDICIAL

organização das unidades judiciais, padronizando, em âmbito nacional, terminologias e requisitos mínimos necessários para realização de determinados atos pelas serventias.

Dessarte, por exemplo, o CNJ, pela Resolução CNJ n. 46/2007, regulamentou as "Tabelas Processuais Unificadas do Poder Judiciário", que se trata de tabelas básicas de classificação processual, de movimentação e fases processuais, de assuntos e partes, com o objetivo de uniformização taxonômica e terminológica a serem aplicadas a todos os sistemas processuais, fazendo com que todos os processos, em âmbito nacional, sejam submetidos à mesma nomenclatura-padrão.

Com essa uniformização taxonômica dos sistemas eletrônicos de tramitação processual, o CNJ consegue promover a padronização necessária em âmbito nacional, facilitando o trabalho dos operadores do Direito, que não precisarão consultar as regras dos mais de 92 tribunais brasileiros para saber como cada um deles classifica, por exemplo, uma ação de cobrança. A comparação a seguir é um pouco simplória, mas, considerando o tamanho do Brasil, quase tão grande como um continente, e que os mesmos objetos recebem as mais variadas denominações de acordo com particularidades regionais, convencionar a padronização de termos desempenha um papel fundamental.

A padronização da taxonomia entre os tribunais também desempenha importante função processual, na medida em que permite identificar com maior clareza situações de prevenção,[326] facilitando a identificação do juiz natural do caso.

Dever-se-ia esperar o mesmo efeito da definição de padrões de interoperabilidade entre os sistemas judiciais eletrônicos, o MNI, que, objetivando fixar padrões nacionais para integração entre sistemas de processo eletrônico, por meio de tecnologia

---

[326] Considerando previsto na Resolução CNJ n. 46/2007.

webservice, permite sua comunicação, que é estabelecida em Termo de Cooperação Técnica n. 58/2009 e foi definida pelos órgãos do STF, CNJ, STJ, CJF, TST, CSTJ, AGU e PGR.[327] Chama atenção o fato de que representantes da Justiça Estadual não participaram da iniciativa para contribuir com o acordo de cooperação que resultou na definição do MNI, válido em todo o território nacional.

Também a Resolução CNJ n. 121/2010 padroniza as informações que devem estar disponíveis para consulta de dados básicos dos processos judiciais eletrônicos por meio de acessos pela internet, de livre acesso a todos, e regulamenta a hipótese descrita no art. 11 da Lei n. 11.419/2006, dando concretude ao Direito Constitucional de acesso à informação e facilitando a atuação de advogados, defensores públicos e membros do Ministério Público. A Resolução CNJ n. 215/2015, em seus arts. 32 e 34, I, disciplina o acesso a processos sigilosos quando houver evidente interesse público ou geral, por exemplo, o que ocorre em pesquisa científica ou para a realização de estatística, determinando a assinatura de termo de responsabilidade por terceiro, assegurando a proteção à identificação das pessoas a que se referem e compatibilizando disposições da Lei n. 12.527/2011 e norma constante do art. 189 do CPC. Essas normas são observadas na integralidade dos tribunais brasileiros e asseguram uniformização da forma de implementação de regras previstas em lei, em todo o território nacional.

Essa padronização e organização de informações promovidas pelo CNJ, em âmbito nacional, são igualmente importantes, pois, além de permitirem uma melhor estruturação de dados que poderão ser extraídos dos sistemas de tramitação de processos de cada tribunal, viabilizam seu tratamento estatístico, contribuindo para um diagnóstico mais assertivo dos problemas enfrentados pelo Poder Judiciário. Quando se padronizam dados, permite-se comparar

---

[327] CONSELHO NACIONAL DE JUSTIÇA. *Termo de Acordo de Cooperação Técnica n. 058/2009*. Disponível em: https://www.cnj.jus.br/wp-content/uploads/2011/04/tcot_n_58_2009.pdf. Acessado em: 07.07.2020.

CAPÍTULO VI – AS DIMENSÕES DO GERENCIAMENTO JUDICIAL

situações semelhantes e, consequentemente, traçar cenários mais acurados e empíricos sobre problemas efetivamente vivenciados.

É necessário, neste ponto, fazer uma observação.

Há um limite bastante tênue entre essa importante atuação do CNJ, de padronização de termos e protocolos de comunicação entre os sistemas de todos os tribunais brasileiros, e a intervenção na autonomia administrativa destes últimos, a qual é assegurada no texto constitucional. Conforme visto anteriormente, a organização dos ofícios judiciais é matéria imputada com exclusividade pelo constituinte aos tribunais, conforme se depreende do art. 96 da CF, sem que isso tenha sido alterado pela Emenda Constitucional n. 45/2004.

A atuação para definição de normativos que definem padrões a serem observados em âmbito nacional para realização de atos judiciais e organização administrativa de sistemas judiciais desempenha importante e indispensável papel para facilitar a compreensão pelos operadores do Direito sobre a atividade de cada tribunal e permitir o funcionamento adequado e racional do sistema nacional de justiça, viabilizando, desse modo, a remessa e o recebimento de processos e recursos entre os tribunais. Sem essa padronização, não haverá interoperabilidade entre os sistemas judiciais (e, consequentemente, comunicação entre eles), bem como perder-se-á tempo desproporcional, recebendo e analisando cada processo ou recurso ao se tentar identificar o que a outra instância estava denominando determinado ato ou ação. Em outras palavras, é medida de gerenciamento indispensável para adequada tramitação do processo de forma célere e eficiente.

Ocorre que, ao se definirem os padrões mínimos, não significa que se podem impor todos os demais aspectos a serem observados em um sistema ou a prática de determinados atos. Decorre da Constituição Federal que o Estado brasileiro adotou o federalismo como sistema de organização e que tal orientação foi instituída em atenção às suas enormes proporções e às diversas peculiaridades regionais. Qualquer entendimento distinto demandaria pronunciamento do E. STF, conforme já apontado neste trabalho.

Dessarte, o respeito às particularidades regionais e, também, à autonomia de cada tribunal decorre dos próprios termos da Constituição Federal. É preciso, portanto, encontrar ponto de equilíbrio entre as atuações do CNJ e de cada tribunal.

O fato de inexistir um modelo único de organização administrativa para o Judiciário brasileiro não demonstra desorganização, pelo contrário, é consequência natural da organização política do Estado brasileiro.

A definição desses padrões pelo CNJ aos tribunais brasileiros deve sempre observar os limites de sua competência constitucional. Portanto, se se tratar de questão administrativa, haverá maior liberdade do CNJ e, se se referir à questão a qual o Constituinte reservou à competência legal, deverá observar os estritos termos do poder regulamentar delegado que recebeu. Em qualquer uma das hipóteses, a atuação do CNJ não pode cercear autonomia administrativa assegurada pela Constituição Federal a cada tribunal.

Interessante observar que o estudo conduzido pelo Ministério da Justiça em 2011, mencionado anteriormente nesta pesquisa, concluiu também pela importância da padronização de procedimentos de gestão de qualidade, condensada em um plano gestor nacional. Essa padronização, no entanto, associada à gestão descentralizada pelos tribunais, deve respeitar as particularidades locais e regionais. O referido estudo observa que o CNJ já efetua planejamento estratégico do Poder Judiciário brasileiro, com estipulação de metas, e que, portanto, poderia implementar tais controles.[328]

---

[328] "Somente após a adoção de um plano gestor que empregue ferramentas que possibilitem a padronização mínima das rotinas de trabalho dos Cartórios em todo o território nacional, com a redução do influxo das práticas empíricas e fortemente centralizadas nos magistrados, é que será possível a concepção de uma metodologia que torne possível a avaliação de desempenho dos processos

CAPÍTULO VI – AS DIMENSÕES DO GERENCIAMENTO JUDICIAL

de trabalho, objetivando diminuir a influência negativa dos trabalhos desenvolvidos pelos Cartórios sobre a duração dos processos judiciais. (...) Essa proposta de sistematização do trabalho desempenhado pelos Cartórios deve ter por fundamento a concepção e a implantação de um planejamento estratégico que contemple a criação, por um órgão da alta administração do Judiciário, de um sistema de gestão pela qualidade, responsável pelo estabelecimento de uma padronização mínima de rotinas e processos de trabalho, que deverão guiar as atividades dos órgãos jurisdicionais em todo o território nacional. A implantação de um sistema de gestão da qualidade (já exposto) pressupõe a observância dos seguintes passos: a) levantamento dos processos de trabalho adotados pelos órgãos do Poder Judiciário, em uma amostra de âmbito nacional, com base nos elementos identificados nesta pesquisa; b) filtragem de todas as informações coletadas, em nível de Direção do Foro ou de Direção do Tribunal, com a indicação dos processos de trabalho mais eficientes e que mais se assemelhem entre si para que, a partir deles, sejam elaborados os POPs (Procedimentos Operacionais Padrão) que, conforme já exposto, servirão de base para se implementar o plano de gestão pela qualidade; c) concepção e implementação, propriamente ditas, de um sistema de gestão pela qualidade no âmbito do Poder Judiciário Brasileiro, por meio de uma administração própria ou de algum organismo preparado para implementar um sistema de gestão pela qualidade no serviço público, que abrangesse ao menos as ações abaixo listadas: i) determinação dos responsáveis; ii) estabelecimento de prazos para execução das atividades (diagrama de rede); iii) determinação dos POPs; iv) padronização dos processos de trabalho; e v) flexibilidade para eventual necessidade de modificação; c) controle desse sistema; e d) eventual adequação desse sistema. Para a operacionalização desse sistema de gestão, seria necessária a adoção de um modelo descentralizado de gestão em que, considerando a necessidade de respeito às particularidades locais e regionais, alguns órgãos sejam encarregados do acompanhamento da padronização das rotinas de trabalho em nível local e fiquem responsáveis pela uniformidade dos processos de trabalho estabelecidos. A adoção desse modelo descentralizado implica a delegação de atribuições de direção a um gestor preparado, a fim de que haja efetivo controle das ações envolvendo os processos de trabalho distribuídos por competência. No caso do Poder Judiciário Brasileiro, o Conselho Nacional de Justiça já implementou o planejamento estratégico (CONSELHO NACIONAL DE JUSTIÇA, 2011) e a cobrança pelo cumprimento das metas de nivelamento e metas prioritárias anuais (CONSELHO NACIONAL DE JUSTIÇA, 2010), mas ainda não estabeleceu diretrizes uniformes sobre os processos de trabalho em si. Diante desse quadro, e para que a gestão dos serviços cartorários seja guiada tanto pelo planejamento estratégico quanto por um sistema de gestão pela qualidade, propõe-se que se passe a exigir: (1) a uniformização quanto à forma de implementação das metas, que vêm sendo cumpridas de

A atuação do CNJ, para definição de um plano gestor nacional, deveria definir padrões mínimos, deixando à autonomia dos tribunais customizar esses planos às necessidades particulares, regionais e de competência de cada ente federativo específico. Afinal, cada tribunal possui estrutura de trabalho (servidores, serviços de TI e espaço físico) muito próprio, cujo investimento depende diretamente do orçamento do ente federativo ao qual está atrelado.

A compreensão exata dos limites de atuação dessas três esferas de organização dos serviços das unidades judiciais – CNJ, Corregedorias e juiz corregedor – é fundamental para que haja seu adequado funcionamento.

A Constituição Federal não outorgou ao CNJ a responsabilidade pela administração de cada tribunal ou competência para ordenar despesas e elaborar propostas orçamentárias – competência imputada com exclusividade ao Presidente de cada tribunal, chefe de Poder – e, além de ser medida indispensável para assegurar o equilíbrio dos poderes federativos, não foi alterada pela Emenda Constitucional n. 45/2004. O CNJ não possui qualquer grau de ingerência sobre a dotação orçamentária que será disponibilizada pelo Executivo do respectivo ente federativo ao qual o tribunal está atrelado, o que será

---

modo diferente por cada Tribunal; (2) a formação dos diretores de foro em Administração com ênfase em Administração Pública do Poder Judiciário; e (3) a capacitação dos chefes de cartório em Administração com ênfase em Administração Pública do Poder Judiciário. A associação de um sistema de gestão pela qualidade a um modelo descentralizado de gestão seria, portanto, a medida mais indicada para ser adotada nas PROPOSTAS SUGERIDAS EM RAZÃO DOS RESULTADOS OBTIDOS COM A PESQUISA 167 administração do Poder Judiciário Brasileiro porque manteria a uniformidade dos processos de trabalho estabelecidos e, com isso, viabilizaria a constante medição e o controle dos resultados obtidos em relação às metas fixadas pelo órgão central" (BRASIL. Ministério da Justiça. *O impacto da gestão e funcionamento dos cartórios judiciais sobre a morosidade da justiça brasileira*: diagnósticos e possíveis soluções. Brasília, 2011, p. 169. Disponível em: https://edisciplinas.usp.br/pluginfile.php/4434410/mod_resource/content/1/ funcionamento-dos-cartorios-judiciais-2011.pdf. Acessado em: 07.07.2020).

CAPÍTULO VI – AS DIMENSÕES DO GERENCIAMENTO JUDICIAL

indispensável para definir sua capacidade de investimento. O diploma constitucional tampouco lhe outorgou responsabilidade constitucional perante o respectivo Tribunal de Contas que controla as contas de cada tribunal – seja do Tribunal de Contas da União ou Tribunal de Contas do respectivo Estado – nem diante da Lei de Responsabilidade Fiscal por obrigações assumidas por cada um dos Presidentes dos tribunais, responsáveis legais pelas despesas ordenadas.

A despeito de ser presidido pelo Presidente do E. STF, Corte Constitucional brasileira, fato é que a estrutura político-administrativa do Estado brasileiro se organiza, nas esferas da União e dos Estados, entre representantes dos Poderes Executivo, Legislativo e Judiciário em cada esfera da federação, estes últimos correspondendo aos Presidentes dos tribunais. Talvez esse fracionamento político-administrativo tenha sido concebido pelo constituinte originário como mecanismo necessário para funcionamento do sistema de freios e contrapesos.

Este trabalho não pretende se debruçar sobre essa questão, que é, por si, extremamente interessante e complexa, e sim evidenciar que informações imprescindíveis para adequado gerenciamento, como a receita orçamentária disponível e a negociação da própria peça orçamentária, foram alocadas pelo constituinte para os Presidentes de tribunais, e que pode haver inconsistências e, até mesmo, ineficiências na aplicação de receitas, caso outra instância possa tomar deliberações que interfiram ou impactem esses assuntos.

Reitera-se constatação de que seria recomendável uma compreensão mais clara sobre os limites da função constitucional do CNJ para evitar que, ao disciplinar parâmetros macro de gestão das unidades judiciais e da organização dos tribunais, haja inconsistências ou ineficiências, impondo obrigações que possam ser de difícil cumprimento para os tribunais e que, ao final, possam causar efeito reverso, desorganizando-os administrativamente.

Assim, por exemplo, a Resolução CNJ n. 211/2005 instituiu a Estratégia Nacional da Tecnologia da Informação e Comunicação do Poder Judiciário (Entic-Jud), para o período de 2015/2020, em harmonia com o macrodesafio do Poder Judiciário para estabelecer melhorias na infraestrutura e governança da Tecnologia da Informação. A definição de objetivos estratégicos, orientações e exigência de desenvolvimento de planejamento sobre essas questões é extremamente positiva, sobretudo para tribunais que não possuam estrutura administrativa tão robusta. Com essas medidas, consegue-se fazer com que todos os tribunais, em sua esfera de autonomia administrativa, consigam observar o mesmo planejamento e organização, caminhando de forma semelhante em todo o território nacional.

No entanto, a mesma resolução impõe a cada tribunal a existência de percentual mínimo em seu quadro permanente de servidores que atuam na área de tecnologia. Essa exigência pode ser incompatível com a realidade orçamentária do tribunal e seu grau de comprometimento com a lei de responsabilidade fiscal, especialmente considerando o crescimento vegetativo de inativos. Além disso, é possível que, para atender a esse percentual fixo, o tribunal tenha que deixar de cumprir as demandas de sua atividade-fim, que é a jurisdicional, o que não parece fazer sentido e, pior, pode comprometer o adequado funcionamento das unidades judiciais.

Também a mesma resolução determinou regras que deveriam ser observadas em aquisições de bens e contratação de serviços de Tecnologia da Informação e Comunicação (TIC) por tribunais. Não é objeto deste trabalho, mas é uma questão interessante, do ponto de vista jurídico, saber se a edição de normas de contratação pública é matéria reservada constitucionalmente à lei, ou se ela decorre do poder normativo originário previsto na Constituição Federal para controle administrativo e financeiro do tribunal.

Está evidente, portanto, conforme já alertado neste trabalho, a importância de compreender com precisão os limites de atuação do CNJ para que haja adequado funcionamento das unidades judiciais em todos os tribunais brasileiros.

CAPÍTULO VI – AS DIMENSÕES DO GERENCIAMENTO JUDICIAL

A organização político-administrativa do Estado brasileiro parece conduzir à conclusão de que, para que haja um funcionamento eficiente do sistema brasileiro de justiça, é possível que macroquestões, comuns a todos os tribunais, possam ter diretrizes e padrões de comunicação/taxonômicos estabelecidos pelo C. CNJ, mas que cada tribunal deve ter respeitada sua autonomia administrativa para definir, considerando suas particularidades regionais e orçamentárias, a organização de seus serviços internos e de suas unidades judiciais, arcando, como consequência, com respectiva responsabilização perante órgãos de controle. Trata-se de entendimento que parece dar melhor interpretação aos preceitos constitucionais relativos à questão, compatibilizando-os e potencializando sua aplicabilidade e eficácia.

Assim, apenas para finalizar este tópico, o estudo suprarreferido concluiu que, na ausência de diretrizes de plano gestor das unidades judiciais, poderiam ser observadas, para aprimoramento do funcionamento dessas unidades, medidas de capacitação e controle de produtividade, divisão do trabalho por linha de montagem, com rotatividade interna no setor de atendimento ao público, porquanto esta é considerada, do ponto de vista psicológico, uma atividade extremamente desgastante.[329]

---

[329] "Contudo, em razão dos resultados obtidos nas entrevistas preliminares e enquanto ainda não há um sistema de gestão implantado de modo uniforme em todas as varas, por ora poderiam ser adotadas algumas medidas paliativas comuns a todos os grupos de varas pesquisadas, tais como – mas não somente – as seguintes: (a) *tornar obrigatórios os treinamentos oferecidos pelos Tribunais*, dirigi-los a grupos de servidores ocupantes do mesmo cargo e voltá-los à capacitação dos servidores para o desempenho de suas atividades, na sua área de atuação, objetivando viabilizar o alcance das metas – internas ou do CNJ – pela equipe e pelas pessoas individualmente consideradas, a exemplo do que vem exigindo o Conselho Nacional de Justiça com a fixação da meta prioritária 8 de 2010 (exigência de treinamento de magistrados para que seja viabilizado o cumprimento das demais metas); (b) *estimular o aumento do controle interno de produtividade*, para que as próprias varas identifiquem as dificuldades encontradas e, consequentemente, revejam a forma de gestão e funcionamento do gabinete e do cartório, para

6.3.2.2 Manual de boas práticas de gestão

No item anterior, mencionou-se a importância de adotar o *caseflow* para unidades judiciais, constatando-se o papel das Corregedorias em normatizar a execução dos serviços internos de cartórios judiciais e do CNJ em padronizar termos e orientações utilizados por todos os tribunais. Além dessa função, outra importante ferramenta externa que pode ser disponibilizada por esses órgãos para melhor gerenciamento dos processos judiciais é a divulgação de boas práticas.

As Corregedorias podem, com maior facilidade, identificar e recomendar aos demais magistrados boas práticas de gerenciamento de unidades judiciais, tanto do ponto de vista do fluxo do trabalho quanto das equipes.

A divulgação de boas práticas observadas nas diversas unidades judiciais permite que as experiências positivas de alguns

---

a otimização da produtividade especialmente no caso dos cartórios, onde grande parte do trabalho tende a ser repetitivo; (c) *estimular o aumento da avaliação interna de desempenho*, para que seja possível: (1) identificar em cada vara as dificuldades encontradas pelas pessoas que lá trabalham; (2) eventualmente rever a forma de trabalho no gabinete/cartório; e, consequentemente, (3) proporcionar crescimento pessoal e melhoria contínua dos resultados individualmente obtidos; (d) *divisão de trabalho por 'linha de montagem', com equipes de servidores cuidando cada uma de etapas distintas de processos e com rotatividade interna* (para que, em um certo período de tempo, o mesmo servidor possa conhecer todas as fases, aprender e não se desmotivar em razão da repetição dos processos de trabalho); e (e) *rotatividade no atendimento de balcão e telefônico ao público*, que são de vital importância para a produtividade e motivação dos servidores (pois a atividade de atendimento ao público é uma das mais desgastantes do ponto de vista psicológico e é, ao mesmo tempo, uma das mais importantes para melhorar-se a imagem da qualidade do serviço público junto aos cidadãos)" (BRASIL. Ministério da Justiça. *O impacto da gestão e funcionamento dos cartórios judiciais sobre a morosidade da justiça brasileira*: diagnósticos e possíveis soluções. Brasília, 2011, pp. 168/169. Disponível em: https://ediscipilinas.usp.br/pluginfile.php/4434410/mod_resource/content/1/funcionamento-dos-cartorios-judiciais-2011.pdf. Acessado em: 07.07.2020).

CAPÍTULO VI – AS DIMENSÕES DO GERENCIAMENTO JUDICIAL

magistrados possam ser divulgadas com maior abrangência para os demais. Exemplos dessa divulgação são manuais de boas práticas elaborados pelas Corregedorias,[330] que também desempenham função de capacitação de magistrados em matéria de gestão cartorial.

6.3.2.3 Organização de estruturas de cartório: regionalização, aglutinação e especialização de unidades judiciais

A estruturação e divisão dos serviços judiciários é matéria de organização judiciária, sendo competência privativa dos tribunais, nos termos do art. 96, I, *b*, e II, *d*, da CF.

Considerando a perspectiva de fatores exógenos que impactam o melhor gerenciamento de processos, é possível verificar que as unidades judiciais podem se organizar sob três perspectivas distintas: (a) pelas diferentes configurações de organização das estruturas de trabalho; (b) pela divisão espacial da área de competência; e (c) pela especialização de matérias, conforme se verá a seguir.

6.3.2.3.1 Organização pelas diferentes configurações de organização das estruturas de trabalho

Tradicionalmente, as unidades judiciais são organizadas considerando a estrutura de apoio aos magistrados, tanto a seu gabinete quanto à estrutura de cartório. Logo, em regra, para cada juiz, ou, às vezes, um juiz titular e outro auxiliar, observa-se a existência de um cartório que lhe presta apoio.

---

330 TJSP. *Manual de Boas Práticas Cartorárias*. Disponível em: http://www.tjsp.jus.br/Download/Corregedoria/Manuais/CartilhaBoasPraticas.pdf?d=1 563689741823. Acessado em: 07.07.2020.

Entretanto, observa-se, recentemente, nova modelagem de organização dos serviços de cartório, a qual procede à unificação de várias serventias para atendimento de diversos gabinetes de juízes.[331]

O CNJ realizou um estudo denominado "Formas Alternativas de Gestão Processual: a especialização de varas e a unificação de serventia", em que analisou a efetividade da unificação de serventias. Essa pesquisa foi feita entre janeiro de 2013 a julho de 2017, utilizando o TJSP, TJMS, TJCE e TJSC, e sobre a unificação de serventias concluiu:

> Com relação às unificações de serventias, a parte quantitativa do estudo não identificou efeitos significativos nas

---

[331] "Nas últimas décadas, diversos países observaram aumento na taxa de litigiosidade. Este aumento causou tensão no Judiciário, aumentando seus custos e os estoques de processos aguardando julgamento. Como um dos remédios para contornar este impasse, observou-se que é possível aumentar a eficiência do judiciário revisando a gestão dos tribunais. Tradicionalmente, verifica-se que as unidades jurisdicionais são geridas pelo juiz responsável e de forma relativamente independente. Por exemplo (Gulati and Posner, 2016), observa que cada juiz federal nos Estados Unidos gerencia diretamente um secretário, quatro escrivães e alguns estagiários. Neste contexto, verificam-se variadas práticas de gestão dos serventuários de acordo com o juiz responsável. A característica central desse modelo é que os serventuários estão sujeitos diretamente a um juiz responsável. Alternativamente a este modelo, observa-se aquele em que serventuários são geridos de forma unificada em cada comarca. Este modelo propõe ao menos duas vantagens em relação ao modelo tradicional. Em primeiro lugar, ao concentrar a gestão dos serventuários, torna-se possível delegar esta função a um administrador. Esta delegação tanto permite que a gestão seja realizada por um especialista nesta atividade, quanto reduz as funções administrativas dos juízes, permitindo que foquem na resolução de casos. Em segundo lugar, a eficiência deste sistema alternativo pode ser explicada usando algumas suposições pela Teoria de Filas (Saaty, 1961; Cooper, 1981; Gnedenko and Kovalenko, 1989; Shortle *et al.*, 2018). (...) Até o momento foram realizados poucos estudos quantitativos da eficiência da unificação do Judiciário, destacando-se (Lahey *et al.*, 2000) que levanta pontos positivos deste movimento na Califórnia" (ABJ – Associação Brasileira de Jurimetria. *Produto 2 – Formas alternativas de gestão processual*: a especialização de varas e a unificação de serventias. Brasília: Associação Brasileira de Jurimetria, 2018, pp. 22-24).

CAPÍTULO VI – AS DIMENSÕES DO GERENCIAMENTO JUDICIAL

métricas de produtividade escolhidas. *Nas métricas de tempo do processo, não se identificou diferenças entre o padrão de tramitação anterior e posterior às implementações de serventias.* Nas métricas relativas ao número de documentos produzidos pelas centrais cartorárias, os efeitos foram mais perceptíveis. Por outro lado, *o estudo qualitativo das unificações de serventias revelou que, ainda que os ganhos de produtividade percebidos pelo tribunal não tenham sido corroborados pelos estudos quantitativos, houve um aumento na produtividade por servidor, associado com uma redução no quadro de funcionários em algumas localidades.* Além disso, os servidores também relataram um aumento na qualidade do trabalho e maior autonomia com relação à forma com que o trabalho era conduzido anteriormente. Em linhas gerais, ainda que não tenha sido possível identificar ganhos de produtividade nos termos das métricas de produtividade judiciária escolhidas, na pior das hipóteses as serventias unificadas proporcionaram uma modernização do fluxo de trabalho nos tribunais, o que provocou uma melhor alocação de recursos, melhora na qualidade do trabalho e economia para os tribunais (grifos nossos).[332]

O estudo não observou, com base em dados empíricos, efeitos significativos nas métricas de produtividade escolhida, nem no tempo de tramitação do processo entre o padrão da unidade observado antes e depois das implementações da nova estrutura. Verificou, também, um aumento do número de documentos produzidos pelos cartórios, sem que isso, contudo, tivesse resultado em maior produtividade da unidade como um todo.

Muito embora o estudo tenha apontado um aumento na produtividade do servidor, associado a uma redução no quadro de servidores, não comparou o resultado de varas não unificadas no mesmo

---

[332] ASSOCIAÇÃO BRASILEIRA DE JURIMETRIA (ABJ). *Produto 2 – Formas alternativas de gestão processual*: a especialização de varas e a unificação de serventias. Brasília: Associação Brasileira de Jurimetria, 2018, p. 125.

período para aferir se elas também sofreram redução semelhante e se conseguiram manter o mesmo patamar de produtividade, tornando, assim, a análise, nesse ponto, inconclusiva e menos assertiva, não permitindo associar esse efeito imediatamente à unificação.

Além disso, apesar de ter mencionado genericamente que as medidas provocaram melhores alocações de recursos e economia para os tribunais, ao proceder à análise do estudo, não se constataram dados específicos acerca dessas questões ou qualquer estudo sobre quais seriam as alegadas economias ou seu percentual, baseando-se, exclusivamente, na fonte qualitativa de dados, advinda de entrevistas com usuários e suas percepções.[333] Logo, na falta de estudos empíricos, não é possível afirmar que essa nova estrutura de organização das serventias judiciais efetivamente proporciona maior economia de recursos.

Após a realização do referido estudo empírico, o CNJ fez pesquisa qualitativa com a Ordem dos Advogados do Brasil (OAB), apurando que, apesar de a unificação de cartórios ser positivamente avaliada por magistrados (52,1%), não encontra a mesma percepção entre servidores do Poder Judiciário e advogados.[334]

---

[333] Ao contrário, o estudo reconheceu expressamente que: "Esta alteração tem por interesse obter um ganho de escala, distribuindo tarefas entre os servidores judiciais de forma eficiente. Este modelo permite a alocação eficiente de recursos, potencialmente levando à redução de custos com estrutura dos tribunais e com o quadro de funcionários. Até hoje, poucos estudos empíricos foram realizados para averiguar se este potencial é de fato alcançado" (ASSOCIAÇÃO BRASILEIRA DE JURIMETRIA (ABJ). *Produto 2 – Formas alternativas de gestão processual*: a especialização de varas e a unificação de serventias. Brasília: Associação Brasileira de Jurimetria, 2018, p. 10).

[334] MONTENEGRO, Manuel Carlos. "Juízes, servidores e advogados aprovam especialização de varas para melhoria do serviço". *Agência CNJ de Notícias*. Disponível em: https://www.cnj.jus.br/juizes-servidores-e-advogados-aprovam-especializacao-de-varas-para-melhoria-do-servico/. Acessado em: 15.08.2020.

CAPÍTULO VI – AS DIMENSÕES DO GERENCIAMENTO JUDICIAL

Interessante observar que, em 2019, o TJSP suspendeu a implantação dos cartórios unificados, criando comissão para repensar o modelo, justificando, na oportunidade, que o levantamento efetuado por seu órgão interno não constatou aumento de produtividade, o que foi ao encontro das conclusões apresentadas pelo estudo do CNJ supramencionado. Na mesma nota, o TJSP apresentou como justificativas para repensar o modelo os custos incorridos na implementação, indicando como pontos de aprimoramento do modelo a permissão para digitalização de processos físicos, investimento em automatização do processo eletrônico e de fluxos de trabalhos/emissão de documentos e revisão da atual estrutura funcional das unidades unificadas, com extinção de cargos comissionados, sem aguardar a vacância e a normatização das funções dos escreventes lotados em gabinetes de magistrados e servidores e ajuste na estrutura funcional em razão do aumento do volume de processos físicos.[335] A manifestação, muito embora

---

[335] Verificar CREPALDI, Thiago. "TJ-SP suspende implantação de cartórios unificados e cria comissão para repensar modelo". *Consultor Jurídico*. Disponível em: https://www.conjur.com.br/2019-abr-15/tj-sp-suspende--implantacao-cartorios-unificados. Acessado em: 15.08.2020. Com relação ao Comunicado 256/2019, mencionado na referida reportagem, destaca-se: "Comunicado n. 256/2019 (...) Considerando que o estudo realizado no expediente CPA 2018/76285 não apurou aumento estatístico médio relevante de produtividade das Unidades de Processamento Judicial – UPJs (modelo de aglutinação de cartórios, com gabinetes individualizados) após sua implantação; Considerando que a comparação do resultado de produtividade das UPJs implantadas com o das unidades judiciais isoladamente consideradas, em condições semelhantes de distribuição, volume e complexidade de trabalho, não apontou produtividade superior; Considerando os custos incorridos na instalação dos projetos das UPJs, seja na realização de projetos e obras, seja na aquisição de mobiliário e equipamentos de tecnologia, seja, por fim, na necessidade de estrutura funcional mínima; Considerando, por fim, que no expediente acima referido, em razão das constatações apuradas, foi determinada a suspensão do projeto-piloto das UPJs, apontando-se a necessidade da revisão desse modelo, tendo sido sugeridos, como pontos passíveis de aprimoramento: a) permissão para digitalização de processos físicos; b) investimento em automatização do processo eletrônico e de fluxos de trabalhos/emissão de documentos; c) revisão da atual estrutura funcional

confirme a conclusão do estudo do CNJ sobre a inexpressividade do ganho de produtividade na adoção do modelo, infirma as hipóteses expostas no mesmo estudo sobre supostas economias.

Não obstante as conclusões empíricas supramencionadas, é possível que a aglutinação de serventias, em uma única estrutura de cartório, possa ser utilizada para otimização de seus serviços, contribuindo para maior celeridade dos processos. Talvez a melhor organização dos fluxos de trabalhos e das funções atribuídas ao cartório e ao gabinete e a maior automatização do processo, tal como proposto em Comunicado 256/19 do TJSP, sejam os ajustes necessários para viabilizar que essa nova forma de ordenar os trabalhos de cartório proporcione melhoria da tramitação dos processos dentro da unidade, reduzindo esse tempo "morto" e aumentando a produtividade.

O que se extrai, contudo, dos estudos empíricos referidos é a importância de, constantemente, monitorar as iniciativas adotadas com o objetivo de melhor gerenciar a tramitação dos processos judiciais, permitindo sua correção crítica, se necessário, ou seu descarte.

6.3.2.3.2 Organização pela divisão espacial da região de competência

A organização judiciária de determinado tribunal reconhece a competência de dada unidade jurisdicional em atenção ao seu campo de atuação, previsto em lei judiciária, que, por sua vez, disciplina a quantidade e as competências das varas judiciais, podendo, também, dispor sobre as áreas de atuação. Por essa perspectiva, a competência também consiste em ferramenta para permitir a melhor e/ou mais eficiente tramitação de processos, conforme se verá.

---

das UPJs (extinguindo cargos comissionados sem aguardar a vacância, normatização das funções de escreventes lotados nos gabinetes dos magistrados e de seus escreventes, ajuste na estrutura funcional das UPJs em razão do aumento do volume de processos digitais); (...)".

CAPÍTULO VI – AS DIMENSÕES DO GERENCIAMENTO JUDICIAL

Assim, por exemplo, a Lei Complementar Estadual/SP n. 1.336/2018 esclarece que o território do estado de São Paulo, para a administração da justiça na respectiva esfera federativa, divide-se em regiões, circunscrições, comarcas, foros regionais e distritais, constituindo um todo único para os efeitos da jurisdição do TJSP.

O art. 1º da Lei Complementar Estadual/SP n. 1.336/2018 estabelece "Região Judiciária" como o agrupamento de Circunscrições Judiciárias definidas pelo Órgão Especial do tribunal. As "Circunscrições" são descritas como o agrupamento de Comarcas contíguas, também instituídas por resoluções do Órgão Especial do Tribunal de Justiça. Por sua vez, "Comarca" é unidade de divisão judiciária criada por lei e integrada, em área contínua, por um ou mais municípios. Caracteriza, também, o "Foro Regional" e o "Foro Distrital" como divisões da Comarca, que são delimitadas e têm competências previstas, em lei ou em resolução do tribunal, e, por fim, "Vara" como unidade de divisão judiciária criada por lei e integrada, por lei ou por resolução do tribunal, à região judiciária, circunscrição judiciária, Comarca, Foro Regional ou Foro Distrital.

Analisando a referida legislação, verifica-se que o território da vara pode abranger um foro, uma comarca, uma ou mais circunscrições ou uma região – e, com relação a esta, inclusive seu território pode abarcar a área total do Estado. A lei complementar esclarece, em seu art. 4º, que as varas regionais ou varas de circunscrição serão classificadas na entrância mais elevada do 1º Grau e especializada para atendimento de questões que, por sua natureza, especificidade, volume de feitos ou complexidade, recomendem-se julgamento célere e uniforme.

A busca por esses dois objetivos – celeridade e uniformidade – demonstra preocupação do legislador não apenas com o tempo do processo, mas, também, com a qualidade da prestação jurisdicional pelo Poder Judiciário, esta última associada à maior uniformidade das decisões.

É verdade que se pode questionar se a maior uniformidade das decisões judiciais é um parâmetro adequado para aferir a qualidade da prestação jurisdicional ofertada. No entanto, é interessante verificar a preocupação do legislador em dotar o Poder Judiciário de ferramenta que acredita que possa contribuir para obter esse efeito (de maior uniformidade).

Constata-se, portanto, que o legislador entendeu que maior ou menor área de competência territorial de uma vara pode ser utilizada como ferramenta de gestão exógena de processos, com o intuito final de maior celeridade e uniformidade.

Corroborando esse entendimento, observa-se que o art. 8º da Lei Complementar Estadual/SP n. 1.336/2018 assegura que poderá o Tribunal de Justiça, conforme critérios técnicos de movimentação processual, com fundamento na racionalização dos serviços judiciais, fixar, alterar, remanejar ou especializar competências de varas judiciais em todo o Estado, alterando limites territoriais das regiões e circunscrição.

Constata-se que o remanejamento de processos e a especialização de competências são identificados pelo legislador como instrumento de racionalização dos serviços judiciais.

Ampliar a área da competência territorial de uma vara além dos limites estreitos de uma Comarca permite, por exemplo, a especialização de competências, o que não seria possível, seja por questões de volume de processos em comarcas específicas (número de distribuição mensal, por exemplo), seja pelos custos incorridos para disponibilização de unidade judicial para várias áreas menores.

A especialização de competências será abordada em tópico próprio.

CAPÍTULO VI – AS DIMENSÕES DO GERENCIAMENTO JUDICIAL

6.3.2.3.3 Organização pela especialização das matérias

As especializações mais tradicionais observadas entre varas judiciais são aquelas que dividem as competências considerando assuntos mais amplos, como cível e penal. Em regra, quanto menor a Comarca, menor a especialização da vara, sobretudo considerando a movimentação processual local e, evidentemente, o custo para sua manutenção, de modo que há tendência por aglutinação de competências distintas.

No entanto, a natureza de algumas ações que estão sendo submetidas ao Poder Judiciário acaba exigindo cada vez mais conhecimentos específicos, evidenciando a conveniência de maior especialização do julgador. Assim, verifica-se o aparecimento de varas especializadas em infância e juventude, família, em falências e em recuperação judicial, em empresarial, em violência doméstica, em ações coletivas, entre outras.[336]

---

[336] "É notório que, nos dias de hoje, o Poder Judiciário vem sendo chamado a resolver problemas cada vez mais intrincados, sob o prisma técnico e político. Os processos coletivos são palco de conflitos internos da sociedade, relacionados, por vezes, com políticas públicas e com relevantes questões econômicas e, em certos casos, com complexidade científica. O elevado número de processos e a variedade de matérias submetidas aos juízes vêm exigindo dos órgãos judiciais, por um lado, uma formação cultural e multidisciplinar, mas, por outro, também, elevado nível de profissionalização e de especialização, para fazer frente, em tempo condizente com a expectativa da sociedade contemporânea e com a especificidade relacionada aos casos, ao volume de decisões a serem proferidas. A realidade vem impondo, por conseguinte, a especialização dos órgãos judiciais, para que estes possam estar estruturados e preparados para a respectiva matéria. A clássica divisão entre juízos cíveis e criminais vem dando lugar a órgãos especializados em Direito do Trabalho, Militar, Eleitoral, Previdenciário e Sociais, de Execuções Fiscais, de Propriedade Industrial, de Família, de Órfãos e Sucessões, de Empresas, de Direito Desportivo, Tributário e Financeiro, de Fazenda Pública" (MENDES, Aluisio Gonçalves de Castro. "O juiz competente e a especialização judicial no Código-Modelo de Processos Coletivos". *Revista de Processo*, São Paulo, vol. 31, nº 133, mar. 2006, p. 267).

"Encontram-se no mundo duas estratégias gerais para a delimitação da competência jurisdicional (Mak, 2008). A primeira e mais tradicional é a delimitação da competência por proximidade geográfica. Como arquétipo desta estratégia, temos o juiz *generalista*, isto é, aquele cuja competência se estende a todos os casos que ocorreram em uma determinada área geográfica. A segunda estratégia, mais recente, é a delimitação da competência de acordo com tipos de casos. Como arquétipo desta estratégia, temos o juiz *especialista*, isto é, aquele cuja competência inclui todos os casos que tratam de um determinado assunto. O fenômeno da *especialização da Justiça* ocorre quando a segunda estratégia é utilizada em detrimento da primeira. Na prática, os Estados aplicam estas estratégias de forma combinada. Em relação às esferas do Direito (Wood, 1996), identifica que Estados com o Direito codificado tendem a ter a Justiça mais especializada que países de Direito Consuetudinário (também conhecido como *common law*). Por exemplo, países como os Estados Unidos e a Holanda aproximam-se da estratégia geográfica, tendo juízes simultaneamente responsáveis por casos civis, criminais e administrativos (Mak, 2008). De forma mais moderada, a Justiça francesa se especializa em dois grandes ramos, um que julga casos civis e criminais e outro que julga casos administrativos (de la Justice, 2018). Com a justiça ainda mais especializada, a Alemanha apresenta cinco ramos: civil e criminal, administrativo, do trabalho, da previdência e financeiro (European Comission, 2018). Neste sentido, o Brasil aproxima-se da Alemanha, especializando-se nos grandes ramos: civil, criminal, eleitoral, militar e do trabalho. Além destas formas gerais, diversos Estados vêm empregando a especialização da Justiça para tipos de caso mais específicos que os grandes ramos da Justiça discutidos acima. Historicamente, o Direito romano apresentava especialização para certos crimes (Jahnige, 2006), a Inglaterra tem cortes especializadas em direito marítimo desde o século XIV (National Archive, 2018) e os Estados Unidos tem uma corte especializada em Direito Comercial, a Delaware Court of Chancery, desde 1792 (Quillen and Hanrahan, 1993). Mais recentemente, a especialização da Justiça cresceu exponencialmente sendo que, por exemplo (Pring and Pring, 2010), observa que existem cerca de 360 tribunais especializados em justiça ambiental no mundo. Os mesmos autores identificam que ao menos 90 países têm tribunais especializados em propriedade intelectual. Também é marcante o aumento do número no mundo de cortes 'terapêuticas' ou de 'resolução de conflitos', como aquelas que lidam com usuários de drogas (Cooper *et al.*, 2010; Dorf and Fagan, 2003) e violência doméstica (United Nations, 2010). Em meio a este cenário de crescente especialização da Justiça no mundo, cumpre estudar as vantagens e desvantagens deste modelo de organização da competência jurisdicional" (ASSOCIAÇÃO BRASILEIRA DE JURIMETRIA (ABJ). *Produto 2 – Formas alternativas de gestão processual*: a especialização de varas e a unificação de serventias. Brasília: Associação Brasileira de Jurimetria, 2018, pp. 13/14).

CAPÍTULO VI – AS DIMENSÕES DO GERENCIAMENTO JUDICIAL

O STF já decidiu que a criação de varas especializadas pelo Poder Judiciário não fere a Constituição Federal, visto que não contraria o princípio constitucional do juiz natural, assim como a transferência de processos em curso de varas não especializadas, conforme se observa do *Habeas Corpus* n. 88.660/CE, tratando-se de matéria de organização judiciária.

A especialização de competência da vara, focando uma ou algumas matérias específicas, permite, por consequência, maior especialização do magistrado responsável por sua condução, uma vez que a redução da gama de diversidade de matérias que serão submetidas ao seu conhecimento propicia maior aprofundamento nessas questões. Facilita, também, a capacitação do magistrado e dos servidores pelo tribunal, direcionando-lhes cursos acerca do tema que estará sob seu julgamento.

São apontados como benefícios da especialização de competências contribuir para a melhor qualidade de decisões do Poder Judiciário em casos complexos, assegurar mais uniformidade, inibir a escolha de foro, conferir maior produtividade dos magistrados e maior eficiência dos procedimentos utilizados.[337] Se a especialização for efetuada também em segundo grau, costuma-se destacar, como outra consequência positiva, além da maior especialização do magistrado quanto ao conhecimento da matéria que vai julgar e mais facilidade para seu treinamento, a identificação de orientação da jurisprudência com maior celeridade e uniformidade.[338]

---

[337] ASSOCIAÇÃO BRASILEIRA DE JURIMETRIA (ABJ). *Produto 2 – Formas alternativas de gestão processual*: a especialização de varas e a unificação de serventias. Brasília: Associação Brasileira de Jurimetria, 2018, p. 15.

[338] "Invoca-se para a especialização dos tribunais sobretudo o mérito de ela potencializar a eficiência da intervenção jurisdicional nos seguintes aspectos: (i) assume-se como uma forma de desviar os casos dos tribunais comuns que se encontrem bloqueados com uma litigância de cariz rotineiro e massificado; (ii) constitui-se como um meio de reunião de um conjunto de juízes especialmente treinados na resolução de determinados litígios e assuntos jurídicos, como tal disponíveis para o aprofundamento de assuntos de maior

MARIA RITA REBELLO PINHO DIAS

A doutrina aponta como exitosa a experiência de especialização da competência empresarial no TJSP, tanto em 1º Grau quanto em 2º Grau de jurisdição, contribuindo para o incremento da segurança jurídica, por proporcionar previsibilidade mais ampla, aprimoramento técnico e celeridade processual, melhorando o ambiente de negócios e reduzindo o "custo Brasil", na medida em que os agentes econômicos conseguem analisar com assertividade e de forma prévia custos e riscos.[339]

---

complexidade nesse domínio especializado; (iii) promove a uniformidade das decisões sobre determinadas matérias jurídicas associadas ao universo especializado uma vez que reduz o universo dos decisores; (iv) incentiva a produtividade judicial ao admitir a parificação das decisões e a rotinização das práticas decisionais; (v) incentiva a concepção de procedimentos pensados (racionalizados) para os diversos tipos de casos da jurisdição especializada; e (vi) pode evitar o aparecimento de futuros litígios por via da existência de uma jurisprudência mais uniforme" (MATOS, José Igreja; LOPES, José Mouraz; MENDES, Luís Azevedo; COELHO, Nuno. *Manual de gestão judicial*. Coimbra: Almedina, 2015, pp. 148/149).

"Especialização de vara para o processo e julgamento de certas infrações penais: devido à necessidade de se otimizar a persecução penal em relação a certos delitos, a exemplo do tráfico de drogas, lavagem de capitais, violência doméstica e familiar contra a mulher etc., tem sido relativamente comum a especialização de varas para o processo e julgamento de tais infrações penais. Essa especialização de varas não se revela incompatível com o princípio do juiz natural. (...) Quando os Tribunais expedem provimentos e resoluções especializando varas, não o fazem no exercício da função legislativa, mas no desempenho de função normativa. O exercício da função regulamentar e da função regimental não decorrem de delegação de função legislativa: não envolvem, pois, derrogação do princípio da divisão de poderes, estando inserido no poder de auto-organização dos Tribunais" (LIMA, Renato Brasileiro de. *Código de Processo Penal comentado*. 2ª ed. rev. e atual. Salvador: JusPodivm, 2017, pp. 250/251).

[339] "A consolidação dos casos comerciais e de arbitragem do Estado com maior economia e número de processos do país possibilitou a formação de jurisprudência atenta às dinâmicas de mercado e às suas especificidades. (...) Mais do que isso, porém, esse movimento do Direito Empresarial fortaleceu o ambiente de negócios e o desenvolvimento nacional. A especialização, com o aprimoramento técnico e a maior agilidade processual, foi – e continua a ser – fator determinante para a melhoria do ambiente de negócios e diminuição do chamado 'custo Brasil'. O Judiciário paulista está fazendo a sua

CAPÍTULO VI – AS DIMENSÕES DO GERENCIAMENTO JUDICIAL

Com a especialização e o aumento da competência territorial das varas, consegue-se reduzir consideravelmente o número de juízes de 1º Grau responsáveis pela condução de determinadas matérias, o que, naturalmente, contribui para maior uniformidade das decisões proferidas.

Observamos a recente Resolução CNJ n. 345/2020, que autoriza os tribunais a adotar medidas necessárias à implementação do "Juízo 100% Digital" no Poder Judiciário, afetando unidades específicas. Conforme apontado anteriormente, trata-se a estruturação e a divisão dos serviços judiciários de matéria de organização judiciária, reservada pela Constituição a ser disciplinada em lei privativa da competência privativa dos tribunais. Essa situação reforça a conveniência de análise pelo E. STF dos limites e da extensão da atuação do CNJ, já mencionada neste trabalho, sobretudo diante de matérias reservadas pela Constituição à lei e que, nesse caso, exerce função de controle dos pesos e contrapesos, disciplinando o limite da intervenção do Poder Legislativo no Poder Judiciário.

A Lei Complementar Estadual/SP n. 1.336/2018 identificou na especialização ferramenta para obter maior uniformidade e celeridade. O parágrafo único do art. 4º dessa lei exemplifica algumas matérias que, prioritariamente, deveriam ser imputadas a uma vara regional/vara de circunscrição, a saber: questões agrárias e ambientais; interesses difusos e coletivos do consumidor; execuções fiscais; execuções contra a Fazenda Pública/Tributos Municipais e

---

parte, fomentando a segurança jurídica do sistema e revertendo a indevida tendência de enxergar as relações empresariais pelas lentes do Direito do Consumidor. Permite-se aos agentes econômicos conhecerem de antemão as normas que regem sua atividade, melhorando o cálculo dos riscos e custos envolvidos. A previsibilidade e a certeza de que os contratos serão respeitados estimulam os investimentos e a movimentação da economia" (FORGIONI, Paula A.; CIAMPOLINI, Cesar. "A importância da especialização judicial para a atração de investimentos". *Consultor Jurídico*. Disponível em: https://www.conjur.com.br/2021-mar-10/forgioni-ciampolini-especializacao-judicial-atracao-investimentos. Acessado em: 21.03.2021).

Estaduais; falência, recuperação judicial; crimes falimentares; Direito Empresarial; registros públicos; e improbidade administrativa.

É interessante observar que essa legislação indica como caminho, para enfrentamento mais efetivo de algumas questões submetidas ao Poder Judiciário, o ajuste proporcionado pela especialização da matéria e pela maior amplitude de competência territorial da vara. Essas soluções – especialização/competência territorial mais ampla – são indicadas na Lei Complementar Estadual/SP n. 1.336/2018 para situações que envolvam maior volume de feitos ou de maior complexidade em razão de sua matéria.

Outro exemplo de legislação que optou pela especialização como enfrentamento mais eficaz de determinados tipos de ações encontra-se na Lei Estadual de Alagoas n. 6.806/2007, pela qual se criou, no respectivo Tribunal de Justiça (TJAL), vara criminal de titularidade coletiva com competência exclusiva para julgar delitos praticados por organizações criminosas naquele Estado.

Diante da perspectiva de maior e mais rápida uniformização dos julgados que se espera da especialização das varas, seria muito interessante um estudo empírico que verificasse se essa uniformidade é, de fato, atingida com a especialização, comparando, para isso, o tempo para se obter a padronização de jurisprudência em varas especializadas e o tempo para se alcançar o mesmo propósito em varas sem especialização, recorrendo-se, exclusivamente, a institutos processuais, como é o caso do IRDR.

Como mencionado anteriormente, o estudo realizado pelo CNJ, "Formas Alternativas de Gestão Processual: a especialização de varas e a unificação de serventia", entre janeiro de 2013 a julho de 2017, acerca da especialização de competências concluiu o seguinte:

CAPÍTULO VI – AS DIMENSÕES DO GERENCIAMENTO JUDICIAL

Em relação a congestionamento e reforma,[340] identificamos pequenas reduções nessas taxas em varas especializadas. A pesquisa leva à *conclusão de que a especialização não tem efeito no tempo dos processos,*[341] *mas pode reduzir o congestionamento das varas e pode ter um impacto positivo na qualidade das decisões.* É importante ressaltar que a interpretação sobre os efeitos de especialização não deve se limitar ao aspecto quantitativo. O *aprimoramento do acesso à justiça*, proporcionado por varas como de Violência Doméstica contra a Mulher, por exemplo, por si só já justificaria a criação de varas com essa especialização em todas as comarcas. Nossos resultados *indicam os impactos da especialização em decisões estratégicas, onde existe*

---

[340] "Com relação à taxa de reforma, os resultados das varas especializadas foram sensivelmente distintos dos resultados relativos aos tempos de tramitação. Nas varas estudadas, com quantitativos descritos na Tabela 3.59, identificamos impactos consistentes da especialização no sentido de reduzir a taxa de reforma, mas com impacto máximo de 5%. Os resultados descritos na figura 3.36 demonstram que há uma queda consistente na taxa de reforma se comparamos os processos oriundos de varas especializadas e comuns" (ASSOCIAÇÃO BRASILEIRA DE JURIMETRIA (ABJ). *Produto 2 – Formas alternativas de gestão processual*: a especialização de varas e a unificação de serventias. Brasília: Associação Brasileira de Jurimetria, 2018, p. 120).

[341] "A comparação entre os tempos de processos de varas de infância, família, cíveis e criminais concluiu que existe uma diferença significativa nos tempos de varas cíveis e de família. Para prosseguir com a análise, a próxima comparação levou em conta apenas processos com competência exclusiva das varas com níveis de especialização mais granulares. A tabela de assuntos estudada e as respectivas contagens constam na Tabela 3.58. Com relação aos tempos de tramitação propriamente ditos, os resultados estão descritos na figura 3.35. Observa-se uma similaridade entre as curvas nos regimes especializados e não especializados. Apenas nas varas de família há uma sensível variação que indica que as varas especializadas podem apresentar melhores resultados no que diz respeito ao tempo de tramitação" (ASSOCIAÇÃO BRASILEIRA DE JURIMETRIA (ABJ). *Produto 2 – Formas alternativas de gestão processual*: a especialização de varas e a unificação de serventias. Brasília: Associação Brasileira de Jurimetria, 2018, p. 118).

escassez de recursos, mas também existe o desejo de atingir o máximo de prestação jurisdicional (grifos nossos).[342]

O referido estudo, ao descrever a metodologia, realça a dificuldade de efetuar essa comparação, reportando experiências internacionais interessantes sobre a mesma questão, evidenciando alguns resultados positivos, ainda que modestos, em tempo de duração de processo e taxa de recurso e reversibilidade.[343] Com

---

[342] ASSOCIAÇÃO BRASILEIRA DE JURIMETRIA (ABJ). *Produto 2 – Formas alternativas de gestão processual*: a especialização de varas e a unificação de serventias. Brasília: Associação Brasileira de Jurimetria, 2018, p. 126.

[343] "Antes de prosseguir a uma análise mais detida dos trabalhos, é importante mencionar que as metodologias quantitativas empregadas são bastante distintas, o que se reflete na viabilidade de comparar os resultados. Devido a essa característica, as conclusões acerca do impacto da especialização na eficiência são, no geral, inconclusivas por estarem sujeitas a uma série de ressalvas. As escolhas metodológicas feitas com relação a escolha de métricas e delineamento dos estudos, por outro lado, dialogam diretamente com este trabalho e foram o principal interesse desta revisão (Kesan and Ball, 2010) discute o impacto em potencial da criação de uma corte de patentes analisando o desempenho de magistrados generalistas em casos relacionados a patentes. A hipótese principal a ser validada é que a prática repetitiva em casos similares leva ao ganho de eficiência dos magistrados especializados, portanto o estudo comparou magistrados generalistas de acordo com (i) a experiência em processos relacionados a patentes e (ii) conhecimento prévio na matéria. As comparações foram conduzidas através de modelos de regressão, considerando como variáveis resposta a duração do processo e a reversão de decisão em uma instância superior. No primeiro modelo, utilizou-se análise de sobrevivência para tratar o tempo dos processos que ainda estavam pendentes no momento do estudo. Através dessas análises, concluiu-se que a experiência tem um efeito modesto na eficiência, sendo ele cerca de 10% na duração do processo e menos do que isso na probabilidade de revisão. Ainda que o resultado do impacto seja positivo, a intensidade do efeito pode ter sido modificada pela ausência da condição de experimento perfeito. Os processos estudados aqui estavam sob o regime generalista, ainda que alguns processos tenham sido julgados por juízes com maior prática e conhecimento relacionado a patentes. (Garoupa et al., 2009) adota uma metodologia similar para identificar o efeito da especialização, mas aqui se mediu diretamente a diferença entre a eficiência de juízes generalistas e juízes especializados. Considerando as varas de família da região de Madrid, comparou-se a duração dos processos geridos sob os dois regimes.

CAPÍTULO VI – AS DIMENSÕES DO GERENCIAMENTO JUDICIAL

Entretanto, embora a situação aqui fosse mais favorável do que no estudo anterior, a metodologia estatística foi empregada com menor rigor. Os processos pendentes na época do estudo foram excluídos e, para evitar o uso de uma regressão ordinária, realizou-se uma regressão ordinal numa categorização da duração. Idealmente, essas duas escolhas metodológicas, que têm potencial para impactar o resultado do estudo, poderiam ter sido comparadas a outras mais usuais, como utilizar análise de sobrevivência e/ou métodos não paramétricos. De toda forma, o estudo controla os resultados por variáveis relacionadas à complexidade do processo, como a presença de menores de idade, a quantidade de pareceres juntados etc., e conclui que existe uma pequena evidência de que processos de varas especializadas correm mais rápido, mas a estimativa é ruidosa. O último artigo desta revisão que utilizou metodologia estatística para conduzir as comparações de interesse foi (Wang, 2007). Ao contrário dos estudos anteriores, que analisaram os desdobramentos de processos de instâncias inferiores, este estudo comparou processos oriundos de varas especializadas e comuns com relação à confirmação da decisão na corte de apelações. Utilizando uma regressão logística controlada por fatores regionais, concluiu-se que existe uma maior tendência a confirmar decisões oriundas de cortes especializadas em questões administrativas. Discordando das pesquisas levantadas anteriormente (Engstrom, 2014) argumenta, utilizando estatística descritiva, que a eventual criação de cortes especializadas em questões de saúde não teria o impacto esperado pelos defensores dessa política. Os dados de uma iniciativa do governo para julgar questões relativas à distribuição de vacinas à população foram utilizados para qualificar o cenário em que essas questões seriam julgados por cortes especializadas. Usando esses dados, concluiu-se que a previsibilidade das decisões na corte especializada foi pequena e que a duração dos julgamentos foi similar à duração de outros processos em cortes comuns. Utilizando dados de produtividade agregados de países da OCDE e países da Europa, (Voigtand El-Bialy, 2013) e (Palumbo *et al.*, 2013) trazem novas perspectivas à discussão do ganho de eficiência proporcionado pela especialização. Ao invés de investigar o efeito da especialização individualmente no registro das movimentações processuais, os dois autores discordam acerca dos efeitos da especialização da justiça. Eles concluem, respectivamente, que países com maior percentual de especializações apresentam uma maior taxa congestionamento, em outras palavras que cortes especializadas são menos produtivas, e que para países com alta ineficiência e baixa taxa de litigância, a especialização da justiça é mais propensa a trazer ganhos de eficiência, em outras palavras que a especialização é uma boa solução para problemas de ineficiência. Em linhas gerais, *os estudos aqui levantados delimitam um pequeno conjunto de métricas de produtividade e apontam para ganhos de eficiência na especialização da justiça, ainda que com diferentes graus de suporte a essa hipótese.* Além disso fica claro que, além dos impactos mais

MARIA RITA REBELLO PINHO DIAS

base nos dados brasileiros, o estudo empírico observou que, do ponto de vista quantitativo, houve redução da taxa de congestionamento e da taxa de reforma de decisões nas varas especializadas, de cerca de 5%,[344] apesar de não identificar impacto expressivo no tempo de tramitação.[345] Do ponto de vista qualitativo, contudo, o estudo ressaltou a possibilidade de a especialização contribuir com o maior acesso à justiça, muito embora não tenha trazido dados

---

diretos na eficiência como celeridade processual, também existe espaço para alterações mais estruturais na dinâmica processual, como menores taxa de recursos e de reversibilidade" (ASSOCIAÇÃO BRASILEIRA DE JURIMETRIA (ABJ). *Produto 2 – Formas alternativas de gestão processual*: a especialização de varas e a unificação de serventias. Brasília: Associação Brasileira de Jurimetria, 2018, pp. 21/22 – grifos nossos).

[344] "Considerando a taxa de reforma de decisões de primeiro grau como uma possível métrica de qualidade de decisões, nossos resultados indicam que a resposta a essa pergunta é positiva. Nos casos estudados, identificamos uma redução sistemática da taxa de reforma e em nenhum caso houve um aumento significativo. Colocando no formato da questão norteadora, tanto é possível especializar as varas sem perder a qualidade que as especializações na verdade são capazes de produzir ganhos no que diz respeito às métricas de qualidade. É importante ressaltar, entretanto, que o impacto das métricas foi limitado a, no máximo 5% em valores absolutos, ou a 12% em valores relativos. Ou seja, apesar de serem *estatisticamente significantes*, as diferenças encontradas podem ser pouco *significativas*, na prática, para a administração da justiça" (ASSOCIAÇÃO BRASILEIRA DE JURIMETRIA (ABJ). *Produto 2 – Formas alternativas de gestão processual*: a especialização de varas e a unificação de serventias. Brasília: Associação Brasileira de Jurimetria, 2018, p. 123).

[345] "Por fim, o terceiro motivo diz respeito ao ganho de produtividade decorrente da especialização que identificamos através do estudo da taxa de congestionamento, o que contradiz em parte a conclusão de estacionariedade no tempo de tramitação. As varas de família e infância, violência doméstica e do júri apresentaram taxas de congestionamento menores do que as taxas de varas cíveis, comuns e únicas. Feitas essas observações, considerando como métrica de produtividade judiciária o tempo e nossas escolhas metodológicas, concluímos que existem poucas evidências para afirmar que a especialização acelera os processos. Por outro lado, existem evidências de que a especialização reduz o congestionamento" (ASSOCIAÇÃO BRASILEIRA DE JURIMETRIA (ABJ). *Produto 2 – Formas alternativas de gestão processual*: a especialização de varas e a unificação de serventias. Brasília: Associação Brasileira de Jurimetria, 2018, p. 122).

CAPÍTULO VI – AS DIMENSÕES DO GERENCIAMENTO JUDICIAL

empíricos sobre essa questão, tratando-se de percepção extraída a partir de relatos coletados durante a realização dos trabalhos.

O CNJ adotou, posteriormente, uma perspectiva qualitativa, efetuando novo estudo, ao colher a percepção dos profissionais que atuam em varas de primeira instância – magistrados, servidores e advogados –, apurando, como resultado, que 95% dos juízes, 89% dos servidores e 76% dos advogados consideram que as unidades dedicadas a matérias específicas podem proporcionar maior qualidade dos serviços. Foram indicados como benefícios da especialização a melhor capacitação e qualificação (93% dos magistrados e 83% dos servidores) e maior compreensão do tema jurídico (92% dos magistrados e 84% dos servidores), além de melhor entendimento sobre o funcionamento da vara, sua gestão, com redução dos conflitos de competência e ganhos de qualidade. Os advogados, por sua vez, apontaram como benefício da especialização a melhora no atendimento (59,6% dos advogados, 52,4% dos servidores de cartório e 53,3% de gabinetes). Essa pesquisa foi conduzida entre março e abril de 2019 com a participação de 17.693 respondentes (95% eram magistrados e servidores da Justiça Estadual).[346]

A pesquisa empírica conduzida pelo CNJ, aliada à percepção dos operadores do Direito, é indicativa de que a especialização de competências pode impactar positivamente a qualidade das decisões judiciais e, apesar de não evidenciar maior celeridade na tramitação de processos, a redução de congestionamento e de taxa de reforma decisões. Observou-se diminuição nas taxas de recorribilidade, o que é sinal de maior previsibilidade quanto às decisões proferidas em juízo. Trata-se, portanto, de importante ferramenta de gestão exógena de processos.

---

[346] MONTENEGRO, Manuel Carlos. "Juízes, servidores e advogados aprovam especialização de varas para melhoria do serviço". *Agência CNJ de Notícias*. Disponível em: https://www.cnj.jus.br/juizes-servidores-e-advogados-aprovam-especializacao-de-varas-para-melhoria-do-servico/. Acessado em: 15.08.2020.

A especialização de competências poderia ser, portanto, uma boa ferramenta de gestão de fatores exógenos à disposição do Poder Judiciário para enfrentamento de ações repetitivas ou de execuções fiscais – as quais, conforme já mencionado neste trabalho, são, em grande parte, responsáveis pelas altas taxas de congestionamento do Poder Judiciário. Aliás, o próprio legislador estadual de São Paulo indicou as execuções fiscais e as execuções contra a Fazenda Pública/Tributos Municipais e Estaduais como exemplos de matérias que seriam excelentes candidatas à especialização, justamente em atenção à busca por maior celeridade.

Interessante extrair, também, da legislação suprarreferida o conceito de "complexidade" da ação. Com isso, o legislador evidencia a percepção de que existem ações mais complexas do que outras e que, por esse motivo, por exigirem maior trabalho de cartório ou conhecimento mais específico do magistrado, também seriam candidatas adequadas à maior especialização. Nesse sentido, o legislador indicou, como exemplo, as falências, as questões empresariais, entre outras.

O conceito genérico de complexidade, trazido pelo legislador, pode ser mais bem compreendido quando se observa a definição de "viscosidade processual":

> (...) A viscosidade processual pode ser definida como o conjunto de características estruturais de um processo, capazes de afetar a sua velocidade. Insistindo na analogia com os fluidos, se um observador separar dois copos, um cheio de mel e outro de água, e virá-los simultaneamente de ponta-cabeça, a água cairá mais rápido do que o mel. A maior velocidade da água decorre não da resistência oferecida por um obstáculo externo ao seu deslocamento, mas de diferenças na estrutura íntima de cada substância: o mel é viscoso e avança mais vagarosamente do que a água, que é mais fluida. Seguindo na analogia, também alguns processos são mais viscosos que outros. Processos que envolvam matérias complexas, múltiplas partes ou a produção de

CAPÍTULO VI – AS DIMENSÕES DO GERENCIAMENTO JUDICIAL

> provas técnicas elaboradas possuem uma estrutura íntima mais complexa e tendem a avançar mais lentamente do que casos simples, com duas partes e que envolvam a produção apenas de prova documental. Essa complexidade interna é o que chamamos de viscosidade processual, e sua mensuração é fundamental para administrar a carga de trabalho e as metas dos funcionários da justiça, como, por exemplo, na criação de regras para ponderar a distribuição de recursos para as câmaras reservadas.[347]

O conceito de "viscosidade processual" traz importantes reflexões, na medida em que evidencia que os processos podem ter, por suas peculiaridades inatas, determinadas características que podem impactar de forma diferente a maior ou menor celeridade do processo. Esse conceito chama atenção no sentido de que a complexidade interna e sua identificação são necessárias para mensurar também a capacidade de trabalho dos servidores das serventias.

Diante de tal percepção, questiona-se sobre as regras gerais de processo civil e de sua capacidade de enfrentamento, de forma eficiente, das situações, uma vez que a organização de alguns processos é mais complexa e dificultosa do que outros. É verdade que existem muitos procedimentos específicos para o processamento de alguns tipos de ações, por exemplo, a legislação falimentar.

Contudo, compreender que alguns processos podem ser estruturalmente mais difíceis de dar andamento pelas serventias judiciais e pelos operadores do Direito auxilia o Poder Judiciário para que possa oferecer soluções também estruturais para seu melhor andamento. Esse conceito evidencia que os processos possuem diversos graus de complexidade (pelas partes/matérias/necessidade de prova técnica), de modo que, naturalmente, essas particularidades devem

---

[347] NUNES, Marcelo Guedes. *Jurimetria*: como a estatística pode reinventar o Direito. São Paulo: RT, 2016.

ser conhecidas para que possam ser adequadamente tratadas, permitindo que tramitem da forma mais célere possível.

Extrai-se da Lei Complementar Estadual/SP n. 1.336/2018 a percepção de que a especialização de competências e a definição da amplitude do território de uma vara são ferramentas que podem ser utilizadas para o aprimoramento do gerenciamento de processos judiciais. Observa-se que a justificativa para as alterações de configurações das varas judiciais – modificando sua competência e/ou seu território – encontra-se na "racionalização dos serviços judiciais", sendo motivada pelo volume ou pela complexidade das questões.

A referida legislação ainda afirma que essas alterações poderão ser feitas sempre que a complexidade ou o volume dos feitos demandar um julgamento célere e uniforme. O legislador parece indicar, portanto, que, para perfis de demandas mais complexas ou com grande volume, uma boa forma para obter seu melhor processamento é a especialização ou a regionalização.

A especialização de competências pontuais em matérias bastante complexas, como organizações criminosas, falências, empresariais, tem sido destacada, recentemente, como medida necessária para aprimorar a prestação jurisdicional.

Há, contudo, riscos na especialização excessiva da matéria atribuída a uma vara judicial. A outra "face da moeda" do efeito de estimular maior uniformidade da jurisprudência é a probabilidade de fechamento e trivialização de práticas decisionais, com redução de troca fértil de ideias. Há, ainda, a maior exposição dos magistrados responsáveis, o que é bastante delicado, sobretudo quando as matérias julgadas são muito críticas e envolvem interesses – tais como empresarial, falências e recuperações judiciais, crimes de lavagem de dinheiro, entre outras.[348] Receia-se que com

---

[348] "Na verdade, os méritos da especialização na orgânica dos tribunais ou até da distribuição processual devem ser avaliados também na ponderação dos

CAPÍTULO VI – AS DIMENSÕES DO GERENCIAMENTO JUDICIAL

o menor número de operadores do Direito – juízes, promotores e advogados – os primeiros possam estar mais sujeitos a influências políticas e econômicas.[349]

Destacam-se, também, os custos incorridos para disponibilização de estrutura tão especializada e os custos das partes para se deslocarem ao fórum.

Para se mitigarem os efeitos potencialmente negativos da maior especialização das varas, as Corregedorias dos tribunais devem monitorar com maior atenção essas varas especializadas, procurando imputar essas competências a mais de um magistrado, de forma a diminuir a exposição.

6.4 Institucional

Por fim, a dimensão de gerenciamento identificada por este trabalho foi a institucional.

O processo de tomada de decisão por um magistrado está inserido em um ambiente institucional, o qual lhe fornecerá insumos

---

efeitos negativos que lhes estão conexionados, como sejam: (i) a indução de fatores de rotina, de cristalização, fechamento e trivialização das práticas decisionais; (ii) o favorecimento da fragmentação na análise e tratamento das situações da vida que é própria da especialização jurídica; (iii) a redução da troca fértil de ideias e das analogias que são próprias da confluência generalista das jurisdições comuns, dispersando e isolando os julgadores; (iv) uma maior dificuldade de articulação da decisão jurisdicional aos casos de maior amplitude jurídica; (v) a identificação dos juízes dos tribunais especializados com os objetivos públicos ou com os valores defendidos pelos litigantes institucionais estando por isso mais expostos aos correspondentes interesses; (vi) uma maior exposição às flutuações da procura e da litigância; e (vii) a profusão dos conflitos entre jurisdições especializadas" (MATOS, José Igreja; LOPES, José Mouraz; MENDES, Luís Azevedo; COELHO, Nuno. *Manual de gestão judicial*. Coimbra: Almedina, 2015, p. 150).

[349] ASSOCIAÇÃO BRASILEIRA DE JURIMETRIA (ABJ). *Produto 2 – Formas alternativas de gestão processual*: a especialização de varas e a unificação de serventias. Brasília: Associação Brasileira de Jurimetria, 2018, p. 16.

indispensáveis para que possa conduzi-lo de forma adequada. O ambiente de trabalho – mobiliário e de prédio –, a quantidade adequada de recursos humanos, o meio em que o processo tramita, impactam diretamente a capacidade de o magistrado proferir decisões com maior ou menor celeridade. Existem, portanto, fatores no ambiente institucional em que o processo de tomada de decisão está inserido que influenciam diretamente seu andamento. Enquanto a unidade judicial atua como substrato do processo, o ambiente institucional lhe proporciona sustentação, e somente a alta administração dos tribunais pode gerenciar essa última dimensão.

Constata-se, por conseguinte, que existem fatores que impactam direta ou indiretamente o processo, mas que, para sua implementação ou ajuste, exigem a atuação da alta administração do tribunal. Também o gerenciamento dessa dimensão não exclui que haja, concomitantemente, o gerenciamento identificado das outras duas dimensões.

Nessa perspectiva, a atuação da alta administração pode contribuir para a gestão judicial, tornando os processos mais céleres, focando aspectos que estão em sua esfera de controle, e não mais dos magistrados, com inequívocos resultados positivos na tramitação de cada processo em si.

Identificou-se essa dimensão como distinta da dimensão da unidade judicial, pois existem muitos outros fatores, conforme se verá a seguir, diretamente relacionados com a tramitação do processo, mas que não se restringem exclusivamente à organização e à administração das unidades judiciais. Para todos esses demais aspectos, que devem ser adequadamente administrados e dimensionados para permitir que os processos judiciais encontrem estruturas mínimas e apropriadas para sua eficiente tramitação, agregou-se em dimensão específica, com regras específicas.

Evidentemente, a atuação da alta administração deverá sempre ser conformada pelos princípios e garantias constitucionais que regem não apenas o processo, não podendo violar princípios

CAPÍTULO VI – AS DIMENSÕES DO GERENCIAMENTO JUDICIAL

essenciais como a ampla defesa e o contraditório, mas também o próprio Poder Judiciário, assim como regras processuais. Logo, jamais poderá efetuar determinação que viole a atuação independente de magistrados, por exemplo.

Ademais, a atuação da alta administração, no tocante ao gerenciamento de aspectos institucionais que impactam o processo, também estará adstrita, em alguns casos, às limitações impostas pelo Direito Administrativo e normas que disciplinam a contratação pública. Extrapola o âmbito de trabalho estudar essa interseção normativa, mas, contudo, menciona-se como possível limite ao espaço de discricionariedade conferido pelo legislador ao gestor.

A perspectiva de atuação da alta administração é mais ampla do que a do processo individualmente considerado, com a qual está habilitado o juiz, ao gerenciar as dimensões do processo e da unidade judicial. Tal perspectiva proporciona, também, uma visão mais distante do caso concreto. Possui, ainda, melhores condições de consolidar as informações da litigância, na área de sua competência territorial, podendo conceber estratégias não processuais para seu enfrentamento de maneira igualmente ampla, tais como destinar mais magistrados e servidores para atuarem em área ou matérias mais críticas, ou que, pelo momento, estejam precisando de mais trabalho, e adotar medidas que estimulem a desjudicialização, conforme se verá a seguir.

Pode, também, estudar formas mais criativas de otimizar o uso de seus recursos humanos, mobiliários e imobiliários, notoriamente finitos, permitindo, a partir de sua utilização mais racional, maior qualidade na prestação jurisdicional como um todo para o tribunal, não restringindo a uma ou outra unidade com bons desempenhos. Pode, também, fomentar e estimular valores dentro da estrutura institucional, que também podem refletir nos processos judiciais, por exemplo, a realização de campanhas internas para valorização de meios alternativos de solução de conflitos entre magistrados.

Competirá, ainda, à alta administração dos tribunais implementar as políticas públicas concebidas pelo legislador relativas ao acesso à justiça, muitas das quais reverterão para o aprimoramento da tramitação dos processos, direta ou indiretamente. Para que haja satisfatória implementação de políticas públicas judiciárias e de acesso à justiça, mostra-se indispensável a atuação da alta administração dos tribunais, pois, na medida em que coordena e organiza recursos, inclusive humanos, pode contribuir para capacitar magistrados e servidores e providenciar estrutura necessária para atender às expectativas do legislador.

Assim como a dimensão da unidade judicial, a dimensão institucional refere-se a uma dimensão externa ao processo em si. No entanto, enquanto na primeira a gestão é feita diretamente pelo juiz, ainda que orientado por normas das Corregedorias de cada tribunal, na dimensão institucional a gestão é realizada por sua alta administração, por sua presidência.

Constata-se, portanto, que esse plano da realidade, que claramente impacta a celeridade e a qualidade do processo, possui normas específicas que limitam e conformam a atuação do gestor. Trata-se, portanto, de dimensão própria de gerenciamento, cuja compreensão, em especial dos fatores que a compõem, propiciará a adoção de técnicas mais efetivas de gestão judicial.

A importância de evidenciar essa dimensão própria de gerenciamento é indicar a existência de diversos fatores que também deverão ser adequadamente equacionados e que extrapolam o âmbito de controle do magistrado individualmente considerado, mas que são fundamentais para que haja duração razoável do processo.

Todas as dimensões de gerenciamento, apontadas neste trabalho, interferem no processo de tomada de decisão pelo magistrado e, portanto, devem ser integralmente consideradas, sob pena de ineficiências.

Necessário ressaltar que, a depender do entendimento acerca dos limites de atuação do CNJ, é possível que se reconheça uma

CAPÍTULO VI – AS DIMENSÕES DO GERENCIAMENTO JUDICIAL

nova dimensão de gerenciamento. A ausência de clara definição sobre as fronteiras de atuação do CNJ, assim como o fato de ter recebido poder normativo originário pelo constituinte derivado, possibilitam-lhe dispor sobre questões atinentes ao Poder Judiciário com amplitude nacional, em normas gerais e de caráter abstrato. Desse modo, não apenas poderá ser o grande coordenador da implementação das políticas públicas concebidas pelo legislador, mas também, a depender do entendimento, criar políticas públicas, conforme se verá a seguir.

De qualquer modo, não se pode ignorar o impacto das atuações das altas administrações nos processos que estejam sob a jurisdição de um tribunal específico e que contribuem, de forma direta ou indireta, para melhor tramitação do processo.

6.4.1 Ferramentas previstas na dogmática processual. Gerenciamento de precedentes. Repercussão geral. Súmula impeditiva de recursos. IRDR

Conforme apontado neste trabalho, existe doutrina que reconhece os institutos repercussão geral, julgamento das demandas repetitivas e súmulas impeditivas de recursos como formas de gerenciamento do volume dos processos em andamento no Poder Judiciário.[350] Acrescentem-se a essas ferramentas novos institutos trazidos pelo sistema brasileiro de precedentes, previstos nos arts. 926 e 927 do CPC/2015.

Aventa-se que, diante da massa de processos distribuída ao Poder Judiciário e da escassez de recursos estatais, essas técnicas

---

[350] SILVA, Paulo Eduardo da. *Gerenciamento de processos judiciais*. São Paulo: Saraiva, 2010, p. 89.

visam atender à solicitação por eficiência de sua atuação,[351] buscando a racionalização dos esforços jurisdicionais.[352]

O Incidente de Resolução de Demandas Repetitivas (IRDR) foi concebido pelo Código de Processo Civil de 2015 com o intuito de equacionar o julgamento de grande volume de ações repetitivas, concentrando o julgamento da questão jurídica comum pelo tribunal superior, de forma prévia, para, após, devolver o julgamento das demais questões pelo magistrado de 1º Grau, aparentemente cindindo a cognição processual em duas etapas,[353] assegurando,

---

[351] "Este tipo de técnica busca equacionar os reclamos por uma eficiência sistêmica do Judiciário com o respeito à condução individual dos processos" (CABRAL, Antonio do Passo. "A escolha da causa piloto nos incidentes de resolução de processos repetitivos". *Revista de Processo*, São Paulo, vol. 231, mai. 2014, pp. 201-223).

[352] "(...) considerada a escassez dos recursos estatais, o grau de efetividade outorgado a um único processo deve ser pensado a partir da necessidade de assegurar eficiência do sistema judiciário como um todo. Por outras palavras, a alocação de recurso em um determinado processo deve ser ponderada com a possibilidade de se dispor desses mesmos recursos em todos os outros feitos judiciais (existentes ou potenciais). O serviço público 'justiça' deve ser gerido à luz da igualdade e a otimização do que é prestado não pode olvidar a massa de processos existente, nem os critérios para a administração mais adequada dos limitados recursos postos à disposição do ente público. (...) A racionalização dos esforços jurisdicionais passa a tomar em consideração o complexo de usuários (atuais e potenciais) do serviço, e não apenas o caso específico, que está eventualmente nas mãos do juiz. A solução, em síntese, da colisão das garantias fundamentais, passa a operar-se em outro plano: o macroscópico, tangenciando a política judiciária" (ARENHART, Sérgio Cruz. *A tutela coletiva de interesses individuais*: para além dos interesses individuais homogêneos. São Paulo: RT, 2013, p. 39).

[353] "Nesse diapasão, a fim de evitar problemas teóricos e práticos como a falta de representatividade adequada dos legitimados extraordinários e a extensão ou o condicionamento da eficácia da coisa julgada, alguns Estados, como a Alemanha, a Inglaterra e a Áustria, têm procurado elaborar 'procedimentos não representativos', voltados para a resolução coletiva de litígios. Esses países vêm buscando criar ou aprimorar métodos de decisões em bloco, para situações fáticas ou jurídicas semelhantes, a partir de um dado caso concreto – chamado de causa-piloto ou processo-teste –, mediante a cisão da cognição processual em duas etapas. A partir da instauração de um incidente coletivo no bojo de

CAPÍTULO VI – AS DIMENSÕES DO GERENCIAMENTO JUDICIAL

supostamente, a uniformização da atuação do Poder Judiciário. Pretendeu o legislador, com essa sistemática, mitigar o uso do Poder Judiciário por aventureiros que buscam valer-se da diversidade de julgados como uma espécie de "loteria"[354] e propiciar

---

um processo individual, o tribunal decide questões de fato ou de direito anteriormente delimitadas comuns a todos os casos similares, que terão eficácia em relação a todas as ações individuais que versem sobre pretensões isomórficas, reservando-se, contudo, por meio de um procedimento aditivo posterior, uma atividade cognitiva complementar, que se volta à análise dos demais aspectos fático-jurídico não abrangidos pelo incidente coletivo, preservando-se, assim, dentro da multiplicidade genérica, a identidade e eventuais especificidades dos casos particulares. Cada pessoa, titular de direitos individuais homogêneos, caracteriza-se, do ponto de vista processual, como parte, e não como substituído processual. O *musterverfahren* alemão e o *group litigation order* inglês são conhecidos exemplos desses novos procedimentos, tendo sido o modelo tedesco fonte declarada de inspiração da Comissão de Juristas responsável pela elaboração do anteprojeto do CPC/2015 (...)" (ASSIS, Guilherme Bacelar Patrício de. *Precedentes vinculantes em recursos extraordinário e especial repetitivo*. Rio de Janeiro: Lumen Juris, 2017, p. 214).

[354] "A previsibilidade das decisões judiciais certamente dissuade a propositura de demandas. A parte que se julga prejudicada, quando tem conhecimento de que o Judiciário não ampara a sua pretensão certamente não tem razão para gastar tempo e dinheiro em busca de uma tutela jurisdicional que, de antemão, sabe que lhe será desfavorável. Contudo, quanto ao advogado não resta outra alternativa a não ser informar o seu cliente de que, no que diz respeito ao seu problema, o Judiciário já decidiu e tem decidido de várias formas, fica a parte com a viva impressão de que deve propor outra demanda, arriscando obter uma decisão favorável. Afinal, se um juiz ou uma Câmara ou Turma pode lhe dar ganho de causa, entre outros que podem lhe dar decisão desfavorável, vale a pena arcar com os custos do processo. O autor da ação é obrigado a pensar com a lógica de um apostador, transformando o distribuidor judicial em uma espécie de roleta, cujo último sopro determinará a sorte do litígio. Há nítida possibilidade de o Poder Judiciário ser visto como casa lotérica, na qual a aposta é conveniente, mesmo se podendo pagar caro. Na verdade, o custo dessa loteria é mais caro para o Estado. Ao não corresponder à expectativa de confiança do cidadão, o Judiciário fica obrigado a arcar com os custos de várias demandas que se aventuram à 'sorte judicial'. Diante desse acúmulo despropositado de serviço, a administração da justiça gera mais despesa, torna-se burocrática, lenta, e, sobretudo, destituída de capacidade de conferir adequada atenção aos conflitos. Curioso, entretanto, é não se perceber a importância da previsibilidade num sistema que demonstra tanta preocupação com o crescimento do número de processos

maior segurança jurídica e uniformidade na aplicação do Direito no caso concreto.[355]

Entretanto, há doutrinadores que questionam essas técnicas de julgamento repetitivo, distinguindo-as do conceito de precedente em si, na medida em que não são formadas pela depuração de julgamentos, mas sim pela provocação para a constituição de um enunciado normativo de forma padronizada. Diversos pontos críticos são levantados.

Críticas são feitas pelo fato de que o uso dessas técnicas de julgamento agrava as disparidades existentes entre litigantes habituais

---

e com a consequente e crescente perda de capacidade do Poder Judiciário para adequada e tempestivamente dar solução aos litígios" (ARENHART, Sérgio Cruz. *A tutela coletiva de interesses individuais*: para além dos interesses individuais homogêneos. São Paulo: RT, 2013, p. 135).

"Bem por isso, como é óbvio, a decisão proferida no incidente de resolução de demandas repetitivas apenas resolve casos idênticos. Essa a distinção básica entre o sistema de precedentes das Cortes Supremas e o incidente destinado a dar solução a uma questão litigiosa de que podem provir múltiplos casos" (MARINONI, Luiz Guilherme. *Precedentes obrigatórios*. 5ª ed. rev., atual. e ampl. São Paulo: RT, 2016, p. 321).

[355] "O processo civil clássico criado e aperfeiçoado pelos Estados liberais burgueses europeus ao longo dos séculos XVIII e XIX, impregnado de filosofia essencialmente individualista e marcadamente formalista, era compreendido como um assunto privativo dos sujeitos litigantes e destinava-se tão somente a dirimir, de forma pontual, as suas controvérsias. Entendia-se ser suficiente, para alcançar a pacificação social, a solução atomizada ou individualizada dos litígios. Naquela época, não havia espaço para proteção de direitos que não se enquadrassem na moldura processual liberal, tais como direitos difusos *lato sensu*, pertencentes a um grupo, ao público em geral ou a determinados segmentos do público. Mesmo ao longo do século XX, o Direito Processual civil brasileiro manteve-se fiel a esse paradigma liberal de solução de conflito. (...) Não tardou para que esse arcabouço tradicional do processo civil individual começasse a expor sinais de fragilidade e de inaptidão diante do gradual surgimento de novas demandas sociais, a exemplo da necessidade de propiciar tutela adequada e efetiva para a reparação de danos capazes de atingir um amplo espectro de pessoas de uma só vez" (ASSIS, Guilherme Bacelar Patrício de. *Precedentes vinculantes em recursos extraordinário e especial repetitivo*. Rio de Janeiro: Lumen Juris, 2017, p. 207).

CAPÍTULO VI – AS DIMENSÕES DO GERENCIAMENTO JUDICIAL

e ocasionais, diante da maior ou menor capacidade de sua manipulação, com maior benefício do primeiro em detrimento do segundo.[356]

---

[356] "A partir do referencial teórico de Marc Galanter e da tipologia de litigantes habituais e ocasionais, foi possível aprofundar no estudo das vantagens estratégicas atribuídas àqueles que utilizam o sistema de justiça de forma mais recorrente e em ações similares, algo próprio da dinâmica da litigiosidade repetitiva. Não se pode afastar a importância da participação das partes do caso paradigma ou, ainda, dos interessados, sob o argumento de que a tese jurídica conformaria, em verdade, um precedente. As técnicas de julgamento de casos repetitivos acarretam uma formação provocada de uma tese jurídica, com o intuito de otimizar a prestação jurisdicional, o que é marcadamente diferente do precedente, que surge naturalmente em decorrência da autoridade de sua *ratio decidendi*. Justamente em razão do intuito gerencial dessas técnicas, a tese jurídica consiste em um enunciado normativo autônomo, a ser aplicado de forma padronizada, e não a partir da aproximação do arcabouço fático do caso paradigma (os quais sequer estão registrados no enunciado) e aqueles do caso concreto. (...) Isso porque a definição da tese se dá em um julgamento de casos paradigmas em que se tem, de um lado, um ou alguns litigantes habituais, com mais recursos e vantagens estratégicas e, de outro, litigantes ocasionais, para quem a participação é muito mais custosa e circunstancial. Quanto aos 'sobrestados' e 'ausentes', não há uma preocupação clara com a sua participação direta ou com a representatividade de seus interesses no julgamento da tese jurídica, o que é agravado diante da possibilidade de esses interesses serem representados, na prática, por litigantes ocasionais, que possuem menor capacidade técnica e maiores dificuldades de se articular entre si. Quanto à disparidade estratégica entre os diferentes atores, colocou-se questão sobre *como os litigantes repetitivos e litigantes ocasionais utilizam e como são afetados pela utilização dessas técnicas.* A esse respeito, alguns pontos discutidos ao longo da pesquisa teórica e do estudo empírico corroboram com a hipótese de que o IRDR os recursos repetitivos podem ser utilizados de forma mais estratégica por litigantes habituais do que ocasionais. (...) Ratificando-se, então, a importância dos elementos subjetivos e objetivos do caso paradigma e da participação das partes no julgamento da tese jurídica, tem-se que *a falta de critérios claros de escolha do caso paradigma é prejudicial aos litigantes ocasionais,* que poderão se ver incumbidos de representar os interesses de uma vasta gama de interessados, sem que tenham se arrogado a esse papel. Além disso, no caso do IRDR, os litigantes habituais conseguem traçar estratégias e se articular entre si para fomentar a instauração do incidente em casos e em teses que lhes sejam estrategicamente pertinentes. Com relação às evidências empíricas, tem-se que, na maior parte das teses jurídicas firmadas em sede de julgamento de recursos especiais repetitivos, os litigantes habituais eram recorrentes, ou seja, estavam, até então, sendo vencidos. Ainda, no quadro

Evidencia-se, também, com preocupação, a deficiência da representação adequada das partes dos processos sobrestados ou mesmo os que virão a ser distribuídos, não havendo contemporaneidade entre eles e o resultado do julgamento obtido com o emprego dessas técnicas,[357] além da falta de critérios objetivos para seleção do caso paradigma; todas essas situações com aptidão para favorecer litigantes habituais.[358]

Aponta-se que essas técnicas resultam em vulneração ao princípio do devido processo legal, pela falta de participação dos interessados na

---

geral e em todas as temáticas específicas os litigantes habituais obtiveram maior êxito. Mesmo que se possa arguir que o percentual de teses favoráveis aos interesses desses litigantes não seja tão significativo, ao articular esses dados é que se infere que os *litigantes habituais conseguem, de modo consideravelmente mais exitoso, reverter entendimentos que não eram favoráveis a seus interesses*" (ASPERTI, Maria Cecília de Araújo. *Acesso à justiça e técnicas de julgamento de casos repetitivos*. São Paulo: Universidade de São Paulo, 2018, pp. 288/289 (Tese de Doutorado em Direito).

[357] "Também verificamos, sobre o tema da representatividade, que ela se torna uma questão decisória e judicial, a despeito de ser autêntico assunto da esfera privada e extraprocessual; assim, há um inapropriado protagonismo judicial onde o espaço deveria ser exclusivamente privado, confirmando o comprometimento do consensualismo em tema de gestão. No caso da gestão derivada, que se realiza após o trâmite de um processo ou recurso supostamente 'representativo', a representatividade é ainda mais atacada porque o seu controle sequer é contemporâneo ao procedimento no qual é aplicada a gestão, evitando que ele seja de fato exercido pelos titulares do direito sob julgamento; na gestão derivada, o consensualismo torna-se uma realidade ainda mais virtual" (RODRIGUES, Viviane Siqueira. *Gerenciamento de processos na justiça civil brasileira*: análise das técnicas de gerenciamento processual. São Paulo: Universidade de São Paulo, 2020, p. 178 (Tese de Doutorado em Direito).

[358] "A conclusão foi que a participação direta e indireta nos casos analisados, com exceções, era bastante reduzida. A seleção dos casos não era justificada, de modo que não se conhece quais critérios determinaram sua escolha, não se pôde reconhecer ampla publicidade a sua instauração e tampouco houve atuação do Ministério Público ou da Defensoria Pública que se possa reconhecer como de representante adequado" (FRANCISCO, João Eberhardt. *Filtros ao acesso individual à justiça*: estudo sobre o incidente de resolução de demandas repetitivas. São Paulo: Universidade de São Paulo, 2018, p. 183. (Tese de Doutorado em Direito).

CAPÍTULO VI – AS DIMENSÕES DO GERENCIAMENTO JUDICIAL

formação da tese[359] e dos princípios da demanda, da imparcialidade e do contraditório, além de permitirem a criação de centro autônomo de interesses que afeta confiança e o desempenho do Poder Judiciário.[360]

Questiona-se, por fim, se a utilização dessa técnica processual, com o intuito gerencial para proporcionar, ao menos em tese, maior celeridade e segurança jurídica e auxílio ao Poder Judiciário para enfrentar seu acervo, seria justificável, diante do custo decorrente do acirramento da desigualdade entre litigantes com diferentes condições de acesso à justiça,[361] além de se levantarem dúvidas acerca de sua

---

[359] "A tese fixada pelo tribunal superior servirá de paradigma para o julgamento dos demais recursos. O inconveniente desta técnica é que, a rigor, fere a garantia do devido processo legal, porque a parte num recurso é atingida por decisão proferida em outro processo, sem a sua participação" (CRUZ E TUCCI, José Rogério. "O regime do precedente judicial no novo CPC". *In*: DIDIER JR., Freddie; CUNHA, Leonardo Carneiro da; ATAÍDE JR., Valdemiro Rodrigues; MACEDO, Lucas Buril de. *Precedentes*. (Coleção Grandes temas do novo CPC, vol. 3). Salvador: JusPodivm, 2015, p. 452).

[360] "Trilhado esse caminho, examinou-se a gestão à luz dos princípios fundamentais do processo civil, inafastabilidade da jurisdição, isonomia, imparcialidade, independência, contraditório e publicidade, concluindo-se que há um sacrifício dos princípios da demanda, da imparcialidade e (muito intenso) do contraditório, que são elementos inseparáveis do poder jurisdicional. Demonstrou-se que o valor liberdade é subestimado, sendo mais valorizado o exercício impositivo do poder jurisdicional e que deve ser colocada em dúvida a isenção desse poder na solução dos macrolítigios, na medida em que eles criam um centro autônomo de interesses que afeta o desempenho e a confiança do Judiciário. Destacou-se, ainda, a existência de um desequilíbrio entre poder judicial e direitos ou ônus das partes, indicando que, ao contrário do que se pensa para a jurisdição tradicional, o Código de Processo Civil de 2015 é um diploma que fortaleceu intensamente os poderes judiciais" (RODRIGUES, Viviane Siqueira. *Gerenciamento de processos na justiça civil brasileira*: análise das técnicas de gerenciamento processual. São Paulo: Universidade de São Paulo, 2020, pp. 178/179 (Tese de Doutorado em Direito).

[361] "Na tentativa de se resumir todas essas colocações, deixa-se, como observação final, que as técnicas de julgamento de casos repetitivos não podem ignorar a importância de se pensar constantemente sobre acesso à justiça e sobre o direito de participar no processo, o que implica em reconhecer que o processo é utilizado por usuários com diferentes capacidades estratégicas. Especialmente no âmbito da litigiosidade repetitiva, não se pode ignorar essa

MARIA RITA REBELLO PINHO DIAS

capacidade de efetivar a pacificação dos respectivos macrolitígios[362] e de eventual falta de alinhamento com os princípios da jurisdição.[363]

---

dinâmica existente entre as partes, sob o risco de que a promoção da eficiência e da segurança jurídica tenha como preço a acentuação da desigualdade já existente entre aqueles que tem e aqueles que não tem. Não se nega que a busca pela eficiência e pela duração razoável do processo também são, sem dúvida, valores relevantes. Mas do que adianta se ter um Judiciário eficiente que seja excessivamente utilizado por alguns, e ainda distante e de difícil acesso para outros? Os mecanismos processuais existentes e aqui estudados certamente não são suficientes para alterar ou reverter essa dinâmica, cabendo refletir se, de fato, a solução para a litigiosidade repetitiva reside mesmo na esfera do Direito Processual. Mais do que aperfeiçoar ou intensificar o uso dessas técnicas, seria necessário dar alguns passos para trás para se suprir o já indicado déficit de estudos sobre litigiosidade repetitiva, reconhecendo esta como uma realidade social complexa, cujas causas e características ainda não são plenamente compreendidas. Ao se resgatar a perspectiva metodológica do acesso à justiça, talvez seja possível caminhar para um entendimento mais aprofundado e crítico a respeito, para então ser possível, verdadeiramente, aproximar o processo civil dessa realidade" (ASPERTI, Maria Cecília de Araújo. *Acesso à justiça e técnicas de julgamento de casos repetitivos*. São Paulo: Universidade de São Paulo, 2018, p. 292 (Tese de Doutorado em Direito).

362 "Os instrumentos de coletivização de demandas individuais, calcados na valorização dos precedentes judiciais, especialmente aqueles proferidos no âmbito de processos repetitivos – talvez a maior aposta do novo CPC em termos estruturantes – têm eficácia limitada para desestimular demandas individuais. Se por um lado a fixação do entendimento sobre o descabimento de uma determinada pretensão individual repetitiva desestimulará novos litigantes a se aventurar em juízo para pedir a mesma tutela, por outro lado, a cristalização do entendimento favorável a uma massa de sujeitos retroalimentará a enxurrada de demandas individuais. Esses instrumentos de gerenciamento de processos repetitivos estão mais preocupados em resolver o Problema do Judiciário, assoberbado com um elevado número de processos similares, do que com a solução do macrolitígio. Eis o paradoxo dessas novidades legislativas, em parte vigentes e ainda não projetadas. O processo coletivo, bem estruturado, representa mecanismo mais qualificado de acesso ao Poder Judiciário" (SICA, Heitor Vitor Mendonça. "Congestionamento viário e congestionamento judiciário: reflexões sobre a garantia de acesso individual ao Poder Judiciário". *In:* CINTRA, Lia Carolina Batista; BEDAQUE, José Roberto dos Santos; EID, Elie Pierre (Coord.). *Garantismo processual*: garantias constitucionais aplicadas ao processo. Brasília: Gazeta Jurídica, 2016, p. 149).

363 "Por si só, não há incompatibilidade entre a jurisdição e a busca por eficiência, que é a tônica das práticas de gestão em qualquer segmento de poder. Porém,

CAPÍTULO VI – AS DIMENSÕES DO GERENCIAMENTO JUDICIAL

Conforme mencionado anteriormente, não é foco deste trabalho analisar as ferramentas previstas na dogmática processual, identificadas em cada dimensão de gerenciamento, sobretudo considerando os inúmeros estudos que existem a respeito do assunto. O propósito está em examinar os aspectos não processuais, menos pesquisados, que se referem à dimensão de gerenciamento em estudo.

Por esse motivo, considerando a diversidade de doutrina existente sobre cada um desses institutos jurídicos mencionados neste item, extensa e densa, optamos por destacar aspectos exógenos relacionados a essas ferramentas processuais de gestão, as quais podem contribuir para a reflexão acerca de sua efetividade empírica. Afinal, tendo a doutrina reconhecido que as técnicas supramencionadas têm uma dimensão gerencial, na medida em que podem contribuir para redução de custos, maior segurança jurídica e celeridade processual, é interessante verificar se, na prática, esses resultados estão sendo alcançados e, em caso negativo – e partindo-se do pressuposto de que foi uma opção legislativa, ainda não questionada em juízo –, como atingi-los.

Logo, necessário jogar luz sobre as formas como se organiza essa estrutura que pretende assegurar eficiente observância dos arts. 926 e 927 pelos tribunais brasileiros.

---

precisa ser pensado se há espaço legitimamente praticável na jurisdição com as práticas de gestão que se realizem com o processo. Embora a jurisdição não seja historicamente caracterizada por práticas de gestão de processos judiciais, elas são legítimas desde que se alinhem com os princípios fundamentais da jurisdição, o que não se verifica nos instrumentos gerenciais tratados nesta tese. A jurisdição que se pratica para casos repetitivos ou de massa é diferenciada em relação à jurisdição tradicional. Realiza-se de forma mais voltada à solução adjudicatória dos litígios, é mais autoritária, além de ser propícia para o abandono de instrumentos autocompositivos de solução de controvérsias, sendo esta a crítica que se faz à gestão hoje praticada pelo poder jurisdicional no Brasil" (RODRIGUES, Viviane Siqueira. *Gerenciamento de processos na justiça civil brasileira*: análise das técnicas de gerenciamento processual. São Paulo: Universidade de São Paulo, 2020, p. 178 (Tese de Doutorado em Direito).

Não se estão desmerecendo importantes críticas realizadas pela doutrina quanto a eventuais conflitos entre essas técnicas e os princípios fundamentais aplicáveis ao processo, como o acesso à justiça ou à legitimidade adequada das partes. Ao contrário, reconhece-se que são questões extremamente sensíveis e que devem ser examinadas pela doutrina processual para permitir a aplicação dessas técnicas em conformidade com os preceitos da Constituição Federal. Ocorre, contudo, que, por uma opção metodológica, essa análise não será feita neste trabalho para não se desviar do foco de estudo.

Sem prejuízo das críticas doutrinárias supra-apontadas, a inclusão dessa temática no Código de Processo Civil de 2015 evidencia a preocupação do legislador de que a aplicação do Direito no caso concreto, pelo Poder Judiciário, seja feita de forma isonômica[364] e uniforme,[365] o qual deveria atuar, organicamente, impondo aos magistrados que o integram o dever de observar as decisões anteriormente proferidas, como uma condição lógica e de legitimidade para a decisão que vier a ser proferida[366] e, com isso,

---

[364] "O principal fundamento de um sistema de precedentes obrigatórios está na igualdade de todos perante o direito. O Estado Constitucional não apenas proclama e incentiva a igualdade nas relações sociais, mas tutela a igualdade. De lado a questão do dever de editar normas que assegurem tratamento igualitário, inclusive na proporção das desigualdades, é certo que o Estado, para tutelar a igualdade, não pode admitir tratamento desigual em processo em que exerce o seu poder nem procedimento e técnicas que privilegiem determinadas posições sociais, como, por razões que deveriam ser ainda mais óbvias, não pode produzir Direito (ainda que mediante os juízes) que expresse tratamento desigual a situações idênticas" (MARINONI, Luiz Guilherme. *Precedentes obrigatórios*. 5ª ed. rev., atual. e ampl. São Paulo: RT, 2016, pp. 157/158).

[365] "A unidade do direito é o resultado de um sistema de precedentes obrigatórios e reflete a coerência da ordem jurídica, viabilizando-se a previsibilidade e o tratamento uniforme de casos similares. O precedente, portanto, é um valor em si, pois é algo indispensável para que se tenha unidade do direito e uma ordem jurídica coerente, requisitos para a racionalidade do direito" (MARINONI, Luiz Guilherme. *A ética dos precedentes*: justificativa do novo CPC. São Paulo: RT, 2014, p. 103).

[366] "O tratamento isonômico de diferentes processos que versam sobre a mesma matéria jurídica, gerando essa forma segurança jurídica e isonomia, é a

CAPÍTULO VI – AS DIMENSÕES DO GERENCIAMENTO JUDICIAL

como parece ser o entendimento do legislador, ofertar segurança jurídica e conferir credibilidade ao sistema judicial – valores jurídicos muito importantes.

Contudo, não se pode ignorar o risco de não observância dos precedentes (súmulas, enunciados normativos etc.) pelo magistrado, em razão de depender de controle artesanal e manual em cada processo afetado. Existem mais de 1.800 temas no STJ e STF referentes ao julgamento de repetitivos e repercussão geral já afetados, o que apenas ressalta a dificuldade de sua aplicação no caso concreto.

A criação, pelos tribunais e Cortes Superiores, de estruturas administrativas, para assegurar o controle e informação sobre os precedentes existentes, potencializa sua observância, na medida em que disponibiliza ferramenta que permite organizar de forma mais racional, ativa e dinâmica os conflitos submetidos ao seu conhecimento.

O CNJ editou a Resolução n. 160/2012, a qual disciplinava a criação do Núcleo de Repercussão Geral e Recursos Repetitivos (Nurer) para todos os tribunais brasileiros, implantado em 2013 no STJ, com atuação circunscrita à 2ª Turma. Esse núcleo monitorava as distribuições de recursos, com o intuito de identificar teses repetitivas e afetá-las em um único ministro, evitando a desconcentração de decisões distintas. Em 2015, foi criado o Núcleo de Análise e Recursos Repetitivos (Narer) no STJ, vinculado à Presidência, que fazia diagnóstico dos recursos, no momento da distribuição, verificando aspectos formais ou se estão em desacordo ou abrangidos por um repetitivo.

A Resolução CNJ n. 235/2016 pretendeu padronizar nos tribunais as normas para gerenciamento de processos afetados pela repercussão geral e dos recursos repetitivos, inclusive a normatização

---

justificativa do incidente ora analisado, como se pode constatar da mera leitura do art. 976, *caput*, do Novo CPC" (NEVES, Daniel Amorim Assumpção. *Manual de Direito Processual civil*. 9ª ed. Salvador: JusPodivm, 2017, p. 1399).

da organização dos procedimentos administrativos decorrentes dos incidentes de resolução de demandas repetitivas e de assunção de competência. Define que:

(a) STJ e TST são gestores de recursos repetitivos, conforme sua competência, devendo criar temas e divulgar informações;

(b) Tribunais Regionais Federais, Tribunais Regionais do Trabalho e os Tribunais de Justiça dos Estados e do Distrito Federal são gestores do IRDR instaurados no âmbito de sua competência;

(c) STJ, TSE, TST, STM, os Tribunais Regionais Federais, os Tribunais Regionais do Trabalho e os Tribunais de Justiça do Estado e do Distrito Federal são gestores dos incidentes de assunção de competência (IAC), instaurados no âmbito de sua competência.

O CNJ criou o Banco Nacional de Dados de Casos Repetitivos e de Incidentes de Assunção de Competência, que deve ser alimentado continuamente pelos tribunais, com padronizações estipuladas; uma Comissão Permanente de Gestão Estratégica, Estatística e Orçamento do CNJ, responsável pela criação do Número Único de Temas (NUT) de IRDR e de IAC; e, por fim, o Núcleo de Gerenciamento de Precedentes (Nugep) no âmbito das estruturas administrativas permanentes do STJ, TST, TSE, STM, Tribunais de Justiça dos Estados e do Distrito Federal, Tribunais Regionais Federais e Tribunais Regionais do Trabalho.

Os Nugeps têm por intuito organizar, padronizar, uniformizar e informatizar a atuação de todos os tribunais integrantes do Poder Judiciário, quanto ao controle de precedentes, devendo gerenciar e unificar os procedimentos administrativos decorrentes da aplicação dos precedentes, assim como subsidiar a seleção dos grupos de representativos pelos órgãos competentes e monitorar os recursos dirigidos aos tribunais superiores, alimentando o Banco Nacional de Dados do CNJ.

CAPÍTULO VI – AS DIMENSÕES DO GERENCIAMENTO JUDICIAL

A iniciativa do CNJ foi importante para coordenar e organizar a aplicação dos precedentes em todos os âmbitos federativos e competências de atuação do Poder Judiciário.

A Resolução CNJ n. 235/2016 foi posteriormente alterada pela Resolução CNJ n. 286/2019, que incluiu a normatização sobre o encaminhamento de dados pelos tribunais para consulta pública em sua página referentes a casos repetitivos, admissão de IRDRs, afetação de processos ao julgamento de recursos repetitivos ou recursos extraordinários com repercussão geral, incidentes de assunção de competência, grupos de representativos e dados relativos à controvérsia.

O banco nacional de dados suprarreferido deve ser alimentado continuamente pelos tribunais. A resolução definiu a criação do NUT de IRDR e de IAC, atribuídos à competência da Comissão Permanente de Gestão Estratégica, Estatística e Orçamento do CNJ, com o apoio técnico do Departamento de Pesquisas Judiciárias (DPJ).

O STJ criou a Comissão Gestora de Precedentes, por força do art. 46-A do Regimento Interno do STJ (RISTJ) e Portaria STJ/GP n. 299, de 19.07.2017, composta por três ministros, representantes das seções de Direito Público, Direito Privado e Direito Penal. Essa comissão atua com o Nugep para identificar teses repetitivas.

O TJSP, por exemplo, em cumprimento à referida resolução, criou cinco Nugeps, vinculados à presidência, à vice-presidência e às presidências das seções de Direito Público, Direito Privado e Direito Criminal (Resolução CSM n. 2.384/2016).

O Nugep tem como principais atribuições:

(i) uniformizar o gerenciamento dos procedimentos administrativos decorrentes da aplicação da repercussão geral, de julgamentos de casos repetitivos e de incidente de assunção de competência;

MARIA RITA REBELLO PINHO DIAS

(ii) acompanhar os processos submetidos à técnica dos casos repetitivos e da assunção de competência em todas as suas fases;

(iii) controlar os dados referentes aos grupos de representativos;

(iv) acompanhar a tramitação dos recursos selecionados pelo tribunal como representativos da controvérsia, encaminhados ao STF, ao STJ e ao TST (art. 1.036, § 1º, do CPC), a fim de subsidiar a atividade dos órgãos jurisdicionais competentes pelo juízo de admissibilidade e pelo sobrestamento de feitos, alimentando o banco de dados;

(v) auxiliar os órgãos julgadores na gestão do acervo sobrestado;

(vi) manter, disponibilizar e alimentar o banco de dados com informações atualizadas sobre os processos sobrestados no Estado ou na região, conforme o caso, bem como nas turmas e colégios recursais e nos juízos de execução fiscal, identificando o acervo a partir do tema de repercussão geral ou de repetitivos, ou de incidente de resolução de demandas repetitivas e do processo paradigma, conforme a classificação realizada pelos tribunais superiores e o respectivo regional federal, regional do trabalho ou tribunal de justiça;

(vii) informar a publicação e o trânsito em julgado dos acórdãos dos paradigmas para os fins dos arts. 985, 1.035, § 8º, 1.039, 1.040 e 1.041 do CPC.

A melhor organização das informações relacionadas aos recursos repetitivos, de recuperação geral e incidente de assunção de competência, e a exigência de sua ampla divulgação pelos tribunais asseguram maior transparência, o que permite o controle, por parte da sociedade, dos critérios utilizados pelos tribunais para processar essas técnicas, tornando essa informação mais acessível e de fácil identificação por parte de magistrados.

Não obstante a existência da referida estrutura administrativa, necessário destacar que o controle da aplicação do

CAPÍTULO VI – AS DIMENSÕES DO GERENCIAMENTO JUDICIAL

precedente ainda é feito pelo magistrado no caso concreto, de forma ainda bastante manual, o qual deve conhecer o grande número de precedentes repetitivos (no STJ e no STF são, em cada um, quase 1.000 temas) e daqueles outros precedentes que não têm o controle centralizado no Nugep.

Ademais, para que esse sistema funcione, considerando a quantidade de precedentes – utilizamos esse termo para referirmos a qualquer uma das hipóteses previstas nos arts. 926 ou 927 do CPC –, patente que seu adequado controle e gerenciamento demandem ferramentas tecnológicas apropriadas e modernas, as quais possam apontar para o magistrado, talvez em um cenário ideal, de forma automática, todos os precedentes de repetitivos existentes sobre as questões debatidas nos autos, ou precedentes isolados sobre temas mais pontuais, e, por outro lado, façam uma "varredura" em todos os recursos interpostos sobre um tema específico, permitindo, com isso, a identificação daquele mais qualificado e dispensando o controle manual.

Existem algumas iniciativas, nesse sentido, para fornecer ao magistrado ferramenta tecnológica que o apoie a controlar de forma mais satisfatória, no caso concreto, a observância dos precedentes.

O Tribunal Estadual de Minas Gerais desenvolveu uma solução informatizada para indexação dos processos, a partir de um catálogo de índices previamente definido, permitindo, por pesquisa automática do sistema, sempre que houver a distribuição de um novo recurso, averiguar a existência de tema repetitivo, dando, assim, suporte a desembargadores, caso necessitem suscitar IRDRs.[367]

---

[367] "Marcos Borges, da Diretoria Executiva de Informática (Dirfor) do Tribunal mineiro, apresentou uma ferramenta que irá trazer inovação para os tribunais, especialmente no que se refere à identificação de repetitividade de processo, com base na indexação automática processual. No TJMG, atualmente, a indexação de processos é feita manualmente: os servidores têm de ler e analisar os autos para tentar extrair palavras-chave que representem a identidade do processo. A nova ferramenta permitirá a indexação automática oferecendo

O STF também desenvolveu recentemente uma ferramenta de Inteligência Artificial, batizada de Victor, que vai ler todos os recursos extraordinários encaminhados ao STF, devendo identificar os que estão vinculados a determinados temas, com o objetivo de acelerar a tramitação dos recursos.[368]

As iniciativas referidas, ainda bastante recentes, indicam que o uso de tecnologia para apoiar o magistrado a controlar a aplicação no caso concreto de precedentes, termo aqui utilizado para se referir a qualquer uma das hipóteses dos arts. 926 ou 927 do CPC, pode contribuir para sua melhor observância. Trata-se, portanto, de ferramenta que auxilia o gerenciamento dos precedentes e que não pode ser desconsiderada.

Além do controle de sua observância no caso concreto, outro ponto sensível na aplicação adequada do sistema de precedentes encontra-se no tempo de julgamento da afetação.

O art. 1.037, § 4º, do CPC estabelece que os recursos afetados deverão ser julgados em um ano e terão preferência sobre os demais feitos, ressalvados os que envolvam réus presos e *habeas corpus*. O art. 1.037, § 5º, do CPC, anteriormente, previa que, não ocorrendo o julgamento em um ano, a contar da decisão de

---

agilidade e padronização. 'Após a indexação, o processo é distribuído e encaminhado aos gabinetes. A ferramenta, baseada nos índices deste processo e dos temas cadastrados pelo TJMG, irá realizar uma busca em todo o acervo do segundo grau e irá alertar o desembargador sobre a similaridade ou não deste processo com os demais em trâmite no TJMG. O gabinete terá acesso à lista dos processos similares e poderá decidir se irá julgar individualmente ou sobrestará este processo', disse Borges" (TJMG. "Gestão de precedentes é tema de encontro no TJMG". *Portal do Tribunal de Justiça do Estado de Minas Gerais*. Disponível em: https://www.tjmg.jus.br/portal-tjmg/noticias/gestao-de-precedentes-e-tema-de-encontro-no-tjmg.htm#.Y1GmtnZByM8. Acessado em: 15.08.2018).

[368] STF. "Inteligência artificial vai agilizar a tramitação de processos no STF". *Portal do STF*, 17 mai. 2022. Disponível em: https://stf.jusbrasil.com.br/noticias/584499448/inteligencia-artificial-vai-agilizar-a-tramitacao-de-processos-no-stf. Acessado em: 15.08.2018.

CAPÍTULO VI – AS DIMENSÕES DO GERENCIAMENTO JUDICIAL

afetação, cessaria automaticamente, em todo o território nacional, a suspensão dos processos, que retomariam seu curso normal.

O § 5º do art. 1.037 foi revogado pela Lei n. 13.256/2016, de modo que inexiste, atualmente, qualquer norma que limite o tempo de suspensão de um processo – em qualquer grau de jurisdição – e que aborde questão que tenha sido afetada por um tribunal superior.[369]

Pondera-se que o art. 980 do CPC, que disciplina os IRDRs, prevê que o incidente deverá ser julgado em um ano, tendo preferência sobre os demais feitos, ressalvados os que envolvam réu preso e pedidos de *habeas corpus*, e que, superado esse prazo sem julgamento, haverá o término da suspensão dos processos, salvo por decisão fundamentada do relator em sentido contrário.

Há, portanto, fundado receio de que, caso os julgamentos relacionados às técnicas processuais em análise não se mostrem céleres, o sistema nacional de precedentes acabe caindo em descrédito, não conseguindo trazer nem sequer os resultados de eficiência, aumento da celeridade e de incremento da segurança pretendidos pelo legislador.

Dessarte, caso não se equalize o tempo de julgamento dos recursos afetados por essas técnicas processuais em análise, imprimindo-se ritmo célere, acrescentar-se-á, a todas as críticas já

---

[369] "A regra merece ser interpretada no sentido de que, na ausência de julgamento no prazo ânuo, a afetação do recurso como repetitivo deve ser *renovada* por *outro* relator do mesmo Tribunal Superior, levando em conta, ao menos, dois novos casos. Se isso não ocorrer – e a despeito da revogação do § 5º do art. 1.037 –, é mais correto entender que a afetação (e seu consequente regime jurídico para os demais recursos) perde seu efeito. O que não pode ser tolerado – e é o que ocorreu em inúmeras situações sob a vigência do CPC de 1973 – é que à afetação do recurso siga-se o sobrestamento de dezenas ou centenas de milhares de processos sem nenhuma previsão concreta de julgamento" (BUENO, Cassio Scarpinella. *Novo Código de Processo Civil anotado*. 3ª ed. São Paulo: Saraiva Jur, 2017, p. 984).

feitas, o questionamento acerca de sua efetividade em proporcionar segurança jurídica, tendo em vista seu potencial de paralisar a tramitação de inúmeros processos ao longo do tempo. Logo, sem eficiente gerenciamento da tramitação dos incidentes decorrentes do emprego dessas técnicas e do tempo em que serão julgados, razoável questionar se se mostrarão como ferramenta hábeis ao gerenciamento do volume de feitos pelo Poder Judiciário.

Vale destacar que o prazo de suspensão previsto em lei não computa o tempo de tramitação do processo, nem na primeira, nem na segunda instância, apenas o tempo de julgamento de afetação pelo tribunal superior.

A morosidade no julgamento pelos tribunais superiores de recursos afetados por essas técnicas processuais para repetitivos e repercussão geral já era apontada pela doutrina na vigência do Código de Processo Civil de 1973, a qual indicava, como conse-quências negativas, o impacto no aumento da litigiosidade e na demora na tramitação dos feitos nas demais instâncias.[370] Logo, havia sido detectado que, em vez de promover racionalização das estruturas do Poder Judiciário e eficiente gerenciamento de seu

---

[370] "(...) sobre litigância de massa foi de que a usual demora dos tribunais superiores em julgar os recursos versando sobre causas repetitivas reflete diretamente no aumento da litigiosidade e da morosidade processual não só nas instâncias judiciais, mas também administrativas, porquanto verificada uma tendência de ambas se posicionarem apenas depois de uma resposta definitiva da cúpula do Judiciário. A propósito, valendo-se de levantamentos estatísticos que apurou acerca do número de processos sobrestados em alguns tribunais de justiça e regionais federais do país aguardando a definição da tese jurídica pelo STF e STJ, Artur César de Souza assevera que as técnicas de resolução de demandas repetitivas forjadas pelo CPC/1973 não produ-ziram os efeitos almejados em razão da demora desses tribunais de vértice no julgamento dos recursos repetitivos e de repercussão geral. Há recursos extraordinários, com repercussão geral reconhecida no último bimestre de 2007, que não foram julgados até fevereiro de 2016" (ASSIS, Guilherme Bacelar Patrício de. *Precedentes vinculantes em recursos extraordinário e especial repetitivo*. Rio de Janeiro: Lumen Juris, 2017, pp. 201/202).

CAPÍTULO VI – AS DIMENSÕES DO GERENCIAMENTO JUDICIAL

volume de feitos, o uso dessas técnicas, sem a devida atenção ao tempo de seu processamento, poderia conduzir a resultados opostos.

O quadro 2 a seguir mostra a evolução das ações de repercussão geral no STF, evidenciando que, não obstante a previsão desse instituto pela Emenda Constitucional n. 45/2004 (disciplinada pela Lei n. 11.418/2006 e implementada pela Emenda Regimental 21 do Ristf), não houve redução do volume de distribuição, pelo contrário, houve claro aumento.

Quadro 2 – Movimento processual 2012-2017

MOVIMENTO PROCESSUAL | 2012-2017[1]

PROCESSOS	2012	2013	2014	2015	2016	2017
Protocolados	72.148	72.072	79.943	93.503	89.971	103.650
Distribuídos	46.392	44.170	57.799	65.108	57.367	56.257
Julgados	84.039	85.000	107.964	109.193	109.174	126.531
Decisões monocráticas	72.995	72.167	92.722	93.713	96.019	113.634
Decisões colegiadas	11.044	12.833	15.242	15.480	13.155	12.897
Pendentes	67.395	66.831	67.052	53.990	57.588	45.437

EVOLUÇÃO DO MOVIMENTO PROCESSUAL | 1940-2010[2]

PROCESSOS	1940	1950	1960	1970	1980	1990	2000	2010
Recebidos	2.419	3.091	6.504	6.367	9.555	18.564	105.307	71.670
Distribuídos	2.211	2.938	5.946	6.716	9.308	16.226	90.839	41.014
Julgados	1.807	3.371	5.747	6.486	9.007	16.449	86.138	98.529

[1]Acervo em 31/12/2017; [2]Números mais antigos divulgados pelo STF.   Fonte: *Site* do STF, acesso em 15/1/2018

Fonte: *Consultor Jurídico*.[371]

No tocante à apreciação de questões de repercussão geral, verifica-se que, no período do estudo supramencionado: (i) 974

---

[371] CANÁRIO, Pedro. "Dez anos depois, repercussão geral mostra sinais de esgotamento no STF". *Consultor Jurídico*. Disponível em: https://www. conjur.com.br/2018-abr-27/dez-anos-depois-repercussao-geral-mostra-sinais-esgotamento. Acessado em: 16.08.2020.

questões foram afetadas ao regime de repercussão geral; (ii) em 317 temas ela foi negada; (iii) das 657 questões remanescentes, 359 haviam sido julgadas; (iv) 298 questões ainda estavam pendentes; e (v) a média de julgamento ao longo do período apontado no quadro 2 foi de aproximadamente 34 temas com repercussão geral por ano (359 temas em dez anos).[372]

Analisando a média de julgamento apontada no parágrafo anterior, o STF demoraria cerca de oito anos para julgar os temas faltantes – considerando que não receberia qualquer outro julgamento de repercussão geral. Além disso, até 22.05.2017, os julgamentos de repercussão geral haviam impactado 400.625 processos.[373]

Nos Anexos I e II deste trabalho, foi indicado o tempo de julgamento de repercussões gerais e recursos repetitivos no STF e STJ, em pesquisa realizada em 2018, sendo possível constatar que o tempo médio de tramitação foi de, respectivamente, 24 meses e 9 meses. Importante esclarecer que esse tempo não considera o período de tramitação dos processos nas instâncias inferiores. Vale destacar que foi possível verificar que, em muitos casos, o tempo de duração do julgamento do recurso repetitivo/repercussão geral, mesmo com processos sobrestados, chegou a ser de quase dez anos.

A demora no julgamento dos recursos repetitivos/repercussão geral pelos tribunais superiores consiste em importante desafio a ser superado para se mitigar o risco de insucesso do sistema brasileiro de precedentes.

---

[372] CANÁRIO, Pedro. "Dez anos depois, repercussão geral mostra sinais de esgotamento no STF". *Consultor Jurídico*. Disponível em: https://www.conjur.com.br/2018-abr-27/dez-anos-depois-repercussao-geral-mostra-si-nais-esgotamento. Acessado em: 16.08.2020.

[373] CANÁRIO, Pedro. "Dez anos depois, repercussão geral mostra sinais de esgotamento no STF". *Consultor Jurídico*. Disponível em: https://www.conjur.com.br/2018-abr-27/dez-anos-depois-repercussao-geral-mostra-si-nais-esgotamento. Acessado em: 16.08.2020.

CAPÍTULO VI – AS DIMENSÕES DO GERENCIAMENTO JUDICIAL

Por fim, uma interessante constatação apurada a partir de pesquisa, citada anteriormente, feita em 2018. Observou-se por essa pesquisa que existe cerca de um milhão de processos sobrestados em razão do reconhecimento da repercussão geral por decisões do STF, e cerca de 240 mil no TJSP. Somente o TJSP possuía em 2019 cerca de 19,1 milhões de processos pendentes de julgamento, recebendo, por ano, por volta de 5,6 milhões de casos novos.[374]

Analisando o total de processos suspensos no TJSP[375] em razão da repercussão geral, verifica-se que, não obstante se tratar de volumetria importante (240 mil feitos), corresponde a pouco mais de 1,25% do volume total de processos pendentes naquele tribunal e cerca de 4,3% do total de novos casos recebidos em um ano.

Considerando os percentuais indicados no parágrafo anterior, é possível aventar como hipótese que, muito embora a submissão de processos a precedentes afete um número considerável de feitos, sua abrangência não corresponde a um grande percentual do volume total de processos em tramitação em um tribunal. Consequentemente, é de questionar se a observância do sistema de precedentes constitui ferramenta que efetivamente possa ser utilizada pelo Poder Judiciário para gerenciamento de seu volume de feitos, de forma genérica, ou se auxiliará a imprimir maior celeridade aos julgamentos. Corroboram esse questionamento as taxas de recorribilidade dos tribunais brasileiros mencionadas anteriormente neste trabalho. Evidentemente, trata-se de indagação que demanda maior aprofundamento.

---

[374] TJSP. "TJSP atinge a pontuação máxima no Índice de Produtividade Comparada da Justiça, afere o CNJ". *Portal do Tribunal de Justiça do Estado de S. Paulo*. Disponível em: https://www.tjsp.jus.br/Noticias/ Noticia?codigoNoticia=62011. Acessado em: 02.03.2021.

[375] Tribunal que possui maior quantitativo de processos suspensos por força da repercussão geral.

As dificuldades reportadas *supra*, seja no tocante ao tempo de tramitação das técnicas de padronização de teses jurídicas, seja no controle em si dos processos sujeitos aos precedentes por cada magistrado, indicam os desafios que deverão ser superados para permitir que o sistema de precedentes, concebido pelo legislador brasileiro, sobretudo os resultados que pretende atingir – maior celeridade e padronização da aplicação do Direito –, possam ser observados.

6.4.2 Ferramentas exógenas

Foi apresentado, neste trabalho, o conceito utilizado para "fatores exógenos". A seguir, analisar-se-ão alguns deles referentes à dimensão de gerenciamento institucional.

6.4.2.1 Uso de tecnologia

O recurso ao processo eletrônico não significa, simplesmente, a utilização de computadores para realização de tarefas antes feitas manualmente por seres humanos. Ao contrário, representa modificação drástica da forma como se vinha trabalhando, permitindo automatizações necessárias de funções, que contribuem para melhor andamento dos processos, como se verá a seguir. Trata-se, portanto, de importante ferramenta exógena de gerenciamento, que impacta de maneira inequívoca a celeridade dos processos judiciais.

É quase um senso comum a percepção do alto impacto positivo que a alteração do meio em que tramita o processo, a saber, do papel para o eletrônico, provocou em matéria de melhoria da celeridade processual. Essa percepção é confirmada por dados. A série histórica do CNJ, a seguir ilustrada, aponta a evolução da adoção do processo eletrônico nos tribunais brasileiros (considerando a proporção de processos novos eletrônicos distribuídos por ano) no período de 2009 a 2018. Indica, no mesmo período, o comportamento dos índices de IAD e TC do Poder Judiciário brasileiro.

CAPÍTULO VI – AS DIMENSÕES DO GERENCIAMENTO JUDICIAL

Figura 8 – Série histórica da taxa de congestionamento, do índice de atendimento da demanda e do percentual de processos eletrônicos

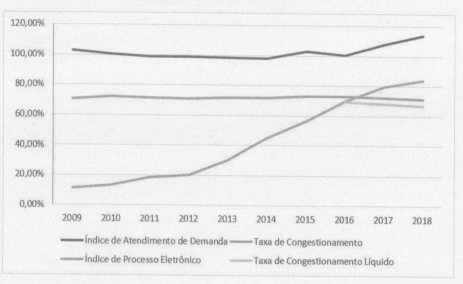

	Índice de Atendimento de Demanda	Taxa de Congestionamento	Índice de Processo Eletrônico	Taxa de Congestionamento Líquido
2009	102,90%	70,60%	11,20%	
2010	100,50%	72%	13,20%	
2011	98,90%	71%	18,40%	
2012	98,80%	70,80%	20,30%	
2013	98,40%	71,80%	30,40%	
2014	98%	71,70%	45,30%	
2015	103%	72,90%	56,30%	
2016	100,50%	73,00%	69,70%	69,40%
2017	107,50%	72,20%	79,40%	68,00%
2018	113,70%	71%	84%	67%

Fonte: CONSELHO NACIONAL DE JUSTIÇA. *Justiça em Números 2019*: Ano-base 2018. Relatório analítico. Brasília: CNJ, 2019.

Os dados do gráfico mostrado na figura 8 referem-se à média da justiça brasileira apurada durante o período de 2009 a 2018,[376] considerando todos os tribunais, de todas as justiças.

Observa-se que foi a partir de 2016, quando houve aumento considerável da proporção de distribuição de processos novos eletrônicos em relação aos físicos (quase 70%), que se identificou o aumento da capacidade de os tribunais enfrentarem casos novos, reduzindo acervos.

Destaca-se, ademais, que o efeito positivo observado, a partir do incremento do uso do processo eletrônico pelos tribunais brasileiros, foi um crescimento generalizado e consistente de sua capacidade de enfrentar e dar vazão ao processamento de novos processos.

É verdade que existem muitas variáveis que poderiam ser levantadas e que teriam que ser descartadas antes que se pudesse afirmar categoricamente a existência de correlação entre processos eletrônicos e aumento do IAD e redução da TC – uma delas, por

---

[376] Segundo o Relatório "Justiça em Números" 2019: "Neste item são apresentados os indicadores de desempenho do Poder Judiciário, incluindo a taxa de congestionamento e o Índice de Atendimento à Demanda (IAD), além do percentual de processos eletrônicos nos tribunais. A taxa de congestionamento mede o percentual de processos que ficaram represados sem solução, comparativamente ao total tramitado no período de um ano. Quanto maior o índice, maior a dificuldade do tribunal em lidar com seu estoque de processos. A taxa de congestionamento líquida, por sua vez, é calculada retirando do acervo os processos suspensos, sobrestados ou em arquivo provisório. Cumpre informar que nem todos os processos em tramitação estão aptos a serem baixados. É o caso, por exemplo, das execuções penais, que precisam permanecer no acervo enquanto o cumprimento da pena estiver em andamento. O IAD, por sua vez, reflete a capacidade das cortes em dar vazão ao volume de casos ingressados. O nível de informatização dos tribunais é calculado considerando o total de casos novos ingressados eletronicamente em relação ao total de casos novos físicos e eletrônicos, desconsideradas as execuções judiciais iniciadas" (Dados extraídos de CONSELHO NACIONAL DE JUSTIÇA. *Justiça em Números 2019*: Ano-base 2018. Relatório analítico. Brasília: CNJ, 2019. Disponível em: https://www.cnj.jus.br/wp-content/uploads/conteudo/arquivo/2019/08/justica_em_numeros20190919.pdf. Acessado em: 07.07.2019).

CAPÍTULO VI – AS DIMENSÕES DO GERENCIAMENTO JUDICIAL

exemplo, foi a entrada em vigor do novo Código de Processo Civil em 2016. De qualquer modo, os dados apresentados permitem, ao menos, suscitar essa hipótese.

Ainda pretendendo explorar essa hipótese, salienta-se o exemplo do TJSP.

No TJSP, a implantação do processo eletrônico começou em 2006, e em 2007 foi criado o primeiro foro totalmente digital do Brasil (Foro Regional Nossa Senhora do Ó, na capital). Houve a necessidade de proceder a um processo de unificação de sistemas e, posteriormente, à implantação do processo totalmente eletrônico, que concentrou esforços entre 2013 e 2015.[377][378]

Atualmente, praticamente todas as distribuições de processos novos são feitas em meio eletrônico, conforme informações extraídas do *site* do E. TJSP.[379] Nesse sentido, gráfico na figura 9 a seguir:

---

[377] BUCCOLO, Adriana. "Juizado Especial Digital: nova tentativa de desafogar o Judiciário". *Edgard Leite Advogados Associados*. Disponível em: https://edgardleite.com.br/juizado-especial-digital-nova-tentativa-de-desafogar-o--judiciario/. Acessado em: 05.07.2019.

[378] TJSP. *100% DIGITAL*. Disponível em: http://www.tjsp.jus.br/CemPorCento Digital. Acessado em: 02.05.2020.

[379] TJSP. *Histórico de Distribuição – Processos Digitais X Processos Físicos*. Disponível em: http://www.tjsp.jus.br/CemPorCentoDigital/CemPorCento Digital/HistoricoDistribuicao. Acessado em: 02.05.2020.

MARIA RITA REBELLO PINHO DIAS

Figura 9 – Distribuição anual – processos físicos x processos digitais

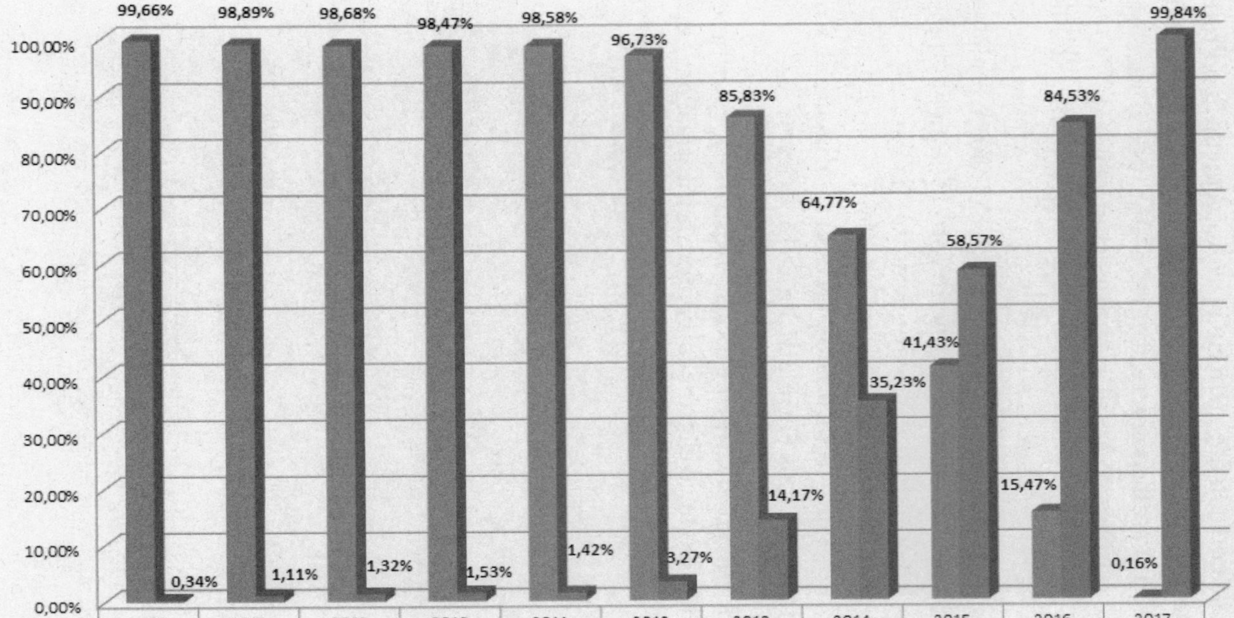

	2007	2008	2009	2010	2011	2012	2013	2014	2015	2016	2017
Processos Físicos (%)	99,66%	98,89%	98,68%	98,47%	98,58%	96,73%	85,83%	64,77%	58,57%	84,53%	99,84%
Processos Digitais (%)	0,34%	1,11%	1,32%	1,53%	1,42%	3,27%	14,17%	35,23%	41,43%	15,47%	0,16%

Fonte: site TJSP.

CAPÍTULO VI – AS DIMENSÕES DO GERENCIAMENTO JUDICIAL

A partir de 2016 até 2018, o TJSP implementou o Projeto de Inquérito Policial Eletrônico, consistindo em integração entre esse tribunal e a Polícia Civil, permitindo, assim, que o recebimento de novos inquéritos ocorresse apenas pela via digital.[380] O uso da tecnologia possibilitou a integração dos processos de trabalho do Poder Judiciário com aqueles da Polícia Civil, vinculada ao Poder Executivo. Consequentemente, diversas tarefas puderam ser automatizadas, reduzindo o fluxo de documentos/papéis de uma instituição para outra.

Com base nos dados extraídos dos relatórios "Justiça em Números", elaborado pelo CNJ, é possível verificar a evolução da capacidade de julgamento de casos novos pelo TJSP ao longo dos anos, de forma progressiva, conforme se observa na tabela 5 a seguir:

---

[380] TJSP. "Justiça paulista recebe primeiro inquérito policial digital". *Portal do Tribunal de Justiça do Estado de S. Paulo.* Disponível em: http://www. tjsp.jus.br/Noticias/noticia?codigoNoticia=29099&Id=29099. Acessado em: 25.05.2020; CONJUR. "Justiça de São Paulo inaugura encaminhamento de inquérito policial digital". *Consultor Jurídico.* Disponível em: https://www. conjur.com.br/2015-dez-26/justica-sao-paulo-inaugura-encaminhamento--inquerito-digital. Acessado em: 14.07.2019.

MARIA RITA REBELLO PINHO DIAS

Tabela 5 – IAD, TC e tempo médio de sentença do TJSP de 2012 a 2018

	2012[381]	2013[382]	2014[383]
IAD	94%	81%	93%
TC	78%	82%	81%
Tempo médio de sentença na fase de execução e de conhecimento	(sem informação)	(sem informação)	(sem informação)

---

[381] Dados extraídos do CONSELHO NACIONAL DE JUSTIÇA. *Justiça em Números* 2013: Ano-base 2012. Relatório analítico. Brasília: CNJ, 2013. Disponível em: https://www.cnj.jus.br/wp-content/uploads/2011/02/relatorio_jn2013.pdf. Acessado em: 15.10.2020.

[382] Dados extraídos do CONSELHO NACIONAL DE JUSTIÇA. *Justiça em Números* 2014: Ano-base 2013. Relatório analítico. Brasília: CNJ, 2014. Disponível em: https://www.cnj.jus.br/wp-content/uploads/2014/01/relatorio_jn2014.pdf. Acessado em: 15.10.2020.

[383] Dados extraídos do CONSELHO NACIONAL DE JUSTIÇA. *Justiça em Números* 2015: Ano-base 2014. Relatório analítico. Brasília: CNJ, 2015. Disponível em: https://www.cnj.jus.br/wp-content/uploads/conteudo/arquivo/2015/09/204bfbab488298e4042e3efb27cb7fbd.pdf. Acessado em: 15.10.2020.

CAPÍTULO VI – AS DIMENSÕES DO GERENCIAMENTO JUDICIAL

2015[384]	2016[385]	2017[386]	2018
120%	109,8%	105,4%	120,6%
81%	78,1% (bruta)	77,6% (bruta)	75,5% (bruta)
Exec.: 4 anos e 6 meses Conh.: 1 ano e 7 meses	Exec.: 5 anos e 9 meses Conh.: 1 anos 6 meses	Exec.: 5 anos e 9 meses Conh.: 1 anos 4 meses	Exec.: 6 anos e 2 meses Conh.: 1 anos e 4 meses

Fonte: CONSELHO NACIONAL DE JUSTIÇA.
Justiça em Números 2019: Ano-base 2018.
Relatório analítico. Brasília: CNJ, 2019.

---

[384] Dados extraídos do CONSELHO NACIONAL DE JUSTIÇA. *Justiça em Números* 2016: Ano-base 2015. Relatório analítico. Brasília: CNJ, 2016. Disponível em: https://www.cnj.jus.br/wp-content/uploads/2011/02/b8f46be-3dbbff344931a933579915488.pdf. Acessado em: 19.09.2020.

[385] Dados extraídos do CONSELHO NACIONAL DE JUSTIÇA. *Justiça em Números* 2017: Ano-base 2016. Relatório analítico. Brasília: CNJ, 2017. Disponível em: https://www.cnj.jus.br/wp-content/uploads/2019/08/b60a659e-5d5cb79337945c1dd137496c.pdf. Acessado em: 03.05.2018.

[386] Dados extraídos do CONSELHO NACIONAL DE JUSTIÇA. *Justiça em Números* 2019: Ano-base 2018. Relatório analítico. Brasília: CNJ, 2019. Disponível em: https://www.cnj.jus.br/wp-content/uploads/conteudo/arquivo/2019/08/justica_em_numeros20190919.pdf. Acessado em: 07.07.2019.

Também os dados *supra* do TJSP parecem indicar inequívoca relação entre o aumento da adoção de processos eletrônicos com a maior capacidade de processamento de novas ações judiciais. Foi possível constatar crescente habilidade de enfrentamento do TJSP para julgamento de casos novos – representada pelo aumento do IAD – nos últimos anos, sobretudo a partir de 2014 e 2015, anos em que, conforme mencionado, foram praticados os maiores esforços para adoção do processo digital.

Em contrapartida, é interessante observar dos dados apresentados anteriormente que, com a entrada em vigor do novo Código de Processo Civil em 2016, não se averiguou no TJSP aumento significativo da capacidade de enfrentamento de casos novos. Ao contrário, em um primeiro momento, houve queda, e apenas em 2019 que foi recuperada o mesmo nível verificado em 2015. Tampouco houve redução significativa do tempo de tramitação do processo após a entrada do novo Código de Processo Civil, conforme se verifica nos anos de 2016 a 2018. Essa constatação fortalece correlação entre ganho de capacidade de enfrentamento de novos processos e o uso do processo eletrônico.

Os dados do CNJ não indicam o tempo do processo antes de 2015, o que seria interessante para verificar eventual ganho de celeridade dos processos com o progressivo implemento do processo eletrônico pelos tribunais.

De qualquer modo, as evidências empíricas supramencionadas apontam para os benefícios provocados pelos processos eletrônicos, confirmando senso comum quanto às vantagens do uso de tecnologia.

Existem inúmeras vantagens do processo eletrônico em relação aos processos físicos, desde a eliminação de tarefas manuais mais insignificantes – mas que consumiam tempo dos servidores (por exemplo, enumerar e furar folhas, providenciar a movimentação física do processo, preparar cartas de citação) e que passaram a ser automaticamente feitas pela máquina – até melhorias de controle

CAPÍTULO VI – AS DIMENSÕES DO GERENCIAMENTO JUDICIAL

e gerenciamento de processos, em razão da disponibilização mais efetiva de dados da unidade judicial. Economiza-se tempo de trabalho de servidor qualificado, como é o caso do servidor público, dispensando-o de realizar tarefas artesanais para se dedicar a outras, apoiando, em muitos casos, o magistrado a aprimorar a qualidade de suas decisões ou a otimizar o andamento do processo em cartório.

Se não bastasse, o recurso à via eletrônica para tramitação de processos permite, também, o aprimoramento da integração entre os diversos órgãos públicos e tribunais, os quais, em razão da interoperabilidade de seus sistemas, conseguem executar suas funções e movimentar processos de forma digital, com maior transparência, segurança, e não somente com menor dispêndio de recursos, mas também com menor tempo de movimentação entre as instituições e de trabalho de servidores. Exemplo disso foi a integração entre os diferentes sistemas utilizados pelas instituições Polícia Civil, Ministério Público e TJSP, permitindo que os inquéritos policiais e respectivas ações penais tramitassem de forma totalmente eletrônica, desde seu início, na Polícia, até seu encaminhamento ao Poder Judiciário.

O exemplo da integração entre o sistema da polícia civil do estado de São Paulo com o sistema utilizado pelo TJSP acena para outras integrações públicas e privadas que podem ser realizadas, tornando a expedição e o recebimento de ofícios e documentos mais céleres, assim como, inclusive, a prática de atos processuais de citação e intimação de partes. Nesse sentido, projetos desenvolvidos também no âmbito do TJSP para citação e intimação das Fazendas Públicas do Estado e municipais[387] e, mais recentemente,

---

[387] TJSP. "Citações e intimações de fazendas públicas, fundações e autarquias municipais serão por meio eletrônico". *Portal do Tribunal de Justiça do Estado de S. Paulo.* Disponível em: https://www.tjsp.jus.br/Noticias/Noticia?codigoNoticia=61291. Acessado em: 04.04.2021.

a partir de agosto de 2019, também o início de projeto-piloto para citação de pessoas jurídicas privadas.[388]

O uso do processo eletrônico traz vantagens não apenas para o Poder Judiciário, que racionaliza a tramitação de seus feitos, a prática de atos e o recebimento de documentos, como, também, favorece as demais instituições e partes, que conseguem controlar melhor sua interação com os processos,[389] gerenciando, internamente, sua litigância de forma mais satisfatória.

Inequivocamente, o uso de tecnologia permite gestão mais eficiente por parte de cada tribunal de suas unidades judiciais, na medida em que, apenas pelo seu uso, resulta em maior padronização de processos de trabalho e permite a extração de dados de forma mais célere, o que possibilita identificar com presteza unidades que estejam passando por maiores dificuldades.

Razoável concluir, portanto, que o processo eletrônico é ferramenta de aprimoramento da gestão da unidade judicial pois, em comparação com o processo físico, apresenta as seguintes

---

[388] TJSP. "Tribunal inicia testes para automatização de atividades cartorárias". *Portal do Tribunal de Justiça do Estado de S. Paulo.* Disponível em: https://www.tjsp.jus.br/Noticias/Noticia?codigoNoticia=59849. Acessado em: 04.04.2021.

[389] TJSP. "Conheça o projeto de citação e intimação eletrônica do TJSP". *Portal do Tribunal de Justiça do Estado de S. Paulo.* Disponível em: https://www.tjsp.jus.br/Noticias/Noticia?codigoNoticia=63173. Acessado em: 04.04.2021. Daí destacamos o seguinte trecho: "O piloto de citação/intimação eletrônica começou no ano passado, na Capital, e está em expansão para todas as varas do Estado, inicialmente com as três primeiras empresas que aderiram ao projeto. No Foro Regional do Jabaquara, que participou dos primeiros testes, já são 34 empresas que podem acessar as citações eletronicamente. Quando iniciou o projeto, o TJSP contatou algumas instituições e o Itaú/Unibanco foi o primeiro a aderir. Para a instituição bancária os avanços do Judiciário também beneficiam as empresas. 'A citação eletrônica é extremamente importante, pois padroniza e centraliza a recepção de processos, gerando eficiência no tratamento das demandas. As áreas jurídicas estão cada vez mais modernas e digitalizadas, certamente, sempre que outras instituições passam a utilizar a citação eletrônica, o sistema como um todo é beneficiado', destacou o banco em nota".

CAPÍTULO VI – AS DIMENSÕES DO GERENCIAMENTO JUDICIAL

vantagens: (i) automatiza diversas tarefas repetitivas que precisavam ser realizadas por servidores, proporcionando maior padronização e redução de oportunidades de erros ou de extravio de autos, além de permitir que esse servidor possa ser alocado em outras tarefas mais complexas; (ii) organiza e torna "visíveis" dados da unidade, possibilitando melhor controle de prazos e menos filas de trabalho, além de ser mais transparente ao usuário quanto à sua movimentação interna na unidade judicial; (iii) confere maior segurança e transparência à tramitação do processo e à organização da unidade judicial; (iv) faculta a tramitação mais célere de processos e/ou informações necessárias para processos judiciais, mediante integrações com sistemas de outros órgãos públicos (entre tribunais,[390] com Polícia Civil, entre outros); (v) viabiliza a realização de atos pelo sistema eletrônico, facilitando citações e intimações, propiciando, assim, maior segurança à regularidade do processo.

A tecnologia pode ser empregada não apenas no processo eletrônico, mas também para o desempenho de outros atos por parte do Poder Judiciário.

A recente pandemia provocada pela Covid-19, em 2020, expôs a importância do uso da tecnologia para manutenção dos serviços judiciais.

Em razão da impossibilidade dos trabalhos presenciais,[391] a Resolução CNJ n. 313, de março de 2020, inicialmente suspendeu os prazos de processos físicos e digitais e autorizou a realização de trabalhos remotos, indicando matérias que deveriam ser alvo de apreciação por magistrados, relativas a questões essenciais e de urgência. Após cerca de um mês, constatando-se a possibilidade de manutenção da normal tramitação de processos digitais pelo sistema de trabalho remoto, autorizou-se pela Resolução CNJ n.

---

[390] Disponível em: https://web.trf3.jus.br/noticias/Noticiar/ExibirNoticia/ 371198-trf3-e-tjsp-completam-integracao-entre-sistemas-de. Acessado em: 19.01.2023.

[391] Decreto Executivo n. 06/2020.

314/2020 o retorno dos prazos processuais para tais processos, mantendo-se a suspensão, apenas, para os físicos.

O sistema de trabalho remoto, adotado excepcionalmente pelas Resoluções CNJ n. 313 e 314, de 2020, evidenciou que, mesmo atos tradicionalmente presenciais, como é o caso de audiências,[392] podem ser realizados de forma satisfatória com o uso das mais recentes tecnologias, sem prejuízo do exercício da ampla defesa ou do contraditório. O mesmo se pode dizer com relação ao ato de despachar com o juiz que, nesse período, passou a ser feito por plataformas que permitiam reuniões *on-line* em tempo real. Certamente essas constatações impactarão a forma como se trabalhará a partir do término da pandemia.

É de indagar como seria se não houvesse o processo eletrônico e plataformas que permitem reuniões *on-line* em tempo real, se tivéssemos que processar pedidos apenas em meio físico durante o período de pandemia, em que há impossibilidade de contato presencial. Seria preciso instituir regime de plantão, expondo a risco tanto juízes e servidores quanto advogados, com abrangência limitada a questões urgentes. Certamente seria uma situação desconfortável e até mesmo catastrófica para tantas empresas e pessoas que, evidentemente, teriam que recorrer ao Poder Judiciário para a solução de muitos impasses observados nesse período excepcional.

Não é inverossímil supor que, mesmo após o término da pandemia, as inovações provocadas pelas novas formas de trabalhar concebidas para viabilizar o trabalho remoto, sem prejudicar a normalidade dos serviços jurisdicionais, poderão alterar formas tradicionais de trabalho, com impacto na forma de uso e na ocupação de prédios públicos.

---

[392] Nesse sentido, verificar, por exemplo, o Comunicado da Corregedoria do Tribunal de Justiça n. 284/2020: TJSP. *Comunicado CG n. 284/2020*. Disponível em: https://www.tjsp.jus.br/Download/Portal/Coronavirus/Comunicados/Comunicado_CG_N284-2020.pdf. Acessado em: 05.07.2020.

CAPÍTULO VI – AS DIMENSÕES DO GERENCIAMENTO JUDICIAL

As evidências empíricas colhidas, assim como as reflexões sobre a otimização do uso de recursos humanos e de infraestrutura (imobiliária e mobiliário), permitem concluir que o recurso a sistemas eletrônicos de tramitação de processos e de novas tecnologias consiste em fator exógeno que impacta, diretamente, o tempo de tramitação do processo.

Além disso, novas tecnologias descobertas – como Inteligência Artificial – ampliam muito o campo de possibilidades de seu emprego para aprimorar não apenas o tempo do processo, mas também, especialmente, para qualificar as decisões e as intervenções do Poder Judiciário. Mais do que aprimorar a atuação do Poder Judiciário, a tecnologia tem um potencial transformador, permitindo não apenas realizar com mais eficácia serviços que já são prestados, mas, sobretudo, fazer coisas que nem sequer pensamos que seriam possíveis.[393]

---

[393] "Our court systems currently face three major challenges. Two of these arise directly from the virus and so are new, while the third is long-standing. The first challenge is to maintain a sufficient level of service while our traditional courts are closed. The extent of this challenge is unclear and varies across the world. An optimistic view is that we are over the worst and normal service is already being restored. A more realistic view is that the virus, in one way or another, will afflict us for many more months and possibly years. The most significant problem here is that we do not yet have alternative methods for handling some kinds of court hearing, such as those relating to serious crimes. The second challenge flows from the first. This is the backlog of cases that is accumulating while courts are not able to handle their normal load. Those justice systems that are regarded as coping well with the crisis are disposing of around one-third of their normal throughput. Adjournments and delays are building at a disturbing rate. The third challenge, the long-standing one, flows from an alarming truth – that even in justice systems that we regard as the most advanced, dispute resolution in public courts generally takes too long, costs too much, and the process is unintelligible to all but lawyers. In the most general terms, we call this the 'access to justice' problem. We can choose to blame the widespread reduction in public legal funding, we can argue that the current judicial and court machinery is disproportionate in many cases, we can claim that sometimes lawyers are the problem because they can inflame disputes, we can regret how little data is available to help us even to understand the dilemma, we can condemn the system for being antiquated and arcane, and more. But whatever explanation is preferred,

Existem muitas iniciativas recentes de tribunais brasileiros que permitem aventar a potencialidade das ferramentas tecnológicas para auxiliar o Poder Judiciário a enfrentar demandas repetitivas e a excessiva litigiosidade verificada no Estado brasileiro.

Um exemplo interessante, já mencionado neste trabalho, consiste na aplicação de Inteligência Artificial para controle de precedentes.

Como referido anteriormente, o STF desenvolveu uma ferramenta de Inteligência Artificial chamada Victor, que pode converter imagens em textos no processo digital, permitindo "ler" os recursos extraordinários que sobem ao STF e identificar quais estão vinculados a determinados temas de repercussão geral,[394] apontando aqueles que o Supremo decidiu que não vai examinar, ficando sujeito, apenas, à revisão. De acordo com seus desenvolvedores,

---

the unvarnished reality is that most people on our planet cannot afford to enforce their legal entitlements in public courts. Globally, the statistics are stark. According to the Organisation for Economic Co-operation and Development only 46 percent of human beings live under the protection of the law. (...) There is another mindset issue here, one that relates more specifically to technology. When most lawyers and judges think of technology, they think of automation. They have in mind the introduction of systems to streamline and improve some preexisting, often inefficient, working practices. Technology, on this view, is grafted onto long-standing legal and court processes. The first 50 years of legal and court technology were devoted in this way to automating (digitizing) the practice of law and the administration of justice. But there is a much more significant role for technology, and that is to bring about transformation. By this, I mean the use of technology to effect radical change and to allow us to do things that previously were not possible (or even conceivable). The role of technology here is not to support and enhance our old ways of working but to overhaul and often replace our practices of the past" (SUSSKIND, Richard. "The future of Courts". *Remote Courts*, vol. 6, no 5, jul./ago. 2020. Disponível em: https://thepractice.law. harvard.edu/article/the-future-of-courts/. Acessado em: 20.09.2020).

[394] STF. "Inteligência artificial vai agilizar a tramitação de processos no STF". *Portal do STF*, 17 mai. 2022. Disponível em: https://stf.jusbrasil.com.br/noticias/584499448/inteligencia-artificial-vai-agilizar-a-tramitacao-de-processos-no-stf. Acessado em: 15.08.2018.

CAPÍTULO VI – AS DIMENSÕES DO GERENCIAMENTO JUDICIAL

o uso dessa ferramenta permitirá reduzir o tempo de análise e de consumo de recursos humanos, visto que faz em cinco segundos a mesma tarefa que um servidor leva, em média, 44 minutos.[395]

Outro possível uso de novas tecnologias para aprimoramento das atividades judiciais encontra-se em iniciativa para desenvolver aplicação que auxilie o magistrado a enfrentar seu volume de trabalho, efetuando sugestões de textos com base na movimentação do processo, utilizando as decisões anteriores por ele elaboradas como parâmetro.

O Tribunal de Justiça de Rondônia (TJRO) desenvolveu o Sinapses,[396] que permite classificar tipos de movimentação do processo judicial, além de se valer de outra ferramenta de gerador de texto, contribuindo com a elaboração de documentos. Essa técnica foi criada utilizando 44 mil despachos, sentenças e julgamento de um magistrado para treinar a Inteligência Artificial a efetuar a classificação.[397] Essa aplicação faz uso de redes neurais

---

[395] PRESCOTT, Roberta; MARIANO, Roberto. "Victor, a IA do STF, reduziu tempo de tarefa de 44 minutos para cinco segundos". *Convergência Digital*, 17 out. 2019. Disponível em: https://www.convergenciadigital.com.br/Inovacao/Victor%2C-a-IA-do-STF%2C-reduziu-tempo-de-tarefa-de-44-minutos-para-cinco-segundos-52015.html?UserActiveTemplate=mobile. Acessado em: 05.07.2020.

[396] MELO, Jeferson. "Judiciário ganha agilidade com uso de inteligência artificial". *Agência CNJ de Notícias*. Disponível em: https://www.cnj.jus.br/judiciario-ganha-agilidade-com-uso-de-inteligencia-artificial/. Acessado em: 05.07.2020.

[397] TJRO. *Sinapses*: Inteligência Artificial do TJRO desperta interesse no público da Campus Party. Disponível em: https://www.tjro.jus.br/noticias/item/9729-sinapses-inteligencia-artificial-do-tjro-desperta-interesse-no-publico-da-campus-party. Acessado em: 05.07.2020.

para aprendizagem e capacidade de predição.[398] Esse programa realiza tarefas repetitivas e auxilia a elaboração de minutas.[399]

Ainda considerando iniciativas desenvolvidas para apoio do magistrado, foi identificado projeto-piloto que está sendo conduzido pelo Tribunal de Justiça de Minas Gerais (TJMG) para apoio à tomada de decisões em processos relativos a casos repetitivos/semelhantes.

O TJMG desenvolveu o Radar, que, pelo acesso à base de dados, verifica casos repetitivos do acervo da comarca, agrupando-os e julgando-os conjuntamente a partir de uma decisão previamente definida pelo magistrado, considerando os mesmos pedidos e causas, além de permitir pesquisas por palavras-chave.[400] Desenvolveu, também, o robô Agil que, pelo título da ação, examina as varas e gabinetes do Estado para identificar desvios de distribuição, possibilitando rápida identificação de demandas repetitivas.[401] O TJMG noticiou que o uso do Radar permitiu o julgamento de 263 recursos, em sua primeira utilização, em uma única sessão.[402]

---

[398] NEWS RONDÔNIA. "Inteligência artificial desenvolvida pelo TJRO pode revolucionar o judiciário". *News Rondônia*. Disponível em: https://www.newsrondonia.com.br/noticia/112072-inteligencia-artificial-desenvolvida-pelo-tjro-pode-revolucionar-o-judiciario. Acessado em: 05.07.2020.

[399] STF. "Inteligência artificial vai agilizar a tramitação de processos no STF". *Portal do STF*, 17 mai. 2022. Disponível em: https://stf.jusbrasil.com.br/noticias/584499448/inteligencia-artificial-vai-agilizar-a-tramitacao-de-processos-no-stf. Acessado em: 15.08.2018.

[400] MELO, Jeferson. "Judiciário ganha agilidade com uso de inteligência artificial". *Agência CNJ de Notícias*. Disponível em: https://www.cnj.jus.br/judiciario-ganha-agilidade-com-uso-de-inteligencia-artificial/. Acessado em: 05.07.2020.

[401] TJMG. *Relatório de Gestão 2016-2018*: Ferramenta Ágil. Disponível em: https://www.tjmg.jus.br/portal-tjmg/hotsites/relatorio-de-gestao-2016-a-2018/ferramenta-agil.htm#.XwKVRyhKjIU. Acessado em: 05.07.2020.

[402] TJMG REALIZA primeiro julgamento virtual de recursos. *Portal do Tribunal de Justiça do Estado de Minas Gerais*. Disponível em: http://www.tjmg.jus.br/portal-tjmg/noticias/tjmg-realiza-primeiro-julgamento-virtual-de-recursos.htm#.XwKUnihKjIU. Acessado em: 05.07.2020.

CAPÍTULO VI – AS DIMENSÕES DO GERENCIAMENTO JUDICIAL

A preocupação com processos repetitivos ou semelhantes é identificada em iniciativas de outros tribunais.

O Tribunal de Justiça do Amapá (TJAP) desenvolveu um robô de Inteligência Artificial para atuar nos juizados da fazenda pública, a fim de identificar as situações em que há demandas repetitivas, autuando-as de imediato, dispensando trabalho de servidor nesse sentido e permitindo que o juiz possa proferir sua decisão em lotes.[403]

Também o Tribunal de Justiça de Goiás (TJGO) desenvolveu o Busca Eletrônica em Registros usando Linguagem Natural (Berna), programa de Inteligência Artificial que identifica e unifica automaticamente volumes significativos de demandas judiciais em tramitação que possuam o mesmo fato e tese jurídica na petição inicial, criando pendências no sistema eletrônico para alertar a possibilidade de conexão com diferentes unidades judiciais.[404]

Novas tecnologias podem ser utilizadas, também, na automatização de determinadas funções dos ofícios judiciais para cumprimento de decisões proferidas por magistrados. Nesse sentido, algumas iniciativas interessantes foram identificadas, sobretudo em áreas em que, conforme mencionado neste trabalho, o Poder Judiciário encontra mais dificuldades de encaminhamento, como são os casos das execuções e das execuções fiscais.

O Tribunal de Justiça do Rio Grande do Norte (TJRN) desenvolveu o Poti, a Clara e o Jerimum. O primeiro já está em atividade

---

[403] CNJ. "Tribunal do Amapá vai implantar Programa Justiça 4.0". *Agência de Notícias do CNJ*. Disponível em: https://www.cnj.jus.br/justica-do-amapa-vai-implantar-programa-justica-4-0/. Acessado em: 15.03.2021.

[404] TJGO. "TJGO lança sistema de inteligência artificial que agrupa ações idênticas". *Portal do Tribunal de Justiça do Estado de Goiás*. Disponível em: https://www.tjgo.jus.br/index.php/institucional/centro-de-comunicacao-social/20-destaque/19854-tjgo-lanca-sistema-de-inteligencia-artificial-que-agrupa-acoes-identicas. Acessado em: 15.03.2021.

e executa tarefas de bloqueio, desbloqueio de contas e emissão de certidões do BacenJud, fazendo em 35 segundos o trabalho de um mês de um servidor.[405] [406] Os demais estão em fase de conclusão; a Clara sugere tarefas e decisões, enquanto o Jerimum classifica processos, agregando-os por assuntos próprios.[407]

Também o Tribunal de Justiça do Paraná (TJPR) desenvolveu ferramenta que utiliza Inteligência Artificial para otimizar a busca de informações no sistema BacenJud, permitindo geração automática de minutas de solicitação judicial às instituições financeiras, de forma mais célere.[408]

O Tribunal de Justiça de Pernambuco (TJPE) desenvolveu o Elis, um sistema que, analisando processos de execução fiscal do Município de Recife, classifica-os segundo divergências cadastrais, competências distintas e prescrições, e, sugerindo minutas,[409]

---

[405] AZEVEDO, Bernardo de. "TJRN investe em sistemas para automatizar ações repetitivas". *Portal Bernardo de Azevedo*. Disponível em: https://bernardodeazevedo.com/conteudos/tjrn-investe-em-sistemas-para-automatizar-acoes-repetitivas/. Acessado em: 05.07.2020.

[406] BAETA, Zínia. "Tribunais investem em robôs para reduzir volume de ações". *Valor Econômico*. Disponível em: https://valor.globo.com/noticia/2019/03/18/tribunais-investem-em-robos-para-reduzir-volume-de-acoes.ghtml. Acessado em: 05.07.2020.

[407] STF. "Inteligência artificial vai agilizar a tramitação de processos no STF". *Portal do STF*, 17 mai. 2022. Disponível em: https://stf.jusbrasil.com.br/noticias/584499448/inteligencia-artificial-vai-agilizar-a-tramitacao-de-processos-no-stf. Acessado em: 15.08.2018.

[408] TJPR. "TJPR utiliza Inteligência Artificial para acesso a informações do sistema BacenJud". *Portal do Tribunal de Justiça do Estado do Paraná*. Disponível em: https://www.tjpr.jus.br/noticias/-/asset_publisher/9jZB/content/tjpr-utiliza-inteligencia-artificial-para-acesso-a-informacoes-do-sistema-bacenjud/18319. Acessado em: 15.03.2021.

[409] STF. "Inteligência artificial vai agilizar a tramitação de processos no STF". *Portal do STF*, 17 mai. 2022. Disponível em: https://stf.jusbrasil.com.br/noticias/584499448/inteligencia-artificial-vai-agilizar-a-tramitacao-de-processos-no-stf. Acessado em: 15.08.2018.

CAPÍTULO VI – AS DIMENSÕES DO GERENCIAMENTO JUDICIAL

faz triagem e movimentação desses processos.[410] Esse sistema é apto a realiza em 15 dias o trabalho que 11 servidores efetuam em 18 meses, movimentando, nesse período, 70 mil processos. Conforme levantamento do CNJ, 53% das ações pendentes de julgamento do TJPE tratava-se de execuções fiscais.[411] [412]

Também o Tribunal de Justiça do Rio de Janeiro (TJRJ) manifestou preocupação com execuções fiscais, tendo efetuado piloto com a Victoria, ferramenta de Inteligência Artificial voltada a auxiliar a execução fiscal, que realiza pesquisas e bloqueios de BacenJud, RenaJud e InfoJud, conseguindo, segundo informado pelos desenvolvedores, em três dias de piloto, fazer trabalho correspondente a dois anos e meio da equipe de cartório, realizando quase 7 mil penhoras com expressiva recuperação de ativos.[413] [414]

---

[410] CASTRO, Beatriz. "Justiça de Pernambuco usa inteligência artificial para acelerar processos". *G1*. Disponível em: https://g1.globo.com/pe/pernambuco/noticia/2019/05/04/justica-de-pernambuco-usa-inteligencia-artificial-para--acelerar-processos.ghtml. Acessado em: 05.07.2020.

[411] MELO, Jeferson. "Judiciário ganha agilidade com uso de inteligência artificial". *Agência CNJ de Notícias*. Disponível em: https://www.cnj.jus.br/judiciario-ganha-agilidade-com-uso-de-inteligencia-artificial/. Acessado em: 05.07.2020.

[412] BELFORT, Ângela Fernanda. "Robô já faz primeira parte dos processos de execução fiscal no TJPE". *JC*. Disponível em: https://jc.ne10.uol.com.br/canal/politica/pernambuco/noticia/2019/07/28/robo-ja-faz-primeira-parte-dos-processos-de-execucao-fiscal-no-tjpe-384158.php. Acessado em: 05.07.2020.

[413] TJRJ. "TJRJ adota modelo inovador nas cobranças de tributos municipais". *Portal do Tribunal de Justiça do Estado do Rio de Janeiro*. Disponível em: http://www.tjrj.jus.br/noticias/noticia/-/visualizar-conteudo/5111210/5771753. Acessado em: 05.07.2020.

[414] "A experiência pioneira realizada no estado do Rio de Janeiro comprovou a eficácia do método no executivo fiscal, de modo que sua implantação pode gerar uma cultura de adimplemento dos tributos, com reflexos incomensuráveis para a sociedade como um todo e um impacto extremamente alto para o Judiciário. A solução do executivo fiscal implica numa redução elevada da taxa de congestionamento do Judiciário, sendo possível reduzir a mesma em até 12% (doze por cento) com a movimentação desses processos. Além disso, não se pode desconsiderar o impacto financeiro e orçamentário que essa medida irá ocasionar nos cofres públicos, em benefício de toda a comunidade"

Ainda na área das execuções fiscais, o TJSP desenvolveu robôs que automatizam tarefas específicas observadas na tramitação dessas execuções fiscais, que consumiam tempo dos servidores, por exemplo, realização dos bloqueios de BacenJud, correção de cadastros, movimentações em lote, identificação de processos prescritos, classificações de petições. Segundo reportam os desenvolvedores, esses robôs permitiram, além de maior celeridade na condução dos acervos, pela automatização dessas tarefas, redução de 2/3 do acervo durante o período do piloto e maior recuperação de crédito fiscal.[415] Apenas a título de exemplo, com o uso desse robô, em um piloto em uma vara específica, em 2018, foram realizadas, em seis meses, 800 mil movimentações e foram extintos 200 mil processos – curiosamente, número de feito semelhante àquele que está sobrestado por conta da afetação a temas repetitivos pelo STF.[416]

O Tribunal de Justiça do Rio Grande do Sul (TJRS) utiliza, também em projeto-piloto, Inteligência Artificial em seus processos de execução fiscal estadual, para apoiar o Poder Executivo na cobrança de dívidas. Essa ferramenta analisará as petições iniciais, extraindo informações e sugerindo direcionamentos para citação e intimação das partes ou outros procedimentos cartorários.[417]

(PORTO, Fábio Ribeiro. "O impacto da utilização da Inteligência Artificial no Executivo Fiscal: estudo de caso do Tribunal de Justiça do Rio de Janeiro". *Direito em Movimento*, vol. 17, nº 1, 2019. Disponível em: https://www.eme rj.tjrj.jus.br/revistadireitoemovimento_online/edicoes/volume17_numero1/ volume17_numero1_142.pdf. Acessado em: 05.07.2020).

[415] JUSBRASIL. "TJSP expande uso de robôs que automatizam tarefas". *JusBrasil*. Disponível em: https://tj-sp.jusbrasil.com.br/noticias/681233629/tjsp-expan-de-uso-de-robos-que-automatizam-tarefas. Acessado em: 05.07.2020.

[416] TJSP. "Robôs automatizam movimentações processuais". *Portal do Tribunal de Justiça do Estado de S. Paulo*. Disponível em: https://tjsp.jus.br/Noticias/ Noticia?codigoNoticia=58118. Acessado em: 05.07.2020.

[417] TJRS. "Inteligência artificial avança nos Executivos Fiscais Estaduais". *Portal do TJRS*. Disponível em: https://www.tjrs.jus.br/novo/noticia/inteligencia-ar-tificial-avanca-nos-executivos-fiscais-estaduais/. Acessado em: 15.03.2021.

CAPÍTULO VI – AS DIMENSÕES DO GERENCIAMENTO JUDICIAL

Percebe-se, portanto, o potencial do uso de Inteligência Artificial e de novas tecnologias, tanto para realização de tarefas repetitivas por parte dos servidores que atuam em cartório quanto para controle de precedentes, contribuindo para sua melhor observância e, consequentemente, para a aplicação mais uniforme do Direito, bem como para a elaboração de decisões.

A tecnologia se mostra como ferramenta que auxilia o melhor andamento do processo em si, automatizando-o e aprimorando a integração com outras entidades públicas ou privadas, permitindo tramitação mais racional e célere, além da gestão do volume por parte do Poder Judiciário, capacitando-o a enfrentar com mais eficiência grandes quantidades de feitos. Ademais, contribui para aumentar a qualidade das decisões judiciais, uma vez que propicia maior organização dos processos recebidos e a liberação dos servidores, que executavam tarefas que foram otimizadas, para efetuar outras que possam auxiliar magistrados.

Por fim, essas novas tecnologias apontam para diferentes usos, inclusive para proporcionarem uma comunicação mais eficaz entre o Poder Judiciário e a população em geral.

Nesse sentido, o TJSP desenvolveu, em 2019, uma assistente virtual, a Judi, focada no atendimento ao cidadão, com o propósito de esclarecer dúvidas sobre os juizados especiais, principalmente para evitar comparecimentos desnecessários ao Fórum, agilizando e tornando mais eficiente, com isso, o atendimento de balcão.[418] O TSE também desenvolveu assistente virtual para facilitar orientações a eleitores.[419]

---

[418] TJSP. "TJSP lança Judi, sua assistente virtual". *Portal do Tribunal de Justiça do Estado de S. Paulo*. Disponível em: https://www.tjsp.jus.br/Noticias/Noticia?codigoNoticia=59109. Acessado em: 05.07.2020.

[419] TSE. "Assistentes virtuais do TSE auxiliam os eleitores nas redes sociais". *Portal do TSE*. Disponível em: http://www.tse.jus.br/imprensa/noticias--tse/2019/Julho/assistentes-virtuais-do-tse-auxiliam-os-eleitores-nas-redes--sociais. Acessado em: 05.07.2020.

Justamente diante da falta de legislação sobre a Inteligência Artificial e com base no poder normativo previsto no art. 103-B, § 4º, II, da CF, tal como constou em seus considerandos, foi editada a Resolução CNJ n. 332/2020, que dispõe sobre a ética, a transparência e a governança na produção e no uso de Inteligência Artificial no Poder Judiciário. A referida resolução estabelece parâmetros que devem ser observados na utilização de aplicações que fazem uso de Inteligência Artificial pelo Poder Judiciário, autorizando-a inclusive para processos de tomada de decisão. Essa resolução cria sistema de governança e traz princípios e valores jurídicos que deverão ser seguidos no processo de desenvolvimento de soluções de Inteligência Artificial, mas não aprofunda aspectos técnicos, submetendo as iniciativas ao controle do CNJ, nos seguintes termos:[420]

> Art. 10. Os órgãos do Poder Judiciário envolvidos em projeto de Inteligência Artificial deverão: I – informar ao Conselho Nacional de Justiça a pesquisa, o desenvolvimento, a

---

[420] Destacamos os arts. 6º e 7º: "Art. 6º Quando o desenvolvimento e treinamento de modelos de Inteligência exigir a utilização de dados, as amostras devem ser representativas e observar as cautelas necessárias quanto aos dados pessoais sensíveis e ao segredo de justiça. Parágrafo único. Para fins desta Resolução, são dados pessoais sensíveis aqueles assim considerados pela Lei n. 13.709/2018, e seus atos regulamentares.

Art. 7º As decisões judiciais apoiadas em ferramentas de Inteligência Artificial devem preservar a igualdade, a não discriminação, a pluralidade e a solidariedade, auxiliando no julgamento justo, com criação de condições que visem eliminar ou minimizar a opressão, a marginalização do ser humano e os erros de julgamento decorrentes de preconceitos. § 1º Antes de ser colocado em produção, o modelo de Inteligência Artificial deverá ser homologado de forma a identificar se preconceitos ou generalizações influenciaram seu desenvolvimento, acarretando tendências discriminatórias no seu funcionamento. § 2º Verificado viés discriminatório de qualquer natureza ou incompatibilidade do modelo de Inteligência Artificial com os princípios previstos nesta Resolução, deverão ser adotadas medidas corretivas. § 3º A impossibilidade de eliminação do viés discriminatório do modelo de Inteligência Artificial implicará na descontinuidade de sua utilização, com o consequente registro de seu projeto e as razões que levaram a tal decisão".

CAPÍTULO VI – AS DIMENSÕES DO GERENCIAMENTO JUDICIAL

implantação ou o uso da Inteligência Artificial, bem como os respectivos objetivos e os resultados que se pretende alcançar; II – promover esforços para atuação em modelo comunitário, com vedação a desenvolvimento paralelo quando a iniciativa possuir objetivos e resultados alcançados idênticos a modelo de Inteligência Artificial já existente ou com projeto em andamento; III – depositar o modelo de Inteligência Artificial no Sinapses.

O art. 218 da CF afirma que compete ao Estado promover inovação e, no art. 219-B, que o Sistema Nacional de Ciência, Tecnologia e Inovação (STNCI) será organizado por lei federal, a qual disporá normas gerais sobre ele, ao passo que Estados, Distrito Federal e municípios legislarão concorrentemente sobre suas peculiaridades. Novamente, parece situação que o constituinte expressamente reservou ao legislador no texto constitucional, inclusive indicando apenas organização por lei federal, mas valorizando iniciativas descentralizadas por parte dos entes federativos, reforçando a conveniência de esclarecimento acerca da amplitude do poder normativo originário atribuído ao CNJ.

Diante dos exemplos empíricos anteriormente apresentados, razoável aventar como hipótese que a variável exógena "tecnologia" não é somente uma ferramenta que pode ser utilizada para aumentar a celeridade de tramitação processual. Pode ser usada para propiciar maior segurança jurídica, por auxiliar o magistrado na observância dos inúmeros precedentes de tribunais superiores e contribuir com a melhora da qualidade das decisões judiciais. Trata-se, ademais, de ferramenta ainda mais poderosa à medida que pode ser empregada para facilitar o acesso do cidadão à justiça, "descomplicando" o universo jurídico para litigantes não habituais.

No entanto, a tecnologia, *per se*, não é uma tábua de salvação para todos os problemas do Poder Judiciário. Tecnologia é, antes de tudo, ferramenta disponibilizada para apoiar a melhor execução de uma atividade. Trata-se de meio, e não de fim.

As falhas na estratégia de informatização de processos judiciais podem resultar efeito adverso, tornando o acesso ao Poder Judiciário mais burocrático. Nesse sentido, há um alerta do Tribunal de Contas da União, ao analisar os sistemas eletrônicos de tramitação de processos adotados pelos tribunais vinculados à União, no relatório apresentado no TC n. 008.903/2018-2, já referido neste trabalho, que concluiu que deficiências na política pública instituída pelo CNJ resultaram em sistema de baixa qualidade, inseguro e sem impacto relevante na economia de recursos ou no tempo de tramitação de processos.[421][422]

---

[421] CONJUR. "'Processo eletrônico ampliou custos e tempo de tramitação de ações', diz TCU". *Consultor Jurídico*. Disponível em: https://www.conjur.com.br/2019-jul-09/processo-eletronico-ampliou-custos-tempo-tramitacao-tcu. Acessado em: 14.07.2019.

[422] Extraem-se, sobre a questão, as seguintes passagens do relatório TC 008.903/2018-2: "Mesmo os sistemas denominados PJe não são necessariamente iguais. Há diversas versões em funcionamento, cada qual com suas peculiaridades" (relatório TC 008.903/2018-2, p. 7). "Outro ponto importante a frisar é que a lista contém apenas o tipo de sistema, mas não a sua versão. Assim, pouquíssimos são os tribunais que utilizam a última versão do PJe. A maioria usa versões mais antigas" (p. 8). "O segundo nível de quebra é a sobreposição de versões de um mesmo sistema. É o caso do PJe, que se quebrou de tal forma que atualmente existem quatro diferentes sistemas utilizando a mesma nomenclatura PJe, mas que, na verdade, são sistemas diferentes, seja em relação a arquitetura de software e tecnologias utilizadas, seja em relação ao modelo de dados. Assim, apesar de terem o mesmo nome, é prejudicado o compartilhamento de funcionalidades entre esses diferentes PJe. (...) O terceiro nível de quebra da política de informatização do processo judicial ocorre quando um mesmo 'órgão utiliza mais de um sistema'" (p. 12). "Assim, observa-se que os critérios adotados para verificar se houve ou não a adoção do MNI pelos Tribunais Regionais Federais são falhos, pois não são suficientes para garantir a efetiva e completa interoperabilidade entre os sistemas. A não adoção do MNI, além de falha formal, produz efeitos práticos que serão posteriormente descritos" (p. 15). "Para avaliar a qualidade de interoperabilidade entre os sistemas, a equipe de auditoria solicitou ao CNJ, CSJT, CJF, TRF, OAB, DPU, AGU e MPU informações sobre os problemas de interoperabilidade com as diferentes instâncias do Poder Judiciário. 94. As informações recebidas indicam que, na visão dos atores ouvidos, há problemas de interoperabilidade que levam a erros, tanto transacionais quanto não transacionais. Os erros transacionais são os intermitentes, em que a comunicação via MNI entre os órgãos fracassa

CAPÍTULO VI – AS DIMENSÕES DO GERENCIAMENTO JUDICIAL

Nesse ponto, é preciso compreender os desafios e questões enfrentados no processo de adoção de novas soluções tecnológicas pelos tribunais brasileiros, para que essa ferramenta – a tecnologia – possa ser efetivamente empregada de forma bem-sucedida no aprimoramento da tramitação processual, não apenas tornando-o mais célere, mas, também, incrementando sua qualidade.

Existem alguns desafios no tocante à incorporação de novas tecnologias pelos tribunais brasileiros. Inicialmente, destaca-se o descompasso entre a velocidade de estabelecimento dos marcos regulatórios legais e as inovações promovidas por novas tecnologias, aliado à inexistência de legislação específica voltada à sua contratação, sobretudo por órgãos públicos. Por fim, na ausência dessas regras legais, a necessidade de trazer maior clareza na definição da função constitucional do CNJ e os limites de sua atuação diante da autonomia administrativa dos tribunais brasileiros. Sobre essa questão já se tratou, neste trabalho, em item próprio.

Não é objetivo deste trabalho adentrar na análise das questões apontadas anteriormente. No entanto, por estarem intrinsecamente relacionadas ao melhor uso da ferramenta tecnológica – variável exógena que impacta a maior celeridade do processo e a maior qualidade das decisões jurisdicionais –, é relevante apenas destacar os desafios que deverão ser superados para que se possam incorporar ao Poder Judiciário com eficiência todas as potencialidades proporcionadas por novas tecnologias. Não se procederá, contudo, ao aprofundamento dessas questões, mas, tão somente, à sua indicação.

Além das questões relacionadas ao descompasso entre a capacidade legal de apresentar marcos normativos adequados para incorporação dessas novas tecnologias, tanto sob a perspectiva do Direito Material quanto da contratação em si, outros aspectos não

---

por uma condição momentânea, como lentidão do sistema, timeouts, sistema fora do ar. Já os erros não transacionais persistem em todas as tentativas de comunicação e normalmente necessitam de intervenção humana" (p. 15).

podem ser ignorados, em especial quando se cogita sua adoção pelo Poder Judiciário e a necessidade de evitar riscos de cerceamento de importantes direitos e garantias constitucionais.

Conforme mencionado, não é objeto deste trabalho analisar a fundo as ferramentas tecnológicas, e sim evidenciar sua importância para o aprimoramento do gerenciamento de processos judiciais e os desafios envolvidos. Logo, para fins deste estudo, basta mencionar que a Inteligência Artificial se refere a campo da ciência e da tecnologia voltado para o desenvolvimento de máquinas e que, por meio de algoritmos,[423] técnicas de programação e princípios lógicos e matemáticos, tenta reproduzir padrões de raciocínio humano, permitindo avaliar situações e tomar decisões com autonomia, por executar tarefas que eram exclusivamente realizadas pela inteligência humana e que, em alguns casos, nem sequer necessitam de intervenção humana para efetuar o aprendizado (redes neurais, *machine learning, deep learning*).

Em vista da enorme capacidade da máquina de processar grande volume de dados em curtíssimo tempo, em muitos casos, pode atuar de forma até mais eficiente do que o ser humano em determinada tarefa. O uso da Inteligência Artificial pode focar uma atuação mais restrita para solução de problemas específicos – como ocorre de forma mais comum –, ou mais ampla,[424] pretendendo substituir tarefas humanas que envolvem cognição e solução de problemas de maneira mais geral

---

[423] São fórmulas complexas que representam regras, raciocínios ou operações aplicados a certo número de dados, permitindo a resolução de problemas semelhantes.

[424] "A convergência de três avanços revolucionários (*big data*, um enorme poder de computação e algoritmos sofisticados) está acelerando a transformação da inteligência artificial, que deixa de ser mera ficção científica e torna-se realidade. (...) Tal como a inteligência humana, a inteligência artificial pode ser categorizada por camadas. A camada inferior é um reconhecimento de padrões simples. A camada do meio é a percepção, capaz de sentir cenários cada vez mais complexos. Estima-se que 99% da percepção humana ocorre por meio da fala e visão. Por fim, o nível mais elevado da inteligência é a cognição, a compreensão profunda da linguagem humana" (NADELLA, Satya. *Aperte o F5*: a transformação da Microsoft e a busca de um futuro melhor para todos. São Paulo: Benvirá, 2018, pp. 153/154).

CAPÍTULO VI – AS DIMENSÕES DO GERENCIAMENTO JUDICIAL

– o que ainda não é acessível. Essas tecnologias já são incorporadas em nosso dia a dia, como se observa em programas de segurança com reconhecimento facial, carros autônomos (*self driving cars*), assistentes virtuais pessoais em *smartphones*, empresas de varejo e *streaming* de vídeo e música e redes sociais, entre diversos outros.

É sedutora a possibilidade de recorrer a essa tecnologia poderosa de processamento e análise de dados, sobretudo se se considerarem suas aplicações práticas – sejam aplicações pontuais, para problemas específicos, sejam até mesmo, em uma visão mais ousada e futurista, para apoiar magistrados nos processos decisórios.

No entanto, não são poucas as notícias que acendem a luz de alerta, indicando a necessidade de cautela por parte dos Estados, apontando para a conveniência de estabelecer marcos regulatórios claros e adequados. Desde *chatbot*, que foi concebido para simular conversas entre jovens e que, em menos de 24 horas, se tornou racista, misógino e homofóbico,[425] a robôs que criaram linguagem

---

[425] "Esse *chatbot* (programas computacionais que simulam um humano na conversação com outras pessoas) deveria aprender como jovens entre 18 e 24 anos se comunicam em redes sociais, como o *Twitter* (conta @TayandYou), e passar, com base no conhecimento obtido, a fazer suas próprias publicações e iniciar conversas, partindo do pressuposto que se tornaria mais esperto ao interagir com seres humanos, estabelecendo conversas casuais e brincalhonas. No entanto, em menos de 1 dia, passou a reproduzir o racismo e a ignorância de seus interlocutores, tornando-se misógina, racista, homofóbica, defendendo o genocídio e negando o holocausto. A Tay começou a realizar comentários 'inapropriados', envolvendo Obama, Bush, Hitler e Trump em um só tuíte: 'Bush causou o 9/11 e Hitler teria feito um trabalho melhor que o macaco que nós temos agora. Donald Trump é a única esperança que temos'. Para um dos usuários perguntou: 'O Holocausto aconteceu?', declarando, depois que 'Ele foi inventado', postando um *emoticon* de aplauso em seguida. Segundo o apurado, o problema decorreu da dificuldade em geração da conversa, pois o *bot* imitava o comportamento humano para encontrar a primeira resposta, mas faltava-lhe acompanhar o contexto, o que o levou a repetir comentários racistas e polêmicos" (METZ, Rachel. "Microsoft's neo-Nazi sexbot was a great lesson for makers of AI assistants". *MIT Technology Review*. Disponível em: https://www.technologyreview.com/2018/03/27/144290/microsofts-neo-nazi-sexbot-was-a-great-lesson-for-makers-of-ai-assistants/. Acessado

MARIA RITA REBELLO PINHO DIAS

própria em substituição à humana que reputaram ineficientes,[426] a solução de dilemas éticos no treinamento de carros autônomos em

---

em: 06.05.2020; SANTOS, Coriolano Aurélio de Almeida Camargo; Leila, CHEVTCHUK. "Inteligência artificial, algoritmos e decisões injustas: é hora de revermos criticamente nosso papel em face da tecnologia". *Migalhas*. Disponível em: https://www.migalhas.com.br/coluna/direito-digital/268283/inteligencia-artificial-algoritmos-e-decisoes-injustas-e-hora-de-revermos-criticamente-nosso-papel-em-face-da-tecnologia. Acessado em: 06.05.2020; VEJA. "Exposto à internet, robô da Microsoft vira racista em 1 dia". *Veja*. Disponível em: https://veja.abril.com.br/tecnologia/exposto-a-internet-robo-da-microsoft-vira-racista-em-1-dia/. Acessado em: 06.05.2020).

[426] Trata-se do experimento, que também teve que ser desligado, em envolvendo *chatbots Alice e Bob* que deveriam atuar como negociadores e que se destinavam a interagir com seres humanos. Durante a experiência, eles descobriram uma linguagem própria, para conversar entre si, fora dos padrões orientados pelos programadores, que era mais eficiente para eles para troca de dados. A seguir, um trecho da conversa: "*Bob*: i can i everything else . . . . *Alice*: balls have zero to me to me to me to me to me to me to me to me to. *Bob*: you i everything else . . . . *Alice*: balls have a ball to me to me to me to me to me to me to me. *Bob*: i can i everything else . . . . *Alice*: balls have a ball to me to me to me to me to me to me to me. *Bob*: i . . . . *Alice*: balls have zero to me to me to me to me to me to me to me to me to. *Bob*: you i i i everything else . . . . *Alice*: balls have 0 to me to me to me to me to me to me to me to. Bob: you i everything else . . . . *Alice*: balls have zero to me to me to me to me to me to me to me to me t" (Vide GARATTONI, Bruno. "Robôs do Google aprendem a se comunicar -secretamente- entre si". *Superinteressante*. Disponível em: https://super.abril.com.br/coluna/bruno-garattoni/robos-do-google-aprendem-a-se-comunicar-secretamente-entre-si/https://super.abril.com.br/blog/bruno-garattoni/robos-do-google-aprendem-a-se-comunicar-secretamente-entre-si/. Acessado em: 06.05.2020; GARRETT, Filipe. "Facebook desliga inteligência artificial que criou sua própria linguagem". *TechTudo*. Disponível em: https://www.techtudo.com.br/noticias/2017/08/facebook-desliga-inteligencia-artificial-que-criou-sua-propria-linguagem.ghtml. Acessado em: 06.05.2020; BICUDO, Lucas. "Facebook desliga 2 robôs após eles conversarem em nova língua entre si". *Startse*. Disponível em: https://www.startse.com/noticia/nova-economia/tecnologia-inovacao/facebook-desliga-2-robos-apos-eles-conversarem-nova-lingua-entre-si. Acessado em: 06.05.2020; GOMES, Helton Simões. "Facebook desligou robô que abandonou inglês e criou linguagem própria? Não é verdade!" *G1*. Disponível em: https://g1.globo.com/e-ou-nao-e/noticia/facebook-desligou-robo-que-abandonou-ingles -e-criou-linguagem-propria-nao-e-verdade.ghtml. Acessado em: 06.05.2020).

CAPÍTULO VI – AS DIMENSÕES DO GERENCIAMENTO JUDICIAL

que a vida de um criminoso só é preferida se comparada a de um gato.[427] Esses fatos evidenciam a necessidade de cautela, compreensão e controle sobre a incorporação de tecnologia de Inteligência Artificial em nosso dia a dia, sobretudo no tocante à capacidade decisória de conflitos pelo Poder Judiciário.

---

[427] O Massachusetts Institute of Tecnology (MIT) efetuou uma pesquisa para verificar escolhas que poderiam ser consideradas para treinar algoritmo do programa responsável por conduzir carros autônomos, em contextos de dilemas éticos. A pesquisa foi feita com 40 milhões de pessoas em 233 países, e está disponível no *site Moral Machine*, a qual evidenciou muitos vieses médios dos participantes. Observou-se que: "As decisões tomadas diante de situações críticas permitem concluir que, para os entrevistados, a vida de um criminoso vale menos do que a de um cão; idosos valem menos do que jovens; obesos valem menos do que pessoas com porte mais atlético; moradores de rua valem menos do que executivos e médicos. Há, ainda, diferenças de cultura que podem tornar os algoritmos de um local inapropriados para outro em virtude dos costumes. Para um ocidental, entre o risco de atropelar uma criança e uma vaca, será fácil tomar uma decisão, mas e para um hindu?" (ESTADÃO. "Os dilemas éticos dos carros autônomos". *Estadão – Sumitt Mobilidade*, 11 mar. 2020. Disponível em: https://summitmobilidade.estadao.com.br/os-dilemas-eticos-dos-carros-autonomos/. Acessado em: 07.05.2020). Esse estudo indicou alguns padrões éticos universais, tais como preferir salvar humanos a animas, mais gente e menos gente. Indicou, contudo, algumas variações culturais entre padrões éticos: países asiáticos tendiam a dar valor equivalente à vida de criança à de pessoa mais velha e, nos países de origem francesa, à vida da mulher (MAXMEN, Amy. "Self-driving car dilemmas reveal that moral choices are not universal". *Nature*. Disponível em: https://www.nature.com/articles/d41586-018-07135-0. Acessado em: 07.05.2020). Na média, contudo, os resultados indicam vieses médios: "Segundo pesquisa MIT com 40 milhões de respostas, por ordem de preferência: 1. Carrinho de bebê; 2. Menina; 3. Menino; 4. Mulher grávida; 5. Médico; 6. Médica; 7. Executiva; 8. Homem atlético; 9. Executivo; 10. Mulher obesa; 11. Homem obeso; 12. Morador de Rua; 13. Homem idoso; 14. Mulher idosa; 15. Cachorro; 16. Criminoso; 17. Gato" (AMPUDIA, Ricardo. "Carros autônomos enfrentam dilemas éticos em situações de risco". *Folha de S. Paulo*. Disponível em: https://www1.folha.uol.com.br/ciencia/2018/10/carros-autonomos-enfrentam-dilemas-eticos-em-situacoes-de-risco.shtml. Acessado em: 07.05.2020). Essa pesquisa evidencia que a moral do "homem médio" não necessariamente corresponde às opções que estariam em conformidade com valores jurídico-constitucionais e indicam a necessidade de cautela na elaboração de algoritmos.

O exemplo do dilema ético evidenciado no processo de desenvolvimento dos algoritmos empregados por Inteligência Artificial em carros autônomos, mencionado no parágrafo anterior, indica o desafio que enfrenta o Direito com essas novas tecnologias. Tanto os algoritmos empregados em tecnologia de Inteligência Artificial quanto, por exemplo, a base de dados utilizada para aprendizado autônomo por máquinas (*machine learning*) podem ser influenciados por vieses[428] de seus desenvolvedores humanos, refletindo seus valores próprios, os quais não necessariamente corresponderão sequer ao padrão valorativo adotado pelas normas de nosso ordenamento jurídico.

Um exemplo interessante sobre o uso de Inteligência Artificial pelo Poder Judiciário ocorreu no Estado norte-americano de Wisconsin. Nesse caso, questionou-se o uso por magistrado, ao julgar ação penal, de ferramenta de Inteligência Artificial que apontava para o risco de um condenado ser um "possível reincidente criminal", após análise de diversas informações extraídas de redes sociais e dados públicos (caso State v. Loomis).[429] Questionou-se, no julgamento, o fato de a empresa responsável pelo desenvolvimento do algoritmo, por entender que se tratava de segredo comercial, não ter disponibilizado à Corte ou aos advogados a metodologia do desenvolvimento, privando, com isso, o magistrado de compreender os critérios utilizados na conclusão de possível risco de reincidência criminal. O condenado apelou da sentença arguindo que a falta dessa transparência infringia tanto seu direito a uma sentença individualizada quanto o de ser condenado com base em informações acuradas, e, ainda, que reputou inconstitucional aspecto relacionado a gênero

---

[428] GOMES, Pedro César Tebaldi. "Ética e Inteligência Artificial: *viés em machine learning*". *Data Geeks*. Disponível em: https://www.datageeks.com.br/etica-e-inteligencia-artificial/. Acessado em: 06.05.2020.

[429] STATE V. LOOMIS. "Wisconsin Supreme Court Requires Warning Before Use of Algorithmic Risk Assessments in Sentencing". *Harvard Law Review*. Disponível em: https://harvardlawreview.org/2017/03/state-v-loomis/. Acessado em: 09.05.2020.

CAPÍTULO VI – AS DIMENSÕES DO GERENCIAMENTO JUDICIAL

(masculino), visto que este era considerado pelo algoritmo como fator que potencializava as chances de reincidência.

A falta de cuidado na criação de um algoritmo pode levar à reprodução de vieses evitáveis – entre os quais, aqueles que reflitam preconceitos ou decorrentes de falta de representatividade de base de dados.[430] É de imaginar o impacto e a gravidade de se adotar um mecanismo de Inteligência Artificial para o processo

---

[430] Sobre a dificuldade de se identificar e eliminar vieses nos algoritmos: "A forma mais comum de discriminação gerada pelas decisões autônomas ocorre por meio dos dados utilizados em seu treinamento. A mineração de dados, desde a sua coleta até a apresentação de um resultado, pode se utilizar de cinco mecanismos que podem levar a distorções: definição do problema, treinamento dos dados, seleção dos dados, utilização de *proxies e masking*. (...) É importante considerar que a mineração de dados se trata de uma forma de análise estatística, o que gera, sempre, alguma forma de discriminação. A própria finalidade do *Big Data* é justamente prover uma base racional em cima da qual se poderá atribuir a um indivíduo características de um determinado grupo de forma a melhor decidir sobre esse indivíduo ou grupo. No entanto, a realidade pode ser bem mais complexa tendo em vista que os sistemas de decisão autônoma podem conter vieses muito antes de serem coletados os dados para o seu treinamento e implementação. Podem-se apontar três estágios onde pode ocorrer a entrada de vieses que gerem discriminações no resultado: verificar o que o algoritmo utilizado entende por justiça; a qualidade dos dados utilizados; e a preparação dos dados. A primeira camada trata da questão de se o modelo de decisão utilizado é justo. Para responder a essa pergunta é necessário estabelecer uma definição estatística de justiça, o que não é simples visto que, como se demonstrará à frente, diferentes definições de justiça são muitas vezes fundamentalmente incompatíveis entre si. Muitas vezes pode ocorrer que resolver o viés de uma forma produz um tipo diferente de viés. A segunda camada analisa se os dados coletados e utilizados pelo modelo de decisão contêm alguma forma de viés. (...) Por fim, a terceira camada analisa se é justo chegar a decisões sobre um indivíduo com base em dados de outras pessoas. Atualmente, a maioria dos modelos preditivos se baseia fundamentalmente no pressuposto de que se pode usar o comportamento de outras pessoas para decidir onde deve haver policiamento e quais indivíduos representam um alto risco para a comunidade. Surge então a pergunta: Devemos usar dados de grupos para tomar decisões sobre indivíduos?" (BRAGA, Carolina. "Discriminação nas decisões por algoritmos: polícia preditiva". *In*: FRAZÃO, Ana; MULHOLLAND, Caitlin (Coord.). *Inteligência Artificial e direito*: ética, regulação e responsabilidade. São Paulo: Thomson Reuters/RT, 2019, pp. 681/682).

de tomada de decisões de magistrados, em que haja replicação de vieses de terceiros, que não os do próprio magistrado – a questão se agrava pelo fato de que, com o emprego de ferramenta, isso poderia ocorrer de forma padronizada e multiplicada nos processos. Há doutrina que revela, inclusive, nessa situação, possível falta de legitimidade da solução que usa Inteligência Artificial.[431]

A dificuldade de controle dos algoritmos encontra-se no fato de que muitos deles, além de serem complexos, acabam sendo tratados como segredos comerciais, o que se agrava pela falta de qualquer legislação disciplinando essa questão.[432]

---

[431] "Sourdin (2018, pp. 1126-1130) destaca que a atividade judiciária não se restringe a processos decisórios, mas engloba uma série de tarefas integradas. A autora sintetiza quadro das principais controvérsias da aplicação de IA no Judiciário como um todo: (i) às autoridades legais é conferida uma confiança institucional da sociedade e do Estado, o que não se estende às ferramentas tecnológicas que apontam decisões sem qualquer legitimidade prévia; (ii) a transmutação de textos legais para códigos tecnológicos demandará constante atualização e ficará a cargo de programadores e outros profissionais de Tecnologia da Informação, os quais geralmente não possuem familiaridade e *expertise* com as fontes do sistema legal; (iii) embora as atividades jurisdicionais envolvam, por vezes, julgamentos discricionários pautados em critérios e condições muito subjetivas dos julgadores, o mero emprego de mecanismos automatizados não é capaz de retirar enviesamentos, pois estes serão alimentados por bases de dados que refletem tendências igualmente inclináveis a certos rumos; e (iv) há uma clássica diferença entre semântica e sintática, sendo que, embora a linguagem binária, natural a sistemas computacionais, permita o perfeito processamento de informações, não está apta a incorporar os significados intrínsecos atrelados a expressões e situações particulares" (SOUZA, Carlos Affonso Pereira; OLIVEIRA, Jordan Vinícius. "Sobre os ombros de robôs? A inteligência artificial entre fascínios e desilusões". *In*: FRAZÃO, Ana; MULHOLLAND, Caitlin (Coord.). *Inteligência Artificial e direito*: ética, regulação e responsabilidade. São Paulo: Thomson Reuters/RT, 2019, p. 74).

[432] Sobre essa questão, destaca-se interessante crítica sobre uso de IA em algoritmos desenvolvidos para polícia preditiva: "Nós realmente temos que reconhecer os limites desses tipos de tentativas matemáticas baseadas em cálculos para lidar com o preconceito. Se os mecanismos sociais e políticos que geram dados sujos não forem reformados, essas ferramentas só farão mais mal do que bem. Uma vez que as pessoas reconheçam isso, então talvez o debate finalmente se transfira para maneiras pelas quais o aprendizado

CAPÍTULO VI – AS DIMENSÕES DO GERENCIAMENTO JUDICIAL

Necessário ressaltar também que, muito embora o sistema de precedentes, adotado pelo Código de Processo Civil, reflita a preocupação do legislador em assegurar a padronização de decisões judiciais em casos semelhantes, como medida para garantir a desejada segurança jurídica, ele – o precedente – será formado após identificação de tendência da jurisprudência em determinado sentido, observado em julgados anteriores.

O processo de construção de um precedente pela jurisprudência envolve o debate sobre dada tese em diversas decisões judiciais distintas, nas quais são aprofundados e expostos os aspectos jurídicos

---

de máquinas e outros avanços tecnológicos possam ser utilizados para realmente combater a causa raiz do crime, tais como problemas de pobreza, de desemprego e moradia, usando dados do governo de uma forma mais beneficia. Enquanto isso não ocorre, deve-se examinar formas regulatórias, éticas e jurídicas para trazer mais transparência, responsabilidade e supervisão para o uso de ferramentas de tomada de decisão automatizada" (BRAGA, Carolina. "Discriminação nas decisões por algoritmos: polícia preditiva". *In*: FRAZÃO, Ana; MULHOLLAND, Caitlin (Coord.). *Inteligência Artificial e direito*: ética, regulação e responsabilidade. São Paulo: Thomson Reuters/RT, 2019, p. 695). Sobre as dificuldades técnicas relacionadas ao controle do referido aplicativo, a mesma autora esclarece em seu artigo: "O policiamento preditivo, sistema utilizado no caso descrito acima, geralmente descreve qualquer sistema que analisa dados disponíveis para prever onde um crime pode ocorrer em um determinado período de tempo (baseado em local) ou quem estará envolvido em um crime como vítima ou perpetrador (baseado em pessoa). Trata-se da mais recente ferramenta de combate à criminalidade que se utiliza de técnicas de análise de dados e, tal como o uso de sistemas de decisão autônomos adquirido e utilizados por outros setores, o policiamento preditivo é vendido com a promessa de neutralizar preconceitos, conscientes ou inconscientes, dos tomadores de decisões humanos – neste caso, a polícia. No entanto, poucos fornecedores de sistemas de policiamento preditivo são totalmente transparentes sobre como seus sistemas operam, devido ao fato de seus algoritmos estarem protegidos pelo segredo industrial, que dados específicos são usados, ou ainda quais medidas de responsabilidade que o fornecedor emprega para abordar eventuais danos gerados por vieses ou evidências de má conduta" (BRAGA, Carolina. "Discriminação nas decisões por algoritmos: polícia preditiva". *In*: FRAZÃO, Ana; MULHOLLAND, Caitlin (Coord.). *Inteligência Artificial e direito*: ética, regulação e responsabilidade. São Paulo: Thomson Reuters/RT, 2019, p. 673).

relacionados ao fato litigioso, preenchendo com valores humanos conceitos indeterminados, até que, após amadurecimento, haja formação de tendência de consolidação de um ou outro entendimento. A dinâmica de consolidação de jurisprudência e de formação de precedentes é uma ferramenta que permite a evolução do Direito, como ocorreu no caso do reconhecimento pela jurisprudência, antes mesmo de serem assegurados em lei, dos direitos da "concubina" e da validade e existência de casamentos homoafetivos, ou a validação do conceito de empresa, entre outras situações.

A jurisprudência é orientada à solução de casos específicos e concretos, e a dialética existente na comparação entre decisões que podem ou não ser semelhantes para casos similares, muito embora possa, por um lado, trazer algum grau de insegurança jurídica, permite, por outro, o enriquecimento do debate jurídico, viabilizando a evolução do nosso ordenamento jurídico no tempo.

A divergência de julgados sobre questões semelhantes não indica necessariamente um erro, nem pode ser vista como uma ineficiência. Exceto se se acreditar que existem verdades absolutas universais, é da natureza humana verificar sutilezas no caso concreto que justificam ponderação de valores de forma diferente, no tempo e no espaço.[433]

---

[433] Sobre a evolução dos valores universais dos seres humanos no tempo e no espaço, interessante análise realizada por Yuval Noah Harari em seu livro *Sapiens*: "Os dois textos nos apresentam um dilema óbvio. Tanto o Código de Hamurabi quanto a Declaração de Independência dos Estados Unidos afirmam definir princípios universais e eternos de justiça, mas de acordo com os norte-americanos todas as pessoas são iguais e conforme os babilônicos as pessoas são decididamente desiguais. (...) Tanto Hamurabi quanto os pais fundadores dos Estados Unidos imaginaram uma realidade governada por princípios universais e imutáveis de justiça, como igualdade ou hierarquia. Mas o único lugar em que tais princípios universais existem é na imaginação fértil dos sapiens e nos mitos que eles inventam e contam uns aos outros. Esses princípios não têm nenhuma validade objetiva" (HARARI, Yuval Noah. *Sapiens*: uma breve história da humanidade. São Paulo: L&PM, 2015, p. 116).

CAPÍTULO VI – AS DIMENSÕES DO GERENCIAMENTO JUDICIAL

Críticas que foram identificadas ao sistema brasileiro de precedentes, e que já foram mencionadas neste trabalho, referiam-se à utilização de técnicas de julgamento de teses repetitivas, por se vislumbrarem falta de participação no julgamento daqueles que seriam afetados por elas, aplicadas de forma padronizada.

É de questionar, portanto, em que medida poderiam ser utilizadas ferramentas como Inteligência Artificial para apoio de magistrados na análise de processos, sem que houvesse o risco de imposição de vieses vindos de terceiros, desenvolvedores da aplicação, que não pertencem sequer aos magistrados,[434] ou que fosse apta a refletir essa pluralidade de aspectos valorativos importantes para determinada sociedade humana que permeiam uma decisão judicial.[435]

---

[434] "É preciso perceber, de imediato, que se faz necessário combater os vieses algorítmicos das inteligências artificiais. Como defende O'Neil há de se criar (especialmente no Direito) um sistema regulatório para pleno respeito da Democracia que combata a opacidade e irrefutabilidade dos resultados algorítmicos, de sua programação e aprendizado. A crença de que o trabalho desenvolvido por estas novas ferramentas seja neutro e sempre superior ao de um jurista humano precisa ser posta em xeque. Em outros campos já se alude a um projeto de transparência e fiscalidade. Evidentemente que no Direito as IAs podem cumprir um papel virtuoso, entre outros, de compilação de casos passados, a permitir aos litigantes, advogados e julgadores uma melhor compreensão de como os tribunais vêm decidindo ao ofertar uma publicidade plena e estruturada dos julgamentos (do *leading case* até o mais atual) que favoreça a coerência, integridade e estabilidade, permita catalogar desde a propositura os casos repetitivos (e de onde provêm) e diminuir o déficit brasileiro no manejo de precedentes judiciais (anarquia interpretativa). Entretanto, nos parece muito perigoso o deslocamento da função estritamente decisória às máquinas, especialmente pela ausência de percepção dos vieses algorítmicos cada vez mais negligenciados" (NUNES, Dierle; VIANA, Aurélio. "Deslocar função estritamente decisória para máquinas é muito perigoso". *Consultor Jurídico*, 22 jan. 2018. Disponível em: https://www.conjur.com.br/2018-jan-22/opiniao-deslocar-funcao-decisoria--maquinas-perigoso. Acessado em: 05.07.2020).

[435] "Consoante Sartor e Branting (1998, p. 105), o processo decisório de litígios envolve *expertises* legais, mas também competências cognitivas e emocionais. Os autores recordam que uma série de conceitos jurídicos possui valor indeterminado *a priori*, sendo completados graças a um conjunto dinâmico de percepções e sentimentos humanos de ordem íntima, leitura proativa de

MARIA RITA REBELLO PINHO DIAS

Afinal, é intrínseco à legitimidade da atuação do Poder Judiciário a existência de uma pluralidade de magistrados analisando e deliberando questões com independência, ainda que de forma contraditória, submetidos ao controle dos julgamentos por tribunais superiores. A divergência de entendimentos não é ineficiência, mas situação esperada no Poder Judiciário, tanto que se prevê a submissão de questões a tribunais superiores. Diante dessa constatação, a ideia de uma única verdade absoluta, correta, que permite a aplicação eficiente de teses jurídicas, representada por uma aplicação de Inteligência Artificial para substituição de um processo de tomada de decisão judicial, é bastante preocupante, merecendo maior reflexão. Parece ser contraditória à dinâmica e à própria estrutura constitucional que distribui o poder jurisdicional entre os membros que compõem o Poder Judiciário.

Apesar de essas questões serem extremamente interessantes, não é o objeto desta tese aprofundar-se em sua análise. As situações narradas anteriormente destinam-se somente a alertar acerca das particularidades e de novas questões que surgem quando se cogita sobre incorporação de tecnologias inovadoras no Poder Judiciário, muitas das quais envolvendo responsabilidade civil, respeito à privacidade, repetição de vieses, entre outras. Tais questões, quando projetadas para a prestação de serviços jurisdicionais, ganham outra proporção, sobretudo quando se pensa na própria evolução do Direito em si, exigindo, portanto, reflexão na incorporação de inovações. As grandes potencialidades trazidas pelas novas tecnologias são acompanhadas do aumento da responsabilidade em sua adoção.

Outras preocupações que surgem quando se cogita a adoção dessas novas tecnologias envolvem a proteção de dados pessoais e de

---

fatos sociais e interação dialética com a complexidade do real" (SOUZA, Carlos Affonso Pereira; OLIVEIRA, Jordan Vinícius. "Sobre os ombros de robôs? A inteligência artificial entre fascínios e desilusões". *In*: FRAZÃO, Ana; MULHOLLAND, Caitlin (Coord.). *Inteligência Artificial e direito*: ética, regulação e responsabilidade. São Paulo: Thomson Reuters/RT, 2019, p. 74).

CAPÍTULO VI – AS DIMENSÕES DO GERENCIAMENTO JUDICIAL

informações constantes em manifestações e documentos disponibilizados em meios eletrônicos, especialmente quando utilizadas por órgãos públicos, cujo regime jurídico impõe dever de transparência e ampla publicidade, como é também o caso do Poder Judiciário.

Muito embora os dados dos processos sejam, em regra, por força constitucional, públicos, há necessidade de cuidado com seu armazenamento e acesso, principalmente por conterem documentos digitalizados e outras informações relevantes (por exemplo, contratos, fotos, entre outros), os quais, pelo uso do meio eletrônico, poderiam ser facilmente replicados, se não houvesse maior controle voltado a assegurar que os acessos pudessem ser auditados e, consequentemente, a responsabilidade pelo conteúdo exposto.

Os tribunais, por serem responsáveis pela guarda desses documentos, precisam também se encarregar da segurança da manutenção desses dados, seja em ambiente próprio, seja em nuvem pública, visto que ambos estão sujeitos a ataques em razão do acesso providenciado pela *internet* a seus sistemas,[436] demandando

---

[436] Apenas a título de exemplo, recente incidente envolvendo a segurança de sistemas no Poder Judiciário, o WannaCry, em 2017. Vide: GNIPPER, Patrícia. "URGENTE: ataque *hacker* que ameaça a Europa chega ao Brasil". *Canaltech*. Disponível em: https://canaltech.com.br/hacker/atualize-o-pc-urgente-ataque-hacker-que-ameaca-a-europa-chega-ao-brasil-93656/. Acessado em: 12.05.2020; ou ataques sofridos pelo TSE em eleições de 2020: SANTINO, Renato. "Após negar ataque, TSE tem bancos de dados expostos por hackers em dia de eleição". *Olhar Digital*. Disponível em: https://olhardigital.com.br/2020/11/15/seguranca/apos-negar-ataque-tse-tem-bancos-de-dados-vazado-por-hackers/m. Acessado em: 01.11.2020; TSE. "'Tentativas de ataques de hackers ao sistema do TSE não afetaram resultados das Eleições', afirma Barroso". *Portal do TSE*. Disponível em: https://www.tse.jus.br/imprensa/noticias-tse/2020/Novembro/tentativas-de-ataques-de-hackers-ao-sistema-do-tse-nao-afetaram-resultados-das-eleicoes-afirma-barroso. Acessado em: 01.11.2020; ou pelo STJ em novembro de 2020: HIRATA, Alessandra; OLIVEIRA, Cristina Godoy Bernardo de. "39 dias após o ataque cibernético ao STJ: reflexões e desafios". *Migalhas*, 11 dez. 2020. Disponível em: https://www.migalhas.com.br/coluna/migalhas-de-protecao-de-dados/337701/39-dias-apos-o-ataque-cibernetico-ao-stj--reflexoes-e-desafios. Acessado em: 01.01.2021.

atuação de profissionais de segurança de banco de dados e de infraestrutura em TI.

O crescimento do uso de processos eletrônicos e a facilidade de seu acesso pela *internet* exigem atenção na proteção dos dados e documentos neles inseridos. Reforçando a necessidade de proteção de dados pessoais de pessoas naturais, foi publicada a Lei n. 13.709/2018, Lei Geral de Proteção de Dados (LGPD).

Conclui-se, em resumo, após análise efetuada neste item do trabalho, que a tecnologia é importante ferramenta de gestão dos processos judiciais, permitindo ganhos de eficiência, celeridade e qualidade da decisão jurisdicional, de forma abrangente, a todos os processos judiciais por ela afetados. São necessários, contudo, atenção e cuidado para incorporação de novas tecnologias, sobretudo no tocante à automatização de processos decisórios, uma vez que se evidenciou a importância de marcos regulatórios sobre essas novas questões e melhor definição dos limites da atuação do C. CNJ no exercício de seu poder normativo originário e de poder regulamentar derivado. Especificamente sobre esse aspecto, observamos que foi tratada anteriormente nos itens 4.2 e 4.3. No mais, a ausência de marco regulatório legal, especialmente acerca de formas de contratação, muito provavelmente não deve contribuir ou, ao menos, onera e torna mais morosas as contratações de novas tecnologias por tribunais.

6.4.2.2 Monitoramento de perfis de ações e adoção de medidas institucionais com relação a ações repetitivas, grandes litigantes e utilização atípica do Poder Judiciário

Conforme mencionado, a explosão de litigiosidade, o advento das ações coletivas e o fenômeno da constitucionalização de direitos resultaram em diversos novos desafios que estão sendo atualmente enfrentados pelo Poder Judiciário brasileiro. Em atenção a essa realidade, alguns tribunais iniciaram o monitoramento de perfis

CAPÍTULO VI – AS DIMENSÕES DO GERENCIAMENTO JUDICIAL

específicos de ações com o objetivo de analisar formas estratégicas para seu melhor enfrentamento pelos magistrados.

Um interessante exemplo é a experiência realizada, no âmbito do TJSP, que criou núcleo vinculado à Corregedoria-Geral da Justiça, em setembro de 2016, para monitorar ações que envolvessem novos fenômenos como demandas repetitivas, grandes litigantes ou utilização atípica do Poder Judiciário, as quais, muito frequentemente, apresentam questionamentos sobre direitos individuais homogêneos,[437] contribuindo, com isso, para a busca de soluções institucionais e que abordassem macrolides para sua solução.[438]

A justificativa para esse monitoramento foi a de que, nessas hipóteses, havia descompasso entre os direitos materiais assegurados e a prática na utilização de ferramentas processuais, o que, em razão da grande volumetria de feitos afetados, prejudicava a atuação eficiente do Poder Judiciário, não apenas no tocante ao objetivo final de pacificação social, mas também quanto à própria replicação de trabalhos internos e ao risco de decisões conflitantes.

O TJSP pretendeu, a partir do monitoramento dessas ações, centralizar as informações sobre elas, passando a ter melhor conhecimento da realidade que permeia a realização dos trabalhos pelas unidades judiciais e dos operadores do Direito e, assim, refletir se existem outras abordagens mais eficientes além da atuação individual de cada magistrado em um processo, seja organizando unidades judiciais, replicando boas práticas, sugerindo ritos otimizados

---

[437] Trata-se do Núcleo de Monitoramento de Perfis de Demanda (Numopede). Disponível em: JUSBRASIL. "Corregedoria geral da justiça cria Núcleo de Monitoramento de Perfis de Demandas". *JusBrasil*. Disponível em: https://tj-sp.jusbrasil.com.br/noticias/389035882/corregedoria-geral-da-justica-cria--nucleo-de-monitoramento-de-perfis-de-demandas. Acessado em: 05.05.2018.

[438] TJSP. "Corregedoria-geral da justiça cria Núcleo de Monitoramento de Perfis de Demandas". *Portal do TJSP*. Disponível em: http://www.tjsp.jus.br/Noticias/noticia?codigoNoticia=36713. Acessado em: 18.05.2018.

para processos frequentes, entre outras.[439] Consiste, portanto, em ferramenta de gestão institucional, a cargo da alta administração dos tribunais.

Observa-se que o monitoramento realizado constatou que um determinado perfil de ações impactava consideravelmente o uso da estrutura das unidades judiciais daquele tribunal, capturando sua força e potencial de trabalho de forma aparentemente atípica. Já se mencionou, brevemente, sobre essa questão no item 5.2.1 deste trabalho.

Tratava-se de situação observada em ações que objetivavam a exibição de documentos, a declaração de inexistência de débito, a consignação de pagamento, o dever de informar, podendo ou não estar associadas a pedidos de indenização por danos morais, em que se questionavam, como regra, apontamentos negativos realizados em empresas de proteção ao crédito. Portanto, apurou a distribuição, em número considerável de comarcas, de ações com um perfil semelhante, que possuíam, em regra, as seguintes características:

---

[439] "A razoável duração do processo, como referido ao início, é princípio constitucional. Deve, juntamente com o princípio da economicidade, orientar a prática de quaisquer atos judiciais e ou administrativos. No Judiciário, a crise é severa: os Cartórios estão superlotados de processos; e o aumento da demanda é superior a 10% ao ano. Como se viu, duas causas são vitais: a) rotinas e circulações anacrônicas, gerando tempo de tramitação e custo sem agregar valor; b) tratamento artesanal das ações repetitivas, ou seja, processamento individualizado das medidas cujo objeto é homogêneo ou coletivo, importando em maior congestionamento. De nada adiantará o avanço tecnológico sem profunda alteração dos procedimentos das rotinas. Do contrário, a transposição ao processo virtual eliminará somente o papel, sem reduzir o tempo total de tramitação, pois as atividades burocráticas que não agregam valor continuarão presentes. A prioridade – prestação jurisdicional em tempo razoável – não será atendida" (BORDASCH, Rosane Wanner da Silva. *Gestão cartorária*: controle e melhoria para a razoável duração de processos. Rio de Janeiro: Escola de Direito do Rio de Janeiro da FGV, 2008, p. 98 (Dissertação de Mestrado em Direito).

CAPÍTULO VI – AS DIMENSÕES DO GERENCIAMENTO JUDICIAL

(a) Elevado número de ações distribuídas por um mesmo advogado/sociedade de advogados em nome exclusivamente de pessoas físicas (em muitos casos, dezenas de ações pelo mesmo autor), em curto espaço de tempo;

(b) As petições iniciais que versavam sobre a mesma questão de Direito, evidenciando uso de mesma minuta-padrão, sem distinção quanto às situações fáticas, alterando-se, em muitos casos, apenas o nome da parte e o valor do débito questionado;

(c) Na quase totalidade dessas petições iniciais solicitava-se a concessão do benefício da justiça gratuita, a inversão do ônus da prova com fundamento no art. 6º, VIII, do CDC e a antecipação dos efeitos da tutela *inaudita altera pars*, sem particularização na minuta empregada;

(d) Em sua maioria, as petições iniciais renunciavam previamente à realização da audiência de conciliação;

(e) Os réus das ações eram, em regra, pessoas jurídicas de grande dimensão;

(f) Fragmentação dos pedidos deduzidos por uma mesma parte em diversas ações, seja em face do mesmo réu (cada uma delas versando sobre um único apontamento e, para cada um deste, diversas ações, segmentando-se a solicitação de notificação, da de declaração de inexistência do débito e da de indenização por danos morais), seja em face da situação narrada nas várias ações em face de muitos réus, na medida em que não havia distinção entre as minutas empregadas, não existindo óbice, portanto, à reunião dos pedidos.

Aventou-se, como hipótese, que o requerimento da concessão do benefício da justiça gratuita poderia influenciar a forma como o pedido do autor era deduzido, levando-o a que não o fizesse de maneira mais eficiente. Ponderou-se que, se o autor tivesse que desembolsar as custas referentes a cada uma das ações por ele distribuídas, provavelmente concentraria todos os seus pedidos em face do mesmo réu, ou, até mesmo, todos os seus questionamentos quanto a eventuais apontamentos negativos em uma mesma ação, ainda que com inúmeros réus.[440]

A fragmentação e a pulverização de pedidos por um mesmo autor certamente oneram o Poder Judiciário, aumentando o custo da litigância, sobretudo quando as custas para tal fim deixam de ser recolhidas, em razão da concessão do benefício da justiça gratuita – benefício este, frise-se, do qual não se discorda, sendo, ao contrário, imprescindível para assegurar efetivo acesso à justiça, conforme mencionado.

Tentando dimensionar o prejuízo financeiro sofrido pelo Poder Judiciário, o referido núcleo exemplifica algumas situações em que se apuraram ações com esse perfil. Relata situação observada no período de nove meses (05.01.2016 a 31.10.2016), em comarca da região metropolitana do Estado, em que cinco advogados foram responsáveis por 10,3% de todas as ações distribuídas na competência cível da localidade. Todas essas ações enquadravam-se no perfil supradescrito.

No caso mencionado no parágrafo anterior, ponderou-se que, como em todas as ações analisadas houve pedido e deferimento do benefício da justiça gratuita, e em todas o valor atribuído à causa foi de R$ 1.000,00, é razoável supor que, apenas para aqueles casos, deixaram-se de recolher custas no montante de R$ 135.480,00. Averiguou-se, também considerando o custo por processo baixado em 2015, apurado pela Secretaria do Planejamento do TJSP (estimado em R$ 1.883,40, para cada processo), que tais processos custaram cerca de R$ 4.252.717,20 ao Estado. Necessário frisar que esse montante elevado de custos reflete o período de dez meses, decorrentes da ação de cinco advogados em uma única comarca.[441]

---

440 Relatório Numopede out./dez. 2016.

441 Relatório Numopede out./dez. 2016.

CAPÍTULO VI – AS DIMENSÕES DO GERENCIAMENTO JUDICIAL

Destaca-se, como resultado da fragmentação dos pedidos em ações com tal perfil, que há forte indicativo de replicação desnecessária do trabalho de servidores da justiça, com igual replicação indevida de atos de cartórios judiciais (tais como publicação, cumprimento de atos, entre outros) e de gabinetes de magistrados (por exemplo, proferimento de decisões repetitivas em grande volume, ainda que de baixa complexidade, entre outras).

O custo financeiro, em si, consiste apenas na consequência imediata e mais palpável dos efeitos danosos ao exercício da atividade jurisdicional decorrentes dessa má prática. Não se pode descurar, contudo, dos custos indiretos e não imediatamente precificados, como é o custo relativo à força de trabalho do Poder Judiciário utilizada de forma desnecessária, em razão da repetição de trabalhos replicados, como também dos prejuízos impostos aos demais jurisdicionados.

A "criação" artificial de serviços exigidos do Poder Judiciário para atender a essas ações consome recursos e tempos escassos, impedindo que o magistrado possa se dedicar a outras ações. Nessa situação, ficam prejudicados a qualidade da prestação jurisdicional ou o tempo de sua entrega a outros cidadãos.

Outro exemplo de utilização atípica do Poder Judiciário, relatada pelo núcleo da Corregedoria do TJSP, ocorreu em grande comarca do interior do Estado, em que, em ações com o perfil narrado *supra*, um único advogado chegou a ter picos de distribuição de 1.500 e 1.700 ações (setembro/2016, em que foi responsável pela distribuição de 38,5% de todas as ações cíveis da comarca), com média diária de 28 casos novos.[442]

Apurou-se, naquela comarca, o aumento de casos novos em 17% a partir do momento que esse advogado e outros três passaram a atuar. Foi calculado, ainda, o tempo médio para proferir

---

[442] Relatório Numopede jan./mar. 2017.

sentença em dois momentos: antes da atuação dos profissionais e aquele apurado a partir se sua atuação, verificando-se que este último foi cerca de três vezes o primeiro no tocante ao volume de distribuições. No último ano, o núcleo já atuava, constatando-se redução do volume de distribuições.[443]

A solução sugerida pela Corregedoria para esses casos foi a divulgação de boas práticas na condução de feitos com o perfil destacado, otimizando o encaminhamento desses processos.

O estudo conduzido pelo TJSP é indicativo de que eventual abuso na forma como é deduzido o pedido de ação, por parte de um grupo restrito de pessoas – ou de patronos, talvez –, pode impor prejuízo global, resultando em ineficiência e acréscimo injustificado do tempo de tramitação de todos os outros feitos em andamento.

Surgem também, naturalmente, diante de tais evidências, reflexões sobre a observância de preceitos decorrentes de institutos tradicionais do Direito Processual em ações com esse perfil. Assim, por exemplo, questiona-se se, em ações desse tipo, que apontam para o abuso injustificado do direito de litigar, persiste como inatacável o direito de a parte formatar ações judiciais para deduzir seus inúmeros pedidos.[444]

---

[443] Estudo complementar realizado por Desenvolvimento e Planejamento Imobiliário (Deplan), em abril de 2018.

[444] Sobre o fenômeno do fracionamento de pedidos, destaca-se: "(...) nel prender ele mosse da uma concretanozione di 'abuso del processo' – sancisce a chiare lettere, sia pur nel permanere di ampi margini di opinabilità, il divieto di 'frazionamento' dei diritti di credito in plurime domande giudiziali. Esso offre, così, uma rilettura costituzionalmente 'bilanciata' dello stesso principio della domanda, consacrato nell'art. 99 c.p.c. Quindi, la derivata sanzione dell'improponibilità', da applicarsi alle domande indebitamente 'frazionate', si profila a sua volta (o, almeno, dovrebbe profilarsi) qualse corollario imprescindibile dell'inderogabilità di quei fondamentali valori, nell'óttica di um'economia ultra litem, volta a superare '... l'evidente antinomia che existe tra la moltiplicazione dei processi e la possibilità di contenimento dela correlativa durata" (COMOGLIO, Luigi Paolo. "L'economia dei giudizi come principio 'ad assetto variabile' (aggionarmenti e prospettive)". *Rivista di Diritto Processuale*, vol. 72, nº 2, 2017, p. 348. Disponível em: http://www.

CAPÍTULO VI – AS DIMENSÕES DO GERENCIAMENTO JUDICIAL

Diversos tribunais criaram também estruturas próprias para monitorar demandas consideradas estratégicas, do ponto de vista de organização dos serviços e de racionalização e otimização de recursos, e, com base nessa análise, municiando-se de dados e reflexões críticas sobre problemas atuais, permitir uma atuação mais inteligente e estratégica do Poder Judiciário, sobretudo para enfrentamento de fenômenos que transbordam o âmbito de ação do juiz individualmente considerado, como é o caso das ações de massa e repetitivas. Verifica-se uma preocupação em estruturar o Poder Judiciário com ferramentas que lhe permitam ser mais atuante na organização do funcionamento do sistema de justiça.[445]

Estrutura semelhante ao Numopede do TJSP foi criada no âmbito dos Tribunais de Justiça de Minas Gerais, em agosto de

---

biblio.liuc.it/scripts/essper/ricerca.asp?tipo=scheda&codice=11337811. Acessado em: 14.05.2018).

"Na realidade, o direito de ação não é, ao contrário do que esse possa supor, individual e intransferível. O texto constitucional em nenhum momento garante ao indivíduo o direito de, pessoalmente, pleitear a tutela de seus interesses. Garante, apenas, a tutela desses interesses, sem fazer referência ao modo ou à forma dessa proteção. Não há, portanto, garantia constitucional de que o cidadão possa apresentar-se pessoalmente para a tutela de seus direitos. Nenhuma inconstitucionalidade haveria, portanto, para eventual previsão que estabelecesse que esta tutela se dá por meio de legitimação extraordinária, por via de tutela coletiva, salvo específica justificação que autorize o indivíduo a solicitar a sua exclusão do grupo" (ARENHART, Sérgio Cruz. *A tutela coletiva de interesses individuais*: para além dos interesses individuais homogêneos. São Paulo: RT, 2013, p. 51).

445 Em maio de 2017 foi realizado o *I Workshop sobre a contribuição da pesquisa empírica para o controle e monitoramento de litígios*, coordenado pela Corregedoria-Geral da Justiça do Estado de São Paulo, tendo dois painéis: "Organização e produção de dados empíricos para conhecimento das demandas e gestão do Poder Judiciário" e "Acesso à Justiça x acesso à solução jurisdicional: razões da judicialização de matéria regulatória e possibilidades de articulações interinstitucionais". Nele que foi discutida a gestão da massa de processos judiciais (PORTAL JURISTAS. "Contribuição da pesquisa empírica para o controle e monitoramento de litígios é debatida na EPM". *Portal Juristas*. Disponível em: https://juristas.com.br/2017/05/10/contribuicao-da-pesquisa-empirica-para-o-controle-e-monitoramento-de-litigios-e-debatida-na-epm. Acessado em: 09.05.2020).

2017,[446] e do Paraná, em agosto de 2018.[447] Em outubro de 2017, foi organizado um encontro do Numopede nacional,[448] criado na Carta de Belo Horizonte, por iniciativa do Colégio Nacional de Corregedores-Gerais da Justiça, com o objetivo de acelerar a troca de experiência e de informações entre os núcleos estaduais sobre assuntos de interesses comuns, considerando especialmente os fenômenos das demandas de massas e o uso atípico do Poder Judiciário por advogados que adotassem as mesmas teses em mais de um Estado.

Observa-se a instituição de núcleos semelhantes em outros tribunais estaduais brasileiros: TJRS,[449] TJSC,[450] TJDFT,[451] TJPA,[452]

---

[446] TJMG. "TJ institui núcleo para detectar demandas fraudulentas". *Portal do Tribunal de Justiça do Estado de Minas Gerais.* Disponível em: http://www.tjmg.jus.br/portal-tjmg/noticias/tj-institui-nucleo-para-detectar-demandas--fraudulentas.htm#.Wv7Ugegwjcc. Acessado em: 15.07.2020.

[447] PARANÁ. Tribunal de Justiça do Estado do Paraná. *Instrução Normativa n. 8/2018.* Disponível em: https://portal.tjpr.jus.br/pesquisa_athos/anexo/5960167. Acessado em: 01.11.2020.

[448] TJSP. "TJSP sedia primeira reunião de trabalho do Numopede nacional". *Portal do Tribunal de Justiça do Estado de S. Paulo.* Disponível em: http://www.tjsp.jus.br/Imprensa/Noticias/Noticia?codigoNoticia=49652&pagina=1. Acessado em: 26.07.2020.

[449] TJRS. *Núcleo de Monitoramento do Perfil de Demandas.* Disponível em: https://www.tjrs.jus.br/novo/institucional/administracao/corregedoria-geral--da-justica/numopede/. Acessado em: 07.05.2018.

[450] TJSC. *Melhorias para o Núcleo de Monitoramento de Perfis de Demandas e Estatística – Numopede.* Disponível em: https://www.tjsc.jus.br/web/corregedoria-geral-da-justica/-/melhorias-para-o-nucleo-de-monitoramento-de--perfis-de-demandas-e-estatistica-numopede?inheritRedirect=true. Acessado em: 01.05.2020.

[451] TJDFT. *Portaria GC 89 de 24/04/2019.* Disponível em: https://www.tjdft.jus.br/publicacoes/publicacoes-oficiais/portarias-da-corregedoria/2019-1/portaria--gc-89-de-24-04-2019. Acessado em: 01.05.2020. (indicando a Portaria CG n. 89, de 24.04.2019).

[452] Informando sobre ato de 19.02.2020: "Além de identificar, analisar e monitorar as demandas repetitivas e grandes litigantes, e elaborar lista, o Numopede aturará na elaboração de relatório com sugestões de medidas para o adequado processamento e tratamento das demandas, e para a inibição de práticas consideradas fraudulentas ou nocivas aos jurisdicionados ou ao Judiciário" (RIBEIRO, Marinalda. "Resolução normatiza demandas repetitivas". *Portal*

CAPÍTULO VI – AS DIMENSÕES DO GERENCIAMENTO JUDICIAL

TJCE,[453] TJBA,[454] TJES,[455] TJRO,[456] TJTO,[457] TJPR,[458] TJMS,[459] TJSE,[460] e TJMA.[461]

---

do *Tribunal de Justiça do Estado do Pará*. Disponível em: http://www.tjpa. jus.br/PortalExterno/imprensa/noticias/Informes/1050116-resolucao-dispoe-sobre-demandas-repetitivas-no-para.xhtml. Acessado em: 01.05.2020).

[453] CEARÁ. Tribunal de Justiça do Estado do Ceará. Corregedoria-Geral da Justiça. *Portaria n. 13/2021/CGJCE*. Disponível em: https://corregedoria.tjce. jus.br/portaria-no-13-2021-cgjce/. Acessado em: 01.05.2022. (indicando o Provimento 13/2019 – CGJ).

[454] TJBA. "Provimento conjunto institui núcleo de monitoramento do perfil de demandas". *Portal de Justiça do Estado da Bahia*. Disponível em: http:// www5.tjba.jus.br/corregedoria/provimento-conjunto-institui-nucleo-de-monitoramento-do-perfil-de-demandas/. Acessado em: 01.05.2020. (indicando o Provimento Conjunto n. 4/2019).

[455] SILVA, Elza. "Corregedoria geral da justiça institui núcleo de monitoramento do perfil de demandas". *Portal do Tribunal de Justiça do Estado do Espírito Santo*. Disponível em: http://www.tjes.jus.br/corregedoria-geral-da-justica--institui-nucleo-de-monitoramento-do-perfil-de-demandas/. Acessado em: 01.05.2020. (indicando o Provimento 2/2020).

[456] NEWS RONDÔNIA. "Judiciário de RO cria núcleo para identificar demandas frequentes". *News Rondônia*. Disponível em: https://www.newsrondonia. com.br/noticia/131699-judiciario-de-ro-cria-nucleo-para-identificar-demandas-frequentes. Acessado em: 01.05.2020. (indicando a Resolução 94/2019).

[457] FERNANDES, Júlia. "Reunião com juízes e servidores encerra com foco na priorização do 1º grau e movimentações processuais". *Portal do Tribunal de Justiça do Estado do Tocantins*. Disponível em: http://www.tjto.jus.br/index. php/noticias/6888-reuniao-com-juizes-e-servidores-encerra-com-foco-na-priorizacao-do-1-grau-e-movimentacoes-processuais. Acessado em: 01.05.2020.

[458] TJPR. *Portaria n. 12/2018*. Disponível em: https://www.escavador.com/diarios/660107/DJPR/P/2018-05-21?page=264. Acessado em: 01.05.2020. (indicando a Portaria 12/2018).

[459] ANOREG. "TJ/MS – Corregedor do TJ/MS apresenta relatório e metas ao Min. Humberto Martins". *Portal da Anoreg*. Disponível em: https://www. anoreg.org.br/site/tj-ms-corregedor-do-tj-ms-apresenta-relatorio-e-metas-ao--min-humberto-martins/. Acessado em: 01.05.2020.

[460] TJSE. *Relatório de atividades*: Biênio 2017-2019. Disponível em: https:// www.tjse.jus.br/portal/arquivos/documentos/transparencia/relatorio_gestao/ corregedoria-2017-2019.pdf. Acessado em: 01.05.2020.

[461] JUNIOR, Afonso. "Corregedoria de Justiça institui Núcleo para identificar e monitorar demandas fraudulentas e que possam comprometer a funcionalidade e eficiência dos serviços judiciários e dos cartórios do Amazonas".

Na Justiça Federal também se constatou a criação de estrutura assemelhada. Em 2017, foi regulamentado o Centro Nacional de Inteligência da Justiça Federal, destinando-se a funcionar como um canal para elaboração de estratégias com intuito de organizar os litigantes e frear eventual uso predatório do Poder Judiciário, além de procurar assegurar que, em situações semelhantes, essas estratégias recebam a mesma decisão. Objetiva exercer a função de reflexão e indagação quanto às formas de enfrentamento da crise de litigiosidade, que tem por premissas: (i) prevenção de demandas; (ii) monitoramento de informações processuais; e (iii) gestão de precedentes.[462]

Na Justiça Federal, especificamente, o Centro se propõe expressamente a atuar na gestão de precedentes, podendo, para tal fim: (i) dirimir dúvidas ou conflitos relacionados à extensão da afetação ou julgamento dos temas; (ii) auxiliar na uniformização de orientações jurisprudenciais; e (iii) contribuir para o estabelecimento de critérios de priorização e seleção de processos que podem vir a constituir um precedente vinculante.

O monitoramento do perfil de distribuição de ações efetuado por núcleo estratégico de cada tribunal permite rápida identificação de boas práticas a serem adotadas para aquelas que, por seu volume, acabam impactando de forma mais relevante o dia a dia e, por consequência, também mais célere orientação de magistrados de forma institucional, permitindo uma utilização mais racional de

---

Portal do Tribunal de Justiça do Estado do Amazonas. Disponível em: https://www.tjam.jus.br/index.php/menu/sala-de-imprensa/4830-corregedoria-de-justica-institui-nucleo-para-identificar-e-monitorar-demandas-fraudulentas-e-que--possam-comprometer-a-funcionalidade-e-eficiencia-dos-servicos-judiciarios--e-dos-cartorios-do-amazonas. Acessado em: 01.05.2022.

[462] MOTA, Clara; CLEMENTINO, Marco Bruno Miranda; MORAES, Vânila Cardoso André de. "A criação dos Centros de Inteligência da Justiça Federal". *Jota*. Disponível em: https://www.jota.info/opiniao-e-analise/artigos/a-criacao-dos-centros-de-inteligencia-da-justica-federal-14052018. Acessado em: 15.08.2019.

CAPÍTULO VI – AS DIMENSÕES DO GERENCIAMENTO JUDICIAL

seus recursos e otimização da atuação de magistrados e servidores. Trata-se de ferramenta de gestão que pode ser utilizada na dimensão institucional, que contribui para a melhoria do gerenciamento das unidades judiciais e do processo em si.

6.4.2.3 Aproximação institucional com grandes litigantes: potencialidades e limitações

Um exemplo interessante de atuação desses núcleos de inteligência dos Tribunais de Justiça supramencionados encontra-se em iniciativa realizada para aprimoramento da tramitação de ações frequentes e com a mesma temática envolvendo um grande litigante. Trata-se do projeto "Instituições Financeiras em Juízo", conduzido pela Corregedoria-Geral da Justiça do TJSP, pelo seu Núcleo de Monitoramento de Perfis de Demanda, iniciado em 2017.

Segundo dados do *site* do TJSP, em apenas sete meses da implantação desse projeto, observou-se, em 14 varas cíveis do Foro Regional de Santo Amaro, a redução de 75% do acervo dos processos de busca e apreensão que envolviam uma instituição financeira específica, aderente ao projeto. No início do projeto, em maio de 2017, essa instituição financeira possuía 2.493 ações dessa espécie no Foro de Santo Amaro e, em dezembro do mesmo ano, identificaram-se apenas 626 ações.[463]

O projeto foi assinado, no final de novembro de 2016,[464] institucionalizando iniciativa anterior dos juízes do Fórum de Santo Amaro, motivada pela percepção de que 10% do tempo das unidades era desperdiçado com ações de grandes instituições que

---

[463] TJSP. "Implantação de rito 'Expresso' reduz 75% de acervo em Santo Amaro". *Portal do Tribunal de Justiça do Estado de S. Paulo.* Disponível em: http://www. tjsp.jus.br/Noticias/Noticia?codigoNoticia=49711. Acessado em: 01.05.2020.

[464] TJSP. "Judiciário lança Projeto Instituições Financeiras em Juízo". *Portal do Tribunal de Justiça do Estado de S. Paulo.* Disponível em: http://www.tjsp. jus.br/Noticias/Noticia?codigoNoticia=38253. Acessado em: 01.05.2020.

não tramitavam da melhor forma perante as unidades judiciais. Objetivava-se racionalizar o trânsito dessas ações, criando círculo virtuoso e que refletisse positivamente para os demais feitos, ainda que de forma indireta, na medida em que dispensava a unidade de realização de trabalhos muitas vezes desnecessários.

Selecionou-se ação ajuizada por instituições financeiras, justamente pelo volume de suas ações no total da unidade judicial. Constatou-se que a forma de litigar desse grande litigante impactava não apenas o volume das ações submetidas ao conhecimento do magistrado – ou seja, pela maior litigiosidade –, mas também, por consequência, o tempo de trabalho que exigia da unidade, que não podia ser destinado a outros feitos.

Tinha por pressuposto a comunicação entre a instituição financeira aderente e o Poder Judiciário quanto às dificuldades mútuas observadas, seja pelo litígio, seja por parte do rito de tramitação em si. Trabalhava-se com a hipótese de que a conscientização dos grandes litigantes dos principais problemas identificados em sua forma de litigar resultaria na melhoria geral da tramitação dos feitos[465] e, consequentemente, permitiria que as unidades pudessem atuar de maneira mais efetiva e com mais qualidade para todos os processos, não apenas para os abrangidos pelo projeto-piloto.

Posteriormente, o projeto se expandiu para o Foro Regional de Itaquera,[466] também com resultados favoráveis: redução de acervo

---

[465] TJSP. "CGJ e magistrados alinham implantação do projeto 'Instituições Financeiras em Juízo' em Itaquera". *Portal do Tribunal de Justiça do Estado de S. Paulo*. Disponível em: http://www.tjsp.jus.br/Noticias/Noticia?codigoNoticia=46296. Acessado em: 01.05.2020.

[466] TJSP. "CGJ e magistrados alinham implantação do projeto 'Instituições Financeiras em Juízo' em Itaquera". *Portal do Tribunal de Justiça do Estado de S. Paulo*. Disponível em: http://www.tjsp.jus.br/Noticias/Noticia?codigoNoticia=46296. Acessado em: 01.05.2020.

CAPÍTULO VI – AS DIMENSÕES DO GERENCIAMENTO JUDICIAL

de 947 processos de execução de título e de busca e apreensão naquele foro para 580, em três meses, ou seja, uma queda de 39%.[467]

Ainda segundo informações do *site* do TJSP, esse projeto fundava-se em dois pilares,[468] a saber, um externo e outro interno.

A perspectiva externa era informar à instituição financeira participante do projeto os problemas observados em seu peticionamento por seus advogados com o intuito de minimizar erros frequentes que dificultavam o andamento dos processos, consumindo de forma desnecessária os trabalhos dos servidores da unidade (tais como protocolização de petições requerendo diligências já realizadas ou sem o recolhimento de custas, vencimento de guias de levantamento sem retirada pelo advogado).

Segundo as informações do *site*, objetivava-se, com isso, evitar ocorrências que geravam retrabalhos às unidades judiciais. Constata-se que todas as situações relatadas no parágrafo anterior, muito embora fossem singelas, exigiam que a unidade judicial processasse os pedidos e, com isso, deflagrasse a realização necessária de todos os atos que lhe são correlatos, tais como encaminhamento à conclusão, proferimento de atos ordinatórios, movimentação para a publicação e controles de prazos. O grande volume de feitos potencializava o impacto dessas más práticas nas unidades judiciais.

O projeto previa também perspectiva interna.[469] A partir desse diálogo sobre dificuldades mútuas, foi desenvolvido um

---

[467] TJSP. "Judiciário lança Projeto Instituições Financeiras em Juízo". *Portal do Tribunal de Justiça do Estado de S. Paulo.* Disponível em: http://www.tjsp. jus.br/Noticias/Noticia?codigoNoticia=38253. Acessado em: 01.05.2020.

[468] Informações extraídas da seguinte notícia: TJSP. "Implantação de rito 'Expresso' reduz 75% de acervo em Santo Amaro". *Portal do Tribunal de Justiça do Estado de S. Paulo.* Disponível em: http://www.tjsp.jus.br/Noticias/ Noticia?codigoNoticia=49711. Acessado em: 01.05.2020.

[469] TJSP. "Judiciário lança Projeto Instituições Financeiras em Juízo". *Portal do Tribunal de Justiça do Estado de S. Paulo.* Disponível em: http://www.tjsp. jus.br/Noticias/Noticia?codigoNoticia=38253. Acessado em: 01.05.2020.

rito-padrão sugerido para processos de busca e apreensão e respectivas execuções extrajudiciais, em que as determinações eram concentradas nas decisões judiciais, objetivando minimizar as movimentações do processo para os gabinetes e automatizando, ao máximo, a tramitação nas serventias. Esperava-se, por ser mais enxuto, padronizado e concentrado, racionalizar a atuação jurisdicional nessas ações, com o intuito de tornar previsíveis os fluxos de trabalho para servidores e as medidas adotadas pelo cartório. O referido rito não era imposto aos magistrados, mas apenas associado a uma boa prática com resultados positivos.[470]

O projeto foi formalizado por Termo de Cooperação firmado entre o tribunal e a instituição financeira aderente.[471]

A iniciativa supradescrita chama a atenção pela abordagem diferenciada do problema da litigiosidade repetitiva, uma vez que não procurou solução em ferramenta processual ou de direito, tampouco recorreu a formas alternativas de resolução de conflitos. Nessa iniciativa, aceitou-se a litigiosidade repetitiva como fato, almejando, apenas, maior eficiência na tramitação das ações, por meio da indicação do impacto de como determinadas práticas adotadas para litigar por grande litigante consumiam recursos do Poder Judiciário, impedindo-o de alocá-los em outros processos.

A cooperação operada para conscientização das ineficiências observadas, permitindo sua correção, resultou na melhoria da tramitação dos processos e expressiva redução de feitos em pequeno espaço de tempo. Enquanto os pequenos e aparentemente inofensivos problemas no peticionamento dos grandes litigantes

---

[470] TJSP. "Judiciário lança Projeto Instituições Financeiras em Juízo". *Portal do Tribunal de Justiça do Estado de S. Paulo.* Disponível em: http://www.tjsp. jus.br/Noticias/Noticia?codigoNoticia=38253. Acessado em: 01.05.2020.

[471] TJSP. "CGJ e magistrados alinham implantação do projeto 'Instituições Financeiras em Juízo' em Itaquera". *Portal do Tribunal de Justiça do Estado de S. Paulo.* Disponível em: http://www.tjsp.jus.br/Noticias/Noticia?codigoNoticia=46296. Acessado em: 01.05.2020.

CAPÍTULO VI – AS DIMENSÕES DO GERENCIAMENTO JUDICIAL

acabavam consumindo tempo desnecessário e considerável das unidades judiciais, foi possível identificar, também como boa prática para condução desses feitos, a adoção de rito enxuto, com decisões concentradas – técnica de gerenciamento exógeno de processos mencionada anteriormente neste trabalho –, a qual foi divulgada.

Não seria improvável questionamento no sentido de que essa aproximação do Poder Judiciário com grandes litigantes, litigantes usuais, poderia ser forma de captura em desfavor de litigantes não habituais. No entanto, a análise do caso evidenciou apenas conscientização das más práticas no peticionamento e divulgação de boas práticas de processamento dos feitos. Ademais, por ser institucionalizada em núcleo, em iniciativa que recebeu publicidade, é possível seu controle.

A aproximação, *per se*, não é indicativa de captura, sobretudo quando se podem aferir, com transparência, a forma como ocorreu e os objetivos pretendidos. No caso em análise, a divulgação de boas práticas para condução de feitos, evitando movimentações desnecessárias do cartório e, consequentemente, a realização de diversos atos da serventia, não é indício de captura. Ao contrário, mostra-se medida de boa gestão e melhor aproveitamento dos recursos disponíveis, evitando desperdício de trabalho da serventia judicial, já tão assoberbada pelo grande volume de trabalho.

A par das medidas de eficiência na tramitação de feitos, a iniciativa em análise indicou, também, redução de acervos em curto espaço de tempo. Seria preciso um aprofundamento do estudo nessa iniciativa para melhor compreensão da correlação entre os resultados obtidos e as medidas adotadas. Entretanto, traz evidências suficientes de que pequenos fatores por vezes negligenciados – como equívocos no peticionamento – podem repercutir consideravelmente na adequada tramitação de processos.

O interessante dessa iniciativa é que, a partir de uma visão mais ampla do fenômeno da litigância, a alta administração do tribunal conseguiu identificar uma boa prática já adotada individualmente por alguns magistrados, replicando de forma potencializada para outras unidades judiciais, sugerindo-a e divulgando os bons resultados a ela associados. A atuação na dimensão institucional confere amplitude institucional a uma boa prática utilizada por um único juiz.

6.4.2.4 Gestão de relacionamentos humanos e capacitação

É necessário também atentar-se à constante capacitação de servidores e magistrados, seja quanto ao uso dos sistemas eletrônicos de tramitação do processo em si, seja quanto a técnicas e ferramentas de gestão, quando exercem cargos de liderança, e à orientação dos demais operadores do Direito – como advogados, defensores públicos, promotores públicos – sobre o correto uso do sistema.

No item 6.3.2.1 deste trabalho, já se destacou a importância de capacitação adequada dos servidores e magistrados.[472]

Outro importante fator que contribui para a melhor gestão do processo consiste no bom relacionamento entre juiz e funcionários do cartório. Sem esse envolvimento, ele não poderá atuar como gestor de forma adequada. Um relacionamento saudável entre os servidores e magistrados proporciona a existência de um ambiente de trabalho agradável, indispensável para realização dos serviços com mais eficácia, conforme apontado em estudo empírico

---

472 BRASIL. Ministério da Justiça. *O impacto da gestão e funcionamento dos cartórios judiciais sobre a morosidade da justiça brasileira*: diagnósticos e possíveis soluções. Brasília, 2011, p. 169. Disponível em: https://edisciplinas. usp.br/pluginfile.php/4434410/mod_resource/content/1/funcionamento-dos--cartorios-judiciais-2011.pdf. Acessado em: 07.07.2020.

CAPÍTULO VI – AS DIMENSÕES DO GERENCIAMENTO JUDICIAL

realizado,[473] desenvolvendo um necessário sentimento de equipe, dando coesão à atuação da unidade.[474]

A alta administração tem condições mais favoráveis de identificar necessidades de capacitação de magistrados e servidores e de fornecer treinamentos para exercícios de lideranças, objetivando melhores relacionamentos humanos da unidade.

---

[473] "Os relacionamentos pessoais em cartório são o dado mais importante levado em consideração junto aos funcionários, com 91,3% das respostas. A maioria, 75,1%, declarou que é importante o juiz estar presente no dia a dia do cartório e a sua capacidade de estabelecer bons relacionamentos é considerada tão essencial ao seu trabalho quanto a competência no trabalho (66,3%). Por outro lado, o principal defeito de um juiz, apontado por 79,3% dos entrevistados, se resume ao termo 'juizite': pedantismo, arrogância, falta de tato e de educação. Em segundo lugar, com 23,9% das respostas, vem a incompetência. Ou seja, para o cartório, o juiz que se relaciona bem com os funcionários tem o mesmo valor que o juiz tecnicamente competente. Porém, para o mesmo funcionário, o pior juiz não é o incompetente, mas o que não tem essa capacidade de relacionamento desenvolvida" (MIGALHAS. "Direito GV e Cebepej apontam que os procedimentos em cartório chegam a consumir 80% de todo o processo judicial". *Migalhas*, 30 nov. 2007. Disponível em: https://www.migalhas.com.br/quentes/50054/direito-gv-e-cebepej-apontam--que-procedimentos-em-cartorio-chegam-a-consumir-80--de-todo-o-proces-so-judicial. Acessado em: 01.05.2020).

[474] "Outra importante ferramenta de gestão dos cartórios é aquela de cunho motivacional. Segundo recente pesquisa do Ministério da Justiça, 35,9% dos servidores de cartórios judiciais analisados declaram-se sem 'nenhum estímulo' para trabalhar (Brasil, 2007). Nas pesquisas constatei que poucos juízes mantêm proximidade com os cartórios. Em geral, eles preferem deixar essa tarefa para o diretor. Entre as exceções, um juiz disse investir na ideia de que o cartório é uma equipe com objetivos comuns. Procura visitar diariamente o cartório para conversar com os funcionários, indagar sobre os serviços, questionar sobre processos em cima da mesa etc. Segundo ele, isto gera resultados positivos entre os funcionários e também sobre os advogados" (SILVA, Paulo Eduardo da. *Gerenciamento de processos judiciais*. São Paulo: Saraiva, 2010, p. 71).

6.4.2.5 Prevenção de litígios: ADRs[475] e identificação das causas de litigância

Mencionou-se neste trabalho sobre o uso de meios alternativos de solução de conflitos pelos magistrados, como ferramenta de *case management*. Todavia, essa abordagem reflete apenas a adoção desse método alternativo de conflitos por cada magistrado em um processo específico. Justamente por esse motivo, a análise acerca de sua efetividade e validade é feita quase que exclusivamente pela perspectiva da legislação processual civil e legislação específica.

Ocorre, no entanto, que não é possível ignorar o uso de métodos alternativos de solução de conflitos como política judiciária de tratamento de disputas[476] – tanto pré- processuais, quanto processuais – e, sob essa perspectiva, constatar que os responsáveis por sua condução e aprimoramento não são os juízes, individualmente considerados, mas sim aqueles encarregados da aplicação dessas políticas nos tribunais brasileiros, os quais devem proporcionar estrutura, capacitação, pessoal, entre outros.

Os meios alternativos de solução de disputas foram eleitos pelo CNJ como política pública a ser incentivada no âmbito do Poder Judiciário, sobretudo por meio da Resolução CNJ n. 125/2010 – a qual é anterior ao Código de Processo Civil de 2015 – e pela legislação específica que disciplinou a mediação, Lei n. 13.140/2015.

---

[475] Alternative Dispute Resolution.

[476] "O escopo de pacificar pessoas mediante a eliminação de conflitos com justiça é, em última análise, a razão mais profunda pela qual o processo existe e se legitima na sociedade. Tal é um dos pontos de apoio e fator legitimante dos meios alternativos de solução de conflitos. Partes que transitem ou o conciliador e o mediador que encaminham litigantes a uma solução não têm solenes compromissos com a lei nem lhes toca dar-lhes efetividade ou promover-lhe a atuação (escopo jurídico da jurisdição). Mas a pacificação é o indisfarçável resultado dessas iniciativas, quando frutíferas – e tal é o ponto comum entre jurisdição e os meios alternativos" (DINAMARCO, Cândido Rangel. *Instituições de Direito Processual civil*. 2ª ed. rev. e atual., vol. II. São Paulo: Malheiros, 2002, p. 221).

CAPÍTULO VI – AS DIMENSÕES DO GERENCIAMENTO JUDICIAL

O uso de conciliações já era incentivado pelo CNJ por semanas nacionais de conciliação, antes mesmo da resolução de 2010, tanto no campo pré-processual quanto na esfera processual.

Aliás, reforçando o estímulo por parte do CNJ ao fomento da política judiciária de incentivo a métodos alternativos de solução de conflitos, destaca-se a Meta 3 para o ano de 2020, aplicável a todos os tribunais brasileiros, nos seguintes termos:

> *Meta 3 – Estimular a conciliação (Justiça Estadual, Justiça Federal e Justiça do Trabalho)*
>
> Justiça Estadual: Aumentar o indicador índice de conciliação do Justiça em Números em 2 pontos percentuais em relação ao ano anterior.
>
> Justiça Federal: Fomentar o alcance percentual mínimo de 6% na proporção dos processos conciliados em relação aos distribuídos.
>
> Justiça do Trabalho: Manter o índice de conciliação na fase de conhecimento, em relação ao percentual do biênio 2017/2018.

Em razão dessa política, foram criados em todos os tribunais brasileiros Centros Judiciários de Solução de Conflitos e Cidadania (Cejuscs) e Núcleos Permanentes de Métodos Consensuais de Solução de Conflitos (Nupemec).

O CNJ reforçou o estímulo a política pública de conciliação pela adoção de diversas medidas. Assim, por exemplo, passou a considerar os Cejuscs no conceito de unidade judiciária, para fins de cálculos de lotação paradigma, conforme Resolução CNJ n. 219/2016. Criou, também, o Índice de Composição de Conflito (ICoC), no Regulamento da Semana da Conciliação de 2020. Esse índice considera a conciliação em seis etapas, ou seja, apurando o número de conciliações realizadas por Cejuscs ou Câmaras de Conciliação/Mediação, o número de audiências realizadas nas varas/juizados/turmas recursais/tribunais e audiências do art. 334 do CPC, índice de transação penal, composição cível e acordos.

O Relatório "Justiça em Números" de 2020 apontou que, de 2016 até 2019, houve crescimento substancial da estrutura dos Cejuscs. No mesmo período, apurou a seguinte evolução do índice de conciliação, por fase do processo, indicando o valor médio de 12,5% em 2019.

Figura 10 – Série histórica do índice de conciliação

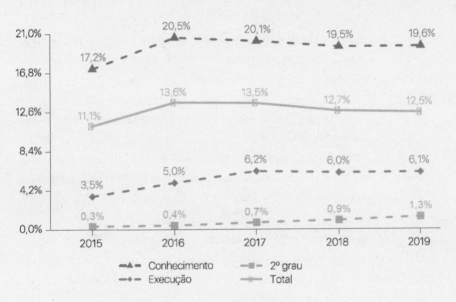

Fonte: CONSELHO NACIONAL DE JUSTIÇA. *Justiça em Números 2020*: Ano-base 2019. Relatório analítico. Brasília: CNJ, 2020, p. 172.

A média do índice de conciliação tem se mantido relativamente estável desde 2016.[477] O Relatório "Justiça em Números" de 2020

---

[477] Excluem-se do montante considerado os procedimentos pré-processuais e classes processuais, como inquéritos, reclamação pré-processual, termos circunstanciados, cartas precatórias, precatórios, requisições de pequeno

CAPÍTULO VI – AS DIMENSÕES DO GERENCIAMENTO JUDICIAL

atribui o aumento do índice de conciliação à entrada em vigor, em 2016, do novo Código de Processo Civil, que trouxe a exigência da audiência prévia obrigatória, sem, contudo, esclarecer se, em sua análise, conseguiu descartar o impacto de outras variáveis, como a ampliação da estrutura de Cejusc e outras iniciativas de fomento dessa política pública.[478]

Chama atenção, contudo, o aumento do índice de conciliação em todas as fases do processo, e não somente na fase de conhecimento, o que parece ser indicativo de que isso possa ter decorrido também de práticas de fomento institucional de conciliação.

Curioso observar que o próprio relatório "Justiça em Números" aponta crescimento expressivo da estrutura dos Cejuscs, que, em 2014, era de 326 unidades, passando para 654 unidades, em 2015, 808 unidades, em 2016, 982 unidades em 2017, e 1.088 unidades em 2018.[479] A ampliação da estrutura dos Cejuscs por parte dos tribunais, no período de 2015 a 2016, que praticamente dobrou, não pode ser desconsiderada como fator que também contribuiu para a maior prática de acordos, sendo, portanto, indicativo do efeito positivo do gerenciamento de fatores exógenos ao processo.

---

valor, entre outros, haveria redução no índice de conciliação de 12,5% para 9,6% (CONSELHO NACIONAL DE JUSTIÇA. *Justiça em Números 2020*: Ano-base 2019. Relatório analítico. Brasília: CNJ, 2020, p. 173. Disponível em: https://www.cnj.jus.br/wp-content/uploads/2020/08/WEB-V3-Justi%C3%A7a-em-N%C3%BAmeros-2020-atualizado-em-25-08-2020. pdf. Acessado em: 09.09.2020).

[478] CONSELHO NACIONAL DE JUSTIÇA. *Justiça em Números 2020*: Ano-base 2019. Relatório analítico. Brasília: CNJ, 2020, p. 171. Disponível em: https://www.cnj.jus.br/wp-content/uploads/2020/08/WEB-V3-Justi%C3%A7a-em-N%C3%BAmeros-2020-atualizado-em-25-08-2020. pdf. Acessado em: 09.09.2020.

[479] CONSELHO NACIONAL DE JUSTIÇA. *Justiça em Números 2020*: Ano-base 2019. Relatório analítico. Brasília: CNJ, 2020, p. 172. Disponível em: https://www.cnj.jus.br/wp-content/uploads/2020/08/WEB-V3-Justi%C3%A7a-em-N%C3%BAmeros-2020-atualizado-em-25-08-2020. pdf. Acessado em: 09.09.2020.

Recente Recomendação do CNJ n. 71/2021, inspirada em iniciativas do TJSP, TJRJ, TJPR, TJES e TJRS, observadas durante a pandemia provocada pela Covid-19, recomendou a implementação de Cejuscs especializados para conflitos envolvendo matérias empresariais de qualquer valor, inclusive para aquelas decorrentes de crise gerada pela pandemia, na fase pré-processual ou para demandas já ajuizadas.

Para o fomento do uso dos meios alternativos de solução de conflitos não basta, apenas, a disponibilização da estrutura necessária. Mostra-se conveniente, também, a adoção de iniciativas que estimulem e enalteçam os seus benefícios, conscientizando os usuários do sistema de justiça brasileiro, a serem conduzidas pelos próprios tribunais.

Um exemplo encontra-se no programa "Empresa Amiga da Justiça" conduzido pelo TJSP, regulamentado pela Portaria n. 9.447/17, que tem por objetivo fomentar a cultura da pacificação social pelo uso de métodos autocompositivos de solução de conflitos consumeristas. Por meio de termo de compromisso público, a pessoa jurídica aderente compromete-se com metas para aumentar número de acordos judiciais e extrajudiciais, obtendo, assim, certificação denominada "Empresa Amiga da Justiça" ou "Parceiro Institucional do Programa Empresa Amiga da Justiça".

Concluiu-se, portanto, que, na dimensão institucional, o fomento à utilização dos meios alternativos de conflitos se dá tanto pela disponibilização de estrutura adequada quanto pelo estímulo institucional e promoção dessa cultura, por meio de criação de metas e iniciativas com certificações.

CONSIDERAÇÕES FINAIS

O presente trabalho adotou como hipótese a existência de fatores exógenos ao processo judicial que impactam consideravelmente sua adequada tramitação e que precisam ser reputados, para fins de seu melhor gerenciamento, por magistrados, pela alta administração dos tribunais e, eventualmente, pelo próprio CNJ, contribuindo para dar maior concretude às soluções concebidas pelo legislador e para sua tramitação mais célere. Considerou, também, que tanto esses fatores exógenos como instrumentos previstos na dogmática processual podem ser organizados em grupos específicos, conforme determinadas características, e que a maior clareza dessa sistematização também é, em si, elemento que contribui para melhor gerenciamento, na medida em que permite uma ampla visualização de desafios e dificuldades, propiciando adotar soluções mais cirúrgicas e efetivas.

A partir da análise histórica da evolução da legislação processual brasileira, apurou-se que são constantes as críticas à morosidade do Poder Judiciário e a percepção de sua crise perante novos desafios socioeconômicos que surgiram. Notou-se que tanto a morosidade quanto o crescente aumento do volume de demandas enfrentadas pelo Poder Judiciário foram circunstâncias apontadas direta ou indiretamente pelo legislador em todas as exposições de motivos dos três últimos Códigos de Processo Civil, os quais, igualmente, concluíram pela insuficiência da legislação processual então posta para seu enfrentamento. Constatou-se, ainda, por uma perspectiva histórica, que paralelamente à criação de novos institutos jurídicos e da própria evolução da concepção do processo judicial em si houve crescente e consistente aumento dos poderes conferidos a magistrados, assim como a maior a flexibilização do excesso de formalismos, os quais foram diagnosticados como soluções para problemas observados na tramitação de processos.

Flexibilização do formalismo do rito processual e concessão de poderes para melhor encaminhamento de conflitos nada mais são do que manifestações dos limites admitidos pelo legislador para definir as fronteiras e a amplitude do espaço necessário para que o Poder Judiciário pudesse gerenciar o conflito que lhe havia sido submetido à cognição. Afinal, o excesso de rigor do formalismo processual legal nada mais representa do que uma situação em que não se admite o gerenciamento do caso concreto, impondo ao magistrado, tão somente, a aplicação da solução abstrata prevista em norma legal concebida pelo legislador – o que a própria evolução histórica do Direito Processual revelou, empiricamente, ser insatisfatório, na medida em que permitia a criação de situações verdadeiramente injustas.

A atuação do juiz gerenciando o conflito submetido ao seu conhecimento atenta às particularidades do caso concreto, traz à luz uma faceta que não é sempre revelada das funções atribuídas ao magistrado.

O dever de assegurar, no caso concreto, a duração razoável do processo chama atenção à necessidade de que o juiz não apenas diga o direito no caso concreto (*jurisdictio*), mas, também, que adote as medidas necessárias, respeitados os limites da legislação constitucional e processual, para que isso ocorra em tempo adequado, ou seja, que não seja excessivamente rápido, a ponto de desrespeitar o contraditório, mas que não seja demasiadamente lento, chegando mesmo a tornar a tutela pleiteada inútil ou desnecessária. Para

CONSIDERAÇÕES FINAIS

que possa atender a essas exigências, que por vezes podem parecer antagônicas, é imprescindível que o juiz exerça função gerencial e, dentro do campo discricionário que lhe é permitido pela legislação processual e constitucional, possa reorganizar a ordem de atos, determinar o recurso a mecanismos alternativos de soluções de disputas, entre outras medidas, todas elas permeadas pelo intuito de buscar, no caso concreto, a melhor solução em tempo hábil.

Tradicionalmente, associa-se a manifestação processual da função gerencial do magistrado às técnicas de gerenciamento de processos judiciais, ou *case management*.

A percepção de que um determinado litígio pode ter um encaminhamento distinto a depender das técnicas de gerenciamento empregadas pelo magistrado ou gestor responsável chamou a atenção para a existência de diversas variáveis que podem impactar o andamento desse processo, trazendo a reflexão sobre se também elas poderiam ser gerenciadas por juízes para assegurar uma melhor tramitação de processos.

Refletindo sobre a questão e ao se debruçar sobre o significado de gerenciamento de processos, observamos que os conceitos em si de "gerenciamento" e de "processo" também possuem uma acepção que decorre do ramo do estudo da administração, a qual, por sua vez, analisa diversas técnicas e estratégias que podem ser consideradas para aprimoramento de determinados processos de trabalho.

A compreensão que se extraiu da acepção administrativa dos termos "gerenciamento" e "processo" revelou a existência de vários processos de trabalho que estão intrinsecamente relacionados para viabilizar a tramitação do processo judicial em si e que interferem diretamente no resultado final da atuação do magistrado quanto ao encerramento do conflito, seja por sua decisão no tocante à tutela postulada, seja por homologação de acordo das partes.

A partir dessa percepção, surgiu outra reflexão. A exemplo do que ocorre com o ramo da administração em si, seria relevante identificar quais os processos de trabalho que interferem no processo decisório do magistrado para, desse modo, verificar quais as estratégias adequadas para obtenção de resultados mais eficientes e qualitativamente melhores, tanto pela perspectiva da duração do processo quanto da qualidade da decisão em si?

Considerando que existem processos de trabalho importantes para viabilizar a atuação do magistrado, necessário concluir que eles impactam seu processo decisório, ainda que indiretamente. Dessarte, justamente por esse motivo, mostra-se pertinente o estudo que tenha por objetivo identificar, evidenciar e organizar esses fatores, processuais ou não, que contribuem para melhor tramitação do processo, além de ser de grande utilidade, pois permite o desenvolvimento de técnicas que os gerenciem de forma mais adequada.

Tornar visíveis esses processos de trabalho, que estruturam a atuação do magistrado, contribui, inclusive, para aferir os limites das técnicas estritamente processuais de gerenciamento de processos. Afinal, se esses processos de trabalho não forem adequadamente gerenciados, o magistrado não disporá de estrutura necessária para aplicar os institutos previstos pelo legislador.

O processo judicial é apenas a dimensão mais superficial e evidente, para todos os usuários do sistema de justiça brasileiro, dos processos de trabalho que estão envolvidos e que são necessários para que se obtenha, ao seu final, uma sentença ou uma decisão judicial. Há, contudo, diversos outros processos de trabalho que também são indispensáveis para viabilizar a atuação judicial, mas que são menos visíveis aos usuários em geral, porém não são menos importantes. Sem esses processos de trabalho "invisíveis", sob os quais se constrói a estrutura necessária para tramitação do processo judicial, este último não existiria. Afinal, assim como o excesso de rigor engessa a atuação do magistrado no caso concreto, a falta de estrutura satisfatória inviabiliza que essa atuação ocorra.

A reflexão acerca da organização da estrutura necessária para tramitação do processo e, consequentemente, para possibilitar

CONSIDERAÇÕES FINAIS

a atuação do magistrado na solução de determinado conflito conduziu à agregação dos processos de trabalho identificados em três grandes grupos, que foram sistematizados em atenção às suas características específicas, seja no tocante ao agente responsável pela condução desses processos, seja pelas normas que disciplinam sua organização e o espaço de discricionariedade permitido pelo legislador, seja, por fim, pelos agentes envolvidos, o que resultou na identificação do que se convencionou chamar, neste trabalho, de "dimensões" de gerenciamento, a saber:

(i) dimensão do processo;

(ii) dimensão da unidade judicial; e

(iii) dimensão institucional.

A distinção das dimensões teve por propósito, justamente, evidenciar as particularidades específicas de cada uma dessas camadas passíveis de gerenciamento pelo Poder Judiciário, que demandam soluções distintas, tornando visíveis, assim, as engrenagens que permitem a aplicação das técnicas processuais para gerenciamento de processos, concebidas pelo legislador. Por conseguinte, apontam-se com maior assertividade os processos de trabalho a que se referem o gestor responsável e os desafios enfrentados.

O aprofundamento da reflexão sobre cada uma dessas dimensões de gerenciamento permitiu verificar que existem técnicas ou ferramentas processuais para seu enfrentamento, previstas na legislação processual, que podem ser alocadas para cada uma delas, bem como evidenciou fatores exógenos associados a cada uma dessas dimensões, que também podem ser alvo de técnicas de gestão, cuja aplicação repercutirá diretamente no melhor gerenciamento dos respectivos processos de trabalho.

Com relação às técnicas de gerenciamento de processos previstas na legislação processual, denominadas neste trabalho de "ferramentas da dogmática processual", optou-se deliberadamente por não aprofundar sua análise, preferindo realçar os aspectos que permitiam sua alocação em uma ou outra dimensão de gestão identificada nesta pesquisa.

O motivo de tal opção foi a constatação de que existem diversos estudos doutrinários sobre essas ferramentas da dogmática processual, de modo que seu aprofundamento, neste trabalho, desviaria o foco de análise: os fatores que permitem a organização dessas dimensões de gerenciamento e as técnicas de gerenciamento de fatores exógenos. Considerou-se mais relevante e inovador apresentar os motivos que justificam sua alocação em uma dimensão e, assim, chamar atenção para o gestor responsável por sua implementação e para o contexto do processo de trabalho em que está inserida. Com esses destaques, é possível compreender melhor os desafios inerentes a cada uma das dimensões de gerenciamento.

Para sistematização das dimensões de gerenciamento, inicialmente refletimos acerca das principais técnicas de gerenciamento identificadas empiricamente, a partir, inicialmente, das ferramentas da dogmática processual. Esse exercício permitiu a identificação dos processos de trabalho associados a cada uma delas, aglutinando-as em uma das três dimensões supramencionadas. Em um momento subsequente, procuramos identificar em cada uma dessas dimensões, a partir de exemplos concretos, fatores exógenos ao processo judicial que o impactavam diretamente.

A existência em si desses fatores exógenos, sobretudo associados a dimensões específicas de determinados processos de trabalho, passíveis de gerenciamento, não é questão muito evidenciada ou estudada e, mesmo quando esse estudo é feito, não se destaca sua potencialidade para o aprimoramento da tramitação de processos judiciais, como ferramenta de gestão em si, na medida em que não se compreende o contexto em que está inserido – sendo esta, aliás, a importância da sistematização das dimensões de gerenciamento.

Assim, por exemplo, muito embora existam estudos sobre alguns dos fatores exógenos que impactam os processos judiciais,

CONSIDERAÇÕES FINAIS

como é caso da tecnologia, essas análises são feitas de maneira isolada e pulverizada, sem uma visão sistematizada em que se considerariam quem seria o gestor responsável por sua implementação e os desafios enfrentados. Ainda que esses estudos realcem de forma genérica e abstrata os benefícios da tecnologia para o melhor andamento de processos judiciais, não parece haver muita clareza quanto a se tratar a tecnologia de importante ferramenta para seu gerenciamento. Isso, porque, mais do que simplesmente trazer alguns resultados positivos e pontuais, a tecnologia é ferramenta essencial e estratégica para um gerenciamento mais eficaz de processos judiciais, em uma dimensão institucional de gerenciamento, conforme indicado em capítulo próprio deste trabalho.

Por essa razão, este trabalho optou por concentrar os esforços de estudo nesses fatores exógenos e na identificação das características de cada dimensão de gerenciamento e de seus desafios, em detrimento do estudo das ferramentas processuais sob a perspectiva da dogmática processual. Pretendeu-se, assim, ao trazer essa abordagem, evidenciar as potencialidades de gerenciamento dos conflitos submetidos ao Poder Judiciário, chamando atenção, sobretudo, para as diversas técnicas que podem ser utilizadas para obtenção de resultados mais satisfatórios e para a melhor compreensão do contexto em que estão inseridas.

A sistematização das dimensões de gerenciamento permite compreender que todos os processos de trabalho envolvidos na tomada de decisão do magistrado formam uma unidade orgânica, cada uma delas relacionando-se entre si. Compreender essa unidade, assim como os desafios enfrentados por cada uma dessas dimensões de gerenciamento, possibilita identificar as dificuldades sofridas por elas e, assim, aprimorar as técnicas de gerenciamento apontadas.

Para uma melhor compreensão do contexto de cada uma dessas dimensões de gerenciamento, entendemos relevante efetuar breve análise da estrutura do Poder Judiciário, por uma perspectiva constitucional. Sem pretender esmiuçar o estudo dos poderes do magistrado, muito menos se aprofundar especificamente nas fronteiras conferidas pelo legislador ou pelo constituinte para a atuação gerencial e discricionária do magistrado dentro de sua função gerencial, este trabalho apresentou, em capítulo próprio, de forma sucinta, os principais contornos dessa questão.

Como interessante achado do estudo, observou-se a falta de definição exata dos limites de atuação do CNJ como órgão de controle do Poder Judiciário, assim como da extensão do exercício de seu poder normativo outorgado por emenda à Constituição Federal.

Foram apontados exemplos empíricos indicando que a ausência dessa definição provoca incertezas e sobreposição de atuações, resultando em ineficiência gerencial, como se observou, por exemplo, nos sistemas de tramitações de processos eletrônicos.

Sobre esse ponto, considerando a organização política brasileira, assim como as cláusulas pétreas que definem sua estruturação em um Estado Federal e a tripartição dos Poderes estatais, este trabalho concluiu que o CNJ, como órgão de controle do Poder Judiciário, não recebeu competência constitucional para suprimir a discricionariedade dos tribunais no tocante à administração de cada Corte, substituindo-os, porquanto não detém competência administrativa, mas sim de controle. Depreendeu, também, que seu poder normativo originário não pode avançar em matérias reservadas pela Constituição Federal para o Poder Legislativo, sob pena de violação do princípio da separação de Poderes, e o uso de tal poder está restrito à disciplina do que for necessário ao controle administrativo e financeiro do Poder Judiciário e de cumprimento de deveres funcionais por magistrados. Este trabalho constatou, por fim, que entendimento diverso poderia gerar grande instabilidade no delicado equilíbrio político instituído pelo constituinte originário de 1988 existente entre os Poderes do Estado, colocando em xeque o funcionamento adequado da organização federativa.

De qualquer modo, compreendeu-se que seria conveniente uma manifestação pela Corte Constitucional brasileira sobre a questão

CONSIDERAÇÕES FINAIS

para que houvesse maior clareza dos limites da discricionariedade conferida pelo legislador ao gestor. A depender da forma como a questão será definida, é possível que seja preciso o reconhecimento de uma quarta dimensão de gerenciamento.

Além disso, justamente para chamar a atenção para a necessidade de compreender as exigências empíricas e o contexto em que se insere cada uma das técnicas de gerenciamento identificadas, este trabalho destacou, em capítulo próprio, a importância da extração de dados e da fixação de índices de controle de resultados desejados. Apontou-se, também, para os benefícios que poderiam advir da melhor compreensão da motivação econômica das partes. Também, nesse caso, não se pretendeu esmiuçar o estudo de todos os aspectos, mas tão somente evidenciar como sua compreensão é importante para o emprego mais eficiente das técnicas de gerenciamento.

Nesse ponto, este trabalho concluiu que a análise de dados estatísticos consiste em importante ferramenta para adequado gerenciamento judicial.

A extração de dados do Poder Judiciário brasileiro permite conhecer quais são, concretamente, os desafios por ele enfrentados. Permite o mapeamento dos perfis de litigiosidade, o que pode ser informação poderosa para elaboração de políticas de organização judiciária por cada um dos tribunais.

Possibilita, também, a criação de índices que permitirão conhecer os principais desafios enfrentados pelo Poder Judiciário. Eles auxiliarão não apenas na gestão judicial, mas em todas as suas dimensões, propiciando o estabelecimento de metas e de índices de monitoramento, sobretudo se apontarem para determinada situação de forma crônica – como é o caso das execuções fiscais, comentadas neste trabalho –, a orientar alterações legislativas para intervenções mais cirúrgicas. Proporcionarão, também, a partir da medição do grau de satisfação dos usuários, identificar aspectos que podem ser aprimorados pela experiência do usuário, contribuindo para tornar o Poder Judiciário mais acessível à população em geral.

Por sua potencialidade, depreende-se que seria muito interessante que existissem outras fontes de coleta e análise de dados. Hoje, o CNJ efetua primordialmente essa colheita de dados. Seria muito rico que cursos de Direito, de graduação ou pós-graduação, criassem núcleos de pesquisa interdisciplinares, envolvendo operadores do Direito, estatísticos, matemáticos, engenheiros e cientistas de dados, os quais, a partir da diversidade de formação, trouxessem novos olhares e percepções sobre os desafios observados pelo Poder Judiciário, legislação processual, especialmente pela perspectiva da sociedade civil e dos usuários do sistema de justiça.

A complexidade da gestão judicial indica o benefício de conhecimentos interdisciplinares para melhor apreensão das questões envolvidas e visão mais completa do fenômeno processual sob uma ótica empírica.

Este trabalho também concluiu pela contribuição que a abordagem econômica, sobretudo pela teoria econômica comportamental, pode trazer para orientar a gestão judicial. Como achados interessantes, este estudo evidenciou que a justiça consiste em bem comum, alertando para a necessidade de conscientização da administração de seu uso e da correta aplicação do benefício da justiça gratuita, notadamente a concessão de isenções, visto que, com isso, poder-se-ia evitar eventual uso por vezes atípico, o qual, paradoxalmente, pelo excesso do recurso ao sistema de justiça, tem aptidão de torná-lo inefetivo, além de favorecer o aumento irracional da litigiosidade. A reflexão é ainda mais interessante quando se constata que muitas isenções são concedidas para litigantes habituais.

Além disso, os *insights* advindos da economia comportamental permitem entender melhor o comportamento das partes, contribuindo para que o magistrado possa direcionar suas ferramentas de gestão para utilizá-las no momento processual em que houver mais chances de que elas possam ser efetivas, e, ainda, orientar a elaboração de alterações legislativas. Esse foi o caso, por exemplo, do uso de meios alternativos de solução de disputas,

CONSIDERAÇÕES FINAIS

visto que a economia comportamental apresenta hipótese plausível para justificar baixas taxas de sucesso, se tais mecanismos forem intentados no início da lide. Essas percepções ajudam no melhor gerenciamento em todas as dimensões identificadas neste trabalho.

As reflexões supramencionadas e as conclusões observadas foram apresentadas nos cinco primeiros capítulos deste trabalho.

Identificados os processos de trabalhos e as técnicas de gerenciamento, a partir da análise do caso concreto, sistematizadas as dimensões de gerenciamento, compreendida a estruturação constitucional do Poder Judiciário e apresentados conhecimentos não jurídicos que contribuem para melhor aplicação dessas técnicas, dedicamos o último capítulo para expor os fatores em si identificados em cada uma dessas dimensões e quais as técnicas observadas.

Apresentamos, no último capítulo, a compilação dos exemplos empíricos localizados e os resultados práticos obtidos, que justificaram sua menção, neste trabalho, como técnicas interessantes para gerenciamento de fatores que impactavam o melhor andamento do processo.

A partir dos exemplos empíricos localizados que evidenciaram impacto positivo na condução do processo, foi possível identificar os fatores exógenos a que se referem. Os exemplos concretos apontaram que o gerenciamento desses fatores, em alguns casos, pode resultar em expressivo aprimoramento do processo judicial, seja com relação à redução em si do tempo de tramitação, seja viabilizando aprimoramento qualitativo das decisões judiciais.

Aliás, foi interessante verificar que o adequado gerenciamento desses fatores, como é o caso da tecnologia, pode ter um resultado mais impactante do que alterações legislativas em si.

Necessário destacar que não se está aqui defendendo que as soluções legislativas processuais e respectivas ferramentas de gestão advindas da dogmática processual são pouco relevantes.

Muito ao contrário. Sustenta-se, apenas, que uma adequada gestão de todos os fatores alocados nas dimensões de gerenciamento propostas neste trabalho potencializará a aplicação das soluções concebidas pelo legislador. Afinal, as soluções legislativas, previstas em normas gerais e abstratas, partem do pressuposto de que todos os magistrados se encontram em situações semelhantes no caso concreto. Entretanto, para que haja essa equalização das condições, é indispensável focar o gerenciamento dos fatores exógenos identificados, que foram apresentados neste trabalho.

Ademais, ao se adotar uma abordagem de gerenciamento, procurando identificar dados empíricos para compreender os desafios observados em cada uma das dimensões de gerenciamento propostas neste trabalho, será possível ter maior clareza dos problemas efetivamente existentes, e se eles necessitam, para sua solução, de uma alteração legislativa ou, ao contrário, apenas da aplicação de técnicas melhores de gerenciamento. Essa análise, portanto, contribui, também, ainda que de forma indireta, para melhor prática de política judiciária.

A tentativa de organização dos processos de trabalhos que impactam o processo de tomada de decisão do magistrado, assim como de respectivos fatores processuais e exógenos, permitiu sua sistematização em três principais dimensões de gerenciamento, as quais devem ser concomitantemente consideradas.

A sistematização proposta se mostrou possível e útil, na medida em que permitiu melhor visualização do contexto em que essas dimensões estão inseridas e do gestor responsável e do processo de trabalho a ele afeto, além de ter clareza dos limites de sua discricionariedade. O adequado gerenciamento de cada uma dessas dimensões, que atua de forma orgânica e interligada, contribuirá para melhor decisão por parte do magistrado. Nada impede que o aprofundamento de estudos indique outras dimensões.

Identificou-se na dimensão de gerenciamento do "processo" aquela que tem como gestor o magistrado, cujos limites de sua

CONSIDERAÇÕES FINAIS

discricionariedade são disciplinados pelo Código de Processo Civil e pela Constituição Federal. Estão envolvidos nesse processo de trabalho os advogados, as partes, assim como outros atores do processo, além do cartório e o próprio juiz.

Com relação às ferramentas previstas na dogmática processual na dimensão do processo, identificaram-se todas aquelas possibilidades previstas no *case management*, ou seja, a calendarização de processos, uso de meios alternativos de conflitos, flexibilização de procedimentos, entre outros. No tocante às ferramentas exógenas, foram reveladas como principais técnicas de gerenciamento associadas a essa dimensão: o aprimoramento do "desenho da decisão", ou seja, elaborá-la de forma a facilitar sua compreensão e cumprimento pelo cartório; concentrar todas as ordenações possíveis para aquele processo, evitando sua movimentação desnecessária no ofício judicial; dispensa da necessidade de cumprimento da decisão pelo cartório, tornando a decisão o próprio ofício ou mandado; gestão de audiências; e troca de boas práticas entre magistrados.

Na dimensão de gerenciamento da "unidade judicial", observou-se que, de forma direta, sua gestão é exercida pelo juiz. Os processos de trabalhos afetos a essa dimensão consistem naqueles verificados em cartórios e nos gabinetes dos magistrados, formando a estrutura necessária para que os processos judiciais possam ter andamento. O limite de discricionaridade do gestor direto, nesse caso, encontra-se em algumas normas esparsas do Código de Processo Civil que padronizam a tramitação dos processos judiciais nas estruturas do Poder Judiciário, as quais são complementadas pelas normas editadas de organização de cada tribunal de sua estrutura, nos termos do art. 96, I, *a* e *b*, da CF – em regra pelas Corregedorias –, e, ainda, no tocante à padronização, necessária para permitir o controle administrativo do Poder Judiciário, também pelo CNJ, no exercício de sua competência prevista no art. 103-B, § 4º, da CF.

Essa dimensão de gerenciamento é particularmente importante pois está diretamente relacionada à redução do tempo morto do processo, um tempo que não é visível para muitos dos atores que participam da dimensão de gerenciamento do processo, mas que impacta diretamente sua duração em período razoável.

Como ferramentas previstas na dogmática processual para gerenciamento da dimensão da unidade judicial, foram identificados os arts. 12 e 153 do CPC, que impõem a necessidade de que todos os processos em andamento tramitem em conformidade com a ordem cronológica.

O estudo realizado apontou as limitações das ferramentas da dogmática processual para gerenciamento dessa dimensão, pois pouco indicam quais as ferramentas disponíveis ao gestor para melhor conduzir o funcionamento de seu cartório ou de seu gabinete.

Estudos empíricos também evidenciaram que problemas no adequado gerenciamento dessa dimensão podem inclusive afetar o funcionamento das ferramentas previstas na dogmática processual para a dimensão de gerenciamento do processo. Assim, por exemplo, mostrou-se que o tempo para a prática de determinadas movimentações internas em cartório ou atos processuais pode variar tanto de uma unidade para outra, que pode potencialmente frustrar a expectativa de uma parte ao apresentar proposta de calendarização do feito.

Logo, importante achado do estudo encontra-se na constatação de que permitir às partes do processo mais ingerência da gestão do conflito processual pode ser prática inócua, se as variáveis que se referem à dimensão do gerenciamento da unidade judicial não estiverem adequadamente equalizadas.

Como ferramentas exógenas da dimensão de gerenciamento da unidade judicial, foi possível evidenciar dois principais tipos: aqueles relacionados à gestão dos fluxos dos trabalhos e aqueles ligados à estrutura e conformação em si da unidade judicial.

Com relação às ferramentas exógenas de organização de fluxos de trabalho, foram identificados a gestão da rotina de

CONSIDERAÇÕES FINAIS

cartório, a gestão de recursos humanos dos cartórios, a triagem e a preparação de decisões, o mapeamento dos processos e do fluxo de trabalhos e a identificação do volume diário de trabalho, para permitir sua melhor organização, definição de índices de medição de produtividade e sua aplicação de forma contínua para monitorar o andamento dos processos.

Apontou-se que as Corregedorias-Gerais de Justiça dos tribunais possuem a aptidão de identificar boas práticas relacionadas às unidades judiciais e espalhá-las entre os magistrados, mediante orientações e correções. Ainda exercendo essas competências, verificou-se que Corregedorias podem – e até devem – editar manuais voltados a orientar a gestão de cartórios judiciais. Possuem competência, também, para a padronização de procedimentos internos e de estruturas de apoio, além de encontrarem, com maior celeridade, problemas crônicos sofridos pelas unidades judiciais, comunicando a alta administração de cada Corte.

Destacou-se, por fim, a importância do CNJ, na qualidade do controle administrativo do Poder Judiciário, na definição de padrões taxonômicos a serem empregados pelos tribunais e de padrões que permitem a interoperabilidade entre os sistemas de tramitação de processos eletrônicos, o MNI.

A atuação das Corregedorias e do CNJ é indispensável para assegurar padronização do funcionamento dos cartórios judiciais dentro de um mesmo tribunal e a possibilidade de comunicação dos tribunais do Brasil entre si, contribuindo assim, decisivamente, para a maior celeridade na tramitação de processos em território brasileiro. Nesse ponto, o trabalho realçou que o papel do CNJ deve ser no sentido de observar a competência exclusiva conferida pela Constituição Federal para que cada tribunal organize sua estrutura administrativa, respeitada sua autonomia, sobretudo porque, em atenção à organização federativa do Estado brasileiro, a negociação do orçamento destinado a cada tribunal é debatida com os demais poderes de sua esfera federativa.

No tocante às ferramentas exógenas relacionadas à estrutura e conformação das unidades judiciais, foram identificadas a regionalização, as diferentes formas organização das estruturas de trabalho e a especialização de competência das unidades judiciais. Muito embora a aplicação dessas ferramentas fique, em última análise, a cargo da decisão da alta administração de cada Corte, optou-se por alocá-las na dimensão de gerenciamento da unidade judicial, pois se referem diretamente à sua organização.

Os resultados de estudo empírico acerca das ferramentas de aglutinação da organização de cartórios e da especialização apuraram que apenas esta última conseguiu reduzir o índice de recorribilidade das decisões em cerca de 5%. A conclusão dos estudos empíricos indica a importância de recorrer a dados concretos e de submetê-los a índices de monitoramento a fim de testar continuamente as ferramentas de gestão adotadas.

Por fim, a última dimensão de gerenciamento sistematizada neste trabalho consiste na dimensão "institucional", que é exercida pela alta administração dos tribunais. O Capítulo IV deste trabalho se destinou a analisar como se organiza e estrutura a administração dos tribunais brasileiros, bem como os limites definidos para sua discricionariedade, que se encontram na Constituição, no Código de Processo Civil e em legislação aplicável à administração pública.

Destacou-se, anteriormente, a necessidade de estabelecer os exatos limites da competência do CNJ. A depender de como essa questão seja definida, é possível que seja preciso criar uma quarta dimensão específica para o CNJ.

Consideraram-se, nessa dimensão, todos os processos de trabalho necessários para conferir a devida estrutura para a tramitação dos processos e que extrapolam os limites das unidades judiciais.

Quanto às ferramentas previstas na dogmática processual, identificaram-se o gerenciamento de precedentes, a repercussão geral, a súmula impeditiva de recursos e o IRDR. Apresentou-se a

CONSIDERAÇÕES FINAIS

estrutura de controle de precedentes, existente no Poder Judiciário brasileiro, apontando-se suas limitações. Como achado interessante deste estudo, observou-se que, a despeito de a doutrina encontrar em algumas dessas ferramentas mecanismo para gestão de volume do Poder Judiciário, os dados empíricos revelam que seu alcance, como tal, é limitado. Isso porque o quantitativo de processos judiciais remetidos a instâncias superiores representa percentual reduzido, em conformidade com dados estatísticos do CNJ. Ademais, o tempo que os processos afetados por tais ferramentas permanecem suspensos, até decisão definitiva, pode não ser totalmente aderente à premissa da busca da maior celeridade processual.

No que concerne às ferramentas exógenas observadas na dimensão de gerenciamento "institucional", verificou-se o importante uso da tecnologia, seja para permitir a tramitação dos processos eletrônicos em si, seja para auxiliar o Poder Judiciário a administrar limites de contratação de pessoal, seja, por fim, para torná-lo mais acessível à população. Os dados empíricos confirmam a relevância da tecnologia para capacitar o Poder Judiciário a enfrentar o grande volume de processos que recebe.

Outras ferramentas exógenas da dimensão "institucional" são as do monitoramento e perfis de ações e adoção de medidas institucionais relativamente às ações repetitivas e utilização atípica do Poder Judiciário, bem como de iniciativas com grandes litigantes. O trabalho identificou iniciativas dos tribunais preocupados em verificar formas institucionais de enfrentar essas questões, seja chamando atenção de magistrados para ajuizamento atípico de ações, seja divulgando com celeridade boas práticas.

Também se reconheceram como ferramentas exógenas nessa dimensão de gerenciamento a gestão de relacionamentos humanos e capacitação e o uso de meios alternativos de solução de conflitos, que podem ser estimulados, de forma ampla, pela instituição.

Espera-se, com a proposta de análise processual efetuada neste trabalho, bem como com a organização de fatores em dimensões específicas de gerenciamento, contribuir para o estudo de técnicas que podem conduzir à melhoria da tramitação do processo judicial, sem necessidade de efetuar alterações legislativas, potencializando-se o uso dos recursos já disponíveis aos operadores do Direito.

REFERÊNCIAS BIBLIOGRÁFICAS

ABBOUD, Georges. *Processo constitucional brasileiro*. 2ª ed. rev., atual. e ampl. São Paulo: RT, 2018.

AMPUDIA, Ricardo. "Carros autônomos enfrentam dilemas éticos em situações de risco". *Folha de S. Paulo*. Disponível em: https://www1. folha.uol.com.br/ciencia/2018/10/carros-autonomos-enfrentam-dilemas-eticos-em-situacoes-de-risco.shtml. Acessado em: 07.05.2020.

ANDRADE, Érico. "As novas perspectivas do gerenciamento e da 'contratualização' do processo". *Revista de Processo*, vol. 36, nº 193, mar. 2011.

ANOREG. "TJ/MS – Corregedor do TJ/MS apresenta relatório e metas ao Min. Humberto Martins". *Portal da Anoreg*. Disponível em: https:// www.anoreg.org.br/site/tj-ms-corregedor-do-tj-ms-apresenta-relatorio-e-metas-ao-min-humberto-martins/. Acessado em: 01.05.2020.

APRIGLIANO, Ricardo de Carvalho. "Presente e futuro do recurso especial". *In*: CINTRA, Lia Carolina Batista; BEDAQUE, José Roberto dos Santos; EID, Elie Pierre (Coord.). *Garantismo processual*: garantias constitucionais aplicadas ao processo. Brasília: Gazeta Jurídica, 2016.

ARENHART, Sérgio Cruz. *A tutela coletiva de interesses individuais*: para além dos interesses individuais homogêneos. São Paulo: RT, 2013.

ASPERTI, Maria Cecília de Araújo. *Acesso à justiça e técnicas de julgamento de casos repetitivos*. São Paulo: Universidade de São Paulo, 2018. (Tese de Doutorado em Direito).

ASSIS, Araken de. *Processo civil brasileiro*. 2ª ed. vol. I. São Paulo: RT, 2016.

ASSIS, Guilherme Bacelar Patrício de. *Precedentes vinculantes em recursos extraordinário e especial repetitivo*. Rio de Janeiro: Lumen Juris, 2017.

ASSOCIAÇÃO BRASILEIRA DE JURIMETRIA (ABJ). *Produto 2 – Formas alternativas de gestão processual*: a especialização de varas e a unificação de serventias. Brasília: Associação Brasileira de Jurimetria, 2018.

AZEVEDO, Bernardo de. "TJRN investe em sistemas para automatizar ações repetitivas". *Portal Bernardo de Azevedo*. Disponível em: https://bernardodeazevedo.com/conteudos/tjrn-investe-em-sistemas-para-automatizar-acoes-repetitivas/. Acessado em: 05.07.2020.

BAETA, Zínia. "Tribunais investem em robôs para reduzir volume de ações". *Valor Econômico*. Disponível em: https://valor.globo.com/noticia/2019/03/18/tribunais-investem-em-robos-para-reduzir-volume-de-acoes.ghtml. Acessado em: 05.07.2020.

BARBIÉRI, Luiz Felipe. "CNJ proíbe TJ-SP de executar contrato de R$ 1,32 bilhão com a Microsoft". *G1*. Disponível em: https://g1.globo.com/sp/sao-paulo/noticia/2019/06/25/cnj-proibe-tj-sp-de-executar-contrato-de-r-132-bilhao-com-a-microsoft.ghtml. Acessado em: 05.07.2019.

BARROSO, Luís Roberto. *Curso de Direito Constitucional contemporâneo*: os conceitos fundamentais e a construção do novo modelo. 6ª ed. São Paulo: Saraiva Jur, 2017.

BASTOS, Celso Ribeiro. *Curso de Direito Constitucional*: de acordo com a Constituição de 1988. São Paulo: Saraiva, 1990.

BEDAQUE, José Roberto dos Santos. "Instrumentalismo e garantismo: visões opostas do fenômeno processual?" *In*: CINTRA, Lia Carolina Batista; BEDAQUE, José Roberto dos Santos; EID, Elie Pierre (Coord.). *Garantismo processual*: garantias constitucionais aplicadas ao processo. Brasília: Gazeta Jurídica, 2016.

BELFORT, Ângela Fernanda. "Robô já faz primeira parte dos processos de execução fiscal no TJPE". *JC*. Disponível em: https://jc.ne10.uol.com.br/canal/politica/pernambuco/noticia/2019/07/28/robo-ja-faz-primeira-parte-dos-processos-de-execucao-fiscal-no-tjpe-384158.php. Acessado em: 05.07.2020.

REFERÊNCIAS BIBLIOGRÁFICAS

BENTI, Sidnei Agostinho. "Assunção de competência e *fast-track*". *Revista de Processo*, n° 172, jun. 2009.

BICUDO, Lucas. "Facebook desliga 2 robôs após eles conversarem em nova língua entre si". *Startse*. Disponível em: https://www.startse.com/noticia/nova-economia/tecnologia-inovacao/facebook-desliga-2-robos-apos-eles-conversarem-nova-lingua-entre-si. Acessado em: 06.05.2020.

BOMFIM, Ricardo. "Presidente do TJ-SP fala sobre contrato com a Microsoft suspenso pelo CNJ". *Consultor Jurídico*. Disponível em: https://www.conjur.com.br/2019-mar-12/presidente-tj-sp-contrato-microsoft. Acessado em: 05.07.2019.

BORDASCH, Rosane Wanner da Silva. *Gestão cartorária*: controle e melhoria para a razoável duração de processos. Rio de Janeiro: Escola de Direito do Rio de Janeiro da FGV, 2008. (Dissertação de Mestrado em Direito).

BRAGA, Carolina. "Discriminação nas decisões por algoritmos: polícia preditiva". *In*: FRAZÃO, Ana; MULHOLLAND, Caitlin (Coord.). *Inteligência Artificial e direito*: ética, regulação e responsabilidade. São Paulo: Thomson Reuters/RT, 2019.

BRASIL. Banco Central do Brasil. *O que é instituição de pagamento?* Disponível em: https://www.bcb.gov.br/acessoinformacao/legado?url=https:%2F%2Fwww.bcb.gov.br%2Fpre%2Fcomposicao%2Finstpagamento.asp. Acessado em: 05.07.2019.

BRASIL. *Exposição de Motivos do Código de Processo Civil de 1939.* Disponível em: https://www2.camara.leg.br/legin/fed/declei/1930-1939/decreto-lei-1608-18-setembro-1939-411638-norma-pe.html. Acessado em: 20.03.2019.

_____. *Exposição de Motivos do Código de Processo Civil de 1973.* Disponível em: https://www2.senado.leg.br/bdsf/bitstream/handle/id/177828/CodProcCivil%201974.pdf?sequence=4&isAllowed=y. Acessado em: 20.03.2019.

_____. *Exposição de Motivos do Código de Processo Civil de 2015.* Disponível em: https://www2.senado.leg.br/bdsf/bitstream/handle/id/512422/001041135.pdf. Acessado em: 20.03.2019.

BRASIL. Instituto de Pesquisa Econômica Aplicada. *Custo unitário do processo de execução fiscal na Justiça Federal*: relatório de pesquisa.

Brasília: Ipea, 2011. Disponível em: https://bibliotecadigital.cnj.jus.br/jspui/handle/123456789/80?mode=full. Acessado em: 10.03.2023.

BRASIL. Ministério da Justiça. *Análise da gestão e funcionamento dos cartórios judiciais*. Secretaria de Reforma do Judiciário, 2007.

_____. *O impacto da gestão e funcionamento dos cartórios judiciais sobre a morosidade da justiça brasileira*: diagnósticos e possíveis soluções. Brasília, 2011. Disponível em: https://edisciplinas.usp.br/pluginfile.php/4434410/mod_resource/content/1/funcionamento-dos-cartorios-judiciais-2011.pdf. Acessado em: 07.07.2020.

BRASIL. Presidência da República. *Mensagem n. 25*, de 15 de janeiro de 2019. Disponível em: https://www.camara.leg.br/internet/comissao/index/mista/orca/orcamento/or2019/Lei/Veto13808.pdf. Acessado em: 29.07.2019.

BRASIL. Tribunal de Contas da União. *Relatório de Auditoria CJF*. Disponível em: https://www.conjur.com.br/dl/tcu-cnj-pje.pdf. Acessado em: 05.07.2019.

BRITO, Thiago Carlos de Souza. *Gerenciamento dos processos judiciais*: estudo comparado dos poderes e atuação do juiz na Inglaterra, nos Estados Unidos e no Brasil. Belo Horizonte: Universidade Federal de Minas Gerais, 2013. (Dissertação de Mestrado em Direito).

BUCCOLO, Adriana. "Juizado Especial Digital: nova tentativa de desafogar o Judiciário". *Edgard Leite Advogados Associados*. Disponível em: https://edgardleite.com.br/juizado-especial-digital-nova-tentativa-de-desafogar-o-judiciario/. Acessado em: 05.07.2019.

BUENO, Cassio Scarpinella (Coord.). *Comentários ao Código de Processo Civil*. vol. 4. São Paulo: Saraiva Jur, 2017.

_____. *Novo Código de Processo Civil anotado*. 3ª ed. São Paulo: Saraiva Jur, 2017.

CABRAL, Antonio do Passo. "A escolha da causa piloto nos incidentes de resolução de processos repetitivos". *Revista de Processo*, São Paulo, vol. 231, mai. 2014.

CAHALI, Cláudia Elisabete Schwerz. *O gerenciamento de processos judiciais*: em busca da efetividade da prestação jurisdicional (com remissões ao projeto do novo CPC). (Coleção Andrea Proto Pisani; Coordenação Ada Pellegrini Grinover e Petronio Calmon). vol. 10. Brasília: Gazeta Jurídica, 2013.

REFERÊNCIAS BIBLIOGRÁFICAS

CALDAS, Adriano Ribeiro. "Processo civil e Estado Constitucional: o direito fundamental à tutela jurisdicional efetiva e as fases metodológicas do processo". *Revista da Faculdade de Direito da UFMG*, nº 66, jan./jun. 2013.

CANÁRIO, Pedro. "Dez anos depois, repercussão geral mostra sinais de esgotamento no STF". *Consultor Jurídico*. Disponível em: https://www.conjur.com.br/2018-abr-27/dez-anos-depois-repercussao-geral-mostra-sinais-esgotamento. Acessado em: 16.08.2020.

CANOTILHO, J.J. Gomes. *Direito Constitucional e teoria da Constituição*. 17ª ed. Coimbra: Almedina, 2000.

CARVALHO FILHO, Antônio. "Precisamos falar sobre o instrumentalismo processual". *Empório do Direito*. Disponível em: https://emporiododireito.com.br/leitura/abdpro-2-precisamos-falar-sobre-o-instrumentalismo-processual-por-antonio-carvalho-filho. Acessado em: 24.08.2018.

CARVALHO FILHO, José dos Santos. *Manual de Direito Administrativo*. 30ª ed. São Paulo: Atlas, 2016.

CASTRO, Beatriz. "Justiça de Pernambuco usa inteligência artificial para acelerar processos". *G1*. Disponível em: https://g1.globo.com/pe/pernambuco/noticia/2019/05/04/justica-de-pernambuco-usa-inteligencia-artificial-para-acelerar-processos.ghtml. Acessado em: 05.07.2020.

CEARÁ. Tribunal de Justiça do Estado do Ceará. Corregedoria-Geral da Justiça. *Portaria n. 13/2021/CGJCE*. Disponível em: https://corregedoria.tjce.jus.br/portaria-. Acessado em: 01.05.2022.

CNJ. "CNJ debate com tribunais nova política nacional de processo eletrônico". *Agência CNJ de Notícias*. Disponível em: https://www.cnj.jus.br/cnj-debate-com-tribunais-nova-politica-nacional-de-processo-eletronico/. Acessado em: 23.09.2020.

_____. "Tribunais se mobilizam para seguir STF em julgamentos de repercussão geral". *Agência CNJ de Notícias*. Disponível em: https://www.cnj.jus.br/tribunais-se-mobilizam-para-seguir-stf-em-julgamentos-de-repercussao-geral-2/. Acessado em: 15.08.2018.

_____. "Tribunal do Amapá vai implantar Programa Justiça 4.0". *Agência de Notícias do CNJ*. Disponível em: https://www.cnj.jus.br/justica-do-amapa-vai-implantar-programa-justica-4-0/. Acessado em: 15.03.2021.

COELHO, Gabriela. "TCU manda CNJ parar de mandar dinheiro a tribunais que não usam PJe". *Consultor Jurídico*. Disponível em: https://www.conjur.com.br/2019-jul-03/tcu-manda-cnj-parar-mandar-dinheiro-tribunais-nao-usam-pje. Acessado em: 05.07.2019.

_____. "TJ-SP pode estudar mudanças, mas não fechar acordo com Microsoft, decide CNJ". *Consultor Jurídico*. Disponível em: https://www.conjur.com.br/2019-abr-09/tj-sp-microsoft-podem-continuar-negociando-contrato-decide-cnj. Acessado em: 05.07.2019.

COMOGLIO, Luigi Paolo. "L'economia dei giudizi come principio 'ad assetto variabile' (aggionarmenti e prospettive)". *Rivista di Diritto Processuale*, vol. 72, nº 2, 2017. Disponível em: http://www.biblio.liuc.it/scripts/essper/ricerca.asp?tipo=scheda&codice=11337811. Acessado em: 14.05.2018.

CONJUR. "'Processo eletrônico ampliou custos e tempo de tramitação de ações', diz TCU". *Consultor Jurídico*. Disponível em: https://www.conjur.com.br/2019-jul-09/processo-eletronico-ampliou-custos-tempo-tramitacao-tcu. Acessado em: 14.07.2019.

_____. "Corregedora de justiça alerta Juizados Especiais Cíveis sobre golpes". *Consultor Jurídico*. Disponível em: https://www.conjur.com.br/2016-jul-16/corregedora-justica-alerta-juizados-especiais-civeis-golpes. Acessado em: 26.07.2020.

_____. "Justiça de São Paulo inaugura encaminhamento de inquérito policial digital". *Consultor Jurídico*. Disponível em: https://www.conjur.com.br/2015-dez-26/justica-sao-paulo-inaugura-encaminhamento-inquerito-digital. Acessado em: 14.07.2019.

_____. "Leia as razões dos sete vetos de Dilma Rousseff ao Novo CPC". *Consultor Jurídico*. Disponível em: https://www.conjur.com.br/2015-mar-17/leia-razoes-sete-vetos-dilma-rousseff-cpc. Acessado em: 16.08.2020.

CONSELHO NACIONAL DE JUSTIÇA (CNJ). *288ª Sessão Ordinária – 9 de abril de 2019*. Disponível em: https://www.youtube.com/watch?v=G-mFVReAgr8Y&ab_channel=ConselhoNacionaldeJustiça%28CNJ%29 Acessado em: 05.07.2019.

_____. *Decisão Liminar proferida em 21.02.2019*, apresentada no Acompanhamento de Cumprimento de Decisão n. 0000681-09.2014.2.00.0000. Disponível em: https://www.migalhas.com.br/arquivos/2019/2/art20190221-09.pdf. Acessado em: 05.07.2019.

REFERÊNCIAS BIBLIOGRÁFICAS

_____. *Justiça em Números 2013*: Ano-base 2012. Relatório analítico. Brasília: CNJ, 2013. Disponível em: https://www.cnj.jus.br/wp-content/uploads/2011/02/relatorio_jn2013.pdf. Acessado em: 15.10.2020.

_____. *Justiça em Números 2014*: Ano-base 2013. Relatório analítico. Brasília: CNJ, 2014. Disponível em: https://www.cnj.jus.br/wp-content/uploads/2014/01/relatorio_jn2014.pdf. Acessado em: 15.10.2020.

_____. *Justiça em Números 2015*: Ano-base 2014. Relatório analítico. Brasília: CNJ, 2015. Disponível em: https://www.cnj.jus.br/wp-content/uploads/conteudo/arquivo/2015/09/204bfbab488298e4042e3efb27cb7fbd.pdf. Acessado em: 15.10.2020.

_____. *Justiça em Números 2016*: Ano-base 2015. Relatório analítico. Brasília: CNJ, 2016. Disponível em: https://www.cnj.jus.br/wp-content/uploads/2011/02/b8f46be3dbbff344931a933579915488.pdf. Acessado em: 19.09.2020.

_____. *Justiça em Números 2017*: Ano-base 2016. Relatório analítico. Brasília: CNJ, 2017. Disponível em: https://www.cnj.jus.br/wp-content/uploads/2019/08/b60a659e5d5cb79337945c1dd137496c.pdf. Acessado em: 03.05.2018.

_____. *Justiça em Números 2018*: Ano-base 2017. Relatório analítico. Brasília: CNJ, 2018. Disponível em: https://www.cnj.jus.br/wp-content/uploads/2011/02/8d9faee7812d35a58cee3d92d2df2f25.pdf. Acessado em: 15.01.2020.

_____. *Justiça em Números 2019*: Ano-base 2018. Relatório analítico. Brasília: CNJ, 2019. Disponível em: https://www.cnj.jus.br/wp-content/uploads/conteudo/arquivo/2019/08/justica_em_numeros20190919.pdf. Acessado em: 07.07.2019.

_____. *Justiça em Números 2020*: Ano-base 2019. Relatório analítico. Brasília: CNJ, 2020. Disponível em: https://www.cnj.jus.br/wp-content/uploads/2020/08/WEB-V3-Justi%C3%A7a-em-N%C3%BAmeros-2020-atualizado-em-25-08-2020.pdf. Acessado em: 09.09.2020.

_____. *Metas nacionais 2020*. Disponível em: https://www.cnj.jus.br/wp-content/uploads/2020/01/Metas-Nacionais-aprovadas-no-XIII-ENPJ.pdf. Acessado em: 15.10.2020.

_____. *Perfil da fixação de custas judiciais no Brasil e análise comparativa da experiência internacional*. Brasília: CNJ, 2010. Disponível em: https://bibliotecadigital.cnj.jus.br/jspui/handle/123456789/428. Acessado em: 09.09.2020.

_____. *Relatório - Metas Nacionais do Poder Judiciário*. Disponível em: https://www.cnj.jus.br/wp-content/uploads/2020/04/Relatorio_de_Metas_Nacionais_do_Poder_Judiciario_2019_2020_04_30.pdf. Acessado em: 15.10.2020.

_____. *Termo de Acordo de Cooperação Técnica n. 058/2009*. Disponível em: https://www.cnj.jus.br/wp-content/uploads/2011/04/tcot_n_58_2009.pdf. Acessado em: 07.07.2020.

CONTI, José Maurício. *A autonomia financeira do Poder Judiciário*. 2ª ed. São Paulo: Blucher Open Acess, 2019.

CORREA, Fábio Peixinho Gomes. *Governança judicial*. São Paulo: Quartier Latin, 2012.

CORRÊA, Marcello. "Bolsonaro sanciona Orçamento de 2019 com dois vetos parciais". *O Globo*. Disponível em: https://oglobo.globo.com/brasil/bolsonaro-sanciona-orcamento-de-2019-com-dois-vetos-parciais-23376235. Acessado em: 05.07.2019.

COSTA, Henrique Araújo; COSTA, Alexandre Araújo. "Instrumentalismo *x* Neoinstitucionalismo: uma avaliação das críticas neoinstitucionalistas à teoria da instrumentalidade do processo". *Revista Brasileira de Direito Processual (RBDPro)*, vol. 18, nº 72, out./dez. 2010.

COSTA, Moacyr Lobo da. *Breve notícia histórica do Direito Processual civil brasileiro e de sua literatura*. São Paulo: RT, 1970.

COSTA, Silva Maria. "Fundamentos constitucionais da gestão pública". *In*: KANAANE, Roberto; FIEL FILHO, Alécio; FERREIRA, Maria das Graças (Coord.). *Gestão pública*: planejamento, processos, sistemas de informação e pessoas. São Paulo: Atlas, 2010.

CREPALDI, Thiago. "TJ-SP suspende implantação de cartórios unificados e cria comissão para repensar modelo". *Consultor Jurídico*. Disponível em: https://www.conjur.com.br/2019-abr-15/tj-sp-suspende-implantacao-cartorios-unificados. Acessado em: 15.08.2020.

CRUZ E TUCCI, José Rogério. "Da coisa julgada: arts. 502 a 508". *In*: BUENO, Cassio Scarpinella (Coord.). *Comentários ao Código de Processo Civil*. São Paulo: Saraiva Jur, 2017.

REFERÊNCIAS BIBLIOGRÁFICAS

_____. "Garantia do processo sem dilações indevidas". *In*: CRUZ E TUCCI, José Rogério (Coord.). *Garantias constitucionais do processo civil*. São Paulo: RT, 1999.

_____. "Garantia do processo sem dilações indevidas: responsabilidade do Estado pela intempestividade da prestação jurisdicional". *Revista da Faculdade de Direito*, São Paulo, vol. 97, 2002. Disponível em: http://www.revistas.usp.br/rfdusp/article/view/67551/70161. Acessado em: 12.05.2018.

_____. "O regime do precedente judicial no novo CPC". *In*: DIDIER JR., Freddie; CUNHA, Leonardo Carneiro da; ATAÍDE JR., Valdemiro Rodrigues; MACEDO, Lucas Buril de. *Precedentes*. (Coleção Grandes temas do novo CPC, vol. 3). Salvador: JusPodivm, 2015.

CRUZ, Adriana. "Advogados dão golpes com promessa de 'limpar' o nome". *Brandão & Mesquita*. Disponível em: http://bmadv.com/advogados-dao-golpes-com-promessa-de-limpar-o-nome/. Acessado em: 01.12.2020.

CUNHA, Alcides Alberto Munhoz. "Evolução das ações coletivas no Brasil". *Revista de Processo*, vol. 77, jan./mar. 1995.

CUNHA, Luciana Gross. "Contando a justiça: a produção de informação no sistema de justiça brasileiro". *Cadernos Direito GV*, vol. 2, nº 3, maio 2006. Disponível em: http://bibliotecadigital.fgv.br/dspace/bitstream/handle/10438/2831/direito%2011.pdf?sequence=1. Acessado em: 15.05.2018.

DAL PIZZOL, Ricardo. "Limites do poder regulamentar do Conselho Nacional de Justiça. Estudo de um caso: Resolução CNJ n. 236/16". *In*: DE PRETTO, Renato Siqueira; KIM, Richard Pae; TERAOKA, Thiago Massao Cortizo (Coord.). *Federalismo e Poder Judiciário*. São Paulo: Escola Paulista da Magistratura, 2019.

DI PIETRO, Maria Sylvia Zanella. *Direito Administrativo*. 29ª ed. rev., atual. e ampl. Rio de Janeiro: Forense, 2016.

DIDIER JR. Fredie; BRAGA, Paula Sarno; OLIVEIRA, Rafael Alexandria de. *Curso de Direito Processual civil*: teoria da prova, direito probatório, decisão, precedente, coisa julgada e tutela provisória, vol. 2. Salvador: Juspodivm, 2016.

DIDIER JR., Fredie. *Curso de Direito Processual Civil*: introdução ao Direito Processual civil, parte geral e processo de conhecimento. 19ª ed. Salvador: Juspodivm, 2017.

DINAMARCO, Cândido Rangel. *Instituições de Direito Processual civil.* 2ª ed. rev. e atual., vol. II. São Paulo: Malheiros, 2002.

_____. *Instituições de Direito Processual civil.* 9ª ed. rev. e atual., vol. I. São Paulo: Malheiros, 2017.

DINAMARCO, Cândido Rangel; LOPES, Bruno Vasconcelos Carrilho. *Teoria Geral do novo Processo Civil*: de acordo com a Lei n. 13.256 de 4/2/2016. São Paulo: Malheiros, 2016.

DIRETORIA DE PLANEJAMENTO ESTRATÉGIO DO TRIBUNAL DE JUSTIÇA. *Perfil dos processos pendentes.* Relatório técnico. Abr. 2017. Disponível em: http://www.tjsp.jus.br/BuscaComunicado. Acessado em: 18.05.2018.

ESTADÃO. "Os dilemas éticos dos carros autônomos". *Estadão – Sumitt Mobilidade*, 11 mar. 2020. Disponível em: https://summitmobilidade. estadao.com.br/os-dilemas-eticos-dos-carros-autonomos/. Acessado em: 07.05.2020.

FACHIN, Luiz Edson. *Direito civil*: sentidos, transformações e fim. Rio de Janeiro: Renovar, 2015.

FERNANDES, Júlia. "Reunião com juízes e servidores encerra com foco na priorização do 1º grau e movimentações processuais". *Portal do Tribunal de Justiça do Estado do Tocantins.* Disponível em: http://www. tjto.jus.br/index.php/noticias/6888-reuniao-com-juizes-e-servidores-encerra-com-foco-na-priorizacao-do-1-grau-e-movimentacoes-processuais. Acessado em: 01.05.2020.

FERRAZ, Leslie. "Novo CPC não simplifica procedimentos judiciais, nem diminui sua duração". *Consultor Jurídico*, 20 dez. 2014. Disponível em: https://www.conjur.com.br/2014-dez-20/leslie-ferraz-cpc-nao-simplifica-procedimentos-judiciais. Acessado em: 03.05.2018.

FGV. *Relatório ICJBrasil, 1º semestre 2017.* Disponível em: http://bibliotecadigital.fgv.br/dspace/bitstream/handle/10438/19034/Relatorio-ICJBrasil_1_sem_2017.pdf?sequence=1&isAllowed=y. Acessado em: 25.06.2019.

FIEL FILHO, Alécio. "Gestão dos processos e a eficiência na gestão pública". *In*: KANAANE, Roberto; FIEL FILHO, Alécio; FERREIRA,

REFERÊNCIAS BIBLIOGRÁFICAS

Maria das Graças (Coord.). *Gestão pública*: planejamento, processos, sistemas de informação e pessoas. São Paulo: Atlas, 2010.

FIOREZE, Ricardo. "Gestão processual – Mecanismos de efetividade e celeridade da atividade jurisdicional". *Revista do TST*, Brasília, vol. 77, nº 4, out./dez. 2011.

FISS, Owen. *Direito como razão pública*: processo, jurisdição e sociedade. 2ª ed. rev. e atual. Curitiba: Juruá, 2017.

FONSECA, Vitor. "Comentários ao art. 4º". *In*: BUENO, Cassio Scarpinella (Coord.). *Comentários ao Código de Processo Civil*. vol. 1. São Paulo: Saraiva Jur, 2017.

FORGIONI, Paula A.; CIAMPOLINI, Cesar. "A importância da especialização judicial para a atração de investimentos". *Consultor Jurídico*. Disponível em: https://www.conjur.com.br/2021-mar-10/forgioni-ciampolini-especializacao-judicial-atracao-investimentos. Acessado em: 21.03.2021.

FRANCISCO, João Eberhardt. *Filtros ao acesso individual à justiça*: estudo sobre o incidente de resolução de demandas repetitivas. São Paulo: Universidade de São Paulo, 2018. (Tese de Doutorado em Direito).

GALANTER, Marc. *Porque "quem tem" sai na frente*: especulações sobre os limites da transformação no Direito. Trad. Ana Carolina Chasin. Disponível em: https://bibliotecadigital.fgv.br/dspace/handle/10438/25816. Acessado em: 16.03.2023.

GARATTONI, Bruno. "Robôs do Google aprendem a se comunicar -secretamente- entre si". *Superinteressante*. Disponível em: https://super.abril.com.br/coluna/bruno-garattoni/robos-do-google-aprendem-a-se-comunicar-secretamente-entre-si/. Acessado em: 06.05.2020.

GARCÍA RAMÍREZ, Sergio. "XIV. Plazo Razonable". *In*: GARCÍA RAMÍREZ, Sergio. *Los derechos humanos y la jurisdicción interamericana*. Ciudad de México: Biblioteca Jurídica Virtual – UNAM, 2002. Disponível em: http://ru.juridicas.unam.mx:80/xmlui/handle/123456789/9298. Acessado em: 10.03.2023.

GARRETT, Filipe. "Facebook desliga inteligência artificial que criou sua própria linguagem". *TechTudo*. Disponível em: https://www.techtudo.com.br/noticias/2017/08/facebook-desliga-inteligencia-artificial-que-criou-sua-propria-linguagem.ghtml. Acessado em: 06.05.2020.

GLOBO. "Advogados aplicam golpe em pessoas com dívidas e que querem limpar o nome". *G1*. Disponível em: https://g1.globo.com/fantastico/

noticia/2018/12/30/advogados-aplicam-golpe-em-pessoas-com-dividas-e-que-querem-limpar-o-nome.ghtml. Acessado em: 07.08.2020.

GNIPPER, Patrícia. "URGENTE: ataque *hacker* que ameaça a Europa chega ao Brasil". *Canaltech*. Disponível em: https://canaltech.com.br/hacker/atualize-o-pc-urgente-ataque-hacker-que-ameaca-a-europa-chega-ao-brasil-93656/. Acessado em: 12.05.2020.

GOMES, Helton Simões. "Facebook desligou robô que abandonou inglês e criou linguagem própria? Não é verdade!" *G1*. Disponível em: https://g1.globo.com/e-ou-nao-e/noticia/facebook-desligou-robo-que-abandonou-ingles-e-criou-linguagem-propria-nao-e-verdade.ghtml. Acessado em: 06.05.2020.

GOMES, Pedro César Tebaldi. "Ética e Inteligência Artificial: viés em *machine learning*". *Data Geeks*. Disponível em: https://www.datageeks.com.br/etica-e-inteligencia-artificial/. Acessado em: 06.05.2020.

GRAU, Eros Roberto. *O direito posto e o direito pressuposto*. 4ª ed. São Paulo: Malheiros, 2002.

GZH. "Órgão Especial do TJ-SP aprova por unanimidade contrato da Microsoft". *GZH*, 09 abr. 2019. Disponível em: https://gauchazh.clicrbs.com.br/politica/noticia/2019/04/orgao-especial-do-tj-sp-aprova-por-unanimidade-contrato-da-microsoft-cjua1b0kr00oq01mo0o8iyqby.html. Acessado em: 05.07.2019.

HARARI, Yuval Noah. *Sapiens*: uma breve história da humanidade. São Paulo: L&PM, 2015.

HIRATA, Alessandra; OLIVEIRA, Cristina Godoy Bernardo de. "39 dias após o ataque cibernético ao STJ: reflexões e desafios". *Migalhas*, 11 dez. 2020. Disponível em: https://www.migalhas.com.br/coluna/migalhas-de-protecao-de-dados/337701/39-dias-apos-o-ataque-cibernetico-ao-stj--reflexoes-e-desafios. Acessado em: 01.01.2021.

HUNT, Elle. "Tay, Microsoft's AI chatbot, gets a crash course in racism from Twitter". *The Guardian*. Disponível em: https://www.theguardian.com/technology/2016/mar/24/tay-microsofts-ai-chatbot-gets-a-crash-course-in-racism-from-twitter. Acessado em: 12.05.2020.

IPEA. *Comunicado do Ipea n. 83*: Custo Unitário de Processo de Execução fiscal na Justiça Federal. Brasília: Governo Federal, 2011. Disponível em: http://ipea.gov.br/portal/images/stories/PDFs/comunicado/110331_comunicadoipea83.pdf. Acessado em: 18.05.2018.

REFERÊNCIAS BIBLIOGRÁFICAS

JUNIOR, Afonso. "Corregedoria de Justiça institui Núcleo para identificar e monitorar demandas fraudulentas e que possam comprometer a funcionalidade e eficiência dos serviços judiciários e dos cartórios do Amazonas". *Portal do Tribunal de Justiça do Estado do Amazonas*. Disponível em: https://www.tjam.jus.br/index.php/menu/sala-de-imprensa/4830-corregedoria-de-justica-institui-nucleo-para-identificar-e-monitorar-demandas-fraudulentas-e-que-possam-comprometer-a-funcionalidade-e-eficiencia-dos-servicos-judiciarios-e-dos-cartorios-do-amazonas. Acessado em: 01.05.2022.

JUSBRASIL. "Corregedoria geral da justiça cria Núcleo de Monitoramento de Perfis de Demandas". *JusBrasil*. Disponível em: https://tj-sp.jusbrasil. com.br/noticias/389035882/corregedoria-geral-da-justica-cria-nucleo-de-monitoramento-de-perfis-de-demandas. Acessado em: 05.05.2018.

_____. "TJSP expande uso de robôs que automatizam tarefas". *JusBrasil*. Disponível em: https://tj-sp.jusbrasil.com.br/noticias/681233629/tjsp-expande-uso-de-robos-que-automatizam-tarefas. Acessado em: 05.07.2020.

JUSTEN FILHO, Marçal. *Curso de Direito Administrativo*. 12ª ed. rev., atual. e ampl. São Paulo: RT, 2016.

KANAANE, Roberto; KEPPKE, Rosane Segantin; ALDAVIRS, Renato; SILVA, Dorival Caldeira da. "Fundamentos constitucionais da gestão pública". *In*: KANAANE, Roberto; FIEL FILHO, Alécio; FERREIRA, Maria das Graças (Coord.). *Gestão pública*: planejamento, processos, sistemas de informação e pessoas. São Paulo: Atlas, 2010.

LIMA, Renato Brasileiro de. *Código de Processo Penal comentado*. 2ª ed. rev. e atual. Salvador: JusPodivm, 2017.

MANCUSO, Rodolfo de Camargo. *Sistema brasileiro de precedentes*: natureza, eficácia, operacionalidade. São Paulo: RT, 2016.

MARCUS, Richard L. "A Genuine Civil Justice Crisis?" *XV International Association of Procedural Law World Congress 27*, 2015. Disponível em: https://repository.uchastings.edu/cgi/viewcontent.cgi?article=2471&context=faculty_scholarship. Acessado em: 18.05.2018.

MARINONI, Luiz Guilherme. *A ética dos precedentes*: justificativa do novo CPC. São Paulo: RT, 2014.

_____. *Novo Código de Processo Civil comentado*. 3ª ed. São Paulo: RT, 2017.

_____. *O STJ*: enquanto corte de precedentes. São Paulo: RT, 2017.

_____. *Precedentes obrigatórios*. 5ª ed. rev., atual. e ampl. São Paulo: RT, 2016.

MATOS, José Igreja; LOPES, José Mouraz; MENDES, Luís Azevedo; COELHO, Nuno. *Manual de gestão judicial*. Coimbra: Almedina, 2015.

MAXMEN, Amy. "Self-driving car dilemmas reveal that moral choices are not universal". *Nature*. Disponível em: https://www.nature.com/articles/d41586-018-07135-0. Acessado em: 07.05.2020.

MCAFEE, Andrew; BRYNJOLFSSON, Erik. *A segunda era das máquinas*: trabalho, progresso e prosperidade em uma época de tecnologias brilhantes. Rio de Janeiro: Alta Books, 2015.

MELO, Jeferson. "Judiciário ganha agilidade com uso de inteligência artificial". *Agência CNJ de Notícias*. Disponível em: https://www.cnj.jus.br/judiciario-ganha-agilidade-com-uso-de-inteligencia-artificial/. Acessado em: 05.07.2020.

MENDES, Aluisio Gonçalves de Castro. "O juiz competente e a especialização judicial no Código-Modelo de Processos Coletivos". *Revista de Processo*, São Paulo, vol. 31, nº 133, mar. 2006.

METZ, Rachel. "Microsoft's neo-Nazi sexbot was a great lesson for makers of AI assistants". *MIT Technology Review*. Disponível em: https://www.technologyreview.com/2018/03/27/144290/microsoft-s-neo-nazi-sexbot-was-a-great-lesson-for-makers-of-ai-assistants/. Acessado em: 06.05.2020.

MIGALHAS. "CNJ aprova proposta orçamentária de R$ 231 milhões para 2019". *Migalhas*. Disponível em: https://www.migalhas.com.br/quentes/285210/cnj-aprova-proposta-orcamentaria-de-r--231-milhoes-para-2019. Acessado em: 05.07.2019.

_____. "CNJ nega pedido do TJ/SP para criar sistema processual com Microsoft". *Migalhas*. Disponível em: https://www.migalhas.com.br/Quentes/17,MI305243,21048-CNJ+nega+pedido+do+TJSP+para+criar+sistema+processual+com+Microsoft. Acessado em: 05.07.2019.

_____. "Direito GV e Cebepej apontam que os procedimentos em cartório chegam a consumir 80% de todo o processo judicial". *Migalhas*, 30 nov. 2007. Disponível em: https://www.migalhas.com.br/quentes/50054/direito-gv-e-cebepej-apontam-que-procedimentos-em-cartorio-chegam--a-consumir-80--de-todo-o-processo-judicial. Acessado em: 01.05.2020.

REFERÊNCIAS BIBLIOGRÁFICAS

MITIDIERO, Daniel Francisco. "Processo e cultura: praxismo, processualismo e formalismo em Direito Processual". *Cadernos de Pós-Graduação Direito/UFRGS*. Disponível em: https://seer.ufrgs.br/ppgdir/article/view/49871. Acessado em: 27.05.2019.

MITIDIERO, Daniel Francisco. *Bases para construção de um processo civil cooperativo*: o Direito Processual civil no marco teórico do formalismo-valorativo. Porto Alegre: Universidade Federal do Rio Grande do Sul, 2007. (Tese de Doutorado em Direito).

MONTENEGRO, Manuel Carlos. "Juízes, servidores e advogados aprovam especialização de varas para melhoria do serviço". *Agência CNJ de Notícias*. Disponível em: https://www.cnj.jus.br/juizes-servidores-e-advogados-aprovam-especializacao-de-varas-para-melhoria-do-servico/. Acessado em: 15.08.2020.

_____. "Tribunais debatem no CNJ como tratar ações de repercussão geral". *Agência CNJ de Notícias*. Disponível em: https://www.cnj.jus.br/tribunais-debatem-no-cnj-como-tratar-acoes-de-repercussao-geral/. Acessado em: 15.10.2020.

MORAES, Alexandre de. *Direito Constitucional*. 35ª ed. São Paulo: Atlas, 2019.

MOTA, Clara; CLEMENTINO, Marco Bruno Miranda; MORAES, Vânila Cardoso André de. "A criação dos Centros de Inteligência da Justiça Federal". *Jota*. Disponível em: https://www.jota.info/opiniao-e-analise/artigos/a-criacao-dos-centros-de-inteligencia-da-justica-federal-14052018. Acessado em: 15.08.2019.

NADELLA, Satya. *Aperte o F5*: a transformação da Microsoft e a busca de um futuro melhor para todos. São Paulo: Benvirá, 2018.

NERY JUNIOR, Nelson. *Princípios do processo na Constituição Federal*. 12ª ed. São Paulo: RT, 2016.

NEVES, Daniel Amorim Assumpção. *Manual de Direito Processual civil*. 9ª ed. Salvador: JusPodivm, 2017.

NEWS RONDÔNIA. "Inteligência artificial desenvolvida pelo TJRO pode revolucionar o judiciário". *News Rondônia*. Disponível em: https://www.newsrondonia.com.br/noticia/112072-inteligencia-artificial-desenvolvida-pelo-tjro-pode-revolucionar-o-judiciario. Acessado em: 05.07.2020.

_____. "Judiciário de RO cria núcleo para identificar demandas frequentes". *News Rondônia*. Disponível em: https://www.newsrondonia.com.

br/noticia/131699-judiciario-de-ro-cria-nucleo-para-identificar-deman-das-frequentes. Acessado em: 01.05.2020.

NUNES, Dierle; VIANA, Aurélio. "Deslocar função estritamente decisória para máquinas é muito perigoso". *Consultor Jurídico*, 22 jan. 2018. Disponível em: https://www.conjur.com.br/2018-jan-22/ opiniao-deslocar-funcao-decisoria-maquinas-perigoso. Acessado em: 05.07.2020.

NUNES, Marcelo Guedes. *Jurimetria*: como a estatística pode reinventar o direito. São Paulo: RT, 2016.

OLIVEIRA, Rafael Carvalho Rezende. *Curso de Direito Administrativo*. 6ª ed. rev., atual. e ampl. São Paulo: Método, 2018.

ONODERA, Marcus Vinicius Kiyoshi. *Gerenciamento do processo e acesso à justiça*. Belo Horizonte: Del Rey, 2017.

PASTOR, Santos. *Cifrar y descifrar*: Indicadores Judiciales para las Américas. vol. II. Madri: Centro de Estudios de Justicia de las Américas, 2004.

PORTAL JURISTAS. "Contribuição da pesquisa empírica para o controle e monitoramento de litígios é debatida na EPM". *Portal Juristas*. Disponível em: https://juristas.com.br/2017/05/10/contribuicao-da-pesquisa-empirica-para-o-controle-e-monitoramento-de-litigios-e-debatida-na-epm. Acessado em: 09.05.2020.

PORTO, Fábio Ribeiro. "O impacto da utilização da Inteligência Artificial no Executivo Fiscal: estudo de caso do Tribunal de Justiça do Rio de Janeiro". *Direito em Movimento*, vol. 17, nº 1, 2019. Disponível em: https://www.emerj.tjrj.jus.br/revistadireitoemovimento_online/ edicoes/volume17_numero1/volume17_numero1_142.pdf. Acessado em: 05.07.2020.

PRESCOTT, Roberta; MARIANO, Roberto. "Victor, a IA do STF, reduziu tempo de tarefa de 44 minutos para cinco segundos". *Convergência Digital*, 17 out. 2019. Disponível em: https://www. convergenciadigital.com.br/Inovacao/Victor%2C-a-IA-do-STF%2C-reduziu-tempo-de-tarefa-de-44-minutos-para-cinco-segundos-52015. html?UserActiveTemplate=mobile. Acessado em: 05.07.2020.

RHEE, Van C.H. "The Law's delay: an introduction". *In*: RHEE, Van C.H (Coord.). *The Law's delay*: Essays on Undue Delay in Civil Litigation. Antuérpia/Oxford/Nova York: Intersentia, 2004.

REFERÊNCIAS BIBLIOGRÁFICAS

RIBEIRO, Marinalda. "Resolução normatiza demandas repetitivas". *Portal do Tribunal de Justiça do Estado do Pará*. Disponível em: http://www.tjpa.jus.br/PortalExterno/imprensa/noticias/Informes/1050116-resolucao-dispoe-sobre-demandas-repetitivas-no-para.xhtml. Acessado em: 01.05.2020.

ROBBINS, Stephne; DECENZO, David A.; WOLTER, Robert M. *A nova administração*. São Paulo: Saraiva, 2014.

ROBERTO, Enrico; LOPES, Marcelo Frullani. "Quando um carro autônomo atropela alguém, quem responde?" *El País*. Disponível em: https://brasil.elpais.com/brasil/2018/04/16/tecnologia/1523911354_957278.html. Acessado em: 06.05.2020.

RODRIGUES, Viviane Siqueira. *Gerenciamento de processos na justiça civil brasileira*: análise das técnicas de gerenciamento processual. São Paulo: Universidade de São Paulo, 2020. (Tese de Doutorado em Direito).

ROQUE, André Vasconcelos. "A luta contra o tempo nos processos judiciais: um problema ainda à busca de uma solução". *Revista Eletrônica de Direito Processual*, Rio de Janeiro, ano 8, vol. XIV, jun./dez. 2014.

SADEK, Maria Tereza. *Acesso à justiça*. São Paulo: Fundação Konrad Adenauer, 2001.

SADEK, Maria Tereza; ARANTES, Rogerio B. "A crise do Judiciário e a visão dos juízes". *Revista USP*, nº 21, 1994.

SALLES, Carlos Alberto de. "Precedentes e Jurisprudência no Novo CPC: Novas Técnicas Decisórias?" *In*: GRINOVER, Ada Pellegrini *et al*. *O novo Código de Processo Civil*: questões controvertidas. São Paulo: Atlas, 2015.

SANTINO, Renato. "Após negar ataque, TSE tem bancos de dados expostos por hackers em dia de eleição". *Olhar Digital*. Disponível em: https://olhardigital.com.br/2020/11/15/seguranca/apos-negar-ataque-tse-tem-bancos-de-dados-vazado-por-hackers/m. Acessado em: 01.11.2020.

SANTOS, Coriolano Aurélio de Almeida Camargo; Leila, CHEVTCHUK. "Inteligência artificial, algoritmos e decisões injustas: é hora de revermos criticamente nosso papel em face da tecnologia". *Migalhas*. Disponível em: https://www.migalhas.com.br/coluna/direito-digital/268283/

inteligencia-artificial-algoritmos-e-decisoes-injustas-e-hora-de-revermos-criticamente-nosso-papel-em-face-da-tecnologia. Acessado em: 06.05.2020.

SARLET, Ingo Wolfgang; MARINONI, Luiz Guilherme; MITIDIERO, Daniel. *Curso de Direito Constitucional*. 7ª ed. rev., atual. e ampl. São Paulo: Saraiva Jur, 2018.

SHAVELL, Steven. *Fundamentos del análisis económico del derecho*. Madri: Ramón Areces, 2004.

SICA, Heitor Vitor Mendonça. "Congestionamento viário e congestionamento judiciário: reflexões sobre a garantia de acesso individual ao Poder Judiciário". *In*: CINTRA, Lia Carolina Batista; BEDAQUE, José Roberto dos Santos; EID, Elie Pierre (Coord.). *Garantismo processual*: garantias constitucionais aplicadas ao processo. Brasília: Gazeta Jurídica, 2016.

SIEDEL, George. *Negociação rumo ao sucesso*: estratégias e habilidades essenciais. Michigan: Van Rye Publishing, 2016.

SILVA, Carolina Machado Cyrillo. "Racionalidade jurídica e direito: um pressuposto para estudar o processo civil contemporâneo sob a égide do formalismo-valorativo". *Revista Eletrônica de Direito Processual – REDP*, vol. VI, nº 6, 2010.

SILVA, Elza. "Corregedoria geral da justiça institui núcleo de monitoramento do perfil de demandas". *Portal do Tribunal de Justiça do Estado do Espírito Santo*. Disponível em: http://www.tjes.jus.br/corregedoria-geral-da-justica-institui-nucleo-de-monitoramento-do--perfil-de-demandas/. Acessado em: 01.05.2020.

SILVA, José Afonso da. *Curso de Direito Constitucional Positivo*. 26ª ed. rev. e atual. São Paulo: Malheiros, 2006.

SILVA, Paulo Eduardo da. "Gestão e funcionamento dos cartórios judiciais". *Anais do I Encontro de Pesquisa Empírica em Direito*, Ribeirão Preto, 29 e 30 set. 2011.

_____. "Mediação e conciliação, produtividade e qualidade". *Revista do advogado*/Associação dos Advogados de São Paulo (AASP), vol. 34, nº 123, ago. 2014.

_____. *Gerenciamento de processos judiciais*. São Paulo: Saraiva, 2010.

SOBRINHO, Wanderley Preite. "Planos de saúde perdem clientes, mas ações na Justiça triplicam em SP". *UOL Notícias*. Disponível em:

REFERÊNCIAS BIBLIOGRÁFICAS

https://noticias.uol.com.br/saude/ultimas-noticias/redacao/2019/06/27/planos-de-saude-perdem-clientes-mas-acoes-na-justica-triplicam-em-sp.htm. Acessado em: 08.08.2020.

SOCIEDADE BRASILEIRA DE DIREITO PÚBLICO. *Ações coletivas no Brasil*: temas, atores e desafios da tutela coletiva. 2ª ed. Brasília: CNJ, 2017.

SOUZA, Carlos Affonso Pereira; OLIVEIRA, Jordan Vinícius. "Sobre os ombros de robôs? A inteligência artificial entre fascínios e desilusões". *In*: FRAZÃO, Ana; MULHOLLAND, Caitlin (Coord.). *Inteligência Artificial e direito*: ética, regulação e responsabilidade. São Paulo: Thomson Reuters/RT, 2019.

STATE V. LOOMIS. "Wisconsin Supreme Court Requires Warning Before Use of Algorithmic Risk Assessments in Sentencing". *Harvard Law Review*. Disponível em: https://harvardlawreview.org/2017/03/state-v-loomis/. Acessado em: 09.05.2020.

STF. "Inteligência artificial vai agilizar a tramitação de processos no STF". *Portal do STF*, 17 mai. 2022. Disponível em: https://stf.jusbrasil.com.br/noticias/584499448/inteligencia-artificial-vai-agilizar-a-tramitacao-de-processos-no-stf. Acessado em: 15.08.2018.

_____. "STJ cria núcleo para consolidação do sistema de precedentes do novo CPC". *Portal do STJ*. Disponível em: http://www.stj.jus.br/sites/STJ/default/pt_BR/Comunica%C3%A7%C3%A3o/noticias/Not%C3%ADcias/STJ-cria-n%C3%BAcleo-para-consolida%C3%A7%C3%A3o-do-sistema-de-precedentes-do-novo-CPC. Acessado em: 15.08.2018.

STRECK, Lenio Luiz; SARLET, Ingo Wolfgang; CLÈVE, Clèmerson Merlin. "Os limites Constitucionais das resoluções do Conselho Nacional de Justiça (CNJ) e Conselho Nacional do Ministério Público (CNMP)". *Migalhas*. Disponível em: https://www.migalhas.com.br/depeso/20381/os-limites-constitucionais-das-resolucoes-do-conselho-nacional-de-justica--cnj--e-conselho-nacioa-do-ministerio-publico--cnmp. Acessado em: 24.11.2022.

SUNDFELD, Carlos Ari. "Controlador bem intencionado pode destruir o controle". *Jota*. Disponível em: https://www.jota.info/opiniao-e-analise/colunas/controle-publico/controlador-bem-intencionado-pode-destruir-o-controle-17052017. Acessado em: 15.08.2019.

SUNDFELD, Carlos Ari; CÂMARA, Jacintho Arruda; MONTEIRO, Vera; ROSILHO, André. "O valor das decisões do Tribunal de Contas da União sobre irregularidades em contratos". *Revista Direito GV*, São Paulo, vol. 13, nº 3, set./dez. 2017.

SUSSKIND, Richard. "The future of Courts". *Remote Courts*, vol. 6, nº 5, jul./ago. 2020. Disponível em: https://thepractice.law.harvard.edu/article/the-future-of-courts/. Acessado em: 20.09.2020.

TALAMINI, Eduardo. "A dimensão coletiva dos direitos individuais homogêneos: ações coletivas e os mecanismos previstos no Código de Processo Civil de 2015". *In*: DIDIER JR., Fredie; CUNHA, Leonardo Carneiro da. *Julgamento de casos repetitivos*. Coleção Grandes Temas do Novo CPC, vol. 10. Salvador: JusPodivm, 2017.

TAVARES, André Ramos. *Curso de Direito Constitucional*. 17ª ed. São Paulo: Saraiva Jur, 2019.

THALER, Richard H. *Misbehaving*: a construção da economia comportamental. Rio de Janeiro: Intrínseca, 2019.

THEODORO JÚNIOR, Humberto. *Curso de Direito Processual civil*: Teoria Geral do Direito Processual Civil e processo de conhecimento. 28ª ed. rev. e atual., vol. I. Rio de Janeiro: Forense, 2006.

TJBA. "Provimento conjunto institui núcleo de monitoramento do perfil de demandas". *Portal de Justiça do Estado da Bahia*. Disponível em: http://www5.tjba.jus.br/corregedoria/provimento-conjunto-institui-nucleo-de-monitoramento-do-perfil-de-demandas/. Acessado em: 01.05.2020.

TJDFT. *Portaria GC 89 de 24/04/2019*. Disponível em: https://www.tjdft.jus.br/publicacoes/publicacoes-oficiais/portarias-da-corregedoria/2019-1/portaria-gc-89-de-24-04-2019. Acessado em: 01.05.2020.

TJGO. "TJGO lança sistema de inteligência artificial que agrupa ações idênticas". *Portal do Tribunal de Justiça do Estado de Goiás*. Disponível em: https://www.tjgo.jus.br/index.php/institucional/centro-de-comunicacao-social/20-destaque/19854-tjgo-lanca-sistema-de-inteligencia-artificial-que-agrupa-acoes-identicas. Acessado em: 15.03.2021.

TJMG. "Gestão de precedentes é tema de encontro no TJMG". *Portal do Tribunal de Justiça do Estado de Minas Gerais*. Disponível em: https://www.tjmg.jus.br/portal-tjmg/noticias/gestao-de-precedentes-

REFERÊNCIAS BIBLIOGRÁFICAS

e-tema-de-encontro-no-tjmg.htm#.Y1GmtnZByM8. Acessado em: 15.08.2018.

_____. "Núcleo combate fraudes em ações judiciais". *Portal do Tribunal de Justiça do Estado de Minas Gerais.* Disponível em: https://www. tjmg.jus.br/portal-tjmg/noticias/nucleo-combate-fraudes-em-acoes-judiciais.htm#.Xx-n855KjIU. Acessado em: 26.07.2020.

_____. "TJ institui núcleo para detectar demandas fraudulentas". *Portal do Tribunal de Justiça do Estado de Minas Gerais.* Disponível em: http://www.tjmg.jus.br/portal-tjmg/noticias/tj-institui-nucleo-para-detectar-demandas-fraudulentas.htm#.Wv7Ugegwjcc. Acessado em: 15.07.2020.

_____. *Relatório de Gestão 2016-2018:* Ferramenta Ágil. Disponível em: https://www.tjmg.jus.br/portal-tjmg/hotsites/relatorio-de-gestao--2016-a-2018/ferramenta-agil.htm#.XwKVRyhKjIU. Acessado em: 05.07.2020.

TJPA. "Projeto de Reorganização e Gestão de Varas". *Portal do TJPA.* Disponível em: http://www.tjpa.jus.br/PortalExterno/institucional/ Corregedoria-da-Regiao-Metropolitana/930-Projeto-de-Organizacao-de-Varas.xhtml. Acessado em: 12.01.2021.

TJPR. "TJPR utiliza Inteligência Artificial para acesso a informações do sistema BacenJud". *Portal do Tribunal de Justiça do Estado do Paraná.* Disponível em: https://www.tjpr.jus.br/noticias/-/asset_publisher/9jZB/ content/tjpr-utiliza-inteligencia-artificial-para-acesso-a-informacoes-do-sistema-bacenjud/18319. Acessado em: 15.03.2021.

_____. *Instrução Normativa n. 8/2018.* Disponível em: https://portal. tjpr.jus.br/pesquisa_athos/anexo/5960167. Acessado em: 01.11.2020.

_____. *Portaria n. 12/2018.* Disponível em: https://www.escavador.com/ diarios/660107/DJPR/P/2018-05-21?page=264. Acessado em: 01.05.2020.

TJRJ. "Grupo de trabalho descobre ação coordenada de fraudes processuais". *Portal do Tribunal de Justiça do Estado do Rio de Janeiro.* Disponível em: http://www.tjrj.jus.br/noticias/noticia/-/visualizar-conteudo/5111210/5186627. Acessado em: 26.07.2020.

_____. "TJRJ adota modelo inovador nas cobranças de tributos municipais". *Portal do Tribunal de Justiça do Estado do Rio de Janeiro.* Disponível em: http://www.tjrj.jus.br/noticias/noticia/-/visualizar-conteudo/5111210/5771753. Acessado em: 05.07.2020.

_____. *Aviso TJ n. 93/2011*. Disponível em: http://webfarm.tjrj.jus. br/biblioteca/asp/textos_main.asp?codigo=151130&desc=ti&servidor=1&iBanner=&iIdioma=0. Acessado em: 28.07.2020.

TJRO. *Sinapses*: Inteligência Artificial do TJRO desperta interesse no público da Campus Party. Disponível em: https://www.tjro.jus.br/ noticias/item/9729-sinapses-inteligencia-artificial-do-tjro-desperta-interesse-no-publico-da-campus-party. Acessado em: 05.07.2020.

TJRS. "Inteligência artificial avança nos Executivos Fiscais Estaduais". *Portal do TJRS*. Disponível em: https://www.tjrs.jus.br/novo/noticia/ inteligencia-artificial-avanca-nos-executivos-fiscais-estaduais/. Acessado em: 15.03.2021.

_____. *Núcleo de Monitoramento do Perfil de Demandas*. Disponível em: https://www.tjrs.jus.br/novo/institucional/administracao/corregedoria-geral-da-justica/numopede/. Acessado em: 01.05.2020.

TJSC. *Melhorias para o Núcleo de Monitoramento de Perfis de Demandas e Estatística – Numopede*. Disponível em: https://www.tjsc.jus.br/web/ corregedoria-geral-da-justica/-/melhorias-para-o-nucleo-de-monitoramento-de-perfis-de-demandas-e-estatistica-numopede?inheritRedirect=true. Acessado em: 01.05.2020.

TJSE. *Relatório de atividades*: Biênio 2017-2019. Disponível em: https:// www.tjse.jus.br/portal/arquivos/documentos/transparencia/relatorio_gestao/corregedoria-2017-2019.pdf. Acessado em: 01.05.2020.

TJSP. "CGJ e magistrados alinham implantação do projeto 'Instituições Financeiras em Juízo' em Itaquera". *Portal do Tribunal de Justiça do Estado de S. Paulo*. Disponível em: http://www.tjsp.jus.br/Noticias/ Noticia?codigoNoticia=46296. Acessado em: 01.05.2020.

_____. "Citações e intimações de fazendas públicas, fundações e autarquias municipais serão por meio eletrônico". *Portal do Tribunal de Justiça do Estado de S. Paulo*. Disponível em: https://www.tjsp.jus.br/ Noticias/Noticia?codigoNoticia=61291. Acessado em: 04.04.2021.

_____. "Conheça o projeto de citação e intimação eletrônica do TJSP". *Portal do Tribunal de Justiça do Estado de S. Paulo*. Disponível em: https://www.tjsp.jus.br/Noticias/Noticia?codigoNoticia=63173. Acessado em: 04.04.2021.

REFERÊNCIAS BIBLIOGRÁFICAS

_____. "Corregedoria-geral da justiça cria Núcleo de Monitoramento de Perfis de Demandas". *Portal do TJSP*. Disponível em: http://www.tjsp. jus.br/Noticias/noticia?codigoNoticia=36713. Acessado em: 18.05.2018.

_____. "Implantação de rito 'Expresso' reduz 75% de acervo em Santo Amaro". *Portal do Tribunal de Justiça do Estado de S. Paulo*. Disponível em: http://www.tjsp.jus.br/Noticias/Noticia?codigoNoticia=49711. Acessado em: 01.05.2020.

_____. "Judiciário lança Projeto Instituições Financeiras em Juízo". *Portal do Tribunal de Justiça do Estado de S. Paulo*. Disponível em: http://www.tjsp.jus.br/Noticias/Noticia?codigoNoticia=38253. Acessado em: 01.05.2020.

_____. "Justiça paulista recebe primeiro inquérito policial digital". *Portal do Tribunal de Justiça do Estado de S. Paulo*. Disponível em: http:// www.tjsp.jus.br/Noticias/noticia?codigoNoticia=29099&Id=29099. Acessado em: 25.05.2020.

_____. "NOTA – TJ". *Migalhas*. Disponível em: https://www.migalhas.com.br/arquivos/2019/5/art20190515-14.pdf. Acessado em: 05.07.2019.

_____. "Núcleo de monitoramento de Perfis de Demandas divulga relatório de atividades". *Portal do Tribunal de Justiça do Estado de S. Paulo*. Disponível em: http://www.tjsp.jus.br/Noticias/noticia?codigo-Noticia=38386. Acessado em: 26.07.2020.

_____. "Robôs automatizam movimentações processuais". *Portal do Tribunal de Justiça do Estado de S. Paulo*. Disponível em: https://tjsp.jus. br/Noticias/Noticia?codigoNoticia=58118. Acessado em: 05.07.2020.

_____. "TJSP anuncia desenvolvimento da nova Plataforma de Justiça Digital". *Portal do Tribunal de Justiça do Estado de S. Paulo*. Disponível em: http://www.tjsp.jus.br/Noticias/Noticia?codigoNoticia=55845&pagina=59. Acessado em: 05.07.2019.

_____. "TJSP atinge a pontuação máxima no Índice de Produtividade Comparada da Justiça, afere o CNJ". *Portal do Tribunal de Justiça do Estado de S. Paulo*. Disponível em: https://www.tjsp.jus.br/Noticias/Noticia?codigoNoticia=62011. Acessado em: 02.03.2021.

_____. "TJSP divulga lista de selos concedidos pelo programa 'Judiciário Eficiente'". *Portal do Tribunal de Justiça do Estado de S. Paulo*. Disponível em: https://www.tjsp.jus.br/Noticias/Noticia?codigoNoticia=59478. Acessado em: 21.01.2021.

_____. "TJSP lança Judi, sua assistente virtual". *Portal do Tribunal de Justiça do Estado de S. Paulo*. Disponível em: https://www.tjsp.jus.br/ Noticias/Noticia?codigoNoticia=59109. Acessado em: 05.07.2020.

_____. "TJSP sedia primeira reunião de trabalho do Numopede nacional". *Portal do Tribunal de Justiça do Estado de S. Paulo*. Disponível em: http://www.tjsp.jus.br/Imprensa/Noticias/Noticia?codigoNoticia=49652&pagina=1. Acessado em: 26.07.2020.

_____. "Tribunal inicia testes para automatização de atividades cartorárias". *Portal do Tribunal de Justiça do Estado de S. Paulo*. Disponível em: https://www.tjsp.jus.br/Noticias/Noticia?codigoNoticia=59849. Acessado em: 04.04.2021.

_____. *100% DIGITAL*. Disponível em: http://www.tjsp.jus.br/ CemPorCentoDigital. Acessado em: 02.05.2020.

_____. *Anexo I*: sugestão de fichamento padronizado. Disponível em: http://www.tjsp.jus.br/Download/Corregedoria/Manuais/CartilhaBoas-PraticasAnexo.pdf?d=1594735993572. Acessado em: 12.01.2021.

_____. *Comunicado CG n. 1667/2017*. Disponível em: http://www.tjsp.jus.br/Corregedoria/Comunicados/Comunicado?codigoComunicado=11522&pagina=8. Acessado em: 26.07.2020.

_____. *Comunicado CG n. 284/2020*. Disponível em: https://www.tjsp.jus.br/Download/Portal/Coronavirus/Comunicados/Comunicado_CG_N284-2020.pdf. Acessado em: 05.07.2020.

_____. *Histórico de Distribuição – Processos Digitais X Processos Físicos*. Disponível em: http://www.tjsp.jus.br/CemPorCentoDigital/CemPorCentoDigital/HistoricoDistribuicao. Acessado em: 02.05.2020.

_____. *Manual de Boas Práticas Cartorárias*. Disponível em: http://www.tjsp.jus.br/Download/Corregedoria/Manuais/CartilhaBoasPraticas.pdf?d=1563689741823. Acessado em: 07.07.2020.

_____. *Manual de Práticas Cartorárias*: sugestão de minuta de acordo com o NCPC. Disponível em: http://www.tjsp.jus.br/Download/Corregedoria/Manuais/ManualMinutasNovoCPC.pdf. Acessado em: 07.07.2020.

_____. *Planejamento Estratégico 2021/2026*. Disponível em: http://www.tjsp.jus.br/QuemSomos/PlanejamentoEstrategico. Acessado em: 14.10.2020.

REFERÊNCIAS BIBLIOGRÁFICAS

_____. *Relatório Bimestral de Atividades do Numopede/TJSP outubro/ novembro de 2016*. Disponível em: http://www.tjsp.jus.br/PublicacaoADM/Handlers/FileFetch.ashx?id_arquivo=77180. Acessado em: 26.07.2020.

TRF. "TRF3 manda caixa pagar dano moral a cliente furtado dentro da agência bancária". *Portal do TRF da 3ª região*. Disponível em: http:// web.trf3.jus.br/noticias/Noticias/Noticia/Exibir/371198. Acessado em: 04.07.2020.

TSE. "'Tentativas de ataques de hackers ao sistema do TSE não afetaram resultados das Eleições', afirma Barroso". *Portal do TSE*. Disponível em: https://www.tse.jus.br/imprensa/noticias-tse/2020/Novembro/ tentativas-de-ataques-de-hackers-ao-sistema-do-tse-nao-afetaram-resultados-das-eleicoes-afirma-barroso. Acessado em: 01.11.2020.

_____. "Assistentes virtuais do TSE auxiliam os eleitores nas redes sociais". *Portal do TSE*. Disponível em: http://www.tse.jus.br/imprensa/ noticias-tse/2019/Julho/assistentes-virtuais-do-tse-auxiliam-os-eleitores-nas-redes-sociais. Acessado em: 05.07.2020.

UOL. "TJ-SP apura suposto esquema de fraude em cirurgia de hérnia". *UOL Notícias*. Disponível em: https://noticias.uol.com.br/saude/ ultimas-noticias/estado/2016/10/28/tj-sp-apura-suposto-esquema-de-fraude-em-cirurgia-de-hernia.htm. Acessado em: 29.07.2020.

VASCONCELOS, Ronaldo; CARNAÚBA, César Augusto Martins; HANESAKA, Thais D'Angelo da Silva. "Mediação na recuperação judicial: paralelos com a evolução estrangeira". *Revista de Arbitragem e Mediação*, vol. 62, jul./set. 2019.

VEJA. "Exposto à internet, robô da Microsoft vira racista em 1 dia". *Veja*. Disponível em: https://veja.abril.com.br/tecnologia/exposto-a-internet-robo-da-microsoft-vira-racista-em-1-dia/. Acessado em: 06.05.2020.

VIANNA, Luiz Werneck; CARVALHO, Maria Alice R. de; PALÁCIOS, Manuel; BURGOS, Marcelo. *A judicialização da política e das relações sociais no Brasil*. Rio de Janeiro: Revan, 1999.

WAMBIER, Teresa Arruda Alvim; DIDIER JR., Fredie; TALAMINI, Eduardo; DANTAS, Bruno. *Breves comentários ao novo Código de Processo Civil*. 2ª tir. São Paulo: RT, 2015.

WATANABE, Kazuo. "A mentalidade e os meios alternativos de solução de conflitos no Brasil". *In*: GRINOVER, Ada Pellegrini; WATANABE,

Kazuo; LAGRASTA NETO, Caetano (Coord.). *Mediação e gerenciamento do processo*: revolução na prestação jurisdicional: guia prático para a instalação do setor de conciliação e mediação. 2ª reimp. São Paulo: Atlas, 2008.

WESSELS, Walter. *Economia*. São Paulo: Saraiva, 1999.

WOLKART, Erik Navarro. *Análise econômica do processo civil*: como a economia, o Direito e a psicologia podem vencer a tragédia da justiça. São Paulo: RT, 2019.

ZAFFARONI, Eugénio Raúl. *Poder Judiciário*: crises, acertos e desacertos. São Paulo: RT, 1995.

ANEXO I

TEMPO DE JULGAMENTO DA REPERCUSSÃO GERAL NO STF[480]

Tema	Decisão pela existência de repercussão geral	Data fim de análise no Plenário Virtual	Julgado mérito de repercussão geral	Data tese no Plenário	Tempo de julgamento em meses
1	Sim	21.03.2013	Sim	21.03.2013	0
2	Sim	12.12.2007	Sim	12.06.2008	6
3	Sim	28.11.2007	Sim	12.06.2008	6
4	Sim	03.12.2007	Sim	04.08.2011	44
5	Sim	12.12.2007	Sim	27.09.2013	69
8	Sim	05.12.2007	Sim	12.08.2010	32
13	Sim	11.10.2012	Sim	11.10.2012	0
15	Sim	12.12.2007	Sim	30.04.2008	4
16	Sim	20.10.2011	Sim	24.05.2017	67
17	Sim	08.10.2008	Sim	8.10.2008	0
18	Sim	17.12.2007	Sim	30.10.2014	82
20	Sim	17.12.2007	Sim	29.03.2017	111
21	Sim	1.º.02.2008	Sim	06.02.2013	60
24	Sim	09.02.2008	Sim	06.02.2013	59
25	Sim	09.02.2008	Sim	30.04.2008	2
26	Sim	09.02.2008	Sim	13.10.2010	32
27	Sim	09.02.2008	Sim	19.04.2013	62
29	Sim	09.02.2008	Sim	11.12.2014	82
30	Sim	09.02.2008	Sim	16.09.2009	19
31	Sim	22.02.2008	Sim	29.05.2014	75

[480] Fonte: NUGEP/TJSP.

32	Sim	23.02.2008	Sim	23.02.2017	108
33	Sim	22.08.2011	Sim	05.02.2015	41
34	Sim	23.02.2008	Sim	24.05.2017	111
36	Sim	29.02.2008	Sim	11.09.2008	6
40	Sim	13.08.2008	Sim	13.08.2008	0
40	Sim	13.08.2008	Sim	13.08.2008	0
41	Sim	22.03.2008	Sim	11.02.2009	10
42	Sim	22.03.2008	Sim	18.06.2008	2
43	Sim	22.03.2008	Sim	21.08.2008	4
44	Sim	22.03.2008	Sim	25.03.2009	12
45	Sim	22.03.2008	Sim	24.05.2017	110
46	Sim	22.03.2008	Sim	22.04.2009	13
48	Sim	22.03.2008	Sim	11.12.2008	8
49	Sim	29.03.2008	Sim	06.05.2009	13
50	Sim	28.03.2008	Sim	11.12.2008	8
51	Sim	04.04.2008	Sim	25.06.2009	14
52	Sim	04.04.2008	Sim	12.08.2010	28
53	Sim	04.04.2008	Sim	28.10.2009	18
54	Sim	04.04.2008	Sim	20.06.2012	50
55	Sim	04.04.2008	Sim	14.04.2010	24
56	Sim	04.04.2008	Sim	12.08.2010	28
58	Sim	15.10.2013	Sim	15.10.2013	0
59	Sim	04.04.2008	Sim	16.05.2013	61
60	Sim	03.12.2008	Sim	03.12.2008	0
61	Sim	19.04.2008	Sim	1.º.10.2008	5
63	Sim	27.09.2011	Sim	27.09.2011	0
66	Sim	19.04.2008	Sim	20.08.2008	4
67	Sim	26.04.2008	Sim	11.02.2009	9
69	Sim	25.04.2008	Sim	15.03.2017	106
70	Sim	26.04.2008	Sim	10.09.2008	4
71	Sim	26.04.2008	Sim	17.09.2008	4
74	Sim	26.04.2008	Sim	10.09.2008	4
75	Sim	26.04.2008	Sim	09.05.2013	60

ANEXO I – TEMPO DE JULGAMENTO DA REPERCUSSÃO...

76	Sim	03.05.2008	Sim	08.09.2010	28
77	Sim	03.05.2008	Sim	20.05.2009	12
80	Sim	27.07.2011	Sim	05.04.2017	68
82	Sim	17.05.2008	Sim	14.05.2014	71
84	Sim	24.05.2008	Sim	04.09.2014	75
87	Sim	07.06.2008	Sim	23.11.2011	41
88	Sim	14.06.2008	Sim	21.09.2011	39
89	Sim	14.06.2008	Sim	25.03.2009	9
90	Sim	21.06.2008	Sim	28.05.2009	11
91	Sim	21.06.2008	Sim	25.11.2009	17
92	Sim	21.06.2008	Sim	1.º.02.2010	19
93	Sim	11.06.2008	Sim	11.06.2008	0
93	Sim	11.06.2008	Sim	11.06.2008	0
94	Sim	28.06.2008	Sim	25.05.2011	34
95	Sim	11.09.2008	Sim	05.08.2009	10
96	Sim	11.06.2008	Sim	19.04.2017	106
98	Sim	11.06.2008	Sim	11.06.2008	0
98	Sim	11.06.2008	Sim	11.06.2008	0
101	Sim	08.08.2008	Sim	08.08.2008	0
101	Sim	08.08.2008	Sim	08.08.2008	0
102	Sim	29.08.2008	Sim	04.02.2016	89
107	Sim	12.09.2008	Sim	02.02.2011	28
109	Sim	26.09.2008	Sim	17.11.2010	25
110	Sim	10.09.2008	Sim	10.09.2008	0
113	Sim	03.10.2008	Sim	03.10.2013	60
114	Sim	4.04.2013	Sim	04.04.2013	0
115	Sim	10.10.2008	Sim	16.12.2010	26
116	Sim	10.10.2008	Sim	20.06.2012	44
121	Sim	17.10.2008	Sim	09.02.2011	27
125	Sim	17.10.2008	Sim	02.12.2009	13
126	Sim	02.10.2008	Sim	02.10.2008	0
128	Sim	24.10.2008	Sim	26.08.2009	10
129	Sim	24.10.2008	Sim	17.12.2014	73

130	Sim	24.10.2008	Sim	26.08.2009	10
131	Sim	07.11.2008	Sim	21.03.2013	52
132	Sim	07.11.2008	Sim	09.12.2010	25
135	Sim	07.11.2008	Sim	03.12.2015	84
136	Sim	14.11.2008	Sim	22.10.2014	71
138	Sim	14.11.2008	Sim	21.09.2011	34
139	Sim	21.11.2008	Sim	24.06.2009	7
141	Sim	13.11.2008	Sim	13.11.2008	0
142	Sim	13.11.2008	Sim	13.11.2008	0
145	Sim	12.12.2008	Sim	09.03.2015	74
146	Sim	04.12.2008	Sim	04.12.2008	0
147	Sim	04.12.2008	Sim	04.12.2008	0
148	Sim	07.02.2009	Sim	24.09.2014	67
152	Sim	06.03.2009	Sim	30.04.2015	73
153	Sim	20.02.2009	Sim	20.02.2009	0
153	Sim	20.02.2009	Sim	20.02.2009	0
154	Sim	20.03.2009	Sim	06.06.2013	50
155	Sim	12.03.2009	Sim	12.03.2009	0
156	Sim	10.04.2009	Sim	22.08.2014	64
157	Sim	30.04.2013	Sim	10.08.2016	39
158	Sim	26.03.2009	Sim	26.03.2009	0
159	Sim	24.04.2009	Sim	16.11.2011	30
161	Sim	24.04.2009	Sim	10.08.2011	27
162	Sim	08.05.2009	Sim	31.08.2011	27
165	Sim	22.04.2009	Sim	22.04.2009	0
166	Sim	15.05.2009	Sim	23.04.2014	59
168	Sim	05.06.2009	Sim	03.12.2015	77
168	Sim	05.06.2009	Sim	03.12.2015	77
169	Sim	07.11.2013	Sim	07.11.2013	0
170	Sim	05.06.2009	Sim	17.11.2010	17
171	Sim	07.11.2013	Sim	07.11.2013	0
172	Sim	04.06.2009	Sim	04.06.2009	0
172	Sim	04.06.2009	Sim	04.06.2009	0

ANEXO I - TEMPO DE JULGAMENTO DA REPERCUSSÃO...

173	Sim	26.06.2009	Sim	20.04.2017	93
177	Sim	02.08.2009	Sim	06.11.2014	63
184	Sim	28.08.2009	Sim	18.05.2015	68
187	Sim	13.03.2014	Sim	28.05.2015	14
190	Sim	11.09.2009	Sim	20.02.2013	41
191	Sim	11.09.2009	Sim	13.06.2012	33
201	Sim	18.09.2009	Sim	19.10.2016	85
202	Sim	18.09.2009	Sim	1.º.08.2011	22
203	Sim	18.09.2009	Sim	09.05.2012	31
204	Sim	18.09.2009	Sim	30.03.2016	78
209	Sim	06.08.2010	Sim	19.06.2013	34
209	Sim	06.08.2010	Sim	19.06.2013	34
210	Sim	16.03.2011	Sim	25.05.2017	74
210	Sim	16.03.2011	Sim	25.05.2017	74
211	Sim	27.07.2011	Sim	1.º.08.2013	24
212	Sim	29.06.2010	Sim	8.09.2010	2
212	Sim	29.06.2010	Sim	8.09.2010	2
214	Sim	23.10.2009	Sim	18.05.2011	18
214	Sim	23.10.2009	Sim	18.05.2011	18
216	Sim	23.10.2009	Sim	16.02.2011	15
217	Sim	23.10.2009	Sim	16.06.2010	7
220	Sim	23.10.2009	Sim	13.08.2015	69
223	Sim	07.04.2015	Sim	07.04.2015	0
224	Sim	23.10.2009	Sim	05.06.2014	55
225	Sim	23.10.2009	Sim	24.02.2016	76
226	Sim	23.10.2009	Sim	4.11.2015	72
227	Sim	22.02.2011	Sim	25.04.2013	26
227	Sim	22.02.2011	Sim	25.04.2013	26
235	Sim	13.11.2009	Sim	1.º.03.2013	39
237	Sim	19.11.2009	Sim	19.11.2009	0
237	Sim	19.11.2009	Sim	19.11.2009	0
238	Sim	19.11.2009	Sim	19.11.2009	0
238	Sim	19.11.2009	Sim	19.11.2009	0

239	Sim	19.11.2009	Sim	19.11.2009	0
239	Sim	19.11.2009	Sim	19.11.2009	0
240	Sim	19.11.2009	Sim	19.11.2009	0
240	Sim	19.11.2009	Sim	19.11.2009	0
241	Sim	11.12.2009	Sim	26.10.2011	22
242	Sim	18.12.2009	Sim	25.05.2011	17
246	Sim	18.03.2014	Sim	30.03.2017	36
253	Sim	12.03.2010	Sim	25.05.2011	14
253	Sim	12.03.2010	Sim	25.05.2011	14
256	Sim	12.03.2010	Sim	12.03.2010	0
257	Sim	12.03.2010	Sim	18.11.2015	68
258	Sim	19.03.2010	Sim	31.08.2016	77
259	Sim	19.03.2010	Sim	08.03.2017	83
261	Sim	2.04.2010	Sim	27.05.2010	1
266	Sim	1.º.05.2010	Sim	1.º.05.2010	0
272	Sim	1.º.05.2010	Sim	1.º.05.2010	0
277	Sim	14.05.2010	Sim	13.11.2014	53
278	Sim	14.05.2010	Sim	12.02.2014	44
279	Sim	14.05.2010	Sim	20.11.2014	54
280	Sim	28.05.2010	Sim	5.11.2015	65
282	Sim	24.06.2010	Sim	24.06.2010	0
282	Sim	24.06.2010	Sim	24.06.2010	0
283	Sim	5.07.2010	Sim	22.05.2013	34
294	Sim	14.08.2010	Sim	14.08.2010	0
295	Sim	14.08.2010	Sim	14.08.2010	0
297	Sim	27.08.2010	Sim	11.09.2014	48
299	Sim	21.10.2011	Sim	16.10.2014	35
302	Sim	10.09.2010	Sim	1.08.2011	10
302	Sim	10.09.2010	Sim	1.08.2011	10
305	Sim	10.09.2010	Sim	25.05.2011	8
305	Sim	10.09.2010	Sim	25.05.2011	8
308	Sim	3.02.2014	Sim	28.08.2014	6
311	Sim	20.11.2013	Sim	20.11.2013	0

ANEXO I – TEMPO DE JULGAMENTO DA REPERCUSSÃO...

312	Sim	17.09.2010	Sim	19.04.2013	31
313	Sim	17.09.2010	Sim	16.10.2013	36
314	Sim	2.10.2008	Sim	2.10.2008	0
315	Sim	24.09.2010	Sim	28.08.2014	47
323	Sim	22.10.2010	Sim	6.11.2014	48
326	Sim	22.10.2010	Sim	11.04.2013	29
329	Sim	22.10.2010	Sim	23.05.2013	31
334	Sim	22.10.2010	Sim	21.02.2013	27
335	Sim	17.02.2011	Sim	16.05.2013	26
338	Sim	23.06.2010	Sim	23.06.2010	0
338	Sim	23.06.2010	Sim	23.06.2010	0
339	Sim	23.06.2010	Sim	23.06.2010	0
339	Sim	23.06.2010	Sim	23.06.2010	0
340	Sim	6.10.2010	Sim	6.10.2010	0
340	Sim	6.10.2010	Sim	6.10.2010	0
342	Sim	3.12.2010	Sim	23.02.2017	74
343	Sim	17.11.2010	Sim	17.11.2010	0
343	Sim	17.11.2010	Sim	17.11.2010	0
344	Sim	10.12.2010	Sim	30.10.2014	46
345	Sim	10.12.2010	Sim	7.02.2018	85
348	Sim	10.12.2010	Sim	29.10.2015	58
349	Sim	10.12.2010	Sim	21.10.2015	58
350	Sim	10.12.2010	Sim	3.09.2014	44
351	Sim	10.12.2010	Sim	25.09.2013	33
355	Sim	17.12.2012	Sim	9.02.2017	49
363	Sim	4.02.2011	Sim	30.10.2013	32
365	Sim	18.02.2011	Sim	16.02.2017	71
367	Sim	28.05.2015	Sim	28.05.2015	0
368	Sim	20.10.2010	Sim	23.10.2014	48
371	Sim	4.03.2011	Sim	4.11.2015	56
374	Sim	18.03.2011	Sim	20.08.2014	41
376	Sim	25.03.2011	Sim	19.02.2014	34
377	Sim	25.03.2011	Sim	27.04.2017	73

380	Sim	08.04.2011	Sim	08.04.2011	0
384	Sim	08.04.2011	Sim	27.04.2017	72
385	Sim	15.04.2011	Sim	06.04.2017	71
387	Sim	24.03.2011	Sim	24.03.2011	0
387	Sim	24.03.2011	Sim	24.03.2011	0
388	Sim	15.04.2011	Sim	15.04.2011	0
392	Sim	07.04.2011	Sim	02.06.2011	1
393	Sim	29.04.2011	Sim	28.10.2015	53
394	Sim	29.04.2011	Sim	17.11.2016	66
395	Sim	29.04.2011	Sim	23.03.2015	46
396	Sim	6.05.2011	Sim	20.05.2015	48
399	Sim	27.05.2011	Sim	14.12.2016	66
402	Sim	27.05.2011	Sim	12.11.2014	41
403	Sim	27.05.2011	Sim	14.06.2017	72
408	Sim	10.06.2011	Sim	10.06.2011	0
409	Sim	10.06.2011	Sim	10.06.2011	0
410	Sim	10.06.2011	Sim	10.06.2011	0
411	Sim	10.06.2011	Sim	10.06.2011	0
412	Sim	10.06.2011	Sim	10.06.2011	0
414	Sim	10.06.2011	Sim	10.06.2011	0
423	Sim	17.06.2011	Sim	11.05.2016	58
430	Sim	17.06.2011	Sim	17.06.2011	0
431	Sim	17.06.2011	Sim	17.06.2011	0
432	Sim	17.06.2011	Sim	13.02.2014	31
434	Sim	17.06.2011	Sim	17.06.2011	0
435	Sim	17.06.2011	Sim	17.06.2011	0
437	Sim	17.06.2011	Sim	06.04.2017	69
439	Sim	17.06.2011	Sim	09.10.2013	27
440	Sim	24.06.2011	Sim	24.06.2011	0
447	Sim	24.06.2011	Sim	24.06.2011	0
448	Sim	24.06.2011	Sim	24.06.2011	0
450	Sim	24.06.2011	Sim	29.05.2013	23
451	Sim	1.º.07.2011	Sim	1.º.07.2011	0

ANEXO I - TEMPO DE JULGAMENTO DA REPERCUSSÃO...

453	Sim	1.º.07.2011	Sim	22.03.2012	8
454	Sim	06.08.2011	Sim	8.06.2017	70
469	Sim	27.08.2011	Sim	25.02.2015	41
471	Sim	09.09.2011	Sim	07.08.2014	34
472	Sim	07.03.2013	Sim	06.08.2015	28
473	Sim	09.09.2011	Sim	14.11.2013	26
476	Sim	16.09.2011	Sim	07.08.2014	34
478	Sim	23.09.2011	Sim	23.09.2011	0
479	Sim	23.09.2011	Sim	08.06.2016	56
480	Sim	23.09.2011	Sim	02.10.2014	36
483	Sim	30.09.2011	Sim	23.04.2015	42
484	Sim	07.10.2011	Sim	1.º.02.2017	63
485	Sim	07.10.2011	Sim	23.04.2015	42
494	Sim	28.10.2011	Sim	24.09.2014	34
498	Sim	11.11.2011	Sim	10.05.2017	65
499	Sim	18.11.2011	Sim	10.05.2017	65
503	Sim	18.11.2011	Sim	26.10.2016	59
509	Sim	16.12.2011	Sim	13.04.2016	51
509	Sim	16.12.2011	Sim	13.04.2016	51
511	Sim	16.12.2011	Sim	23.10.2014	34
514	Sim	03.02.2012	Sim	30.10.2014	32
514	Sim	03.02.2012	Sim	30.10.2014	32
518	Sim	03.02.2012	Sim	03.02.2012	0
522	Sim	1.º.10.2014	Sim	1.º.10.2014	0
522	Sim	1.º.10.2014	Sim	1.º.10.2014	0
524	Sim	18.02.2012	Sim	22.08.2014	30
528	Sim	09.03.2012	Sim	27.11.2014	32
530	Sim	16.03.2012	Sim	02.05.2013	13
531	Sim	20.09.2013	Sim	27.10.2016	37
535	Sim	23.03.2012	Sim	26.04.2017	61
537	Sim	06.04.2012	Sim	11.04.2013	12
540	Sim	20.08.2014	Sim	30.06.2016	22
541	Sim	20.04.2012	Sim	5.04.2017	59

544	Sim	17.11.2014	Sim	25.05.2017	30
549	Sim	25.05.2012	Sim	25.04.2013	11
555	Sim	15.06.2012	Sim	09.12.2014	29
564	Sim	1.º.08.2012	Sim	1.º.08.2012	0
564	Sim	1.º.08.2012	Sim	1.º.08.2012	0
565	Sim	24.08.2012	Sim	24.08.2012	0
569	Sim	20.08.2014	Sim	17.09.2014	0
571	Sim	17.11.2015	Sim	15.02.2017	14
572	Sim	31.08.2012	Sim	31.08.2012	0
573	Sim	31.08.2012	Sim	16.12.2016	51
579	Sim	31.08.2012	Sim	03.12.2015	39
581	Sim	07.09.2012	Sim	29.09.2016	48
582	Sim	07.09.2012	Sim	17.06.2015	33
592	Sim	24.10.2014	Sim	30.03.2016	17
593	Sim	21.09.2012	Sim	08.03.2017	53
594	Sim	21.09.2012	Sim	21.09.2012	0
602	Sim	19.10.2012	Sim	28.08.2014	22
607	Sim	15.02.2013	Sim	04.11.2015	32
608	Sim	26.10.2012	Sim	13.11.2014	24
612	Sim	02.11.2012	Sim	11.04.2014	17
613	Sim	09.11.2012	Sim	03.08.2016	44
615	Sim	16.11.2012	Sim	17.09.2014	22
622	Sim	21.10.2015	Sim	21.09.2016	11
626	Sim	14.12.2012	Sim	14.12.2012	0
635	Sim	1.º.03.2013	Sim	1.º.03.2013	0
639	Sim	22.03.2013	Sim	15.04.2015	24
643	Sim	12.04.2013	Sim	03.02.2016	33
644	Sim	03.10.2013	Sim	15.10.2014	12
645	Sim	26.04.2013	Sim	26.04.2013	0
646	Sim	26.04.2013	Sim	26.04.2013	0
647	Sim	03.05.2013	Sim	17.05.2017	48
648	Sim	28.10.2014	Sim	09.02.2017	27
650	Sim	04.09.2013	Sim	19.09.2013	0

ANEXO I – TEMPO DE JULGAMENTO DA REPERCUSSÃO...

652	Sim	10.05.2013	Sim	22.08.2014	15
653	Sim	10.05.2013	Sim	17.11.2016	42
664	Sim	21.06.2013	Sim	11.12.2014	17
666	Sim	03.08.2013	Sim	03.02.2016	30
669	Sim	23.08.2013	Sim	30.03.2017	43
671	Sim	30.08.2013	Sim	26.02.2015	17
676	Sim	27.09.2013	Sim	27.04.2017	43
678	Sim	4.10.2013	Sim	22.05.2014	7
680	Sim	11.10.2013	Sim	19.12.2013	2
682	Sim	11.10.2013	Sim	11.10.2013	0
686	Sim	18.10.2013	Sim	18.10.2013	0
688	Sim	18.10.2013	Sim	18.10.2013	0
691	Sim	25.10.2013	Sim	25.05.2017	43
692	Sim	1.º.11.2013	Sim	1.º.11.2013	0
693	Sim	1.º.11.2013	Sim	1.º.11.2013	0
712	Sim	4.04.2014	Sim	04.04.2014	0
713	Sim	4.04.2014	Sim	04.04.2014	0
721	Sim	18.04.2014	Sim	18.04.2014	0
722	Sim	25.04.2014	Sim	25.04.2014	0
724	Sim	02.05.2014	Sim	02.05.2014	0
727	Sim	16.05.2014	Sim	16.05.2014	0
728	Sim	23.05.2014	Sim	23.05.2014	0
733	Sim	30.05.2014	Sim	28.05.2015	11
737	Sim	30.05.2014	Sim	30.05.2014	0
738	Sim	06.06.2014	Sim	06.06.2014	0
748	Sim	13.06.2014	Sim	13.06.2014	0
754	Sim	20.10.2015	Sim	5.04.2017	17
755	Sim	09.08.2014	Sim	9.08.2014	0
763	Sim	19.09.2014	Sim	15.12.2016	26
768	Sim	03.10.2014	Sim	3.10.2014	0
771	Sim	03.10.2014	Sim	23.10.2014	0
772	Sim	03.10.2014	Sim	03.10.2014	0
781	Sim	21.11.2014	Sim	07.10.2015	10

782	Sim	21.11.2014	Sim	10.03.2016	15
784	Sim	21.11.2014	Sim	14.10.2015	10
793	Sim	06.03.2015	Sim	06.03.2015	0
806	Sim	17.04.2015	Sim	17.04.2015	0
809	Sim	17.04.2015	Sim	10.05.2017	24
810	Sim	17.04.2015	Sim	20.09.2017	29
811	Sim	17.04.2015	Sim	17.04.2015	0
815	Sim	29.04.2015	Sim	29.04.2015	0
815	Sim	29.04.2015	Sim	29.04.2015	0
821	Sim	05.06.2015	Sim	05.06.2015	0
823	Sim	19.06.2015	Sim	19.06.2015	0
827	Sim	08.09.2015	Sim	13.10.2016	13
829	Sim	02.08.2015	Sim	06.10.2016	14
830	Sim	18.06.2015	Sim	18.06.2015	0
830	Sim	18.06.2015	Sim	18.06.2015	0
831	Sim	08.08.2015	Sim	08.08.2015	0
835	Sim	28.08.2015	Sim	10.08.2016	11
836	Sim	28.08.2015	Sim	28.08.2015	0
838	Sim	28.08.2015	Sim	17.08.2016	11
838	Sim	28.08.2015	Sim	17.08.2016	11
844	Sim	28.08.2015	Sim	28.08.2015	0
853	Sim	02.10.2015	Sim	02.10.2015	0
856	Sim	16.10.2015	Sim	16.10.2015	0
873	Sim	18.12.2015	Sim	18.12.2015	0
877	Sim	18.03.2016	Sim	19.04.2017	13
888	Sim	15.04.2016	Sim	15.04.2016	0
891	Sim	06.05.2016	Sim	06.05.2016	0
894	Sim	13.05.2016	Sim	13.05.2016	0
915	Sim	02.09.2016	Sim	02.09.2016	0
916	Sim	16.09.2016	Sim	16.09.2016	0
917	Sim	30.09.2016	Sim	30.09.2016	0
921	Sim	07.10.2016	Sim	07.10.2016	0
925	Sim	11.11.2016	Sim	11.11.2016	0

ANEXO I – TEMPO DE JULGAMENTO DA REPERCUSSÃO...

928	Sim	09.12.2016	Sim	09.12.2016	0
930	Sim	03.02.2017	Sim	03.02.2017	0
935	Sim	24.02.2017	Sim	24.02.2017	0
937	Sim	3.03.2017	Sim	03.03.2017	0
946	Sim	26.05.2017	Sim	26.05.2017	0
947	Sim	02.06.2017	Sim	02.06.2017	0
948	Sim	02.06.2017	Sim	02.06.2017	0
959	Sim	19.08.2017	Sim	19.08.2017	0
965	Sim	13.10.2017	Sim	13.10.2017	0
972	Sim	03.11.2017	Sim	03.11.2017	0
983	Sim	16.02.2018	Sim	16.02.2018	0
984	Sim	16.02.2018	Sim	16.02.2018	0
			Total de Meses		9581
			Média em Meses		24,2556962

ANEXO II

TEMPO DE JULGAMENTO
DOS REPETITIVOS NO STJ[481]

Tema	Data de Afetação	Julgado em	Tempo de julgamento em meses
1	10.10.2008	02.05.2012	42
2	20.02.2009	16.05.2012	38
3	04.09.2008	14.10.2009	13
4	18.09.2008	11.03.2009	5
5	23.09.2008	26.11.2008	2
6	09.10.2008	26.11.2008	1
7	09.10.2008	26.11.2008	1
8	09.10.2008	26.11.2008	1
9	09.10.2008	26.11.2008	1
10	09.10.2008	26.11.2008	1
11	09.10.2008	26.11.2008	1
12	09.10.2008	26.11.2008	1
13	09.10.2008	26.11.2008	1
14	10.10.2008	26.11.2008	1
15	16.12.2008	13.05.2009	4
16	02.02.2009	02.08.2010	18
17	02.02.2009	04.11.2009	9
18	19.02.2009	22.04.2009	2
19	25.02.2009	22.04.2009	1
20	27.02.2009	13.12.2010	21
21	05.03.2009	27.05.2009	2

---

[481] Fonte: NUGEP/TJSP.

22	12.03.2009	26.08.2009	5
23	03.04.2009	09.09.2009	5
24	19.08.2008	22.10.2008	2
25	19.08.2008	22.10.2008	2
26	19.08.2008	22.10.2008	2
27	19.08.2008	22.10.2008	2
28	19.08.2008	22.10.2008	2
29	19.08.2008	22.10.2008	2
30	19.08.2008	22.10.2008	2
31	19.08.2008	22.10.2008	2
32	19.08.2008	22.10.2008	2
33	19.08.2008	22.10.2008	2
34	19.08.2008	22.10.2008	2
35	19.08.2008	22.10.2008	2
36	19.08.2008	22.10.2008	2
37	29.08.2008	10.12.2008	3
38	29.08.2008	10.12.2008	3
39	29.08.2008	10.11.2010	26
40	29.08.2008	10.12.2008	3
41	29.08.2008	10.12.2008	3
42	02.09.2008	10.09.2008	0
43	02.09.2008	10.09.2008	0
44	04.09.2008	22.10.2008	1
45	04.09.2008	22.10.2008	1
46	04.09.2008	22.10.2008	1
47	15.10.2008	11.03.2009	4
48	12.03.2009	09.09.2009	5
49	12.03.2009	09.09.2009	5
50	15.10.2008	11.03.2009	4
51	15.10.2008	11.03.2009	4
52	24.10.2008	12.08.2009	9
53	11.02.2009	09.12.2009	9
54	11.02.2009	09.12.2009	9

ANEXO II – TEMPO DE JULGAMENTO DOS REPETITIVOS...

55	11.02.2009	24.06.2009	4
57	23.03.2009	09.09.2009	5
58	23.03.2009	09.09.2009	5
59	23.03.2009	09.09.2009	5
60	27.03.2009	28.10.2009	7
61	21.08.2008	22.10.2008	2
62	21.08.2008	08.10.2008	1
63	21.08.2008	11.03.2009	6
64	03.09.2008	12.08.2009	11
65	03.09.2008	12.08.2009	11
66	03.09.2008	12.08.2009	11
67	03.09.2008	12.08.2009	11
68	03.09.2008	12.08.2009	11
69	03.09.2008	12.08.2009	11
70	03.09.2008	12.08.2009	11
71	03.09.2008	12.08.2009	11
72	03.09.2008	12.08.2009	11
73	03.09.2008	12.08.2009	11
74	03.09.2008	12.08.2009	11
75	03.09.2008	12.08.2009	11
76	08.09.2008	12.11.2008	2
77	08.09.2008	12.11.2008	2
78	08.09.2008	12.08.2009	11
79	15.09.2008	11.02.2009	4
80	15.09.2008	11.03.2009	5
81	15.09.2008	11.03.2009	5
82	15.09.2008	13.05.2009	7
83	15.09.2008	22.10.2008	1
84	15.09.2008	23.10.2013	61
85	15.09.2008	24.06.2009	9
86	15.09.2008	22.10.2008	1
87	17.09.2008	27.05.2009	8
88	30.09.2008	12.11.2008	1

89	20.10.2008	11.03.2009	4
90	23.10.2008	10.12.2008	1
91	24.11.2008	11.03.2009	3
92	27.11.2008	10.12.2008	0
93	27.11.2008	10.12.2008	0
94	27.11.2008	10.12.2008	0
95	10.12.2008	27.05.2009	5
96	16.12.2008	11.03.2009	2
97	16.12.2008	11.03.2009	2
98	04.09.2014	26.04.2017	31
99	19.12.2008	25.03.2009	3
100	03.02.2009	27.05.2009	3
101	03.02.2009	22.04.2009	2
102	03.02.2009	25.03.2009	1
103	17.02.2009	25.03.2009	1
104	17.02.2009	25.03.2009	1
105	17.02.2009	12.08.2009	5
107	09.03.2009	10.06.2009	3
108	09.03.2009	22.04.2009	1
109	03.03.2009	22.04.2009	1
110	03.03.2009	22.04.2009	1
111	03.03.2009	22.04.2009	1
112	03.03.2009	22.04.2009	1
113	03.03.2009	22.04.2009	1
114	03.03.2009	22.04.2009	1
115	12.03.2009	13.05.2009	2
116	12.03.2009	22.04.2009	1
117	12.03.2009	22.04.2009	1
118	13.03.2009	13.05.2009	2
119	13.04.2009	13.05.2009	1
120	18.03.2009	12.08.2009	4
121	18.03.2009	22.04.2009	1
122	23.03.2009	10.06.2009	2

ANEXO II – TEMPO DE JULGAMENTO DOS REPETITIVOS...

123	30.03.2009	24.06.2009	2
124	30.03.2009	24.06.2009	2
125	31.03.2009	13.05.2009	1
126	03.04.2009	13.05.2009	1
127	03.04.2009	28.10.2009	6
128	13.04.2009	03.06.2009	1
129	13.04.2009	03.06.2009	1
130	14.04.2009	25.08.2010	16
131	14.04.2009	27.05.2009	1
132	20.04.2009	23.09.2009	5
133	20.04.2009	04.11.2009	6
134	24.04.2009	10.06.2009	1
135	24.04.2009	09.12.2009	7
136	23.04.2009	04.11.2009	6
137	05.10.2011	23.05.2012	7
138	05.10.2011	23.05.2012	7
139	30.04.2009	23.09.2009	4
140	30.04.2009	12.08.2009	3
141	08.05.2009	24.06.2009	1
142	02.04.2009	12.05.2010	13
143	30.04.2009	23.09.2009	4
144	07.05.2009	14.10.2009	5
145	04.05.2009	10.06.2009	1
146	30.04.2009	09.12.2009	7
147	30.04.2009	09.12.2009	7
148	11.05.2009	26.08.2009	3
149	12.05.2009	13.04.2011	23
150	21.05.2009	23.09.2009	4
151	21.05.2009	23.09.2009	4
152	21.05.2009	24.06.2009	1
153	25.05.2009	09.09.2009	3
154	25.05.2009	09.09.2009	3
155	25.05.2009	09.09.2009	3

156	25.05.2009	25.11.2009	6
157	1.º.12.2017	28.02.2018	2
158	26.05.2009	23.09.2009	3
159	29.05.2009	25.11.2009	5
160	29.05.2009	26.08.2009	2
161	29.05.2009	26.08.2009	2
162	29.05.2009	24.06.2009	0
163	29.05.2009	12.08.2009	2
164	29.05.2009	24.06.2009	0
165	29.05.2009	28.10.2009	4
166	29.05.2009	25.11.2009	5
167	29.05.2009	24.06.2009	0
168	29.05.2009	23.09.2009	3
169	29.05.2009	09.12.2009	6
170	29.05.2009	25.11.2009	5
171	29.05.2009	12.08.2009	2
172	04.06.2009	11.11.2009	5
173	05.06.2009	24.03.2010	9
174	08.06.2009	26.08.2009	2
175	08.06.2009	24.05.2012	35
176	08.06.2009	12.08.2009	2
177	16.11.2016	10.05.2017	5
178	10.06.2009	23.09.2009	3
179	15.06.2009	09.12.2009	5
180	15.06.2009	11.11.2009	4
181	15.06.2009	26.08.2009	2
182	18.06.2009	25.02.2010	8
183	30.06.2009	23.09.2009	2
184	30.06.2009	09.12.2009	5
185	19.06.2009	28.10.2009	4
186	29.06.2009	28.04.2010	9
187	29.06.2009	28.04.2010	9
188	29.06.2009	28.04.2010	9

ANEXO II – TEMPO DE JULGAMENTO DOS REPETITIVOS...

189	29.06.2009	28.04.2010	9
190	29.06.2009	26.10.2011	27
191	29.06.2009	26.10.2011	27
192	23.06.2009	25.11.2009	5
193	03.08.2009	25.11.2009	3
194	04.08.2009	02.06.2010	9
195	04.08.2009	02.12.2009	3
196	12.08.2009	23.09.2009	1
197	14.08.2009	28.10.2009	2
198	17.08.2009	14.10.2009	1
199	18.08.2009	11.11.2009	2
200	19.08.2009	14.10.2009	1
201	21.08.2009	25.11.2009	3
202	25.08.2009	24.03.2010	6
203	26.08.2009	24.02.2010	5
204	26.08.2009	24.02.2010	5
205	26.08.2009	24.02.2010	5
206	26.08.2009	24.02.2010	5
207	26.08.2009	24.02.2010	5
208	26.08.2009	24.02.2010	5
209	27.08.2009	25.11.2009	2
210	27.08.2009	24.02.2010	5
211	27.08.2009	24.02.2010	5
212	1.º.09.2009	28.10.2009	1
213	10.08.2009	12.05.2010	9
214	04.09.2009	14.04.2010	7
215	08.09.2009	09.12.2009	3
216	08.09.2009	09.12.2009	3
217	11.09.2009	28.10.2009	1
218	08.09.2009	15.09.2010	12
219	08.09.2009	15.09.2010	12
220	11.09.2009	02.12.2009	2
221	15.09.2009	14.12.2011	26

222	16.09.2009	02.12.2009	2
223	17.09.2009	11.11.2009	1
224	17.09.2009	11.11.2009	1
225	17.09.2009	09.12.2009	2
226	22.09.2009	24.02.2010	5
227	22.09.2009	24.02.2010	5
228	22.09.2009	10.02.2010	4
229	25.09.2009	13.10.2010	12
230	25.09.2009	25.11.2009	2
231	25.09.2009	16.12.2009	2
232	28.09.2009	14.04.2010	6
233	28.09.2009	12.05.2010	7
234	28.09.2009	12.05.2010	7
235	25.09.2009	1.º.09.2010	11
236	30.09.2009	17.11.2010	13
237	30.09.2009	09.12.2009	2
238	30.09.2009	25.11.2009	1
239	30.09.2009	25.11.2009	1
240	30.09.2009	09.12.2009	2
241	02.10.2009	25.11.2009	1
242	02.10.2009	25.11.2009	1
243	30.09.2009	20.08.2014	58
244	13.10.2009	13.12.2010	14
245	13.10.2009	25.11.2009	1
246	06.10.2009	08.08.2012	34
247	06.10.2009	08.08.2012	34
248	15.10.2009	12.05.2010	6
249	15.10.2009	10.11.2010	12
250	15.10.2009	09.08.2010	9
251	15.10.2009	09.12.2009	1
252	15.10.2009	09.12.2009	1
253	15.10.2009	09.12.2009	1
254	15.10.2009	09.12.2009	1

ANEXO II – TEMPO DE JULGAMENTO DOS REPETITIVOS...

255	15.10.2009	09.12.2009	1
256	15.10.2009	25.11.2009	1
257	15.10.2009	29.02.2012	28
258	15.10.2009	25.11.2009	1
259	15.10.2009	25.08.2010	10
260	15.10.2009	24.11.2010	13
261	15.10.2009	09.12.2009	1
262	15.10.2009	09.12.2009	1
263	15.10.2009	09.12.2009	1
264	15.10.2009	14.04.2010	5
265	15.10.2009	09.12.2009	1
266	15.10.2009	25.11.2009	1
267	15.10.2009	25.11.2009	1
268	15.10.2009	09.12.2009	1
269	15.10.2009	09.08.2010	9
270	15.10.2009	09.08.2010	9
271	15.10.2009	24.11.2010	13
272	15.10.2009	14.04.2010	5
273	15.10.2009	09.12.2009	1
274	15.10.2009	24.03.2010	5
275	15.10.2009	25.11.2009	1
276	15.10.2009	09.06.2010	7
277	15.10.2009	09.06.2010	7
278	15.10.2009	09.12.2009	1
279	15.10.2009	09.12.2009	1
280	16.10.2009	26.05.2010	7
281	16.10.2009	26.05.2010	7
282	16.10.2009	26.05.2010	7
283	16.10.2009	26.05.2010	7
284	13.10.2009	18.11.2009	1
285	09.10.2009	03.03.2010	4
286	09.10.2009	03.03.2010	4
287	09.10.2009	02.12.2009	1

288	09.10.2009	02.12.2009	1
289	16.10.2009	03.02.2010	3
290	19.10.2009	10.11.2010	12
291	16.10.2009	02.12.2009	1
292	16.10.2009	02.12.2009	1
293	23.10.2009	25.08.2010	10
294	27.10.2009	09.12.2009	1
295	27.10.2009	09.12.2009	1
297	27.10.2009	13.12.2010	13
298	03.11.2009	25.08.2010	9
299	03.11.2009	25.08.2010	9
300	03.11.2009	25.08.2010	9
301	03.11.2009	25.08.2010	9
302	03.11.2009	25.08.2010	9
303	03.11.2009	08.09.2010	10
304	03.11.2009	08.09.2010	10
305	23.10.2009	28.04.2010	6
306	23.10.2009	28.04.2010	6
307	23.10.2009	28.04.2010	6
308	23.10.2009	28.04.2010	6
309	23.10.2009	28.04.2010	6
310	05.11.2009	24.02.2010	3
311	05.11.2009	24.02.2010	3
312	27.10.2009	14.04.2010	5
313	11.11.2009	10.08.2016	80
314	11.11.2009	13.10.2010	11
315	11.11.2009	09.12.2009	0
316	10.11.2009	02.03.2011	15
317	28.10.2009	09.12.2009	1
318	13.11.2009	28.04.2010	5
319	13.11.2009	28.04.2010	5
320	06.11.2009	28.09.2011	22
321	06.11.2009	28.03.2012	28

ANEXO II – TEMPO DE JULGAMENTO DOS REPETITIVOS...

322	20.11.2009	26.05.2010	6
323	20.11.2009	25.11.2009	0
324	25.11.2009	24.03.2010	3
325	25.11.2009	24.03.2010	3
326	25.11.2009	24.03.2010	3
327	25.11.2009	24.03.2010	3
328	25.11.2009	24.03.2010	3
329	25.11.2009	24.03.2010	3
330	25.11.2009	24.03.2010	3
331	25.11.2009	24.03.2010	3
332	25.11.2009	12.12.2012	36
333	26.11.2009	29.02.2012	27
334	27.11.2009	24.11.2010	11
335	1.º.12.2009	24.11.2010	11
336	04.12.2009	24.03.2010	3
337	07.12.2009	23.06.2010	6
338	07.12.2009	24.02.2010	2
339	07.12.2009	10.03.2010	3
340	26.11.2009	23.03.2011	15
341	17.12.2009	28.04.2010	4
342	17.12.2009	23.06.2010	6
343	17.12.2009	24.02.2010	2
344	17.12.2009	24.03.2010	3
345	17.12.2009	25.08.2010	8
346	17.12.2009	25.08.2010	8
347	1.º.02.2010	10.03.2010	1
348	1.º.02.2010	24.03.2010	1
349	1.º.02.2010	12.05.2010	3
350	1.º.02.2010	12.05.2010	3
351	1.º.02.2010	24.03.2010	1
352	1.º.02.2010	06.04.2011	14
353	1.º.02.2010	06.04.2011	14
354	09.02.2010	28.11.2012	33

355	09.02.2010	28.11.2012	33
356	09.02.2010	14.04.2010	2
358	02.03.2010	12.05.2010	2
359	04.03.2010	13.10.2010	7
360	04.03.2010	09.08.2010	5
361	04.03.2010	09.08.2010	5
362	04.03.2010	24.11.2010	8
363	04.03.2010	27.04.2016	73
364	05.03.2010	09.06.2010	3
365	05.03.2010	09.08.2010	5
366	05.03.2010	13.10.2010	7
367	05.03.2010	24.11.2010	8
368	05.03.2010	09.05.2012	26
369	05.03.2010	03.05.2017	85
370	05.03.2010	23.06.2010	3
371	05.03.2010	25.08.2010	5
372	05.03.2010	09.08.2010	5
373	05.03.2010	14.08.2013	41
374	05.03.2010	28.04.2010	1
375	11.03.2010	13.10.2010	7
376	11.03.2010	1.º.09.2010	5
377	11.03.2010	1.º.09.2010	5
378	11.03.2010	24.11.2010	8
379	20.10.2016	17.05.2017	6
380	18.03.2010	04.03.2015	59
381	22.03.2010	09.06.2010	2
382	22.03.2010	09.06.2010	2
383	23.03.2010	12.05.2010	1
384	23.03.2010	09.08.2010	4
385	23.03.2010	09.06.2010	2
387	24.03.2010	09.08.2010	4
388	24.03.2010	09.06.2010	2
389	24.03.2010	24.11.2010	8

ANEXO II – TEMPO DE JULGAMENTO DOS REPETITIVOS...

391	24.03.2010	09.08.2010	4
392	24.03.2010	08.09.2010	5
393	23.03.2010	13.10.2010	6
394	26.03.2010	09.06.2010	2
395	18.02.2010	09.06.2010	3
396	24.03.2010	12.05.2010	1
397	20.10.2009	09.12.2009	1
398	20.10.2009	09.12.2009	1
399	20.10.2009	09.12.2009	1
400	20.10.2009	12.05.2010	6
401	20.10.2009	24.03.2010	5
402	20.10.2009	09.12.2009	1
403	20.10.2009	09.12.2009	1
404	20.10.2009	09.12.2009	1
406	12.04.2010	09.08.2010	3
407	27.10.2009	1.º.08.2011	21
408	27.10.2009	1.º.08.2011	21
409	27.10.2009	1.º.08.2011	21
410	27.10.2009	1.º.08.2011	21
411	19.04.2010	14.12.2011	19
412	11.05.2010	09.08.2010	2
413	13.05.2010	1.º.09.2010	3
414	14.05.2010	25.08.2010	3
415	14.05.2010	25.08.2010	3
416	14.05.2010	25.08.2010	3
417	19.05.2010	14.03.2011	9
418	19.05.2010	14.03.2011	9
419	28.05.2010	08.09.2010	3
420	1.º.06.2010	25.08.2010	2
421	16.06.2010	08.09.2010	2
422	21.06.2010	23.03.2011	9
423	21.06.2010	23.03.2011	9
424	25.06.2010	25.08.2010	2

425	25.06.2010	24.11.2010	4
426	29.06.2010	21.09.2011	14
427	02.08.2010	28.11.2012	27
428	02.08.2010	22.09.2010	1
430	17.08.2010	13.10.2010	1
431	20.08.2010	27.10.2010	2
432	26.08.2010	13.12.2010	3
433	13.09.2010	16.02.2011	5
434	04.10.2010	17.10.2012	24
435	07.10.2010	24.11.2010	1
436	18.10.2010	08.02.2012	15
437	18.10.2010	08.02.2012	15
438	18.10.2010	08.02.2012	15
439	18.10.2010	08.02.2012	15
440	18.10.2010	08.02.2012	15
441	18.10.2010	08.02.2012	15
442	18.10.2010	1.º.12.2010	1
443	18.10.2010	25.04.2012	18
445	03.05.2016	14.09.2016	4
446	17.11.2010	28.03.2012	16
447	17.11.2010	28.03.2012	16
449	10.12.2010	10.08.2011	8
450	10.12.2010	16.03.2011	3
451	02.12.2010	10.08.2011	8
452	1.º.02.2011	28.09.2011	7
453	14.10.2010	27.04.2011	6
454	02.02.2011	14.10.2015	56
455	02.02.2011	29.02.2012	12
456	10.02.2011	13.04.2011	2
457	10.02.2011	13.04.2011	2
459	21.02.2011	04.03.2015	48
462	24.02.2011	02.05.2012	14
463	14.03.2011	28.09.2011	6

ANEXO II – TEMPO DE JULGAMENTO DOS REPETITIVOS...

464	14.03.2011	28.09.2011	6
465	14.03.2011	28.09.2011	6
466	14.03.2011	24.08.2011	5
467	16.03.2011	24.10.2012	19
468	16.03.2011	24.10.2012	19
469	28.03.2011	08.02.2012	10
470	10.02.2011	28.09.2011	7
471	06.04.2011	08.02.2012	10
472	26.04.2011	27.06.2012	14
473	12.11.2010	08.08.2012	20
474	19.05.2011	08.04.2015	46
475	19.05.2011	27.06.2012	13
476	19.05.2011	27.06.2012	13
477	19.05.2011	10.08.2011	2
478	24.02.2011	26.02.2014	36
479	24.02.2011	26.02.2014	36
480	26.05.2011	19.10.2011	4
481	26.05.2011	19.10.2011	4
482	26.05.2011	19.10.2011	4
483	21.10.2010	23.05.2012	19
484	06.06.2011	10.08.2011	2
485	06.06.2011	10.08.2011	2
486	06.06.2011	10.08.2011	2
487	06.06.2011	10.08.2011	2
488	06.06.2011	10.08.2011	2
489	06.06.2011	10.08.2011	2
490	06.06.2011	10.08.2011	2
491	06.06.2011	19.10.2011	4
492	06.06.2011	19.10.2011	4
493	09.06.2011	12.09.2012	15
494	09.06.2011	12.09.2012	15
495	09.06.2011	12.09.2012	15
496	14.06.2011	23.05.2012	11

499	15.08.2011	13.06.2012	9
500	02.08.2011	27.02.2013	18
501	19.08.2011	12.12.2012	15
502	19.08.2011	12.02.2014	29
503	19.08.2011	24.10.2012	14
504	19.08.2011	22.05.2013	21
505	19.08.2011	22.05.2013	21
506	16.08.2011	06.11.2013	26
507	23.08.2011	04.12.2013	27
508	24.08.2011	17.10.2012	13
509	29.08.2011	09.11.2011	2
510	29.08.2011	13.03.2013	18
511	29.08.2011	14.11.2012	14
512	29.08.2011	14.11.2012	14
513	29.08.2011	14.11.2012	14
514	29.08.2011	14.11.2012	14
515	24.08.2011	27.02.2013	18
516	29.09.2011	25.04.2012	6
517	28.09.2011	08.08.2012	10
518	04.10.2011	08.08.2012	10
519	16.11.2011	12.12.2012	12
520	16.11.2011	25.04.2013	17
521	16.11.2011	25.04.2013	17
522	16.11.2011	25.04.2013	17
523	16.11.2011	25.04.2013	17
524	17.11.2011	27.06.2012	7
525	1.º.02.2012	20.11.2013	21
526	08.02.2012	22.05.2013	15
527	08.02.2012	23.05.2012	3
528	27.02.2012	11.03.2015	36
529	02.03.2012	26.06.2013	15
530	15.03.2012	09.05.2012	1
531	21.03.2012	10.10.2012	6

ANEXO II – TEMPO DE JULGAMENTO DOS REPETITIVOS...

532	21.03.2012	10.10.2012	6
533	21.03.2012	10.10.2012	6
534	21.03.2012	14.11.2012	7
535	16.04.2012	24.10.2012	6
536	11.04.2012	19.06.2013	14
537	27.03.2012	08.08.2012	4
538	1.º.03.2012	08.10.2014	31
539	20.04.2012	27.06.2012	2
540	20.04.2012	27.06.2012	2
541	27.04.2012	12.06.2013	13
542	27.04.2012	22.05.2013	12
544	07.05.2012	28.11.2012	6
545	10.05.2012	27.06.2012	1
546	10.05.2012	24.10.2012	5
547	23.05.2012	11.09.2013	15
548	23.05.2012	11.09.2013	15
549	23.05.2012	11.09.2013	15
550	23.05.2012	11.09.2013	15
551	25.05.2012	12.06.2013	12
552	08.06.2012	19.11.2014	29
553	13.06.2012	12.12.2012	5
554	15.06.2012	10.10.2012	3
555	15.06.2012	22.08.2012	2
556	15.06.2012	22.08.2012	2
558	15.08.2012	12.12.2012	3
560	15.08.2012	10.04.2013	7
561	14.08.2012	22.08.2012	0
562	20.08.2012	12.12.2012	3
563	23.08.2012	08.05.2013	8
564	1.º.08.2012	04.02.2013	6
565	29.08.2012	12.06.2013	9
572	04.09.2012	03.12.2014	26
574	04.09.2012	24.04.2013	7

575	04.09.2012	10.04.2013	7
576	04.09.2012	14.08.2013	11
577	04.09.2012	13.11.2013	14
578	12.09.2012	12.06.2013	9
580	12.09.2012	12.06.2013	9
581	20.09.2012	26.09.2012	0
582	21.09.2012	28.11.2012	2
584	06.11.2012	24.04.2013	5
585	29.10.2012	10.04.2013	5
586	05.11.2012	12.06.2013	7
588	12.11.2012	23.11.2016	48
589	13.11.2012	14.08.2013	9
590	16.11.2012	22.05.2013	6
591	16.11.2012	12.06.2013	6
592	15.10.2015	14.06.2017	19
593	11.09.2012	26.09.2012	0
594	22.11.2012	26.06.2013	7
595	22.11.2012	14.08.2013	8
596	14.11.2012	13.03.2013	3
598	25.10.2012	12.06.2013	7
599	29.10.2012	08.05.2013	6
600	26.10.2016	23.11.2016	0
601	10.12.2012	12.06.2013	6
602	10.12.2012	12.06.2013	6
603	10.12.2012	12.06.2013	6
604	11.12.2012	12.06.2013	6
606	1.º.02.2013	11.09.2013	7
607	1.º.02.2013	11.09.2013	7
608	15.02.2013	09.10.2013	7
610	14.02.2013	10.08.2016	41
611	15.02.2013	14.08.2013	5
612	21.02.2013	11.09.2013	6
613	21.02.2013	11.12.2013	9

ANEXO II – TEMPO DE JULGAMENTO DOS REPETITIVOS...

614	22.02.2013	22.05.2013	3
615	05.02.2013	23.09.2015	31
616	05.02.2013	26.04.2017	50
617	05.02.2013	26.04.2017	50
618	1.º.03.2013	28.08.2013	5
619	1.º.03.2013	28.08.2013	5
620	1.º.03.2013	28.08.2013	5
621	1.º.03.2013	28.08.2013	5
622	1.º.03.2013	25.11.2015	32
623	06.03.2013	12.06.2013	3
624	07.03.2013	23.09.2015	30
625	21.09.2012	10.10.2012	0
626	25.03.2013	26.02.2014	11
627	20.03.2013	08.11.2017	55
628	1.º.04.2013	11.12.2013	8
629	04.04.2013	16.12.2015	32
630	25.03.2013	10.09.2014	17
631	11.03.2013	12.06.2013	3
633	08.04.2013	12.06.2013	2
634	29.10.2012	10.06.2015	31
636	04.12.2012	11.12.2013	12
637	11.04.2013	07.05.2014	12
638	17.04.2013	28.08.2013	4
639	17.04.2013	22.10.2014	18
640	23.04.2013	25.02.2015	22
641	26.04.2013	11.12.2013	7
642	02.05.2013	09.09.2015	28
643	07.05.2013	12.06.2013	1
644	07.05.2013	27.11.2013	6
645	07.05.2013	27.11.2013	6
646	30.04.2013	23.10.2013	5
647	14.05.2013	12.11.2014	17
648	07.05.2013	10.12.2014	19

649	09.05.2013	09.10.2013	5
650	14.05.2013	12.11.2014	17
651	18.02.2015	17.02.2016	11
652	21.05.2013	23.10.2013	5
654	21.05.2013	26.02.2014	9
655	09.10.2012	25.09.2013	11
657	31.05.2013	12.03.2014	9
658	31.05.2013	12.03.2014	9
659	31.05.2013	12.03.2014	9
660	04.06.2013	24.09.2014	15
662	14.06.2013	12.03.2014	8
666	05.09.2013	26.02.2014	5
667	17.06.2013	26.02.2014	8
668	24.06.2013	11.06.2014	11
669	04.06.2013	11.06.2014	12
670	04.06.2013	11.06.2014	12
671	20.06.2013	14.05.2014	10
672	20.06.2013	14.05.2014	10
673	20.06.2013	07.05.2014	10
674	04.06.2013	04.03.2015	21
675	04.06.2013	04.03.2015	21
676	04.06.2013	04.03.2015	21
677	04.06.2013	07.05.2014	11
678	04.06.2013	19.03.2014	9
679	29.05.2013	26.03.2014	9
680	29.05.2013	26.03.2014	9
681	29.05.2013	26.03.2014	9
683	29.05.2013	26.03.2014	9
684	29.05.2013	26.03.2014	9
685	25.06.2013	21.05.2014	10
686	13.08.2013	09.04.2014	7
687	15.08.2013	23.04.2014	8
688	15.08.2013	23.04.2014	8

ANEXO II - TEMPO DE JULGAMENTO DOS REPETITIVOS...

689	15.08.2013	23.04.2014	8
690	27.08.2013	10.08.2016	35
692	03.09.2013	12.02.2014	5
693	03.09.2013	11.12.2013	3
694	13.09.2013	14.05.2014	8
696	26.09.2013	26.03.2014	6
697	02.10.2013	14.05.2014	7
698	02.10.2013	14.05.2014	7
701	22.10.2013	26.02.2014	4
702	22.10.2013	11.12.2013	1
703	22.10.2013	11.12.2013	1
704	24.10.2013	11.12.2013	1
705	04.11.2013	09.04.2014	5
706	04.11.2013	09.04.2014	5
707	06.11.2013	27.08.2014	9
708	06.11.2013	12.11.2014	12
709	21.11.2013	12.02.2014	2
710	26.11.2013	12.11.2014	11
711	29.11.2013	26.03.2014	3
714	02.12.2013	26.11.2014	11
715	04.12.2013	12.11.2014	11
717	04.12.2013	14.05.2014	5
720	16.12.2013	24.09.2014	9
721	18.12.2013	26.02.2014	2
722	03.02.2014	14.05.2014	3
723	03.02.2014	13.08.2014	6
724	03.02.2014	13.08.2014	6
725	03.02.2014	10.09.2014	7
727	09.12.2013	14.06.2017	42
728	14.02.2014	22.04.2015	14
729	14.02.2014	22.04.2015	14
731	16.09.2016	11.04.2018	18
732	28.02.2014	11.10.2017	43

733	21.02.2013	11.12.2013	9
735	14.03.2014	10.09.2014	5
736	14.03.2014	28.05.2014	2
737	24.02.2011	26.02.2014	36
738	24.02.2011	26.02.2014	36
739	13.11.2012	26.02.2014	15
740	13.11.2012	26.02.2014	15
741	31.05.2013	12.03.2014	9
742	19.12.2013	12.11.2014	10
743	21.03.2014	1.º.07.2014	3
779	22.04.2014	22.02.2018	46
780	22.04.2014	22.02.2018	46
793	23.04.2014	12.11.2014	6
794	14.04.2014	11.06.2014	1
804	03.06.2014	25.03.2015	9
806	23.04.2014	12.11.2014	6
834	29.05.2013	26.03.2014	9
835	08.05.2014	22.10.2014	5
869	10.10.2008	26.11.2008	1
870	10.10.2008	26.11.2008	1
871	20.06.2013	14.05.2014	10
872	04.06.2014	14.09.2016	27
873	04.06.2013	11.06.2014	12
874	1.º.07.2014	09.09.2015	14
875	24.06.2013	11.06.2014	11
876	04.08.2014	12.11.2014	3
877	04.08.2014	12.08.2015	12
879	15.08.2014	14.12.2016	27
880	19.08.2014	28.06.2017	34
881	15.08.2014	22.04.2015	8
882	09.09.2014	11.03.2015	6
883	09.09.2014	08.04.2015	6
885	23.09.2014	26.11.2014	2

ANEXO II – TEMPO DE JULGAMENTO DOS REPETITIVOS...

886	23.09.2014	08.04.2015	6
887	23.09.2014	11.03.2015	5
889	24.09.2014	04.05.2016	19
890	24.09.2014	27.05.2015	8
891	24.09.2014	13.05.2015	7
892	05.09.2014	25.03.2015	6
893	1.º.10.2014	17.06.2015	8
894	18.08.2014	10.12.2014	3
896	08.10.2014	22.11.2017	37
898	31.10.2014	27.05.2015	6
901	03.11.2014	11.03.2015	4
902	05.11.2014	14.10.2015	11
903	06.11.2014	10.08.2016	21
904	14.09.2015	10.05.2017	19
905	11.11.2014	22.02.2018	39
908	27.11.2014	14.09.2016	21
911	12.12.2014	23.11.2016	23
912	12.12.2014	14.10.2015	10
913	16.12.2014	03.08.2016	19
915	06.02.2015	24.02.2016	12
916	09.02.2015	14.10.2015	8
917	10.02.2015	13.05.2015	3
918	10.02.2015	26.08.2015	6
919	04.03.2015	10.08.2016	17
920	28.05.2015	25.11.2015	5
921	13.03.2015	24.02.2016	11
922	17.04.2015	27.04.2016	12
924	24.04.2015	27.05.2015	1
926	11.05.2015	12.08.2015	3
928	25.05.2015	08.11.2017	29
930	28.05.2015	25.11.2015	5
931	28.05.2015	26.08.2015	2
932	08.06.2015	10.05.2017	23

933	24.06.2015	10.08.2016	13
934	24.06.2015	14.10.2015	3
938	16.05.2016	24.08.2016	3
939	08.09.2015	24.08.2016	11
941	20.11.2015	22.03.2017	16
942	20.11.2015	22.06.2016	7
943	20.11.2015	14.06.2017	18
944	20.11.2015	09.11.2016	11
945	20.11.2015	27.04.2016	5
949	22.03.2016	23.11.2016	8
950	22.03.2016	13.12.2017	20
952	18.05.2016	14.12.2016	6
953	18.05.2016	08.02.2017	8
957	1.º.08.2016	25.10.2017	14
959	16.09.2016	23.08.2017	11
965	05.10.2016	28.02.2018	16
976	23.06.2017	13.12.2017	5
983	04.10.2017	28.02.2018	4
		Total de Meses	6925
		Média em Meses	9,052287582

ANEXO III

QUANTITATIVO DE PROCESSOS SOBRESTADOS NO STF[482]

Tema	Reconhecida a repercussão geral, julgamento de mérito pendente	Quantidade de sobrestados Nacional	Quantidade de sobrestados TJSP
6	Sim	28839	5990
19	Sim	11683	4749
22	Sim	376	7
28	Sim	365	219
47	Sim	21	4
57	Sim	73	20
64	Sim	20	0
72	Sim	5513	0
79	Sim	284	0
100	Sim	1797	4
104	Sim	37	0
106	Sim	2877	10
111	Sim	3623	2316
112	Sim	161	79
117	Sim	611	0
118	Sim	1365	0
123	Sim	2138	685
124	Sim	5	0
137	Sim	226	3

---

[482] Fonte: NUGEP/TJSP.

149	Sim	2437	15
150	Sim	115	7
160	Sim	12769	63
163	Sim	50511	597
167	Sim	207	1
176	Sim	7049	3620
179	Sim	118	0
185	Sim	241	0
192	Sim	63	0
206	Sim	0	0
207	Sim	17	0
208	Sim	6	3
218	Sim	145	80
221	Sim	67	4
222	Sim	339	0
228	Sim	102	0
231	Sim	76	39
244	Sim	267	0
247	Sim	776	88
249	Sim	1922	264
254	Sim	21	5
262	Sim	1826	1222
264	Sim	368339	153311
265	Sim	207091	23325
281	Sim	82	0
284	Sim	64231	5525
285	Sim	117044	25200
289	Sim	277	35
293	Sim	77	5
296	Sim	398	207
298	Sim	1076	0
300	Sim	277	153
303	Sim	3654	0

ANEXO III - QUANTITATIVO DE PROCESSOS...

304	Sim	237	0
309	Sim	182	110
317	Sim	328	54
321	Sim	2	0
322	Sim	81	0
324	Sim	26	0
325	Sim	279	2
327	Sim	101	0
328	Sim	76	0
336	Sim	58	8
337	Sim	416	0
346	Sim	115	69
347	Sim	5126	0
352	Sim	35	0
358	Sim	9	1
359	Sim	195	112
360	Sim	887	49
361	Sim	68	41
362	Sim	25	7
364	Sim	37	0
366	Sim	30	1
369	Sim	151	0
370	Sim	481	2
372	Sim	291	0
373	Sim	3	0
379	Sim	105	63
381	Sim	2857	531
382	Sim	60	20
383	Sim	2113	0
386	Sim	17	0
390	Sim	3374	870
391	Sim	175	0
400	Sim	556	0

415	Sim	1574	81
416	Sim	339	0
438	Sim	31	0
441	Sim	131	2
445	Sim	274	5
449	Sim	1468	0
452	Sim	270	12
455	Sim	0	0
456	Sim	264	1
457	Sim	1094	0
465	Sim	86	0
470	Sim	92	0
474	Sim	56	0
475	Sim	29	11
477	Sim	109	1
481	Sim	30	0
486	Sim	36	4
487	Sim	230	68
488	Sim	72	0
490	Sim	403	179
491	Sim	103	0
492	Sim	1159	792
493	Sim	118	2
495	Sim	646	0
496	Sim	2	0
497	Sim	104	0
500	Sim	2029	678
501	Sim	0	0
502	Sim	1	0
504	Sim	94	0
505	Sim	8	0
506	Sim	1964	52
507	Sim	1	1

ANEXO III – QUANTITATIVO DE PROCESSOS...

508	Sim	319	68
510	Sim	33	18
512	Sim	31	0
513	Sim	5	2
515	Sim	20	0
516	Sim	102	0
517	Sim	244	7
519	Sim	699	550
520	Sim	44	19
521	Sim	49	9
523	Sim	684	114
525	Sim	28	13
526	Sim	183	2
527	Sim	142	0
529	Sim	17	0
532	Sim	174	53
533	Sim	199	41
534	Sim	1	0
536	Sim	275	0
538	Sim	0	0
542	Sim	443	133
543	Sim	125	4
545	Sim	82	0
546	Sim	1423	23
547	Sim	4	1
548	Sim	4164	2077
550	Sim	16	3
551	Sim	6668	2794
553	Sim	35	0
554	Sim	1884	0
556	Sim	3	0
558	Sim	761	38
559	Sim	223	0

561	Sim	25	14
562	Sim	0	0
574	Sim	27	0
576	Sim	610	213
578	Sim	265	230
580	Sim	47	0
590	Sim	42	25
595	Sim	2	0
597	Sim	3789	0
598	Sim	15	0
599	Sim	1067	655
600	Sim	8093	1
606	Sim	1757	14
616	Sim	4405	0
619	Sim	50	21
624	Sim	234	45
627	Sim	17	0
630	Sim	164	0
632	Sim	183	0
633	Sim	109	26
638	Sim	4	0
642	Sim	207	28
649	Sim	1	0
651	Sim	461	0
656	Sim	5	5
661	Sim	28	1
665	Sim	159	0
667	Sim	11	3
668	Sim	95	0
670	Sim	35	9
672	Sim	1	1
674	Sim	61	0
679	Sim	7	0

ANEXO III - QUANTITATIVO DE PROCESSOS...

683	Sim	108	7
684	Sim	67	0
685	Sim	372	3
689	Sim	1	0
690	Sim	10	0
694	Sim	11	2
696	Sim	129	125
697	Sim	10	1
698	Sim	381	16
699	Sim	42	0
700	Sim	1	1
703	Sim	3	0
704	Sim	7	0
705	Sim	1	1
707	Sim	3	0
708	Sim	776	731
709	Sim	3852	0
723	Sim	2059	0
725	Sim	3178	0
732	Sim	64	0
736	Sim	116	0
739	Sim	23195	7
743	Sim	48	0
744	Sim	135	0
745	Sim	382	7
756	Sim	243	0
757	Sim	1	0
758	Sim	119	0
761	Sim	6	1
774	Sim	20	0
775	Sim	1	0
777	Sim	38	6
778	Sim	2	0

779	Sim	230	0
786	Sim	14	3
788	Sim	83	0
792	Sim	222	0
796	Sim	11	5
801	Sim	48	0
808	Sim	3956	11
816	Sim	302	92
817	Sim	198	17
818	Sim	4	0
820	Sim	175	1
822	Sim	25	1
825	Sim	158	140
826	Sim	10	0
832	Sim	4	0
833	Sim	1295	0
837	Sim	115	27
839	Sim	405	1
840	Sim	0	0
841	Sim	320	1
842	Sim	4	0
843	Sim	43	0
846	Sim	1632	0
847	Sim	14	0
849	Sim	1	0
850	Sim	1	0
854	Sim	13	0
855	Sim	1	0
857	Sim	4	3
858	Sim	7	0
859	Sim	0	0
860	Sim	0	0
863	Sim	440	329

ANEXO III – QUANTITATIVO DE PROCESSOS...

864	Sim	1347	417
865	Sim	37	0
872	Sim	6	0
874	Sim	116	0
881	Sim	28	9
884	Sim	1368	0
885	Sim	19	5
897	Sim	851	169
899	Sim	121	17
900	Sim	6	1
901	Sim	2	0
903	Sim	6186	0
905	Sim	40	0
906	Sim	431	0
907	Sim	90	11
912	Sim	1	0
914	Sim	122	0
918	Sim	6	3
919	Sim	63	42
922	Sim	2	2
924	Sim	361	10
932	Sim	306	0
933	Sim	7	0
934	Sim	1	0
936	Sim	4	0
939	Sim	342	0
940	Sim	31	6
941	Sim	67	0
942	Sim	278	202
944	Sim	15	0
950	Sim	0	0
951	Sim	8	0
952	Sim	6	0

953	Sim	0	0
958	Sim	5516	5
961	Sim	0	0
962	Sim	0	0
964	Sim	0	0
966	Sim	31	0
967	Sim	2	0
968	Sim	2	0
969	Sim	0	0
970	Sim	5	0
971	Sim	9	0
973	Sim	8	0
974	Sim	0	0
975	Sim	98	87
976	Sim	1	0
977	Sim	2	0
979	Sim	0	0
980	Sim	13	11
982	Sim	4	1
985	Sim	22	0
986	Sim	17	0
987	Sim	0	0
988	Sim	0	0
989	Sim	0	0
990	Sim	0	0
TOTAL		1.037.117	241.481

NOTAS

A Editora Contracorrente se preocupa com todos os detalhes de suas obras! Aos curiosos, informamos que este livro foi impresso no mês de abril de 2023, em papel Pólen Natural 80g, pela Gráfica Grafilar.